COMPORTEMENT DU CONSOMMATEUR et stratégie de marketing

CHRISTIAN DUSSART, Dr.
Université d'Ottawa

McGraw-Hill, Éditeurs

Montréal Toronto New York Saint Louis San Francisco Auckland Bogotà
Guatemala Hambourg Lisbonne Londres Madrid Mexico New Delhi
Panama Paris San Juan Sao Paulo Singapour Sydney Tokyo

COMPORTEMENT DU CONSOMMATEUR
et stratégie de marketing

Dépôt légal: 3e trimestre 1983
Bibliothèque nationale du Québec
Imprimé et relié au Canada
6 7 8 9 0 ICH83 0
ISBN 0-07-548646-6

*Cet ouvrage a été composé en times 10 points, relié par les ateliers de l'**Imprimerie Coopérative Harpell** et imprimé sur ses presses.*
***Yves Tremblay** en a été l'éditeur. **Jean-Pierre Leroux** a assuré la révision.*
***Gilles Piette** a conçu et réalisé la maquette de la couverture.*
*Et **Céline Rousseau** a coordonné la réalisation.*

Table des matières

Table des matières

Avant-propos

Mener à terme un ouvrage de cette ampleur n'est certes pas une tâche facile: les concepts sont multiples, les avis partagés, les résultats quelquefois contradictoires et les implications stratégiques quasi illimitées.

C'est pourquoi il nous tient vraiment à coeur de remercier ici toutes les personnes qui nous ont accompagné et encouragé tout au long du processus d'édition.

Sur le plan de la rédaction proprement dite, l'assistance de plusieurs collaboratrices et de plusieurs auteurs mérite notre entière reconnaissance; les collaboratrices furent Anne Philipponat, Geneviève Cases, Isabelle Le Roy, Colette Pierrot; les auteurs furent Jean Perrien et Gilles Valence (professeurs à l'Université de Sherbrooke).

Sur le plan du contenu, nous avons bénéficié de nombreux commentaires et de suggestions fort pertinentes de la part de professeurs spécialistes en comportement du consommateur, en particulier de Carole Duhaime (École des Hautes Études Commerciales à Montréal), de Jacques Brisoux (Université du Québec à Trois-Rivières), de Hervé Boyer (Université du Québec à Montréal), de Jean-Jacques Lambin (Université de Louvain-la-Neuve, Belgique), de Gilles Valence, Jean Perrien, Yvan Boivin, Étienne Bastin (Université de Sherbrooke),

Sur le plan purement matériel, nous avons reçu une aide fort précieuse du personnel de la Faculté d'administration de l'Université de Sherbrooke qui a mis à notre disposition de larges moyens logistiques: nous pensons à Denis Elias pour les questions administratives, à Micheline Roy pour les services de dactylographie et aux secrétaires de la recherche.

De plus, nous tenons à remercier la maison d'édition McGraw-Hill d'avoir bien voulu publier ce livre et tout particulièrement son directeur de l'édition, monsieur Yves Tremblay.

Malgré tout ce que nous devons aux personnes qui nous ont aidé, nous assumons seul la responsabilité de nos écrits, espérant avoir exposé le plus fidèlement possible les idées et théories de chacun.

Enfin, il convient de souligner l'aide combien efficace de notre épouse. Sa patience et son encouragement nous ont apporté la paix essentielle à notre réflexion: en signe de remerciement, cet ouvrage lui est dédicacé.

Christian Dussart

Présentation de l'ouvrage

OBJECTIF GÉNÉRAL

L'objectif de cet ouvrage consiste à donner une orientation *stratégique* à l'analyse du comportement du consommateur, sans pour autant diminuer l'importance accordée aux fondements *conceptuels.*

Deux raisons essentielles motivent la détermination de cet objectif:

1) Nous croyons que l'analyse du comportement du consommateur est avant tout faite pour alimenter des stratégies de marketing qui, de la sorte, vont gagner en précision et donc en efficacité;
2) Nous estimons qu'une bonne maîtrise des outils conceptuels de base et de leur opérationalisation est un préalable essentiel au caractère *scientifique* d'une analyse.

L'association de ces deux raisons en un tout donne au marketing un caractère de professionnalisme, c'est-à-dire de science appliquée rigoureuse.

LES GRANDES LIGNES DE L'OUVRAGE

Allier théorie et pratique

En concordance avec l'objectif général, nous voulons souligner les applications stratégiques de l'analyse du comportement du consommateur, en plus de présenter la théorie de base.

Concrètement, cela se traduit à l'intérieur de chaque chapitre par une articulation en trois grandes subdivisions:

1) *Un résumé théorique approfondi:* nous avons veillé à rendre le plus possible transparents le texte et son contenu, en essayant de ne pas surcharger le lecteur de références multiples;
2) *Un exemple d'application appelé démonstration pratique:* il s'agit ici de faire la preuve de l'applicabilité de la théorie;
3) *Un exercice pratique:* ce mot, volontairement large, englobe des études de cas, des exercices programmés, des séries de questions, etc.

Présenter un outil complet d'apprentissage

À cause de l'articulation de chaque chapitre, nous pensons, sur le plan pédagogique, proposer un ouvrage qui soit complet en lui-même puisqu'il suit et se fond, étape par étape, dans un processus d'apprentissage complet: acquisition des connaissances, puis démonstration pratique et enfin exercice d'application.

Un contenu actualisé

Nous avons tenu à accorder une place toute particulière aux développements en cours dans la discipline du comportement du consommateur. C'est ainsi que nous avons consacré un chapitre entier aux situations de consommation, mais aussi à la théorie de la faible implication. De plus, nous nous sommes efforcé, dans la mesure du possible, d'intégrer dans le texte les résultats des recherches les plus récentes.

À qui s'adresse cet ouvrage?

Le recours à une orientation à la fois théorique et pratique fait que cet ouvrage s'adresse non seulement aux étudiants en marketing, mais aussi à ceux qui oeuvrent dans ce domaine et qui sont désireux d'accroître et de rafraîchir leurs connaissances en marketing et plus particulièrement celles qui portent sur les mécanismes qui façonnent le comportement du consommateur.

Quelques mots sur l'auteur

Christian Dussart est professeur agrégé de marketing à la Faculté d'administration de l'Université d'Ottawa depuis le 1er juin 1983. Auparavant, il était directeur du Département de marketing de l'Université de Sherbrooke.

Le professeur Dussart est diplômé de l'École Supérieure de Commerce d'Amiens en France, puis de l'Université de Sherbrooke où il a obtenu une maîtrise en marketing et enfin de l'Université de Louvain-la-Neuve en Belgique où il a reçu son doctorat en marketing.

Par ailleurs, il possède une forte expérience des affaires comme consultant senior dans les secteurs privé, public et para-public.

Conférencier tant en Europe que sur le continent nord-américain, il a publié de nombreux articles sur le marketing.

À Marie-Marthe

Première partie

Introduction générale

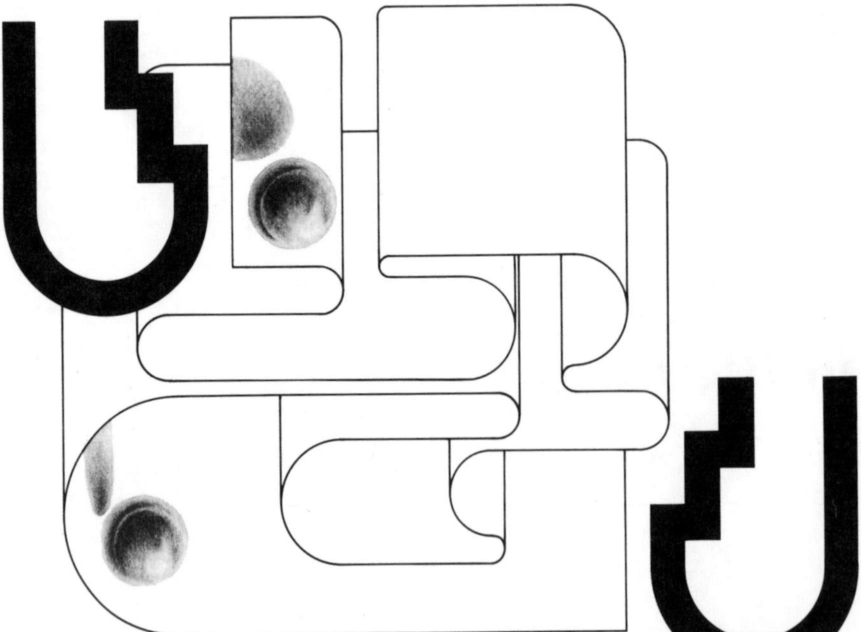

Chapitre 1

Introduction à l'analyse interdisciplinaire du comportement du consommateur

OBJECTIFS:

1) Sensibiliser le lecteur à l'importance de l'analyse du comportement du consommateur dans la définition de la stratégie de marketing;
2) Présenter au lecteur la nature interdisciplinaire de l'analyse du comportement du consommateur;
3) Présenter les modèles explicatifs de base;
4) Décrire les phases marquantes de l'évolution historique de la discipline et fournir ainsi au lecteur un cadre de référence;
5) Aborder les premiers principes opérationnels de l'utilisation pratique de l'analyse du comportement du consommateur.

PRÉPARATION À L'EXERCICE PRATIQUE:

1) Prendre connaissance du cas intitulé «Le hall d'automobiles»;
2) Répondre aux questions programmées en se reportant au texte du début du chapitre ainsi qu'à d'autres ouvrages de référence;
3) Synthèse et discussion.

La recherche en comportement du consommateur, telle que nous la connaissons aujourd'hui, est une science relativement jeune, puisque née aux États-Unis durant les années qui ont suivi la Deuxième Guerre mondiale. Cette étude se concentre presque exclusivement sur les processus de prise de décision des individus en matière de consommation, mais tient compte de l'environnement social et économique qui interagit avec les attributs psychologiques de ces derniers. Par conséquent, il s'agit d'une approche psychologique centrée sur l'individu. L'engouement que l'on constate actuellement pour l'étude du comportement du consommateur peut s'expliquer par:

1) Le développement considérable des sciences du comportement humain: les cadres théoriques d'analyse se sont élargis et améliorés;
2) L'adoption, par un nombre croissant d'entreprises, de l'orientation de marketing: l'analyse du comportement du consommateur joue un rôle essentiel dans l'évaluation des ouvertures de marché, dans le choix de segments de marché, dans l'amélioration de l'efficacité des stratégies et tactiques de marketing, dans l'amélioration de la distribution;
3) L'importance du mouvement «consommateuriste» et son poids politique croissant: dans ce cas, l'analyse du comportement du consommateur sert de base à la formulation de politiques publiques, à la compréhension du rôle du marketing dans la société, à la mise au point de mesures de protection des consommateurs.

De plus en plus, les études faites sur le comportement du consommateur sont conduites non seulement par des entreprises commerciales, mais aussi par des organismes indépendants, universitaires et publics.

Sur le plan pratique, l'analyse des motivations qui activent le comportement du consommateur est extrêmement complexe et résulte d'une myriade d'influences et de relations sous-jacentes, si bien que l'utilisation de cadres théoriques de référence devient absolument nécessaire. Diverses disciplines telles que la psychologie (individuelle et sociale), la sociologie, l'anthropologie culturelle, l'économie sont venues jouer ce rôle de référence, sans pour autant pouvoir à elles seules expliquer en totalité le comportement du consommateur, obligeant ainsi le spécialiste en marketing à ajouter aux enseignements retirés des sciences utilisées sa propre intuition et son jugement. Devant cette situation, la tâche du spécialiste consiste donc à comprendre et à intégrer les différentes théories du comportement, et sur ces bases à s'efforcer, pour chaque cas étudié, de construire un modèle particulier d'approche de résolution des problèmes de marketing qui soit le reflet du vécu du consommateur. L'aspect multidimensionnel du comportement du consommateur rend cette tâche plus difficile, mais il s'agit là de la seule garantie pour un marketing efficace.

LE COMPORTEMENT DU CONSOMMATEUR ET SON RÔLE STRATÉGIQUE EN MARKETING

Définition du comportement du consommateur

Le comportement du consommateur représente l'expression des efforts des individus pour satisfaire leurs besoins et leurs désirs centrés sur la consommation. Dans cette optique, le comportement du consommateur se définit comme étant

> [l'ensemble des actes des individus]$_1$ directement reliés à [l'achat et à l'utilisation de biens économiques et de services]$_2$, ceci englobant [les processus de décision qui précèdent et déterminent ces actes]$_3$ (Engel, Kollat, Blackwell, 1978).

Cette définition regroupe les trois dimensions clés suivantes:

1) *L'ensemble des actes des individus.* Cette dimension signifie en premier lieu que l'analyse du comportement du consommateur ne se limite pas à l'achat proprement dit, mais qu'elle s'étend aussi à *l'ensemble des actes* qui l'entourent; en ce sens, visiter un magasin, chercher de l'information sur un produit, utiliser un service constituent des actes de consommation.
   En second lieu, elle précise que l'analyse porte au niveau du consommateur *ultime,* d'où la distinction à faire entre un *agent d'achat* et un *agent de consommation:* celui qui achète un produit n'est pas forcément celui qui le consomme. En règle générale, la littérature spécialisée distingue jusqu'à cinq rôles différents qu'une personne peut jouer dans une décision d'achat:
   L'INITIATEUR est la personne qui, la première, suggère ou pense à l'idée d'acheter un produit ou un service en particulier;
   L'INFLUENCEUR est la personne qui, d'une façon explicite ou implicite, exerce une certaine influence sur la décision finale;
   LE DÉCIDEUR (ou PRESCRIPTEUR) est la personne qui, en dernier ressort, détermine en tout ou en partie la décision d'achat: s'il faut acheter, quoi acheter, comment acheter, quand acheter et où acheter;
   L'ACHETEUR est la personne qui procède à l'achat proprement dit;
   L'UTILISATEUR est la personne qui consomme ou utilise le produit ou service.
   Enfin, cette première dimension souligne que l'on ne traite pas ici des achats industriels, bien que bon nombre de notions que nous allons développer dans ce livre s'appliquent aussi à ce domaine;
2) *L'achat de biens économiques et de services.* Pour comprendre le comportement du consommateur, il faut connaître ce qui se passe avant, pendant et après l'achat. Du degré de satisfaction d'un consommateur dans l'utilisation d'un produit ou d'un service dépend son choix futur.
   Deuxième constatation: l'achat peut porter sur des biens *tangibles* — biens économiques tels que les lessives, les produits alimentaires — , sur des biens *non tangibles* ou *fongibles* — les services: assurances, entretien — ou sur un *ensemble des deux* — biens économiques nécessitant un service après-vente: automobiles, téléviseurs, réfrigérateurs.
   Troisième remarque fondamentale pour une meilleure compréhension du contenu de ce livre: nous utiliserons une définition encore plus élargie du concept de produit, et entendrons par là toute chose sujette à l'échange (au sens économique du terme) et perçue par le consommateur potentiel comme ayant une certaine valeur. Ainsi, un système d'éducation, un homme politique, un mouvement social peuvent être des produits. Nous soutiendrons aussi que le consommateur n'acquiert pas le produit pour lui-même, mais plutôt pour les attributs qui y sont reliés, c'est-à-dire un *assortiment de bénéfices* qu'il peut en retirer (Lancaster, 1966).
   Comme nous serons amené à utiliser très souvent le mot «produit», il est important que le lecteur garde à l'esprit les élargissements conceptuels tels que nous les avons présentés;

3) *Les processus de décision qui précèdent et déterminent ces actes.* Chaque acte de consommation constitue l'aboutissement d'un *processus de décision:* nous parlons ainsi du choix d'un magasin en sous-entendant les critères de décision qui ont fait qu'un consommateur a choisi un magasin plutôt qu'un autre, mais parlons aussi du processus de recherche d'information en décrivant les médias de communication utilisés par un consommateur pour obtenir des renseignements sur un produit donné.

Rôle stratégique en marketing

Il faudrait maintenant déterminer plus précisément ce qu'apporte l'analyse du comportement du consommateur au développement des activités de marketing de la firme. Nous savons qu'il est nécessaire d'avoir une bonne compréhension du comportement du consommateur pour ajuster convenablement les stratégies de marketing: ne dit-on pas que le marketing débute et finit avec le consommateur? Concrètement, cela signifie connaître *quels* types de gens consomment tels produits ou services, mais aussi *pourquoi, où, quand* et *sous quelles conditions.*

Quels types de gens consomment tels produits? L'identification des consommateurs potentiels et la répartition de ces derniers en groupes suffisamment homogènes pour espérer qu'ils aient des comportements semblables permettent de segmenter le marché et donc d'adapter, si besoin est, les stratégies de marketing aux besoins spécifiques des groupes ainsi identifiés.

Pourquoi les consomment-ils? Le concept de marketing stipule que toutes les stratégies de la firme doivent être basées sur les besoins identifiés des consommateurs. Pour ce faire, le spécialiste en marketing doit en premier lieu identifier les bénéfices que recherchent les consommateurs dans l'utilisation de ses produits, puis ajuster ses stratégies de marketing en conséquence. Il est important qu'il connaisse non seulement les motivations à l'achat mais aussi les freins éventuels en vue, si possible, de les supprimer, de les détourner ou d'en atténuer les effets.

Où consomment-ils? Les mesures d'image des magasins, l'analyse des clientèles par types de magasins, l'estimation de la force attractive d'un magasin ou d'un centre commercial, la définition des zones d'attraction, les modèles d'emplacement qui en découlent sont de précieux outils dans le développement d'une stratégie de distribution. Ceux-ci reposent tous sur l'analyse des déplacements des consommateurs et des raisons qui les font fréquenter avec plus d'assiduité un magasin aux dépens d'un autre.

Quand consomment-ils? L'analyse historique des ventes permet d'identifier les fluctuations saisonnières; les mesures d'intentions d'achat sont fort utiles dans la prévision des ventes; l'étude de la fréquence des achats peut aider à déterminer les quantités achetées à chaque visite dans un magasin.

Sous quelles conditions? Certains aspects de la situation de consommation favoriseront ou non l'acte d'achat: est-ce que le consommateur achète seul ou accompagné, est-il sensible aux prêts financiers, préfère-t-il être assisté d'un vendeur, quel type d'information faut-il lui donner et en quelle quantité?

Telles sont quelques-unes des nombreuses questions que l'on peut se poser et auxquelles l'analyse du comportement du consommateur permet de répondre, tout au moins en partie.

LES MODÈLES EXPLICATIFS DU COMPORTEMENT DU CONSOMMATEUR

Le modèle de base: celui de la «boîte noire»

Traditionnellement, et comme nous le verrons lors de la présentation de l'évolution historique de l'analyse du comportement du consommateur, les théoriciens et praticiens du marketing ont fait appel à des analyses socio-économiques pour établir les tendances à la consommation: les groupes de consommateurs sont identifiés sur la base de leurs profils socio-démographiques ou socio-économiques, c'est-à-dire à partir de dimensions telles que l'âge, le sexe, le revenu, la profession qui permettent de les repérer au moyen de coordonnées. Nous obtenons ainsi une véritable carte «objective» du marché. Cette approche purement *descriptive* présente néanmoins une faille: elle n'explique pas le comportement en tant que tel. Or, l'étude du comportement du consommateur, dans son approche micro-analytique, est avant tout une science *explicative.* Son but est d'expliquer le comment et le pourquoi du comportement de l'individu en situation de résolution d'un problème de consommation. Il ne suffit pas en effet de savoir que le client potentiel pour une encyclopédie est un homme, âgé d'une quarantaine d'années environ, appartenant à une classe aisée et ayant un niveau d'instruction supérieur à la moyenne. Mais il est fondamental de saisir que ce type d'homme a une forte motivation de réalisation dans les voyages et qu'une encyclopédie constitue pour lui un moyen de transcender ce besoin. Dans ce cas, il devient plus facile de s'adresser au consommateur potentiel pour lui vendre l'idée d'acheter une marque en particulier, en associant cette dernière à un moyen d'évasion idéal: «Voyagez tout en restant chez vous: lisez l'encyclopédie X!» Ainsi, nous savons *où* trouver le consommateur cible, mais aussi *quoi* lui dire pour attirer son attention et si possible développer chez lui une préférence pour la marque en question.

On constate un dilemme du fait que certains aspects du comportement du consommateur sont manifestes et donc directement observables, tandis que d'autres — les motivations et les réponses internes en font partie — ne le sont pas et ne peuvent par conséquent être déterminés que par inférence. Pour y parvenir, on utilise des modèles explicatifs basés sur celui de la «boîte noire» (voir fig. 1.1 et 1.2).

Ce modèle permet l'analyse des relations entre quatre types d'éléments qui sont les stimuli, les variables intervenantes, les réponses et les inférences:

1) *Les stimuli:* ils incitent le consommateur à l'action, c'est pourquoi on les appelle aussi des incitants. Ces derniers représentent en fait toutes sortes d'informations perçues par le consommateur. Ils peuvent se regrouper en trois grandes catégories selon leur provenance, soit (1) les incitants *commerciaux* qui trouvent leur origine dans l'environnement de marketing du consommateur, (2) les incitants *socio-culturels* qui naissent du réseau des relations sociales propres au milieu où vit l'individu mais aussi des normes établies par la culture et les groupes de référence, enfin (3) les incitants *circonstanciels* qui sont provoqués par des facteurs situationnels propres aux conditions d'utilisation du produit considéré; ainsi, si l'on vous demande ce que vous pensez de tel ou tel produit, n'allez-vous pas être tenté de répondre que cela dépend de la façon dont vous allez l'utiliser?

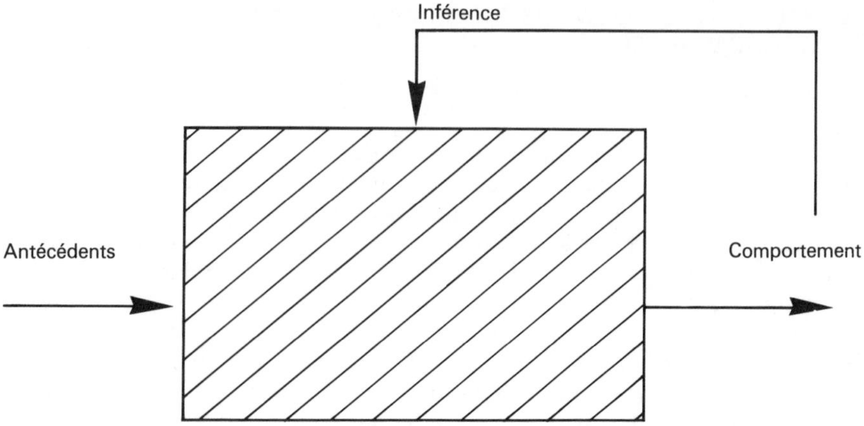

Figure 1.1 Le modèle de base pour l'étude du comportement humain.

2) *Les variables intervenantes:* ce sont les processus, états, conditions internes du consommateur. Aux processus correspondent la perception, l'acquisition d'expérience, le traitement de l'information; aux états et conditions internes correspondent les caractéristiques propres à chaque consommateur, sa personnalité, son mode de vie, ses besoins, ses attitudes. Puisqu'elles ne peuvent être observées directement, ces variables sont définies selon les relations fonctionnelles qu'elles entraînent entre les stimuli et les réponses. Enfin, en vertu de ces variables deux consommateurs pourront répondre de façon tout à fait différente à une seule et même stimulation externe; par exemple, une baisse de 50 % du prix d'un produit entraînera un achat chez un consommateur et provoquera de la méfiance chez un autre;

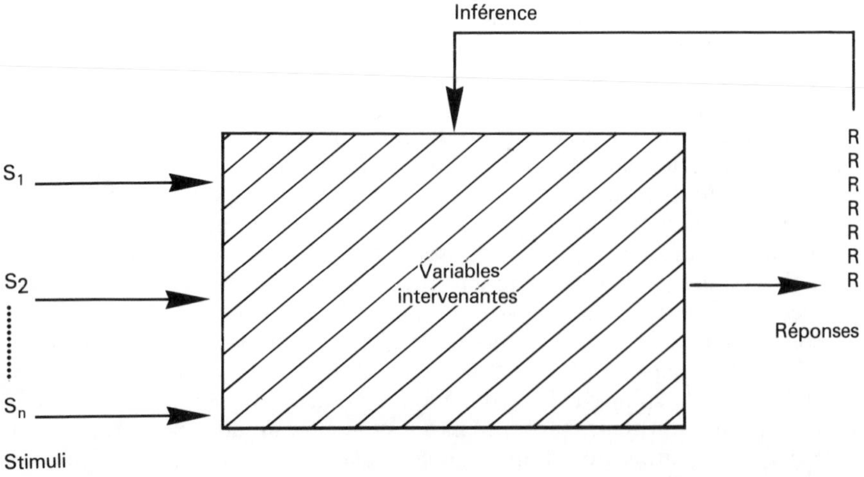

Figure 1.2 Le modèle de la «boîte noire».

3) *Les réponses:* sous ce terme sont regroupées toutes les manifestations apparentes et donc observables du comportement, bien que, comme nous le verrons plus tard, certaines réponses puissent être internes et souvent préalables à une activité visible de consommation. Il s'agit donc de l'ensemble des actes de consommation d'un individu;
4) *Les inférences:* ce sont toutes les conséquences enregistrées d'un acte, d'un fait ou d'un principe en matière de consommation qui permettent de passer d'une vision instantanée (le comportement d'achat) à une vision dans le temps (le comportement de consommation). Ainsi, du degré de satisfaction retiré de l'utilisation d'un produit dépendra la nature des achats futurs du consommateur pour ce type de produit. Le comportement de méfiance vis-à-vis d'une réduction substantielle de prix sur un produit peut s'expliquer par quelques mauvaises expériences passées survenues dans cette situation précise.

Les types de relations étudiées

Sur la base du modèle de la boîte noire que nous venons de présenter, plusieurs types de relations empiriques ont été étudiées. Il est d'usage d'en distinguer deux grands groupes:

Les relations de type S-R (stimulus-réponse)

Ce type d'analyse utilise la manipulation d'un stimulus donné et, par observation des réponses, cherche à dégager soit des tendances générales, soit des explications sur les variables intervenantes selon qu'il s'agit d'une approche behavioriste ou pas.

Expliquons-nous: dans le cas d'une approche *behavioriste* (provenant du mot anglais *behavior* qui signifie comportement), on ne tient pas compte des variables intervenantes, mais seulement des réponses. La plupart de ces études micro-analytiques, basées sur des méthodes d'analyse statistique, dégagent des relations d'association entre variables sans pouvoir conclure à l'existence de relations causales empiriquement vérifiées. C'est le cas des théories dites «connectionnistes» de l'apprentissage appliquées au comportement du consommateur, et qui veulent qu'une constante répétition du stimulus renforce une réponse donnée et permette ainsi à la firme de créer des habitudes de consommation favorables à ses produits. Selon cette philosophie, la répétition est toute-puissante, et l'on exclut radicalement la possibilité que la perception d'un consommateur face à des stimuli puisse être sélective lorsque ces derniers ne correspondent pas à ses opinions. Dans le monde de la publicité, où cette notion garde toute sa vigueur, la répétition s'exprime par la fréquence d'apparition des messages dans les différents médias utilisés.

Prenons un autre exemple, et reportons-nous pour cela au modèle de marketing de type behavioriste tel qu'il a été proposé par Kotler (1969) (voir fig. 1.3). Dans ce modèle, l'auteur ne tient pas compte des variables intervenantes telles que la personnalité du consommateur, ses prédispositions internes, sa mémoire, etc. Il ne s'y réfère que lorsqu'il parle globalement de «psychisme» et d'«unité centrale». Par contre, nous constatons que les stimuli sont représentés par tous les éléments de pression du marketing qui, en provenance de l'entreprise, s'exercent sur le consommateur à travers les canaux de communication: le prix, la qualité, la disponibilité, le service, etc. Le but ultime, bien entendu, est de provoquer certaines réponses: le choix du produit, le choix de la marque, celui du magasin, la fréquence et la quantité achetée, c'est-à-dire des actes de consommation.

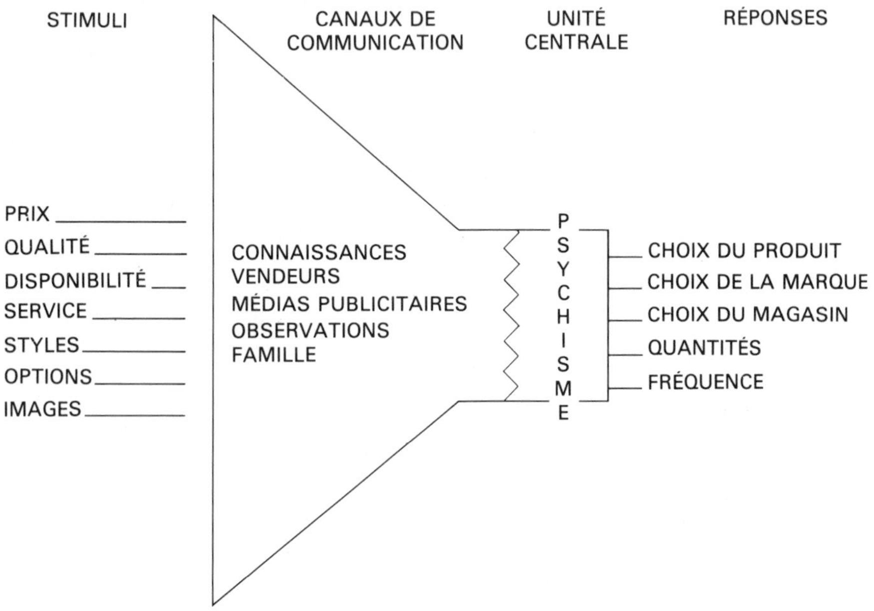

Source: Kotler, P., «Behavioral Models for Analysing Buyers», *Journal of Marketing,* vol. 29, 1969, p. 38. Reproduit avec autorisation, Copyright © 1969.

Figure 1.3 Le modèle behavioriste de Kotler.

Par réaction au caractère trop déterministe et automatique de l'approche behavioriste, et pour en surmonter les limites qui lui sont inhérentes, plusieurs disciplines ayant adopté une approche micro-analytique ont introduit dans leur analyse les variables intervenantes, notamment celles provenant de certains aspects de l'environnement du consommateur.

Ainsi, la théorie clinique ou psychanalytique, appliquée au comportement du consommateur et s'inspirant directement des travaux de Freud (1856-1939), reconnaît l'existence et l'importance de besoins et d'instincts, primaires et secondaires, conscients et inconscients, des individus, et qui ne peuvent s'exprimer librement sous la contrainte de l'influence sociale. Cette théorie a permis de décrypter les significations inconscientes de conduites irréductibles à la logique du conscient. Par exemple, la découverte qui a été faite dans bon nombre de pays occidentaux, selon laquelle les ménagères confectionnent souvent un gâteau pour satisfaire un besoin inconscient de donner naissance, trouve sans aucun doute sa genèse dans la libido. Il devient dès lors possible, à partir de telles observations, d'expliquer l'intérêt mitigé de bon nombre de ménagères pour les préparations culinaires «toutes prêtes» touchant le secteur de la pâtisserie.

Les travaux de Adler (1870-1937) ont aussi révélé l'importance de la recherche du pouvoir et de la puissance, ainsi que de ses manifestations dans la consommation; l'achat d'une maison luxueuse peut avoir pour but de compenser un sentiment menaçant d'insécurité et d'infériorité sociales.

Les théories cognitives, quant à elles, étudient tout spécialement l'organisation des valeurs, des attitudes et des informations emmagasinées dans la mémoire du consommateur.

Enfin, les théories sur l'influence sociale explorent en profondeur l'influence de l'environnement sur le comportement du consommateur.

Les relations de type R-R (réponse-réponse)

L'étude des relations de type S-R peut poser de graves problèmes méthodologiques surtout lorsqu'il s'agit d'isoler l'effet net du stimulus sur la réponse, en contrôlant l'ensemble des influences qui risquent de contaminer les résultats. Pour surmonter ces difficultés, les chercheurs recourent souvent à des expérimentations en laboratoire. Néanmoins, cette pratique ne constitue pas un remède très efficace; certes l'environnement y est beaucoup mieux contrôlé, mais le consommateur n'est pas dans son milieu habituel et ses réactions ne sont pas totalement naturelles.

Quelquefois, le comportement de consommation est examiné durant une période de temps prédéterminée, et l'analyse porte exclusivement sur les modes de réponses des consommateurs. Lorsque des tendances régulières se dégagent, celles-ci permettent de prédire la consommation future du produit et les modes d'achat: par exemple, étudier la composition du panier des consommatrices en produits alimentaires sur une période de deux mois. Dans ce cas, les raisons internes ou externes qui poussent une personne à adopter tel ou tel comportement ne peuvent être définies que par inférence, ce qui pose inéluctablement de sérieux problèmes d'interprétation des résultats.

En guise de résumé, et quel que soit le type de relations étudiées, le spécialiste en marketing devra adopter une *attitude critique systématique* sur les études de comportement du consommateur à partir desquelles il aura à planifier ses activités. S'assurer de la validité des résultats, tant sur les plans interne (mesure-t-on vraiment ce que l'on veut mesurer?) qu'externe (les résultats obtenus sont-ils généralisables à l'ensemble de la population?), représente la seule garantie valable au développement de stratégies qui soient bien fondées, au sens strict du terme. Ceci constitue à nos yeux la règle d'or de l'exploitation stratégique des analyses sur le comportement du consommateur, gardant à l'esprit qu'il est toujours possible de développer un plan stratégique techniquement parfait sur une base erronée!

Les différents niveaux d'analyse

Tout ce qui a été dit jusqu'à présent se rapporte principalement à des situations de consommation dans lesquelles l'individu en tant que tel constitue l'unité d'analyse. Mais la réalité de tous les jours abonde d'exemples qui nous montrent qu'il n'en est pas toujours ainsi: bien souvent, des groupes plus ou moins nombreux d'individus composent des unités d'analyse plus réalistes. Par exemple, pour la majorité des biens de consommation, qu'ils soient durables ou fongibles, la décision d'achat appartient à la famille. Dans d'autres cas, le comportement d'un segment de marché pris dans sa totalité peut constituer une unité d'analyse intéressante: la réponse d'un groupe de jeunes à une campagne d'information les concernant en est une illustration. En pratique, la définition du niveau d'agrégation de l'unité d'analyse dépend du contexte spécifique au problème de marketing posé.

LES PHASES MARQUANTES DE L'ÉVOLUTION HISTORIQUE DE LA DISCIPLINE DU COMPORTEMENT DU CONSOMMATEUR

Comme bien des auteurs de manuels de base dans le domaine du comportement du consommateur, nous avons souligné au début de ce chapitre les emprunts qu'a faits cette discipline aux sciences sociales en général; cependant, très peu d'entre eux prennent le soin de fournir des précisions sur le développement chronologique qu'elle a connu. À cause d'un pareil manque, il n'est pas rare de constater que bon nombre d'étudiants de tous les niveaux ont de la difficulté à rassembler les différents sujets et approches dans un tout cohérent. De plus, tous ne se rendent pas compte de ce que ces «emprunts» aux sciences sociales déjà établies se sont matérialisés dans des paradigmes à durée de vie variable. Par exemple, durant la décennie 50, les études motivationnelles ont accaparé d'une façon privilégiée l'attention des gens oeuvrant dans le marketing; durant la décennie suivante, ces mêmes études ont cédé le pas devant les études psychographiques et les modèles de comportement. Il nous apparaît donc important de retracer l'évolution historique du comportement du consommateur comme discipline, d'une part afin de dépasser cette vision de sciences mères prodiguant d'une façon continue leurs influences à une science nouveau-né, et d'autre part afin de lui conférer son statut épistémologique de science (Valence, 1980*).

Pour en faciliter la compréhension, et avant d'entrer dans les détails, il est nécessaire de formuler plusieurs remarques préalables:

1) Nous avons, d'une façon tout à fait arbitraire, défini de grands courants de pensée, ces derniers pouvant inclure soit des approches «alignées» (courant économique), soit des approches parallèles (courant des sciences du comportement) (voir fig. 1.4);
2) Ces courants peuvent être plus ou moins prépondérants selon les époques, mais en aucun cas ils ne s'excluent totalement;
3) La force relative de ces différents courants dépend souvent de modes passagères qui y sont rattachées;
4) La sophistication mathématique des approches est fortement corrélée à l'application possible de techniques statistiques multivariées;
5) Enfin, pour ne pas accabler le lecteur de données, nous ne présenterons en détail que le courant économique qui n'est pas repris comme tel dans le livre, les autres courants et leurs approches étant développés lors des chapitres correspondants.

---

* Cette analyse historique a pu bénéficier de la collaboration du professeur Gilles Valence qui nous a autorisé à puiser largement dans ses écrits sur le sujet.

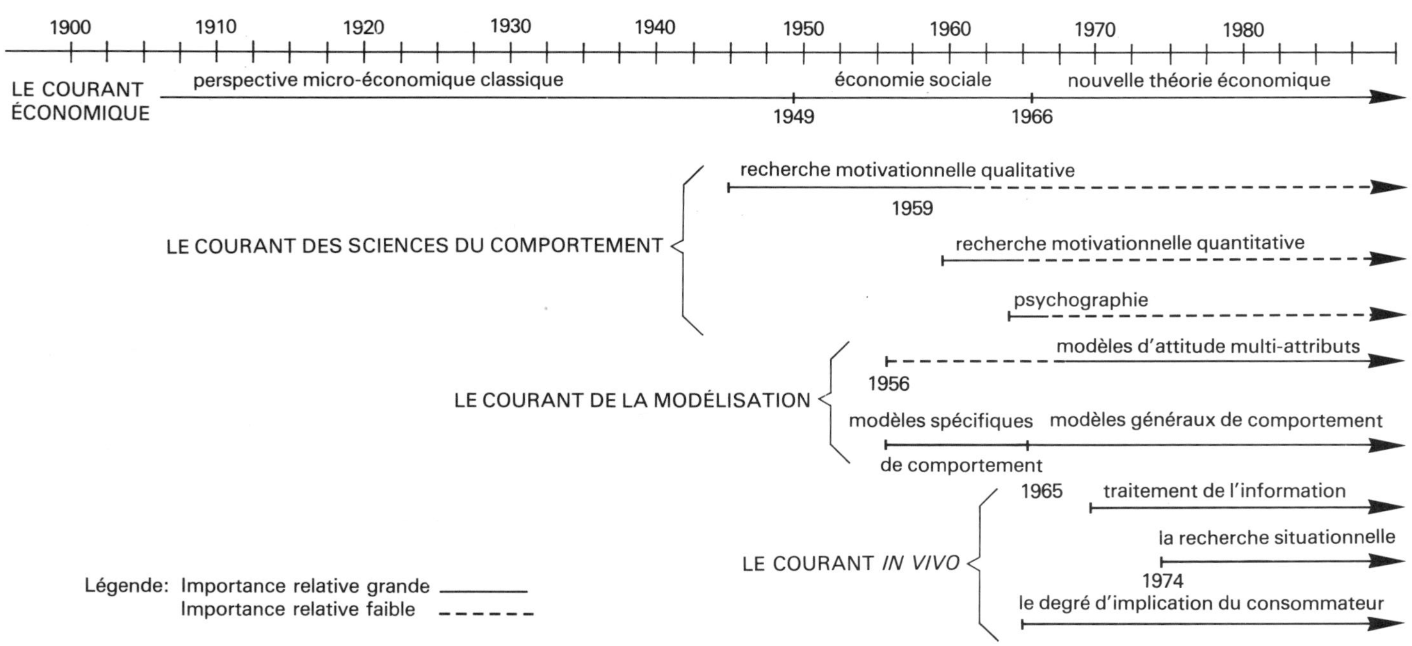

Figure 1.4 Les grands courants de développement historique du comportement du consommateur.

Le courant économique (des premières années du XXe siècle jusqu'à nos jours)

Parmi les modèles économiques destinés à décrire les mécanismes de choix du consommateur, il est nécessaire d'opposer l'approche macro-économique à l'approche micro-économique, puisque le rôle qu'y joue le consommateur est envisagé différemment.

Les modèles macro-économiques

Les économistes qui prônent l'approche macro-économique considèrent que l'analyse des comportements de choix en matière de consommation doit porter sur les groupes et non sur les individus. La consommation est considérée comme une variable décisionnelle qui dépend de facteurs tels que le revenu disponible, l'épargne, les taux d'intérêt, le niveau des prix, etc. Mais la relation la plus étudiée est sans aucun doute celle qui relie la consommation au revenu — revenu absolu, relatif ou permanent. Lorsque l'économiste est capable d'isoler des relations statistiques fidèles entre la consommation et les variables que nous venons de mentionner, il peut fournir des informations fort utiles aux responsables de la planification économique d'un pays. Par contre, en ce qui concerne l'apport de l'analyse macro-économique au marketing, et étant donné le niveau d'analyse, les enseignements retirés ne sont guère utiles à la compréhension du comportement du consommateur en tant que tel. Or, pour un producteur, l'important consiste à comprendre le choix des produits et la formation des préférences pour les marques qui sont à l'origine de la demande.

Les modèles micro-économiques

Très longtemps, la théorie micro-économique du comportement du consommateur a représenté la seule tentative d'explication qui se voulait complète et cohérente, et elle demeure encore quelquefois présente dans notre monde contemporain. Les historiens du marketing font d'ailleurs remonter les débuts de la discipline du comportement du consommateur à la micro-économique, et cette filiation est considérée davantage comme une question de légitimité chronologique.

L'hypothèse sous-jacente à cette théorie — que l'on dit «classique» ou encore «orthodoxe» — est que le comportement du consommateur implique toujours un choix. Il s'agit d'une théorie normative du choix «rationnel», ce dernier s'articulant autour d'un certain nombre de postulats, appelés axiomes, qui sont les suivants:

1) Chaque consommateur est censé avoir une connaissance complète de ses besoins et des moyens disponibles pour les satisfaire: ce premier axiome suppose (Lambin et Peeters, 1977) une situation parfaite d'information à deux niveaux: d'une part au niveau de l'identification par le consommateur de ses besoins propres et, d'autre part, au niveau du marché où la condition de «transparence» de l'offre est réalisée. Ces conditions sont loin d'être vérifiées; notamment le manque d'information ou de connaissance sur les produits fait que le consommateur utilise souvent des critères de choix fort différents de ceux proposés en théorie;

2) Les préférences exprimées par le consommateur sont indépendantes de l'environnement dans lequel intervient le choix: la conception du choix isolé de son environnement d'occurrence est une autre faiblesse de cette théorie, puisqu'elle fait abstraction, par exemple, des influences culturelles, sociales et familiales sur le comportement du consommateur, ainsi que de certains phénomènes, telle la consommation ostentatoire, c'est-à-dire la signification sociale de la consommation;
3) La décision de choix consiste en une affectation de ressources pour maximiser l'utilité sous la contrainte d'un budget: derrière cet axiome apparaît très nettement la volonté de traduire le comportement comme un mécanisme indéréglable: les mêmes réactions surviennent dans les mêmes situations. Il est vrai que cette systématisation à outrance du comportement de consommation peut s'expliquer par le fait que l'analyse micro-économique se fait sans référence au temps: elle est statique;
4) Le consommateur est présumé se comporter rationnellement en évaluant chaque possibilité qui s'offre à lui selon un principe de cohérence: cela suppose que lorsqu'un produit A est préféré à un produit B, il n'est pas possible que B soit préféré à A (principe de non-réflexivité), et que lorsqu'un produit A est préféré à un produit B, et B à C, alors A est préféré à C (principe de transitivité). Selon cette théorie, il y a stabilité dans le temps de la structure de préférence ainsi établie. On peut s'interroger sur le bien-fondé de ces principes qui ne se vérifient que dans des situations simplistes: c'est faire peu de cas de certains comportements — qualifiés d'«irrationnels» en référence à ce cadre logique — tels que les achats émotifs ou impulsifs;
5) La maximisation de l'utilité est la seule et unique motivation du consommateur («plus est toujours préféré à moins» ou «la non-satiété du consommateur»): cette dimension strictement quantitative est largement contredite dans la réalité pour deux raisons essentielles:
   a) nous savons, grâce à Maslow (1943), et bien que cette théorie des besoins ait, elle aussi, été critiquée, que dans notre société il existe des besoins plus avancés que les besoins physiologiques de base. Maslow a mis en évidence un système hiérarchisé de besoins: un consommateur ayant satisfait un niveau «n» de ses besoins évolue vers le niveau d'ordre supérieur immédiat «n + 1» (voir à cet effet la figure 1.5 qui représente la pyramide des besoins selon Maslow);
   b) la théorie du comportement du consommateur ainsi définie raisonne sur des quantités de biens et pour plus de commodité prend toujours ses exemples dans le domaine alimentaire (Bernard-Bécharies, 1970). Malheureusement, dans les pays industrialisés, l'essentiel de la dépense porte sur des biens non fractionnables. Dans tous les cas où les biens s'achètent par unité, et non par quantité, une variation du prix ne conduit pas à augmenter la quantité achetée mais la qualité de l'achat;
6) Le consommateur est supposé retirer sa satisfaction du produit lui-même et non pas des attributs que le produit possède: c'est là une limite fort sérieuse de la théorie classique qui a été soulignée par de nombreux auteurs;

> (. . .) les produits sur un marché donné sont censés avoir une utilité fonctionnelle identique. Aucune référence explicite n'est faite aux propriétés ou attributs des produits ou marques en concurrence. Un bien

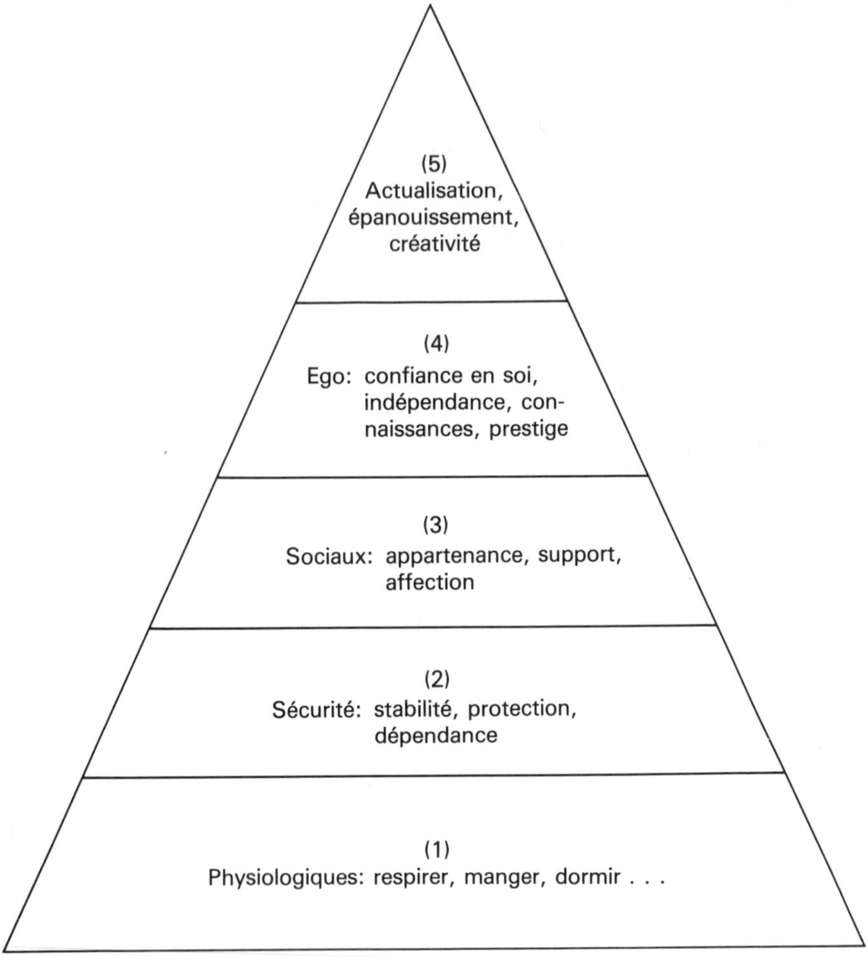

Source: Maslow, A., *Motivation and Personality,* New York, Harper and Row, 1952. Reproduit avec autorisation de Harper and Row Publisher Inc., Copyright © 1970 par Abraham Maslow.

Figure 1.5 Hiérarchie des besoins selon Maslow.

> est un bien et la théorie nie l'existence de différences de qualité entre produits d'une même catégorie. La politique de différenciation, variable pourtant essentielle de la stratégie marketing, est traitée comme une forme de manipulation des préférences, une différenciation étant nécessairement une différenciation fallacieuse (. . .) (Lambin et Peeters, 1977).

La résultante de ce système axiomatique est une théorie élégante, qui se prête fort bien à l'utilisation de l'outil mathématique, mais qui supporte mal d'être mise en présence de la réalité. La cohérence de la théorie économique basée sur la notion de rationalité n'a de sens que sur le plan de sa logique axiomatique et non pas sur celui de sa valeur expérimentale.

L'économie sociale

C'est durant les années qui ont suivi la Deuxième Guerre mondiale que pourrait se situer la véritable naissance de la discipline du comportement du consommateur. En effet, c'est à cette époque que l'approche socio-économique qui avait été mise en avant dès le début du siècle par Veblen (1857-1929) s'est, sous l'impulsion de Duesenberry (1949), un économiste de Harvard, réellement égarée dans les faits et actes scientifiques de la position rigide qui caractérisait l'approche dérivée de la micro-économie classique, et que l'on a assisté à un foisonnement d'études plus spécialisées, axées sur la compréhension du consommateur. Selon cette approche, la recherche en comportement du consommateur devait tenir compte du caractère social lié au comportement d'achat. Quoique la notion de «consommation ostentatoire» ait vieilli, il n'en reste pas moins qu'elle a suscité la reconnaissance de variables socio-culturelles qui sont toujours d'actualité. Au nombre de celles-ci, mentionnons la culture, les sous-cultures, les classes sociales, les groupes de référence et les groupes d'appartenance.

La nouvelle théorie économique

La différence majeure entre la nouvelle théorie économique et la théorie économique classique porte sur l'axiome qui dit que le consommateur est supposé retirer sa satisfaction du produit lui-même et non pas des attributs que le produit possède. Lancaster (1966), à qui revient l'honneur d'avoir formulé la nouvelle théorie économique, définit la fonction d'utilité ou de préférence du consommateur non pas comme la résultante d'un ensemble de produits, mais comme celle d'un ensemble ou «assortiment» de caractéristiques du produit.

De plus, le consommateur qui cherche à maximiser la quantité de chaque caractéristique désirable peut, pour cela, combiner un ensemble de produits complémentaires qui servent le même but: c'est là la reconnaissance par l'économie de la notion, si fondamentale en marketing, de «formule de consommation». Par exemple, pour satisfaire son besoin de manger, le consommateur peut maximiser sa fonction d'utilité $U(Z_i)$ au niveau des i caractéristiques Z, grâce à diverses combinaisons de viandes, légumes, fruits pris à la maison ou d'un repas pris au restaurant, en agglomérant en proportions diverses ces différentes possibilités selon leur contenu bij (contenu du produit j en caractéristique i) et sous la contrainte budgétaire B.

En résumé, la nouvelle théorie économique se formalise de la manière suivante:

le consommateur veut maximiser $U(Z_i)$ où:

$$Z_i = b_{i1} q_1 + b_{i2} q_2 + \ldots + b_{ij} q_j + \ldots + b_{in} q_n$$

sous la contrainte budgétaire:

$$q_1p_1 + q_2p_2 + \ldots + q_jp_j + \ldots + q_np_n < B$$

où: Z_i sont les i = 1 à r caractéristiques du produit recherchées par le consommateur;

b_{ij} sont les contenus du produit j en caractéristique i;

q_j sont les j = 1 à n quantités des j = 1 à n produits;

p_j sont les j = 1 à n prix des j = 1 à n produits;

B est le budget affecté par le consommateur à ce poste de consommation.

Cette vision de la démarche du consommateur se rapproche nettement plus de la théorie du marketing que ne le faisait la théorie économique classique:

1) *Les produits n'ont pas tous les mêmes caractéristiques:* ce qui reconnaît implicitement la notion de différences pouvant exister entre des marques présentant le même type de produit;
2) *Lorsque les prix changent, le modèle de Lancaster permet d'analyser les substitutions* qui ont lieu entre produits pour arriver à la même satisfaction globale sur le plan des caractéristiques du produit;
3) *Les consommateurs peuvent changer de préférences* en matière de caractéristiques du produit et on pourra voir les substitutions entre marques ou entre produits que cela provoquera;
4) *Si deux ou plusieurs marques possèdent une combinaison comparable de caractéristiques* (même si les éléments de cette combinaison sont différents), elles peuvent être appréciées également par le consommateur, ce qui permet d'expliquer le phénomène de fidélité à plusieurs marques simultanément que l'on observe souvent dans la réalité;
5) Le modèle rend aussi possible l'analyse des conséquences au niveau d'un ensemble de produits de *l'introduction d'un nouveau produit* ou d'une nouvelle marque;
6) *Le modèle permet d'imaginer les conséquences énormes d'une innovation technologique* qui peut bouleverser tous les schémas de complémentarité existant entre les produits avant son apparition.

La nouvelle théorie économique envisage l'analyse du comportement du consommateur de façon beaucoup plus réaliste, et donc moins rationaliste que la théorie économique classique. Marketing et économie sont sur la voie de la convergence théorique. Cependant, certaines limites inhérentes au modèle rapprochent la théorie de Lancaster de la théorie classique plus que du marketing:

1) *Les attributs ou caractéristiques du produit* sur lesquels le consommateur juge les différents produits doivent être mesurables de manière objective (ex.: quantité de protéines, cylindrée d'une automobile, etc.). Cette restriction est de taille puisqu'elle exclut toute notion de qualité perçue d'un produit, toute subjectivité d'évaluation de la part du consommateur, dimension qui pourtant a souvent été décelée dans les études du comportement humain;
2) *Le même préalable quant à une information parfaite* sur les divers attributs des produits existe chez Lancaster et dans la théorie classique. Le consommateur maximise sa fonction d'utilité en pleine connaissance des possibilités. Or, nombre d'études du comportement ont mis en doute le principe de l'information parfaite (la quantité optimale d'information ne serait pas forcément équivalente à la quantité maximale) et la valeur d'aide à la prise de décision de certaines informations mal comprises ou inutilisées (l'étiquetage des produits par prix à l'unité de mesure par exemple n'a que peu de succès auprès du consommateur malgré sa valeur informative évidente);
3) Enfin, *la notion de formule de consommation* évoquant le fait que le consommateur maximise son utilité grâce à un ensemble de produits interchan-

geables et complémentaires implique, pour tester la théorie de Lancaster, que l'on puisse isoler un ensemble de produits à la fois complémentaires entre eux et n'ayant de caractéristiques que dans l'ensemble de caractéristiques L_i isolées par la fonction d'utilité du consommateur, donc n'ayant aucun point commun avec d'autres produits ou d'autres attributs. Ceci, et Lancaster en convient lui-même (1976), n'a pas encore été réalisé. Il est évident que les produits se recoupent à l'infini sur un même marché pour satisfaire plusieurs besoins, même objectivement mesurables. La figure 1.6 illustre le problème.

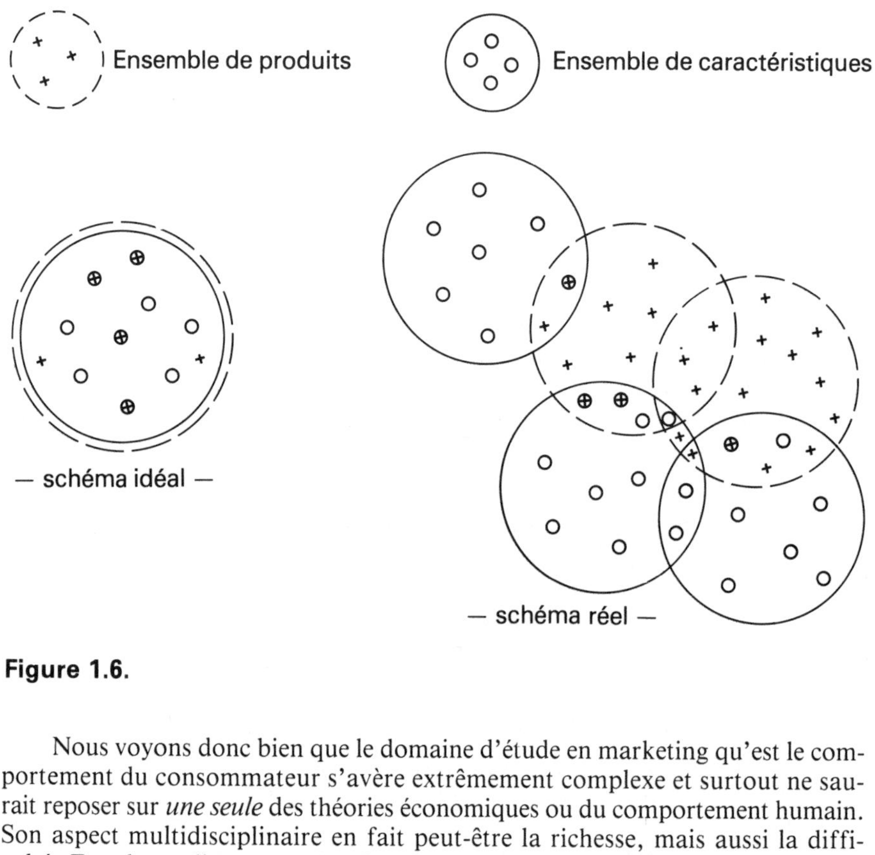

Figure 1.6.

Nous voyons donc bien que le domaine d'étude en marketing qu'est le comportement du consommateur s'avère extrêmement complexe et surtout ne saurait reposer sur *une seule* des théories économiques ou du comportement humain. Son aspect multidisciplinaire en fait peut-être la richesse, mais aussi la difficulté. Et cela explique que certains aspects du comportement du consommateur font encore l'objet de recherches alors que d'autres, bénéficiant de l'apport des théories déjà développées et sous-jacentes, sont déjà clairement formulés et modélisés.

Le courant des sciences du comportement

Au caractère trop systématique de la perspective économique classique s'est opposée, dès la fin de la Deuxième Guerre mondiale, une perspective favorisant une approche plus «psychologique» de l'étude du comportement du consommateur, et donc par nature moins «exacte» au sens mathématique du terme.

La liste des concepts développés (Burk, 1967) dans chacune des trois disciplines majeures que sont la psychologie, la sociologie et l'anthropologie est telle, qu'il s'agit là du meilleur témoignage de l'engouement qu'a suscité cette perspective, et qui persiste encore de nos jours, à un degré légèrement moindre cependant (voir tableau 1.1).

Concepts psychologiques	**Concepts sociologiques**	**Concepts anthropologiques**
1. Motivation biogénique[1]	1. Socialisation	1. Modèles de culture
2. Motivation sociogénique[1]	2. Interaction des symboles	2. Différences culturelles
3. Perception	3. Rôles	3. Changement culturel
4. Attitudes	4. Groupes de référence	4. Innovation
5. Catégorisation	5. Perspective	5. Invention
6. Structuration	6. Goûts et préférences	6. Diffusion
7. Processus de décision	7. Canaux de communication	7. Processus d'adoption
8. Apprentissage instrumental	8. Système social	8. Changement
9. Apprentissage affectif	9. Structure sociale	
10. Apprentissage perceptif	10. Valeurs et normes	
11. Apprentissage social	11. Cycle de vie de la famille	
12. Habitudes	12. Carrière	
	13. Différenciation sociale	

[1]Les recherches en motivation s'inscrivent ici.

Source: Burk, M., «Survey of Interpretations of Consumer Behavior by Social Scientists in the Postwar Period», *Journal of Farm Economics,* vol. 49, 1967. Reproduit avec autorisation, Copyright © 1967.

Tableau 1.1 Les concepts développés en sciences du comportement.

La recherche motivationnelle qualitative [l'après-guerre]

Une manifestation ou une conséquence directe de l'avènement des sciences du comportement fut l'approche motivationnelle dans l'étude du comportement du consommateur. Il faut se rendre compte, en effet, qu'avec une ouverture sur les sciences du comportement, c'est la très influente école de pensée psychanalytique de Freud que l'on accueillait, en même temps que les nombreux travaux qu'elle avait occasionnés.

Le terme de recherche motivationnelle est utilisé surtout pour désigner l'ensemble de la recherche *qualitative* qui a pour but de mettre à nu les motivations conscientes ou inconscientes.

C'est à un psychanalyste d'origine autrichienne, Ernest Dichter, qu'on associe généralement les études de motivation. En effet, Dichter fut président pendant plusieurs années de l'Institute for Motivational Research de New York; il fut mêlé à de très nombreuses études commanditées par des entreprises, et il est l'auteur de plusieurs volumes sur le sujet, dont le fameux *Handbook of Consumer Motivations* (1964).

Il faut reconnaître que ce type d'étude a fasciné un grand nombre de contemporains de Dichter. À lire le cri d'alarme lancé par Packard (1957) sur les tentatives de manipulation via les études «en profondeur», on est tenté de croire non seulement que les académiciens s'adonnaient à ce paradigme de recherche, mais que les firmes de consultants et les praticiens y avaient voué leur âme.

En dépit des abus auxquels elle a donné lieu et des critiques de subjectivisme auxquelles elle a prêté flanc, la recherche motivationnelle ne s'est pas dissoute instantanément. Au début des années 60, les spécialistes en marketing ont pris conscience de ses limites. Mais elle est encore en usage de nos jours, principalement pour générer de nouvelles idées ou pour fournir de premiers éléments de connaissance avant d'entreprendre une étude plus approfondie (lors d'une pré-enquête, par exemple).

Il peut être utile de retenir les raisons citées par les auteurs Engel, Kollat et Blackwell (1978), qui expliqueraient la désaffection qu'ont subie les motivations comme source dominante d'explications du comportement du consommateur:

1) Les motivations étaient inventées à partir de l'imagination individuelle (aucune base empirique d'une part; danger de circularité et de tautologie d'autre part);
2) Les motivations cachaient les autres variables (c'est une grossière exagération de faire porter tout le poids de l'explication d'un comportement complexe sur des variables de mobiles, alors que d'autres variables, par exemple, reliées au produit, sont susceptibles d'intervenir);
3) Les motivations se plaçaient sous le signe de la fausse dichotomie rationnel/émotif (une connotation bon/mauvais étant souvent impliquée, alors que la connotation recherchée était plutôt objectif/subjectif);
4) Les motivations correspondaient à une explication trop restrictive (la pondération accordée à cette variable était trop forte pour que l'acceptation de cette approche persiste).

La recherche motivationnelle quantitative [à partir de 1959]

En comportement du consommateur, parmi les nombreuses études axées sur la motivation, il en existe au moins une à la fois rigoureuse et classique qui mérite une mention spéciale. C'est celle de Evans, parue en 1959, et qui marque le passage du «qualitatif» au «quantitatif». Evans voulait vérifier empiriquement ce que Dichter avait déjà avancé d'une manière théorique, à travers un produit qui avait une forte connotation symbolique à l'époque, les voitures. Quoique son étude n'ait pas abouti à des résultats déterminants, il faut reconnaître l'influence énorme qu'elle a produite. Sans se référer à une conceptualisation d'ensemble du comportement du consommateur, parce que cela n'existait pas encore, Evans a été le premier à tenter une segmentation de marché sur la base de variables psychologiques, de même qu'il a été le premier à utiliser un instrument de mesure emprunté à la psychologie pour mesurer des traits de personnalité, en l'occurrence le EPPS *(Edwards Personal Preference Schedule)*. De 1959 à 1971, de nombreuses études ont été effectuées tentant de démontrer une relation entre la personnalité et le choix des marques. En général, les résultats ont été assez décevants. Les études les plus intéressantes montrent que les variables de personnalité expliquent tout au plus de 5 à 10 % de la variance dans le choix des marques. Nous en préciserons les raisons au chapitre 7 intitulé «Personnalité et mode de vie».

La psychographie [vers le milieu des années 60]

Fondamentalement, la psychographie constitue un prolongement de la recherche motivationnelle. Ainsi, jusqu'à un certain degré, le concept de modes de vie est une extension du concept de traits de personnalité, et il a pris racine dans les études de motivation des années 50. Les propagateurs les plus convaincus de cette approche s'appellent Tigert, Wells et Pessemier; leurs travaux ont paru surtout durant la deuxième moitié de la décennie 60.

En psychographie, on cherche à décrire les caractéristiques humaines des consommateurs qui peuvent avoir une influence sur leurs réactions face aux produits, à l'emballage, à la publicité et à la promotion. Les variables psychographiques ou les modes de vie ainsi générés vont du concept de soi à la perception d'attributs spécifiques des produits, en passant par les attitudes. Cependant, la littérature sur le sujet retient surtout ce qu'il est convenu d'appeler les AIO, c'est-à-dire les Activités, les Intérêts et les Opinions. Les *activités* désignent des actions prolongées, telles que les voyages, ou la participation à des manifestations sportives ou culturelles; les *intérêts* se rapportent aux choses pour lesquelles les gens ont un goût prononcé, telles que les sports, les passe-temps; et les *opinions* concernent les jugements portés sur des sujets importants tels que les affaires politiques, l'éducation, la mode vestimentaire, etc.

La psychographie a connu un sort quelque peu analogue à celui de l'approche motivationnelle qualitative; à ses débuts, elle s'est développée très rapidement, ouvrant la porte davantage, semble-t-il, à l'imagination fertile des chercheurs qu'à leur souci d'une explication minutieuse; peu de temps après, elle offrait l'image d'une avenue trop rapidement explorée et insuffisamment structurée. Certains chercheurs s'y emploient encore aujourd'hui, mais elle a néanmoins perdu la ferveur que suscitaient ses premières manifestations.

L'un des chercheurs les plus importants dans le domaine de la psychographie, William D. Wells, a publié en 1975 une revue des tentatives d'explication des choix de marques par les modes de vie. Tout comme pour les tentatives d'explication par la personnalité ou les variables socio-démographiques, les résultats ont été bien inférieurs à ceux escomptés de prime abord.

Le courant de la modélisation

Au désenchantement face à la multiplication des concepts tirés des sciences du comportement, à leur incapacité d'expliquer sous des angles complémentaires le comportement d'achat, aux résultats obtenus quelque peu déroutants, voire contradictoires dans bien des cas, correspond un mouvement caractérisé par une volonté de mettre de l'ordre dans la recherche en élaborant des modèles de comportement du consommateur clairs et précis et en définissant ainsi plus spécifiquement les variables qui entrent en jeu, ainsi que leurs interactions.

Trois grandes approches correspondant à trois grands centres d'intérêt différents ont vu le jour: les modèles d'attitude multi-attributs découlant de l'influence des théories cognitives, les modèles spécifiques du comportement visant à développer des théories dans des champs d'application bien délimités, et enfin les modèles généraux de comportement tentant de visualiser d'une manière globale le processus d'un comportement d'achat.

Les modèles d'attitude multi-attributs [importance croissante continue depuis 1956]

Les modèles multi-attributs englobent plusieurs modèles du même nom généralement élaborés par des psychologues.

Rosenberg (1956) fait ici figure de pionnier, suivi de Fishbein (1963) qui a consacré beaucoup d'efforts au développement et à l'application de la théorie originale. Ce n'est qu'à la fin des années 60 que la popularité s'est emparée du modèle multi-attributs, entraînant une prolifération de versions modifiées, lesquelles ont pour point commun de reconnaître deux composantes aux attitudes: un *jugement* quant aux différents attributs que possède un objet, et une *évaluation* de l'importance que revêtent ces attributs pour une personne donnée.

Les chercheurs en marketing n'ont pas tardé à se servir de ce genre de modèle pour trouver de nouvelles façons d'aborder leurs «vieux problèmes» reliés à l'explication du choix des marques et ils ont trouvé une façon d'associer des variables pouvant être contrôlées par des actions de marketing (prix, performance, etc.) avec la préférence d'un individu pour une marque: l'énoncé général du modèle de base est que la préférence est fonction des attributs (Wilkie et Pessemier, 1973).

À partir de ce modèle de base, plusieurs chercheurs ont développé des outils permettant d'en améliorer la performance. Notons l'addition de pondération aux différents attributs (modèles compensatoires), ainsi que le processus de décision hiérarchique (modèles non compensatoires).

Le modèle «multi-attributs» constitue sans aucun doute l'une des contributions majeures à la recherche en marketing, en particulier parce qu'il est possible d'en inférer les changements de préférences (donc de parts de marché) qui résulteront des modifications apportées aux attributs d'une marque.

Les modèles du comportement du consommateur [fin des années 50 à nos jours]

Des théories ou des modèles spécifiques sont apparus à la fin des années 50, fondés souvent sur une seule variable. Ainsi en est-il de la théorie de la dissonance cognitive (Festinger, 1957), du risque perçu à l'achat (Bauer, 1960), de la psychologie de la mode (King, 1963), de la diffusion des innovations (Robertson, 1967), pour ne citer que les principales. À elles seules, ces théories possèdent un degré de corroboration très élevé, puisque, sauf rares exceptions, elles n'ont pas subi de contradictions empiriques.

Mais, dans la jungle des concepts et des théories parcellaires qui commandent de plus en plus de connaissances encyclopédiques, il devenait impossible de visualiser globalement le processus de comportement d'achat: les modèles généraux s'efforcent justement de remplir ce rôle.

Cinq modèles généraux sont considérés comme «classiques» dans la littérature du marketing:

a) le modèle behavioriste de Kotler (1965);
b) le modèle de prise de décision du consommateur selon Andreasen (1965);
c) le modèle de prise de décision du consommateur selon Nicosia (1966);
d) le modèle du processus de prise de décision du consommateur par Engel, Kollat et Blackwell (1968, 1973, 1978, 1982);
e) le modèle du comportement de l'acheteur par Howard (1963, 1965), précisé et élargi par Howard et Sheth (1969), puis par Howard et Ostlund (1973) et enfin révisé par Howard lui-même en 1977.

Le premier a déjà été présenté dans ce chapitre. Une description des deux derniers sera faite dans le prochain chapitre.

Le courant *in vivo*

S'il ne fait aucun doute que l'application de modèles à l'analyse du comportement du consommateur a eu des effets bénéfiques, il n'en reste pas moins que le recours à des modèles théoriques accroît le danger de vouloir envisager le comportement selon des schèmes préétablis, plutôt que tel qu'il est perçu réellement par le consommateur lui-même.

C'est ainsi qu'il y a souvent un écart important entre la vision du consommateur et celle de l'analyste, ce qui fait que le positionnement «stratégique» des marques (sur lequel la stratégie exerce un contrôle total) est différent du positionnement «perceptuel» (sur lequel le consommateur exerce un contrôle total).

Depuis quelques années maintenant, il est reconnu qu'une des failles dans l'étude du comportement du consommateur consiste à ne pas avoir suffisamment valorisé la vision du consommateur. Par voie de conséquence, le courant de pensée qui prévaut de nos jours vise à développer une approche analytique dite de *résolution des problèmes,* qui symbolise la façon dont les consommateurs eux-mêmes sont amenés à résoudre des problèmes en *situations* de consommation.

Deux raisons poussent les chercheurs à travailler dans ce sens:

1) L'idée d'accorder aux faits de tous les jours l'importance qui leur est due: le factuel prend le pas sur le théorique;
2) La volonté de donner une orientation stratégique réelle à l'analyse du comportement du consommateur en répondant à deux critères: validité et exploitabilité.

Plusieurs domaines de recherche vont dans ce sens:

1) *Le traitement de l'information par le consommateur,* c'est-à-dire l'acquisition de l'information, son intégration dans la mémoire et son évaluation. L'avènement de ce type de recherche s'explique par le phénomène de surcharge d'information et la fragilité du processus de communication; dans

les deux cas, on reconnaît que le récepteur joue un rôle actif (début des années 70 à nos jours);

2) *Les facteurs situationnels.* Si l'on demande à un consommateur ce qu'il pense d'un produit, il vous répondra que son opinion dépend de quand, comment et pourquoi il l'utilisera. Ce type de recherche s'avère fructueux, car «en situation» il connaît un développement spectaculaire (surtout depuis les travaux de Belk, 1974);

3) *Le degré d'implication du consommateur.* S'il est vrai que la plupart des produits d'aujourd'hui suscitent peu d'implication de la part du consommateur et que quantité de gens n'apportent que le minimum d'attention à leurs problèmes de consommation, alors bon nombre de théories de base en comportement du consommateur sont à revoir. En ce sens, la théorie dite de «la faible implication» cherche d'une part à catégoriser les produits selon le degré d'implication qui leur est associé et, d'autre part, à caractériser les comportements selon chaque groupe ainsi identifié: prise de décision active vs passive, extensive vs limitée, recherche d'information active vs faible, etc.

ORGANISATION GÉNÉRALE DE L'OUVRAGE

Pour faire suite à ce que nous venons de dire sur la définition actuelle de la discipline, soulignons que ce livre a pour prémisse que le développement de toute stratégie de marketing devrait reposer sur une connaissance approfondie des mécanismes qui règlent le comportement du consommateur.

Sur le plan pédagogique, nous avons opté pour une méthode globale, puis parcellaire, c'est-à-dire une méthode d'apprentissage consistant à faire connaître au lecteur l'ensemble du processus de décision d'un consommateur, avant d'en analyser, un à un, les éléments constitutifs.

Nous avons pour cela dressé un modèle élémentaire et compréhensible du comportement du consommateur, n'ayant pas pour but de concurrencer les modèles analytiques complexes déjà publiés, mais plutôt devant servir de cadre de référence pour l'ensemble de l'ouvrage (voir fig. 1.7). Certaines parties de ce modèle, notamment celle concernant la réévaluation après l'achat, seront précisées dans le chapitre 13.

Nous présenterons donc une première description globale du modèle qui devrait permettre au lecteur de procéder à une première intégration des éléments de base exposés dans ce chapitre, puis nous montrerons comment l'organisation générale de l'ouvrage se calque sur la structure du modèle ainsi proposé.

Description globale d'un modèle élémentaire

Conformément au modèle de base de la boîte noire, nous avons regroupé les différentes variables en cinq grands groupes:

I) *Les incitants commerciaux:* ce sont toutes les influences en provenance de l'environnement de marketing du consommateur. La pression relative du marketing des différentes firmes tente d'infléchir le consommateur cible en faveur du produit ou de la marque mis en avant;

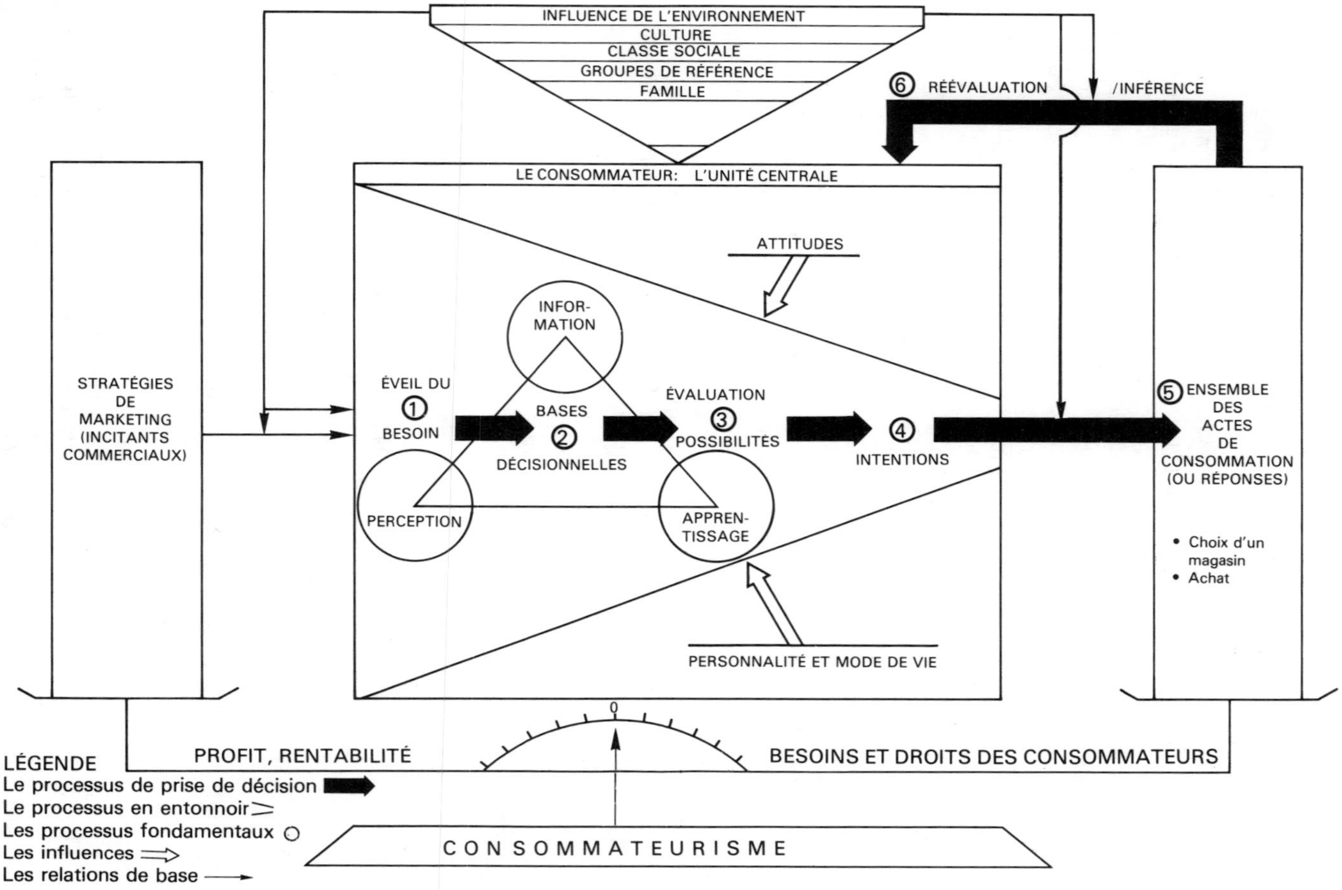

Figure 1.7 Un modèle élémentaire du comportement du consommateur.

II) *Les variables intervenantes:* ce sont tous les processus internes, donc non observables, du comportement. De natures différentes dans leurs fonctions respectives, ils n'en demeurent pas moins complémentaires dans ce qu'ils réalisent:

1) *Les processus fondamentaux:* ce sont tous les mécanismes de façonnage des réponses individuelles faisant suite à la stimulation externe et qui confèrent à chaque consommateur un caractère d'unicité:
   a) *la perception,* c'est-à-dire la façon particulière et bien à lui dont le consommateur enregistre son environnement de marketing et le répertorie par rapport à ses dimensions de base que sont ses critères d'évaluation. La distorsion perceptuelle fera que l'enregistrement ne sera jamais une reproduction tout à fait fidèle de ce que les choses sont en réalité ou de ce que l'on aurait voulu qu'elles soient;
   b) *l'information,* c'est-à-dire le processus grâce auquel l'individu recueillera, traitera, assimilera et enfin acquerra les éléments de base pour une prise de décision sinon éclairée, du moins documentée;
   c) *l'apprentissage,* c'est-à-dire la formation des habitudes de consommation, le processus de socialisation de l'individu en matière de consommation, le rôle de l'expérience dans la décision;
2) *Le processus d'entonnoir:* étant placé devant une multitude de possibilités, le consommateur ne pourra les considérer toutes d'une façon simultanée. Il en réduira donc progressivement le nombre jusqu'à une quantité restreinte de possibilités comportant une valeur positive à ses yeux. Les attitudes, dans ce sens, serviront de cadre de référence à l'individu, lui permettant de s'y retrouver en classant les possibilités et en en éliminant certaines. La personnalité et le mode de vie propres à chaque individu agiront en qualité d'étalons dans la classification systémique de ces possibilités;
3) *Le processus décisionnel:* c'est, nous l'avons dit, la clé d'une bonne compréhension du comportement et donc d'une bonne exploitation stratégique du marketing. Le déroulement de ce processus s'effectue selon une série d'étapes, et dont la succession peut s'interrompre à tout moment d'une façon plus ou moins définitive. S'il est d'usage, dans la littérature spécialisée, d'en distinguer un plus ou moins grand nombre, nous en proposerons six, les quatre premières étant internes, la cinquième étant l'acte de consommation proprement dit, et la sixième dressant un pont rétroactif entre l'acte et la réévaluation interne consécutive; pour respecter le découpage initial du modèle, nous ne présentons sous cette rubrique que les quatre premières, soit:
   a) *l'éveil du besoin* (étape n° 1): il porte directement sur la décision d'acquérir un produit et indirectement sur les raisons qui ont motivé cette décision. Le consommateur constate un écart entre un état idéal désiré et un état actuel, où l'acquisition d'un produit constitue la motivation à combler cet écart;
   b) *les bases décisionnelles* (étape n° 2): le choix d'une possibilité parmi un ensemble suppose l'établissement d'un système décisionnel à caractère «évaluatif»: ce seront les critères d'évaluation. Pour établir ces critères, le consommateur pourra soit puiser dans sa

mémoire et y recueillir tout ce qu'il sait déjà sur le produit, soit s'engager dans une recherche d'information auprès de sources externes telles que les amis, les dépliants publicitaires, les tests privés, les publicités, etc. Comme nous pouvons le constater, le processus fondamental d'acquisition et de traitement de l'information est étroitement relié au déroulement de cette étape;

c) *l'évaluation des possibilités* (étape n° 3): elle se fera par confrontation évaluative — donc relative et non pas absolue — entre les caractéristiques propres à chacun des produits considérés et les critères d'évaluation qui représentent les attentes du consommateur. Cette étape débouchera sur la formation de croyances chez le consommateur quant à la capacité d'une ou plusieurs possibilités de satisfaire ses exigences d'achat; l'évaluation est donc, par nature, individuelle et subjective;

d) *les intentions d'achat* (étape n° 4): ce sont des réponses internes, précédant immédiatement l'acte proprement dit. Une fois décidé, le consommateur peut avoir l'intention d'acheter telle marque et s'y conformer par la suite sur le lieu d'achat, ou alors développer des intentions moins restrictives relativement à quelques marques seulement;

III) *Les réponses* (étape n° 5): il s'agit de l'ensemble des actes de consommation qui constituent l'aboutissement visible, et donc observable directement, des différents processus décisionnels suivis par l'individu. Généralement, ces actes de consommation se résument au choix d'un magasin et à l'achat proprement dit;

IV) *La réévaluation après l'achat* (étape n° 6): en utilisant le produit acquis, le consommateur pourra en évaluer la performance effective, et donc confronter ses attentes avec les réalisations obtenues. Une réévaluation favorable du produit entraînera un renforcement positif du consommateur en lui procurant un sentiment de satisfaction propice à la marque considérée, qui se manifestera notamment lors d'un achat futur. Alors qu'à l'inverse, un désenchantement devrait logiquement entraver tout achat renouvelé de la marque. Quelle que soit la complexité de cette réévaluation, le consommateur aura toujours tendance à vouloir compenser le déséquilibre psychologique que provoque un achat, surtout s'il est important, réduisant ainsi un certain sentiment d'insécurité: nous dirons qu'il s'agit là de la réduction de la dissonance cognitive après l'achat;

V) *L'influence de l'environnement:* c'est l'ensemble des variables exogènes qui définissent le milieu ambiant dans lequel évolue l'individu et qui, directement ou indirectement, influence tous les aspects du comportement et notamment le processus de prise de décision. Volontairement, nous avons représenté ces variables en partant des influences les plus larges (culture) pour aller aux plus spécifiques (situations de consommation), signifiant par là que l'acuité de la pression exercée sur l'individu croît avec la spécificité de l'influence.

Ces variables jouent parfois le rôle d'incitants: l'achat d'une automobile peut être motivé par la volonté de l'individu d'étaler son statut social. Elles sont aussi la cause majeure de la non-transformation des intentions déclarées en des achats effectifs: par exemple, la non-disponibilité du produit,

l'influence d'un ami en dernière minute, etc.
Enfin, la réduction de la dissonance cognitive se fera souvent auprès d'amis, de connaissances.

Avant d'aller plus loin dans la présentation de ce modèle, il est important de noter que le processus de prise de décision tel que nous l'avons proposé ne se déroule pas toujours de la même façon. Le degré d'élaboration de chacune des étapes peut être plus ou moins grand, voire réduit à zéro et entraîner un court-circuit pur et simple d'une ou de plusieurs d'entre elles. Nous n'achetons quand même pas de la même façon une automobile et un rouleau d'essuie-tout!

Deux dimensions fondamentales influenceront directement la nature même du processus décisionnel de l'acheteur. Ce sont les suivantes:

a) le bagage d'expérience du consommateur: plus celui-ci sera grand, plus il est probable que l'individu ne s'engagera pas dans un processus de décision long et complexe, ses idées étant d'ores et déjà établies;
b) le degré d'implication du consommateur: l'implication définit l'importance que revêt l'achat aux yeux du consommateur. Des achats fortement «impliquants» sont souvent reliés à l'image de soi et aux valeurs propres à l'individu. Ce type d'achats peut aussi entraîner des risques élevés, notamment financiers. Dans ce cas, les achats à forte implication comportent des processus de prise de décision complexes, alors qu'inversement des achats peu «implicants» s'effectuent par suite de processus limités.

En guise de conclusion à ce modèle dont le but essentiel est de replacer l'analyse du comportement du consommateur dans le développement de stratégies de marketing, nous tenons à nous poser les questions suivantes: Jusqu'où peut aller l'entreprise dans l'exploitation commerciale des besoins de consommation des individus? Besoins et profits peuvent-ils cohabiter? Nous avons voulu intégrer à notre modèle l'idée de rechercher un juste équilibre entre l'offre et la demande: c'est pourquoi nous parlons du consommateurisme, non pas forcément comme une contrainte à contourner, mais comme une force possible au service de l'entreprise.

Articulation de l'ouvrage

La première partie du livre donne donc une vision globale du comportement du consommateur (chapitres 1 et 2):

1) Elle situe la discipline du comportement du consommateur au sein du marketing;
2) Elle propose un premier modèle simple d'intégration des éléments de base du comportement;
3) Elle développe un schéma général interne des différentes théories et approches, à travers la présentation de modèles élaborés;
4) Enfin, elle introduit le processus de décision comme composante centrale du comportement.

La deuxième partie décrit en détail les processus fondamentaux du comportement du consommateur, c'est-à-dire les groupes moteurs clés:

1) La perception (chapitre 3), processus par lequel le consommateur prend conscience de son environnement de marketing;

2) L'acquisition et le traitement de l'information (chapitre 4), processus grâce auquel se fait, en totalité ou en partie, la réception des communications de marketing;
3) L'apprentissage (chapitre 5), processus par lequel se forment des habitudes de consommation.

La troisième partie s'attache à définir les prédispositions du comportement du consommateur, qui restreindront progressivement le nombre des possibilités de choix considérées:
1) Tout d'abord, la notion d'attitude qui se trouve au centre du comportement du consommateur et à laquelle nous consacrons un chapitre volumineux (chapitre 6);
2) Ensuite, la personnalité et le mode de vie propres au consommateur (chapitre 7).

La quatrième partie passe en revue les différentes influences de l'environnement, des plus larges aux plus spécifiques: la culture, les classes sociales, les groupes de référence, la famille, les situations de consommation (chapitres 8 à 12).

La cinquième partie, véritable synthèse de l'ouvrage, démontre comment se fait l'intégration des groupes moteurs clés et des différents facteurs d'influence du comportement du consommateur au processus décisionnel vu dans son ensemble, soit:
1) La distinction entre les processus de prise de décision à forte implication de la part du consommateur et ceux à faible implication (chapitre 13);
2) L'analyse d'un processus décisionnel particulier: celui menant à l'achat d'un nouveau produit (chapitre 14).

Enfin, la sixième partie est centrée sur les problèmes éthiques et sociaux que peut poser l'application directe des connaissances acquises sur le comportement du consommateur aux stratégies de marketing des firmes; nous parlerons donc de consommateurisme (chapitre 15).

Ces différents chapitres constituent un cadre de référence fort important pour toute personne désirant acquérir une formation en marketing complète et débouchant sur des applications concrètes.

DÉMONSTRATION PRATIQUE: UNE PREMIÈRE ÉBAUCHE DE L'AMÉLIORATION DE L'EFFICACITÉ STRATÉGIQUE EN MARKETING

La réussite commerciale d'une entreprise dépend étroitement de l'adaptation de sa politique de marketing aux besoins ressentis par les consommateurs cibles.

Ce dogme du monde des affaires, de nature indéfectible, ne peut se traduire dans les faits que par une analyse approfondie des processus de décision des consommateurs, analyse débouchant sur des résultats précis, fiables et exploitables sur le plan stratégique.

Bien entendu, dans la réalité de tous les jours, les enseignements sont plus faciles à énoncer qu'à réaliser. Ainsi, la très grande complexité des comportements de consommation rend la tâche de l'analyste en marketing ardue et souvent inconfortable.

Sans prétendre, loin de là, résoudre ici toutes les difficultés inhérentes à l'application de ce dogme, d'autant plus que nous n'en sommes qu'à la fin du premier chapitre, il nous a semblé judicieux de démontrer comment l'orchestration d'une politique de marketing peut et doit s'intégrer aux différentes étapes du processus de prise de décision du consommateur cible, donnant ainsi une première illustration des possibilités qu'offre l'analyse du comportement du consommateur pour définir des stratégies et des tactiques de marketing précises et donc efficaces.

Politiques de marketing et prise de décision du consommateur

Nous avons vu que le processus de prise de décision du consommateur peut comprendre six étapes successives allant de l'éveil du besoin à la réévaluation après l'achat.

La nature des fonctions relatives à chacune des phases du processus de prise de décision influencera fortement le type de politiques de marketing qu'emploiera la firme, permettant ainsi de dresser une première typologie simple des efforts de planification que déploiera cette dernière:

1) Les étapes 1 à 4 (inclusivement) définissent les phases préparatoires à l'achat, auxquelles correspondra un *marketing de masse,* dont les tâches essentielles seront:
   a) l'identification des ouvertures de marché;
   b) la segmentation du marché;
   c) la planification des activités de marketing de lancement et de suivi du produit;
2) Aux étapes 5 et 6 correspondent l'achat et la réévaluation après l'achat, nécessitant le déploiement d'une activité de marketing «terrain» ou encore «sur le lieu de vente», soit:
   a) les promotions sur le lieu de vente (PLV);
   b) les étalages;
   c) l'ajustement de la force de vente;
   d) le service après-vente (SAV).

Le marketing de masse

L'identification des ouvertures de marché

La conceptualisation d'un nouveau produit trouve sa genèse dans deux domaines fort différents, mais idéalement complémentaires: il s'agit soit d'une innovation technique apportée spontanément au produit, généralement à partir du service de recherche et développement, soit de la découverte d'un besoin non assouvi, généralement à partir du service de recherche en marketing.

Quelle qu'en soit l'origine, l'entreprise doit vérifier à quel point ce produit correspond à une ouverture de marché réelle et donc exploitable: y a-t-il un intérêt marqué du consommateur envers ce produit, quels sont les besoins et leur intensité, quels sont les freins à l'acquisition de ce produit et, enfin, ce ou ces besoins sont-ils ressentis par un nombre suffisant de consommateurs pour justifier une exploitation commerciale?

La segmentation du marché

L'entreprise ne pourra généralement pas proposer un produit unique à l'ensemble du marché potentiel. En se positionnant, elle devra adapter son produit aux spécificités requises par les différents groupes de consommateurs à atteindre. Prenons l'exemple du marché à forte croissance des micro-ordinateurs. Les fonctions que devra remplir un appareil de ce type varieront grandement selon les types ou groupes d'utilisateurs potentiels. Nous pouvons ainsi imaginer la segmentation fonctionnelle suivante:

1) Segment n° 1: *fonctions récréatives,* s'adressant aux individus recherchant uniquement le divertissement familial;
2) Segment n° 2: *fonctions récréatives et mathématiques simples,* pour le divertissement, l'intérêt pédagogique pour les enfants, la tenue du budget familial;
3) Segment n° 3: *fonctions mathématiques prédominantes,* pour la programmation avec une option divertissement;
4) Segment n° 4: *fonctions mathématiques strictes,* pour une utilisation professionnelle stricte avec programmation ou gestion ou traitement de textes.

La planification des activités de marketing

Une fois le produit conçu, la compagnie devra s'efforcer de le présenter le mieux possible au consommateur en suivant les différentes étapes de son évolution:

1) Elle développera d'abord la demande globale en *informant* le consommateur des caractéristiques du produit;
2) Elle développera ensuite la demande préférentielle de la marque, par un marketing de persuasion, en *associant* celle-ci aux caractéristiques les plus recherchées par les consommateurs cibles;
3) Elle différenciera plus tard son produit par rapport à ceux des concurrents en *cherchant à définir un positionnement* perceptuel dans l'esprit des consommateurs;
4) Enfin, elle exploitera le potentiel chèrement acquis en jouant la carte de la fidélité à la marque et donc en *renforçant* les habitudes de consommation.

Le marketing sur le lieu de vente

Il s'agit de toutes les activités de marketing ayant pour but principal de provoquer le passage d'une marque à une autre à la dernière minute, ou encore de stimuler les ventes en éveillant des besoins d'une façon impulsive ou émotionnelle.

En ce qui concerne le premier cas, ces activités visent surtout les consommateurs dont la fidélité à la marque n'est pas inconditionnelle: les offres promotionnelles sont souvent prévues à cet effet (réductions de prix, coupons rabais, rabais de quantité, cadeaux, etc.).

Elles constituent une suite logique et indispensable au marketing de masse: leur absence peut réduire à néant les efforts initiaux.

Quant au service après-vente, il a pour but soit de maximiser la satisfaction après l'achat, soit de renforcer positivement le consommateur à l'avance («Satisfaction garantie ou argent remis») ou après l'achat («Félicitations! Vous êtes l'heureux (ou l'heureuse) propriétaire d'une Honda!»).

Conclusion

Bien qu'il ne s'agisse ici que d'une première démonstration des possibilités stratégiques offertes par l'analyse du comportement du consommateur, elle prouve néanmoins qu'une telle analyse déborde largement la simple évaluation du niveau des ventes, et ce à cause essentiellement de la richesse des enseignements retirés.

Exercice pratique Le hall d'automobiles*

Dans le but de mieux comprendre les raisons ou motivations de ses clients lors de l'achat de ses différents produits, une importante compagnie d'automobiles a décidé de procéder, par l'intermédiaire de son département de recherche en marketing, à une étude du comportement de ses clients en situation d'achat. Afin de s'assurer de la validité des résultats obtenus, le responsable du projet a choisi d'être encadré dans son travail par différents spécialistes, dont un économiste, deux psychologues, un sociologue et un anthropologue. L'observation des clients, puisqu'il s'agit d'une étude au moyen de l'observation, sans utilisation d'aucun instrument de mesure spécifique, s'effectue chez l'un des plus importants dépositaires de la marque en question, et plus précisément dans le hall d'exposition des nouveaux modèles. Le jour où l'action se déroule, les différents spécialistes, le responsable de la recherche, le directeur du marketing de la compagnie et une étudiante stagiaire en marketing sont tous installés derrière une vitre-miroir qui leur permet d'observer le comportement des clients dans le hall d'exposition sans être vus de ces derniers.

Au moment où l'action débute, un homme accompagné de son épouse et de ses deux enfants s'approche d'un modèle compact de couleur gris métallique. Les ayant remarqués, un vendeur fait de même. D'après la conversation qui s'engage entre les deux hommes et leurs comportements respectifs, on peut facilement deviner que ce père de famille n'en est pas à sa première visite. Le jeune homme rejoint son père et, lorsque ce dernier lui en laisse la chance, pose des questions au vendeur sur les différentes options disponibles, sur le moteur, etc. Pendant ce temps, la mère et la fille font bande à part, se promenant d'un modèle à l'autre, visiblement intéressées tant par l'aspect intérieur qu'extérieur des voitures. Profitant de l'embarras du vendeur face à certaines questions de son fils, le père jette un coup d'oeil sur les autres clients en quête d'une voiture, sur leur apparence, ainsi que sur les modèles qui semblent présenter pour eux le plus grand intérêt.

Rassemblant sa famille au grand complet, il se décide à lui faire faire une tournée des différents modèles exposés. Le vendeur, qui lui aussi suit le mouvement, s'empresse pour chaque modèle de répondre aux questions qui lui sont posées, ou mentionne d'emblée certaines caractéristiques particulières. Malgré tout, il semble bien que le couple demeure intéressé par son premier choix. Une fois l'ensemble des voitures passé en revue, ils peuvent en discuter librement entre eux, le vendeur étant appelé au téléphone. De retour auprès de ses clients potentiels, il les invite à s'asseoir dans son bureau. De prime abord, il les entre-

* Cette expérimentation s'inspire entièrement d'un exemple donné dans: Engel, J., Kollat, D., Blackwell, R., *Consumer Behavior,* 2e édition, H.R.W., 1973, p. 3-5. Reproduit et adapté avec autorisation de Holt, Rinehart et Winston, Copyright © 1968, 1973, de H.R.W. inc. CBS College Publishing.

tient des avantages d'une voiture neuve, s'appuyant sur son expérience en matière de voitures d'occasion, et s'efforce de répondre pour le mieux et même de prévoir les questions spontanées et souvent embarrassantes du jeune homme.

Il les rassure sur leur achat éventuel, parle de la garantie, souligne les facilités de paiement et en vient même à faire une offre plus intéressante sur la reprise de leur ancienne voiture. Puis, d'un geste naturel, il présente le contrat accompagné d'un stylo au chef de famille, continuant à parler avec la mère de famille du choix des couleurs et des tissus d'intérieur. Une fois le contrat signé, les deux hommes se serrent la main et la famille quitte le hall d'exposition avec un air de contentement. Tout d'un coup, le père revient sur ses pas et pose à nouveau quelques questions au vendeur, puis le salue et rejoint enfin sa famille. Pendant ce temps les commentaires vont bon train chez les observateurs, et les points de vue ne manquent pas de diverger sur les explications à donner aux différents comportements observés.

C'est l'économiste qui prend la parole le premier:

«La situation n'est pas bien difficile à comprendre, ni même à expliquer. Le client a déclaré qu'il espérait garder son emploi régulier durant la prochaine année, de plus son automobile a visiblement besoin d'être remplacée. L'équilibre a été atteint lorsque le vendeur a augmenté la valeur de reprise du véhicule d'occasion. En un mot, sous des conditions de revenus stables, une réduction de prix entraînera des ventes additionnelles: c'est le cas ici.»

L'un des deux psychologues fait remarquer que l'explication, bien qu'intéressante, n'en demeure pas moins incomplète. Selon lui, le problème consiste à savoir pourquoi le client a acheté cette voiture en particulier et non pas une autre, d'un autre style ou couleur. Il fait référence à l'attitude favorable du consommateur face à la marque, et aussi face au style et à la couleur. Il décrit même les traits de personnalité du client. Enfin, il ajoute:

«Avez-vous remarqué ce besoin supplémentaire d'information sur le programme de garantie après l'achat? N'est-ce pas là une manifestation évidente de la dissonance cognitive?»

Quant au second psychologue, réputé pour sa très grande rigueur méthodologique lors de ses expérimentations, il démontre très peu d'intérêt dans cette affaire. Il s'élève contre le fait d'en arriver à des généralisations selon lui trop hâtives, surtout à partir d'une situation où un trop grand nombre de variables sont incontrôlées. Il intervient:

«Faire des prédictions sur la base de telles observations relève plus de l'utopie que d'une quelconque science du comportement!»

Tout au plus se hasarde-t-il à formuler quelques hypothèses sur le processus d'apprentissage du consommateur et sa recherche d'information. Mais, insatisfait, il rassemble ses documents et quitte l'assemblée.

C'est alors que la controverse s'établit entre le sociologue et l'anthropologue sur des observations communes. Le sociologue prend la parole en premier et fait remarquer que le client a indiqué qu'il a essayé la nouvelle voiture de son voisin et que, depuis lors, il est devenu conscient du montant des frais nécessaires pour remettre en bon état son ancienne voiture.

«Vous rappelez-vous, demande le sociologue, ce que la client a dit? Eh bien, il lui semblait que les gens de son milieu trouvaient ce type de voiture très confortable.»

À ce moment l'anthropologue intervient brusquement:

«Oui, peut-être, mais encore faudrait-il signaler sa réaction à la vue d'un Noir qui regardait une autre voiture!»

Puis les deux observateurs s'engagent de plus belle dans une discussion sur l'influence des divers membres de la famille lors de l'achat de la voiture.

L'étudiante stagiaire interrompt brutalement la discussion en s'exclamant:

«Je m'interroge sur la pertinence de la recherche. Ne sommes-nous pas en train de répondre à la question comment vendre des automobiles aux gens? Le fond du problème ne serait-il pas plutôt de savoir si l'on est en droit de vendre des automobiles aux gens face aux problèmes de pollution actuels? Le vendeur n'a même pas indiqué au client le taux de pollution de la voiture qu'il vient d'acheter. Comment voulez-vous qu'il soit concerné par des problèmes d'ordre écologique!»

Après un instant de silence, le directeur de marketing, bien qu'un peu nerveux, prend enfin la parole.

«Madame, messieurs, vos opinions sont des plus intéressantes, lance-t-il, mais croyez-en mon expérience, je suis assuré que le client a choisi notre marque à cause du souci que nous avons eu de lui offrir ce qu'il désirait. Avez-vous remarqué le plaisir du client à prendre place dans les sièges baquets et à faire marcher le système stéréophonique? Cette voiture est tout spécialement conçue pour le mode de vie actuel et, en ce qui a trait aux problèmes de pollution, croyez bien que notre compagnie se sent concernée autant que n'importe quelle autre. Tous nos modèles sans exception sont équipés d'un système antipollution, et nous espérons d'ici quelques années réduire le taux de pollution de plus de 48%.»

Puis le directeur de marketing ajoute:

«Je m'en voudrais aussi de ne pas mentionner que le vendeur a même suggéré au client un équipement supplémentaire pour qu'il puisse avec sa nouvelle voiture tirer plus aisément sa tente-roulotte. Ceci, madame, messieurs, c'est ce que nous appelons chez nous du service aux consommateurs, et nous vendons des voitures!»

Questions

1 Selon vous, qui parmi les observateurs a raison? Expliquez votre réponse.

2 Pour chacun des spécialistes en présence, pourriez-vous citer les postulats utilisés dans leur argumentation? Une description du domaine de chacun d'entre eux vous aidera grandement à répondre à cette question.

3 On dit du comportement du consommateur qu'il s'agit d'une science qui intègre toutes les disciplines mentionnées dans le cas et même d'autres. Expliquez.

4 Choisissez deux spécialistes et démontrez, exemples à l'appui, comment les arguments qu'ils développent peuvent aider à la définition d'une stratégie de marketing.

BIBLIOGRAPHIE

ANDREASEN, A., «Attitudes and Customer Behavior: A Decision Model», dans *New Research in Marketing,* sous la direction de Lee F. PRESTON, University of California Institute of Business and Economic Research, Berkeley, 1965, p. 1-16.

BAUER, R., «Consumer Behavior As Risk Taking», dans *Proceedings of the 43rd National Conference of the American Marketing Association,* sous la direction de Robert S. Hancok, juin 1960, p. 389-398.

BELK, W., «An Exploratory Assessment of Situational Effects in Buyer Behavior», *Journal of Marketing Research,* mai 1974, p. 156-163.

BERNARD-BÉCHARIES, J.F., *Le Choix de consommation: Rationalité et Réalité du comportement du consommateur,* Paris, Éditions d'Organisation, 1970.

BURK, M., «Survey of Interpretations of Consumer Behavior by Social Scientists in the Postwar Period», *Journal of Farm Economics,* vol. 49, 1967.

DICHTER, E., *Handbook of Consumer Motivations,* New York, McGraw-Hill, 1964.

ENGEL, J., KOLLAT, D., BLACKWELL, R., *Consumer Behavior,* éd. de 1968, 1973, 1978, 1982, The Dryden Press, Holt, Rinehart & Winston.

EVANS, F., «Psychological and Objective Factors in the Prediction of Brand Choice», *Journal of Business,* octobre 1959, p. 340-369.

FARLEY, J., HOWARD, J., RING, W., *Consumer Behavior: Theory and Application,* Boston, Allyn & Bacon, 1974.

FESTINGER, L., *A Theory of Cognitive Dissonance,* Stanford, Stanford University Press, 1957.

FISHBEIN, M., «An Investigation of the Relationships Between Beliefs About an Object and the Attitude Toward That Object», *Human Relations,* 1963, p. 233-240.

HOWARD, J., *Marketing: Executive and Buyer Behavior,* New York, Columbia University Press, 1963.

HOWARD, J., SHETH, J., *The Theory of Buyer Behavior,* New York, Wiley & Sons, 1969.

HOWARD, J., OSTLUND, L., *Buyer Behavior: Theoretical and Empirical Foundations,* New York, Knopf, 1973.

HOWARD, J., *Consumer Behavior: Application of Theory,* New York, McGraw-Hill, 1977.

KOTLER, P., «Behavioral Models for Analysing Buyers», *Journal of Marketing,* octobre 1969, p. 37-45.

LAMBIN, J.J., PEETERS, R., *La Gestion marketing des entreprises,* tome 1, Paris, P.U.F., 1977.

LANCASTER, K., «A New Approach to Consumer Theory», *Journal of Political Economy,* avril 1966, p. 132-157.

MASLOW, A., *Motivation and Personality,* New York, Harper & Row, 1952.

NICOSIA, F., *Consumer Decision Processes: Marketing and Advertising Implications,* Prentice-Hall, 1966.

PACKARD, V., *The Hidden Persuaders,* New York, McKay, 1957.

ROBERTSON, T., «The Process of Innovation and the Diffusion of Innovation», *Journal of Marketing,* janvier 1967, p. 14-19.

ROSENBERG, M., «Cognitive Structure and Attitudinal Effect», *Journal of Abnormal and Social Psychology,* 1956, p. 367-372.

VALENCE, G., «La Discipline du comportement du consommateur: Analyse de ses phases marquantes et Aperçu pour le futur», *Working Paper,* Faculté d'administration, Université de Sherbrooke, septembre 1980.

VEBLEN, T., *The Theory of The Leisure Class,* Macmillan, 1899.

WELLS, W., «Psychographics: A Critical Review», *Journal of Marketing Research,* mai 1975, p. 196-213.

WILKIE, W., PESSEMIER, E., «Issues in Marketing's Use of Multi-Attribute Attitude Models», *Journal of Marketing Research,* novembre 1973, p. 428-441.

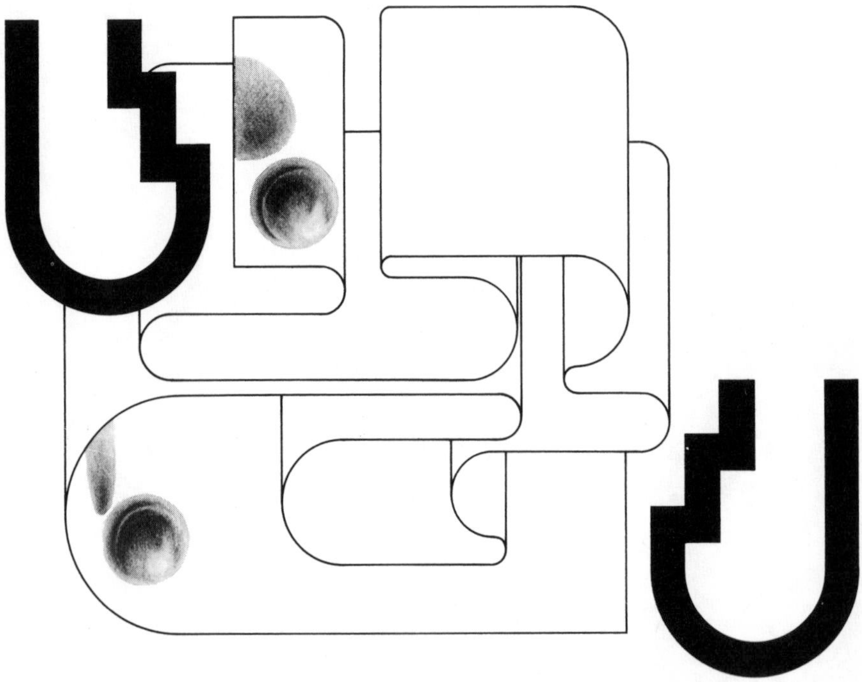

Chapitre 2

Les modèles en comportement du consommateur

OBJECTIFS:

1) Analyser dans sa totalité le processus de prise de décision d'un consommateur;
2) Identifier les différentes étapes de ce processus;
3) Définir et établir un cadre général pour l'ensemble des prochains chapitres.

PRÉPARATION À L'EXERCICE PRATIQUE:

1) Étudier en profondeur les deux modèles généraux présentés dans la partie théorique du chapitre;
2) Prendre connaissance de la démonstration pratique comme d'un premier exercice d'entraînement;
3) Analyser l'étude de cas intitulée «La montre» en répondant aux questions posées.

INTRODUCTION

Les tentatives d'explication du comportement du consommateur par la théorie économique ne portent en fait que sur les déterminants *économiques,* matériels du choix et non pas sur le processus suivi par le consommateur pour parvenir à ce choix.

L'approche psychosociologique s'efforce au contraire de démontrer le processus de formation de la préférence pour telle ou telle possibilité et d'identifier les variables explicatives du comportement. Ce découpage du cheminement psychologique du consommateur aboutit à la construction de modèles généraux ou spécifiques selon qu'ils représentent en tout ou en partie les mécanismes de décision.

Les trois modèles suivants ont profondément marqué l'évolution de la discipline du comportement du consommateur:

1) Le modèle du processus de décision de Nicosia (1966) qui est de nature spécifique puisqu'il traite principalement de la formation d'attitudes chez un individu exposé à l'influence d'un message publicitaire;
2) Le modèle général du comportement du consommateur de Engel, Kollat et Blackwell, proposé pour la première fois en 1968 et révisé trois fois depuis lors (1973, 1978, 1982);
3) Le modèle du comportement de l'acheteur de Howard et Sheth (1969) qui a suscité beaucoup d'intérêt, à cause de l'ampleur et du sérieux de la revue de la littérature en marketing qui l'étaye, ainsi que de la clarté et de la rigueur avec lesquelles les relations entre variables y sont définies et, enfin, parce qu'il a servi de base au développement d'une théorie sur le comportement de l'acheteur. Ce modèle a, lui aussi, été maintes fois révisé (voir J. Farley, J. Howard, W. Ring, 1974; Howard, 1977).

Mais qu'entendons-nous exactement par modèle? Au sens large, un modèle est une représentation simplifiée d'un phénomène, d'un processus, d'un système d'interactions dynamiques, représentation qui spécifie les éléments du processus, ou variables, et la nature des relations entre ces éléments. En comportement du consommateur, *un modèle représente sous une forme plus ou moins schématique les interactions, effets directs ou rétroactifs des éléments du système de prise de décision de l'acheteur.*

Si l'on se base sur cette définition, on constate alors:

a) que le degré de précision des modèles varie selon qu'ils représentent un plus ou moins grand nombre de propriétés du système de référence; il faut savoir que, face à la complexité du comportement du consommateur, tout modèle sera une simplification du monde réel;
b) qu'on qualifie de modèle en comportement du consommateur ce qui est utilisé pour représenter l'une ou toutes les parties des variables influant sur le comportement;
c) enfin, que les différences entre les modèles reposent essentiellement sur l'accent qui est porté sur une variable par rapport aux autres de même que sur la manière dont les interactions sont représentées.

Les modèles ont l'avantage d'intégrer les efforts de disciplines variées (économie, psychologie, sociologie, etc.) qui contribuent tous à l'avancement de la connaissance du comportement du consommateur et dont nous avons déjà parlé dans le premier chapitre.

Dans ce chapitre, qui vise avant tout à familiariser le lecteur avec deux des principaux modèles en la matière, nous établissons une distinction importante entre les apports théoriques des modèles sur le plan de la recherche fondamentale à caractère scientifique et les apports pratiques sur le plan de la recherche à caractère professionnel. Mais avant d'entrer dans les détails, et ne serait-ce que pour justifier la multitude des modèles que l'on rencontre dans la littérature spécialisée, demandons-nous quelle en est l'utilité.

UTILITÉ DES MODÈLES EN COMPORTEMENT DU CONSOMMATEUR

L'importance du rôle joué par les modèles

D'une façon globale, les modèles en comportement du consommateur ont deux raisons d'être:

1) Identifier des hypothèses et développer de nouvelles théories en comportement du consommateur: c'est l'aspect expérimental et l'orientation scientifique des modèles;
2) Expliquer le comportement du consommateur: c'est l'aspect pédagogique.

Les spécialistes s'accordent pour reconnaître les multiples apports des modèles. Ces apports peuvent être différenciés selon qu'ils se réfèrent à une vision globale ou à une vision plus spécifique du comportement. Nous distinguons ainsi les apports «macro» des apports «micro».

Si l'on s'intéresse aux apports «macro», les modèles permettent:

a) de fournir un cadre de référence pour la recherche;
b) d'intégrer les recherches souvent très diverses et parcellaires dans un tout significatif;
c) de construire des théories;
d) de fournir des explications quant au rendement du système représenté.

Si l'on se réfère maintenant aux apports dits micro, ces mêmes modèles permettent:

a) d'identifier les variables du comportement du consommateur;
b) d'expliquer les relations fondamentales entre les variables identifiées;
c) d'exposer les étapes de la décision ou les relations opérationnelles entre variables;
d) de spécifier les relations exactes de cause à effet entre ces variables.

L'utilité des modèles comme base de référence pour la recherche appliquée devient évidente lorsque l'on considère les apports micro: ils permettent aux praticiens d'identifier avec facilité les concepts clés d'un processus particulier et de modéliser les interactions entre les variables. C'est sur ce dernier point que nous insisterons maintenant.

Les modèles et la pratique du marketing

La résolution de tout problème en marketing, que ce soit en recherche fondamentale ou appliquée, nécessite une approche scientifique (et partant rigoureuse), laquelle garantira le caractère professionnel de l'étude et donc du résultat final. Cette constatation présuppose que, face à un problème quelconque, le spécialiste en marketing soit capable de mener à bien les étapes suivantes:

1) Situer et délimiter avec grande précision le sujet à traiter;
2) Identifier les variables pertinentes à manipuler;
3) Visualiser a priori les relations entre ces variables, et poser ainsi des hypothèses de travail fondées, donc solides;
4) Dresser un plan d'analyse rigoureux en fonction des relations identifiées;
5) Enfin, connaître les techniques de traitement, les outils statistiques.

Le consommateur étant au centre du marketing, la réalisation adéquate des quatre premières étapes du processus de recherche ainsi défini — la quatrième découlant d'ailleurs de la troisième — requiert une parfaite connaissance des composantes et variables de base du comportement du consommateur, donc des modèles qui représentent ce comportement. Il ne s'agit pas de reproduire textuellement un modèle dans toute étude de marketing, mais de s'en servir comme cadre de référence. En ce sens, les modèles constituent des outils et non des fins; c'est ce que nous allons démontrer maintenant.

Situer et délimiter avec grande précision le sujet à traiter

1) En général, lors d'une intervention, c'est au spécialiste en marketing que revient la tâche de délimiter avec précision le sujet à traiter. Exception faite des grandes entreprises, rares sont les clients capables de définir eux-mêmes et avec précision leurs besoins en marketing;
2) Sous des contraintes de budget et de temps, lesquelles forment la règle plutôt que l'exception, existe une relation inverse entre l'élargissement du sujet et le degré de précision à escompter dans les résultats: autrement dit, dans les études de marché, le mot limitation est synonyme de précision, alors que celui d'élargissement va de pair avec survol.

Expliquons maintenant comment la connaissance des modèles constitue un atout considérable dans les deux cas mentionnés ci-dessus. Le spécialiste en marketing doit être capable de délimiter avec précision le champ de son intervention: est-ce l'étape de recherche d'information qu'il s'agit d'étudier, recherchons-nous les motivations qui mènent à l'achat, mesurons-nous les attitudes, ou encore l'impact des influences socio-culturelles? Connaître parfaitement la modélisation du processus de prise de décision du consommateur, c'est être en mesure de cerner la zone précise d'intervention. De plus, travailler sur l'ensemble du processus de prise de décision du consommateur ne permet pas l'approfondissement qu'offre une étude portant sur une seule et unique étape de ce processus. Il est de pratique courante que le client essaie d'en savoir le plus possible pour le même prix. Hélas, cette façon de procéder est trompeuse puisque la politique du «toujours plus» repose sur un élargissement du sujet de la recherche et non pas sur son approfondissement. Et si l'on peut, dans une enquête, poser par exemple vingt ou même vingt-cinq questions sur une seule étape du processus de décision, cela n'est certes pas possible pour chacune des étapes de ce processus, notamment si, comme le font certains auteurs, on en dénombre cinq!

Identifier les variables à manipuler

Les modèles en comportement du consommateur constituent de véritables recueils terminologiques où sont répertoriées les variables qui entrent en jeu dans le comportement. L'acquisition de cette terminologie fort précise permet de donner un nom aux phénomènes identifiés dans la consommation et, surtout, de diagnostiquer les variables dépendantes, indépendantes et de contrôle. Le spécialiste en marketing possède ainsi un langage fort précis car fondé sur une nomenclature détaillée (voir à ce sujet la nomenclature présentée en annexe du livre).

Visualiser a priori les relations entre ces variables

Il ne fait nul doute que la qualité d'une étude de marketing repose étroitement sur la pertinence des hypothèses de travail qui y sont posées. L'un des buts des modèles étant d'expliciter les relations fondamentales entre les variables identifiées, l'analyste trouve dans les modèles — notamment ceux du processus de décision menant à l'achat — un guide précieux lui permettant de se retrouver parmi la multitude de relations possibles entre les variables d'une étude. Face au problème de marketing posé, il devient alors aisé d'identifier les relations les plus pertinentes, c'est-à-dire celles qui apporteront le plus à l'entreprise dans la définition future de sa stratégie.

Cette classification type des étapes d'une recherche en comportement du consommateur n'est d'ailleurs pas nouvelle en soi, puisqu'elle avait été formalisée, dès 1974, pour la recherche en sciences sociales par Gordon, McEachron et Fisher. Quoi qu'il en soit, si le recours à de tels modèles présente de réels avantages, il comporte aussi ses limites.

Les restrictions dans l'usage des modèles

L'utilité d'un modèle, comme outil de gestion, est limitée pour plusieurs raisons essentielles (Assael, 1981):

1) Un modèle ne fait qu'identifier les éléments les plus communément rencontrés dans la prise de décision: le même modèle ne peut s'appliquer de la même façon au marché des céréales et à celui du café, même si ces deux produits se situent dans le domaine de l'agro-alimentaire. De ce fait, le marketing ne reçoit dans les modèles qu'un guide général qu'il faut adapter aux spécificités des couples produit-marché étudiés;
2) Les composantes d'un modèle n'auront pas la même importance selon les catégories de produits, certaines pouvant même ne pas s'appliquer du tout: par exemple la recherche d'information devrait revêtir plus d'importance pour une chaîne stéréo que pour un transistor de poche;
3) Les composantes d'un modèle n'auront pas la même importance dans toutes les situations d'utilisation: l'achat d'un parfum pour soi ou pour offrir en cadeau n'aura pas la même connotation;
4) Un modèle varie entre les individus d'un même marché: entre les innovateurs et ceux qui ne le sont pas, par exemple;
5) Toutes les décisions d'achat ne sont pas forcément aussi complexes que le laissent croire bien des modèles: l'implication du consommateur peut être

faible ou même quasiment nulle et entraîner des décisions rapides sans recherche d'information préalable.

Sans restreindre pour autant l'usage des modèles, ces limites soulignent la nécessité d'adapter les modèles généraux aux spécificités des couples produit-marché à l'étude, c'est-à-dire aux spécificités des produits offerts et des marchés desservis.

Le refus d'adapter un modèle représente donc un écueil sérieux. Mais il en est un autre, tout aussi important à nos yeux, à savoir la tendance de certains analystes à ne vouloir envisager et expliquer le comportement d'un consommateur que sous l'angle du modèle qu'ils utilisent. Or, il est peu probable que le consommateur calque son comportement sur un modèle général et encore moins sur un modèle spécifique! Dans cette attitude, l'on veut faire passer la vision du consommateur au second rang, après celle du chercheur, alors que la logique nous dicte le contraire. Les conséquences en sont particulièrement graves puisqu'un décalage se crée entre la théorie et la réalité de tous les jours.

En gardant ces avertissements à l'esprit, nous présenterons maintenant deux modèles, celui de Howard et Sheth puis celui de Engel, Kollat et Blackwell, non seulement à cause de leur très grande renommée, mais aussi du fait qu'ils sont tous les deux généraux et donc essentiels à une bonne définition des variables clés qui constituent les rouages d'un processus de décision en matière de consommation.

PRÉSENTATION DES DEUX PRINCIPAUX MODÈLES DU COMPORTEMENT DU CONSOMMATEUR

Le modèle du comportement de l'acheteur de Howard et Sheth*

L'objectif du modèle de Howard et Sheth est de décrire et d'expliquer le processus de choix d'une marque par le consommateur. Il s'agit d'un modèle d'apprentissage, de type S-R, et non behavioriste: cela signifie que le modèle prend en considération les variables intervenantes à l'intérieur de la «boîte noire», précise les mécanismes internes et s'efforce de décrire leur évolution dans le temps au fur et à mesure que le consommateur acquiert de l'expérience. Ce modèle est descriptif et non normatif: il décrit comment les choses se passent et non comment elles devraient se passer. Le modèle, résumé sous forme d'un diagramme (voir fig. 2.1), repose sur quatre grands groupes de variables qui sont:

1) Les stimuli d'entrée ou incitants (intrants);
2) Les variables intervenantes ou hypothétiques (non observables directement);

(*Source:* Howard, J., Sheth, J., *The Theory of Buyer Behavior,* New York, 1969, John Wiley & Sons)

* Bien qu'il y ait eu plusieurs révisions de ce modèle par Howard lui-même, ou par d'autres chercheurs en collaboration avec Howard ou indépendamment, nous avons *volontairement* choisi l'édition originale du modèle d'abord parce qu'elle constitue le noyau de la théorie sur le comportement de l'acheteur, ensuite parce qu'elle est, à nos yeux, la plus analytique et donc la plus compréhensible pour l'étudiant. Nous sommes parfaitement conscient que le pouvoir prédictif de ce modèle a été accru dans les versions subséquentes et c'est pourquoi nous en donnerons un bref aperçu, pour être cohérent avec la présentation de la *dernière* version du modèle de Engel, Kollat et Blackwell.

3) Les variables de sortie ou réponses (extrants);
4) Les variables exogènes ou influences externes (observables).

Quant aux variables intervenantes, elles se scindent elles-mêmes en deux catégories: celles qui traduisent la *recherche d'information* du consommateur et qui reflètent son *processus perceptuel,* et celles qui représentent son *processus d'apprentissage.*

Les stimuli d'entrée ou incitants

Le comportement du consommateur sera déclenché par la rencontre d'un incitant et d'un besoin: on suppose donc dès le départ que les besoins sont latents et qu'ils ne sont pas créés par les incitants, mais tout au plus éveillés par ceux-ci. La marque (objet physique) et ses attributs physiques constituent les incitants qui peuvent être de deux ordres: soit *objectifs,* et dans ce cas ils sont communiqués directement par les objets eux-mêmes, soit *symboliques* lorsqu'il s'agit d'une représentation de l'objet communiquée par l'image ou le langage. Enfin, existent des incitants sociaux qui proviennent de l'environnement socio-culturel du consommateur et qui ne comportent pas un caractère directement commercial: la pression exercée par les groupes de référence, le milieu professionnel, etc.

Les variables intervenantes

Ce sont toutes les variables situées à l'intérieur de la «boîte noire» qui, suite à l'action des incitants, permettront au consommateur de traduire ces incitants en une réponse donnée, c'est-à-dire en un choix de marque spécifique. On y distingue le processus d'apprentissage et le processus perceptuel:

Le processus d'apprentissage

C'est le processus par lequel le choix de la marque résulte de la comparaison d'un ensemble de marques de référence avec les besoins (motivations) du consommateur, sur la base d'un ensemble de médiateurs de décision et de freins, le tout en fonction de prédispositions face aux marques:

a) *les motivations:* elles stimulent l'action en activant l'état motivationnel du consommateur. Les motivations peuvent être générales et correspondre ainsi aux besoins fondamentaux de l'être humain (le pouvoir, le prestige, l'agressivité, etc.). Mais elles peuvent aussi être spécifiques; dans ce cas, elles correspondent directement aux attributs d'une classe de produits et deviennent des critères de choix. Dans le domaine de l'automobile, les motivations spécifiques à l'achat d'une voiture seraient par exemple le confort, la puissance, l'économie, la taille, etc.;
b) *le potentiel des marques de référence:* face à un besoin donné, le consommateur ne prendra pas en considération toutes les marques disponibles sur le marché, mais se limitera à celles qu'il connaît et qui ont à ses yeux une valeur positive, c'est-à-dire celles qu'il juge comme ayant la capacité de répondre à ses attentes. On dit que le consommateur classe les marques selon ses préférences, ou encore selon leur potentiel perçu à répondre à ses attentes et constitue ainsi un *ensemble évoqué* ou ensemble de *marques de réfé-*

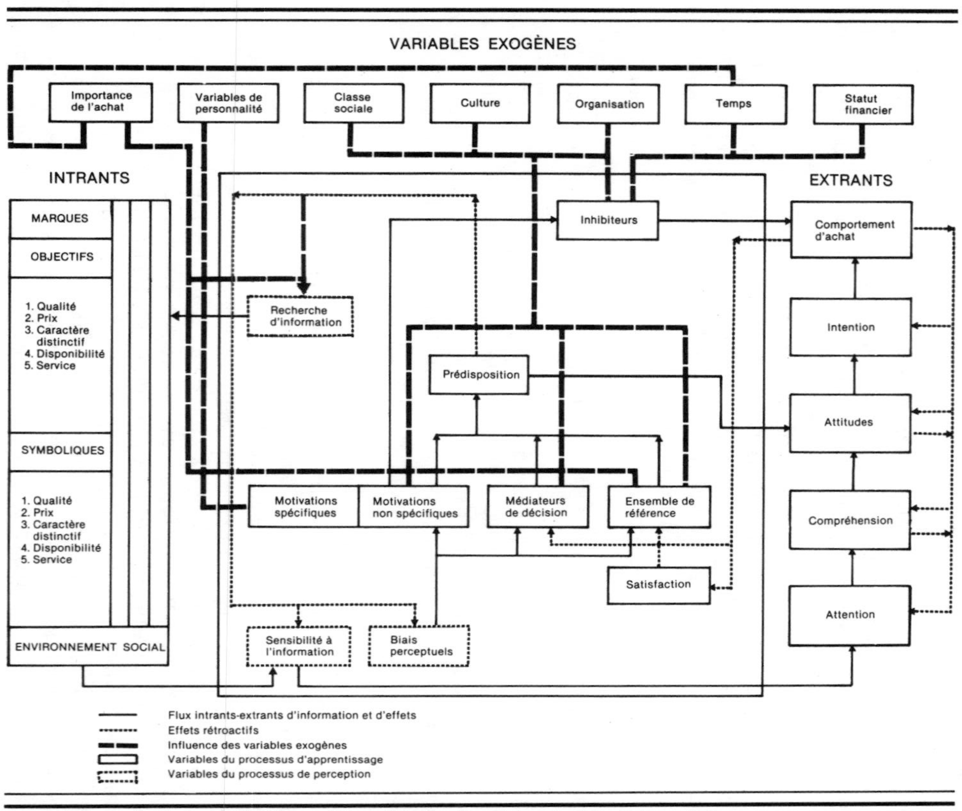

Source: Howard, J., Sheth, J., *The Theory of Buyer Behavior,* New York, John Wiley & Sons, 1969.

Figure 2.1 Le modèle de Howard et Sheth.

rence. Il est bien évident que le nombre de marques incluses dans l'ensemble évoqué sera peu élevé, de 1 à 7 marques au maximum avec en moyenne 2 ou 3 marques selon les types de produits. La performance concurrentielle d'une marque dépendra étroitement de son inclusion au sein des marques de l'ensemble évoqué. Plus il y aura de marques dans l'ensemble évoqué, plus les substitutions s'en trouveront facilitées, notamment par des activités de marketing poussées sur les lieux de vente. Enfin, plus une marque distancera une autre dans l'esprit du consommateur, et même si ces deux marques sont incluses dans l'ensemble évoqué, moins le passage de la marque leader à la marque seconde sera probable;

c) *les médiateurs de décision:* ils regroupent les critères de choix, ou éléments de discrimination, qui permettent l'évaluation des marques de référence. Les médiateurs de décision sont des règles cognitives apprises par l'expérience réelle ou généralisée du consommateur, ou par la recherche d'information. La connaissance de ces critères est fondamentale pour le spécialiste en marketing; citons par exemple la segmentation d'un marché sur la base des critères de choix (la segmentation par bénéfices, voir chapitre 3), la politique du produit (modification du produit en fonction des attributs recherchés), la politique comunicationnelle (établissement d'un message sur les attributs discriminants d'une marque qui sont valorisés par les acheteurs). Ces médiateurs de décision pourront varier dans leur nature, leur nombre et leur importance relative; ainsi deux consommateurs pourront-ils, dans une même situation d'achat, accorder une importance relative plus ou moins grande au prix, au renom de la marque, à la garantie, à la composition du produit, etc.;

d) *les prédispositions face aux marques:* elles résument les effets des trois concepts précédents puisqu'il s'agit d'un indice de classement préférentiel des marques, indice dont l'expression manifeste est l'attitude développée face à ces dernières, c'est-à-dire l'évaluation que porte le consommateur quant à la capacité de telle ou telle marque de satisfaire ses exigences d'achat telles qu'elles sont exprimées par ses critères ou médiateurs de décision;

e) *les freins:* ce sont des éléments inhibiteurs en provenance de l'environnement et qui empêchent l'aboutissement du processus de choix de la marque, c'est-à-dire l'achat proprement dit. Ces freins sont aléatoires et dus à une situation de consommation spécifique: prix trop élevé, non-disponibilité du produit ou de la marque au point de vente, temps disponible insuffisant. Lorsqu'ils ont un caractère permanent, ils font partie des médiateurs de décision (critères de choix);

f) *la satisfaction:* elle résulte de la rencontre des effets escomptés et des résultats réellement obtenus après l'achat. C'est la dernière variable du processus d'apprentissage, mais non la moindre, puisque le renforcement du consommateur dans son choix n'interviendra que si le résultat a été positif, c'est-à-dire s'il a été satisfait par la marque choisie. Ainsi, la nature des achats futurs dépendra-t-elle fortement des expériences passées du consommateur.

Le degré de développement des relations entre les différentes variables du processus d'apprentissage et la force de la prédisposition qui en résultera dépendent du type de processus décisionnel qui peut être extensif, limité ou routinier.

Dans un processus de résolution de problème extensif (RPE), la prédisposition est inexistante puisque le consommateur est placé devant des marques nouvelles dans une catégorie de produits nouvelle, donc inconnues de lui. Les caractéristiques de ces processus sont les suivantes: la probabilité est faible que le consommateur rachète la même marque lors d'un deuxième achat; l'achat nécessite une longue période de réflexion; le consommateur envisage un grand nombre de stimuli (le prix, la forme, la couleur, etc.); enfin, plusieurs variétés de marques sont considérées.

Dans un processus de résolution de problème limité (RPL), le consommateur est placé devant une nouvelle marque dans une classe de produits existante. La préférence de l'acheteur pour les marques existantes est modérée et celui-ci entreprend une recherche d'information pour classer la nouvelle marque parmi les autres. La délibération préalable au choix de la marque est moins longue que lors du processus de RPE puisque le consommateur commence à se familiariser avec la classe de produits et a donc à sa disposition un ensemble de médiateurs de décision pour discriminer les marques.

Dans un processus de résolution de problème routinier (RPR), le consommateur doit choisir dans une catégorie de produits qu'il connaît parmi des marques qu'il connaît. Il a probablement déjà une forte préférence pour une ou deux marques, ce qui simplifie considérablement le processus de prise de décision. Il n'y a pas, ou pratiquement pas, de période de réflexion; la décision est instantanée; les stimuli envisagés sont seulement ceux qui déclenchent le mécanisme de réponse automatique.

Pour illustrer ce processus, il suffit d'observer le comportement d'achat des fumeurs. À ses débuts (RPE) le consommateur ne sait pas quelles cigarettes fumer, sa période de réflexion est longue, il est sensible à un nombre considérable de stimuli: tabac blond ou brun, cigarettes filtre ou pas, marque, couleur du paquet, ce que fument ses parents, ses amis, etc. Puis, au fil des années, ses habitudes de consommation se forment pour en arriver à une réponse automatique lorsque le besoin de fumer se fait sentir (RPR). Si, par contre, il décide de réduire les risques de maladie, il cherchera alors à changer de marque de cigarettes pour diminuer par exemple la dose de nicotine ou de goudron et devra trouver une nouvelle marque correspondant à de nouveaux critères (RPL). Nous reviendrons plus précisément sur ces différentes phases dans le chapitre sur l'apprentissage.

Le processus perceptuel

C'est un processus à fonctionnement continu qui contrôle la quantité et la qualité des incitants et qui alimente en permanence le processus d'apprentissage au moyen d'informations préalablement triées et traitées. Ce processus englobe la sensibilité à l'information, le biais perceptuel, la recherche d'information.

- *La sensibilité à l'information* contrôle la quantité d'information reçue. Les incitants sont situés dans une zone d'acceptabilité, limitée par des seuils de tolérance d'ambiguïté. Moins la prédisposition vis-à-vis d'une classe d'objets est forte, plus la sensibilité à l'information sur cette classe d'objets est grande. Si le contenu de l'information est trop complexe, il y aura faible sensibilité;
- *Le biais perceptuel* est le moyen par lequel l'individu réconcilie les incitants

avec ses connaissances existantes grâce à une modification qualitative de l'information reçue (action rétroactive). Ainsi, un consommateur qui reçoit une information en contradiction avec ses croyances sur une marque donnée (information dissonante) peut, pour rétablir son équilibre psychologique, soit l'accepter et changer son cadre de référence, soit fragmenter l'information et ne retenir que ce qui lui plaît, soit encore en discréditer la source et la rejeter totalement;

- *La recherche d'information* est provoquée par l'ambiguïté des objectifs, des marques, ou par le besoin de varier un processus d'achat routinier. Il y a des moments où le consommateur recherche activement de l'information et d'autres pas. Il est donc important de faire la distinction entre les occasions où la réception est passive, l'individu étant placé devant l'information, et celles où la recherche est voulue. L'ambiguïté dans la décision peut être une cause de recherche active. Mais l'incapacité d'un consommateur à discriminer les possibilités de choix qui se présentent à lui peut aussi entrer en ligne de compte et stimuler cette recherche. Enfin, le goût de la nouveauté peut motiver le consommateur à tout remettre en question et à chercher le changement dans la variété: il sera alors particulièrement réceptif à des informations sur de nouvelles marques.

Les variables de sortie ou réponses

Elles constituent l'expression mesurable des états internes relatifs au processus d'achat d'une marque. Ces réponses sont regroupées selon une hiérarchie traditionnelle en réponses cognitives, affectives et conatives:

1) *Les réponses cognitives:*

a) *l'attention* se mesure par un indice de notoriété (aidé ou pas). Il s'agit du niveau le plus simple où l'on vérifie l'enregistrement de l'information par le consommateur par le biais de la connaissance qu'il en a («Avez-vous entendu parler de telle ou telle marque?»);

b) *la compréhension* représente la connaissance spontanée ou provoquée des marques appartenant à une classe de produits et leur description sur des dimensions sémantiques (par exemple la méthode des échelles sémantiques différentielles d'Osgood) («Quelles sont les marques que vous connaissez? Quelles caractéristiques en avez-vous retenues?»);

2) *Les réponses affectives:*

L'attitude découle de l'évaluation faite par le consommateur quant à la capacité de la marque de répondre à ses besoins. Les attitudes reflètent, en effet, dans quelle mesure l'acheteur préfère les marques du sous-ensemble évalué et elles orientent la réponse de l'acheteur vers une marque précise («Qu'en pensez-vous? Quelles sont vos préférences?»);

3) *Les réponses conatives:*

a) *l'intention d'achat* est la mesure la plus proche de l'achat lui-même. Elle constitue la formulation par le consommateur de la probabilité qu'il achète la marque. («Avez-vous l'intention d'acheter cette marque?»);

b) *l'achat* est un comportement objectif et visible. Il ne correspondra pas forcément à l'intention, à cause de l'action possible des inhibiteurs («Quelle marque avez-vous achetée?»).

Les variables exogènes

Elles permettent d'expliquer les différences interindividuelles et sont utiles dans une perspective de segmentation du marché par des variables psychographiques (voir chapitre 7) ou socio-démographiques par exemple. Il est nécessaire de les contrôler dans un plan expérimental. Les principales variables exogènes sont les suivantes:

1) L'importance que revêt l'achat pour le consommateur: elle sera d'autant plus forte que le consommateur y porte un intérêt tout particulier, soit que le produit corresponde à ses centres d'intérêt, soit que la marque véhicule une image de lui-même et de ses valeurs fondamentales, soit encore qu'il s'agisse d'un achat d'un montant élevé correspondant à un risque financier élevé;
2) Le temps disponible pour effectuer l'achat: le laps de temps dont dispose le consommateur pour effectuer ses achats exerce une influence directe sur les différents processus de prise de décision, favorisant par exemple le développement d'achats moins réfléchis ou plus impulsifs, mais créant aussi de nouvelles situations de consommation auxquelles correspondront de nouveaux types de produits: les guichets automatiques pour les banques, la restauration rapide, les produits prêts à être utilisés en sont quelques exemples;
3) Le statut financier de l'acheteur: ce sont les contraintes ressenties par un consommateur à cause d'un manque de ressources financières. Cette situation peut affecter sérieusement la décision d'achat en créant une barrière à l'acquisition de la marque préférée mais financièrement inaccessible;
4) Les traits de personnalité: la confiance en soi, l'estime de soi, l'autoritarisme, l'anxiété, etc., définissent les différences individuelles et se manifestent par des tendances générales dans tous les domaines. Par conséquent, tout nous porte à croire que les effets de la personnalité se feront sentir sur les motivations non spécifiques et sur l'ensemble évoqué. Plus une personne est conservatrice, plus elle devrait rechercher des produits classiques; plus une personne sera sensible au risque, plus elle devrait se restreindre à un nombre très limité de marques de référence;
5) Le cadre social et organisationnel où se déroule le processus: ce cadre comprend les organisations sociales informelles telles que la famille et les groupes de référence, mais aussi les organisations formelles telles que l'église, l'école, le milieu de travail. En tant qu'agents de socialisation, ces organisations exercent un rôle prépondérant dans le façonnage des comportements de consommation;
6) La classe sociale et la culture: la stratification sociale permet de classifier les individus selon les différentes couches sociales et d'analyser les variantes d'une couche à l'autre en ce qui concerne les motivations, les critères de décision, les marques de référence, les inhibiteurs. La culture, quant à elle, constitue le moule unificateur des comportements, des symboles, des idées et des valeurs.

Les deux dernières variables permettent de situer l'acheteur da ronnement socio-culturel.

Conclusion

Le modèle de Howard et Sheth présente les caractéristiques d'un modèle théorique scientifique. Extrêmement analytique, il propose une structure explicative du comportement de choix de la marque par le consommateur et établit les liens entre les variables intervenantes et leur expression mesurable. Il constitue un outil primordial pour la recherche fondamentale et fait apparaître aussi les points d'impact des éléments de la stratégie du marketing-mix sur le comportement de l'acheteur. Il demeure cependant très micro-analytique, l'articulation entre certains concepts est quelquefois très peu évidente et il est relativement complexe. Les dernières versions du modèle soulignent la volonté de l'un de ses auteurs (Howard, 1977) de le simplifier pour le rendre plus opérant (voir la figure 2.2 qui présente la version de Howard et Ostlund réalisée en 1973 et la figure 2.3 qui décrit la version revue et simplifiée par Howard en 1977).

À la lecture de la figure 2.3, nous constatons que la version 1973 du modèle regroupe trois grandes catégories de variables:

a) les variables exogènes: la différence est faite entre l'influence institutionnelle (qu'elle soit commerciale ou pas) et l'influence sociale, cette dernière incluant, en plus des normes socio-culturelles, la notion de pression du temps. Ainsi, le modèle précise que la pression du temps disponible influence la recherche d'information et l'ampleur de la délibération: la restauration rapide représente un exemple d'industrie s'étant développée consécutivement à l'application de la journée continue de travail;

b) le processus informatif: il débute avec l'acquisition de l'information et prend fin avec la mémorisation d'une partie de celle-ci. Le modèle démontre à quel point l'information agit sur la compréhension de la marque et les attitudes;

c) les processus cognitif et d'achat: ils débutent avec les motivations et prennent fin avec le degré de satisfaction.

Le modèle du processus de décision en situation de forte implication de Engel et Blackwell*

Alors que le modèle de Howard et Sheth considère que l'achat représente un processus de transformation de l'information, celui de Engel, Kollat (sauf en 1982) et Blackwell met l'accent sur le processus décisionnel lors d'un achat, essayant de découvrir comment et pourquoi le consommateur agit de telle et telle manière.

---

* (*Source:* Engel, J., Blackwell, R., *Consumer Behavior,* 4e édition, Holt, Rinehart et Winston, The Dryden Press, 1982) La première version de ce modèle, connue sous le nom de modèle de Engel, Kollat et Blackwell (ou EKB) a été publiée en 1968. Puis ce modèle a été révisé en 1973, en 1978 et enfin en 1982. Les modifications apportées à la dernière version (celle que nous présentons) par rapport à celle de 1978 sont secondaires. Un fait d'importance cependant mérite d'être souligné: les auteurs, qui ne sont plus que deux, Kollat s'étant retiré, prennent un soin particulier de bien préciser cette fois-ci qu'il s'agit d'un

Dans ce modèle, les structures cognitives du consommateur constituent, par analogie avec un système d'ordinateur, une unité de contrôle centrale composée des éléments les plus pertinents du «calcul» et donc siège de la mémoire et de la pensée, de la personnalité, de l'expérience et des valeurs et attitudes de l'individu. Une unité périphérique composée des influences externes (physiques et sociales) entre en jeu lors du calcul. Une autre unité périphérique fort importante de traitement de l'information sert à transformer les intrants bruts, de manière à les rendre utilisables par l'unité centrale, qui les traite et produit l'extrant du processus. L'extrant est donc en quelque sorte la réponse de l'unité centrale à la stimulation perceptuelle. Selon le type de stimulation et l'étape du processus de décision, le type et le contenu des réponses varieront.

En résumé, cet ordinateur est donc chargé d'exécuter un programme en cinq étapes qui constituent le processus de prise de décision lui-même et qui sont, selon leur ordre d'apparition:

a) la reconnaissance du problème;
b) la recherche (d'information);
c) l'évaluation des possibilités;
d) le choix et
e) les résultats (ou évaluation).

Respectant la philosophie du modèle, nous décrirons maintenant avec plus de précision chacune de ces unités en commençant par l'unité centrale et les unités périphériques de contrôle (voir fig. 2.4).

L'unité centrale et les unités périphériques de contrôle

L'unité centrale de contrôle est le siège des mécanismes de stockage de l'information (la mémoire) et des mécanismes de direction du comportement (la pensée). Ces deux mécanismes constituent ce qu'on appelle couramment la boîte noire du consommateur et l'état actuel de la science ne permet pas de savoir ce qui les compose, ni de connaître toutes les règles qui en régissent les réactions.

L'on peut cependant dire avec quelque certitude que la mémoire est l'élément permettant au consommateur de garder un comportement stable et logique face à un environnement et à des stimuli sans cesse changeants. La pensée, quant à elle, lui donne le droit d'organiser ses connaissances, de manière logique, en une structure cognitive unifiée; elle procède essentiellement par comparaisons et associations.

Sur l'unité centrale sont branchées, en permanence, des unités périphériques dites de contrôle et propres à chaque consommateur:

a) les influences individuelles ou personnelles sur le comportement d'achat: les motivations de l'individu, son mode de vie, le respect des normes;

modèle pour lequel on suppose que le consommateur est fortement impliqué dans la prise de décision. Cette indication est faite en référence au développement spectaculaire d'une nouvelle théorie, dite de la faible implication, qui bouleverse complètement toute la discipline du comportement du consommateur et selon laquelle, pour un grand nombre de produits, le consommateur peu impliqué ne s'embarrasse pas de processus décisionnels complexes. (Nous consacrerons d'ailleurs un chapitre entier à cette théorie qui risque fort d'altérer profondément notre connaissance du consommateur.)

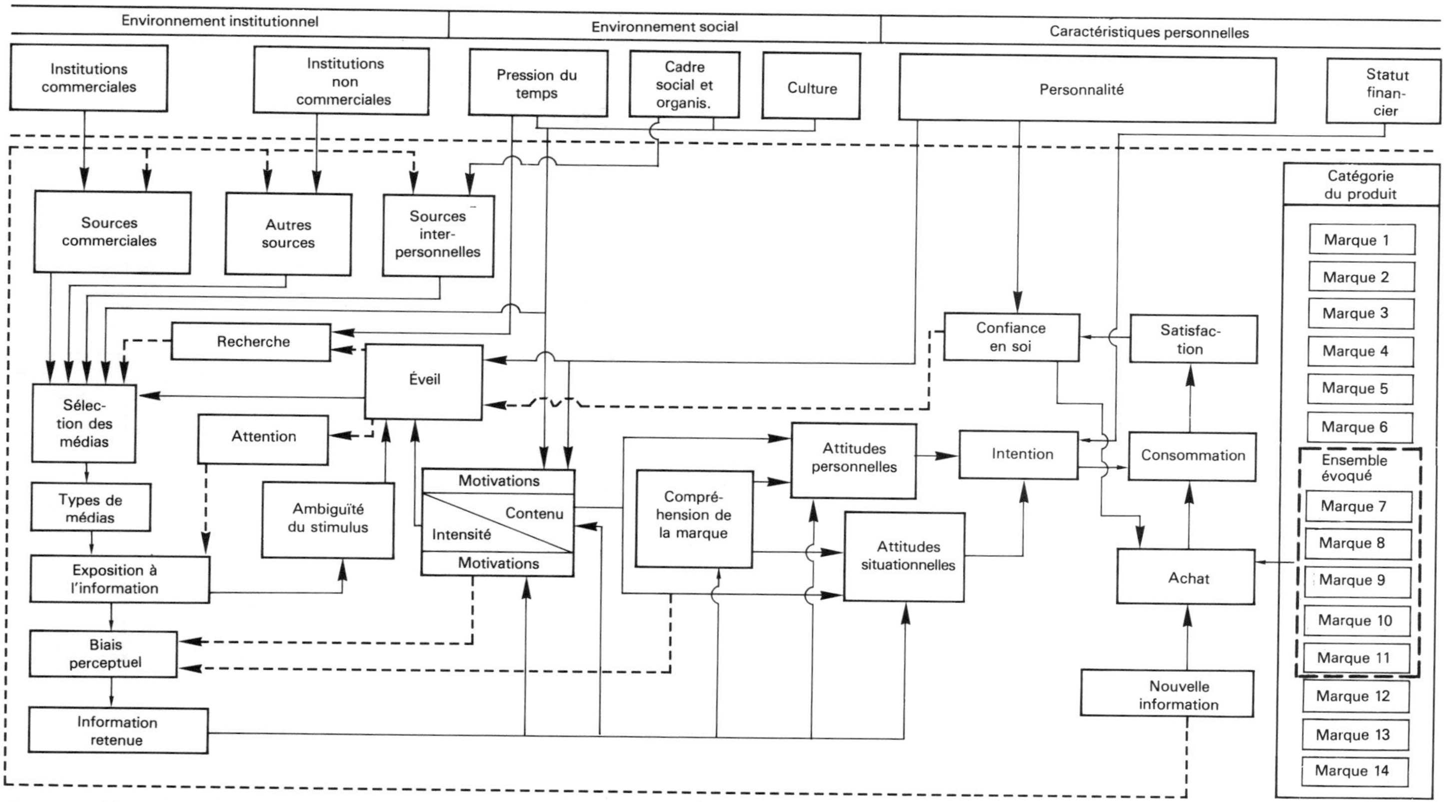

Source: Howard, J. et Ostlund, L., *Buyer Behavior: Theoretical and Empirical Foundations,* Knopf, Copyright © 1973 par John A. Howard et Lyman E. Ostlund. Reproduit avec autorisation de Alfred A. Knopf Inc.

Figure 2.2 La version de Howard et Ostlund.

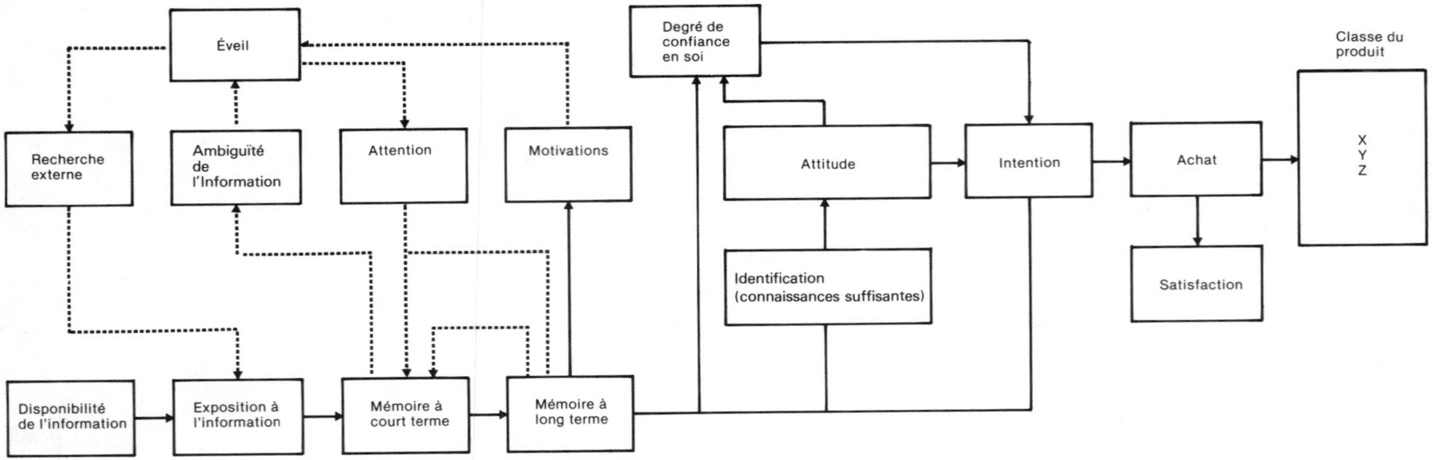

Source: Howard, J., *Consumer Behavior: Application of Theory*, New York, 1977, McGraw-Hill, p. 133.

Figure 2.3 Le modèle de Howard (version revue et simplifiée du modèle de Howard et Sheth).

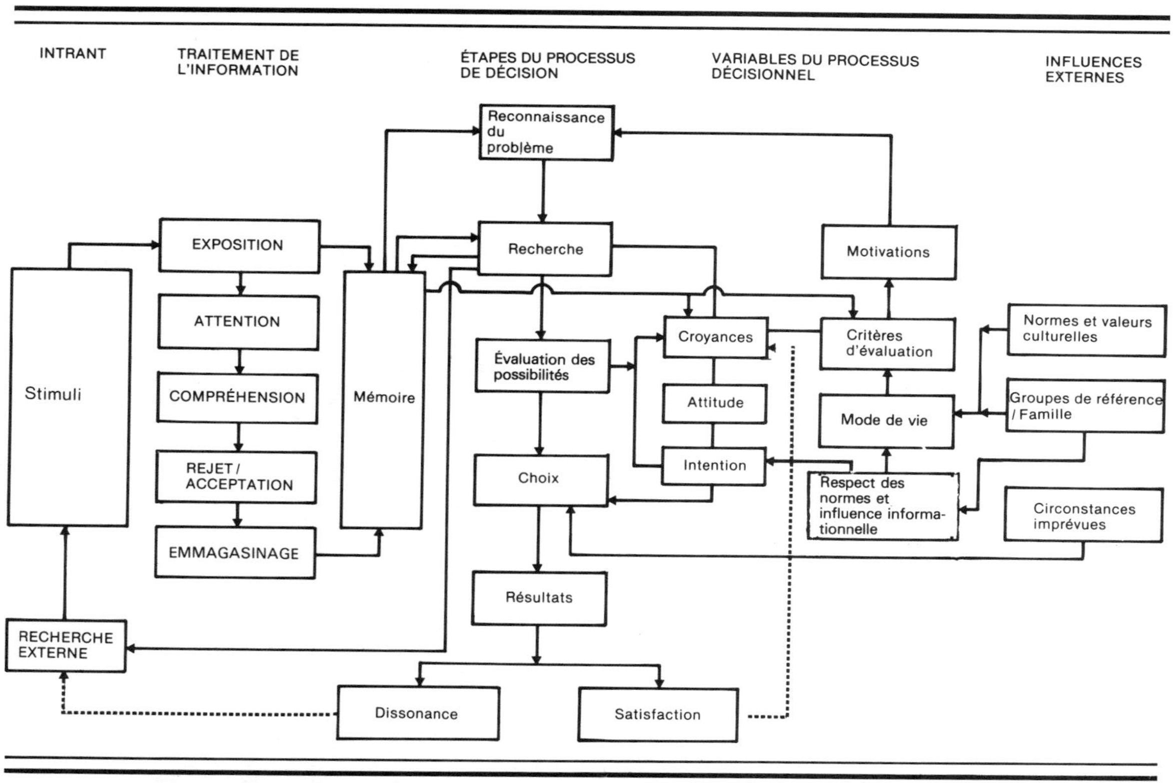

Source: *Engel, J., Blackwell, R., Consumer Behavior,* 4e édition, Holt, Rinehart and Winston, The Dryden Press, 1982. Reproduit avec autorisation, Copyright © 1982, par CBS College Publishing.

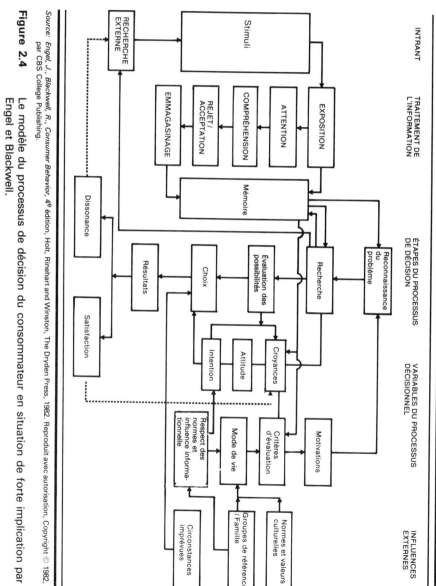

Figure 2.4 Le modèle du processus de décision du consommateur en situation de forte implication par Engel et Blackwell.

b) les influences externes qui, à la longue, lui ont été inculquées par son milieu culturel, social et familial.

Les critères d'évaluation, c'est-à-dire les spécifications utilisées par le consommateur pour évaluer et comparer les stimuli, seront le reflet de ces influences.

Le processus cognitif décisionnel s'exercera donc par une comparaison évaluative entre les stimuli tels que perçus et les critères d'évaluation, le tout débouchant sur des croyances, c'est-à-dire l'attribution subjective de propriétés positives ou négatives à l'objet évalué, et permettant la formation d'une attitude globale.

L'attitude constitue par conséquent le lieu de convergence de ce modèle et elle indique une probabilité générale de réponse favorable ou défavorable face à l'objet.

À un niveau plus spécifique, se situe enfin l'intention proprement dite issue de l'attitude générale mais directement reliée à la décision d'acquisition éventuelle de l'objet (ex.: intention d'acheter régulièrement, intention d'essayer un produit).

L'unité périphérique de traitement de l'information

Avant d'être analysés par l'unité centrale, les stimuli sont traités par une unité périphérique chargée de les filtrer. Ce mécanisme perceptuel de filtrage aboutit à une diminution quantitative et qualitative d'information de manière à ne laisser parvenir en unité centrale qu'une quantité et une qualité acceptables de données.

Il est indispensable au spécialiste en marketing de savoir que l'information qu'il émet ne sera que partiellement retenue et analysée par le consommateur et qu'elle risque en plus d'être déformée en cours de processus. Une quantité optimale d'information existe, au-delà de laquelle toute unité supplémentaire sera rejetée. Il est donc important de ne communiquer que les informations nécessaires et surtout les plus aptes à aider le consommateur dans son processus de prise de décision.

Cette unité périphérique de traitement de l'information comprend cinq phases:

1) *L'exposition:* de nature purement physiologique, c'est la réception sensorielle des stimuli; pour qu'une communication soit reçue par le consommateur, il faut en premier lieu qu'elle puisse le rejoindre;
2) *L'attention:* les mécanismes de l'unité centrale de contrôle se déclenchent. L'attention est sélective: elle déterminera le nombre et la qualité des informations qui seront effectivement retenues pour une analyse ultérieure. Le spécialiste en marketing doit donc concevoir ses messages de façon à maximiser leur probabilité d'attirer l'attention du consommateur. Si l'exposition à l'information est volontaire, cela accroît logiquement le degré d'attention porté par le consommateur;
3) *La compréhension:* l'information est ensuite transférée dans un espace de mémoire temporaire, où elle est décryptée et où le sens de son contenu est clarifié. Cette mémoire temporaire n'étant qu'un sous-ensemble de la mémoire totale, elle est, de ce fait, limitée dans l'affectation de son espace, ce qui explique le caractère hautement sélectif du traitement de l'information: tout ce qui atteint le consommateur n'est jamais emmagasiné tel quel;

4) *Le rejet/acceptation:* sous des conditions de forte implication du consommateur, il est possible que l'information ne passe pas de la mémoire temporaire à la mémoire à long terme. Si tel est le cas, elle n'aura aucun effet sur le processus de décision. Une fois qu'un sens a été donné à l'information, sens qui peut être, au demeurant, fort différent de celui que voulait lui donner l'émetteur, il fait face aux critères d'évaluation et aux croyances en place dans la mémoire à long terme. S'il y a compatibilité, les croyances seront renforcées ou modifiées et le message sera retenu dans la mémoire à long terme. Dans le cas contraire, le processus de traitement de l'information prend fin;
5) *L'emmagasinage:* c'est l'acceptation effective dans la mémoire à long terme du message perçu. Cet emmagasinage ayant eu lieu sous le contrôle de la mémoire centrale, il se peut qu'il y ait eu distorsion du message ou mémorisation erronée ou partielle.

En guise de résumé, nous pouvons dire que l'individu a tendance à ne recevoir que l'information consonante avec sa structure cognitive préalable. Il est donc important pour le spécialiste en marketing de centrer sa communication sur des informations jugées importantes, adéquates, et dans la direction souhaitée par le consommateur.

Le processus de prise de décision

La stimulation perceptuelle peut susciter une réponse active immédiate lorsqu'il s'agit de la satisfaction routinière d'un besoin. Lorsque les besoins sont plus complexes et qu'aucun mode de réponse appris n'est proposé par l'unité centrale de contrôle, l'individu s'engage dans un processus de résolution de problème ou processus de prise de décision. Cinq étapes forment ce processus qui constitue en quelque sorte le programme compilé par l'«ordinateur»:

1) *La reconnaissance du problème:* elle résulte de la perception d'une différence entre un état idéal désiré et l'état réel; c'est ce qu'on appelle souvent «l'éveil du besoin». Il est important, à ce niveau, de noter que la reconnaissance du problème porte sur un produit ou un service de consommation et non pas sur les conditions d'origine qui ont amené cet éveil et qui peuvent être soit internes (la perception d'un problème), soit externes (la stimulation du besoin par un agent extérieur). Par exemple, l'annonce du lancement d'une nouvelle marque dans une classe de produits peut amener le consommateur à penser que sa marque actuelle est devenue inadéquate pour satisfaire ses besoins.
   Le processus de décision peut s'arrêter dès cette étape pour des raisons qu'il est facile d'imaginer: contraintes financières, manque de temps, etc.;
2) *La recherche (interne et externe):* le besoin étant éveillé, le consommateur cherche en premier lieu dans sa mémoire interne les possibilités dont il dispose pour le satisfaire. Si l'information *interne* disponible, accumulée par l'expérience ou générée par inférence à partir d'informations sur des produits ou des marques similaires, n'est pas suffisante, il s'engage alors dans une recherche *externe.* Cette dernière peut être systématique ou plus informelle; les agents extérieurs seront des amis, des spécialistes, des journaux,

des annonces publicitaires, des bancs d'essai, des tests comparatifs, et ainsi de suite.

Notons que le niveau d'information nécessaire à une prise de décision varie d'un individu à l'autre et que le temps consacré à cette phase est aussi très variable.

Sur le plan du marketing, il est très important de savoir identifier les sources d'information (force de vente, publicité, journaux, magazines spécialisés, etc.) les plus souvent consultées pour un type de produit et qui seront donc les médias à privilégier. De même, il faut sélectionner la qualité d'information qui répond le mieux aux processus de résolution de problèmes du consommateur: performance du produit, coût, services annexes, magasins où le produit est disponible, etc.;

3) *L'évaluation des possibilités:* elle se fait par comparaison des croyances stockées en mémoire et des nouvelles informations acquises et filtrées au cours du processus de traitement de l'information. La marque examinée sera acceptée ou rejetée selon qu'elle répondra ou non aux critères d'évaluation déjà formés ou qui auront peut-être été modifiés au cours du processus de traitement de l'information.

   Certains éléments normatifs entrent en jeu dans cette évaluation des marques; les valeurs culturelles, les groupes de référence, la famille peuvent amener le consommateur influençable à rejeter, avec regret, une possibilité qui au départ lui était sympathique.

   Au niveau du marketing, il est utile de souligner le rôle déterminant que joue la connaissance des critères d'évaluation du consommateur dans la définition des stratégies (produit, prix, distribution, publicité). L'évaluation du poids relatif des critères objectifs et fonctionnels par rapport aux critères sociaux d'effet-signe est aussi très importante: pour un produit de consommation ostentatoire par exemple, les messages orientés vers le prestige, le rayonnement social seront nettement plus efficaces;

4) *Le choix:* il constitue l'issue du processus de recherche et d'évaluation; c'est l'expression manifeste d'une préférence pour une marque, toutes les possibilités ayant été examinées. Certaines circonstances imprévues viendront influencer directement le choix final, au moment de l'achat, et faire en sorte que l'intention exprimée ne se transforme pas forcément en un achat effectif de la marque prévue. La liste de ces circonstances est sans fin et elles n'auront pas toutes le même effet sur les consommateurs. Il peut s'agir d'un manque d'argent de dernière minute, d'une réaction imprévisible ou d'un ensemble de facteurs survenant généralement sur le lieu de vente et dont les plus connus sont un étalage mettant en valeur une marque nouvelle ou améliorée, une réduction de prix ou une offre promotionnelle sur une marque concurrente, la non-disponibilité de la marque recherchée;

5) *Les résultats (et leur évaluation):* c'est une phase très importante du processus de prise de décision que l'on néglige trop souvent et qui peut pourtant avoir d'énormes conséquences sur le comportement ultérieur du consommateur: rachat, fidélité à une marque, recommandation de la marque à l'entourage ou discrédit du produit. L'expérience réelle de consommation du produit peut amener le consommateur à ressentir une certaine dissonance entre les attentes qu'il avait formées et la réponse du produit à ces attentes. Le consommateur peut adopter plusieurs stratégies pour réduire

cette dissonance; les unes renforceront son attitude favorable à la marque choisie, les autres, au contraire, le conduiront à mettre en doute la qualité de sa décision.

Tout le processus qui vient d'être décrit correspond évidemment à un cas de résolution de problème extensif. Dans la plupart des situations de choix, le processus plus routinier se limite à la reconnaissance du problème et à une simple recherche interne amenant rapidement à un ensemble de marques de référence connues et peu nombreuses parmi lesquelles le choix est immédiat.

Les facteurs qui conduisent le consommateur à approfondir sa recherche et à passer par l'ensemble du processus de prise de décision représentent des éléments exogènes au processus lui-même, tels que le risque perçu (financier, technique, social), l'expérience relative de l'acheteur quant au type de produit en question, l'importance psychologique et financière de l'achat, la confiance de l'acheteur dans sa propre capacité d'évaluer le produit, son revenu disponible, sa sensibilité aux influences de son environnement social, familial, etc.

Conclusion

Le modèle de Engel, Kollat (sauf en 1982) et Blackwell présente un intérêt pédagogique évident: il donne une description claire des étapes du processus de prise de décision du consommateur. Cependant, il est possible de critiquer cette approche de «résolution de problème» car, dans la réalité, bien des achats visent à satisfaire des objectifs fort différents de la notion stricte de performance optimale. Les auteurs ont élaboré un modèle de comportement rationnel de l'acheteur qui, de ce fait, est plus normatif que réaliste.

Néanmoins, ce modèle présente un gros avantage au niveau décisionnel pour l'entreprise: il permet d'identifier le niveau, le moment et les moyens par lesquels elle doit intervenir aussi bien en recherche de marketing que pour l'élaboration d'un plan de communication de l'information au marché potentiel. Nous en ferons, en partie, la démonstration lors de la deuxième étape de ce chapitre.

CONCLUSION GÉNÉRALE

Les modèles sont des cadres de référence simplifiés qui représentent les propriétés et les activités du comportement du consommateur. Idéalement, un modèle devrait être explicatif, prédictif, reposer sur une structure interne solide et cohérente, simple; il doit en outre être supporté par les faits, être testable et vérifiable.

Sur ces deux derniers points, les multiples tentatives de quantification des modèles généraux n'ont pas été fructueuses; c'est ainsi qu'ils servent beaucoup plus à organiser le processus de recherche en comportement du consommateur qu'à reproduire, au sens strict du terme, les mécanismes du comportement.

Deux modèles ont retenu tout particulièrement notre attention: celui de Howard et Sheth et celui de Engel, Kollat (sauf pour la version de 1982) et Blackwell.

Le premier met l'accent sur les processus et variables internes qui affectent le comportement d'achat d'un individu; au sein de ce schéma, la perception, l'apprentissage et l'attitude représentent des variables importantes.

Le second, lui aussi fondé sur le processus d'apprentissage, met plutôt l'accent sur les étapes du processus décisionnel du consommateur et le traitement de l'information.

C'est à partir de ce second modèle que nous démontrerons maintenant l'intérêt de recourir à ces outils pour mieux définir et structurer une recherche pratique.

DÉMONSTRATION PRATIQUE: MODÉLISATION DU PROCESSUS DÉCISIONNEL FAMILIAL DANS LE CHOIX D'UN ÉTABLISSEMENT D'HÉBERGEMENT URBAIN*

Nous avons soutenu que les modèles généraux du consommateur étaient d'une très grande utilité dans la recherche en marketing et ce, à plusieurs niveaux:

a) celui de la double définition de la problématique et du cadre théorique;
b) celui de l'identification des variables à manipuler;
c) enfin, celui de l'organisation interne de la recherche.

Pour en faire la démonstration, nous avons eu l'idée de recourir à une étude pratique, du type recherche fondamentale, qui, par le bien-fondé de son approche et la valeur de ses résultats, soit une illustration des avantages à retirer d'une bonne application d'un modèle général de comportement à une problématique précise.

Notre choix s'est porté sur une étude réalisée au sein du Laboratoire de recherche de la Faculté des sciences de l'administration de l'Université Laval, publiée en 1977 (Filiatrault et Ritchie) et intitulée: *Une étude du processus décisionnel familial dans le choix d'un établissement d'hébergement urbain.*

Nous n'avons pas pour but d'en présenter les résultats, mais bien de montrer au lecteur comment le problème a été posé et le cadre théorique défini. Nous nous référerons donc à la première section de cette étude qui définit la problématique de recherche, tout en conseillant fortement au lecteur intéressé par le sujet de lire l'ouvrage en entier.

Introduction à la problématique

Le contexte

La connaissance du comportement du consommateur de tourisme présente un intérêt certain au Québec puisque le tourisme occupe une place importante dans l'économie de la province. De plus, une partie importante des touristes non résidents qui visitent le Québec est constituée d'anglophones, provenant majoritairement des États-Unis et des autres provinces canadiennes, dont l'Ontario bien entendu.

Dans un tel contexte, il devient donc particulièrement intéressant d'identifier le processus décisionnel de touristes anglophones non résidents du Québec dans le choix d'un établissement d'hébergement.

---

* Tiré et adapté de Filiatrault, P., Ritchie, B., *Une étude du processus décisionnel familial dans le choix d'un établissement d'hébergement urbain,* Université Laval, Québec, Canada, 1977. Reproduit et adapté avec autorisation.

L'objectif général

S'il existe des recherches de nature descriptive permettant de connaître l'affluence touristique et la fréquentation hôtelière, les données sur les besoins et motivations personnels qui commandent les voyages entrepris par des individus s'avèrent beaucoup plus rares.

D'autre part, les préférences d'un individu ne sont pas les seules influences s'exerçant sur la prise de décision, surtout lorsque celui-ci voyage en famille. C'est pourquoi l'objectif général de cette recherche a été l'identification exploratoire du processus décisionnel au sein de la famille touriste non résidente et anglophone dans le choix d'un établissement d'hébergement urbain au Québec. Les divers responsables de tourisme, d'hôtellerie et de restauration au Québec pourront ainsi élaborer une stratégie de marketing cohérente sous-jacente à l'élaboration d'un plan de marketing intégré.

Le problème théorique

La décision d'achat au sein d'une famille est un processus psychosociologique complexe (voir le chapitre 9). Même si une grande importance a été accordée aux études sur l'influence respective de l'époux et de l'épouse dans le processus décisionnel, on a par ailleurs rarement considéré les différences du processus décisionnel entre les familles et les couples.

En ce sens, le problème théorique principal de cette recherche consiste à étudier la structure d'influence dans le processus de décision conjointe suivi par des familles et par des couples.

Le cadre théorique

Ayant le choix entre le modèle de Howard et Sheth et celui de Engel, Kollat et Blackwell (version 1978), il a été déterminé, en conformité avec la littérature spécialisée sur le sujet (Woodside, 1975), que le second constituait le cadre théorique de référence le plus approprié pour approfondir la recherche sur le processus décisionnel au sein des familles.

Le modèle descriptif général de comportement d'un individu dans le choix d'un site d'hébergement

Le modèle descriptif général proposé de comportement et de décision dans le choix d'un établissement d'hébergement met en évidence le processus décisionnel de l'individu (voir fig. 2.5).

Le comportement d'un individu dans le choix d'un établissement d'hébergement résultera de sa perception des stimuli reliés à ce problème, de son expérience, de sa personnalité et de son mode de vie qui tous influenceront son attitude.

L'attitude d'un touriste face à un établissement correspond à l'évaluation qu'il fait de cet établissement quant à sa capacité de satisfaire ses besoins tels qu'exprimés par ses critères de choix. C'est pourquoi la connaissance de la structure cognitive du touriste est essentielle.

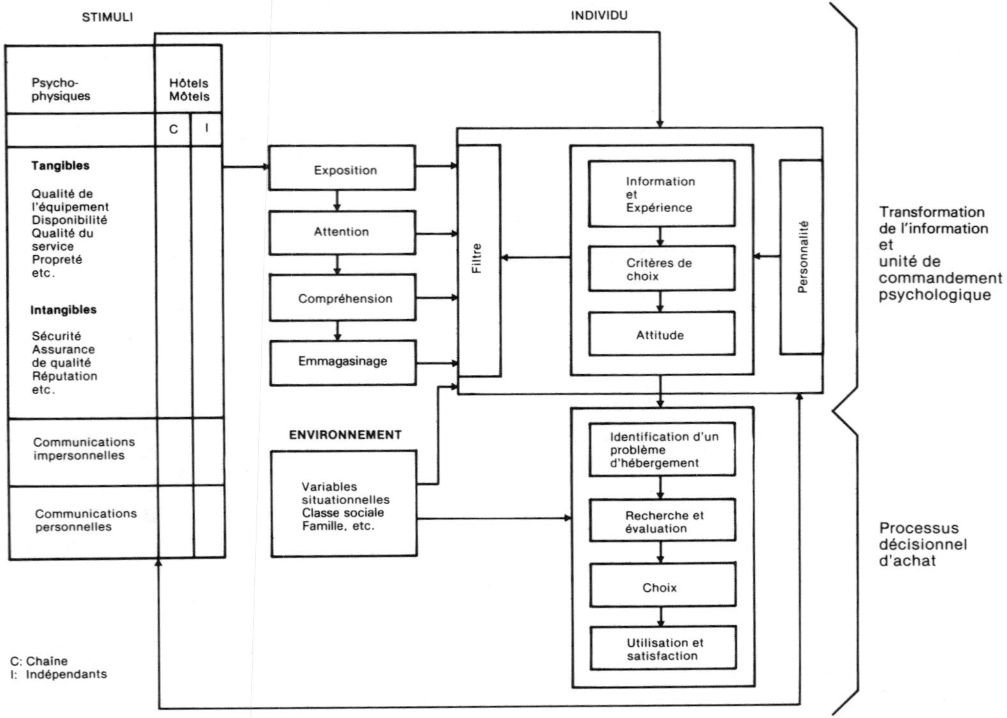

Figure 2.5 Modèle descriptif de comportement individuel dans le choix d'un établissement d'hébergement (Filiatrault et Ritchie, 1977).

Le modèle descriptif de prise de décision

Nous porterons maintenant notre attention sur les étapes du processus décisionnel, mises en évidence dans le modèle de Engel, Kollat et Blackwell, avec une légère différence cependant: les étapes de recherche et d'évaluation ont été intégrées. Selon Davis et Rigaux (1974), l'intégration est souhaitable, car il est souvent difficile pour les répondants de faire la différenciation de la recherche et de l'évaluation (voir fig. 2.6).

En fait, pour bien comprendre une décision, il est nécessaire d'utiliser un modèle détaillé où chacune des étapes est composée de décisions partielles (Fortin, Ritchie, Arsenault, 1976). C'est pourquoi le modèle descriptif de la décision d'un individu dans le choix d'un établissement d'hébergement tient compte des différentes décisions partielles qu'implique une telle décision.

Le modèle descriptif de comportement de choix dans une famille

Les modèles de comportement d'achat et de prise de décision des individus possèdent leur utilité mais accordent peu d'importance à l'influence des individus au sein de groupes lors du choix final et en particulier de celui d'un site d'hébergement.

Or, plusieurs études rapportent que les décisions ayant trait aux vacances sont généralement conjointes (Davis, Rigaux, 1974; Cunningham, Green, 1974; Burns, 1976). À cause des implications stratégiques immédiates, ce type de décision offre un intérêt particulier pour des chercheurs qui veulent étudier les différences entre les décisions de couples et celles de familles où les enfants exercent une certaine influence.

Le modèle descriptif proposé (voir fig. 2.7) a servi de base à la cueillette de données en accord avec l'objectif général.

L'organisation de la recherche

Définition des variables

À partir du modèle descriptif, ont été définies des variables générales et des variables spécifiques. Les variables générales sont pertinentes pour chacune des parties du modèle descriptif du comportement d'achat d'une famille dans le choix d'un établissement d'hébergement. Les variables générales sont les suivantes:

1) Les caractéristiques socio-démographiques des époux;
2) La composition de l'unité familiale (couple ou famille);
3) Le lieu d'origine;
4) L'utilisation préalable d'hôtels indépendants ou de chaînes;
5) La situation d'achat (connaissance du Québec, de l'hôtel, etc.).

Les variables spécifiques sont de deux types: (1) les variables qui permettent de connaître l'attitude, comme les variables psychographiques, ou encore l'évaluation des attributs ou critères de choix, et (2) les variables qui définissent chacune des étapes du processus décisionnel et dont certaines servent à mesurer la structure d'influence. À l'étape de l'identification du problème d'hébergement, les variables suivantes ont été considérées:

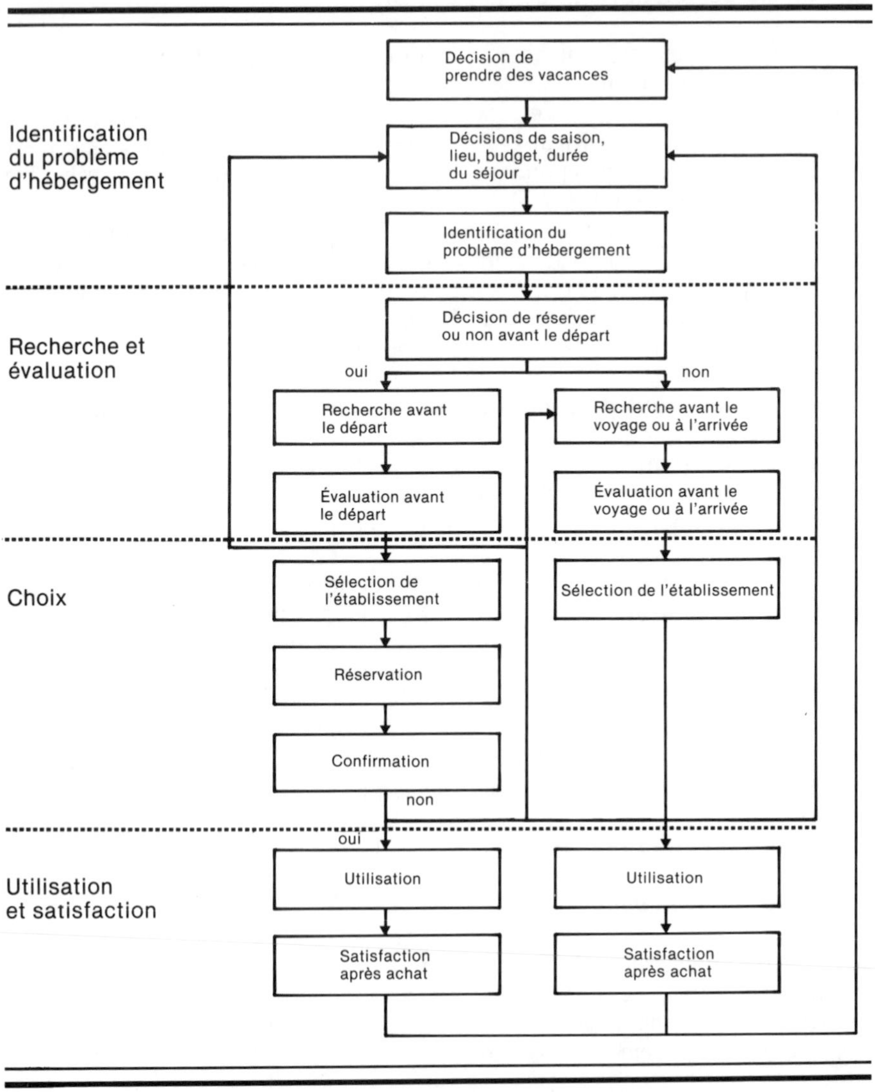

Figure 2.6 Modèle descriptif de prise de décision d'un individu dans le choix d'un établissement d'hébergement (Filiatrault et Ritchie, 1977).

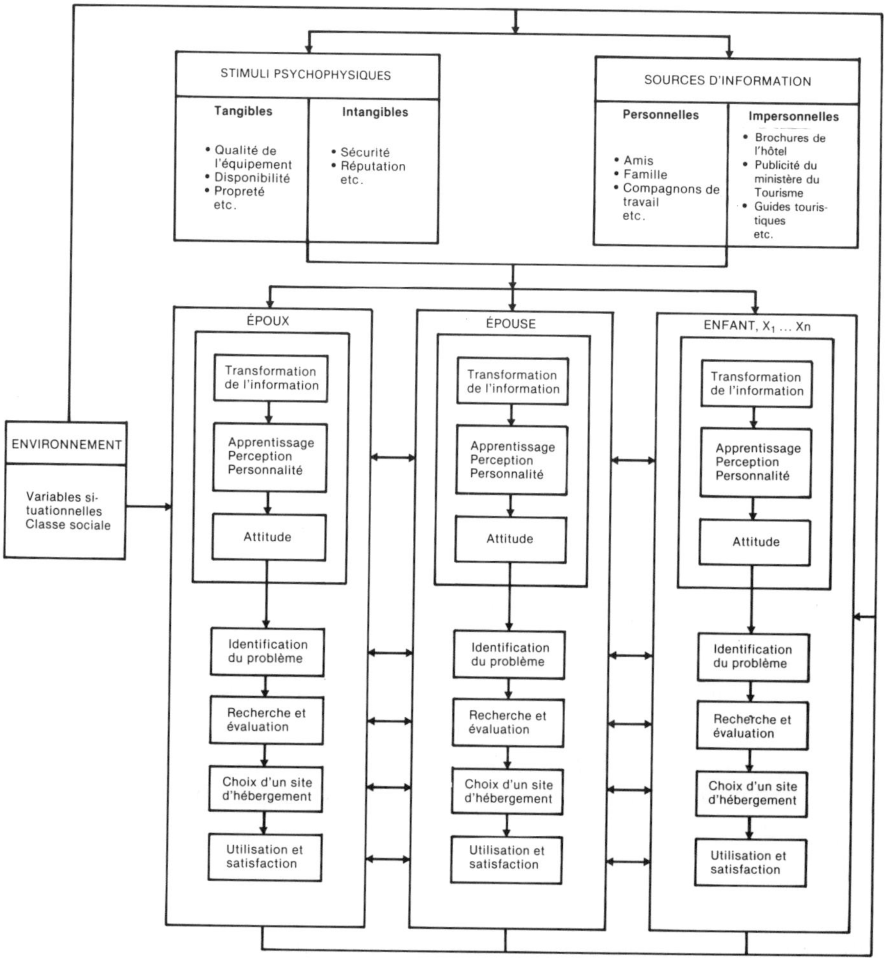

Figure 2.7 Modèle descriptif de comportement d'achat d'une famille dans le choix d'un établissement d'hébergement (Filiatrault et Ritchie, 1977).

1) L'identification des besoins de vacances et des objectifs;
2) Le choix de la saison et du temps des vacances;
3) La durée du séjour;
4) L'établissement du budget;
5) Le type de vacances;
6) Le choix du site;
7) L'importance de l'hébergement.

À l'étape de la recherche et de l'évaluation, l'attention a porté sur les variables suivantes:
1) La décision de réserver;
2) Les sources d'information: personnelles ou impersonnelles;
3) La connaissance préalable de l'hôtel;
4) Les attributs ou critères de choix.

À l'étape du choix, les variables suivantes ont été considérées:
1) L'obtention d'un premier choix;
2) Le choix d'une chaîne ou d'un établissement indépendant;
3) Le choix du site;
4) Le choix de la chambre et du prix.

Enfin, à l'étape de l'utilisation et de la satisfaction, les variables étudiées ont été:
1) Les vacances (durée, en famille, etc.);
2) La visite du Québec et de Québec en particulier;
3) L'hôtel;
4) L'hospitalité des résidents;
5) Le nombre d'activités.

Le problème de recherche, le cadre théorique et les variables étant définis, reste maintenant à déterminer avec précision les objectifs de recherche.

Les objectifs de la recherche

Les sous-objectifs qui ont permis d'obtenir une meilleure connaissance de cette décision sont théoriques et pratiques.

Les sous-objectifs théoriques ont été les suivants:
1) La détermination des différences de caractéristiques et de comportement entre les couples et les familles lors de décisions de vacances;
2) La détermination de l'influence des enfants au sein de la famille dans des décisions;
3) La détermination de la différence de structure d'influence entre les familles et les couples lors des différents types de décisions;
4) La détermination de la différence de perception de la structure d'influence au sein des familles et des couples lors de décisions.

Les sous-objectifs pratiques ont été les suivants:
1) L'identification des caractéristiques socio-démographiques et psychographiques des divers segments de marché, soit les familles et les couples utilisant les services et établissements indépendants ou faisant partie de chaînes;

2) L'identification des caractéristiques de voyage et d'hébergement des différents segments de marché;
3) L'identification et la mesure des attributs ou critères d'évaluation dans le choix d'un établissement d'hébergement au sein de familles et de couples et la comparaison de l'importance accordée à ces attributs par les touristes qui utilisent les services des établissements faisant partie de chaînes et par ceux qui sont hébergés dans les établissements indépendants;
4) La satisfaction des touristes quant aux diverses décisions de vacances;
5) L'estimation de l'importance relative de la clientèle des familles et des couples pour les hôteliers de Québec.

Conclusion

Cet exemple démontre bien comment une connaissance approfondie des mécanismes de base du comportement du consommateur est un préalable nécessaire à toute pratique de la recherche en marketing. Connaître les variables, leurs interactions, faire des choix quant aux répondants à interroger, organiser la recherche, formuler les bonnes questions, voilà autant d'actes que tout analyste qui se respecte doit maîtriser. En ce sens, les modèles sont des outils de référence fort précieux.

Exercice pratique La montre

Devant se rendre en France pour affaires, Marc Raison a profité de son passage à la boutique hors taxes de l'aéroport Mirabel pour s'acheter une montre. Quoiqu'un peu pressé, mais fermement décidé à en acheter une, son choix s'est porté sur un modèle classique de luxe à technologie moderne: une Diapason*. Bien qu'il fût satisfait de son achat au départ, Marc apprit par la suite, à ses dépens, que cette montre présentait un défaut majeur: celui d'émettre un sifflement aigu fort désagréable, audible durant les moments de travail au bureau ou la nuit et auquel il aurait préféré le tic-tac régulier, mais combien plus agréable, d'un système d'horlogerie conventionnel.

Trois ans plus tard, Marc possède toujours la même montre et sa lassitude est grande. Le bracelet intégré à la montre commençant à présenter des signes de fatigue, il l'apporte chez un horloger, dépositaire de la marque, pour apprendre que la production de ce modèle de montre ayant été discontinuée, il en avait été de même du bracelet l'accompagnant!

Que faire? Patienter et garder la montre jusqu'à ce que le bracelet casse définitivement? Mais ce dernier résiste. Excédé, Marc décide d'en finir en changeant de montre, d'autant plus qu'à l'approche de Noël, il peut bien s'en offrir une nouvelle en cadeau. Échaudé par sa mauvaise expérience, il décide toutefois qu'il ne dépensera plus autant pour un tel achat et commence, sans plus attendre, à feuilleter des catalogues. À sa grande surprise, il découvre que le choix est vaste. Parmi toutes les marques présentées, il ne connaît guère que Timex; Casio, Cardinal, Remex, Waltham, Chateau sont des noms nouveaux pour lui. Il retient un ou deux modèles, d'un prix raisonnable puisque tournant autour de 25 $ et justement en promotion. Il achètera l'un ou l'autre en atten-

* Nom fictif.

dant de s'en offrir un de meilleure qualité.

Il se rend donc au magasin; une fois parvenu devant l'étalage regorgeant de montres, il hésite. Ne va-t-il pas refaire une gaffe? S'est-il vraiment penché sur ce qu'il lui fallait? Comment s'y retrouver dans tous ces styles, ces fonctions, ces marques? Il y a des montres analogiques, à affichage numérique ou double, d'allure sportive ou classique, avec ou sans sonnerie, cette dernière pouvant être musicale ou pas, non étanches, résistantes à l'eau, étanches jusqu'à 50 mètres de profondeur, avec ou sans chronographe, avec calculatrice ou jeu électronique ou même radio incorporé, avec ou sans pile, à quartz ou conventionnelles, avec système de métronome pour le jogging, donnant l'heure pour deux fuseaux, de marques plus ou moins connues, de prix très divers, avec des garanties plus ou moins longues. Il y a même une compagnie qui offre une montre, une calculatrice et un stylo, le tout pour 19,97 $.

Que choisir? Quelle est la meilleure formule? À vrai dire, Marc n'en sait plus rien. Il sort du magasin, soulagé de n'avoir rien acheté. De retour chez lui, il en parle à son épouse qui lui conseille de ne pas trop se hâter et de choisir une montre classique avec aiguilles qui lui durera. «C'est vrai, se dit-il, je vais y repenser tranquillement.»

Dès lors, dans son temps libre, il passe en revue tout ce qu'il sait sur les montres. Ne lui a-t-on pas appris dans son entourage que les mouvements suisses étaient les meilleurs au monde, que tout ce qui venait de Hong Kong, de Taiwan ou du Japon était de la pacotille, qu'une montre était un achat important méritant attention, que l'on recevait souvent sa première belle montre lors de sa première communion? Alors, comment trancher entre le passé et le présent, comment ne pas être attiré par ces modèles rutilants à des prix défiant toute compétition?

Mais que choisir exactement? Opter pour des aiguilles plutôt que pour des cristaux liquides lui semble tout de suite préférable. Consultant expert en gestion pour de grosses entreprises, il ne se voit pas avec une montre à cristaux qui fait, selon ses termes, plus «technicien», «programmeur» ou encore «amateur de gadgets». Ses semblables ont des montres classiques, même si leur technologie est ultramoderne. Il lui faut de même un bracelet classique pouvant être remplacé sans problème.

Poursuivant son raisonnement, il se dit que la meilleure façon de trouver la montre idéale est de découvrir les caractéristiques purement techniques qui rendent une montre sûre, fiable et facilement réparable. Pour ce faire, il décide d'aller rencontrer un horloger, spécialiste de son métier, quitte à l'encourager par la suite en lui achetant une montre à prix plus élevé qu'ailleurs: la tranquillité d'esprit est à ce prix! Il ira donc chez Montrexpert* qui tient boutique depuis des années dans la rue principale et qui jouit d'une excellente réputation. Aussitôt dit, aussitôt fait.

L'horloger lui parle longuement des différents types de mouvements, des principes mécaniques de base à respecter, du degré de précision des différents systèmes, puis lui recommande un système conventionnel à quartz... de préférence un mouvement suisse réputé.

Avant de sortir du magasin, Marc décide d'examiner les modèles en vente

* Nom fictif.

dans la bijouterie. L'horloger, fort occupé, le confie aux bons soins d'une vendeuse. Celle-ci lui présente différentes marques: Concorde, Seiko, Diapason, Omega et Rollex, proposant des modèles à des prix variés, question de tâter le terrain. Il y a même des Piaget, annoncées comme les montres les plus chères au monde et la Must de Cartier, garantie à vie! Bien que fortement attiré par ces deux dernières marques, Marc les élimine bien vite: ses moyens financiers, bien qu'assez larges, ne lui permettent pas pareil excès. Et comment son épouse réagirait-elle? Il y a d'autres dépenses prioritaires à faire dans le foyer. Ses préférences vont, encore une fois, vers des modèles classiques avec des chiffres romains, dont le style et l'allure correspondent bien à sa personnalité et à son mode de vie. Il semble pencher pour une Seiko à quartz, mais avant de s'engager définitivement, il demande à la vendeuse si elle est étanche. Visiblement embarrassée par la question, elle répond par l'affirmative sans le convaincre pour autant. Il retourne alors la montre et lit sur le dos du boîtier l'inscription «résistante à l'eau». Pourquoi «résistante à l'eau» et pas «étanche»? Il se rappelle alors les commentaires d'un de ses bons amis, amateur de plongée sous-marine qui, lui décrivant sa montre aquatique, lui avait expliqué la différence entre la résistance à l'eau et l'étanchéité réelle: ce n'est pas du tout pareil.

Du coup, le comportement persuasif de la vendeuse l'inquiète: elle veut vendre une montre, un point c'est tout. Pris au piège, il se trouve une excuse pour reporter son achat: «Je vais en parler à ma femme et je reviendrai vous voir.» De retour à son bureau, il trouve que cet achat l'accapare beaucoup trop et décide de ne plus y penser pendant un certain temps: un peu de recul lui fera le plus grand bien.

Quelques semaines plus tard, installé devant son récepteur de télévision, un message lui annonce qu'un magasin à rayons vend en promotion des montres analogiques à 4,99 $ l'unité avec un an de garantie, tant qu'il y en aura! L'intérêt de Marc pour les montres s'en trouvant du coup ravivé et n'ayant rien de particulier à faire, il saute dans son automobile et se dirige vers ce magasin. À 4,99 $, il n'a rien à perdre! «Et si la montre comporte une garantie, elle ne doit pas être si mauvaise que cela», se dit-il en conduisant.

Arrivé sur les lieux et voyant le produit, il change d'idée: ce n'est pas ce qu'il lui faut et, dès demain, il ira acheter une montre d'une marque sérieuse: Omega, Rollex, Seiko ou Concorde, mais surtout pas une Diapason.

Quant au choix du magasin, il retournera chez le bijoutier-horloger et demandera à être servi par lui. Après avoir pris rendez-vous, l'horloger lui conseille finalement une Omega, lui suggérant de choisir le modèle selon ses besoins: classique, analogique, à quartz, avec des chiffres romains et donnant la date. Quant à la sonnerie, elle a un peu trop l'allure d'un gadget sur ce type de montre: il l'élimine donc, bien qu'il en ait souvent besoin en voyage d'affaires. L'horloger prépare sa garantie, accepte sa carte de crédit American Express et l'assure qu'il sera pleinement satisfait: «Notre maison conserve toujours ses clients», dit-il en prenant congé.

Marc est fier de son acquisition. Sur le chemin du retour, il passe devant le département des mini-calculatrices d'un grand magasin à rayons. Voilà son problème de sonnerie réglé: il achètera une calculatrice de poche avec réveil et sonnerie incorporés. Ayant besoin d'une calculatrice de ce type pour ses affaires, il fait ainsi d'une pierre deux coups! Et il ressort dix minutes plus tard avec une Sharp à 28,95 $.

Quant à sa nouvelle montre, il a de quoi être réconforté puisque tous ses amis lui ont dit qu'il avait fait un très bon choix, sans compter qu'elle n'émet aucun bruit. C'est ainsi qu'il la conseille maintenant à d'autres personnes.

Questions

1 À l'aide d'un modèle général en comportement du consommateur, retracez et représentez schématiquement le déroulement du processus observé.
2 Imaginez, d'une façon générale, les stratégies de marketing possibles à chacune des étapes du processus.
3 Quel type de montre possédez-vous? Correspond-elle à vos besoins? Comment l'avez-vous achetée? Expliquez brièvement vos réactions.

BIBLIOGRAPHIE

ASSAEL, H., *Consumer Behavior and Marketing Action,* Kent Publishing Company, 1981.

BURNS, A., «Spousal Involvement and Empathy in Jointly-Resolved and Authoritatively-Resolved Purchase Subdecisions», dans *Advances in Consumer Research,* sous la direction de B.B. Anderson, Association for Consumer Research, vol. 3, 1976, p. 199-207.

CUNNINGHAM, I., GREEN, R., «Purchasing Roles in the U.S. Family, 1955 and 1973», *Journal of Marketing,* octobre 1974, p. 61-64.

DAVIS, H., RIGAUX, B., «Perception of Marital Roles in Decision Processes», *The Journal of Consumer Research,* juin 1974, p. 51-62.

ENGEL, J., KOLLAT, D., BLACKWELL, R., *Consumer Behavior,* 1re édition, H.R.W., Marketing Series, 1968.

ENGEL, J., KOLLAT, D., BLACKWELL, R., *Consumer Behavior,* 2e édition, H.R.W., The Dryden Press, 1973.

ENGEL, J., BLACKWELL, R., KOLLAT, D., *Consumer Behavior,* 3e édition, H.R.W., The Dryden Press, 1978.

ENGEL, J., BLACKWELL, R., *Consumer Behavior,* 4e édition, H.R.W., The Dryden Press, 1982.

FARLEY, J., HOWARD, J., RING, W., *Consumer Behavior: Theory and Application,* Boston, Allyn & Bacon Inc., 1974.

FORTIN, P., RITCHIE, B., ARSENAULT, J., «Le Processus décisionnel et le Comportement d'achat des organisations», Conseil de Planification et de Développement du Québec, *Études et Recherches n° 2,* 1976.

GORDON, G., MacEACHRON, A., FISHER, G., «A Contingency Model for the Design of Problem Solving Research Problems: A Perspective on Diffusion Research», *Milbank Memorial Fund Quarterly/Health and Society,* vol. 52, printemps 1974, p. 185-220.

HOWARD, J., SHETH, J., *The Theory of Buyer Behavior,* New York, John Wiley & Sons, 1969.

HOWARD, J., OSTLUND, L., *Buyer Behavior: Theoretical and Empirical Foundations,* New York, Knopf, 1973.

HOWARD, J., *Consumer Behavior: Application of Theory,* New York, McGraw-Hill, 1977.

NICOSIA, F., *Consumer Decision Processes: Marketing and Advertising Implications,* Englewood Cliffs, N.J. Prentice-Hall, 1966.

WOODSIDE, A., «Effects of Prior Decision Making, Demographics and Psychographics on Marital Roles for Purchasing Durables», dans *Advances in Consumer Research,* sous la direction de Mary Jane Schlinger, Association for Consumer Research, vol. 2, 1975, p. 81-92.

Deuxième partie

Les processus fondamentaux

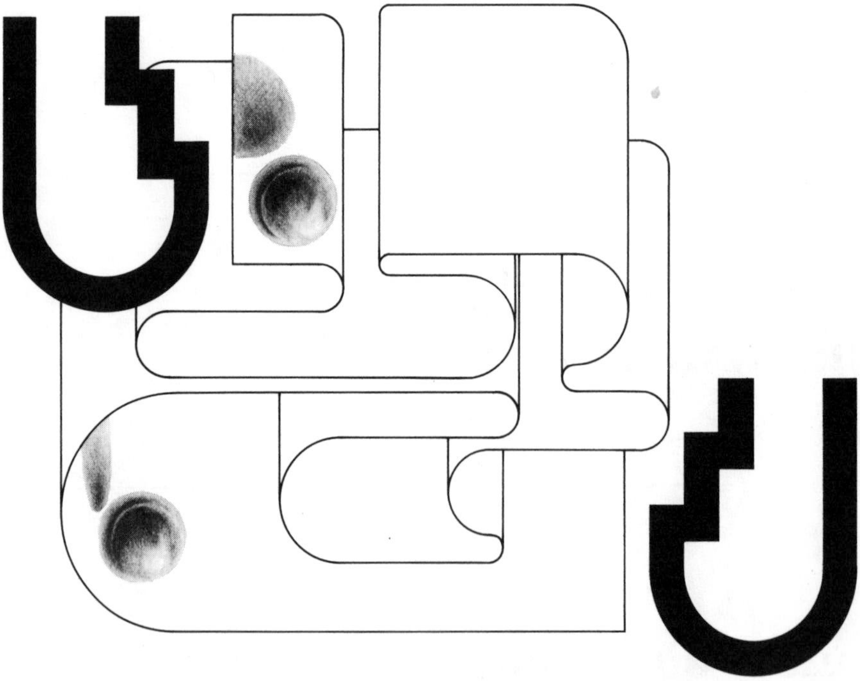

Chapitre 3

La perception

OBJECTIFS:

1) Souligner l'importance fondamentale des critères d'évaluation;
2) Identifier les causes possibles des variations au sein du processus perceptuel;
3) Introduire la notion de seuil différentiel;
4) Démontrer que tout produit est un ensemble de caractéristiques aux intensités et donc aux utilités variables;
5) Relier perception et marketing stratégique.

PRÉPARATION À L'EXERCICE PRATIQUE:

1) Lire attentivement la démonstration pratique qui porte sur la segmentation par bénéfices;
2) Prendre connaissance du cas;
3) Suivre la procédure assignée pour répondre aux questions et se baser sur son propre marché domestique.

INTRODUCTION

La perception des produits et des services par les consommateurs ne constitue pas un enregistrement fidèle de ce qu'ils sont en réalité, ni même de ce que l'entreprise a voulu qu'ils soient aux yeux du public. De nombreux facteurs créent ce qu'on appelle le biais perceptuel et provoquent une distorsion plus ou moins grande à cause d'une déformation entre l'image enregistrée et l'image «réelle» du produit ou du service. Or, la fonction du marketing n'est-elle pas de répondre aux besoins des consommateurs et, par conséquent, de faire en sorte qu'il y ait superposition du profil exprimé de l'image idéale et de celui de l'image perçue? Il est donc fondamental de connaître et de comprendre les spécifications auxquelles recourent les consommateurs lorsqu'ils perçoivent leur environnement de marketing, puisque en toute logique l'achat ne devrait intervenir que dans la mesure où les spécifications proposées répondent aux attentes de la clientèle.

Ainsi, lors du positionnement d'un nouveau produit ou du repositionnement d'un ancien, il faudra considérer qu'il dispose, de par sa nature même, de plusieurs qualités hétérogènes, chacune d'elles s'adressant à un nombre différent de consommateurs avec des besoins différents. Mais comment évaluer ces besoins? Comment évaluer lequel des attributs du produit est perçu comme le plus important par les consommateurs? Comment déterminer un assortiment idéal d'intensités de ces attributs pour rencontrer au maximum les attentes de la clientèle cible? Prenons un exemple (tiré de Green et Wind, 1975); supposons que vous ayez un rendez-vous d'affaires à Paris et que vous vous trouviez à Montréal. Lequel des deux vols décrits ci-dessous choisirez-vous:

> Un Boeing 707 affrété par Air XYZ, qui décollera en dedans de deux heures de votre heure de départ idéale et qui arrive souvent en retard à Paris. Le vol est direct et l'avion sera rempli à 50%. L'équipage est chaleureux et amical et vous avez le choix entre deux films durant le voyage.
>
> Un Boeing 747 affrété par W Air, qui décollera en dedans de quatre heures de votre heure de départ idéale et qui n'arrive pratiquement jamais en retard. Le vol est direct et l'avion sera rempli à 90%. L'équipage est froid et peu empressé et vous n'aurez que des revues pour vous divertir.

Que remarquons-nous dans cette situation au demeurant tout à fait hypothétique? Premièrement, la décision n'est pas unidimensionnelle mais repose sur un ensemble d'attributs. Deuxièmement, le consommateur doit se forger un jugement global à partir de l'importance relative des attributs. Troisièmement, la complexité de la décision rendra la tâche difficile aux directeurs du marketing de ces compagnies qui s'efforcent de se figurer ce que le consommateur désire réellement. Pour y voir plus clair, et mieux comprendre la formation des jugements, nous organiserons donc la matière autour des points clés suivants: la nature du processus de perception, ses caractéristiques intrinsèques, celles du consommateur qui en influencent le déroulement, l'application de ces notions au marketing et, enfin, les problèmes méthodologiques que soulève la mesure des critères d'évaluation. Avant même d'entrer dans le vif du sujet, il nous semble opportun de souligner que les notions que nous allons maintenant développer sont très étroitement reliées à la formation des attitudes et donc particulièrement utiles à une bonne compréhension du chapitre portant sur ce dernier sujet.

LA NATURE DU PROCESSUS DE PERCEPTION

La définition de la perception

La perception est le processus par lequel un consommateur prend conscience de son environnement de marketing et l'interprète de telle façon qu'il soit en accord avec son schéma de référence. Ceci implique que lorsque le consommateur percevra par exemple un produit déterminé, il le répertoriera par rapport à ses propres dimensions de référence qui constituent ce qu'on appelle ses critères d'évaluation. De ce fait, il devient possible de poser une première relation:

$$\text{PERCEPTION} = f\,(\text{CRITÈRES D'ÉVALUATION})$$

Il est important de garder à l'esprit que ces critères sont la concrétisation en surface d'un ensemble beaucoup plus large et profond de besoins, valeurs, motivations constituant ce qu'il est commun d'appeler le champ psychologique du consommateur. Au niveau de la marque, ces critères se traduiront par des bénéfices attendus. Ceux-ci seront dirigés sur des caractéristiques de produits qui deviendront ainsi des objectifs de consommation à atteindre.

Enfin, ces critères peuvent être plus ou moins précisés (par exemple dans le cas d'un processus de décision plus ou moins extensif), ce qui ne signifie pas pour autant qu'un manque de spécificité dans les critères puisse faire qu'il n'y ait pas de perception: celle-ci sera floue, mais s'effectuera quand même.

Critères d'évaluation et caractéristiques des produits

Les critères d'évaluation sont les spécifications auxquelles recourt le consommateur pour comparer et évaluer les caractéristiques des produits et des marques; en d'autres mots, ce sont les dimensions utilisées par le consommateur dans l'évaluation des possibilités qui se présentent à lui et en fonction des caractéristiques propres à ces dernières (voir à ce sujet le tableau 3.1 qui présente les critères de base utilisés par les consommateurs pour l'achat de certains produits).

Cette définition des critères d'évaluation nous permet d'établir une seconde relation fondamentale:

$$\text{PERCEPTION} = \text{ÉVALUATION} = f\,(\text{CRITÈRES} \leftrightarrow \text{CARACTÉRISTIQUES})$$

Mais qu'entendons-nous par caractéristiques du produit? Il s'agit de toute spécification d'un produit qui est intrinsèque à ce dernier et qui, directement ou indirectement, influence l'évaluation portée par un consommateur sur une «combinaison-produit», c'est-à-dire un regroupement produit/marque/modèle;

par exemple, l'appareil photo reflex/Canon/E.I. Le caractère intrinsèque de ces caractéristiques exclut des notions telles que la disponibilité, la garantie, le service après-vente, le prix, la marque qui sont considérées comme extrinsèques au produit, et identifiées comme des *critères d'achat*. Sur cette notion de caractéristiques du produit, deux grands courants de pensée émergent au sein des chercheurs en marketing et des économistes. Les premiers ont défini les caractéristiques du produit comme étant les «jugements subjectifs portés par les consommateurs sur des traits spécifiques possédés par un produit» (Wilkie et Pessemier, 1973). Sur cette base, les critères d'évaluation se répartissent en deux grandes catégories qui sont (1) le groupe des critères spécifiques et objectifs tels que le prix, le poids, la taille, la couleur, et (2) le groupe des critères plus abstraits et subjectifs tels que la durabilité, la sécurité, l'allure générale, etc. Sous cet angle, pratiquement tout ce qu'un consommateur perçoit d'un produit peut être qualifié de caractéristique. Certains critères peuvent à la fois, et selon les consommateurs, être objectifs ou subjectifs; le meilleur exemple en est le prix; il peut être présenté tel quel ou être associé à des notions plus élaborées de sécurité, de statut. Ainsi, lorsqu'une compagnie de chemin de fer, pour concurrencer un autre moyen de transport, parle de prix de revient au kilomètre (ou au mille), il s'agit du prix objectif; par contre, le dicton selon lequel «plus le prix est élevé, meilleur c'est» fait partie de l'aspect subjectif. Un autre courant, fort différent, a émergé récemment au sein de ce qui est communément appelé la nouvelle théorie économique (Lancaster, 1966 et 1971; Cowling et Cubbin, 1971; Ratchford, 1975; Maynes, 1976). Selon Lancaster, pour qu'une caractéristique du produit soit considérée comme telle dans le processus de choix du consommateur, il faut qu'elle soit *quantifiable, mesurable objectivement* et *universelle.* Par exemple, dans le cas d'une orange, il est possible de retenir son diamètre, son poids, l'épaisseur de la pelure, la quantité de jus par rapport au poids total, le pourcentage de sucre, la contenance en vitamine C. Par contre, le goût du jus qui en résultera ne constitue pas selon cette approche une caractéristique, puisqu'elle n'est pas objectivement mesurable. Il est permis de s'interroger sur le caractère par trop restrictif de cette définition et sur son bien-fondé. Cowling, Cubbin et Maynes, bien que présentant des définitions qui varient sensiblement, s'accordent pour dire qu'il y a au moins deux niveaux de caractéristiques qui sont: un ensemble de caractéristiques directement et objectivement mesurables et une abstraction de ces caractéristiques de base à un niveau plus élevé de l'appréciation de la performance du produit selon l'utilité perçue par le consommateur. Ainsi, pour une voiture, des caractéristiques telles que le nombre de chevaux, la consommation d'essence, la puissance des freins, le volume habitable donnent naissance à la recherche de la vitesse, du confort, de l'habitabilité, du côté pratique.

Enfin, cette approche, fondée sur l'idée selon laquelle les produits n'ont de valeur aux yeux des consommateurs qu'en fonction des caractéristiques qu'ils présentent, et que la différenciation des produits repose en fait sur des assortiments différents de caractéristiques, permet de donner une définition plus précise du caractère «objectif» d'un prix. Ainsi la notion de prix «juste» ou «hédoniste» (parce que correspondant à certains bénéfices spécifiques attendus par les consommateurs) se définit par rapport aux autres caractéristiques observables du produit (Lambin, 1982). En reliant les variations de prix de divers modèles d'automobiles, par exemple, aux variations simultanées de l'ensemble des autres caractéristiques associées à chaque modèle, un prix hédoniste peut être ainsi obtenu selon l'expression suivante:

$$P_i = a + \sum_{i=1}^{n} b_j C_{ji} + u_i$$

et pour un modèle i, nous avons:

$$u_i = P_i - \hat{P}_i$$

avec P_i = prix de liste réel;
$\hat{P}_i$ = prix estimé (hédoniste);
et u_i = index d'ajustement prix-qualité qui peut prendre des valeurs positives ou négatives.

Ainsi, en prenant pour exemple une VW Rabbit (ou Golf), nous pouvons imaginer que lorsque u_i prend une valeur positive, cela signifie que le prix réel est surestimé par rapport au prix hédoniste et que les consommateurs qui achètent néanmoins ce modèle sont prêts à payer pour l'image de marque: la robustesse allemande dans ce cas.

Bien qu'il y ait des variations notables entre les différentes approches dont nous venons de parler, elles reconnaissent toutes l'existence d'une hiérarchie des caractéristiques sur lesquelles porte l'évaluation du produit.

Le concept de hiérarchie des caractéristiques des produits

Sur la base des travaux de recherche dont nous disposons à l'heure actuelle, il est possible de dresser une hiérarchie des caractéristiques des produits selon les trois niveaux A, B et C (voir les travaux de Geistfeld, Sproles, Badenhop, 1977):

1) *Le niveau A:* les caractéristiques sont abstraites, multidimensionnelles et difficilement mesurables. Elles dépendent de caractéristiques sous-jacentes provenant des niveaux B et C;
2) *Le niveau B:* à ce niveau les caractéristiques sont souvent multidimensionnelles et plus facilement mesurables;
3) *Le niveau C:* les caractéristiques sont unidimensionnelles et mesurables. Elles correspondent généralement aux caractéristiques de composition et de construction du produit.

Pour faciliter la compréhension de cette hiérarchie, prenons une illustration. Pour un produit comme une couverture, il est possible de dresser différents niveaux hiérarchiques allant des caractéristiques de composition et de fabrication aux aspects plus abstraits et subjectifs (voir fig. 3.1).

Le problème majeur que l'on rencontre face aux caractéristiques des produits ne réside pas uniquement dans l'identification de ces dernières mais dans leur nombre quasi illimité, notamment en ce qui concerne celles du niveau C. Le problème d'analyse posé devient alors celui de restreindre la liste des caractéristiques à un nombre exploitable.

Les caractéristiques des critères d'évaluation

Les critères utilisés par les consommateurs dans l'évaluation des produits et des services peuvent présenter des caractéristiques différentes et varier en fonction:

DENTIFRICES

1. Prévention des caries
2. Goût
3. Fraîcheur
4. Blancheur des dents
5. Couleur
6. Action sur les gencives
7. Prix

RESTAURANTS

1. Propreté
2. Prix
3. Service
4. Qualité de la nourriture
5. Spécialités
6. Carte des vins
7. Emplacement
8. Ambiance
9. Fréquentation

AUTOMOBILES

1. Sécurité
2. Consommation-économie
3. Style
4. Robustesse
5. Accélération
6. Habitabilité
7. Qualité du réseau de vente
8. Tenue de route
9. Suspension
10. Plaisir de la conduite
11. Contenance du coffre
12. Prix

BOISSONS GAZEUSES

1. Arôme
2. Douceur
3. Pétillement
4. Calories

N.B: Les listes de critères ne sont pas exhaustives et l'ordre de présentation ne correspond pas à un classement d'importance.

Tableau 3.1 Les critères d'évaluation de différents produits: exemples possibles.

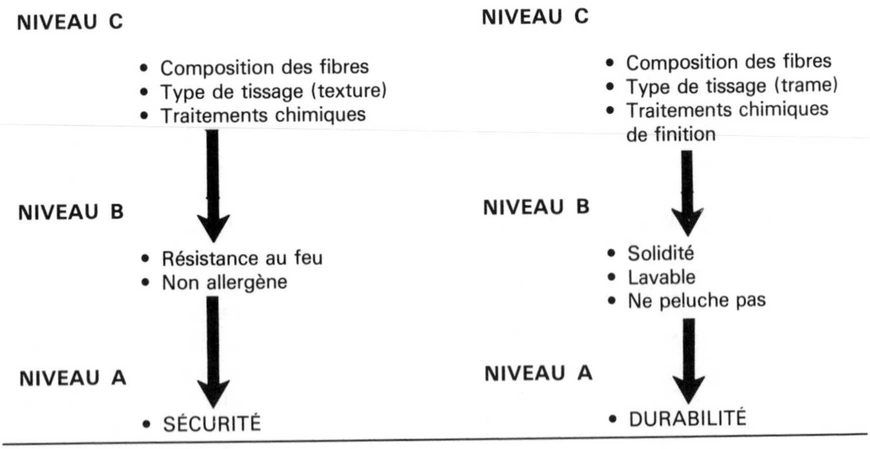

Source: Geistfeld, L., Sproles, G., Badenhop, S., «The Concept and Measurement of a Hierarchy of Product Characteristics», dans *Advances in Consumer Research,* vol. 4, sous la direction de William D. Perreault, Atlanta, Association for Consumer Research, 1977, p. 302-307. Reproduit avec autorisation, Copyright © 1977.

Figure 3.1 Exemples de relations entre les niveaux de caractéristiques des produits: sécurité et durabilité des couvertures.

a) *de leur force respective:* dans une même situation d'achat, des consommateurs différents attacheront un niveau d'importance différent à un critère donné; par exemple, un critère d'achat tel que le prix peut être fondamental ou n'avoir qu'une importance relative selon que l'on s'adresse à un consommateur aisé ou pas;

b) *de leur nombre:* il est évident qu'il y aura une limite supérieure au nombre de critères d'évaluation que l'individu pondérera simultanément lors d'une évaluation d'un produit ou d'une marque. Des études ont démontré que les consommateurs limitent le nombre de critères qu'ils utilisent pour évaluer les possibilités de consommation à six (6) ou moins. En général, même, la décision d'achat proprement dite est prise à partir d'un ou de deux critères au maximum;

c) *de leur importance:* il est fréquent qu'un des critères d'évaluation soit jugé par un consommateur comme étant la condition strictement nécessaire à un achat, même si les autres critères ont été remplis. Dans ce cas, il y a évaluation négative globale du produit ou de la marque si, pour un seul des critères, l'évaluation portée est négative. Dans d'autres cas, l'évaluation est compensatoire, c'est-à-dire que l'évaluation globale positive est assurée lorsque les évaluations partielles négatives sont compensées et même dépassées par les évaluations partielles positives. Nous reviendrons plus en détail sur ces différents types d'évaluation dans le chapitre sur les attitudes (voir la figure 3.2 sur l'importance relative des critères d'évaluation pour le marché de l'automobile en Belgique).

La nature des critères d'évaluation d'un consommateur et leurs caractéristiques se modifieront aussi en fonction des différentes variables que voici:

1) *Les déterminants sociaux tels que les groupes de référence, la famille, la classe sociale:* ainsi, en ce qui concerne l'alimentation, les classes sociales aux revenus élevés ont tendance à rechercher la finesse des mets préparés, leur originalité, plutôt que la quantité. À l'inverse, dans les classes ouvrières, le critère de succès d'un repas réussi est que les convives soient bien rassasiés;
2) *L'information et l'expérience accumulées par le consommateur* (voir les chapitres 4 et 5): les critères d'évaluation utilisés par les consommateurs gagnent en précision au fur et à mesure que leur degré d'expertise se développe. Un consommateur qui effectue son premier achat pour un produit donné est sensible à une multitude de critères, alors qu'un consommateur expert réduit son éventail de critères à ceux qu'il sait, par expérience, être prépondérants;
3) *Ses prédispositions, ses attitudes:* les idées, les opinions, les stéréotypes exercent une influence considérable sur les critères d'évaluation. Par exemple, un consommateur ayant développé une attitude négative vis-à-vis des produits en provenance de certains pays aura tendance à les sous-évaluer d'une façon systématique. Et ce n'est là, bien entendu, qu'une illustration parmi tant d'autres.

Ainsi, un examen approfondi des attitudes des ménagères françaises devant les aliments industrialisés permet de mettre en relation la valorisation de deux mythes opposés que sont le «naturel» et l'«artificiel» en fonction de la position de la ménagère en faveur de la cuisine traditionnelle ou moderne (voir fig. 3.3).

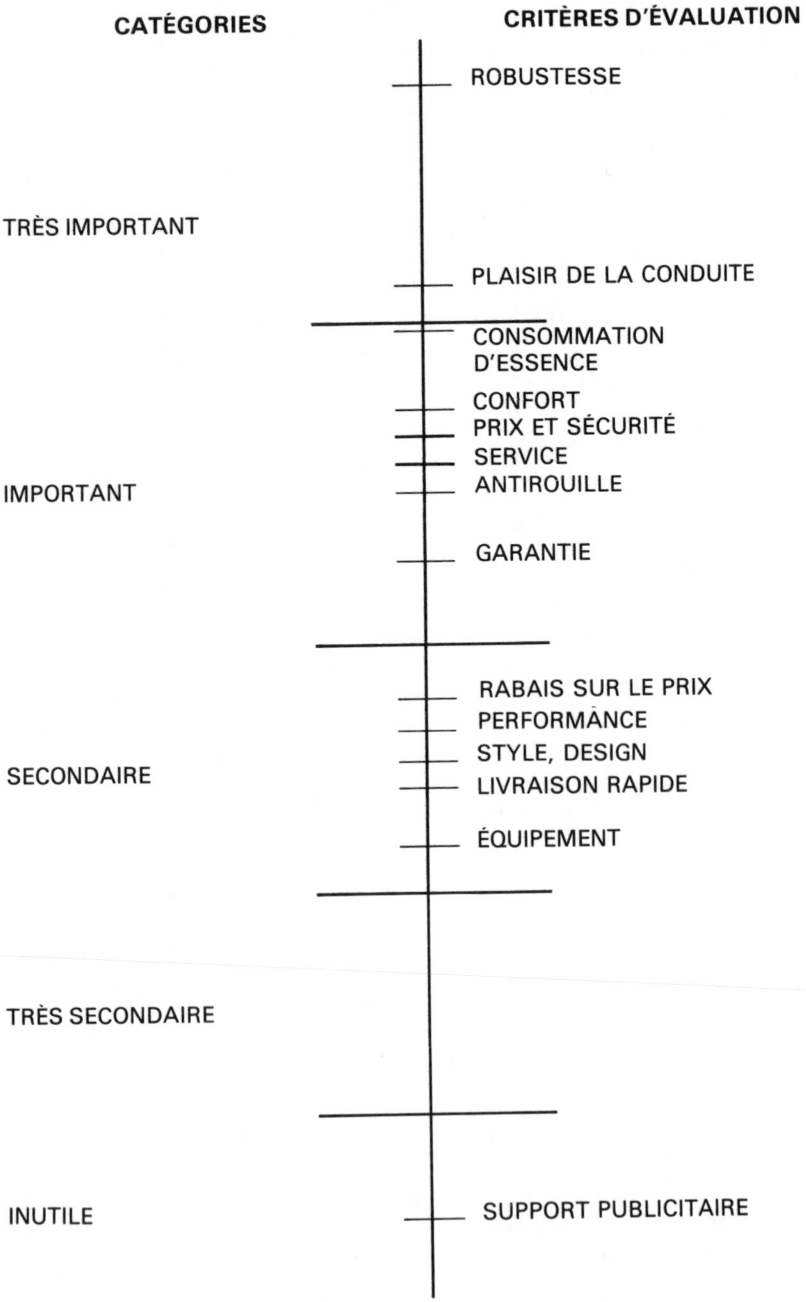

Source: Geva, C., Virlez, J., *Étude de l'image de marque des voitures japonaises,* mémoire de maîtrise, FUCAM, Mons, Belgique, 1980. Reproduit avec autorisation.

Figure 3.2 Importance relative des critères d'évaluation pour le marché de l'automobile en Belgique.

ÂGE D'OR, PROJETÉ DANS LE PASSÉ		«NATUREL»		«ARTIFICIEL»	
	+	Authentique, vrai, vierge, pur, sain	Symbolique	Chimique, altéré, imité, affaibli, dénaturé, impur, malsain	−
	+	Nuancé, personnel individualisé	Goût	Fade, neutre, impersonnel, standardisé	−
	+	Confiance, sécurité, évoque «le bon vieux temps»	Réaction	Méfiance, inquiétude, frustration	−

ÂGE D'OR, PROJETÉ DANS LE FUTUR					
	−	Brut, vulgaire, commun, empirique, dépassé	Symbolique	Hygiénique, purifié, raffiné, scientifique, étudié, civilisé, progrès	+
	−	Perte de temps, servitude	Pratique	Gain de temps, libération	+
	−	Évoque un passé sous-développé	Réaction	Confiance dans le progrès	+

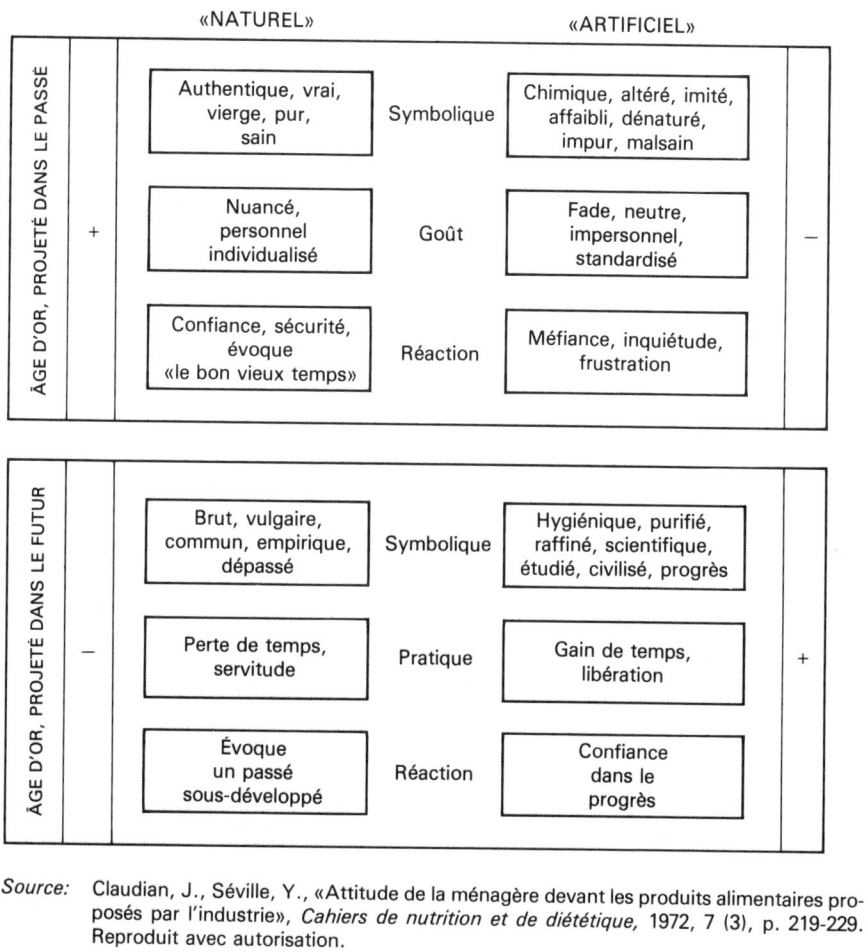

Source: Claudian, J., Séville, Y., «Attitude de la ménagère devant les produits alimentaires proposés par l'industrie», *Cahiers de nutrition et de diététique,* 1972, 7 (3), p. 219-229. Reproduit avec autorisation.

Figure 3.3 Le comportement alimentaire des ménagères françaises: la double valorisation du «naturel» et du «transformé».

La notion de «naturel» et celle de «transformé» sont susceptibles d'être valorisées dans des sens opposés. Un aliment industriel peut être surestimé en tant que produit raffiné, scientifiquement contrôlé, pratique, etc. Mais il peut être aussi bien sous-estimé en tant qu'aliment altéré, dénaturé par des moyens artificiels qui lui enlèvent ses qualités initiales, sa pureté et sa saveur première. Un conflit analogue apparaît avec l'aliment traditionnel, connu, éprouvé et évocateur du passé, du «bon vieux temps» où la vie était plus agréable, plus calme, et l'aliment nouveau qui a pour atouts le prestige du moderne, du progrès, du scientifique et aussi le côté pratique, mais qui en revanche manque de passé, de tradition et d'âme (Claudian, Serville, 1970);

4) *Sa personnalité:* le profil caractériel d'un consommateur est directement relié aux types de critères d'évaluation qu'il utilise. Un consommateur «con-

servateur» démontre en général un goût prononcé pour tout ce qui est classique, un consommateur peu enclin à prendre des risques accorde une importance considérable à la renommée de la marque qu'il achète, etc.

En définitive, et en guise de conclusion sur les critères d'évaluation, nous pouvons à présent poser la troisième et dernière relation:

> CRITÈRES D'ÉVALUATION = *f* (INFORMATION ET EXPÉRIENCE, ATTITUDE, PERSONNALITÉ, DÉTERMINANTS SOCIAUX)

Nous ne saurions terminer cette section sur la nature même du processus de perception sans souligner la différence entre perception et sensation. Le terme «sensation» est utilisé pour désigner l'effet associé à la stimulation d'un organe sensitif. Le terme «perception» réfère quant à lui à l'interprétation de la sensation. La perception utilise à la fois les sensations causées par le stimulus et l'expérience acquise. Ainsi, comme nous venons tout juste de le voir, les besoins, le bagage culturel, les expériences passées et les motivations d'un consommateur feront que sa perception d'un produit sera différente de celle d'un autre consommateur même si la sensation est la même chez les deux.

LES CARACTÉRISTIQUES DU PROCESSUS DE PERCEPTION

La perception du consommateur est subjective

En tant que consommateurs, nous filtrons souvent les informations sur lesquelles nous ne voulons pas insister. Ainsi, un consommateur acceptera l'information qui sera la plus compatible avec son bagage culturel, l'image qu'il a de lui-même, ses croyances, etc. (voir sur ce point le chapitre 4 sur l'information). Il a été ainsi démontré que 80 % des non-fumeurs croyaient en un lien entre le fait de fumer et le cancer du poumon, contre seulement 52 % chez les gros fumeurs (Kassarjian, Cohen, 1965).

La perception du consommateur est sélective

La nature sélective de la perception du consommateur peut être considérée comme la résultante de la nature subjective de l'individu et de sa capacité limitée à envisager simultanément une foule d'objets — donc d'incitants — dans une situation de consommation donnée. Dans le domaine de la distribution, des spécialistes ont déterminé que les consommateurs, lors de la visite d'un magasin, ne voient au maximum qu'un tiers des produits présentés! Cette caractéristique du processus de perception prend une importance encore plus considérable en ce qui concerne la publicité. La saturation est telle que l'efficacité communicationnelle a radicalement baissé: le résultat moyen de mémorisation des messages télévisés aux États-Unis est passé de 100 en 1960 à 52 en 1969. Autre caractéristique reliée à la publicité, plusieurs études ont prouvé que les consommateurs étaient plus réceptifs aux messages publicitaires de leurs propres marques d'automobiles (Ehrlich, 1957; Engel, 1963).

La perception du consommateur est temporelle

Les différentes marques de produits et de services éprouvent de plus en plus de difficulté à retenir l'attention des consommateurs. Le phénomène de la perception temporelle permet d'expliquer comment un produit bien connu peut voir son capital de notoriété s'effriter, ou même s'épuiser complètement si la publicité qui s'y rattache est interrompue. Il s'agit là d'un dilemme fort grave puisqu'il provoque souvent des effets d'escalade dans les dépenses publicitaires de firmes concurrentes, la seule justification de la surenchère étant de faire comme le voisin de peur de se voir distancer.

La perception du consommateur est cumulative

Cela signifie que le consommateur enregistre simultanément plusieurs sensations, puis procède à une somme de ces dernières pour créer un tout unifié; un consommateur regarde un produit, écoute ce que les gens en disent, examine son emballage et enfin se forme une impression globale.

LES DIFFÉRENCES INDIVIDUELLES EN MATIÈRE DE PERCEPTION

Nous avons mentionné un peu plus haut que deux consommateurs peuvent interpréter et donc percevoir différemment une seule et même sensation. Ce sont donc les différences individuelles en tant que telles qui permettront d'expliquer la variation perceptuelle. Il y a trois caractéristiques individuelles qui peuvent influencer la perception du consommateur. Ce sont les capacités perceptuelles, le mode perceptuel et les prédispositions perceptuelles.

Les capacités perceptuelles

De même que nous avons des capacités intellectuelles différentes, de même nous avons des possibilités plus ou moins développées de percevoir des stimuli. Ces capacités se traduisent généralement par trois dimensions spécifiques: les seuils de perception, la rapidité d'accoutumance et l'étendue d'appréhension.

Les seuils de perception

La valeur du degré d'attention atteint par un consommateur face à un stimulus est d'une importance primordiale en marketing, notamment dans les domaines de la publicité, du marchandisage et de la recherche sur le design du produit et de son emballage. Or, ce degré d'attention dépend en fait bien moins du stimulus lui-même que de l'individu que ce stimulus affecte. La capacité de réceptivité de nos sens comporte en effet une limite. Cette limite est appelée le *seuil absolu de réceptivité,* et il est d'usage d'en distinguer trois grands types:

1) *Le seuil minimum:* c'est le point limite inférieur au-dessous duquel l'intensité du stimulus de marketing (taille, couleur, sonorité, etc.) n'est pas assez forte pour provoquer une sensation chez le consommateur et être notée consciemment par ce dernier. Ce seuil bas est variable; lorsque les stimuli en entrée diminuent en nombre ou en intensité, les conditions d'une stimulation minimale augmentent. Ainsi, l'individu peut soit se protéger en cas

de bombardement intensif, soit accroître sa sensibilité dans le cas contraire;

2) *Le seuil maximum:* par opposition, c'est le point limite supérieur au-delà duquel un accroissement de la stimulation n'entraîne pas un accroissement de la sensation;
3) *Le seuil différentiel:* il s'agit de la plus petite variation dans le stimulus qui peut être perçue par un consommateur (en anglais «*the just noticeable difference*» ou «*j.n.d.*»). Ce seuil constitue un principe de base à la notion fondamentale de discrimination du stimulus, et c'est pourquoi nous en reparlerons lors de la présentation de la loi de Weber.

Pour illustrer ces notions, disons que la distance à partir de laquelle un conducteur peut voir un panneau-réclame le long d'une autoroute constitue son seuil minimum. Sous des conditions de stimulation constante, dans une conduite à travers un corridor de panneaux, son seuil absolu s'élèvera, c'est-à-dire que les sens réceptifs deviennent de plus en plus encombrés. Après une heure de conduite dans de telles conditions, il est fort probable que plus aucun panneau n'exercera sur lui le moindre effet.

Ce qu'il faut remarquer aussi, c'est que le consommateur peut être influencé par des considérations qu'il sera incapable d'identifier, en répondant à des stimuli qui se situent sous son seuil de réceptivité et passant alors d'une perception consciente à une perception inconsciente. Ainsi, la taille de l'emballage, sa couleur, sa forme peuvent avoir de l'influence, même si le consommateur ne croit être intéressé que par le prix, le nom de la marque ou le contenu. Dans le cas plus poussé encore où un stimulus n'atteint pas un niveau suffisant pour manifester sa présence, la perception peut devenir subliminale (on dit aussi infraliminaire) et toucher le subconscient lui-même.

La rapidité d'accoutumance

Il s'agit de la rapidité avec laquelle un consommateur s'adaptera à un stimulus qui se répète fréquemment, au point de ne plus le remarquer. Les consommateurs finissent par ne plus porter attention à certaines publicités trop souvent vues ou à certains produits trop familiers: ils les ont pris pour acquis. Le rythme d'adaptation est plus ou moins élevé chez les consommateurs. Quoi qu'il en soit, le but de toute communication de marketing étant d'attirer l'attention et de maintenir l'intérêt distinctif, les objectifs communicationnels devront viser à baisser le niveau d'accoutumance par l'introduction de faits nouveaux qui soient, si possible, accrocheurs: l'inédit, l'humour, le contraste représentent des techniques employées dans ce sens. C'est à cause de ce phémonène que les annonceurs renouvellent souvent leurs campagnes.

L'étendue d'appréhension

Les chercheurs en psychologie ont toujours tenté de connaître quelles étaient les limites de la capacité cognitive des individus, en s'efforçant de répondre à des questions du type:

Combien d'objets un individu peut-il envisager simultanément?
Quelle quantité maximum d'information l'individu peut-il traiter?
À combien de possibilités simultanées l'individu peut-il faire face?

Toutes ces études ont tendu à attribuer une limite supérieure aux quantités d'objets, d'informations ou de possibilités pouvant être perçus simultanément, limite au-delà de laquelle intervient l'ambiguïté, la confusion dans l'esprit de l'individu (Krech, Crutchfield et Ballachey, 1962). Miller (1965) est venu renforcer cette idée dans un article célèbre intitulé «*The Magical Number Seven*» dans lequel il rapporte une série d'expérimentations traitant de la capacité humaine de porter des jugements absolus entre des possibilités sur la base de l'information transmise. Selon lui, la valeur maximum du nombre de possibilités que l'individu peut distinguer correspond à peu près à sept catégories; au-delà apparaissent l'erreur et la confusion. Ces résultats contribuent à établir quelque évidence potentielle quant à l'existence d'ensembles de marques de référence (voir les chapitres 2 et 6), suggérant que la limitation de la capacité cognitive peut aussi s'appliquer dans le processus de choix d'une marque (Campbell, 1969; Dussart, 1975; Brisoux, Laroche, 1980).

Le mode perceptuel

Les consommateurs diffèrent aussi entre eux quant à la façon d'organiser leurs sensations partielles pour se former une impression globale. Plusieurs études, dont celle de Jacoby, Chestnut, Fisher (1978), ont démontré que les consommateurs peuvent être divisés en deux groupes: ceux qui organisent leurs sensations en bloc (une image de marque par exemple), et ceux qui procèdent d'une façon «discrète», c'est-à-dire sensation par sensation.

Une autre dimension du mode perceptuel réside dans le penchant plus ou moins prononcé des consommateurs à considérer de nouvelles informations complexes, ambiguës ou contradictoires avec leurs croyances, la question étant de savoir comment un consommateur peut s'adapter à un état de déséquilibre perceptuel. Kelman et Cohler en ont distingué deux grands types: les fouineurs et les superficiels. Les premiers recherchent activement de l'information nouvelle et sont plus à l'aise en présence d'informations contradictoires; leur seuil différentiel a tendance à être élevé. Les seconds aspirent à un plus grand degré de simplicité.

Les prédispositions perceptuelles

Nous savons que les expériences, les attitudes, la personnalité, les déterminants sociaux façonnent la perception des individus. En conséquence, si le contenu des communications de marketing se conforme à ces prédispositions, le message est plus susceptible d'être perçu.

Cette dernière remarque d'ordre plus pratique nous amène à considérer l'application au marketing des notions conceptuelles que nous venons de présenter.

PERCEPTION ET MARKETING

Le très grand nombre d'applications qui découlent directement de l'analyse du processus perceptuel du consommateur dénote bien le souci constant des spécialistes du marketing de mesurer l'image de leurs produits (image de marque, image de magasin) et, par contrecoup, de procéder aux ajustements éventuels.

Parmi toutes ces applications, nous avons choisi celles qui nous semblent primordiales dans la gestion du marketing.

La perception d'un magasin

En ce qui concerne le secteur de la distribution, de nombreuses études ont montré que les différences de perception entre les magasins non seulement sont très nettes mais existent aussi entre les différents rayons ou départements d'un même magasin (Virthe, 1972). Pour le consommateur, le choix d'un magasin constitue l'aboutissement d'un processus de comparaison entre ses critères d'évaluation et les caractéristiques perçues des magasins selon le modèle représenté par la figure 3.4. La perception des magasins repose donc sur les caractéristiques de base de ces derniers telles que définies ci-après:

1) L'aspect physique: la taille, la propreté, la facilité plus ou moins grande de s'y déplacer, la facilité de trouver ce que l'on cherche, etc.;
2) L'accessibilité: l'emplacement, la facilité de s'y rendre, le stationnement;
3) La politique des produits: l'étendue de la sélection des produits, la disponibilité des produits, la qualité perçue, la renommée des marques;
4) La politique des prix: la cherté relative, le rapport général qualité-prix, la présence de prix d'«appels» ou prix réduits visant à attirer le consommateur dans l'établissement.
5) Le service offert: le personnel en nombre suffisant ou pas, l'amabilité, la courtoisie, la serviabilité, la compétence, le service après-vente, les services financiers;
6) La politique communicationnelle: la valeur informative des publicités, l'accroche des messages, le capital de notoriété;
7) La fréquentation: le degré de fréquentation, le type de clientèle, le caractère de nouveauté.

L'application d'échelles de mesure à l'ensemble des caractéristiques que nous venons de présenter permet de dégager assez aisément le profil de l'image d'un magasin; sur cette base quantifiée, le spécialiste du marketing peut orienter ses efforts sur les dimensions de l'image où l'écart relatif entre les attentes des consommateurs (telles qu'exprimées par leurs critères d'évaluation) et la perception des caractéristiques du magasin est majeur, nécessitant de ce fait le recours à des actions correctives.

La perception d'un produit ou service

La perception de la qualité d'un produit ou d'un service repose sur les associations que font les consommateurs entre la qualité, le prix, la garantie, le nom de la marque et toute autre caractéristique évaluative. Deux associations que les consommateurs favorisent souvent retiendront tout particulièrement notre attention; ce sont les relations prix-qualité et image de marque-qualité.

La relation prix-qualité

La fixation du prix d'un produit est une décision stratégique parmi les plus délicates. La difficulté réside dans le fait que la variable prix se situe au

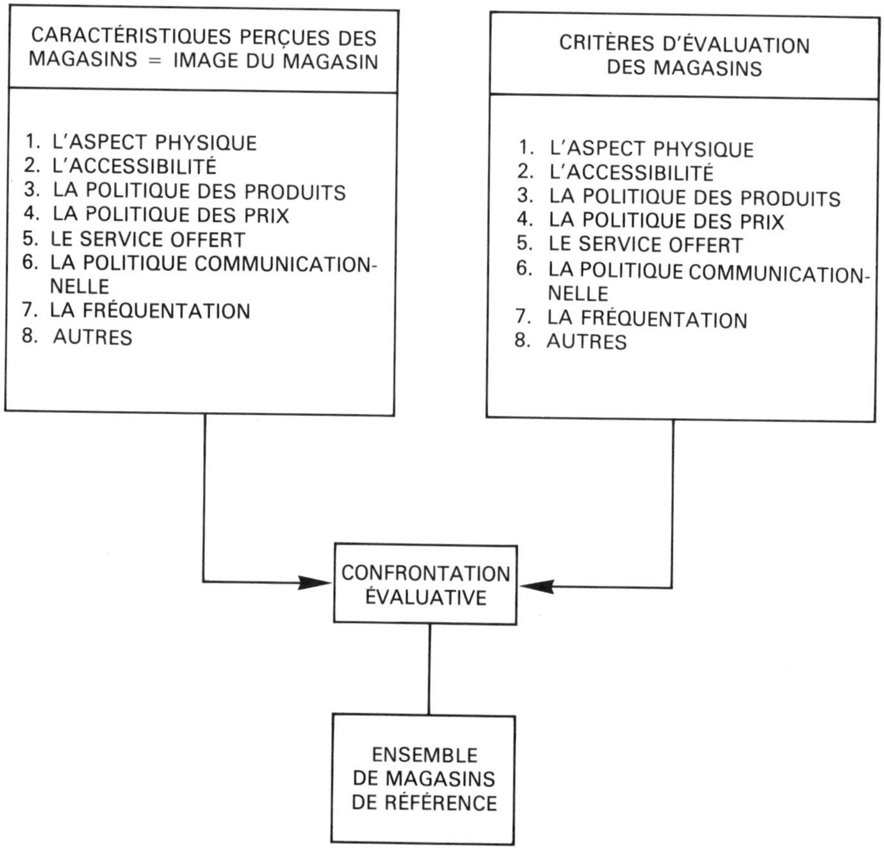

Source: Engel, J., Blackwell, R., Kollat, D., *Consumer Behavior,* 3e édition, Holt, Rinehart and Winston, The Dryden Press, 1978, p. 506. Reproduit avec autorisation, Copyright © 1978, par The Dryden Press, CBS College Publishing.

Figure 3.4 Modélisation du processus de choix d'un magasin par un consommateur.

carrefour d'un ensemble complexe de relations de causes à effets (voir fig. 3.5).

L'analyse qui précède la fixation du prix d'un produit porte sur un ensemble de domaines allant de la situation concurrentielle de la firme à l'aspect purement financier que constitue la rentabilisation du lancement, en passant par l'enregistrement des réactions des consommateurs potentiels aux différents prix proposés. Seul ce dernier aspect sera développé ici, notre intérêt portant exclusivement sur l'analyse du comportement du consommateur. Pour résumer toutes les recherches parues sur le sujet, nous pouvons dire que l'existence d'une relation positive entre le prix et la qualité est des plus probables lorsque les conditions suivantes sont remplies:

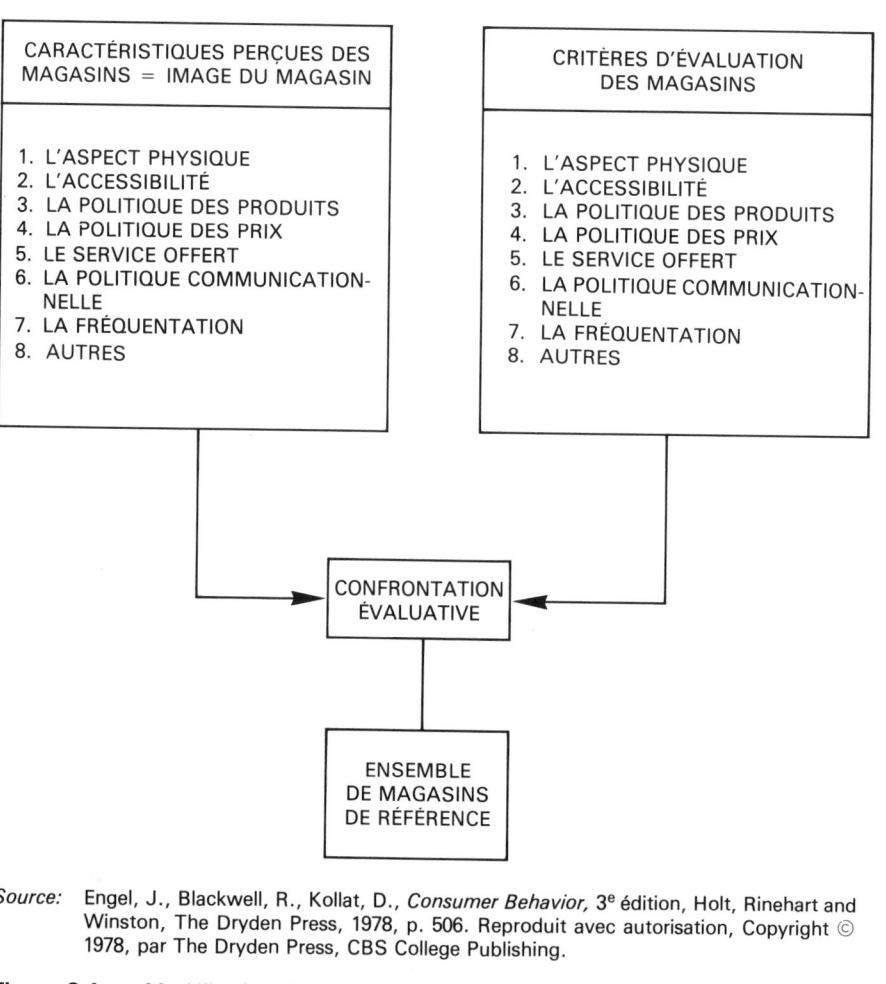

1) Quand le consommateur croit au fait que le prix est un indicateur de qualité: le rôle des prédispositions et des attitudes qu'ont développées l'apprentissage de la consommation, l'influence familiale, la personnalité même du

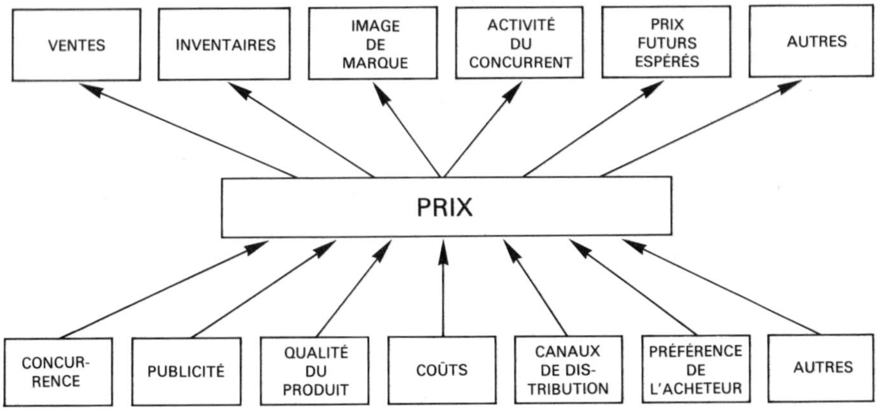

Figure 3.5 Le prix en tant qu'effet et cause.

consommateur est ici prépondérant (Lambert, 1970);

2) Quand il y a des variations perceptibles de qualité entre les marques: en phase de maturité de leur cycle de vie, les produits qui ont d'ores et déjà subi toutes les améliorations techniques possibles se différencient difficilement sur le plan de la qualité. Dans ce cas, le prix comme indicateur de qualité perd de son importance: l'offre est homogène. Par contre, dans un marché jeune, en phase d'introduction ou de croissance, les écarts de qualité sont plus probants; durant ces phases, le prix représente un critère important (Lambert, 1970);
3) Quand il est difficile de juger de la qualité d'un produit d'une autre manière: en l'absence de critères objectifs, et en particulier lorsqu'il n'y a pas d'autres critères tels que le nom de la marque, le type de magasins où le produit est vendu, les consommateurs démontrent une forte tendance à recourir au prix pour s'assurer de la qualité du produit qu'ils achètent (Monroe, 1976);
4) Quand la consommation du produit est ostentatoire: le caractère de visibilité sociale de la consommation d'un produit accentue non seulement l'importance accordée au prix en tant que tel mais aussi son association symbolique à la qualité (Lambert, 1970).

Une analyse plus poussée des conditions d'application de la relation prix-qualité nous montrera que le prix constitue un critère encore plus complexe que l'on est porté à le croire. Bon nombre de consommateurs ne connaissent pas les prix exacts des produits; de ce fait, il est possible de penser, comme l'ont fait Gabor et Granger (1964, 1966), qu'il y a une zone dans laquelle les prix sont jugés comme étant acceptables (voir fig. 3.6). Aussi longtemps que les prix tombent dans cette zone, leur importance demeure modérée. Mais dès qu'ils en sortent, leur importance croît considérablement. Sur la base de ce principe, il est possible de distinguer deux seuils de prix — l'un inférieur, l'autre supérieur — à l'extérieur desquels le prix fixé risque d'être rejeté par les consommateurs. Le prix psychologique, c'est-à-dire le prix moyen que les consommateurs s'attendent à payer pour un produit donné, se situera dans cette zone d'acceptation.

Pour l'entreprise, la zone d'acceptation ainsi définie matérialise sa marge de manoeuvre lui permettant d'ajuster ses nécessités financières aux contrain-

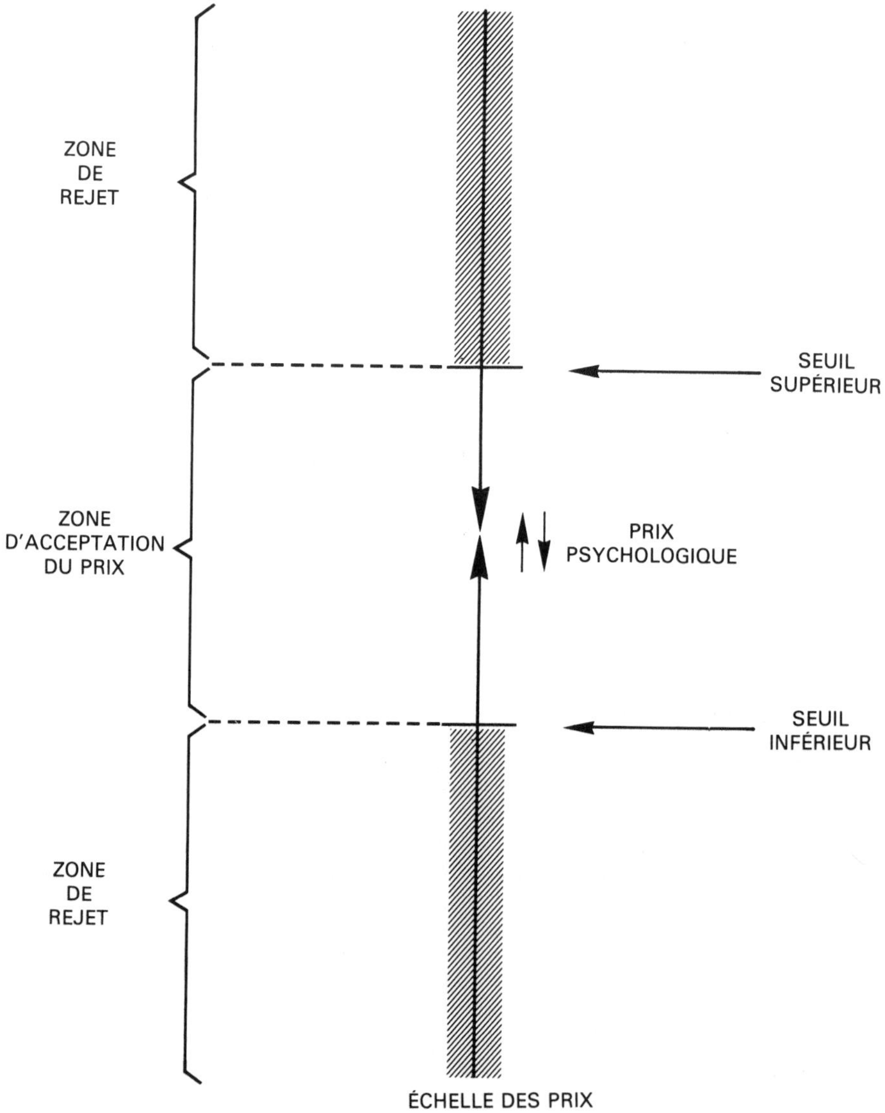

Figure 3.6 Détermination du prix, zone d'accessibilité, prix psychologique.

tes imposées par le marché. Il arrive souvent que le prix psychologique déterminé lors d'un test de prix précédant un lancement soit plus élevé que le prix prévu: cela a été le cas pour les appareils photo de type Polaroïd. À l'inverse, lorsque le prix prévu est plus élevé que le prix psychologique, les seules solutions possibles sont la révision du produit en vue d'en réduire les coûts de production (analyse de la valeur) ou l'annulation pure et simple du lancement. D'un point de vue stratégique, il peut donc être tout aussi dangereux de vendre un produit à un prix trop bas qu'à un prix trop élevé. Cette constatation prend tout son sens dès que l'on observe la relation qui s'établit entre prix et qualité, s'inspirant en cela du schéma comparatif tel que proposé par Emery (1970) (voir fig. 3.7).

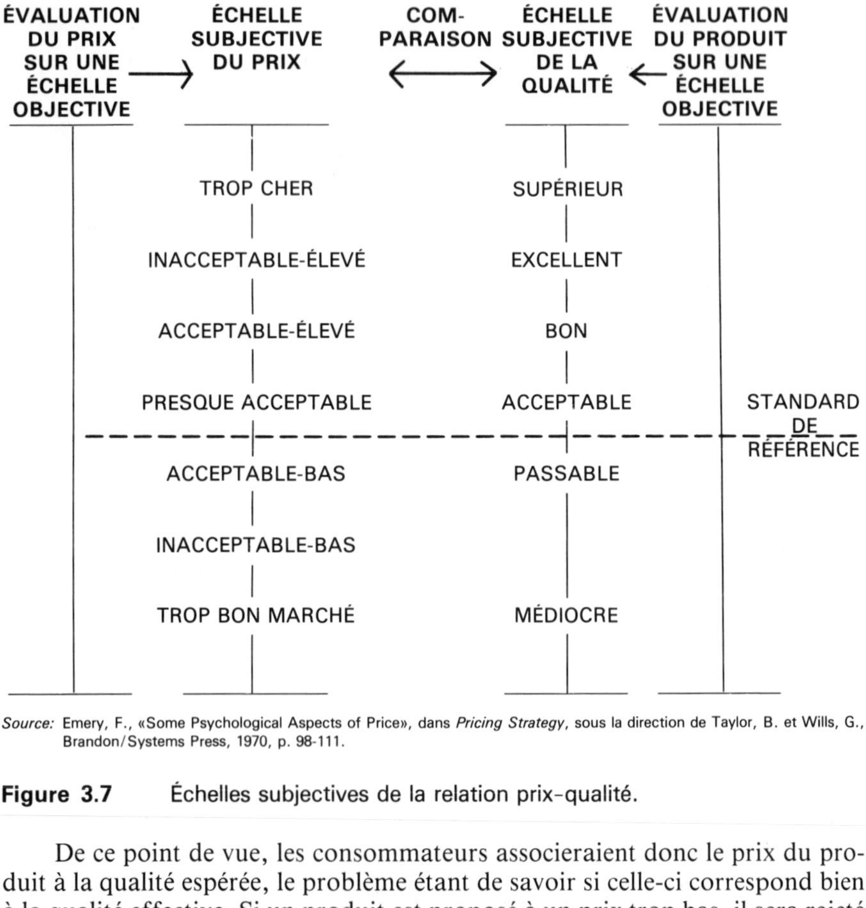

Source: Emery, F., «Some Psychological Aspects of Price», dans *Pricing Strategy*, sous la direction de Taylor, B. et Wills, G., Brandon/Systems Press, 1970, p. 98-111.

Figure 3.7 Échelles subjectives de la relation prix-qualité.

De ce point de vue, les consommateurs associeraient donc le prix du produit à la qualité espérée, le problème étant de savoir si celle-ci correspond bien à la qualité effective. Si un produit est proposé à un prix trop bas, il sera rejeté parce qu'associé à une qualité présumée faible.

Certaines compagnies jouent dans le sens de la relation prix-qualité, tandis que d'autres s'efforcent de la contrecarrer. Dans le premier cas, il s'agit souvent de profiter d'un certain snobisme associé au produit pour en augmenter délibérément le prix; les produits de luxe durables et non durables en sont des exemples. Dans le second cas, il s'agit de faire sauter un goulot d'étranglement qui freine la demande. Les fabricants de skis alpins ont eu, il y a quelques années sur le continent nord-américain, à combattre cette relation. Ce sport éprouvant de sérieuses difficultés à se démocratiser, les compagnies ont découvert que les consommateurs étaient dans l'ensemble réticents à acheter un ski meilleur marché, l'associant à une qualité médiocre et donc à un risque élevé lors de son utilisation. De ce fait, les ventes du milieu et du bas de la gamme avaient du mal à se développer, et ceux qui faisaient l'effort d'acheter un ski à prix élevé se retrouvaient bien souvent avec du matériel trop spécialisé en regard de leurs capacités! L'axe des campagnes publicitaires aux États-Unis (Rossignol, Dynastar) a donc consisté à signifier aux consommateurs qu'à chaque type de skieur correspond un modèle précis de ski («À chacun sa chaussure, à chacun sa pointure, à chacun son ski»). Dans le cas des skis Rossignol, le slogan a été le suivant: «*We develop our line along your lines!*» Il est intéressant de noter que dans le cas des skis alpins comme dans celui de bien d'autres produits, la méconnaissance des spécifications techniques a amplifié le recours au prix comme indicateur de qualité, démontrant ainsi qu'en l'absence de critères objectifs le consommateur avait tendance à se baser sur des critères subjectifs.

La relation image de marque-qualité

L'une des questions centrales rattachées à l'effet des stimuli de marketing sur les perceptions des consommateurs consiste à savoir si ces derniers sont capables de discerner les différences entre les stimuli. Plus simplement, est-ce que les consommateurs perçoivent des différences entre les marques sur la base du goût, du sentiment qu'ils en retirent, du prix, de la forme de l'emballage? La plupart du temps, la capacité de discriminer est apprise: nous avons dit que plus le consommateur était expérimenté, plus il réduisait le nombre de ses critères d'évaluation à ceux qui lui semblaient essentiels, et plus le degré de raffinement de ses critères s'élevait. Malgré cela, il y a une limite à la capacité de discernement des consommateurs et, dans la plupart des cas, la discrimination sensorielle des différences physiques intrinsèques aux produits ou aux marques est faible. En d'autres termes, les différences ou distinctions perçues entre les marques se fondent essentiellement sur la réceptivité des consommateurs aux divers efforts de marketing des firmes plutôt que sur les différences physiques perçues des marques en question. La perception sélective des marques par les consommateurs est donc basée sur la publicité, le prix et d'autres variables de marketing: cela signifie qu'on vend une image plutôt qu'un produit.

C'est d'ailleurs ce qu'a démontré une étude qui constitue un classique en la matière (Allison et Uhl, 1964); on y constate que les consommateurs ne paraissent pas être capables de discerner le goût de différentes marques de bière autrement qu'à travers leurs labels et leurs associations imagées. Dans ce test, les répondants recevaient trois marques de bière non identifiées, dont l'une d'entre elles était leur marque favorite. Puis on leur demandait d'évaluer les bières selon une échelle allant d'«excellent» à «faible» et ce, pour des caractéristiques spécifiques telles que l'arôme, l'arrière-goût, le corps et le pétillement. Les résultats démontrèrent que les consommateurs ne discernaient pas les marques les unes des autres. Plus encore, il était quasi évident qu'ils ne reconnaissaient même pas leurs marques préférées. Dans un deuxième temps, la même procédure fut renouvelée, mais cette fois avec les marques identifiées: et dans ce cas, les différences entre les évaluations furent significatives. D'autres tests sur les boissons gazeuses, les cigarettes sont venus confirmer ces résultats (voir par exemple l'étude de Benny Rigaux-Bricmont (1982) qui démontre l'influence combinée de la marque et de l'emballage sur la qualité perçue du café en Belgique). Par contre, des reprises de l'étude sur la bière sont venues plus ou moins les infirmer (Copulsky et Morton, 1977; Mauser, 1979). Quoi qu'il en soit, et sans vouloir s'engager dans une polémique, il est de toute évidence difficile de séparer la sensation retirée d'une bière, du marketing et de la psychologie reliés à la marque de ce que le consommateur croit devoir aimer à tort ou à raison. En ce sens, la publicité est un élément clé dans le positionnement des marques, même si elle doit laisser croire au consommateur qu'il sait discerner les différences entre celles-ci (lire à ce sujet le livre de Ries et Trout sur le positionnement, 1981).

La théorie de l'attribution appliquée au marketing

La perception d'un événement est fort souvent influencée par la cause qui lui est attribuée. Dans cette perspective, la relation de cause à effet (stimulus-sensation) s'en trouve renversée puisque l'effet ressenti est fonction non pas de la nature et du contenu du stimulus en tant que tel, mais de la cause qui lui est imputée: nous pouvons refuser de croire aux paroles apparemment bienveillantes de quelqu'un en lui attribuant des motifs malhonnêtes. Ce phénomène de l'attribution tel qu'il a été défini par Kelley (1971) peut se manifester dans plusieurs situations qui sont (Chéron, Zins, 1980):

1) *La perception des autres,* c'est-à-dire la perception et l'interprétation du comportement d'un autre individu;
2) *La perception de soi,* c'est-à-dire l'interprétation de son propre comportement;
3) *La perception des objets,* c'est-à-dire l'association de caractéristiques spécifiques à ceux-ci;
4) *La perception des communications,* c'est-à-dire l'imputation de motifs à des sources communicationnelles.

L'application de la théorie de l'attribution au marketing s'est faite en regard de ces différentes situations:

a) à la perception des autres correspond l'analyse du rôle de l'attribution dans le processus d'influence interpersonnelle;
b) à la perception de soi correspond l'analyse du rôle de l'image de soi dans le comportement à travers les attributions que l'on aimerait se voir imputer (Calder et Burnkrant, 1977);
c) à la perception des objets correspond la notion de choix des produits et des marques de toutes sortes qui y sont reliés;
d) à la perception des communications correspond la crédibilité rattachée à la publicité et à la vente personnelle à travers l'honnêteté et l'éthique perçues de l'émetteur.

Dans ce dernier cas qui nous intéresse tout particulièrement en marketing, il est important de noter que le consommateur exposé à des messages publicitaires ou à une argumentation de vendeurs uniformément positive sur toutes les facettes du produit commencera nécessairement à douter des motifs de l'émetteur et à lui attribuer une volonté de vente à tout prix: c'est ce qu'on appelle la vente à pression. Mais si une communication est plus nuancée dans ses arguments et reconnaît certains aspects négatifs, dans ce cas il est fort probable que le consommateur sera plus porté à en accréditer la source. La recherche suggère que les messages publicitaires à deux sens, c'est-à-dire vantant les côtés positifs du produit mais reconnaissant certains aspects négatifs mineurs, jouissent d'une crédibilité accrue (Settle et Golden, 1974), notamment pour de nouvelles marques pour lesquelles il n'existe pas de croyances préexistantes (Etgar, Goodwin, 1982). Il est cependant à recommander d'utiliser cette méthode avec doigté, dans des cas bien précis (par exemple si le produit a connu des ennuis techniques), et de ne pas monter en épingle trop d'arguments négatifs ou d'en choisir un qui soit majeur! Dans ce domaine, le milieu des affaires fait preuve, à juste titre, d'une plus grande méfiance que celui des chercheurs universitaires (voir le chapitre sur l'information).

La loi de Weber

Anatomiste et physiologiste allemand (1795-1878), les travaux de Weber sur la physiologie des sensations l'amenèrent à formuler la «loi du seuil différentiel», d'après laquelle il existe pour chaque type de sensation un rapport constant entre l'intensité de l'excitant initial et la variation minimale qu'il faut lui faire subir pour que la différence soit sentie (seuil de Weber). De cette loi découlent les grands principes suivants:

1) Le seuil différentiel entre deux stimuli n'est pas absolu, mais relatif à l'intensité du premier stimulus;
2) Plus l'intensité du premier stimulus est forte, plus grande devra être l'intensité additionnelle nécessaire au second stimulus pour qu'il soit perçu comme différent;
3) L'accroissement différentiel relatif nécessaire pour atteindre le seuil différentiel est une constante.

Sur ces bases, la loi peut se formuler de la façon suivante:

$$k = \frac{\Delta I}{I}$$

où I = l'intensité de départ du stimulus;
ΔI = le changement d'intensité requis pour qu'il soit remarqué;
k = la constante différentielle d'accroissement ou de décroissance nécessaire pour que le stimulus soit noté.

Prenons un exemple directement relié au marketing: un changement de prix. Plus le prix de départ est élevé, plus la variation de prix doit être importante pour qu'elle soit notée. Dans le cas d'une réduction, cela signifie que plus le prix d'origine est élevé, plus le rabais doit être important. Supposons que nous ayons déterminé que la constante différentielle est de 10 %, cela signifie qu'à une réduction de 20 $ sur un appareil de 200 $ doit correspondre une réduction de 60 $ sur un autre de 600 $. Toujours selon cette loi, nous remarquons que plus les prix sont à la hausse, moins les augmentations successives sont remarquées, les consommateurs devenant moins sensibles aux variations de prix. Prenons le cas de l'essence et supposons que le consommateur qui payait 10 cents le litre en 1973 remarquait alors une augmentation de 1 cent. Lorsque le prix grimpa à 30 cents le litre, cela signifia que le bond minimal suivant pour être noté devait être à 33 cents le litre puis, de 60 cents, à 66 cents, etc. La loi de Weber contredit donc le principe de base en économie selon lequel des prix plus élevés augmentent la sensibilité aux prix et entraînent une réduction de la demande; l'expérience passée semble lui donner raison.

Quoi qu'il en soit, cette loi a d'importantes implications en marketing. Les stratégies de marketing devraient s'efforcer de déterminer les seuils différentiels pour deux raisons opposées:

1) Afin que les réductions dans la taille d'un produit et dans les quantités offertes, les augmentations de prix et les modifications des emballages soient le moins perceptibles possible;
2) Afin que les améliorations apportées au produit soient par contre discernables par les consommateurs sans pour cela être extravagantes.

Ainsi, en période de récession, de nombreux fabricants font face au choix de réduire la qualité ou la quantité en maintenant les prix ou augmenter purement et simplement ces derniers. Souvent la préférence sera donnée à une augmentation du prix en deçà du seuil différentiel. Un autre type de problème concerne le rajeunissement de l'image de marque au moyen des logos, des emballages, du design du produit sans pour cela provoquer de grands bouleversements et risquer de perdre le capital de notoriété accumulé patiemment et à grand prix au fil des ans.

La perception subliminale

L'un des grands sujets de controverse dans le domaine de la perception consiste à déterminer si les consommateurs peuvent percevoir des stimuli de marketing dont l'intensité se situe au-dessous de leur seuil différentiel et donc être assujettis à une perception dite subliminale. Cette question a été largement débattue dans les années 50, au moment où une étude maintenant célèbre a prétendu, preuves à l'appui, que les consommateurs pouvaient être exposés et influencés par des messages dont ils n'étaient même pas conscients (Brean, 1958). Ces messages étaient censés pouvoir persuader les consommateurs d'acheter des produits ou d'agir pour le bénéfice de l'entreprise sans qu'ils soient conscients de leurs comportements. L'efficacité de ce type de message fut testée dans un cinéma en plein air du New Jersey. Deux messages «Mangez du pop-corn» et «Buvez Coca-Cola» passèrent à l'écran en 1/3000 de seconde à intervalles réguliers de cinq secondes. Les ventes de pop-corn augmentèrent de 58 % durant le temps de la publicité subliminale, et celles de Coca-Cola de 18 %. Ces résultats engendrèrent immédiatement de sérieux problèmes d'éthique professionnelle dans le monde de la publicité quant à l'utilisation possible de ce type de messages sans que le public cible en ait connaissance. Néanmoins, il fut par la suite impossible de reproduire ces résultats, et il n'y a aucune preuve scientifique démontrant formellement que la publicité subliminale peut déclencher des actions. De ce fait, il semble peu plausible que les consommateurs puissent être persuadés d'acheter certains produits, d'adopter certains comportements, de voter pour certains candidats contre leur gré (Hawkins, 1970).

LA MESURE DES CRITÈRES D'ÉVALUATION

La connaissance des critères d'évaluation qu'utilisent les consommateurs étant d'une grande importance pour l'entreprise, une attention toute spéciale doit être apportée aux problèmes de mesure s'y rattachant. Ces derniers, qui sont particulièrement aigus dans ce domaine, peuvent se regrouper autour de deux pôles d'intérêt: le premier touche l'identification, la définition et le regroupement des critères; le second se rapporte à la mesure de la perception proprement dite à travers les critères d'évaluation sélectionnés.

Identification, définition et regroupement des critères

Comme le titre l'indique, cette première démarche vise à circonscrire les critères utilisés par les consommateurs dans leur évaluation des produits, des marques, des magasins, des publicités, en un mot de l'ensemble des stimuli de marketing en présence sur le marché. La difficulté majeure réside dans la définition d'un *ensemble* de critères de base qui soit *commun* à tous les consommateurs, ou tout au moins à une grande majorité d'entre eux. La réalisation de cet objectif présuppose le respect des conditions suivantes:

1) *L'identité des ensembles doit être double et reposer tant sur les critères qui y sont inclus que sur leur nombre:* en effet, les critères d'évaluation utilisés par les consommateurs peuvent varier en nature et en nombre. Comment, dès lors, demander à un consommateur d'évaluer un produit à partir d'un critère qu'il n'utilise pas en réalité? Il peut soit refuser de répondre, ce qui, à l'extrême, constitue un cas idéal, soit répondre en imaginant quelle serait sa réaction et en pondérant artificiellement ce critère d'une importance relative;
2) *Les mêmes critères doivent signifier les mêmes choses:* par exemple, le fait de dire qu'une bière mousse beaucoup peut être synonyme pour certains de force de la bière et avoir une connotation positive ou négative selon que l'on aime ou non les bières fortes. Mais cela peut signifier aussi que la bière n'est pas assez naturelle, étant trop traitée, et entraîner ainsi son rejet;
3) *Le regroupement des critères partiels en des critères dominants de synthèse doit être le même pour tous les consommateurs:* ce qui n'est jamais totalement le cas.

Dans une étude fort poussée du marché de la bière (Allaire, 1973), il a été démontré, à la suite d'une analyse factorielle de regroupement, que selon les groupes de consommateurs identifiés:

a) les facteurs dominants de regroupement n'étaient pas les mêmes en nature et en importance relative. Pour l'un des groupes (voir tableau 3.2), les facteurs qui expliquent le plus de variation dans les évaluations sont dans l'ordre: la popularité de la bière, sa force, son caractère social. Dans un autre groupe, l'ordre s'établit de la façon suivante: la force, le goût, le caractère social, etc.;

b) les dimensions de base constituant ces facteurs dominants varient, elles aussi, en nombre et en nature. Ainsi, pour le groupe 1, la force d'une bière se définit par rapport aux dimensions suivantes: légère-pesante, piquante-douce, faible-forte, douce-forte. Par contre, pour le groupe 4, il s'agit de: légère-pesante, piquante-douce, faible-forte, pour les cols blancs-pour les travailleurs, amère-douce, douce-forte.

Tout ceci nous amène à souligner fortement le soin particulier qu'il faut apporter à l'étude préalable des critères d'évaluation afin d'éviter toute utilisa-

GROUPE 1	GROUPE 2	GROUPE 3	GROUPE 4
FACTEUR 1: «Populaire, Pétillante, Jeune»	**FACTEUR 1: «Force de la bière»**	**FACTEUR 1: «Force de la bière»**	**FACTEUR 1: «Force de la bière»**
Dimensions: • Impopulaire — populaire • Pour les jeunes — pour les croulants • Pétillante — fade • Amère — douce • Fade — Piquante • Goûte l'eau — goûte la bière	**Dimensions:** • Faible — forte • Pour les cols blancs — pour les travailleurs • Fade — piquante • Goûte l'eau — goûte la bière • Pour les Anglais — pour les Français	**Dimensions:** • Légère — pesante • Piquante — douce • Faible — forte • Amère — douce • Goûte l'eau — goûte la bière • Douce — forte	**Dimensions:** • Légère — piquante • Piquante — douce • Faible — forte • Pour les cols blancs — pour les travailleurs • Amère — douce • Douce — forte
FACTEUR 2: «Force de la bière»	**FACTEUR 2: «Goût de la bière»**	**FACTEUR 2: «Goût de la bière»**	**FACTEUR 2: «Groupes sociaux»**
Dimensions: • Légère — pesante • Piquante — douce • Faible — forte • Douce — forte	**Dimensions:** • Légère — pesante • Piquante — douce • Amère — douce • Douce — forte	**Dimensions:** • Pétillante — fade • Fade — piquante • Pour les Anglais — pour les Français	**Dimensions:** • Impopulaire — populaire • Pour les jeunes — pour les croulants • Pour les Anglais — pour les Français
FACTEUR 3: «Groupes sociaux»	**FACTEUR 3: «Populaire, Pétillante, Jeune»**	**FACTEUR 3: «Groupes sociaux»**	**FACTEUR 3: «Goût de la bière»**
Dimensions: • Pour les cols blancs — pour les travailleurs • Pour les Anglais — pour les Français	**Dimensions:** • Impopulaire — populaire • Pour les jeunes — pour les croulants • Pétillante — fade	**Dimensions:** • Impopulaire — populaire • Pour les jeunes — pour les croulants • Pour les cols blancs — pour les travailleurs	**Dimensions:** • Pétillante — fade • Fade — piquante • Goûte l'eau — goûte la bière

Source: Allaire, Y., *The Measurement of Heterogenous Semantic Perceptual and Preference Structures,* thèse de doctorat, Sloan School of Management, M.I.T., 1973. Reproduit avec l'autorisation de l'auteur.

Tableau 3.2 Structure de regroupement de critères d'évaluation selon différents groupes de consommateurs: le marché de la bière au Québec.

tion prématurée de ceux-ci dans des questionnaires et qui mènerait inévitablement à des interprétations et des applications erronées. Comment, en effet, pouvoir prétendre parler de la force d'une bière à un consommateur si l'argument employé pour développer ce point ne fait pas partie de ses dimensions de base?

Techniquement parlant, plusieurs méthodes sont utilisées pour réaliser au mieux cette démarche de recherche; elles font toutes partie de la recherche exploratoire et ont pour buts:

a) de procéder à une investigation précise des critères d'évaluation utilisés;
b) de clarifier conceptuellement les critères et leurs regroupements;
c) et donc d'accroître le degré de familiarité de l'analyste avec ces critères tant sur le plan du signifié que sur celui du signifiant.

En général, on procédera à plusieurs types d'études dont nous ne parlerons que brièvement ici, ces dernières étant développées dans tout bon livre sur la recherche en marketing:

1) *L'étude documentaire:* elle a pour but de recueillir tout ce qui a été écrit sur le sujet, de façon directe ou indirecte;
2) *L'étude pragmatique:* elle vise à tirer profit du réservoir d'information et d'expérience que possèdent ceux qui sont familiers avec le domaine de l'étude. Dans les études qui se rapportent à la mise en marché d'un produit, toutes les personnes qui sont associées à l'effort de marketing représentent des sources potentielles d'information. Néanmoins, l'expérience a montré que ces personnes n'avaient pas toujours une perception exacte des critères d'évaluation utilisés par les consommateurs et de leur importance relative — les cadres n'ont pas toujours «les yeux neufs» (voir tableau 3.3). Ce dernier point souligne l'intérêt de recourir, une fois de plus, à l'avis du principal impliqué: le consommateur;
3) *La pré-enquête proprement dite:* elle peut se faire soit au moyen d'interviews individuelles non structurées et informelles de façon à laisser le répondant s'étendre sur son sujet, le rôle de l'animateur étant d'orienter la discussion lorsque le besoin s'en fait sentir, soit au moyen d'interviews de groupes comprenant de 6 à 10 personnes. Dans ce dernier cas, l'animation est extrêmement délicate et doit veiller à favoriser les interactions bénéfiques à l'approfondissement du sujet étudié.

Mesure de la perception

La mesure de la perception se fait en deux temps:
a) l'évaluation de la marque sur chacun des critères;
b) l'évaluation de l'importance relative des différents critères permettant de déboucher sur une évaluation globale pondérée.

Dans tous les cas, deux grands types de mesures s'opposent: (1) les «métriques» qui imposent au consommateur un continuum physique pour procéder à son évaluation et (2) les «non métriques» qui, en réaction aux premières, préfèrent postuler l'existence d'un continuum psychologique et pensent par conséquent que chaque consommateur ordonne lui-même ses sensations et ses croyances d'une façon qui lui est personnelle.

En ce qui concerne l'évaluation de la marque sur chacun des critères, on

CRITÈRES TELS QUE DÉFINIS PAR LES CONSOMMATEURS	CRITÈRES TELS QUE DÉFINIS PAR LES RESPONSABLES DE MARKETING DES DIFFÉRENTES BRASSERIES
1. IMPOPULAIRE — POPULAIRE	1. IMPOPULAIRE — POPULAIRE
2. LÉGÈRE — PESANTE	2. LÉGÈRE — PESANTE
3. PIQUANTE — DOUCE	3. POUR LES JEUNES — POUR LES CROULANTS
4. POUR LES JEUNES — POUR LES CROULANTS	4. FAIBLE — FORTE
5. FAIBLE — FORTE	5. AMÈRE — DOUCE
6. PÉTILLANTE — FADE	6. SÉRIEUSE — BON VIVANT
7. POUR LES COLS BLANCS — POUR LES TRAVAILLEURS	7. VIEUX JEU — DE NOTRE TEMPS
8. AMÈRE — DOUCE	8. POPULARITÉ DIMINUE — POPULARITÉ AUGMENTE
9. FADE — PIQUANTE	9. DANS LE VENT — CONSERVATEUR
10. GOÛTE L'EAU — GOÛTE LA BIÈRE	10. VIEILLE — JEUNE
11. POUR LES ANGLAIS — POUR LES FRANÇAIS	
12. DOUCE — FORTE	

Source: Allaire, Y., *The Measurement of Heterogenous Semantic Perceptual and Preference Structures*, thèse de doctorat, Sloan School of Management, M.I.T., 1973. Reproduit avec l'autorisation de l'auteur.

Tableau 3.3 Différences de perception des critères d'évaluation entre consommateurs et responsables de marketing: le marché de la bière au Québec.

dispose d'une grande variété de méthodes pour mesurer les jugements d'un consommateur. Dans le cas des méthodes métriques, il s'agit d'échelles à catégories spécifiques, ce qui signifie que le répondant aura, pour exprimer son jugement, à choisir parmi une série prédéfinie de réponses. Les échelles les plus classiques sont celles de Thurstone, de Likert et la sémantique différentielle. Les deux dernières échelles, à cause de leur grande simplicité d'utilisation, sont les plus employées en marketing (voir le chapitre sur les attitudes). Pour ce qui est des méthodes non métriques, l'analyse multidimensionnelle est très employée. C'est une technique par inférence dans laquelle les consommateurs jugent les similitudes des possibilités (marques, produits, etc.). En procédant à un traitement informatisé, il est possible d'obtenir une configuration spatiale ou perceptuelle de ces marques (Percy, 1976). Aucun critère n'est mentionné lors de l'expérimentation; ce n'est qu'après avoir obtenu la configuration que, par inférence, on détermine les critères qui sont les axes de cette configuration (voir deux exemples à la fig. 3.8).

Bien que fort séduisante, on peut critiquer cette méthode sur de nombreux points et notamment sur le fait qu'elle pose comme hypothèse de départ que les dimensions sont les mêmes pour tous les consommateurs.

En ce qui concerne l'évaluation de l'importance relative des différents critères, elle peut être aussi mesurée par des méthodes métriques ou non. Dans le groupe des mesures métriques, on utilise beaucoup l'échelle de la somme constante, qui consiste à demander au consommateur de ventiler 100 points entre plusieurs critères. Prenons l'exemple d'un appareil photo bon marché, nous pourrions avoir dans ce cas la configuration suivante:

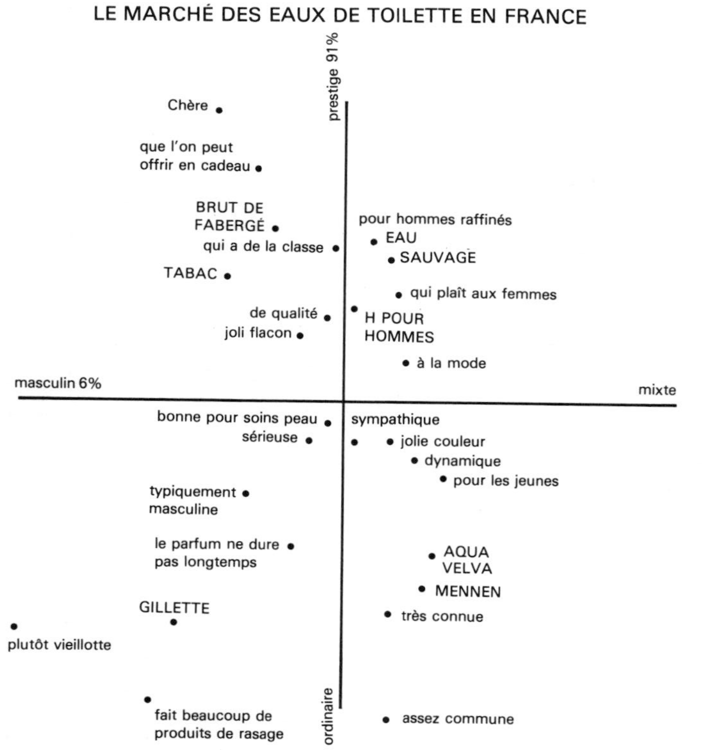

Source: Leduc, K., *La Publicité: Une force au service de l'entreprise,* Dunod, Paris, 7e édition, 1982. Reproduit avec autorisation.

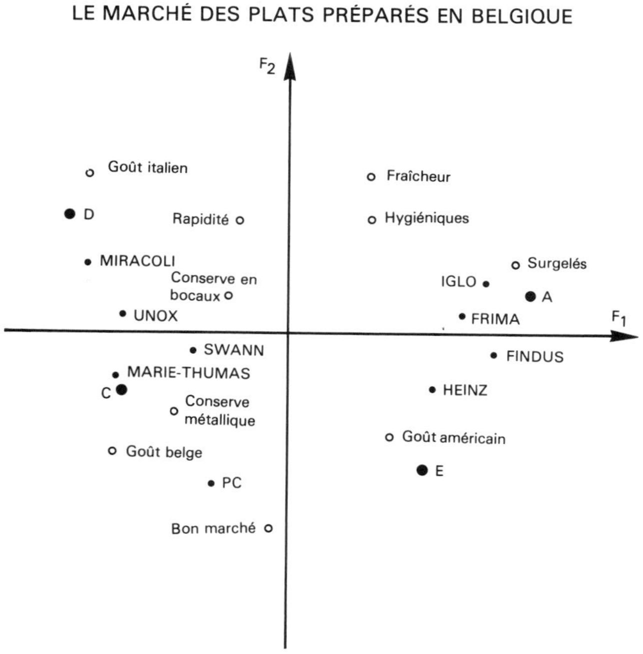

Source: Segmentation et Typologie: applications d'aujourd'hui en marketing, document SOBEMAP, Bruxelles, 1971.

Figure 3.8 Exemples de cartes perceptuelles.

A	Prix	50
B	Marque	20
C	Technique	0
D	Maniabilité	30
	Total	100

Un des problèmes rattachés à ce type de mesure est que les consommateurs tendent à donner plus de poids que dans la normale aux critères les moins importants et, inversement, à donner moins de poids aux plus importants.

Enfin, pour les mesures non métriques, l'analyse conjointe est de plus en plus populaire (voir à ce sujet Green et Wind, 1975). Dans cette méthode, on présente un ensemble de produits qui varient dans leurs descriptions respectives sur des critères préétablis. Le consommateur range par ordre de préférence globale ces produits. Puis l'analyse statistique des préférences se fait à la lueur des variations de chacun des attributs et conduit à l'attribution d'une note d'importance pour chaque attribut, définissant ce qui est appelé la fonction d'utilité de ce dernier. Par exemple, si nous revenons à notre tout premier exemple sur les avions, la régularité des horaires est deux fois plus importante que le taux de fréquentation, mais aussi importante que le service à bord.

CONCLUSION

Au terme de ce chapitre sur la perception, et après avoir passé en revue les caractéristiques des critères d'évaluation, du processus perceptuel, du consommateur lui-même, des applications en marketing, des différents types de mesure, il nous semble important de jeter les bases d'un problème qui ne manque pas de se poser à toute personne oeuvrant dans le marketing et qui peut se formuler de la façon suivante: est-il possible ou même souhaitable de modifier les critères d'évaluation du consommateur? Nous répondrons en détail à cette question dans le chapitre sur les attitudes et leurs changements possibles. Néanmoins, il est d'ores et déjà possible de se rendre compte de la précarité d'une telle entreprise; en conséquence, il sera plus facile d'adapter le marketing en fonction des critères d'évaluation et en ayant recours, comme nous le verrons maintenant, à une segmentation du marché basée sur ceux-ci.

DÉMONSTRATION PRATIQUE: LA SEGMENTATION PAR BÉNÉFICES

La segmentation du marché constitue une notion de base dans la stratégie du marketing. Elle commence avec la distinction non pas des différentes possibilités d'un produit, mais des différents besoins et intérêts des consommateurs:

> Segmenter un marché consiste à subdiviser ce marché en groupes d'acheteurs homogènes, chacun des groupes pouvant être raisonnablement choisi comme une cible à atteindre à l'aide d'un marketing-mix distinct (Kotler, 1980).

De nombreuses variables ont été utilisées comme base de segmentation des marchés. On les répartit en plusieurs grandes catégories qui sont:

1) Les variables géographiques: un détaillant peut ainsi distinguer ses clients

du voisinage de ses clients éloignés, ses clients ruraux de ses clients urbains, ou encore découper sa clientèle par quartier, etc.;

2) Les variables socio-démographiques: comme leur nom l'indique, ces variables donneront une description socio-démographique des différents marchés. L'âge, le sexe, le revenu, l'occupation, le niveau d'instruction, le nombre de membres dans la famille constitueront des indices utiles à la définition de la politique de marketing;
3) Les variables psychographiques: elles ont rapport aux caractéristiques de la personnalité des consommateurs (amateurs de changements, conservateurs, sociables, etc.) ainsi qu'à leurs modes de vie (les obsédés du standing, les gens pratiques qui recherchent l'utilité, etc.);
4) Les variables de motivation: elles identifient les différents besoins des consommateurs (pour l'achat d'une automobile, il peut s'agir d'une combinaison de besoins tels que le prestige, l'indépendance, la rapidité, l'économie, la performance, etc.);
5) Les variables de volume d'achat: on segmente le marché en distinguant les gros, moyens et petits utilisateurs et les non-utilisateurs d'un produit en particulier;
6) Les variables de facteurs de marketing: on divise un marché en segments, dont les personnes sont plus ou moins sensibles à des facteurs de marketing tels que le prix, la qualité du produit, la publicité, la fidélité à la marque (exemple de la fidélité à la marque: faire la distinction entre les clients moyennement et peu fidèles);
7) Les variables de positionnement de produits: par une étude multidimensionnelle des marques existantes et idéales, on regroupe les clients selon leurs perceptions ou préférences pour un ou plusieurs produits.

Ces bases de segmentation ne conviennent pas à tous les marchés. C'est pourquoi l'on peut avoir recours à d'autres variables toutes les fois qu'elles sont susceptibles d'apporter une plus grande précision.

Enfin, quel que soit le choix qui est fait parmi ces dernières, il est fortement suggéré de décrire la composition de chacun des segments homogènes obtenus, selon les variables socio-démographiques, afin de rendre les applications de marketing plus facilement réalisables et concrètes.

La segmentation par bénéfices (ou avantages)

Il est souvent possible de découvrir des ouvertures de marketing intéressantes grâce à l'analyse des attributs préférentiels chez le consommateur; ainsi, il n'est pas rare de découvrir un ou plusieurs segments qui ne sont pas touchés d'une façon adéquate par les possibilités utilisées. On réfère à cette analyse en parlant de segmentation par bénéfices *(«benefit segmentation»),* c'est-à-dire:

> Les bénéfices ou avantages que le consommateur recherche en achetant un produit particulier deviennent les raisons principales de l'existence de la segmentation de marché (Haley, 1968).

Cette segmentation a l'avantage de rendre possible l'identification des segments de marché selon des facteurs de causalité (expliquant le comportement d'achat) plutôt que descriptifs, comme pour la segmentation socio-démographique par exemple. Il est ainsi possible d'expliquer, par l'utilisation de variables de motivation, comment et pourquoi un client achète un produit ou une marque en particulier. Du fait même que les bénéfices recherchés par les consommateurs expliquent et déterminent leur comportement, ils sont également appelés des variables de comportement.

Ces bénéfices recherchés par les consommateurs constituent en quelque sorte une réponse à leurs besoins, d'où la nécessité d'une identification des besoins des consommateurs pour l'application de la segmentation par bénéfices. La procédure à suivre consiste à dresser une liste de tous les besoins ou de tous les avantages recherchés par l'ensemble des consommateurs lors de leur achat d'un produit particulier; cet ensemble de consommateurs forme le marché global, donc hétérogène. Par la suite, il s'agit de diviser ce marché global en segments homogènes, en regroupant les besoins communs à chaque type d'acheteurs*.

Une fois ces segments homogènes définis selon leurs besoins respectifs, il devient possible de les schématiser au moyen de rectangles dont la surface sera, pour chaque segment identifié, une fonction du potentiel qu'ils représentent (en dollars, ou en part de marché). Ainsi, le segment qui occupe la plus grande surface est celui qui possède le plus gros potentiel de ventes ou la plus grosse part de marché, et ainsi de suite. Quant au marché cible, il ne sera pas forcément constitué par le segment auquel correspond la plus grande surface, mais par celui dont les besoins correspondent ou peuvent être satisfaits par les caractéristiques ou avantages de votre produit. Le marché global peut contenir plusieurs segments qui peuvent être également intéressants à rejoindre.

En effet, il faut toujours garder en mémoire que chaque segment se distingue et s'identifie par la configuration des bénéfices qu'il recherche, et non par un bénéfice qui le caractérise. Or, plusieurs segments peuvent être caractérisés par la recherche d'un bénéfice commun, mais ils se distinguent par une différenciation des autres bénéfices, sinon par leur importance relative.

Un exemple de segmentation par bénéfices: le marché français des chaînes haute-fidélité**

La segmentation par bénéfices du marché de la haute-fidélité en France constitue notre exemple. Nous présenterons d'abord la compagnie qui a procédé à cette segmentation. Puis nous nous attacherons à en démontrer le déroulement technique. Enfin, nous en verrons les applications de marketing notamment au niveau de la stratégie publi-promotionnelle de la firme.

Il y a quelque temps, la société Vibrasson, importateur exclusif en France des chaînes haute-fidélité danoises Bang et Olufsen, décidait de procéder à une étude approfondie du marché de la haute-fidélité afin de définir précisément son ou ses marchés cibles possibles.

La marque B & O (Bang et Olufsen) jouit auprès du public d'une renommée indéniable. Elle est qualifiée de bonne à excellente, et de plus elle est très connue. On dit de B & O qu'il s'agit d'une marque sérieuse, qui propose du matériel soigné et bien étudié. Son seul inconvénient, si toutefois c'en est un, est sa cherté.

---

* Type d'acheteurs: groupe homogène de consommateurs susceptibles d'acheter une même marque.

** Cet exemple a pu être rédigé grâce à l'autorisation de monsieur Langlois, directeur général de Vibrasson, 1976.

L'apparence extérieure est d'une beauté remarquable. La difficulté de trouver la marque B & O lors de son apparition en France a contribué à lui donner du prestige; par contre cette rareté de B & O a renforcé l'idée d'une marque chère, donc inaccessible pour certains. Les enceintes acoustiques, les ampli-tuner et les platines sont synonymes de très haute qualité et d'innovation.

L'étude de motivation des acheteurs de chaînes *hi-fi,* une fois réalisée par l'agence de publicité BDGM à Paris, apporta des résultats très révélateurs. Ces derniers, comme nous le verrons, devaient assurer le succès de la marque sur le marché français grâce à un marketing des plus appropriés.

Dans un premier temps, il a été possible de dresser une liste comprenant tous les besoins probables de l'acheteur potentiel ou du possesseur d'une chaîne *hi-fi.*

LISTE DES BESOINS PROBABLES DU CLIENT DE HAUTE-FIDÉLITÉ

besoin d'identification
besoin de conformité
besoin de plaisir
besoin de divertissement
besoin de détente
besoin d'approbation sociale
besoin d'intérêt personnel
besoin de dépenser
besoin de nouveauté
besoin de curiosité
besoin de pouvoir
besoin d'appartenance
besoin de distinction
besoin de conformisme
besoin d'acquisition
besoin de se cultiver musicalement
besoin de collectionner
besoin de leadership
besoin de domination
besoin d'exhibitionnisme
besoin de sociabilité
besoin de perfectionnement de l'aspect technique de son appareil
besoin d'amour pour la musique
besoin d'exprimer richesse et culture
besoin de distraction
besoin d'affection
besoin de variété
besoin de confort
besoin d'esthétique
besoin musical
besoin d'économie
besoin de liberté
besoin d'accomplissement
besoin de fierté
besoin de prestige
besoin du succès
besoin d'individualité
besoin d'imiter les autres
besoin d'indépendance
besoin de donner des explications aux autres à propos de l'appareil
besoin d'actualisation: le perfectionnement de sa sensibilité auditive
besoin d'intérêt à la reproduction sonore
besoin de jouer au technicien
besoin d'évasion dans la musique

Une fois cette étape franchie, le marché global a été divisé en segments par le truchement d'une typologie des clients de chaînes haute-fidélité. Quatre grands segments ont ainsi été identifiés:

1) *Les techniciens:* ils s'intéressent beaucoup plus à la reproduction des sons («vérité sonore» et «pureté du son») et aux particularités techniques des appareils qu'à la musique proprement dite, bien qu'ils ne soient pas de véri-

tables techniciens en appareillage électrique ou électronique. La musique est pour eux un moyen d'apprécier la haute-fidélité et son aspect technique;

2) *Les musiciens:* ils s'intéressent d'abord à l'oeuvre musicale, à l'esprit de l'oeuvre, à son interprétation, à son intérêt artistique et à la musique en général. Ils ne possèdent pas forcément une culture musicale très poussée; ce sont plutôt des amateurs de musique pour qui la haute-fidélité représente un moyen de l'apprécier davantage;
3) *Les snobs:* ils achètent une chaîne haute-fidélité beaucoup plus pour le plaisir de posséder une chaîne que par intérêt véritable pour la musique ou pour la technique. Ils ont l'impression que, de nos jours, la chaîne haute-fidélité fait partie de l'équipement standard d'un foyer aisé. Ils achètent des chaînes coûteuses, non pas parce qu'ils sont à la recherche de la perfection dans leur équipement, mais parce qu'ils en ont souvent les moyens et veulent faire étalage de leur bon goût en esthétique et de leur prestige social. Bien que peu documentés, ils orientent leur choix vers des marques connues afin de s'assurer d'une image de qualité et de sécurité;
4) *Les utilisateurs de petit matériel:* ils aiment écouter de la musique, mais pas au même degré que les musiciens; ils ne recherchent pas non plus la qualité du son comme le font les techniciens. Comme les snobs, ils apprécient l'effet esthétique de leur chaîne et la conçoivent comme un complément à leur ameublement; contrairement aux snobs, ils ne paient pas cher pour leur appareil, soit parce qu'ils n'en ont pas les moyens, soit parce qu'ils considèrent que cela n'en vaut pas la peine.

Une fois que les quatre grands types d'acheteurs ont été définis, il a fallu leur rattacher les besoins qui leur correspondaient:

1) *Les techniciens:*
   a) besoin d'actualisation: le perfectionnement de leur sensibilité auditive;
   b) besoin d'intérêt à la reproduction sonore;
   c) besoin de nouveauté, de perfectionnement quant à l'aspect technique de leur chaîne;
   d) besoin d'accomplissement, de succès, de fierté devant l'achat d'une chaîne perfectionnée;
   e) besoin d'identification à quelqu'un connaissant l'aspect reproduction sonore et la technique haute-fidélité;
   f) besoin de donner des explications aux autres sur leur chaîne;
   g) besoin d'escalade (acheter une chaîne de plus en plus perfectionnée);

2) *Les musiciens:*
   a) besoin d'écouter de la musique;
   b) besoin d'amour pour la musique;
   c) besoin de se cultiver musicalement;
   d) besoin de détente;
   e) besoin de divertissement, de plaisir;
   f) besoin d'intimité;
   g) besoin d'évasion dans la musique;

3) *Les snobs:*
   a) besoin de dépenser;
   b) besoin de collectionner, d'acquérir;

c) besoin de prestige, de supériorité, de pouvoir;
d) besoin d'exhibitionnisme, de fierté;
e) besoin d'approbation sociale, de conformisme;
f) besoin d'esthétique;
g) besoin de confort;
h) besoin de variété (dans leur ameublement);

4) *Les utilisateurs de petit matériel:*
a) besoin d'économie;
b) besoin d'écouter de la musique en général;
c) besoin de plaisir, de divertissement;
d) besoin de détente, de distraction;
e) besoin d'imiter les autres (par rapport aux riches);
f) besoin de confort;
g) besoin de conformisme.

Après cette description des segments de marché identifiés selon leurs besoins respectifs, chacun d'entre eux a été évalué selon le potentiel qu'il représente au niveau des parts de marché. Pour ce faire, chaque segment a été symbolisé par un rectangle dont la superficie est proportionnelle au potentiel qu'il représente, ce qui donne la configuration suivante:

MARCHÉ GLOBAL
DES CHAÎNES HAUTE-FIDÉLITÉ

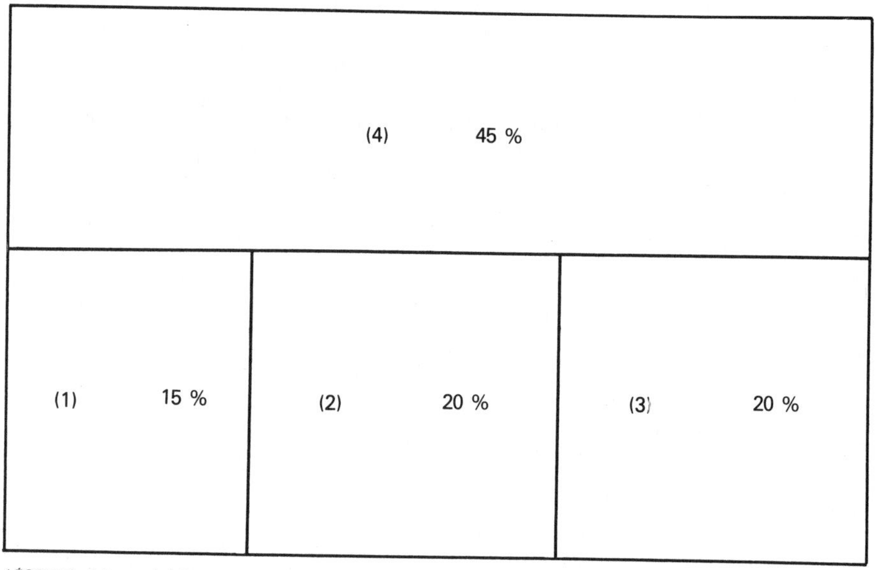

LÉGENDE: 1 Les techniciens;
2 Les musiciens;
3 Les snobs;
4 Les utilisateurs de petit matériel.

Plusieurs faits importants ont été tirés de cette étude et se situent principalement au niveau de la définition de la cible. Les deux clientèles potentielles qui ont été cernées sont les possesseurs de chaînes prêts à l'escalade, c'est-à-dire à acheter du matériel plus performant que le leur, et les nouveaux acheteurs pour lesquels une image de qualité et d'excellence est synonyme de sécurité. Pour les premiers d'entre eux, la compagnie a instauré une Bourse aux Échanges, un système unique au monde constitué par l'échange et la revente de matériel B & O. Pour les seconds, la compagnie se devait d'affermir encore son image de marque par une publicité destinée au grand public. Dans la typologie, on avait remarqué que les possesseurs viennent en général à la chaîne haute-fidélité à travers la musique. Puis ils deviennent ce que dans l'étude on appelle des techniciens, c'est-à-dire que pour une meilleure audition, ils en arrivent à une recherche au niveau de la performance. Quant aux nouveaux clients, ils sont et seront ce qu'on appelle des musiciens, mais suivront également le processus décrit ci-dessus et deviendront à moyen terme des techniciens.

Enfin, les avantages offerts par la marque B & O paraissaient pouvoir correspondre aux besoins exprimés à la fois par les musiciens, les techniciens et les snobs, lesquels jouissent en plus d'un statut social et d'un niveau de vie relativement élevés.

De ce fait la campagne publicitaire de la compagnie a eu pour objectifs:

1) De vanter le prestige et la qualité des appareils B & O par une publicité de luxe; pour les snobs, une marque connue, de qualité excellente, à des prix élevés donne une impression de prestige; pour les deux autres segments cibles une image de marque de ce type est synonyme de qualité;
2) De vanter ce prestige à travers la qualité musicale des appareils de la marque (ou l'importance de l'investissement dans la musique); dans ce cas il s'agit de vanter la qualité sonore des appareils, non pas en des termes techniques, mais plutôt en parlant d'intégrité musicale, de coloration musicale, d'espace musical, et en faisant référence dans le texte aux grandes oeuvres classiques ainsi qu'aux interprètes de renommée mondiale: d'un concert de Mozart en direct à une fugue de Bach. L'annexe I montre un type de publicité qui a été faite pour répondre à ces objectifs;
3) De vanter le prestige technique de ces appareils. Ici la campagne publicitaire informe le public des avantages techniques des appareils, laissant tomber l'aspect qualitatif des autres publicités (voir annexe II).

Enfin, les supports publicitaires, constitués essentiellement de revues et magazines (exception faite pour la publicité directe par la poste), ont été choisis en fonction du niveau social élevé de la clientèle (cadres) et aussi de la spécificité des publicités (faire correspondre des revues spécialisées dans la haute-fidélité à des annonces techniques par exemple) (voir annexe III).

ANNEXE I

Il y a la haute-fidélité qui fait parler d'elle et celle qui impose le silence.

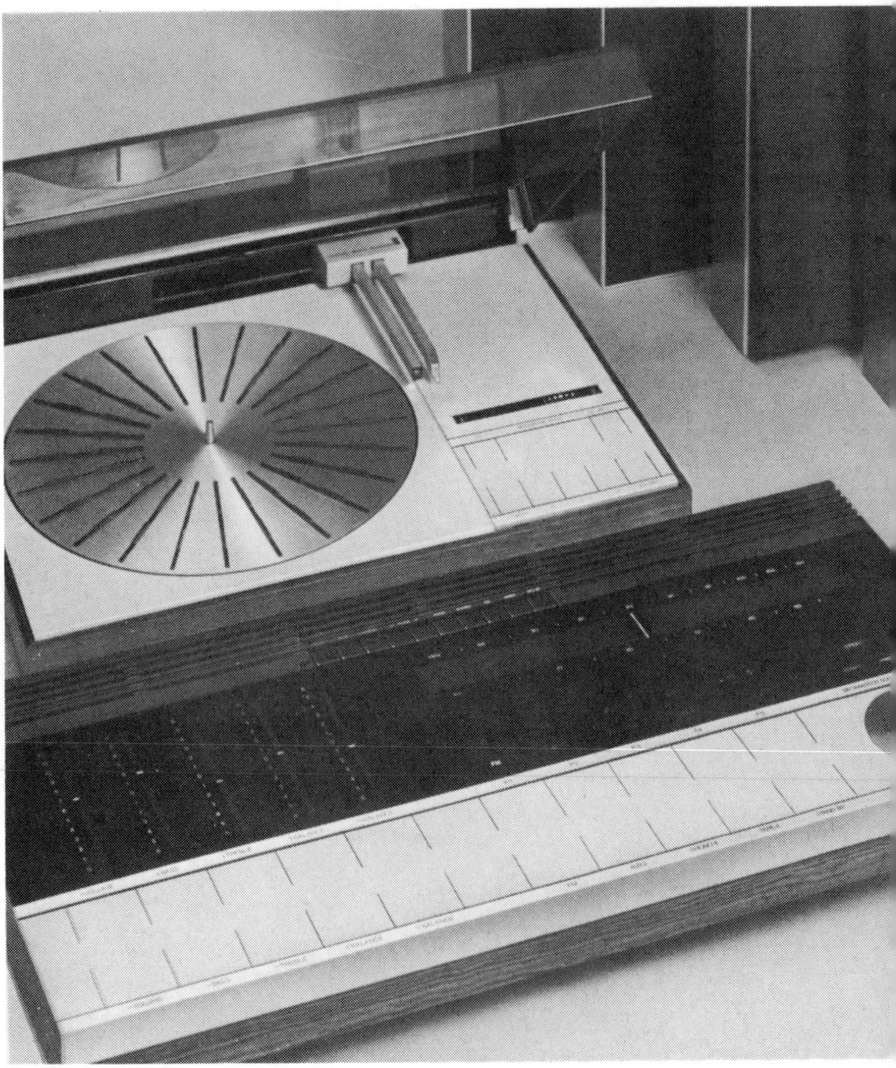

Première mondiale chez Bang & Olufsen.
Au-delà des querelles de systèmes, la nouvelle chaîne 6000, omniphonique, donne un accès total à tout l'espace sonore.

On parle trop. Des mérites de telle chaîne. Des supériorités de tel système. La musique est une et indivisible. De même que l'amour de la musique est total ou il n'est pas. Ainsi aujourd'hui le choix d'une chaîne haute-fidélité ne doit plus être seulement guidé par les avantages de l'ambiophonie ou de la tétraphonie. Au-delà des querelles technologiques, les mélomanes ressentent le besoin profond d'intégrer la musique à leur vie quotidienne. Toute la musique. Ils recherchent un instrument de culture, sans concessions aux modes du moment, qui ouvre l'esprit à toutes les dimensions de l'espace sonore. Le voici.

La quatrième dimension de l'espace sonore

La chaîne 6000 est conçue pour reproduire tous les systèmes d'enregistrement présents ou à venir : mono, stéréo, ambio, tetraphonie, système matriciel et discret – quelle que soit la source sonore, radio, disque, bande magnétique, cassette. Il vous invite au seul voyage musical qui vaille la peine d'être entrepris : un voyage sans limites.

D'un concerto de Mozart en direct à une fugue de Bach, du grand auditorium de l'ORTF au chœur de l'Église Saint-Séverin. De la guitare de Narcisso Yepes sur bande 4 pistes, au piano de Geza Anda sur cassette haute-fidélité, ce sont autant d'ambiances et de présences diverses, d'émotions et de sensations différentes qui pénètrent dans votre cadre de vie.

L'alchimie de la technique et du son

Rien ne viendra troubler votre plongée dans l'univers musical. Avec la chaîne 6000, Bang & Olufsen réalise l'alchimie de la technique et du son : jamais auparavant boutons et touches ne s'étaient rendus aussi transparents à la musique. Ainsi, dans l'ampli-tuner Beomaster 6000, toutes les commandes des fonctions essentielles sont regroupées logiquement sur le tableau général horizontal de l'appareil. Vous les effleurez du doigt : comme dans la platine à bras tangentiel Beogram 6000, un circuit électronique intégré effectue les opérations nécessaires (ici les sélections de source et réglages de volume, balance, graves, aigus). Et tout l'ensemble, après réglage, se fait ombre pour laisser place à l'œuvre musicale.

Loin des démonstrations tapageuses

La chaîne 6000, omniphonique, cette Encyclopédie de la haute-fidélité, ne peut livrer tous ses secrets que dans un lieu à son image. Le Centre National d'Information B & O, qui n'est pas un point de vente, est ouvert à Paris au 162 bis, rue Ordener (18e), tél. 255.42.01. Monsieur Pichot, son hôte-animateur vous accueillera dans son auditorium, du mardi au samedi de 9 h à 19 h. Plus près de chez vous, vous pourrez trouver l'un des Conseils haute-fidélité dont l'adresse figure dans la liste des 180 Clubs-Centers B & O.

Donnez-leur la chance de pouvoir vous parler de leur enfant prodige : la chaîne 6000.

Au centre de l'écoute musicale

On n'écoute jamais une œuvre musicale près d'un ampli. C'est pourtant de cet endroit que se règle l'acoustique d'une chaîne. Résultat : quand vous regagnez votre fauteuil, la précision d'audition est faussée.

Avec le module de commande à distance du Beomaster 6000, les ordres de contrôle sont transmis par ultra-sons à l'ampli, du lieu même où vous avez choisi de vous installer.

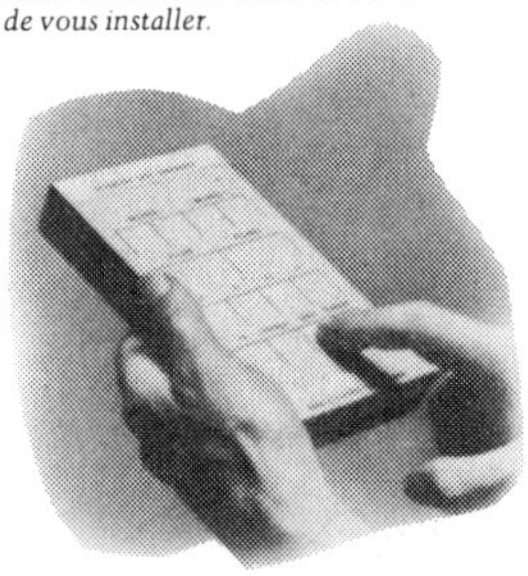

Quelques touches à effleurer du doigt. L'erreur d'appréciation est évitée. Vous demeurez toujours au centre de votre univers sonore.

Bang & Olufsen

...la transparence musicale.

EX 11

Invitation à en savoir davantage

Communiquez-nous votre adresse en nous retournant ce coupon. Bang & Olufsen vous enverra par retour une plaquette-information répondant à toutes vos questions sur la haute-fidélité en général, la transparence musicale en particulier, et sur sa gamme 1974-1975. Gratuitement.

Nom et adresse ____________________
(en majuscules)
____
____________________ Code postal ____

A renvoyer à Beoclub - B.P. 149 - 75863 Paris Cedex 18

ANNEXE II

B & O 6000
4 x 40 watts efficaces
Omniphonique
21.860 F. ttc*

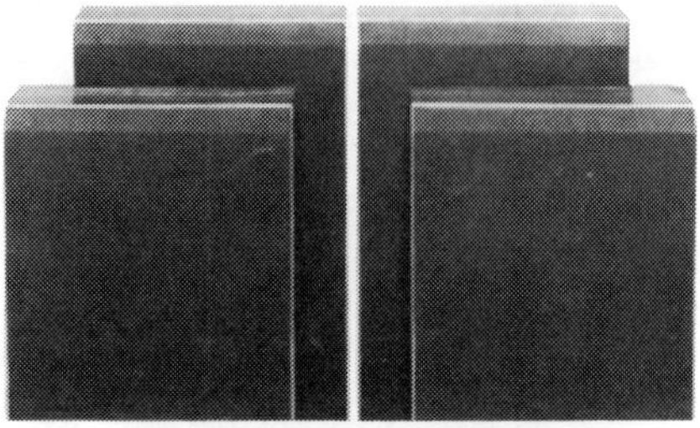

Points de repère

Bang & Olufsen fait irruption sur le marché de la tetraphonie en lançant la première chaîne "omniphonique", c'est-à-dire capable de lire et diffuser toutes les sources sonores (radio, disques, bandes) quel que soit leur mode d'enregistrement : mono, stéréo, ambio, tetraphonie système Matrix SQ ou tetraphonie système discret CD4. C'est l'ouverture totale à la reproduction musicale sans limites, quel que soit le système standardisé dans les années à venir.

Beomaster 6.000 - Ampli-tuner FM 4 canaux : 300 watts musicaux, 4 x 40 watts ou 2 x 50 watts efficaces. Gamme de fréquence : 20 Hz à 20:000 Hz pour chaque canal. Distorsion inférieure à 0,1 % à puissance nominale. Table lumineuse de visualisation des échelles de réglages à extinction automatique. Tous les contrôles, assistés par servo-moteur, se commandent par touches. Interconnexions pour platine 4 canaux, magnétophone 4 canaux et casque 4 canaux.

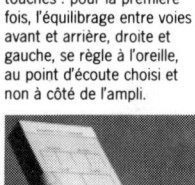

Prises pour les 4 enceintes

Commande à distance, Par boîtier-émetteur à touches : pour la première fois, l'équilibrage entre voies avant et arrière, droite et gauche, se règle à l'oreille, au point d'écoute choisi et non à côté de l'ampli.

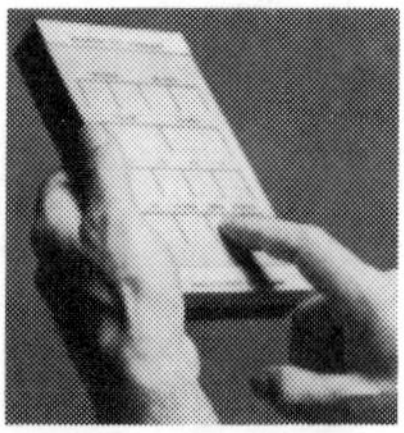

Beogram 6.000 - Le bras tangentiel et l'automatisme électronique de la Beogram 4.000 mais avec une cellule tetraphonique de seconde génération : la MMC 6.000, et un décodeur CD4 (système discret) incorporé. Donc capable de lire tous les disques, tous systèmes sans aucun réglage préalable.

Les panneaux-diffuseurs Beovox P. 50. Un des plus puissants ordinateurs du monde (à la NASA) a permis à Bang & Olufsen de ré-inventer par le calcul l'enceinte acoustique idéale.

Ces panneaux-diffuseurs P. 50 n'ont que 11 cm de profondeur, un travers de main. Pourtant, il faudrait des enceintes classiques approchant le demi-mètre cube pour reproduire leurs performances : bande passante, distorsion, puissance et dispersion.

* *(Tarif au 1er septembre 1974.)*

La platine Beogram 6.000

L'ampli Beomaster 6.000

Ce qu'on en dit dans les auditoriums

Chez les Conseils haute-fidélité B & O, la 6.000 est évidemment très entourée. Pas seulement parce que c'est un nouveau matériel, mais surtout parce qu'elle est "différente", par bien des côtés, et qu'elle ne ressemble à rien de ce qu'on a l'habitude de voir dans les auditoriums. Parmi ce qui attire, ou surprend, le plus : les commandes "motorisées" de l'ampli. Plus de boutons à tourner, ni de curseurs à déplacer, une pression sur le haut de la touche volume et le volume augmente, une pression sur le bas et il diminue. Avec déplacement consécutif d'un voyant lumineux sur le tableau de visualisation. Le "Commander", boîtier-émetteur de commande à distance, avec les mêmes touches à effleurement. L'élégance et la discrétion des panneaux diffuseurs P. 50.

La levée enfin de l'hypothèque qui bloquait l'équipement tétraphonique faute d'une standardisation mondiale du système d'enregistrement, puisque la 6.000 est omniphonique.

L'avis des essayeurs

(Ce matériel étant tout nouveau, les bancs d'essai sont en cours et n'ont pas encore été publiés)

ANNEXE III
OÙ ET QUAND PARAÎTRONT CES ANNONCES (1974)

MAGAZINES	SEPTEMBRE	OCTOBRE	NOVEMBRE	DÉCEMBRE
L'Express (hebdo)		7, 28	18	
Le Nouvel Observateur (hebdo)		21	11, 25	
Le Point (hebdo)		14	4	
Lui (mensuel)	20	25	25	
Le Haut-Parleur (mensuel)	2 pages	2 pages	2 pages	2 pages
Hifi Stéréo (mensuel)	6 pages	10 pages	6 pages	10 pages
Électronique pour vous (mensuel)	6 pages	6 pages	6 pages	6 pages
Son Magazine (mensuel)	2 pages	2 pages	2 pages	2 pages
Revue du son (mensuel)	4 pages	4 pages	4 pages	4 pages

Exercice pratique La compagnie Import inc.*

La compagnie Import inc. de Toronto est spécialisée dans l'importation de matériel en tout genre fabriqué à l'étranger et dans sa distribution au Canada. Récemment, cette compagnie a eu la possibilité d'acquérir les droits exclusifs de distribution d'une ligne de calculatrices électroniques de poche. Cette ligne, du nom de Digitas*, est fabriquée au Japon; elle est comparable en qualité à la grande majorité des calculatrices de ce type, mais pourrait être offerte à des prix nettement plus avantageux. L'équipe de direction est enthousiasmée à l'idée de gérer la ligne des calculatrices Digitas, chacun étant conscient qu'il existe un marché potentiel à exploiter, d'autant plus que celui-ci n'en était encore, il y a quelques années, qu'à sa phase de croissance. La seule ombre au tableau consiste dans une définition trop vague du marché cible et, par conséquent, dans le risque de ne pas savoir le rejoindre. Et c'est à ce moment que vous intervenez:

— Si tel est notre problème, et je suis certain que nous avons mis le doigt dessus, je crois connaître un excellent moyen de le résoudre.

— Eh bien, quel est-il? s'empresse de répliquer le directeur de marketing.

— La segmentation par bénéfices. C'est une stratégie très efficace qui permet de définir notre marché cible au moyen d'une analyse des différents avantages que recherche le consommateur lors de l'achat d'un produit.

— Vous avez l'air de vous y connaître dans ce domaine. Mais avant de nous lancer dans une telle étude, j'aimerais que vous nous donniez un aperçu de ce qu'elle peut nous apporter. Présentez-nous donc un rapport détaillé, dans les plus brefs délais bien entendu!

— D'accord.

Face à la tâche qui vous est demandée, on vous conseille d'analyser le marché des calculatrices électroniques de poche en suivant la procédure suivante:

1 Efforcez-vous d'identifier des segments de marché potentiels pour les calculatrices électroniques de poche au Canada, sur la base des besoins et bénéfices recherchés par les consommateurs.

Commencez par examiner vos propres besoins, ceux de votre famille, de

* Nom fictif.

vos amis, de vos relations au travail, et ainsi de suite. Une fois que vous aurez regroupé plusieurs besoins par segments, donnez un nom à chacun des segments ainsi identifiés (vous êtes libre de déterminer le nombre de segments de marché que vous voulez).

2 Maintenant, résumez votre vision du marché des calculatrices électroniques de poche en dressant une grille de marché où seront représentés les segments que vous avez identifiés. Indiquez l'importance relative approximative que vous accordez à ces marchés sur le plan des pourcentages de parts de marché. (Pour cela faites varier la surface des différents rectangles, de la même façon que dans l'exemple des chaînes *hi-fi.)*

3 Définissez quels types de calculatrices électroniques de poche (c'est-à-dire selon les prix, les modèles, la capacité, les types de calculs possibles, etc.) devraient le mieux satisfaire les besoins de chacun des marchés potentiels que vous avez identifiés à la question 1.

4 À votre avis, quel segment de marché constitue la meilleure cible pour la ligne Digitas? Pourquoi?

5 Le type de calculatrice électronique de poche proposé à un client étant souvent relié étroitement aux occupations professionnelles de ce dernier, la compagnie avait, avant cette réunion, segmenté son marché de la façon suivante:

a) les gens à la maison: l'utilisation d'une calculatrice électronique permet de réaliser les meilleurs achats aux meilleurs prix, de planifier le budget familial, de déterminer le solde du compte en banque, de calculer les surfaces d'intérieur nécessitant des réparations, etc.;

b) les gens d'affaires: ils peuvent à l'aide d'un tel instrument obtenir rapidement les réponses à leurs multiples problèmes journaliers, gagner du temps et réduire le taux des erreurs lors de conférences, établir des projections de ventes, calculer les taux de commissions, fixer le budget des dépenses, etc.;

c) les étudiants: la calculatrice électronique est un outil bien utile dans les cours où les mathématiques sont utilisées. Elle réduit le temps d'étude et est fiable aussi bien dans les calculs arithmétiques de base que dans des calculs plus élaborés;

d) les ouvriers spécialisés: la calculatrice électronique est un outil de travail indispensable aux plombiers, mécaniciens, électriciens, menuisiers et autres ouvriers spécialisés. Elle peut être utilisée dans le calcul du coût des matériaux, dans les estimés, lors de la facturation ou encore dans la tenue de livres;

e) les ingénieurs et scientifiques: la calculatrice électronique donne des réponses instantanées et précises aux problèmes mathématiques les plus complexes. Elle permet de gagner du temps et prévient les erreurs de calcul. Il s'agit sans aucun doute de l'outil le plus utile depuis la règle à calcul, et de loin le plus précis;

f) les bricoleurs: une calculatrice électronique permet d'éviter les laborieux calculs lors des travaux à la maison, de déterminer la surface à tapisser, d'évaluer la quantité de peinture nécessaire. Grâce à elle, il est possible d'éliminer le coût des matériaux achetés en excédent et de mener à bien tous les projets.

Que pensez-vous de cette segmentation? Comparez-la à celle que vous venez de faire. En quoi peuvent-elles être complémentaires dans la définition du marketing-mix?

6 Si vous étiez à la place du directeur de marketing, qu'aimeriez-vous savoir d'autre avant de décider si la compagnie devrait acquérir les droits sur la ligne Digitas et avant de définir une stratégie de marketing pour cette ligne?

BIBLIOGRAPHIE

ALLAIRE, Y., *The Measurement of Heterogenous Semantic Perceptual and Preference Structures,* thèse de doctorat inédite, Sloan School of Management, M.I.T., 1973.

ALLISON, R., UHL, K., «Influence of Beer Brand Identification on Taste Perception», *Journal of Marketing Research,* août 1964, p. 36-39.

BREAN, H., «What Hidden Sell is All About?», *Life,* mars 1958, p. 104-114.

BRISOUX, J., LAROCHE, M., «La Relation entre le degré d'implication du moi-psychologique et la taille de l'ensemble évoqué», dans *Rapport du Congrès annuel de la section marketing de l'A.S.A.C.,* sous la direction de Vernon J. Jones, mai 1980, p. 68-77.

CALDER, B., BURNKRANT, R., «Interpersonal Influence on Consumer Behavior: An Attribution Theory Approach», *Journal of Consumer Research,* juin 1977, p. 29-38.

CAMPBELL, B., *The Existence and Determinants of Evoked Set in Brand Choice Behavior,* thèse de doctorat, Columbia University, 1969.

CHÉRON, E., ZINS, M., «La Théorie de l'attribution: développements et implications pour le marketing», dans *Rapport du Congrès annuel de la section marketing de l'A.S.A.C.,* sous la direction de Vernon J. Jones, Montréal, 1980, p. 97-106.

CLAUDIAN, J., SERVILLE, Y., «Attitude de la ménagère devant les produits alimentaires proposés par l'industrie», *Cahiers de nutrition et de diététique,* 1972, 7 (3), p. 219-229.

COPULSKY, W., MORTON, K., «Sensory Cues», *Product Marketing,* janvier 1977, p. 31-34.

COWLING, K., CUBBIN, J., «Price, Quality and Advertising Competition: An Econometric Investigation of the United Car Market», *Economica,* novembre 1971, p. 378-394.

DUSSART, C., *Les Ensembles de marques de référence: une étude empirique sur leur existence et leur magnitude dans le processus de choix d'une marque,* mémoire de maîtrise, Université de Sherbrooke, 1975.

EHRLICH, D., «Post Decision Exposure to Relevant Information», *Journal of Abnormal and Social Psychology,* janvier 1957, p. 98-102.

EMERY, F., «Some Psychological Aspect of Price», dans *Pricing Strategy,* sous la direction de B. Taylor et G. Wills, Brandon/Systems Press, 1970, p. 98-111.

ENGEL, J., «Are Automobile Purchasers Dissonant Consumers?», *Journal of Marketing,* avril 1963, p. 55-68.

ENGEL, J., BLACKWELL, R., KOLLAT, D., *Consumer Behavior,* 3e édition, H.R.W., The Dryden Press, 1978.

ETGAR, M., GOODWIN, S., «One-Sided Versus Two-Sided Comparative Message Appeals for New Brand Introduction», *Journal of Consumer Research,* mars 1982, p. 460-464.

GABOR, A., GRANGER, C., «Price Sensitivity of the Consumer», *Journal of Advertising Research,* décembre 1964, p. 40-44.

GABOR, A., GRANGER, C., «Price as an Indicator of Quality: Report on an Enquiry», *Economica,* vol. 33, 1966, p. 43-70.

GEISTFELD, L., SPROLES, G., BADENHOP, S., «The Concept and Measurement of a Hierarchy of Product Characteristics», dans *Advances in Consumer Research,* sous la direction de William D. Perreault Jr., vol. 4, Atlanta Association for Consumer Research, 1977, p. 302-307.

GREEN, P., WIND, Y., «New Way to Measure Consumers' Judgments», *Harvard Business Review,* juillet-août 1975, p. 107-117.

HALEY, R., «Benefit Segmentation: A Decision Oriented Research Tool», *Journal of Marketing,* juillet 1968, p. 30.

HAWKINS, D., «The Effects of Subliminal Stimulation on Drive Level and Brand Preference», *Journal of Marketing Research,* août 1970, p. 322-326.

JACOBY, J., CHESTNUT, R., FISHER, W., «A Behavioral Process Approach to Information Acquisition in Nondurable Purchasing», *Journal of Marketing Research,* novembre 1978, p. 532-544.

KASSARJIAN, H., COHEN, J., «Cognitive Dissonance and Consumer Behavior», *California Management Review,* automne 1965, p. 55-64.

KELLEY, H., «Attribution in Social Interaction», dans *Attribution Perceiving the Causes of Behavior,* sous la direction de E. Jones, General Learning Press, 1971.

KELMAN, H., COHLER, J., «Reactions to Persuasive Communications as a Function of Cognitive Needs and Styles», communication présentée à The Thirtieth Annual Meeting of the Eastern Psychological Association, Atlantic City.

KOTLER, P., *Marketing Management: Analysis, Planning and Control,* 4e édition, Prentice-Hall, 1980.

KRECH, D., CRUTCHFIELD, R., BALLACHEY, E., *Individual in Society,* McGraw-Hill, 1962, p. 21.

LAMBERT, Z., «Product Perception: An Important Variable in Price Strategy», *Journal of Marketing,* 1970, p. 68-76.

LAMBIN, J.J., «Existe-t-il vraiment un marketing à la japonaise?», *Working Paper,* Université de Louvain-la-Neuve, Belgique, 1982.

LANCASTER, K., «A New Approach to Consumer Theory», *Journal of Political Economy,* avril 1966, p. 132-157.

LANCASTER, K., *Consumer Demand: A New Approach,* New York, Columbia University Press, 1971.

MAUSER, G., «Allison and Uhl Revisited: The Effects of Taste and Brand Name on Perceptions and Preferences», dans *Advances in Consumer Research,* sous la direction de William L. Wilkie, vol. 6, Association for Consumer Research, 1979, p. 161-165.

MAYNES, S., *Decision-Making for Consumers, An Introduction to Consumer Economics,* New York, MacMillan Publishing Company, 1976.

MILLER, G., «The Magical Number Seven, Plus or Minus Two: Some Limits on Our Capacity for Processing Information», *The Psychological Review,* mars 1956, p. 81-97.

MONROE, K., «The Influence of Price Differences and Brand Familiarity on Brand Preferences», *Journal of Consumer Research,* juin 1976, p. 42-49.

PERCY, L., «An Application of MDS and Related Techniques to the Evaluation of a New Product Concept», dans *Advances in Consumer Research,* sous la direction de B.B. Anderson, Association for Consumer Research, 1976, p. 114-118.

RATCHFORD, B., «The New Economic Theory of Consumer Behavior: An Interpretative Essay», *Journal of Consumer Research,* septembre 1975, p. 65-67.

RIES, A., TROUT, J., *Positionning: The Battle for your Mind,* Warner Books, 1982.

RIGAUX-BRICMONT, B., «Influence of Brand Name and Packaging on Perceived Quality», dans *Advances in Consumer Research,* sous la direction de Andrew Mitchell, Association for Consumer Research, 1981, p. 472-477.

SETTLE, R., GOLDEN, L., «Attribution Theory and Advertiser Credibility», *Journal of Marketing Research,* mai 1974, p. 181-185.

VIRTHE, G., *Marketing et Distribution alimentaire,* Publications Les Affaires inc., Montréal, 1972.

WILKIE, W., PESSEMIER, E., «Issues in Marketing's Use of Multi-Attribute Models», *Journal of Marketing Research,* novembre 1973, p. 435-438.

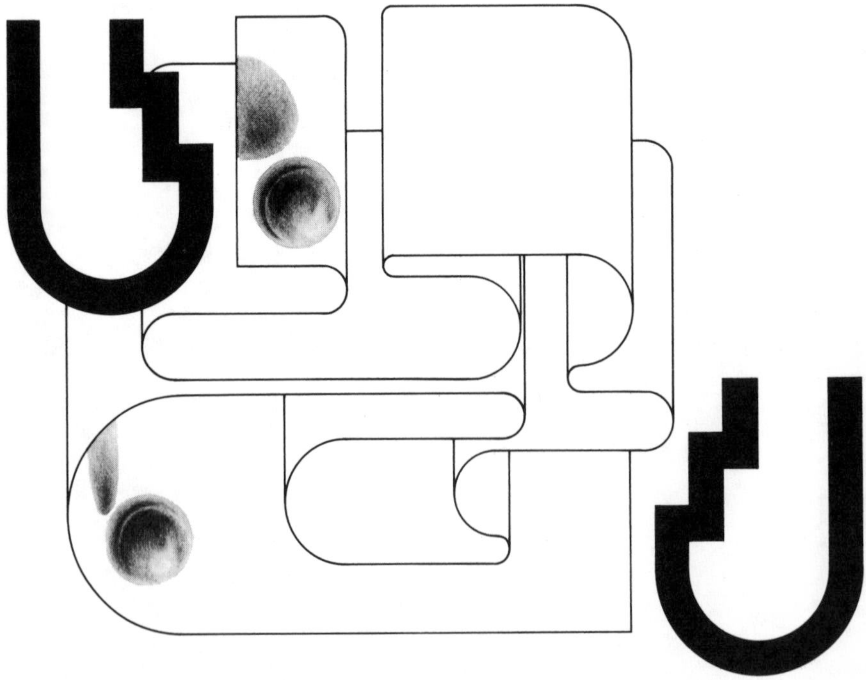

Chapitre 4

Le processus de recherche et de traitement de l'information*

OBJECTIFS:

1) Identifier les incitants d'une recherche active d'information de la part du consommateur;
2) Faire la distinction entre la recherche interne et la recherche externe;
3) Analyser les critères de choix des sources externes d'information;
4) Séparer la perception de la mémorisation au sein du traitement de l'information;
5) Retirer des enseignements pratiques des propositions présentées.

PRÉPARATION À L'EXERCICE PRATIQUE:

1) Prendre connaissance des différentes étapes du traitement de l'information par un consommateur;
2) Suivre la procédure de recherche indiquée et répondre aux questions.

---

* Ce chapitre a été rédigé en collaboration avec Isabelle Le Roy, assistante de recherche, programme M. Sc. à l'Université de Sherbrooke.

INTRODUCTION

L'une des caractéristiques fondamentales des sociétés dites modernes est l'importance considérable et toujours croissante accordée à l'information. Les moyens techniques sont tels qu'ils permettent de couvrir et de transmettre de façon quasi instantanée les principaux événements à travers le monde. Le poids de l'information est lui-même particulièrement élevé; certaines affaires tristement célèbres comme celle du Watergate aux États-Unis en constituent la preuve.

Sans vouloir entrer dans des considérations sociologiques sur l'omniprésence de l'information, dans ce chapitre nous nous attacherons plus particulièrement à analyser la relation qui existe entre le consommateur et l'information, relation qui, elle aussi, a fait couler beaucoup d'encre et sur laquelle de trop nombreux stéréotypes et autres formes d'avis non fondés subsistent. Une analyse rigoureuse du processus de recherche et de traitement de l'information qu'effectue le consommateur devrait en conséquence nous permettre d'y voir plus clair.

Le «droit à l'information», slogan des années 1960, fut défini par le président J.F. Kennedy comme:

> Le droit, pour le consommateur, d'être protégé contre des informations, des publicités, ou toutes pratiques frauduleuses, trompeuses, fallacieuses, et de disposer de tous faits nécessaires à l'établissement de choix.

Cette citation illustre bien le fait que l'étape de la recherche d'information prend de plus en plus de place dans l'analyse du comportement du consommateur, ceci pour trois raisons essentielles:

1) La multiplication des possibilités de consommation qui conduit l'acheteur à prendre des décisions de plus en plus complexes;
2) Le rythme élevé d'apparition de nouveaux produits qui implique une nécessité d'accoutumance;
3) Le raffinement technique de nombreux produits qui entraîne un besoin d'information accru du consommateur.

La complexité de plus en plus grande du monde de la consommation entrave la spécialisation et l'éducation du consommateur, réduisant ainsi son degré d'expertise et amplifiant par contrecoup l'importance du rôle de la cueillette d'information devant servir de base à la formation des préférences.

Le mouvement consommateuriste ayant pris conscience de cette situation a fait du «droit à l'information» son principal cheval de bataille (voir à ce sujet le chapitre 15). Cela nous amène donc à nous poser les questions suivantes:

1) Faut-il obliger les entreprises à donner toute l'information possible sur leurs produits?
2) La transparence totale de l'information au niveau de l'offre entraîne-t-elle la transparence totale au niveau de la demande?
3) Est-il vrai que «plus il y a d'information, meilleur c'est pour le consommateur»?

Autant de questions qui remettent en cause ce fameux «droit sacré» à l'information.

Pour tenter d'y répondre, nous analyserons d'abord la façon dont le consommateur cherche l'information, pour ensuite étudier la manière dont il en dispose.

LE PROCESSUS D'ACQUISITION DE L'INFORMATION

Les besoins en information ne sont pas uniformes chez les consommateurs, ni même les procédures suivies pour se la procurer. Pourquoi le consommateur cherche-t-il de l'information? Comment et où va-t-il l'acquérir? Les réponses à ces deux interrogations fondamentales dans l'ajustement des stratégies communicationnelles de marketing nous amèneront à étudier (1) le pourquoi du besoin d'être informé et (2) les stratégies de recherche d'information par le consommateur.

Le besoin d'être informé

Un consommateur ne perçoit un besoin d'information qu'à certaines conditions d'origines fort différentes. Nous n'en retiendrons que quatre, que nous croyons fondamentales:

a) la pression de l'environnement;
b) la valeur attendue de l'information;
c) les bénéfices supplémentaires retirés d'une recherche d'information;
d) les caractéristiques personnelles du consommateur.

La pression de l'environnement

Notre société se caractérise par une multitude de lignes génériques de produits (ex: les téléviseurs), à l'intérieur desquelles sont disponibles de nombreux types de modèles (téléviseurs couleur, noir et blanc, meubles consoles, portatifs, etc.), eux-mêmes séparés en différentes marques (Sony, RCA, Philips, Zenith, etc.).

L'environnement commercial nous offre donc un vaste éventail de possibilités, ce qui contraint le consommateur à chercher de l'information pour être en mesure d'effectuer un choix éclairé. Or, ce processus d'entonnoir qui consiste à réduire progressivement le nombre des possibilités est souvent perturbé par la complexité de la décision et la difficulté d'accès à certaines informations clés. Une fois ces obstacles surmontés, le consommateur peut encore, à la toute fin du processus, avoir à faire face à un *conflit de choix* qui a été défini par Berlyne (1957) de la façon suivante:

> Le conflit de choix est la situation où plusieurs réponses incompatibles sont données pour répondre au problème. Une seule d'entre elles est applicable.

Pour prendre un exemple, choisir une moto de 750 cm^3 parmi plusieurs marques.

Le consommateur peut alors poursuivre sa recherche d'information pour mieux différencier les ouvertures de marché, ou bien l'arrêter complètement, estimant que le bénéfice tiré de renseignements supplémentaires est trop faible.

Jusqu'à présent, nous avons adopté l'hypothèse selon laquelle le consommateur cherche des renseignements par ses propres moyens. Or, une autre situation peut se produire, c'est-à-dire celle où un agent de l'environnement s'efforce d'imposer de l'information au consommateur. Les campagnes d'information gouvernementales contre la cigarette ou en faveur du port de la ceinture de sécurité en constituent des exemples. Leur principal objectif est de susciter une réflexion de la part du consommateur, celle-ci pouvant éventuellement générer un besoin d'information complémentaire. Les individus sont informés des méfaits du tabac; le fumeur reçoit donc des informations qu'il ne souhaitait peut-être pas entendre. Il est alors en mesure de rechercher d'autres informations, si toutefois il prend conscience du problème. Dans le cas contraire, les renseignements fournis ne suffisant pas à affecter sa conduite, il rejettera en bloc l'information sur le sujet. Ici, le lien entre le consommateur et l'information est indirect et soumis à la contrainte environnementale.

Nous étudierons maintenant une autre relation où les incitants proviennent à la fois du consommateur et de la nature même de l'information.

La valeur attendue de l'information

La valeur attendue de l'information permet de juger de l'importance d'une information additionnelle. Ainsi, plus la valeur perçue de l'information est grande, plus le consommateur devrait juger essentiel de poursuivre ses recherches. Deux facteurs interviennent alors dans l'éveil du besoin d'information: la quantité et la qualité de l'information obtenue et le risque perçu par l'acheteur potentiel.

Quantité et qualité de l'information possédée

La quantité. Plus une personne est informée sur un sujet, moins sa propension à rechercher de nouveau de l'information sera forte. Cette idée fait donc référence directement à la notion d'expérience du consommateur (Katona, 1964; Newman et Staelin, 1972; Kiel, 1977). En effet, une personne qui, par exemple, achète sa troisième moto en cinq ans devrait s'y connaître en la matière et prendre peu de temps à juger les possibilités en présence sur le marché, ses critères d'évaluation s'étant précisés et nuancés en même temps.

Mais il ne suffit pas de disposer d'un grand nombre de renseignements, il faut aussi qu'ils soient pertinents.

La qualité. Plusieurs variables affecteront sérieusement la qualité perçue de l'information emmagasinée.

De la satisfaction retirée des achats antérieurs dérive bien souvent l'intensité des recherches d'information futures (Bennett et Mandell, 1969; Kiel, 1977). Un motocycliste très satisfait de sa dernière moto rachètera probablement la même marque en se contentant de prendre connaissance, comme recherche d'information, des dernières modifications apportées à son modèle préféré. Sa recherche physique (se rendre chez de nombreux concessionnaires) se limitera à un petit nombre de dépositaires, voire uniquement au vendeur de sa précédente moto qui dispose de toute sa confiance.

Le laps de temps écoulé entre les achats affecte l'exactitude et la pertinence de l'information accumulée (Katona, 1964). Si on attend dix ans avant de racheter une moto, il est fort probable que l'information que l'on possède aura perdu de son actualité.

Il est à remarquer que l'obsolescence de l'information dépend aussi fortement de la nature du produit. Des renseignements sur les chaînes haute-fidélité «vieilliront» plus vite que des informations relatives aux téléviseurs, d'où la prochaine variable affectant la pertinence de l'information possédée.

La rapidité des changements dans l'éventail des possibilités. D'après la courbe de cycle de vie des produits, nous pouvons placer les magnétoscopes en phase de croissance, les téléviseurs se situant en phase de maturité. Les innovations et ouvertures de marché qui existent pour les magnétoscopes s'avèrent beaucoup plus importantes que celles sur les téléviseurs et amènent donc le consommateur à effectuer une recherche d'information plus approfondie et plus fréquente afin de se tenir au courant de la situation et posséder ainsi une information actualisée.

Disposer d'une grande quantité de renseignements de qualité ne permet pourtant pas toujours d'effectuer un choix avisé. En effet, la quantité et la qualité sont largement conditionnées par la mémoire. Il ne suffit pas d'avoir l'information, il faut s'en rappeler. De cette façon, la propension du consommateur à disposer de l'information acquise précédemment dépend du degré de similitude entre le problème actuel et ceux qu'il a résolus antérieurement ainsi que du temps écoulé entre deux situations de consommation semblables (nous n'insisterons pas davantage sur l'importance et le fonctionnement de la mémoire, ce sujet étant traité de façon plus approfondie dans la démonstration).

Mais la valeur attendue de l'information n'est pas uniquement conditionnée par la quantité et la qualité des renseignements. Une autre variable intervient aussi: le risque perçu par le consommateur lors du processus de décision d'achat d'un produit ou d'un service.

Risque perçu à l'achat

Bauer (1960) a été le premier auteur à définir avec précision le concept de risque perçu appliqué au processus de décision du consommateur:

> Le comportement du consommateur comporte un risque dans le sens où toutes ses actions produisent des conséquences qu'il ne peut anticiper avec certitude.

Sa définition met l'accent sur l'incertitude relativement aux conséquences de toute décision prise par le consommateur.

Cox (1967) a donné une autre dimension au risque perçu en le reliant aux objectifs ou buts poursuivis par l'acheteur éventuel:

> La nature et l'importance du risque perçu déterminent les besoins en information du consommateur. Ceux-ci chercheront les sources, types et quantités d'information qui leur paraissent les plus aptes à satisfaire leurs besoins spécifiques d'information.

Deux composantes de la notion de risque perçu peuvent alors être définies:

a) *le risque d'incertitude:* comme son nom l'indique, il peut se manifester soit dans l'incertitude qu'éprouve le consommateur devant l'identification, la fixation et la validité de ses objectifs de consommation, soit dans la comparaison évaluative entre les objectifs de consommation et les produits considérés;

b) *le risque de conséquences:* il relève de l'anticipation des conséquences découlant de l'échec éventuel d'un achat. Il est donc fonction de l'attachement qu'éprouve le consommateur pour la réalisation de ses objectifs, de l'investissement réalisé pour y arriver et de l'importance accordée à ces conséquences.

Une catégorisation de ces composantes a été accomplie par Jacoby et Kaplan (1972) qui définissent quatre types de risque:

1) *Le risque de performance:* Quelle est la probabilité d'obtenir un produit de mauvaise qualité? Quelle importance cela a-t-il?
2) *Le risque psychologique ou social:* Quelle est la probabilité que l'entourage du consommateur juge d'un mauvais oeil l'achat en question? Quelle image l'acheteur va-t-il projeter? L'opinion des autres revêt-elle une quelconque importance pour l'acheteur?
3) *Le risque financier:* Le produit coûte-t-il trop cher? Le coût est-il important? Qui supportera les frais en cas de réparation ou de remplacement? L'acheteur pourra-t-il l'échanger ou être remboursé?
4) *Le risque physique:* L'utilisation du produit présente-t-elle de réels dangers? Comment agit-il sur la santé, l'environnement? Quelle importance cela a-t-il?

Roselius (1971) retient une cinquième catégorie:

5) *Le risque de perte de temps:* Quel temps prendrait la résolution des problèmes causés par un mauvais produit? L'acheteur dispose-t-il de ce temps?

Un exemple nous permettra de mieux apprécier la relation existant entre l'importance attribuée à l'achat d'un produit et le risque perçu.

En 1982, nous avons mesuré le risque perçu à l'achat de quatre types de produits auprès d'un échantillon de consommateurs de la région de Sherbrooke. Les produits sélectionnés étaient un tube de dentifrice, une bouteille de vin, une paire de skis alpins et une voiture.

Le choix de ces produits peut paraître simpliste puisque, intuitivement, on imagine fort bien que le risque perçu à l'achat d'un dentifrice sera sûrement plus faible que pour une voiture. Mais nous tenons néanmoins à présenter les résultats parce qu'ils illustrent clairement notre propos.

Les diverses questions posées ont porté sur l'importance accordée à l'achat du produit et sur les quatre catégories de risque établies par Jacoby et Kaplan. Les questions étaient évaluées sur une échelle allant de 1 à 5 («très peu important» à «très important»).

L'interprétation des résultats (voir les graphes de la fig. 4.1) nous a fourni, dans le cadre de cette étude, les conclusions générales suivantes:

1) Plus l'achat est jugé important par le répondant, plus son risque perçu est élevé (automobile vs vin);
2) La variation entre les différents types de risque est similaire d'un produit à l'autre;
3) Plus l'achat est important, plus le risque financier est grand (skis vs vin);
4) Plus le produit est visible socialement, plus le risque psychologique est élevé (automobile vs dentifrice);
5) Les risques dominants pour chaque catégorie sont de nature financière et de performance;
6) Les risques mineurs sont ceux à caractère psychologique et physique.

Il n'est pas dans notre intention de généraliser ces résultats à l'ensemble de la population. Malgré cela, une conclusion reste valable dans tous les cas: le type de risque perçu varie selon le type de produit et l'importance que lui

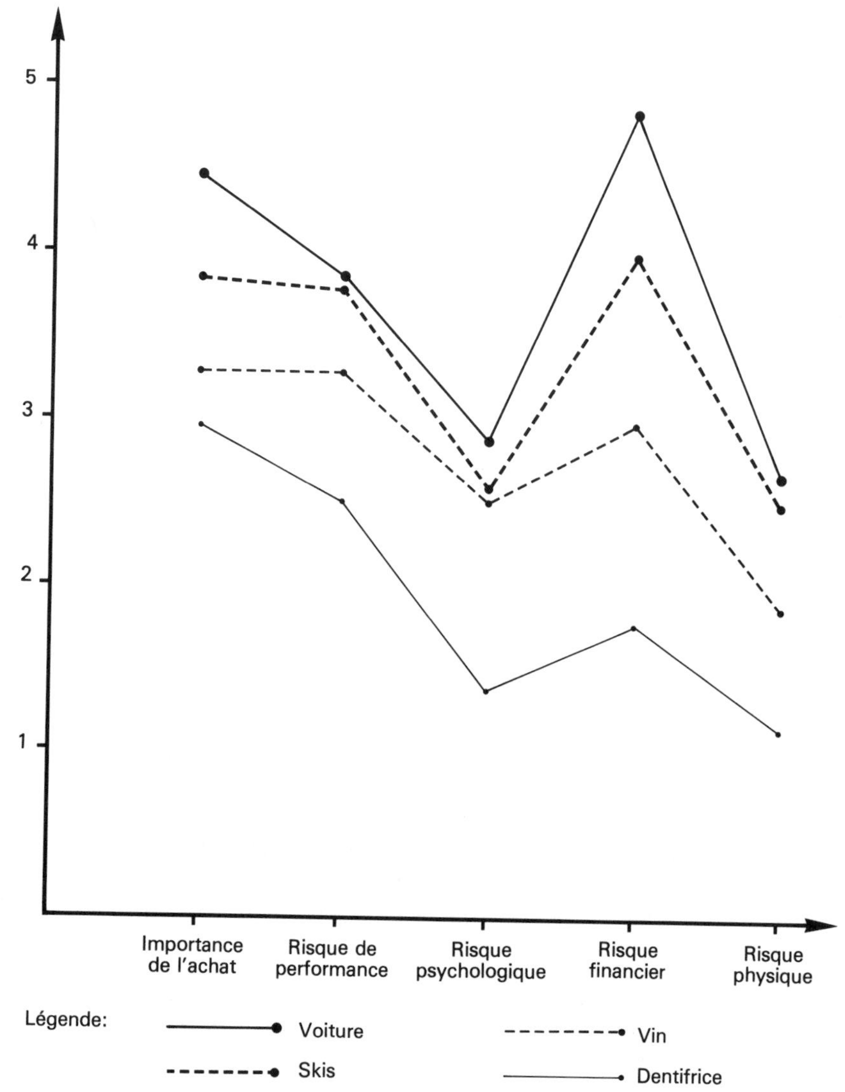

Figure 4.1 Le risque perçu à l'achat de différents produits.

accorde le consommateur.

Mais quel est l'impact du risque perçu sur la recherche d'information? En nous référant à de nombreuses études, comme celles de Cunningham (1967), Arndt (1967, 1972), Lutz et Reilly (1974), nous pouvons affirmer que plus le risque perçu est élevé, plus l'individu aura tendance à rechercher de l'information. Ceci se traduit, par exemple, par un investissement temporel élevé ou l'utilisation de nombreuses sources d'information.

Cependant, il serait erroné de conclure que la recherche d'information est une fonction linéaire et monotone du risque perçu ou de l'incertitude:

> Un degré trop élevé d'incertitude peut supprimer plutôt que stimuler la recherche d'information et la prise de décision. À l'autre extrême aussi, une incertitude très faible produit peu de motivation à rechercher de l'information. (Chaffee et McLeod, 1973)

Jusqu'à présent, nous avons défini, typé et classifié le risque; nous allons maintenant nous intéresser aux méthodes utilisées par le consommateur pour le réduire.

Cette analyse a un double intérêt: mieux cerner le processus de décision de l'acheteur et permettre aux praticiens du marketing d'aider le consommateur à réduire son risque perçu.

En effet, une bonne connaissance des méthodes de réduction du risque qu'emploie le consommateur permet de lui faciliter la tâche en lui fournissant les informations attendues sous la forme désirée.

Le principal artisan du recensement de ces méthodes a été Roselius (1971). Son étude s'est effectuée à partir d'un échantillon de 472 ménagères américaines et a abouti à l'identification des méthodes suivantes:

1) La recommandation: se faire recommander une marque par un ami, un expert ou une célébrité;
2) La fidélité à la marque: acheter avec régularité la marque ayant donné satisfaction, et éviter ainsi les désenchantements;
3) L'achat d'une grande marque: se fier au renom d'une marque de réputation solide;
4) Le test privé: acheter une marque ayant passé avec succès les épreuves d'un banc d'essai privé;
5) La réputation du point de vente: se fier à la réputation de sérieux d'un magasin en spéculant sur la qualité des produits qui y sont proposés;
6) L'échantillon: profiter d'un échantillon pour se former une opinion sur un produit;
7) La garantie de remboursement: n'acheter que les marques qui répondent à la promesse de «satisfaction garantie ou argent remis»;
8) La source officielle: n'acheter que les marques approuvées par un organisme officiel;
9) La visite des magasins: se rendre dans différents magasins pour procéder soi-même à des comparaisons entre les marques;
10) La pratique du prix élevé: acheter ce qu'il y a de plus cher;
11) Le bouche-à-oreille: recueillir les avis, opinions de son entourage.

Voici les conclusions générées par cette étude:

1) Quel que soit le type de risque étudié, la fidélité à la marque et le choix d'une marque renommée restent pour les consommateurs les méthodes préférées de réduction du risque;
2) Par ailleurs, les consommateurs ont moins souvent recours au test privé, à la garantie de remboursement et à la pratique du prix élevé;
3) Enfin, les consommateurs ne suivent pas une seule approche pour réduire le risque mais utilisent plusieurs méthodes à la fois.

Là encore, nous devons prendre des précautions avant de généraliser ces assertions. Si certaines méthodes, comme le remboursement, sont moins utilisées par les ménagères interrogées, cela ne veut pas dire que nous devions les rejeter. Bien au contraire, l'expérience montre que la garantie de remboursement constitue de nos jours un argument clé, dans la mesure où elle est pleine et franche (Shimp et Bearden, 1982).

En résumé, la valeur attendue de l'information contribue effectivement à développer le besoin d'information chez le consommateur. Mais elle n'est pas la seule à le faire: le bénéfice supplémentaire attendu d'une recherche d'information représente lui aussi un incitant prépondérant.

Le bénéfice supplémentaire à retirer d'une recherche d'information

Un consommateur ne se lancera dans une recherche que s'il estime suffisamment élevés les bénéfices à retirer des informations par rapport aux coûts encourus pour les obtenir. Les bénéfices sont de deux natures: tangibles et intangibles. Une réduction du prix, une meilleure qualité du produit, la griffe d'une grande marque ressortissent aux bénéfices tangibles. Une réduction du risque perçu, une plus grande confiance en soi constituent des bénéfices intangibles.

Comme nous l'avons dit précédemment, obtenir des bénéfices d'une recherche suppose un investissement qui n'est pas gratuit. Engel et Blackwell (1982) ont classifié les coûts en quatre grandes catégories que nous examinerons tour à tour.

Le laps de temps disponible

Nous admettons en général que plus le laps de temps disponible pour une recherche est grand, moins l'intensité de la recherche sera forte.

Festinger (1969) considère comme frustrante la période de prédécision pour le consommateur: une longue réflexion ne peut donc que l'accommoder.

Mais nous ne devons pas oublier que, dans l'hypothèse où le consommateur dispose de temps pour décider, il peut en fait repousser de jour en jour sa décision et ne pas effectuer une recherche très active. En fait, il arrivera au jour «fatidique» sans avoir profité du délai accordé et devra prendre une décision hâtive.

Les dépenses de temps et d'argent

Rechercher de l'information, c'est passer du temps à lire des revues, à visiter des magasins, à discuter avec des amis, ou tout simplement à réfléchir. Or, ne dit-on pas que le temps, c'est de l'argent! Le consommateur voulant réduire au minimum ses dépenses hésitera à faire 50 km pour chercher telle ou telle information (Ratchford, 1980). Ces dépenses l'amèneront à privilégier certaines sources d'information par rapport à d'autres, comme nous le verrons plus loin.

La surcharge d'information

Comme nous l'avons vu, un des moyens de réduire le risque perçu consiste à rechercher davantage d'information. Mais cet accroissement n'est pas infini. Simon (1967), Slovic (1973), Jacoby, Speller, Kohn (1974) ont démontré que le consommateur dispose d'une capacité limitée pour traiter l'information reçue.

Ainsi, au-delà d'un certain seuil, les renseignements supplémentaires peuvent provoquer des comportements dénués de sens similaires à ceux du consommateur privé d'information. En d'autres mots, les consommateurs se sentent plus à l'aise lorsqu'ils disposent d'une grande somme d'information, mais ils prennent de piètres décisions.

Bien que les résultats des nombreuses recherches sur le sujet n'aient pas permis de mettre fin à la controverse (Malhotra, Jain et Lagakos, 1982), il est néanmoins possible de définir certains axiomes fort utiles aux responsables des politiques publiques et aux dirigeants d'entreprises:

1) Il est profitable de fournir une information accrue au consommateur, les résultats semblant démontrer qu'il est en mesure d'en manipuler et d'en traiter des quantités substantielles;
2) Ces quantités restent malgré tout limitées;
3) Enfin et surtout, la motivation du consommateur à rechercher et à traiter de l'information s'avère plutôt faible dans bien des situations. Nous y reviendrons plus loin.

Les coûts psychologiques

Faire des courses en ville représente une véritable corvée pour bon nombre de consommateurs. Ceux-ci doivent faire face aux problèmes de circulation, de stationnement, pour ensuite discuter avec des vendeurs souvent incompétents et agressifs, et finalement attendre encore pour payer leurs achats.

Par conséquent, ces facteurs de stress amènent les consommateurs à réduire leur recherche d'information.

Les caractéristiques personnelles du consommateur

Nous voici rendu à la dernière explication possible d'un besoin ressenti pour de l'information: le profil du principal intéressé ou le consommateur et ses caractéristiques.

Définir un consommateur, c'est s'intéresser, entre autres choses, à sa personnalité, à sa famille, à sa classe socio-économique. L'étude de chaque composante nous permettra de déterminer les facteurs d'incitation ou de blocage d'une recherche d'information éventuelle.

La personnalité

Nos analyses antérieures dans ce chapitre considéraient le consommateur non pas comme un individu à part entière, mais plutôt comme le représentant d'une masse de personnes. Cette proposition nous permettait de simplifier les situations.

Mais la réalité admet difficilement l'existence d'un consommateur moyen et nous amène à considérer la personnalité de l'acheteur comme un déterminant du processus de recherche d'information.

Le profil de l'acheteur exerce une influence directe tant sur le type que sur la quantité d'information désirée.

En fait, certains critères compteront plus que d'autres dans la personnalité du consommateur pour susciter ou freiner le besoin d'information (Green, 1966).

Si le consommateur a une grande confiance en son jugement, sa recherche se fera surtout de manière interne. Il se fiera peu aux revues, aux vendeurs, etc., pour prendre sa décision. À l'inverse, une personne très ouverte, intéressée à son environnement et curieuse de nature, tendra à se référer à de nombreuses sources d'information. De même, une personne qui a un passe-temps favori sera portée à rechercher beaucoup d'information sur le sujet: par exemple, le passionné de cinéma qui n'hésite pas à acheter tous les journaux ou revues au moment du festival de Cannes dans l'espoir d'y trouver quelques lignes sur les films qui y sont présentés.

Tout ceci recouvre la notion d'échelle d'importance des buts telle qu'elle a été redéfinie par Bettman (1979). Le principe en est que chaque consommateur progresse selon une séquence d'objectifs et de sous-objectifs en faisant des choix.

Un exemple nous permettra de clarifier cette notion, soit celui d'un consommateur qui désire acheter une machine à laver; sa hiérarchie de buts peut se présenter comme à la figure 4.2.

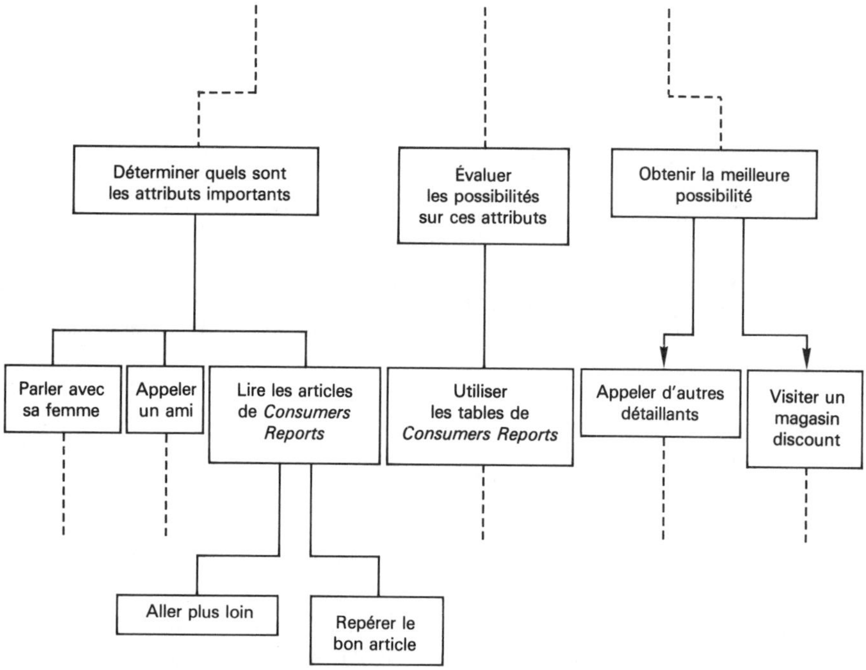

Légende: - - - portion de la hiérarchie non détaillée ici.

Source: Bettman, J., «An Information Processing Theory of Consumer Choice», *Advances in Marketing Series,* 1979, Addison Wesley, p. 21. Reproduit avec autorisation, Copyright ©, 1979.

Figure 4.2 Hiérarchie des buts et sources d'information.

Notre consommateur poursuit donc parfois plusieurs buts simultanément. Pour les atteindre, il applique des procédures d'information variées. Un autre consommateur ne recourra pas forcément aux mêmes procédures. Par exemple, une personne qui n'a aucune confiance dans la revue *Consumers Reports* choisira une autre source d'information.

Cette notion nous montre bien comment la personnalité a un impact sur la recherche d'information. Mais elle n'est pas la seule variable influente, le milieu familial comptant aussi.

Le milieu familial

Nous pouvons attribuer un rôle à chaque membre d'une famille. L'influence de chaque rôle sera différente sur la prise de décision et la recherche d'information (voir le chapitre sur la structure des rôles dans la famille). Schiffman et Kanuk (1978) proposent une classification reposant sur l'interaction des membres selon six rôles principaux:

1) *Influenceurs:* ils apportent l'information et les conseils;
2) *Gardiens:* ils contrôlent les flux d'information fournis sur les produits et services;
3) *Décodeurs:* ils ont le pouvoir unilatéral ou conjoint de déterminer l'achat ou non d'un produit;
4) *Acheteurs:* comme leur nom l'indique, ils achètent le bien;
5) *Préparateurs:* ils transforment le produit pour l'adapter aux conditions d'utilisation dans la famille;
6) *Utilisateurs:* ils consomment ou se servent du bien.

Naturellement, l'attribution des rôles varie d'un type de produit à un autre. Ainsi, dans certains cas, un seul individu peut assumer plusieurs rôles et, dans d'autres cas, certains rôles ne sont pas remplis.

Suivant la position occupée dans la famille et le type de produit désiré, la motivation de recherche d'information et la manière de l'effectuer varieront. Le consommateur ne doit pas être considéré seulement comme un individu isolé, mais comme un individu qui s'insère dans un cadre familial, et même social, ainsi que nous le verrons maintenant.

Le statut socio-économique

Le statut social, le niveau d'instruction (et l'âge) influenceront le degré de recherche d'information. Ici, nous nous contenterons de citer les résultats de quelques études pour illustrer notre propos.

Fry et Silver (1970) ont démontré que dans certaines conditions les consommateurs au statut social élevé ont moins tendance à rechercher de l'information que la moyenne des gens.

Newman et Staelin (1972) affirment que parmi les acheteurs potentiels d'un produit donné, ceux dont le niveau d'instruction correspond à celui des études secondaires chercheront moins de renseignements que ceux d'un niveau d'instruction supérieur.

Finalement, pour conclure sur les incitants du besoin d'information, nous pouvons dire que l'environnement, la valeur attendue de l'information, le bénéfice supplémentaire de la recherche entreprise, les caractéristiques propres du consommateur constituent les éléments d'un processus dynamique de motivation. Le consommateur n'est pas influencé par l'un ou l'autre d'entre eux, mais bien souvent par tous à la fois. Il est donc nécessaire de considérer la volonté d'être informé comme un tout et non comme une série de faits mutuellement exclusifs.

Nous pouvons alors aborder la deuxième partie de l'étude sur le processus de recherche de l'information, en nous intéressant à la nature dynamique des stratégies de recherche.

Les stratégies de recherche de l'information

Nous avons vu que, dans la poursuite de ses objectifs de consommation, le consommateur était amené à acquérir puis à traiter l'information. Certains choix sont habituels et quasi automatiques: ils ne nécessitent que très peu d'information. Dans d'autres choix moins routiniers, le consommateur doit prendre des décisions sur sa façon de procéder pour rassembler de l'information et ce, avant même de prendre une décision finale sur le choix du produit lui-même. Quels types d'information est-il nécessaire d'acquérir? De quelles sources? En quelles quantités? Comment remplacer une information non disponible? Voilà autant de questions types sur le processus d'*acquisition* de l'information. Nous avons bien dit «acquisition» et non pas «recherche», la première incluant la seconde mais aussi la «confrontation» possible et non voulue du consommateur à une information.

La recherche d'information se divise quant à elle en deux catégories bien distinctes: la recherche interne et la recherche externe. La première fait appel au processus de mémorisation, alors que la seconde utilise tout élément de l'environnement capable d'aider le consommateur dans son choix.

Nous insisterons davantage sur la recherche externe que sur l'interne. Ceci ne veut pas dire pour autant que l'une soit plus importante que l'autre mais, d'une part, les différents aspects de la mémoire seront traités dans la démonstration pratique et, d'autre part, c'est sur le processus de recherche externe que peut le mieux agir le stratège en marketing.

Trois dimensions retiendront tout particulièrement notre attention: (1) la *direction* de la recherche qui définit le type d'information examiné par le consommateur, (2) l'*intensité* de la recherche qui délimite la quantité d'information utilisée et (3) les *procédures* de recherche qui précisent le type de stratégie suivi par le consommateur dans l'acquisition des informations qui lui sont nécessaires (voir le cadre de référence présenté à la figure 4.3).

La recherche interne

Nous étudierons les diverses caractéristiques de la recherche interne pour ensuite analyser les différents points sur lesquels le marketing peut exercer une action.

Caractéristiques

Le principe de la recherche interne consiste à utiliser de l'information disponible en mémoire. C'est généralement par cette phase que débute le processus de

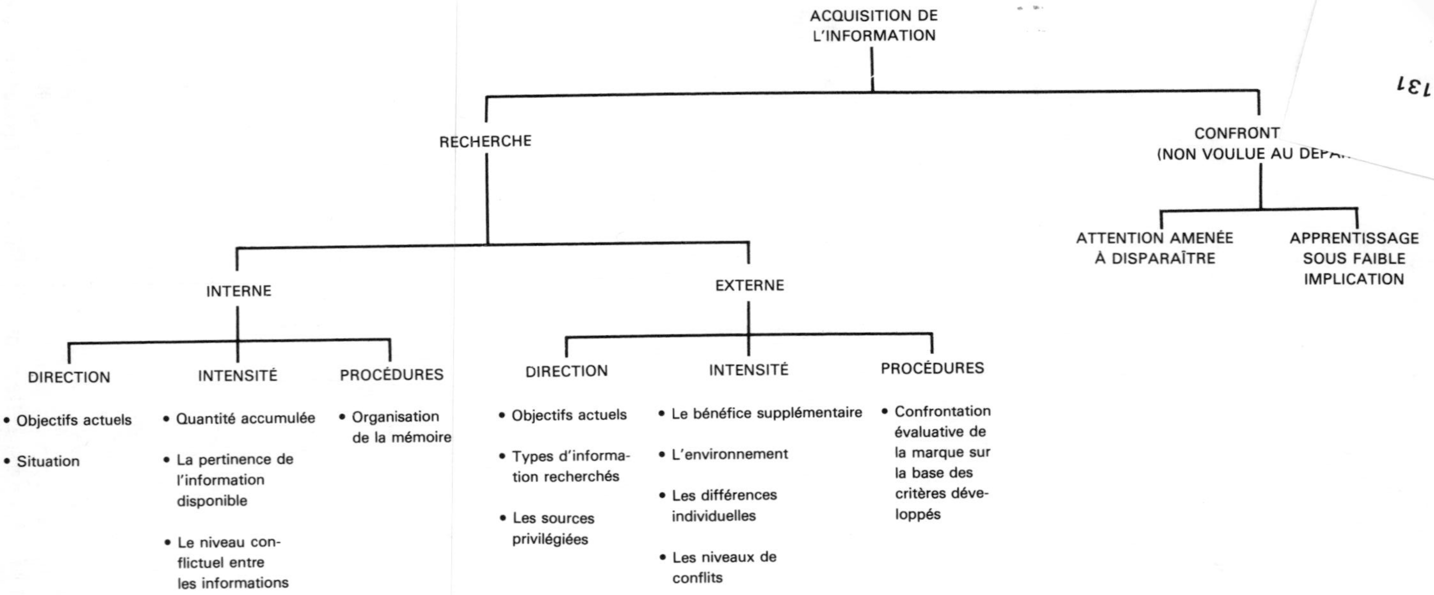

Source: Bettman, J., «An Information Processing Theory of Consumer Choice», *Advances in Marketing Series,* 1979, Addison Wesley. Reproduit avec autorisation, Copyright © 1979.

Figure 4.3 Un cadre de référence pour analyser le processus d'acquisition de l'information.

recherche d'information parce qu'il est plus simple, moins cher et plus rapide de chercher dans ses souvenirs qu'à l'extérieur.

L'importance de la recherche interne dépend de la situation, de la nature du produit, de sa direction et de son intensité.

Si le consommateur dispose de peu de temps pour prendre une décision, il ne peut se fier qu'à sa mémoire. Ainsi, s'il désire vendre très rapidement une voiture, il essaiera de se souvenir de la façon dont il avait agi dans une situation similaire, ou alors, dans l'hypothèse où ce problème se présente à lui pour le première fois, il estimera les divers coûts inhérents à la possession de l'automobile pour arriver à déterminer le bénéfice éventuel qu'il pourra retirer de cette vente rapide.

Certains produits ne nécessitent pas de recherche externe, une recherche interne suffisant pour prendre la décision. L'expérience du consommateur est telle que des renseignements supplémentaires ne lui apporteraient rien de plus. Une ménagère désireuse d'acheter une bouteille d'huile végétale se fiera à ses habitudes antérieures pour choisir. Les produits à faible implication sont souvent associés à la recherche interne.

La direction de la recherche concerne le type d'information dont on a besoin. Si certains sujets intéressent plus le consommateur que d'autres, il peut être à même de trouver en lui les renseignements requis. À l'inverse, une personne désireuse d'acheter un produit pour la première fois de sa vie et n'ayant jamais auparavant ressenti un réel intérêt pour ce bien verra sa recherche interne tourner court et devra trouver d'autres sources d'information.

L'intensité de la recherche détermine la quantité d'information qui s'avère nécessaire. Il ne suffit pas de s'intéresser un tant soit peu à un sujet pour être capable de choisir. La quantité d'information disponible peut être suffisante pour se faire une idée sur le bien, mais insuffisante pour prendre une décision.

Enfin, la dernière caractéristique de la recherche interne est que sa faillite (ou non-aboutissement) débouche sur la recherche externe. Si une information essentielle manque au consommateur, le processus de recherche interne se termine. L'acheteur sera alors contraint à trouver des renseignements par d'autres voies s'il ne veut pas renoncer à son projet ou prendre une décision en étant incomplètement informé.

Problèmes et intérêts de la recherche interne pour le stratège en marketing

Cette section sera assez courte étant donné que le double intérêt de ce type de recherche du point de vue du marketing sera traité ultérieurement dans cet ouvrage (voir le chapitre 5 sur l'apprentissage).

En effet, le spécialiste en marketing désirera que sa marque figure dans l'*ensemble évoqué* du consommateur. Ainsi, lors de la recherche interne, la marque fera partie des possibilités considérées par l'acheteur.

L'autre moyen par lequel une politique de marketing peut agir sur la recherche interne est de faire en sorte que le consommateur devienne *fidèle à la marque.*

Ces deux objectifs reliés entre eux — appartenir à l'ensemble évoqué du consommateur et susciter une fidélité à la marque — sont souvent difficiles à atteindre, favorisant ainsi le développement d'actions stratégiques portant sur la recherche externe. Malgré cela, les bénéfices à retirer d'une action sur la recherche interne sont plus profitables et durables que ceux provenant de la recherche externe.

La recherche externe

Procéder à une recherche externe, c'est acquérir de l'information par un tout autre moyen que la mémoire.

Cette recherche, tout comme la recherche interne, est largement conditionnée par la situation d'achat, la nature du produit, la direction et l'intensité voulues.

Quant aux autres facteurs présentés précédemment (l'environnement, la valeur attendue de l'information, le bénéfice complémentaire retiré d'une nouvelle information, les caractéristiques du consommateur), ils ont eux aussi un impact considérable sur la recherche externe.

Mais nous étudierons d'abord la nature des différentes sources de renseignements du consommateur, puis la propension chez un consommateur à rechercher de l'information externe ainsi que la revue des actions possibles du marketing sur cette phase.

Nature et choix des sources d'information externes

Nous distinguons deux grandes catégories de sources d'information: les sources interpersonnelles et les sources impersonnelles, chaque catégorie se subdivisant, tel que le démontre la figure 4.4.

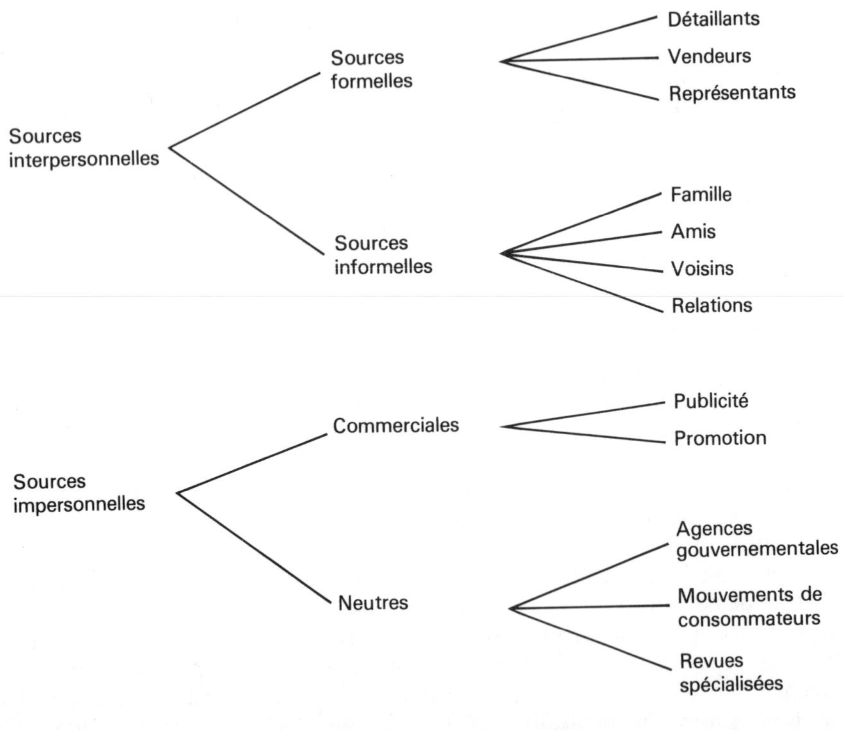

Figure 4.4 Les différentes sources externes d'information.

Cette classification diffère légèrement de la catégorisation classique en sources commerciales, personnelles et neutres, du fait qu'elle insiste davantage sur l'aspect des relations humaines directes ou indirectes.

De nombreuses recherches ont démontré que les sources formelles, commerciales et neutres dispensaient le plus grand nombre d'informations aux consommateurs, mais que ce sont les sources informelles qui exercent la plus forte influence.

Dans une étude de Robertson (1971), on avait demandé aux consommateurs sélectionnés d'indiquer par quelles sources d'information ils avaient la première fois entendu parler d'un nouveau produit, puis les fois suivantes, et enfin quelle était selon eux la source la plus importante. Les résultats présentés au tableau 4.1 confirment les assertions précédentes.

Pour résumer tout ce qui a été dit et publié sur le sujet, nous pouvons formuler les propositions suivantes:

1) Les sources informelles sont plus utilisées lorsque la recherche porte sur des produits à forte connotation sociale;
2) L'utilisation des sources varie en fonction du type d'information recherché: les sources formelles sont recherchées pour l'obtention de renseignements techniques; les sources commerciales permettent de faire un premier tri et par conséquent de sélectionner d'autres sources d'information;
3) L'utilisation des sources varie aussi avec le développement du marché: lorsqu'un produit atteint le stade de maturité, nous assistons à une réorientation de l'effort de recherche des consommateurs; des sources impersonnelles, ils passent aux sources interpersonnelles. Ceci peut fort bien s'expliquer par le fait que le produit étant connu de tous, le consommateur désireux de l'obtenir recherchera plutôt des jugements de valeur que l'identification déjà faite des qualités ou défauts objectifs. De plus, à ce stade, l'offre est fort souvent non différenciée sur le plan technique;
4) Le choix des sources d'information dépend du type et du degré de risque encouru par le consommateur (voir à ce sujet le tableau 4.2);
5) Enfin, il est logique de penser que tout consommateur utilisant une source particulière d'information a développé un certain degré de confiance dans la véracité des renseignements qui lui sont fournis; Settle et Golden (1974) ont démontré l'importance de la crédibilité de la source dans la force de persuasion d'un message. Des nombreux facteurs façonnant la crédibilité de la source, le plus important est sans nul doute l'intention perçue par le consommateur. Si le récepteur perçoit l'obtention d'un quelconque gain injustifié par l'émetteur, suite à la transmission de l'information, il aura tendance à se méfier et même à discréditer totalement cette source (voir la théorie de l'attribution développée dans le chapitre 3 sur la perception). L'exemple de la publicité est significatif; le consommateur sait que celle-ci est destinée à lui faire acheter une marque donnée d'un produit, donc que les arguments employés ne sont pas objectifs, d'où il s'ensuit une faible crédibilité.

Une des raisons pour lesquelles les sources informelles (voisins, amis, parents) exercent une forte influence sur le comportement du consommateur provient du fait qu'elles sont perçues comme étant dépourvues d'intentions «intéressées», puisqu'elles n'ont apparemment rien à gagner dans la transaction com-

SOURCE	PETITS APPAREILS			VÊTEMENTS			NOURRITURE		
	1re fois	Fois suivantes	Plus importante	1re fois	Fois suivantes	Plus importante	1re fois	Fois suivantes	Plus importante
Publicité	48	23	8	35	27	16	45	25	19
Vendeurs	1	1	1	4	1	6	0	0	0
Promotion des ventes [a]	9	7	9	19	14	32	26	16	27
Amis, relations, voisins	23	41	53	27	29	33	16	19	29
Famille proche	8	7	11	2	4	0	12	12	21
Conseil professionnel	6	8	13	0	0	0	1	0	0
Revues, magazines [b]	1	0	1	6	6	6	0	0	1
Autres	4	13	4	7	19	7	0	28	3

[a] Inclut les échantillons, promotions sur le lieu de vente, affichage, emballage.
[b] Inclut le *Consumers Reports.*

Source: Robertson, T., *Innovative Behavior and Communication,* New York, Holt, Rinehart & Winston, 1971. Reproduit avec l'autorisation de H.R.W., CBS College Publishing, Copyright © 1971.

Tableau 4.1 Sources d'information par types de produits.

TYPE DE RISQUE	NIVEAU DE RISQUE	SOURCES UTILISÉES PAR ORDRE D'IMPORTANCE	TYPE D'ACHAT
PERFORMANCE	Élevé	- observations et expérience personnelle primordiales	Tendance rationnelle basée sur l'information emmagasinée
		- et autres sources impartiales similaires *Consumers Reports*	Tendance à la fidélité à la marque
		- amis: bouche-à-oreille	
	Modéré ou Faible	- essai pur et simple sinon	Tendance impulsive: choix d'une marque au hasard
		- source officielle d'information	Marché instable
SOCIAL	Élevé	- amis plus exclusivement	Tendance rationnelle ou impulsive selon l'individu ou le produit acheté
	Modéré ou Faible	- essai pur et simple lorsque possible, ou - amis - vendeurs - publicité	Tendance rationnelle ou impulsive selon l'individu ou le produit acheté

Tableau 4.2 Risque perçu et choix des sources d'information: récapitulation.

merciale qu'elles recommandent; leurs conseils sont considérés comme objectifs et leurs intentions perçues comme étant dans le meilleur intérêt du consommateur, ce qui dans les faits n'est hélas pas toujours le cas!

Pour conclure sur les sources d'information externes, soulignons que la typologie suivante pourrait être fort utile pour comparer leur importance relative dans le processus de prise de décision d'un consommateur:

1) L'efficacité décisive: le consommateur indique que l'information en provenance d'une source particulière a eu un impact important, voire essentiel, sur sa décision;
2) La simple contribution: l'information en provenance de la source a joué un rôle non négligeable en stimulant l'éveil du consommateur sur un point particulier, sans toutefois être déterminant;
3) L'inefficacité: l'information en provenance d'une source donnée n'a eu aucun effet, même si le consommateur y a été exposé.

Voyons maintenant ce qu'il en est du consommateur. Existe-t-il des personnes plus portées à chercher de l'information que d'autres?

Le consommateur et la recherche d'information

Nous rapporterons les conclusions d'une étude menée par Hawkins, Coney et Best (1980), qui ont voulu définir une mesure globale de l'effort total consacré par le consommateur à la recherche d'information. Pour ce faire, ils ont classé les acheteurs éventuels en trois catégories: les non-chercheurs, les chercheurs et les chercheurs actifs d'information.

Les non-chercheurs. Ils n'effectuent pas ou très peu de recherche d'information externe avant l'achat d'un bien durable. Ils représentent près de 60% des acheteurs.

Le tableau comparatif suivant confirme l'amplitude de ce résultat en le comparant à ceux obtenus dans des études précédentes.

Auteurs / Comportement de recherche	Katona et Mueller (1955)	Newman et Staelin (1972)	Claxton, Fry, Portis (1974)
Non-chercheurs	65%	49%	65%
Chercheurs	25%	38%	27%
Chercheurs actifs	10%	13%	8%

La catégorie des non-chercheurs est la plus importante des trois, ce qui vient apporter un peu d'eau au moulin de la théorie de la faible implication selon laquelle, dans la majorité des cas, les consommateurs ne s'engagent pas dans des processus de décision complexes.

Les chercheurs. Cette classe regroupe 31% des consommateurs et se caractérise par un niveau modéré de recherche qui se traduit par la consultation de plusieurs sources d'information et la visite de quelques magasins avant de prendre une importante décision d'achat.

Les chercheurs actifs. Ils constituent de loin le plus petit groupe (10% des acheteurs d'appareils ménagers). Ces consommateurs n'hésitent pas à s'impliquer très fortement dans la recherche. D'où la consultation de nombreuses revues, le besoin ressenti pour des conseils de proches parents, d'amis et la visite de nombreux points de vente.

Il ne faut pas oublier que même si les non-chercheurs d'information ne font pas d'effort pour trouver des renseignements, ils en reçoivent tout de même par le biais de la publicité, de la promotion, etc., tout comme les chercheurs actifs. Une action des communicateurs sur le processus de recherche externe garde son sens car elle peut amener des non-chercheurs à passer à l'état de chercheurs involontaires.

Les stratégies d'acquisition de l'information

En règle générale, il est possible de distinguer trois grands types de stratégies suivies par le consommateur dans l'acquisition des informations nécessaires à la prise de décision d'achat, soit l'acquisition par défilement des marques, l'acquisition par défilement des attributs et, enfin, l'acquisition par défilements séquentiels alternés des attributs et des marques.

La première stratégie, qui consiste donc à passer en revue les marques, survient lorsque l'acquisition de l'information repose sur une démarche qui consiste à passer en revue tous les attributs d'une marque, puis d'une deuxième et ainsi de suite. L'évaluation informative des marques se fait alors de façon strictement séquentielle, marque après marque. La deuxième stratégie, qui passe en revue les attributs, est à l'inverse de la première puisque, dans ce cas, le consommateur recueille de l'information en examinant toutes les marques à partir d'un seul et unique attribut, puis recommence à partir d'un autre attribut, et ainsi de suite. Dans ce cas, ce sont les attributs qui définissent la séquence suivie par le consommateur. Finalement, l'acquisition par défilements séquentiels alternés est une combinaison des deux premières stratégies selon laquelle le consommateur fait alterner de courtes séquences par défilement des marques avec de courtes séquences par défilement des attributs. En d'autres termes, un consommateur peut, par exemple, commencer à évaluer les marques une à une sur un attribut donné, s'employer à obtenir tout de suite de l'information sur tous les autres attributs de cette marque. Une étude sur les céréales pour le petit déjeuner a démontré que 30% des répondants suivaient une démarche par défilement des marques, 37% par défilement des attributs, 13% par défilements séquentiels alternés et 20% par une stratégie de choix reposant uniquement sur le nom de la marque (Bettman, Jacoby, 1976). Le tableau 4.3 montre les différences entre ces stratégies en regard de la quantité d'information recueillie avant le choix, du temps dépensé, du nombre de marques examinées, du nombre de critères d'évaluation employés et des différences de qualité perçues entre les marques.

STRATÉGIES SUIVIES	Quantité d'information examinée*	Temps utilisé (secondes)	Nombre de marques examinées	Nombre de critères examinés	Différences de qualité perçues**
Acquisition par défilement des marques	12,40	202	2,89	6,06	3,50
Acquisition par défilement des attributs	13,10	178	4,86	3,64	3,41
Acquisition par défilements séquentiels alternés	22,40	314	5,71	6,29	2,57

*Mesurée par le nombre moyen de fiches signalétiques utilisées par les individus durant l'expérimentation.
**Les différences de qualité perçues vont de 1 (très grandes) à 5 (pas de différences perçues).

Source: Bettman, J., Jacoby, J., «Patterns of Processing Consumer Information», dans *Advances in Consumer Research,* sous la direction de B.B. Anderson, Association for Consumer Research, 1975, p. 315-320. Reproduit avec autorisation, Copyright © 1975.

Tableau 4.3 Stratégies et caractéristiques d'acquisition de l'information.

Les résultats semblent démontrer que les consommateurs qui ont recours à une stratégie par défilements successifs sont les plus enclins à recueillir de l'information. Une autre étude sur les céréales (Jacoby, Chestnut, Weigel et Fisher, 1976) est venue confirmer ces résultats, démontrant en plus que les consommateurs n'utilisaient qu'une très infime portion de l'information disponible sur les marques, ce qui n'a rien de surprenant compte tenu de ce que nous avons déjà dit dans ce chapitre.

Les actions stratégiques du marketing sur la recherche externe

La tâche la plus importante consiste à augmenter la crédibilité de la source, donc d'amener le consommateur à faire confiance à des sources d'information plus facilement contrôlables par l'entreprise que des sources informelles. Dans ce but, l'entreprise peut recourir à quatre moyens.

Ne pas taire absolument les inconvénients du produit: cette politique communicationnelle est valable non seulement au niveau publicitaire mais aussi pour des vendeurs ou détaillants.

Aux États-Unis, certains chercheurs ont prôné le développement de messages publicitaires dans les deux sens, c'est-à-dire vantant les côtés positifs du produit mais reconnaissant aussi ses aspects négatifs, soutenant que, dans certaines conditions, ce type de contenu informatif accroissait la crédibilité de la source et donc l'efficacité de la publicité.

Dans une étude devenue célèbre, Hovland, Lumsdaine et Sheffield (1948) ont tiré les conclusions suivantes de leurs travaux:

a) les messages dans les deux sens provoquent plus facilement un changement d'attitude chez les individus qui, au départ, étaient opposés au point de vue développé dans le message;
b) pour ceux déjà acquis à la cause présentée, le fait de reconnaître certains aspects négatifs ne change rien;
c) ce sont les individus les plus instruits qui sont les plus réceptifs à de l'information dans les deux sens.

D'autres études plus récentes ont démontré que ce type de message augmentait la crédibilité de la source d'une façon appréciable (Walster, Aronson, Abrahams, 1966; Chu, 1967). Plus récemment encore, Golden et Alpert (1978) n'ont pas réussi à mettre à jour des avantages réels dans l'utilisation de ce type de message.

Le scepticisme du monde des affaires, ajouté aux résultats quelque peu contradictoires ou sujets à certaines conditions restrictives d'application, fait qu'il est peu recommandable d'utiliser de tels messages.

Augmenter la compétence de la source: cela peut se traduire par une formation appropriée des vendeurs ainsi que, au niveau de la publicité, par l'assistance de personnes que le public juge compétentes.

Lorsque Guy Lafleur vante les mérites d'un bâton de hockey ou que Catherine Deneuve devient l'image de Chanel aux États-Unis, c'est le même processus qui intervient: la référence à l'expertise reconnue, quelle qu'en soit la forme.

Accentuer la familiarité avec la source: ce moyen est surtout valable pour des entreprises d'envergure nationale ou même internationale qui disposent à la fois d'un passé et des moyens financiers nécessaires pour créer de toutes pièces cette familiarité et l'augmenter si nécessaire. Le clown Ronald MacDonald en est un exemple frappant. Cette tactique communicationnelle peut être appropriée pour une firme plus modeste dans l'hypothèse d'une diffusion locale de l'information avec forte saturation.

Insister sur la similitude entre le consommateur et la source d'information: lorsqu'un vendeur d'assurances s'adresse à des médecins, à des avocats, etc., il doit s'identifier à la classe sociale des professionnels de haut niveau. Pour cela, il doit adopter leurs comportements, partager leurs systèmes de valeurs, être parfaitement en mesure de comprendre leurs problèmes, leurs désirs, leurs besoins ainsi que la façon dont, généralement, ils prennent leurs décisions.

Pour conclure en ce qui a trait aux stratégies de recherche d'information, soulignons un point précis. Les processus de recherche interne et externe constituent deux procédures différentes et, comme nous l'avons vu, l'échec de la recherche interne conduit à la recherche externe. Or, cette relation n'est pas univoque mais bijective. On dispose donc d'un système d'interactions constantes entre l'aspect interne et l'aspect externe de la recherche d'information. Ce domaine d'intérêt n'a jusqu'ici presque jamais été abordé par les auteurs en comportement du consommateur et, par conséquent, rares sont les expériences en la matière.

Nous connaissons désormais le processus d'acquisition de l'information par le consommateur. Mais que fait celui-ci de ces renseignements? Comment les analyse-t-il?

LE TRAITEMENT DE L'INFORMATION

La procédure traditionnelle utilisée pour décrire le traitement de l'information par le consommateur consiste, brièvement, à présenter le processus de perception de l'information et à décrire les mémoires (à court terme, à long terme).

Nous nous démarquerons quelque peu de cette démarche en introduisant d'abord la notion de style cognitif qui s'avère fondamentale lorsque l'on désire étudier le traitement de l'information.

Les styles cognitifs

Witkin (1964) définit ceux-ci comme les façons de procéder d'un individu qui lui sont propres, qui sont cohérentes en elles-mêmes et qui relèvent de la sphère cognitive.

En fait, les styles cognitifs des individus sont, sur bien des points, l'équivalent des traits de personnalité: ils sont caractérisés par une certaine durabilité, une indépendance vis-à-vis des situations et gardent un lien étroit avec le développement de la personne.

L'impulsivité vs la préméditation, la divergence vs la convergence, la logique vs l'intuition, le réalisme vs l'abstraction constituent des exemples de styles cognitifs.

L'étude de ce concept dans un chapitre relatif à l'information trouve son fondement dans la classification des styles cognitifs de Pinson (1978) en:

a) complexité du traitement de l'information, ou complexité cognitive;

b) styles cognitifs d'adaptation, ou capacités d'adaptation.

Le lien avec l'information devient alors évident.

La complexité cognitive du consommateur

Étudier la complexité cognitive du consommateur revient à analyser comment ce dernier traite l'information qu'il reçoit. Trois dimensions interviennent alors: la différenciation, la discrimination et l'intégration.

La différenciation: au sens large, il s'agit du nombre plus ou moins élevé de critères qu'utilise un consommateur pour analyser l'information qui lui parvient. Le consommateur qui dispose d'un éventail plus large pour répertorier son environnement de marketing est censé être en mesure de porter avec plus d'exactitude des jugements sur les informations qu'il reçoit et augmenter par la même occasion sa capacité de procéder à un choix final réfléchi.

Autre remarque fort importante concernant cette dimension: en présentant à un groupe de consommateurs une information supplémentaire dont le contenu est contraire à leurs impressions premières, ceux qui ont une faible capacité cognitive de différenciation se campent dans les positions extrêmes du pour et du contre, alors que les autres qui disposent de fortes possibilités de différenciation ont tendance à se former des opinions nuancées reposant à la fois sur des éléments positifs et négatifs. De ce fait, il est logique de penser que cette dimension du style cognitif puisse être une variable de segmentation tout indiquée pour les messages allant dans un sens ou dans les deux: aux premiers messages correspondraient les styles les moins différenciateurs et aux seconds, l'inverse (Kasulis, 1974).

La discrimination: elle définit la tendance d'un consommateur, lors de son évaluation des stimuli qui se présentent à lui, à utiliser des échelles ou étalons de mesure plus ou moins précis et donc contenant plus ou moins de divisions, pour mieux en distinguer les différences. Plus ces divisions sont nombreuses, plus elles sont étroites, et inversement. Le concept d'étendue de catégorisation ainsi posé réfère donc à la propension individuelle à utiliser des capacités conceptuelles de classification larges ou étroites: aux étendues de catégorisation larges correspondent peu de catégories et inversement.

Il semble qu'il existe une étroite relation entre l'étendue de catégorisation et l'aptitude à prendre des risques (Pettigrew, 1958). Les individus ayant recours à des étendues de catégorisation larges tolèrent plus facilement les erreurs de type 1 ou d'inclusion; ils prennent le risque d'être déçus par des essais de toutes sortes dans l'espoir de trouver mieux. Ils vont, par exemple, essayer facilement de nouvelles marques d'un produit donné. À l'opposé, les individus aux étendues de catégorisation étroites se limitent aux erreurs de type 2 ou d'exclusion; ils préfèrent manquer des possibilités intéressantes plutôt que de risquer des désenchantements et préfèrent alors se limiter aux possibilités dont ils sont sûrs. Les inconditionnels d'une marque font généralement partie de ce groupe et la taille des ensembles de marques de référence des consommateurs est positivement reliée à leur étendue de catégorisation (Dussart, 1976).

Tout ceci fait que l'on peut s'attendre, de la part des consommateurs ayant une étendue de catégorisation large, à plus de réceptivité vis-à-vis de l'information nouvelle, ce qui, bien entendu, entraîne d'importantes implications pour les stratégies en marketing.

L'intégration: elle mesure le lien existant entre les dimensions évaluatives au sein d'un domaine cognitif particulier. Sur cette base, il est possible de définir la complexité d'intégration d'un individu comme étant sa capacité à intégrer des dimensions dans un tout complexe: à une structure simple correspond une orientation cognitive concrète, et à une structure complexe, une orientation cognitive abstraite.

L'existence de ces différences individuelles pose le problème qui consiste à déterminer quel devrait être le niveau optimal d'intégration des composantes d'une communication. L'évidence montre que les personnes capables de raisonner d'une façon abstraite traitent l'information à un niveau plus élevé. Il est clair aussi qu'une trop grande complexité de l'environnement de consommation résulte souvent en une simplification outrancière de celui-ci par le consommateur et en d'autres stratégies pour ramener le tout à un niveau plus accessible.

Enfin, les personnes aux structures cognitives les plus complexes se révèlent non seulement les plus actives dans leur recherche d'information, mais aussi les plus efficaces.

Les styles cognitifs d'adaptation

Ceux-ci correspondent à l'analyse de l'adaptation du consommateur à l'information et sont divisés en trois classes: la tolérance ou non face à l'ambiguïté, le fonctionnement analytique ou global dans le traitement de l'information et l'atténuation ou l'accentuation des différences véhiculées par l'information.

Le concept de tolérance ou d'intolérance face à l'ambiguïté constitue une explication aux différences individuelles de réactions des consommateurs suite à l'intrusion d'informations nouvelles dans leurs sphères cognitives, et plus précisément leurs tendances à écarter ou à intégrer des informations entrant en conflit avec leurs schèmes de référence.

Sur le plan des implications de marketing, tout semble indiquer que les personnes supportant mal l'ambiguïté soient plus sujettes aux effets de la communication persuasive quand elles sont rejointes par des messages en provenance de sources crédibles dont le contenu communicationnel entre en conflit avec leurs opinions (Cox, 1967).

En ce qui concerne *le concept de jugement analytique ou global,* de nombreuses théories (Piaget, 1963; Werner, 1957; Harvey, Hunt et Schroeder, 1961) ont démontré que tous les individus tendent, avec les années, à adopter un processus d'étude de l'information plus analytique. Cependant, à l'intérieur d'un même groupe d'âge, des différences sur le degré analytique de traitement se manifestent et se maintiennent.

Il semble qu'une pensée plus analytique rendrait le consommateur plus sensible aux arguments rationnels et objectifs, d'où une tendance à rechercher de l'information externe plutôt qu'interne pour ne pas être induit en erreur par des opinions affectives.

Un consommateur qui atténue les différences entre les informations reçues aurait tendance à estimer que tous les produits et autres possibilités de consommation sont semblables, tandis qu'à l'inverse, un consommateur qui accentue ces différences devrait être plus attentif aux caractéristiques spécifiques des différentes possibilités qui se présentent à lui.

L'étude des styles cognitifs conduit à deux grandes applications en marketing: la création de messages publicitaires s'appuyant sur les caractéristiques d'un mode particulier et la segmentation du marché basé sur ces styles.

Il faut toutefois utiliser cette notion avec prudence car il serait dangereux de tomber dans un travers courant chez de nombreux chercheurs, à savoir que les styles cognitifs constituent la panacée et permettent d'expliquer parfaitement le processus.

Les différentes étapes du traitement de l'information

Comme pour d'autres concepts utiles à la compréhension du comportement du consommateur, l'élaboration d'un cadre théorique d'analyse complet et formel s'est faite tardivement: ce n'est que depuis la publication des travaux de

Bettman (1979) que nous possédons un tel outil. De ce fait, les différents auteurs ayant abordé le sujet de l'information ont eu recours à leurs propres concepts et mesures, rendant difficile l'intégration des divers résultats.

Malgré ces difficultés, il est capital de comprendre comment le consommateur perçoit l'information et la mémorise.

Le processus du traitement de l'information

Le modèle présenté à la figure 4.5 donne une idée des différentes étapes qui composent ce processus: nous nous en servirons comme guide de présentation. Nous distinguons dans ce modèle deux modules interactifs différents: celui de la perception active de l'information et celui de la mémorisation permanente. Nous les reprendrons séparément.

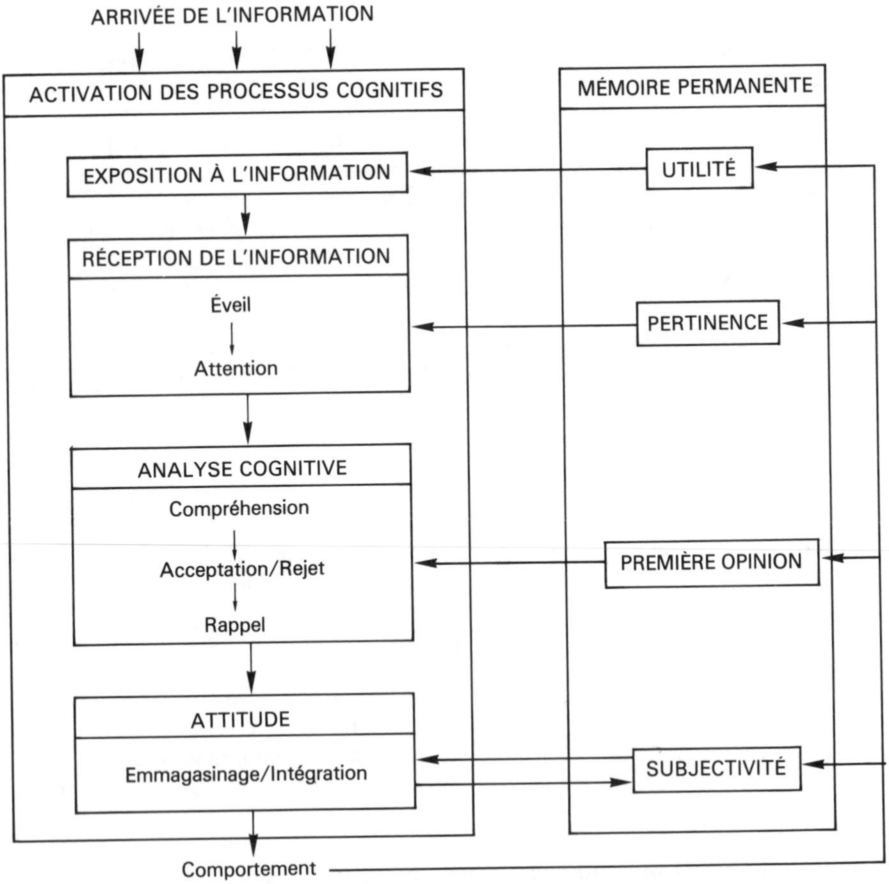

Adapté de: Sternthal, B., Craig, S., *Consumer Behavior: An Information Processing Perspective,* Prentice-Hall, 1982, p. 68. Reproduit avec l'autorisation de Prentice-Hall Inc. Copyright © 1982.

Figure 4.5 Le processus de traitement de l'information.

La perception active de l'information: nous entendons par perception active de l'information la prise de conscience de l'existence de celle-ci. Les différentes étapes en ont déjà été définies dans le chapitre 2 sur les modèles (voir la présentation du modèle de Engel et Blackwell). Nous serons donc ici très brefs.

Avant toute chose, le message doit atteindre le consommateur là où il se trouve: c'est l'*exposition,* première étape du processus. Celle-ci activera plus ou moins l'*éveil* des sens du consommateur, sans que cela retienne forcément son *attention;* quand on sait, selon Bauer (1960), que le consommateur nord-américain peut être atteint par environ 1600 messages publicitaires de toutes sortes quotidiennement, on comprend mieux pourquoi il n'en a conscience que de 5%! L'attention peut donc être définie (Kahneman, 1973) comme l'affectation d'une capacité de traitement ou d'effort à un stimulus. De plus, elle peut être volontaire ou involontaire. Dans ce dernier cas, le consommateur peut être indirectement contraint à l'attention. Les publicitaires connaissent depuis longtemps le pouvoir des bruits, des couleurs, des mouvements, des situations extraordinaires sur l'attention de leurs auditoires. Par exemple, Eastern Airlines et Phildar ont présenté des messages télévisés complètement silencieux; l'absence de fond sonore contraint alors la personne à jeter au moins un coup d'oeil sur son téléviseur pour savoir de quoi il en retourne. S'il y a eu attention, le message sera clarifié et son sens déchiffré: cela s'appelle la *compréhension.* Cette dernière opération se faisant dans la mémoire à court terme de l'individu, il y a donc une très forte *sélectivité* due à l'espace limité.

L'information décodée est ensuite comparée aux critères d'évaluation en place dans la mémoire à long terme, ce qui fait qu'elle est *acceptée* ou *rejetée* en totalité ou en partie. Ce n'est que dans le cas d'une acceptation totale ou partielle qu'il y a *emmagasinage* et *intégration* de l'information dans la mémoire à long terme.

Ce qu'il est important de retenir, c'est que l'intégration finale ne veut jamais dire l'insertion dans la mémoire à long terme de l'information originelle intacte. Tout le long du processus, l'individu interroge constamment sa mémoire à long terme pour être à même d'analyser et de façonner l'information à sa manière. Le rôle de la mémoire s'avère donc essentiel; nous nous y attarderons maintenant.

La mémorisation de l'information: tous les auteurs s'accordent pour reconnaître que l'individu dispose de deux mémoires, l'une à court terme (ou primaire) et l'autre à long terme (ou secondaire). Étant dotées de fonctions précises, elles se trouvent sollicitées de différentes façons. La figure 4.6 présente le processus de mémorisation de l'information (Bettman, 1979): un stimulus en provenance de l'environnement active les sens réceptifs de l'individu qui, pour analyser l'information, fait appel durant le temps du traitement à sa mémoire à court terme, interrogeant de façon séquentielle sa mémoire à long terme, laquelle contient des critères permanents, avant de déboucher sur une réponse. Pour mieux comprendre le mouvement qu'effectue l'information, nous décrirons ces deux mémoires.

La mémoire à court terme. Elle a pour principale caractéristique une capacité limitée, par conséquent une durée de stockage de l'information assez courte. Son but est de permettre à l'individu de traiter rapidement et sommairement l'information reçue.

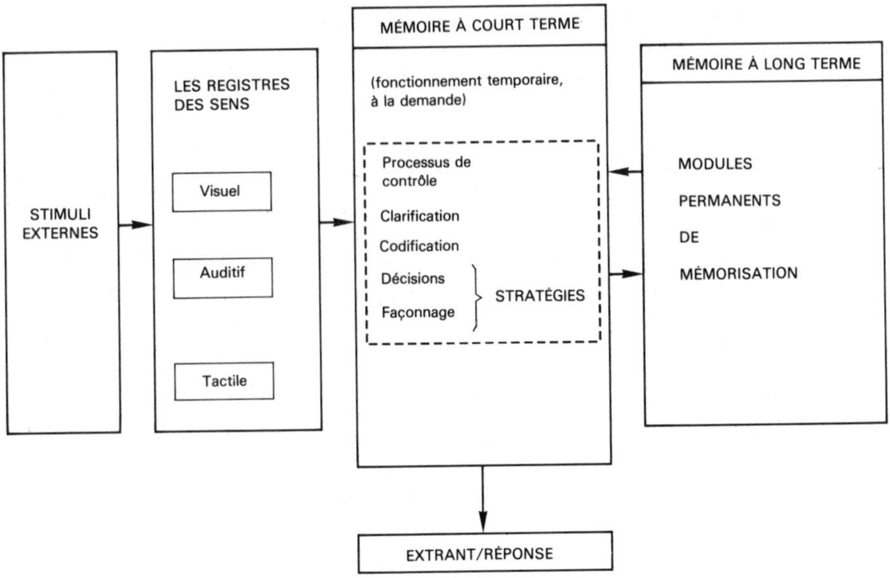

Source: Bettman, J., «An Information Processing Theory of Consumer Choice», *Advances in Marketing Series,* 1979, Addison Wesley, p. 140. Reproduit avec autorisation, Copyright © 1979.

Figure 4.6 La mémorisation de l'information.

Donc, étant donné les fonctions de sa mémoire interne, le consommateur doit être capable de juger de la qualité et de l'intérêt de l'information. Si ce jugement est négatif, elle sera rejetée. S'il est positif, le traitement peut se poursuivre si l'on fait appel à la mémoire secondaire.

La mémoire à long terme. Sa capacité, par opposition à la mémoire à court terme, est quasi illimitée et l'information y est entreposée de façon permanente. Grâce à cette mémoire, le consommateur dispose d'une quantité de renseignements lui permettant d'analyser et d'interpréter pleinement l'information reçue.

La matière stockée vient de la mémoire à court terme. La capacité limitée de la mémoire à court terme fait que des renseignements jugés peu essentiels par le consommateur disparaîtront de son esprit, alors que d'autres plus importants sont envoyés dans la mémoire secondaire.

Le problème capital de l'utilisation des mémoires réside dans la capacité de l'individu à se souvenir de l'information entreposée. Le consommateur peut posséder déjà l'information complémentaire dont il a besoin sans savoir où la retrouver.

Il peut aussi, lorsque placé dans des conditions environnementales légèrement différentes, ne plus être en mesure de faire l'analogie entre une information perçue et des renseignements existants et stockés.

En outre, l'information contenue dans les mémoires peut avoir été codée d'une certaine façon et, avec le temps, le consommateur peut ne plus être capable de l'interpréter.

CONCLUSION

Le caractère informatif de la communication en marketing a souvent laissé place à la persuasion à outrance, signe évident de la pratique d'un marketing de manipulation. Ces abus ont amené les organismes de protection du consommateur à réclamer une totale transparence de l'information commerciale quant à son contenu et sa quantité. Malheureusement, et sur ce dernier point, les expériences ont montré qu'au-delà d'une certaine somme d'information, apparaissait la plus totale confusion dans l'esprit du consommateur, entraînant par là même une baisse dans la qualité de la décision.

Pour le bénéfice tant des vendeurs que des acheteurs, il nous a semblé important d'analyser en détail le processus de recherche et de traitement de l'information, accordant plus particulièrement d'attention aux raisons qui poussent le consommateur à s'informer, aux sources d'informations utilisées, à la perception active de l'information et enfin à sa mémorisation ultime et permanente.

Malgré tout ce que nous avons dit sur le sujet, nous tenons, une fois de plus, à apporter certaines réserves, la principale étant que, finalement, personne ne sait vraiment ce qui se passe dans la tête d'un individu. Dans le domaine spécifique de l'information, tous les chercheurs butent sur le même obstacle: celui du codage de l'information.

Sans prétendre, par conséquent, avoir expliqué en totalité le processus de traduction de l'information en des actes de consommation précis, nous pensons tout au moins avoir fourni dans ce chapitre de grandes règles de conduite pouvant se révéler fort utiles à la définition de politiques communicationnelles variées.

DÉMONSTRATION PRATIQUE: MÉMOIRE À LONG TERME ET PARTITION D'UN MARCHÉ

La segmentation d'un marché implique une recherche créative des variables les plus pertinentes face aux buts stratégiques recherchés. Deux types de variables s'avèrent utiles. Les premières, appelées les bases de la segmentation, servent à établir une véritable partition du marché. Par exemple, en supposant que le revenu familial en fasse partie, il est possible d'obtenir comme segments éventuels: les jeunes et les vieux. Le second type regroupe les descripteurs du marché qui, comme leur nom l'indique, sont utilisés pour décrire les segments identifiés. Le segment des riches pourrait ainsi être décrit selon ses habitudes face aux médias, l'utilisation qui est faite de tel ou tel produit, le mode de vie, etc.

La détermination de segments se fait donc par applications successives de variables primaires et secondaires visant à subdiviser le marché. Comment, dès lors, le vendeur peut-il choisir et organiser en une séquence idéale une série de variables devant permettre de segmenter un marché? La réponse s'inscrivant le plus dans le sens de la logique consiste à prescrire l'interview d'un échantillon de consommateurs pour s'efforcer de découvrir la hiérarchie de variables que ceux-ci utilisent dans le cheminement qu'ils suivent et qui les amène à prendre une décision d'achat.

En pratique, et dans la majorité des cas, le consommateur faisant face à la résolution d'un problème de consommation ne procède pas d'une façon intensive à une recherche d'information externe mais se fie plutôt aux schémas en place dans sa mémoire à long terme.

Tout ceci nous porte à croire intuitivement que le choix d'une marque est le plus souvent relié à l'organisation hiérarchique de la mémoire à long terme. D'où l'intérêt de segmenter un marché selon ces différentes organisations hiérarchiques puisqu'il semble que ce soit là un moyen efficace de cerner la façon bien réelle dont le consommateur procède, cette fameuse «vision du monde» telle qu'il l'éprouve.

Nous relierons donc, dans un premier temps, le système hiérarchique de la mémoire à long terme au processus du choix d'une marque. Puis, dans un deuxième temps, nous analyserons les différentes subdivisions possibles qu'un consommateur peut faire d'un marché. Et dans un dernier temps, nous en dégagerons les implications stratégiques.

Ainsi, aurons-nous fait, dans le cadre de ce chapitre sur le traitement de l'information, le lien entre l'organisation de la mémoire à long terme et la pratique du marketing.

L'organisation hiérarchique de la mémoire à long terme

L'hypothèse sous-jacente à notre raisonnement est la suivante: ce que le consommateur fait dans une situation donnée reflète sa perception et sa compréhension non seulement des différentes marques en présence sur le marché, mais aussi des autres catégories de produits et autres formules de consommation.

La formulation de cette hypothèse repose sur un raisonnement basé sur des constatations purement phénoménologiques, permettant ensuite de remonter à l'organisation cognitive du consommateur de la façon suivante:

1) Faisant face à un problème de consommation, le consommateur adopte délibérément une démarche de résolution de problème;
2) Les voies choisies pour résoudre ce problème dépendront étroitement du contexte situationnel dans lequel se trouve le consommateur;
3) En ce qui concerne plus spécifiquement la longueur de la démarche entreprise, la majorité des consommateurs (environ 60% d'entre eux, selon les recherches publiées sur le sujet) ne s'engagent pas dans un processus de recherche d'information externe de type intensif;
4) La simplification à l'extrême du processus de recherche externe confirme donc un recours spontané et fréquent à la mémoire à long terme.

En résumé, «la simplicité de préférence à la complexité» et «la recherche d'une signification personnelle» semblent être les règles de conduite du consommateur lors d'un processus de choix d'une marque.

Or, la mémoire à long terme d'un individu regroupe un ensemble intelligible d'idées, de concepts, de valeurs auquel un objet, une information ou tout autre stimulus peut être rapporté et qui sert à expliquer, à justifier son existence. En plus, cette mémoire serait organisée sous la forme d'un réseau hiérarchique permettant de donner un sens aux objets en fonction de leur environnement d'utilisation, c'est-à-dire selon une double logique sociale et fonctionnelle.

Ainsi, procéder à une investigation de ce que fait le consommateur dans telle ou telle situation peut constituer une étape fort précieuse dans l'analyse des positionnements de différents produits et marques, car c'est vraiment considérer le marché selon le point de vue du consommateur.

Illustrons ce dernier point en reprenant et en élargissant un exemple de Linden A. Davis (1977): le riz. Trois segments de marché correspondent à ce produit: les riz instantané, régulier et apprêté. Nous pouvons aisément imaginer que le consommateur ne considère jamais le riz comme une catégorie en tant que telle, à l'exception peut-être du moment où il l'achète. En l'utilisant, c'est-à-dire en fonction d'un contexte situationnel donné, le consommateur voit en fait le riz comme un accompagnement non végétal (une formule de consommation). Ceci étend considérablement la notion de marché à l'ensemble des féculents, tel que le démontre la figure 4.7.

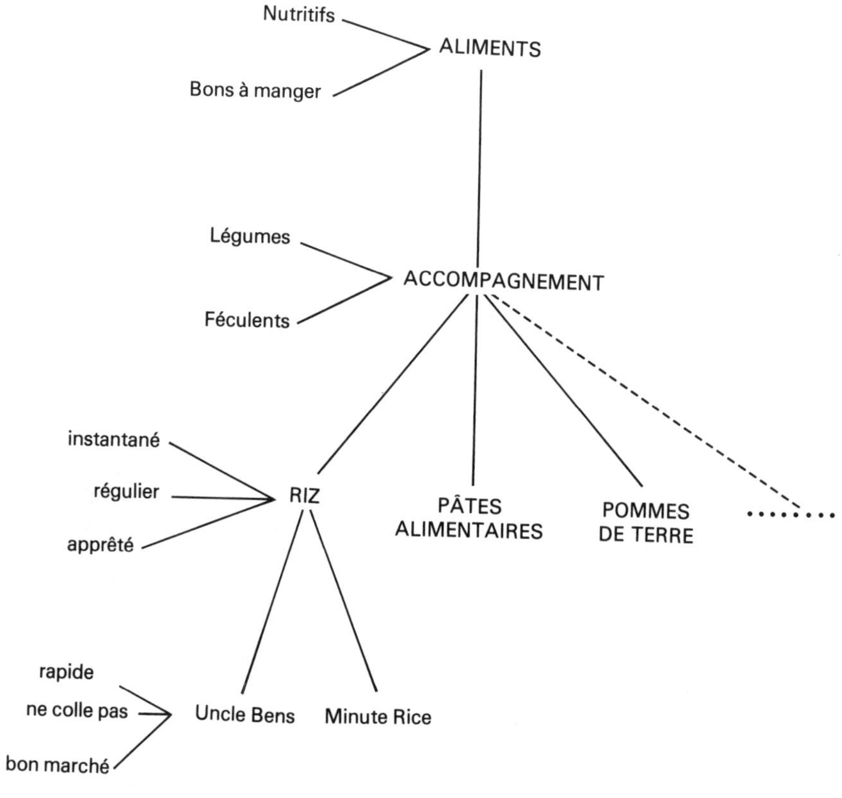

Figure 4.7 L'organisation hiérarchique de la mémoire à long terme.

Si le système hiérarchique interne de la mémoire constitue un réseau permettant de préserver le sens des objets, il n'indique pas les séquences de déroulement des faits, bien que l'on sache que l'être humain possède cette capacité. Ces représentations perceptuelles et imagées sont supposées être le résultat de nombreuses pensées liées les unes aux autres, lesquelles forment collectivement une représentation d'une séquence d'événements, appelée aussi «partition» à cause du caractère dynamique de cette notion.

Les partitions d'un marché

La notion de partition définit la manière selon laquelle un consommateur subdivise un marché dans sa mémoire à long terme. En particulier, l'examen de la séquence suivie permet d'identifier les variables primaire et secondaire qui sont utilisées, et de bâtir avec succès des systèmes de prédiction du choix de la marque qui suivent la démarche logique du consommateur *(Hendry Corporation System)* (Kalwani, Morrison, 1977).

Bien qu'il y ait de très nombreuses options possibles dans les modes de partition des consommateurs, deux d'entre eux ont été plus particulièrement retenus dans le développement de ce qu'il est convenu d'appeler «la théorie des partitions d'un marché». Ce sont le mode de partition avec priorité à la marque et le mode de partition avec priorité au produit.

Reprenons notre exemple du riz (voir fig. 4.8). Certains consommateurs peuvent subdiviser le marché selon un mode de partition avec priorité au produit en distinguant d'abord les riz instantané, régulier et apprêté, puis en différenciant les marques. Comme nous l'avons dit précédemment, ce mode de partition nous semble peu plausible de la part du consommateur et il reflète surtout les préoccupations de l'offre. D'autres consommateurs peuvent utiliser le mode de partition avec priorité à la marque. Là encore, nous ne croyons pas qu'un consommateur pense spontanément à une marque donnée pour résoudre d'emblée ses problèmes de consommation.

Tout ceci nous amène à prétendre que le consommateur résoud son problème en choisissant d'abord une *formule* d'accompagnement qui, dans les circonstances d'utilisation prévues, fera son affaire. Cette vision des choses est à notre avis beaucoup plus réaliste.

Conclusions

Nous pouvons conclure ce raisonnement en songeant aux conséquences pratiques qu'il entraîne dans son sillage et qui portent sur l'analyse du comportement du consommateur et sur la définition des stratégies de marketing.

En ce qui concerne l'analyse du comportement du consommateur, tout indique:

a) qu'il nous faut laisser tomber tous nos a priori sur les divisions types d'un marché pour nous en tenir strictement à la vision du consommateur. La façon de segmenter un marché procède trop souvent de préoccupations en provenance du système de production ou du développement de stratégies de vente à court terme;
b) que nous ne devons pas recourir inutilement à des modèles extensifs et élaborés de prise de décision pour expliquer le comportement, alors que dans la majorité des cas la recherche est seulement de type interne;
c) que nous ne pouvons ignorer le contexte situationnel de la prise de décision (voir à ce sujet le chapitre 12).

Sur le plan de la stratégie de marketing:

a) la structure concurrentielle d'un marché doit être vue sous l'angle des possibilités en compétition dans l'esprit des consommateurs et donc ne pas se

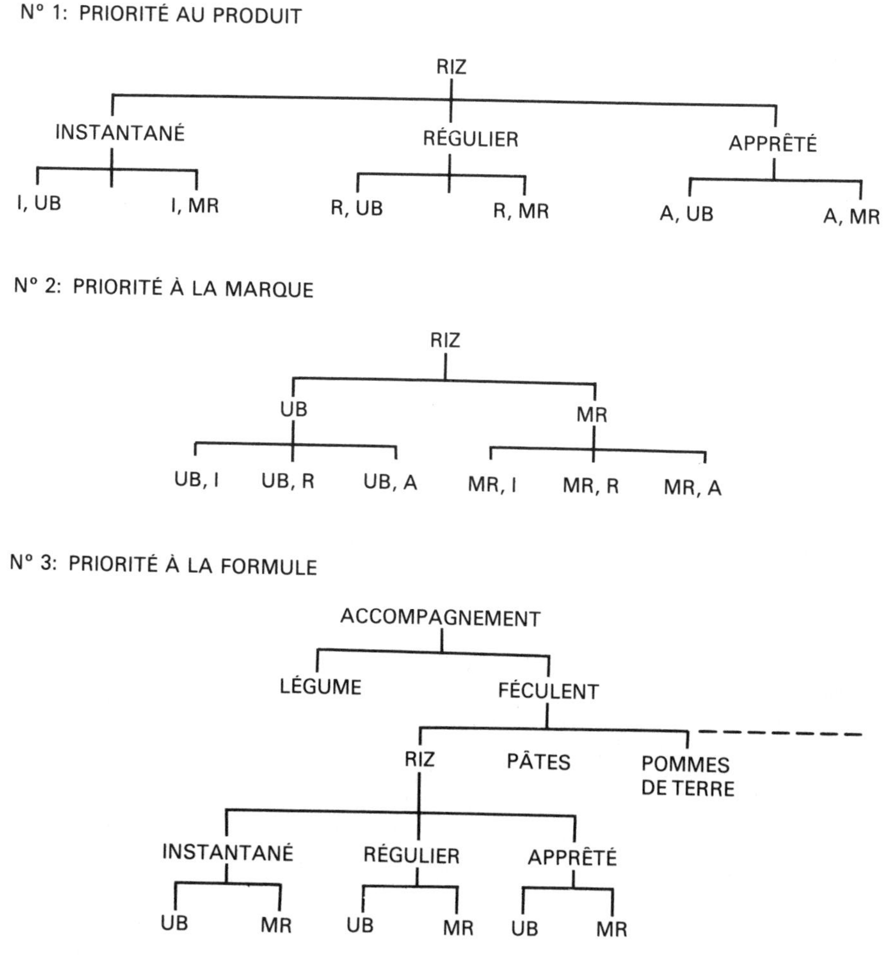

Légende: I: instantané; R: régulier; A: apprêté; UB: Uncle Bens; MR: Minute Rice.

Figure 4.8 Les partitions d'un marché.

limiter à un secteur donné; il faut reconnaître l'interchangeabilité des produits de catégories tout à fait différentes;

b) enfin, le positionnement de marketing d'un produit correspondant réellement, nous l'avons dit, à un état d'esprit chez les consommateurs, il devra donc prendre en compte la perception du marché par ces derniers. C'est ce qui a d'ailleurs été réalisé avec un certain succès dans une étude du M.I.T. publiée en juin 1981 (Urban, Johnson et Brudnick).

Exercice pratique Premières analyses du processus de recherche et de traitement de l'information par des consommateurs

Objectif de l'exercice de recherche

L'objectif de cet exercice de recherche est de démontrer comment, à partir du cadre conceptuel qui vient d'être développé dans ce chapitre, il est possible d'analyser d'une façon tangible les différents types de processus de recherche et de traitement de l'information précédant l'achat d'une marque d'un produit donné et d'en tirer des conséquences stratégiques fort importantes.

Méthodologie de la recherche

Choisissez un produit durable fort complexe sur le plan technique (appareil photographique reflex, chaîne haute-fidélité, magnétoscope, vidéo-disque, voilier, skis alpins, ou autre) qui, de par sa nature, a de fortes chances d'être relié à un type général de recherche d'information intensive avant l'achat de la part du consommateur.

Une fois ce choix effectué, identifiez une douzaine d'utilisateurs de ce produit ayant acheté *eux-mêmes* le modèle et la marque qu'ils possèdent.

Par une interview en profondeur, qui pourrait éventuellement vous servir de pré-enquête préalable à la rédaction d'un questionnaire plus formalisé, vous analyserez les différents processus de recherche et de traitement de l'information qui ont été suivis par les répondants. Afin d'éviter des problèmes de mémoire, assurez-vous que les personnes sélectionnées ont effectué leur achat en dedans de quelques mois (trois au plus).

En vous basant sur la figure 4.5, préparez un plan d'interview qui reposera sur les différentes étapes théoriques de la recherche d'information (interne et externe), en n'omettant pas les interactions avec la mémoire permanente et en prenant soin, au préalable, de poser quelques questions pertinentes vous permettant de mieux cerner votre consommateur.

À titre purement indicatif, nous vous proposons un premier plan d'interview qu'il vous faudra améliorer:

I *LE PROFIL DU CONSOMMATEUR*

- Le niveau d'expérience du consommateur interrogé quant à ce type de produit;
- L'importance accordée à l'achat;
- Le risque perçu à l'achat du produit.

II *LE VÉCU DE L'ACHAT*

- L'activation: recherche interne et recherche externe?
  l'intensité de la recherche;
  le temps passé à rechercher de l'information.
- L'exposition: à quelles sources d'information le consommateur a-t-il été exposé volontairement ou involontairement?

- L'attention: quelles sont les informations qui ont retenu le plus son attention? de quelles sources provenaient-elles?
- La compréhension, l'acceptation ou le rejet: qu'en a-t-il retenu? quelles sont les informations clés à retenir et celles à rejeter? pourquoi?
- L'emmagasinage: qu'en a-t-il retiré? est-ce que cette recherche a changé considérablement son point de vue initial? est-ce que certaines informations plutôt que d'autres ont vraiment contribué au choix d'une marque précise?

Une fois les interviews complétées (nous vous conseillons de les enregistrer sur bande magnétique), vous procéderez alors à une analyse de contenu permettant (1) de dresser une synthèse des renseignements clés que vous aurez obtenus et (2) de répondre aux questions suivantes.

Questions

1 Comment se présentent en général les processus de recherche et de traitement de l'information que vous avez analysés?
2 Y a-t-il des différences notables selon les marques? Sur quoi portent-elles? À quoi sont-elles dues?
3 Y a-t-il des différences selon les consommateurs interrogés? Comment les expliquer?
4 Quelles sont les implications stratégiques des résultats que vous avez obtenus (en supposant qu'ils soient généralisables)?

Conclusion

Cette recherche, à caractère strictement pédagogique, devrait vous permettre de mieux cerner le rôle que joue l'information dans la prise de décision du consommateur, en plus de vous montrer, par la pratique, qu'il est quelquefois difficile de découper de façon franche et précise le processus de recherche et de traitement de l'information.

BIBLIOGRAPHIE

ARNDT, J., «Perceived Risk, Sociometric Integration and Word-of-Mouth Communication», dans *Risk Taking and Information Handling in Consumer Behavior,* sous la direction de D. Cox, Boston, Harvard University Press, 1967, p. 188-239.

ARNDT, J., «Intrafamilial Homogeneity for Perceived Risk and Opinion Leaderships», *Journal of Advertising,* vol. 1, 1972, p. 40-47.

BAUER, R., «Consumer Behavior as Risk Taking», dans *Dynamic Marketing for a Changing World,* sous la direction de Robert S. Hancok, Chicago, American Marketing Association, 1960, p. 389-398.

BENNETT, P., MANDELL, R., «Prepurchase Information Seeking Behavior of New Car Purchasers — The Learning Hypothesis», *Journal of Marketing Research,* novembre 1969, p. 430-433.

BERLYNE, D., «Uncertainty and Conflict: A Point of Contact Between Information Theory and Behavior Theory Concept», *Psychological Review,* novembre 1957, p. 329-339.

BETTMAN, J., «Information Processing Models of Consumer Behavior», *Journal of Marketing Research,* août 1970, p. 370-376.

BETTMAN, J., JACOBY, J., «Pattern of Processing Consumer Information», dans *Advances in Consumer Research,* sous la direction de B.B. Anderson, Association for Consumer Research, 1975, p. 315-320.

BETTMAN, J., KAKKAR, P., «Effects of Information Presentation Format on Consumer Information Acquisition Strategies», *Journal of Consumer Research,* mars 1977, p. 233-240.

BETTMAN, J., «Data Collection and Analysis Approaches for Studying Consumer Information Pro-

cessing», dans *Advances in Consumer Research,* sous la direction de W.D. Perreault, Association for Consumer Research, Atlanta, 1977, p. 342-348.
BETTMAN, J., «An Information Processing Theory of Consumer Choice», *Advances in Marketing Series,* Addison Wesley, 1979.
BETTMAN, J., «Issues in Research on Consumer Choice», dans *Advances in Consumer Research,* sous la direction de W.L. Wilkie, Association for Consumer Research, Ann Arbor, 1979, p. 214-217.
CHAFFEE, S., MCLEOD, J., «Consumer Divisions and Information Use», dans *Consumer Behavior: Theoretical Sources,* Prentice-Hall, 1973, p. 386-415.
CHESTNUT, R., JACOBY, J., «Consumer Information Processing: Emerging Theory and Findings», dans *Consumer and Industrial Buying Behavior,* sous la direction de Woodside, Shet et Bennet, New York, 1977, p. 119-133.
CHU, G., «Prior Familiarity, Perceived Bias, and One-Sided versus Two-Sided Communications», *Journal of Experimental Social Psychology,* vol. 3, 1967, p. 243-254.
CLAXTON, J., FRY, J., PORTIS, B., «A Taxonomy of Prepurchase Information Gathering Patterns», *Journal of Consumer Research,* décembre 1974, p. 35-42.
COX, D., *Risk Taking and Information Handling in Consumer Behavior,* Harvard Business School, Cambridge, 1967, p. 34-81.
CUNNINGHAM, S., «The Major Dimensions of Perceived Risk», dans *Risk Taking and Information Handling in Consumer Behavior,* sous la direction de Donald F. Cox, Harvard Business School, Cambridge, 1967, p. 56-61.
DAVIS, L., «Yes, But It's Perceptual Positionning», *Marketing News,* XI, 18 novembre 1977, publié par l'American Marketing Association.
DUSSART, C., «The Relationship Between Consumer's Breadth of Categorisation and Evoked Set Size», *Working Paper,* Faculté d'administration, Université de Sherbrooke, n° 76-5, 1976.
ENGEL, J., BLACKWELL, R., *Consumer Behavior,* 4e édition, The Dryden Press, 1982.
FESTINGER, L., *Conflict, Decision and Dissonance,* Stanford University Press, 1964, p. 152-156.
FRY, J., SILVER, F., «A Comparison of Housewife Decision Making in Two Social Classes», *Journal of Marketing Research,* août 1970, p. 333-337.
GOLDEN, L., ALPERT, M., «The Relative Effectiveness of One-Sided and Two-Sided Communications for Mass Transit Advertising», dans *Advances in Consumer Research,* sous la direction de H. Keith Hunt, Association for Consumer Research, vol. 5, 1978, p. 12-18.
GREEN, P., «Consumer Use of Information», dans *On Knowing The Consumer,* sous la direction de Joseph Newman, New York, John Wiley & Sons, 1966.
HARVEY, D., HUNT, D., SCHROEDER, H., *Conceptual Systems and Personality Organization,* New York, Wiley, 1961.
HAWKINS, D., CONEY, K., BEST, R., *Consumer Behavior: Implications for Marketing Strategy,* Business Publication Inc., Dallas, 1980.
HOVLAND, C., LUMSDAINE, A., SHEFFIELD, F., *Experiments on Mass Communication,* vol. 3, Princeton, N.J., 1948, Ch. 8.
JACOBY, J., KAPLAN, L., «The Components of Perceived Risk», dans *Advances in Consumer Research,* sous la direction de M. Venkatesan, Association for Consumer Research, 1972, p. 382-393.
JACOBY, J., SPELLER, D., KOHN, C., «Brand Choice as a Function of Information Load», *Journal of Marketing Research,* février 1974, p. 63-69.
JACOBY, J., SPELLER, D., KOHN, C., «Brand Choice as a Function of Information Load: Replication and Extension», *Journal of Consumer Research,* juin 1974, p. 33-42.
JACOBY, J., CHESTNUT, R., WEIGEL, K., FISHER, W., «Prepurchasing Information Acquisition: Description of a Process Methodology, Research Paradigm and Pilot Investigation», dans *Advances in Consumer Research,* sous la direction de B.B. Anderson, Association for Consumer Research, 1976, p. 306-314.
KAHNEMAN, D., *Attention and Effort,* Englewood Cliffs, Prentice-Hall, 1973.
KALWANI, M., MORRISON, D., «A Parsimonious Description of the Hendry System», *Management Science,* janvier 1977, p. 467-477.
KASSARJIAN, H., «Social Character and Differential Preference for Mass Communication», *Journal of Marketing Research,* mai 1965, p. 146-153.
KASULIS, J., *Cognitive Structure as a Supplemental Segmentation Base,* thèse de doctorat, Northwestern, septembre 1974.
KATONA, G., MUELLER, E., «A Study of Purchase Decisions», dans *Consumer Behavior: The Dynamic of Consumer Reaction,* sous la direction de L. Clark, University Press, 1955, p. 30-87.
KATONA, G., *The Mass Consumption Society,* New York, McGraw-Hill, 1964.

KIEL, G., *An Empirical Analysis of New Car Buyers' External Information Search Behaviour,* thèse de doctorat, University of New South Wales, 1977.

LUTZ, R., REILLY, P., «An Exploration of The Effects of Perceived Social and Performance Risk on Consumer Information Acquisition», dans *Advances in Consumer Research,* sous la direction de Scott Ward et Peter Wright, Association for Consumer Research, 1973, p. 393-405.

MALHOTRA, N., JAIN, A., LAGAKOS, S., «The Information Overload Controversy: An Alternative Viewpoint», *Journal of Marketing,* printemps 1982, p. 27-37.

NEWMAN, J., STAELIN, R., «Prepurchase Information Seeking for New Cars and Major Household Appliances», *Journal of Marketing Research,* août 1972, p. 249-257.

PETTIGREW, T., «The Measurement and Correlates of Category Width as a Cognitive Variable», *Journal of Personality,* vol. 26, 1958, p. 532-544.

PIAGET, J., WERNER, H., *Comparative Psychology of Mental Development,* 3e édition, New York, 1957.

PINSON, C., «Consumer Cognitive Styles: Review and Implications for Marketers», dans *Marketing: Neve Ergenbnisse aus Forschung und Praxis,* sous la direction de E. Topritzhofer, Wiesbaden, Gabler, 1978.

RATCHFORD, B., «The Value of Information for Selected Appliances», *Journal of Marketing Research,* février 1980, p. 14-25.

ROBERTSON, T., *Innovative Behavior and Communication,* New York, Holt, Rinehart & Winston, 1971.

ROSELIUS, T., «Consumer Rankings of Risk Reduction Methods», *Journal of Marketing,* janvier 1971, p. 56-61.

SCHIFFMAN, L., KANUK, L., *Consumer Behavior,* Prentice-Hall, Englewood Cliffs, 1978, p. 238.

SETTLE, R., GOLDEN, L., «Attribution Theory and Advertiser Credibility», *Journal of Marketing Research,* mai 1974, p. 181-185.

SHIMP, T., BEARDEN, W., «Warranty and Other Extrinsic Cue Effects on Consumers' Risk Perceptions», *Journal of Consumer Research,* juin 1982, p. 38-46.

SIMON, H., «Motivational and Emotional Controls of Cognition», *Psychological Review,* vol. 74, 1967, p. 29-39.

SLOVIC, P., «Information Processing, Situation Specificity and the Generality of Risk Taking Behavior», *Journal of Personality and Social Psychology,* avril 1972, p. 128-134.

STERNTHAL, B., CRAIG, S., *Consumer Behavior: An Information Processing Perspective,* Prentice-Hall, 1982.

URBAN, G., JOHNSON, P., BRUDNICK, R., «Hierarchical Modeling of Competitive Market Structure: A Methodology Based on Individual Forced Switching Probabilities», *Working Paper,* M.I.T., The Marketing Center, juin 1981.

WALSTER, E., ARONSON, E., ABRAHAMS, D., «On Increasing the Persuasiveness of a Low Prestige Communicator», *Journal of Experimental Social Psychology,* vol. 2, 1966, p. 325-342.

WITKIN, H., «Origins of Cognitive Style», dans *Cognition: Theory, Promise,* sous la direction de Martin Scheerer, Meeting Cognitive Psychology, University of Kansas, 1962, New York, Harper & Row, 1964, p. 172.

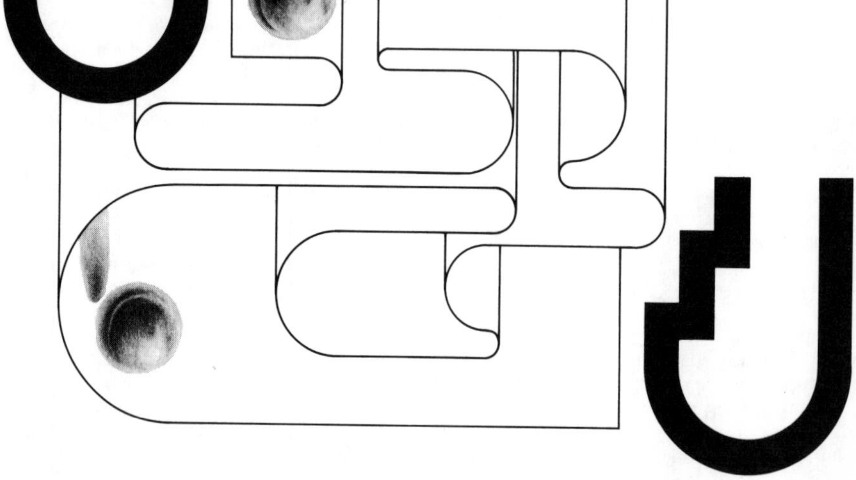

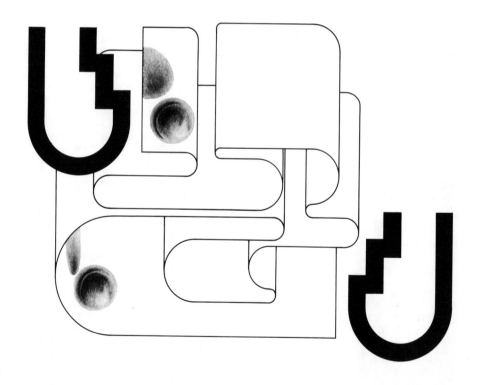

Chapitre 5

L'apprentissage

OBJECTIFS:

1) Cerner les caractéristiques du processus d'apprentissage d'un consommateur à partir des grandes théories en la matière;
2) Comprendre la formation des habitudes de consommation;
3) Identifier les conséquences possibles du processus d'apprentissage sur la définition de la stratégie de marketing de la firme;
4) Approfondir la notion fondamentale de fidélité à la marque;
5) Faire face à un problème d'ordre éthique, réel et concret.

PRÉPARATION AUX EXERCICES PRATIQUES:

1) Deux expérimentations sont proposées: la première est individuelle, la seconde se fait de préférence en groupe;
2) Pour la seconde, bien prendre connaissance de la procédure;
3) Dans les deux cas, répondre aux questions.

L'apprentissage, au sens large du terme, est un mécanisme de base essentiel au fonctionnement de tout organisme. L'être humain acquiert certains modes de comportement, d'action, de connaissance et d'émotions. Ce qui a été fait ne reste pas seulement du domaine du passé et n'est pas forcément perdu. Le passé peut exercer — ou, au contraire, ne pas exercer — une influence sur le comportement présent.
Dans quelles conditions et de quelles façons l'expérience passée affecte-t-elle le comportement futur de l'individu? Cette question constitue à elle seule l'un des plus importants problèmes de la psychologie.

George Katona (1951)

LA NATURE DU PROCESSUS D'APPRENTISSAGE

La définition de l'apprentissage

Beaucoup moins de recherches ont porté sur l'analyse temporelle du comportement de consommation que sur celle du comportement d'achat proprement dit. Une des raisons de ce fait repose dans la tendance à tenir pour identiques «consommation» et «achats». Ce n'est que récemment que l'on s'est rendu compte que les achats futurs des consommateurs ne pouvaient être prédits que dans la mesure où les expériences antérieures avec les mêmes produits, ou des produits similaires, avaient été élucidées. Dans ce cadre, le rôle joué par le processus de socialisation du consommateur — c'est-à-dire l'impact des divers agents de socialisation sur le comportement — est d'une importance fondamentale. L'une des dimensions de base de ce processus est l'apprentissage.

L'apprentissage peut être défini comme étant l'ensemble des changements qui affectent la tendance des réponses d'un consommateur à différents stimuli, et qui sont dus à l'expérience. Le processus d'apprentissage agit sur les attitudes, les émotions, les critères d'évaluation, la personnalité, en un mot sur la quasi-totalité des variables et des mécanismes qui composent le comportement du consommateur.

Du fait que le processus d'apprentissage implique le développement de relations entre les stimuli (S) et les réponses (R), l'étude de l'apprentissage a été qualifiée de psychologie des relations S-R. D'autre part, du fait que l'étude de l'apprentissage a eu tendance, pendant longtemps, à mettre l'accent sur l'observation de réponses externes, ou comportements, en opposition aux concepts cognitifs et internes, l'étude de l'apprentissage en psychologie a aussi été qualifiée de behaviorisme.

En comportement du consommateur, les stimuli peuvent être les produits, les publicités, les services, les candidats politiques, les emballages et les prix. Les réponses peuvent être l'achat, le vote, l'intérêt, la mémorisation, la compréhension, l'évaluation, le changement d'attitude, la fidélité à la marque. Les possibilités sont quasiment illimitées, aussi riches que le comportement du consommateur lui-même. Il est facile de justifier les espoirs que l'on a placés dans la théorie de l'apprentissage. En effet, si celle-ci permet d'indiquer comment les réponses sont reliées à des stimuli particuliers, cela peut aider à expliquer comment les consommateurs développent leur compréhension de l'environnement et l'appliquent à une variété d'actes de consommation.

Les principales théories de l'apprentissage

Le seul problème majeur que pose l'application de la notion d'apprentissage au comportement du consommateur réside dans le fait que cette dernière n'est pas toujours directement pertinente pour l'étude du consommateur. Elle a été souvent appliquée aux animaux ou au domaine technique, et cela est loin de couvrir la richesse du comportement du consommateur. Mais c'est précisément parce que la théorie de l'apprentissage est basée sur des situations expérimentales simples qu'elle doit permettre de mieux faire comprendre les processus complexes sous-jacents au comportement du consommateur.

La recherche dans le domaine de l'apprentissage est des plus abondantes. Néanmoins, on est loin d'un consensus quant à la définition d'une théorie spécifique de l'apprentissage. C'est pourquoi on ne parle pas d'une théorie de l'apprentissage, mais bien des théories de l'apprentissage.

Les deux grands courants de pensée

Il est possible de distinguer deux courants de pensée significatifs en rapport avec les recherches, notions et théories développées en matière d'apprentissage. Aucun des deux ne peut être ignoré dans l'évaluation et la compréhension de la théorie de l'apprentissage. On doit au contraire les appliquer tous deux pour procéder à un examen complet du comportement du consommateur (voir fig. 5.1).

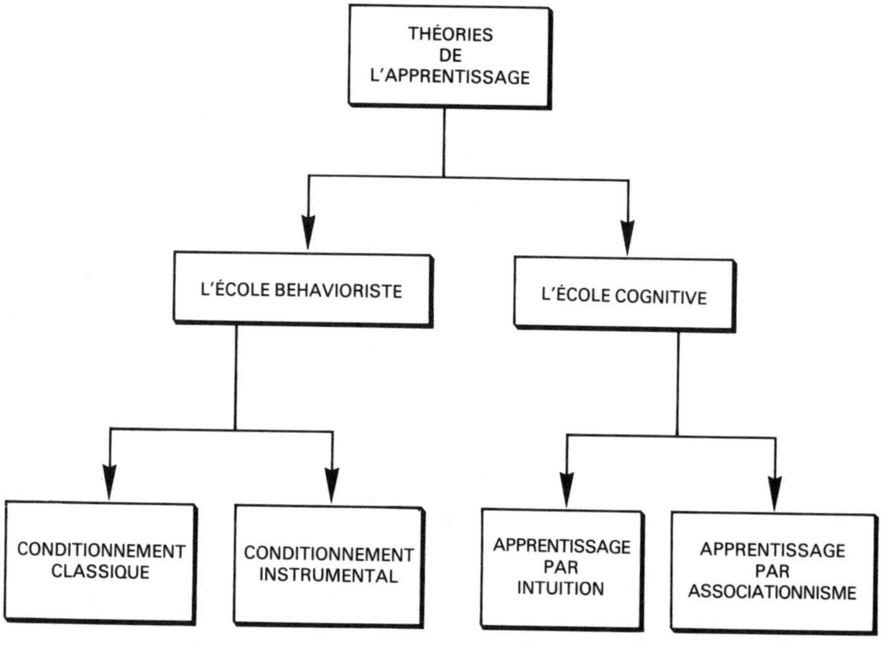

Figure 5.1 Les deux grands courants de pensée en matière d'apprentissage.

Le behaviorisme

Selon cette approche, le comportement de l'individu est fonction de son apprentissage et de son adaptation, seuls mécanismes fondamentaux de l'activité psychique. Par réaction contre la psychologie de l'introspection, cette doctrine ignore les états de conscience subjectifs, qui sont à la base de la psychologie classique.

La plus importante des notions développées en vertu de cette doctrine est celle de contiguïté, selon laquelle il faut, pour que l'apprentissage devienne effectif, qu'il y ait contiguïté répétée du stimulus et de la réponse.

Le chef de file de cette approche, Watson (1878-1958), utilisa le terme «behaviorisme» ou psychologie du comportement (1913), qu'il précisa sous l'angle de la réflexologie de Pavlov (1918). Le behaviorisme se veut une étude objective, basée sur l'observation et l'expérimentation des comportements humains, dans laquelle aucune variable intervenante n'est prise en considération.

Watson proposa, en 1925, l'application de sa théorie matérialiste et déterministe à la publicité. Pour lui, l'homme arrive au monde avec rien d'autre que sa capacité d'apprendre. La publicité doit donc être fondée sur le principe de la répétition constante qui pousse l'individu à reprendre le même produit et l'amène à l'acquisition d'habitudes de consommation.

Ces postulats de l'approche behavioriste ont donné naissance à deux théories de l'apprentissage: le conditionnement classique et le conditionnement instrumental.

Le conditionnement classique introduit par le physiologiste et médecin russe Pavlov (1849-1936): un stimulus dont on sait qu'il entraîne une réponse (un choc électrique par exemple) est couplé avec un stimulus neutre ou stimulus non conditionné (une lumière par exemple).

Lorsque le premier stimulus provoque une réponse (tel un réflexe), une variation survient dans la tendance du second stimulus pour engendrer une réponse similaire (voir fig. 4.2).

Dans ce cas, les deux concepts clés de l'apprentissage sont la répétition et la contiguïté: le stimulus conditionné doit être fréquemment répété en contiguïté avec le stimulus non conditionné pour établir une association avec la réponse.

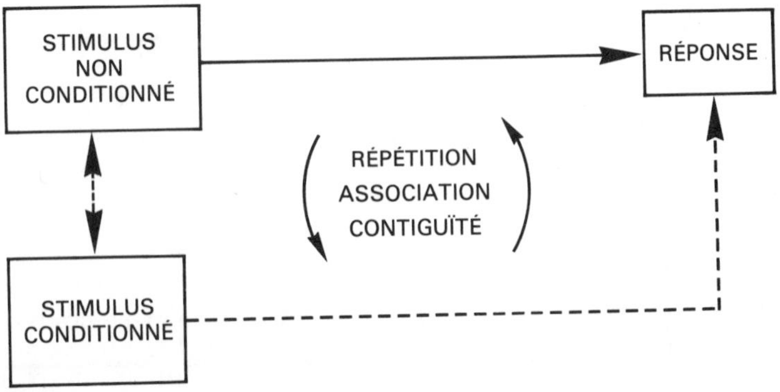

Figure 5.2 Le schéma de base du conditionnement classique.

Le conditionnement instrumental étudié en premier par Bekhterev (1913) et Thorndike (1874-1949): il s'agit de l'apprentissage par «essais et erreurs» ou encore «par la réussite» qui accroît la probabilité ou la fréquence de sortie d'une réponse. Par exemple, selon qu'un rat dans un labyrinthe va dans un couloir ou dans un autre, il reçoit une récompense (nourriture) ou une punition (un choc électrique).

Les conséquences de l'acte (degré de satisfaction ou d'insatisfaction) influenceront le comportement futur. Ces associations sont résumées à la figure 5.3. Faisant suite au comportement, et en fonction de ce dernier, il se produit une évaluation de l'intensité de la récompense ou de la punition obtenue. La récompense accroîtra la probabilité de répétition du comportement tandis que la punition la réduira.

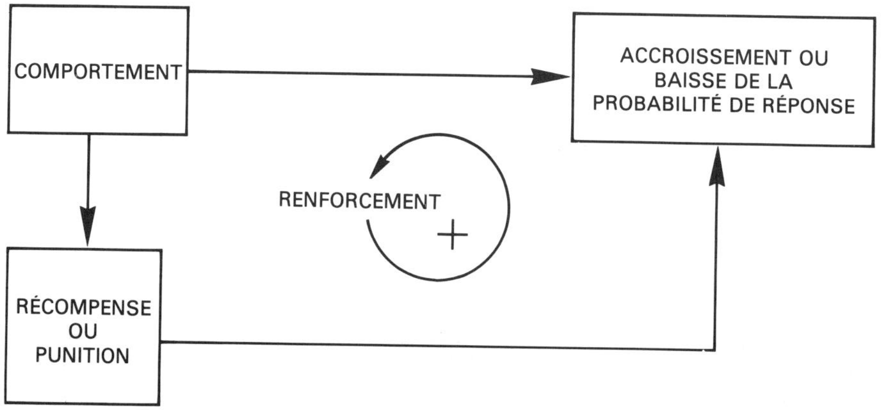

Figure 5.3 Le schéma de base du conditionnement instrumental.

Les distinctions primordiales entre ces deux types d'apprentissage sont les suivantes:

a) en premier lieu, l'action qui survient dans le conditionnement expérimental dépend de ce que fait celui qui apprend, alors que cela n'est pas le cas dans le conditionnement classique;

b) le conditionnement classique repose principalement sur la présence d'une relation du type stimulus-réponse, alors que le conditionnement instrumental se fonde sur l'apprentissage en tant que tel;

c) le conditionnement instrumental provoque des changements dans les actions qui sont orientées vers un but, alors que le conditionnement classique provoque des changements dans les opinions, les goûts, les objectifs.

Il est bien évident que les reproches que certains mouvements de protection des consommateurs ont adressés au marketing dit de «manipulation» portent plus spécifiquement sur le recours aux techniques du conditionnement classique pour vendre; la problématique du consommateur est, dans ce cas, liée à l'«étrangéité» du système de marketing: certains actes lui sont suggérés sans qu'il en ait forcément une conscience totale, ou même sans qu'il en comprenne les buts réels.

L'école cognitive

En réaction au caractère trop mécanique et donc déterministe de l'approche behavioriste, les théories cognitives, ou introspectives, affirment l'isomorphie entre les domaines physique, physiologique et psychique. En ce sens, elles permettent de mettre en évidence l'interdépendance structurale et dynamique de la personne et du milieu environnant (théorie du champ psychologique, Lewin, 1951) dans des comportements orientés vers des buts (théorie de l'intentionnalité, Tolman, 1932). Tout ceci implique un rôle actif de l'être humain dans toute situation d'apprentissage, le recours à la pensée, au raisonnement, l'organisation mentale des éléments d'apprentissage, l'utilisation de stratégies visant à résoudre le problème posé (voir fig. 5.4).

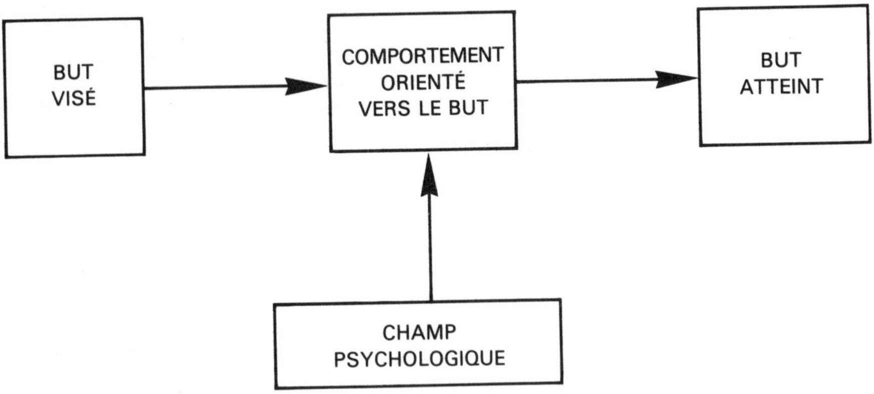

Figure 5.4 Le schéma de base de l'école cognitive (processus de résolution d'un problème posé).

En situation de résolution d'un problème, il devient dès lors possible d'imaginer deux approches mentales possibles:

1) *L'apprentissage par intuition spontanée,* ou organisation d'une structure par laquelle l'individu découvre brusquement (sans essais ni erreurs) la solution au problème posé (voir les expériences de Kohler (1930), s'inspirant du gestaltisme ou «psychologie de la forme», dans lesquelles un chimpanzé apprend spontanément à empiler des boîtes en hauteur pour atteindre une banane);
2) *L'apprentissage par associationnisme,* dans lequel l'individu a recours à des expériences passées et les applique, en les généralisant, à la situation rencontrée, ce qui implique le développement d'un système conceptuel complet et généralisable ainsi que l'établissement d'une catégorisation interne permettant de distinguer les différences aussi bien que les similitudes (carte perceptuelle).

Les premières implications en marketing

Avant d'entrer plus en détail dans l'analyse de la théorie de l'apprentissage, arrêtons-nous aux premières applications de ces différentes théories de l'apprentissage à la pratique du marketing, en commençant par le rôle du conditionnement classique dans la publicité.

Conditionnement classique, publicité, préférence pour une marque

L'un des objectifs de la publicité consiste à favoriser la formation de préférences pour une marque, en conférant à cette dernière une certaine notoriété auprès des consommateurs, espérant de cette façon développer ou améliorer les ventes. Pour y arriver, la campagne doit reposer sur un axe publicitaire — l'idée essentielle à transmettre — qui donne naissance à un thème publicitaire — l'expression verbale ou graphique de l'axe. En général, les arguments publicitaires employés peuvent découler soit directement du produit lui-même, donc de ses attributs spécifiques, soit indirectement des situations dans lesquelles ce produit est consommé. L'on veut alors obtenir que les consommateurs, lors de la présentation de la marque X d'un produit donné — ou stimulus conditionné — éprouvent une émotion agréable — ou réponse conditionnée. Il est certain qu'a priori il n'y a aucune raison de croire que la seule présentation de la marque provoque une émotion agréable, à moins qu'elle ne soit couplée, puis associée par la répétition, avec une situation agréable — ou stimulus non conditionné — dont on sait qu'elle entraîne une émotion agréable — ou réponse non conditionnée (voir à ce sujet la figure 5.5).

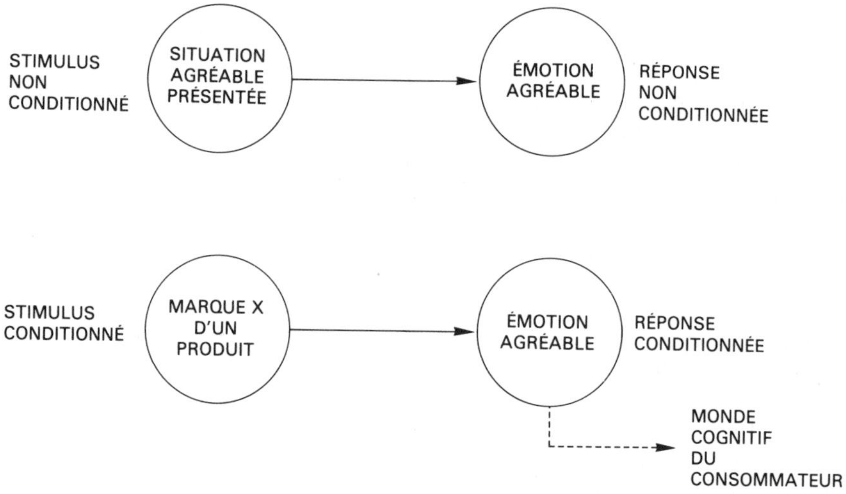

Source: Engel, J., Blackwell, R., *Consumer Behavior,* 4e édition, The Dryden Press, 1982, p. 239. Reproduit avec autorisation de CBS College Publishing, Copyright © 1982 par CBS College Publishing.

Figure 5.5 Conditionnement classique, publicité, préférence pour une marque.

Prenons, par exemple, le développement d'une campagne publicitaire pour une compagnie d'aviation (Air France, U.T.A., Lufthansa, ou autre). Prétendre, sans aucune argumentation valable, que telle ou telle compagnie est la meilleure n'apporte rien de neuf. Il faut, pour promouvoir l'image d'une compagnie, se servir d'un support, ou argument, qui porte auprès des consommateurs cibles; il peut s'agir des destinations vacances, du service culinaire, de l'exactitude des horaires, des voyages d'affaires, du vol familial, etc.

Supposons que l'argument «destination vacances» soit choisi; dans ce cas, des photos des merveilles du monde constitueront les stimuli non conditionnés: les pyramides d'Égypte, les chutes du Niagara, Paris, etc. Chaque fois que le nom de la compagnie apparaîtra, un reportage «vacances» lui sera associé, si bien qu'au fur et à mesure des apparitions, l'image de la compagnie finira par être associée aux voyages. Dans le cas où les arguments ne peuvent découler directement du produit, on les associera à des situations de consommation. Ainsi, pour la bière, puisque les consommateurs ne sont pas aptes à juger de la qualité sur la base de critères objectifs directement reliés à ce produit (voir à ce sujet le chapitre précédent), ils se fondent sur des critères rattachés à des situations de consommation pour se former un jugement: la bière des sportifs, celle des aventuriers, celle du bricoleur, celle que l'on boit entre amis, etc. La publicité différenciera et donc positionnera les marques de bière dans l'esprit des consommateurs sur la base de critères subjectifs.

Conditionnement instrumental, choix de consommation, expérience

Ce conditionnement s'applique dans des situations où le consommateur doit faire des choix ou prendre des décisions quant à l'action à mener. Ceci implique, bien entendu, un problème ou objectif de consommation vers lequel les réponses sont dirigées. On peut formuler une hypothèse selon laquelle le consommateur modifie son comportement au fur et à mesure de l'expérience qu'il acquiert au cours de ses achats: ainsi se créent des habitudes de consommation.

Tout ceci fait que notre apprentissage s'accroît avec l'expérience ou le nombre d'essais, permettant ainsi d'établir un graphe connu sous le nom de «courbe d'apprentissage» (voir fig. 4.6).

Sur ce graphe, le nombre d'essais est répertorié sur l'abscisse; sur l'ordonnée, nous trouvons les probabilités de réponse qui s'opérationnalisent de la façon suivante: quelle est la probabilité qu'un consommateur ayant choisi une marque «m» à un essai «n» choisisse à nouveau cette même marque «m» à l'essai suivant «n + l»?

La courbe peut être arbitrairement découpée en trois phases:

Phase 1: Processus de résolution de problème extensif (RPE). Le manque d'expérience fait que, dans ce cas:

a) la quantité d'information requise est grande;
b) les consommateurs sont sensibles à un grand nombre de stimuli (marque, emballage, design, prix, groupes de référence, qualité intrinsèque, etc.);
c) la période de réflexion est longue, à cause du nombre élevé de critères d'évaluation;
d) la probabilité de rachat de la même marque est basse;

Phase 2: Processus de résolution de problème limité (RPL). Les premières expériences ayant porté des fruits:

a) la quantité d'information requise diminue;

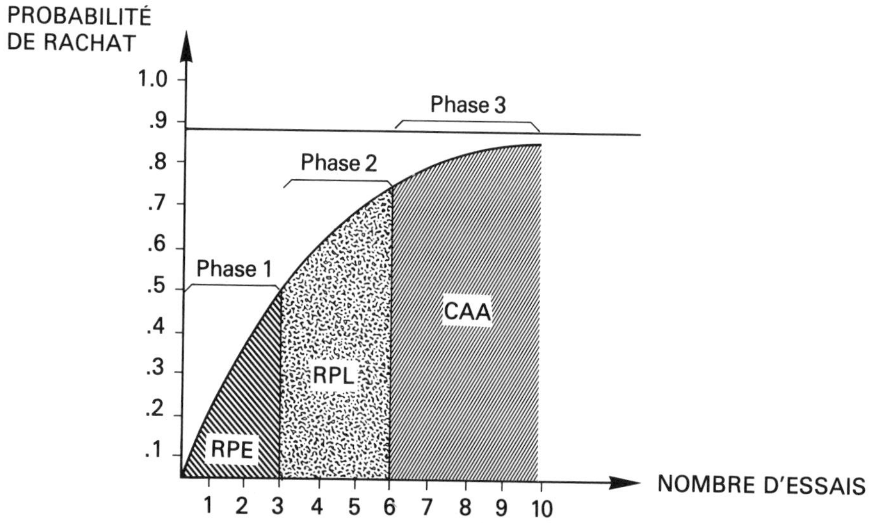

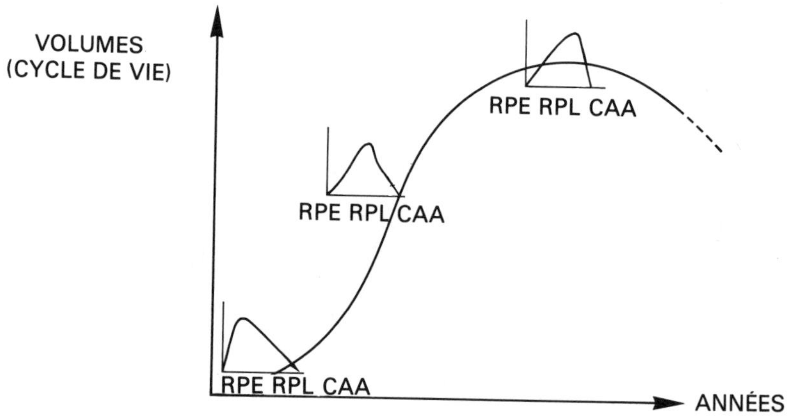

Traduit et adapté de: Howard, J., *Marketing Management: Analysis and Planning,* 1963, Irwin, p. 36. Reproduit avec autorisation, Copyright © 1963. Et *Consumer Behavior: Application of Theory,* McGraw-Hill, 1977, p. 13.

Figure 5.6 La courbe d'apprentissage selon Howard.

b) l'éventail des stimuli se rétrécit;
c) les critères d'évaluation diminuent en nombre et se précisent;
d) la réflexion est moins longue;
e) la probabilité de rachat s'accroît;

Phase 3: Le comportement d'achat automatique (CAA). Le comportement d'achat de la marque est rentré dans les habitudes de consommation:
a) la décision est instantanée;

… s stimuli utilisés sont ceux qui déclenchent le mécanisme de réponse automatique;

c) il n'y a pas, ou pratiquement pas, de période de réflexion.

Il faut apporter deux remarques essentielles sur ce modèle d'apprentissage selon Howard. La première est que la probabilité de rachat dans la courbe d'apprentissage n'atteint jamais 100%, d'où la présence d'une asymptote pouvant se déplacer selon la nature du produit étudié. La seconde est qu'il est possible d'établir une relation entre cette courbe de l'apprentissage et celle du cycle de vie d'un produit, mettant ainsi à jour la prédominance de tel ou tel type de comportement d'achat selon la position du produit dans son cycle de vie.

Théories cognitives et comportement des nouveaux résidents

L'application des théories cognitives à l'analyse du comportement du consommateur s'avère particulièrement utile lorsque la situation à laquelle fait face le consommateur présente un caractère de nouveauté. Celle-ci peut être causée soit par l'aspect innovateur du stimulus (nouveau produit), soit par la méconnaissance du consommateur (apprentissage de la consommation). Nous nous intéressons ici au second cas, c'est-à-dire à la socialisation du consommateur, l'étude des processus cognitifs face à une innovation du produit étant traitée dans le chapitre sur la diffusion des innovations.

Ainsi, le fait de déménager demande souvent aux consommateurs impliqués de s'adapter aux nouvelles conditions locales. Cet apprentissage des particularités locales a été analysé dans plusieurs études, notamment celles de Andreasen et Durson (1968) et de Sheth (1968). Dans la première étude, les comportements de consommation de trois groupes de ménagères ont été observés: celles vivant dans la région de Philadelphie depuis moins de trois mois, depuis un an et demi à deux ans, et depuis trois ans et plus. L'hypothèse centrale était que, pour les marques nationales, il y aurait peu de différences entre les trois groupes et que, pour les marques locales, l'ancienneté de résidence serait positivement reliée à la notoriété de celles-ci ainsi qu'aux quantités achetées. Les résultats confirmèrent cette hypothèse. Sur cette base, les auteurs identifièrent les tâches d'apprentissage qui sont spécifiques à de nouveaux résidents: (1) l'identification de la marque, (2) son évaluation et (3) l'établissement de comportements d'achat réguliers. Ces étapes sont caractéristiques d'une approche cognitive de l'apprentissage.

Dans la seconde étude, les comportements de consommation d'étudiants étrangers furent à leur tour examinés. L'analyse des résultats permit de découvrir que le recours à des processus cognitifs tels que le rassemblement d'information en vue d'adopter un comportement imitateur (acheter la même marque que son meilleur ami) et que la généralisation (extrapoler à partir d'expériences de consommation vécues dans le pays d'origine) étaient choses communes dans le développement des habitudes de consommation.

LE PROCESSUS DE SOCIALISATION

Dans son sens le plus large, le processus de socialisation définit le développement individuel en matière de consommation. Plus précisément, il s'agit du processus par lequel un individu acquiert les compétences intellectuelles, les connaissances et les attitudes nécessaires à son développement en tant que consommateur dans la société (Ward, 1974).

À cette première définition correspond une vision cognitive du processus de socialisation, en ce sens que le chercheur porte une attention toute particulière à la formation des structures cognitives, à leur évolution de l'enfance à l'âge adulte, à la nature des comportements de consommation qui en découlent.

Une autre approche définit la socialisation sous l'angle du façonnage qu'exerce l'environnement sur l'individu: c'est l'ensemble du processus par lequel un individu développe, suite à ses échanges avec les autres, ses modes de comportements sociaux et son bagage d'expériences (Zigler et Child, 1969). Cette vision de la socialisation est donc essentiellement reliée à l'apprentissage des rôles sociaux et des comportements qui y sont rattachés.

En ce qui concerne la recherche sur le processus de socialisation du consommateur, elle est guidée par des objectifs d'application fort divers puisque:

a) elle permet aux spécialistes du marketing de prédire les comportements des consommateurs adultes à partir de leurs expériences passées durant leur enfance;

b) elle peut servir de base au développement d'incitations publicitaires, spécialement dans le cas de produits dotés de phases de maturité particulièrement longues et pour lesquels les préférences des consommateurs durent plus d'une génération («Mes parents utilisaient déjà cette marque et depuis, rien n'a changé, nous faisons de même dans notre petite famille.»);

c) elle permet aux responsables politiques de développer des programmes d'éducation mais aussi de protection des consommateurs contre une exploitation abusive par l'entreprise des effets découverts de ce processus.

Récemment, un domaine de recherche s'est beaucoup développé dans le cadre du processus de socialisation: il s'agit de l'étude de l'apprentissage de la consommation chez les enfants et, plus spécifiquement, des processus décisionnels des enfants, de leurs influences sur les parents (voir à ce sujet le chapitre sur la famille), du processus cumulatif de formation des habitudes de consommation, enfin et surtout du rôle de la publicité destinée aux enfants (Ward et Wackman, 1971 et 1972; Moore et Stephens, 1975). Ce dernier point a reçu beaucoup d'attention à cause de l'impact de la télévision. Jusqu'à un certain point, et en particulier sur le continent nord-américain, la télévision a remplacé la famille comme agent de socialisation auprès des enfants et les messages publicitaires qui leur sont destinés ont fait l'objet d'une controverse. Cette situation problématique s'explique beaucoup mieux si l'on sait, comme l'a souligné le rapport du F.T.C. (Federal Trade Commission, 1978), qu'en 1977 l'enfant nord-américain moyen, âgé de 2 à 5 ans, passe 25 heures 36 minutes par semaine devant son écran et voit 20 476 messages publicitaires par an!

Sans vouloir simplifier à outrance, nous pouvons dire que la recherche sur le comportement de consommation des enfants s'est, elle aussi, divisée selon les deux courants précités, soit l'approche dite de l'apprentissage social et celle du développement cognitif.

L'apprentissage social de l'enfant

Il existe deux grands types d'apprentissage social chez l'enfant: le conditionnement instrumental direct et l'imitation. Le premier intervient lorsqu'un professeur, un parent ou un individu s'efforce d'obtenir une réponse spécifique auprès d'un enfant par le renforcement, ce dernier prenant souvent la forme soit d'une récompense soit d'une punition, selon qu'il est positif ou négatif. Certains programmes éducationnels ont ainsi été développés dans différents pays, visant à apprendre à l'enfant la valeur réelle de l'argent.

L'imitation survient lorsque l'enfant s'efforce de reproduire un modèle en calquant ses comportements sur ceux observés. Pour que l'imitation (ou la modélisation) soit efficace, certaines conditions doivent être remplies:

a) premièrement, il faut que l'enfant porte attention au modèle;
b) deuxièmement, il faut que l'enfant ait les capacités mentales de comprendre les comportements observés, les raisons qui les motivent, pour ensuite les imiter;
c) troisièmement, l'imitation doit être renforcée;
d) enfin, il faut qu'il y ait mémorisation.

La publicité télévisée s'est de toute évidence révélée un outil de persuasion extrêmement efficace auprès des enfants, surtout que la quasi-totalité de ces conditions ont été respectées par les professionnels de la communication de marketing. Ainsi, l'étude de Atkin (1976) est venue apporter la preuve de cette efficacité, en démontrant que:

a) les annonces présentent des modèles de comportement;
b) les modèles sont souvent renforcés positivement par des adultes, cela étant de nature à inciter l'enfant à entreprendre les démarches nécessaires à l'acquisition du produit sous le regard bienveillant de l'autorité parentale;
c) les messages sont insérés entre les émissions susceptibles d'être regardées par les enfants et la répétition intervient non seulement au niveau de la fréquence d'apparition des messages mais aussi dans le contenu même de ceux-ci;
d) la mémorisation est facilitée par l'utilisation de slogans et de chansonnettes qui accrochent;
e) les effets techniques et le ton humoristique sont aussi très souvent utilisés.

D'autres études sont venues corroborer ces résultats en en précisant ou élargissant la portée (voir, entre autres, Robertson et Rossiter, 1974; Goldberg et Gorn, 1977 et 1979; Robertson, Rossiter et Gleason, 1979; Rossiter, 1979; Churchill, 1979; Busch et Miller, 1979; Bearden, Teel et Wright, 1979; Heslop et Ryans, 1980).

En fait, tout a été fait pour maximiser chez l'enfant la modélisation du comportement désiré: on suscite sans vergogne l'identification, la diminution des inhibitions, l'apprentissage de nouveaux comportements et, finalement, la facilitation de la réponse chez l'enfant. Ces excès ont provoqué un tollé de réactions dans tous les milieux s'intéressant à l'enfant, contre la création d'une génération de «*gimmes*» (crase de «*give me*»).

Le développement intellectuel de l'enfant et la consommation

Bon nombre d'études ont tenté d'expliquer le comportement des enfants dans des activités de consommation en utilisant une approche cognitive et, plus précisément, en ayant recours aux différentes phases de formation de l'intelligence telles que formulées par Piaget (1923, 1925, 1926, 1947, 1953).

Selon ce spécialiste suisse de la psychologie de l'enfant, le développement se fait de façon continue, dans le sens de «la socialisation progressive d'une pensée individuelle, d'abord réfractaire à l'adaptation sociale, puis de plus en plus pénétrée par les influences adultes ambiantes». La pensée de l'enfant passe graduellement par une période sensorimotrice (acquisition de la notion d'objet permanent, jusqu'à 2 ans environ), préopératoire (égocentrique et animiste, jusqu'à 4 ans), intuitive (apparition au niveau sensorimoteur de la réversibilité des opérations et du concept de conversation, jusqu'à 7 ans), opératoire concrète (opérations complexes sur des objets, jusqu'à 11 ans); elle atteint enfin (entre 11 et 14 ans) le stade d'équilibre final, celui des conduites intellectuelles supérieures (opérations logiques, formelles).

Ward (1972) nous donne un bon exemple de ce type d'étude en mesurant les réactions des enfants devant la publicité télévisée. Des enfants de 5 à 12 ans furent interrogés le lendemain d'une séance de projection de messages publicitaires. Les résultats selon les âges furent les suivants:

1) La compréhension de la nature exacte d'un message publicitaire croît avec l'âge; il existe un fort décalage entre les enfants de 5 à 7 ans et ceux de 8 à 12 ans;
2) Avec l'âge, le but premier d'un message publicitaire est mieux compris. Les enfants les plus jeunes ne comprennent pas que les publicitaires cherchent à tirer profit de leurs actes, et ils ne réalisent pas qu'il faut payer pour présenter de tels messages;
3) Les plus jeunes enfants ne sont pas en mesure comme les plus âgés de faire la distinction entre une émission normale et un message commercial;
4) Les jeunes enfants sont davantage enclins à croire à la véracité des messages que les plus âgés.

D'autres études ont démontré que plus les enfants sont âgés, plus ils mémorisent les noms de marques et plus ils déchiffrent et se rappellent les messages complexes présentant plusieurs caractéristiques de produits à la fois (Leifer, 1971).

LES PRINCIPALES COMPOSANTES DU PROCESSUS D'APPRENTISSAGE

Pour comprendre la nature et le fonctionnement du processus d'apprentissage, il est nécessaire de préciser les rôles joués par les impulsions, les incitants, les réponses, le renforcement et la mémorisation, puis de voir comment le marketing pourrait utiliser ce cadre conceptuel.

Le cadre conceptuel

Les impulsions (de l'anglais «*drive*»): il s'agit de stimuli internes puissants, activés par des besoins ou des motivations, amorçant le comportement et stimulant l'action.

Ces stimuli mettent en éveil le consommateur et le disposent à répondre. Ils réfèrent à une probabilité croissante d'activité de consommation, sans spécifier la nature exacte de l'activité en question. On distingue deux grands types d'impulsions:

1) Les impulsions primaires: elles sont activées par des besoins physiologiques innés tels que la soif, la faim, le fait d'éviter la souffrance, et le désir sexuel;
2) Les impulsions secondaires: elles découlent de besoins appris plutôt qu'innés et dérivent des précédentes: le désir de l'argent, la peur, l'orgueil, la rivalité.

Sur le plan pratique, il peut être fort utile de connaître le rôle que jouent ces impulsions dans la formation des préférences pour une marque donnée.

Dans un premier temps, il faut comprendre qu'un événement de consommation sera d'autant plus important pour celui qui le vit qu'il intervient à un moment où l'intensité de l'impulsion est à son maximum et que, par conséquent, toutes les conditions sont réunies pour que l'apprentissage intervienne: si l'on présente une boisson rafraîchissante à un consommateur déshydraté, on a toutes les chances d'obtenir un impact beaucoup plus considérable que si on lui vante les mérites de cette boisson à un moment où il n'en a nul besoin.

Dans un deuxième temps, il est nécessaire de savoir que les consommateurs opèrent en fonction d'impulsions simultanées organisées en une hiérarchie. Pour chaque situation de consommation, il est nécessaire de définir précisément quelle hiérarchie des impulsions prévaudra.

Enfin, dans un troisième temps, il faut se rappeler que les impulsions ne sont pas les seules variables qui entrent en jeu dans la décision d'achat. Les impulsions d'un consommateur peuvent être activées par un goût prononcé pour le luxe, sans qu'il envisage pour autant d'acheter des produits à des prix trop élevés pour lui.

Les incitants internes ou externes (de l'anglais «*cues*»): ce sont des stimuli internes ou externes qui servent à diriger une réponse appropriée pour satisfaire l'impulsion en cause. Un consommateur à la recherche d'une boisson rafraîchissante peut envisager un ensemble de produits possibles: bière, eau minérale, jus de fruit, boissons pétillantes; ces produits constituant des incitants. L'objectif du spécialiste de marketing consiste donc à découvrir les conditions qui feront que tel ou tel produit constituera la réponse la plus appropriée à une impulsion donnée et aura par conséquent la plus forte probabilité d'être choisi par le consommateur.

La généralisation: elle intervient lorsqu'un acte de consommation engendré par un stimulus l'est aussi par un autre stimulus, de nature similaire mais tout de même différent. Ce phénomène soulève d'importantes questions de recherche, notamment en ce qui concerne la formation de l'image des marques. Nous savons qu'un consommateur achetant un produit qu'il connaît mal aura tendance à généraliser ses expériences acquises dans un domaine qu'il juge semblable: par exemple, l'achat d'un lave-vaisselle peut se faire en référence à l'achat antérieur d'une machine à laver le linge. Ce principe de généralisation intervient en situation de grande incertitude pour réduire le risque encouru: la nature de la relation prix-qualité repose d'ailleurs sur ce principe.

Le recours à une «marque de famille», c'est-à-dire l'apposition d'un seul et même nom sur l'ensemble des produits d'une gamme, repose sur le principe de généralisation. Selon l'idée de base, si un produit a connu du succès auprès des consommateurs, un autre produit, différent, certes, mais portant le même nom de marque, sera accepté plus rapidement par ceux-ci qui ont accumulé des expériences positives vis-à-vis du premier produit et développé par conséquent des prédispositions favorables face à la marque. C'est le cas, par exemple, de la famille des produits Kraft. Mais cette stratégie est une arme à double tranchant, car l'échec d'un seul produit peut nuire à l'image de marque de toute la compagnie. C'est pourquoi de nombreuses compagnies préfèrent pratiquer une politique de contre-marques. Par exemple, Procter & Gamble évite soigneusement de mentionner que des marques telles que Duncan Hines, Tide, Crest, Folgers, Ivory, Gleem font partie de la même «famille».

Le principe de généralisation peut aussi être utilisé en publicité. Lors du lancement de la Rabbit (Golf en Europe), Volkswagen a délibérément recherché une association positive avec la Coccinelle. Encore aujourd'hui, le slogan nord-américain de la compagnie va dans ce sens: «*Volkswagen does it again!*»

La discrimination: elle apparaît lorsque le consommateur apprend à répondre d'une façon donnée à un stimulus, mais évite de répondre de la même façon à un stimulus semblable, quoique légèrement différent. En marketing, l'objectif sera souvent de stimuler les consommateurs à changer de marque, à essayer un nouveau produit, à leur faire percevoir une qualité nouvelle. Sous cet angle, les stimuli présentés devront être suffisamment modifiés pour faciliter la discrimination. Toujours selon cet ordre d'idée, la correction d'une imperfection d'un produit devra être présentée de façon nouvelle et convaincante.

Ce concept de discrimination du stimulus est à la base du positionnement, clé du marketing. L'offre ayant tendance à être de moins en moins différenciée, le problème majeur du marketing en situation concurrentielle n'est pas de favoriser la généralisation, mais bien au contraire d'amener les consommateurs à discriminer une marque des concurrentes. Ce positionnement est extrêmement difficile à réaliser, parce qu'il doit prendre en considération la perception des consommateurs. Idéalement, le positionnement «perceptuel» (sur lequel le spécialiste en marketing a finalement peu de contrôle) devrait être un résultat direct du positionnement «stratégique» (sur lequel le spécialiste en marketing exerce un contrôle complet). Pour plusieurs raisons, ce n'est que rarement le cas: la stratégie doit passer à travers de nombreux filtres avant d'être perçue comme telle et souvent du positionnement stratégique planifié résulte un positionnement perceptuel différent, ce qui, au demeurant, peut provoquer soit une catastrophe, soit une heureuse surprise, heureuse car inattendue (Davis, 1977).

L'un des meilleurs exemples de positionnement réussi a été celui de la compagnie Avis. Celle-ci, deuxième dans le marché de la location d'automobiles, à une certaine distance du leader Hertz, a développé une campagne de publicité basée sur le slogan suivant: «*We're No. 2. We try harder.*» Non seulement les affaires de la compagnie augmentèrent, mais cela créa aussi une position unique dans l'esprit des consommateurs. D'un côté, le processus de généralisation s'appliqua: Avis était considérée comme une compagnie se battant dans la même division que le géant Hertz. D'un autre côté, un démarquage perceptuel clair et net fut atteint: National, la compagnie la plus proche de Avis, se trouva distancée du même coup!

Les réponses: il s'agit de la réaction proprement dite du consommateur. Il est possible d'en mesurer la fréquence (le temps écoulé entre le stimulus et la réponse) et l'amplitude (l'intensité de cette réponse). Les réponses peuvent être internes (formation d'une attitude, d'une prédisposition à l'achat) ou externes (l'acte d'achat, la manipulation de produits).

D'un point de vue scientifique, il est évidemment plus facile d'étudier des réactions simples ou directement observables, comme le mouvement de l'oeil devant un message publicitaire ou le comportement devant un étalage à l'intérieur d'un magasin, que des réactions complexes ou invisibles correspondant à des situations de consommation plus élaborées. Néanmoins, la valeur analytique est souvent plus grande dans le second cas que dans le premier.

Le renforcement: il s'agit de l'association perceptuelle qu'effectue le consommateur entre les conséquences ou résultats d'une réponse de consommation et ses attentes. C'est en quelque sorte la récompense consécutive à un acte quelconque de consommation. En règle générale, plus le renforcement est positif, plus grande est la probabilité de voir le comportement se renouveler dans des conditions semblables, bien que cette relation soit à nuancer.

Ainsi, un renforcement partiel serait préférable à un renforcement systématique, c'est-à-dire que le fait de ne récompenser l'individu que de façon espacée maintiendrait sa performance plus longtemps et avec plus d'efficacité. L'application tangentielle de ce principe à la publicité se fait à travers le renouvellement des renforcements: de cette façon, différents messages au sein d'une même campagne seraient à la longue plus efficaces qu'un seul message répétant sans cesse le même renforcement.

Le recours à un renforcement négatif peut provoquer lui aussi la réponse désirée dans la mesure où, n'étant pas abusif, il ne provoque pas l'effet contraire à celui recherché. C'est le cas des messages publicitaires utilisant les techniques de recours à la peur (voir à ce sujet Stuteville, 1970): par exemple, les messages incitant au port de la ceinture de sécurité, ceux contre la cigarette ou encore ceux aux intérêts moins éthiques de certaines compagnies de dentifrice qui effraient les mères de famille en soulignant leur responsabilité dans les ravages potentiels que peuvent créer les caries dentaires chez leurs enfants.

Enfin, pour qu'il y ait apprentissage, il faut que le temps écoulé entre la réponse et la récompense soit le plus court possible.

L'emmagasinage: il s'agit de la mémorisation à plus ou moins longue échéance des apprentissages. Si le contenu même de l'apprentissage est d'un intérêt tout à fait particulier pour le spécialiste en marketing, il en est de même pour la durée de vie de cet apprentissage sujet à un phénomène d'extinction caractéristique de l'oubli. Il est habituellement reconnu que l'emmagasinage est fonction de la force et de l'importance du stimulus, de l'intensité et de la fréquence du renforcement et, enfin, de la fréquence de la réponse, ce dernier facteur étant significatif de l'engagement pratique du consommateur.

S'il est logique de penser que nous nous rappelons plus longtemps l'information qui nous paraît importante, il est bien évident que la grande majorité des informations que les entreprises donnent aux consommateurs le sont peu et que, par conséquent, la répétition et les récompenses voient leur importance s'accroître, bien que l'ensemble des facteurs forme un tout. En d'autres termes, la répétition d'un message publicitaire s'avère moins nécessaire pour qu'il y ait apprentissage lorsque le sujet est d'un très grand intérêt pour l'auditoire ou s'il y a une forte dose de renforcement.

La fréquence et la séquence d'apparition des messages affecteront ensemble le degré et la durée de l'apprentissage. Ainsi, dans une étude sur les effets de la publicité (Zielske, 1959), un échantillon de ménagères fut soumis à une campagne de publicité sur un produit durant 13 semaines. Dans un premier sous-groupe, la fréquence fut fixée à 1 exposition par semaine durant 13 semaines. Dans ce cas, comme le démontre la figure 5.7, le taux de notoriété s'accrut rapidement pour atteindre son maximum au cours de la treizième semaine, puis chuta tout aussi rapidement jusqu'à une extinction quasi totale à la fin de l'année.

Un second sous-groupe fut exposé à ces mêmes 13 messages, mais cette fois-ci à raison de 1 exposition toutes les 4 semaines. Dans ce dernier cas, la courbe de mémorisation est celle en zigzag (voir fig. 5.7). Comme nous pouvons le voir, le taux de notoriété s'accrut progressivement tout au long de l'année, avec cependant des creux substantiels entre les expositions.

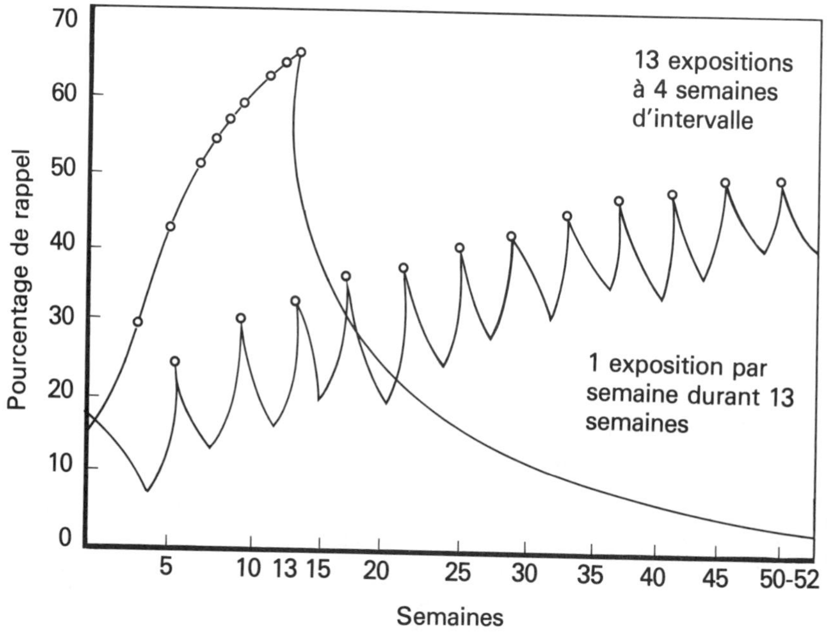

Source: Zielske, H., «The Remembering and Forgetting of Advertising», *Journal of Marketing*, vol. 23, janvier 1959, p. 240. Reproduit avec autorisation, Copyright © 1959.

Figure 5.7 Séquence répétitive et mémorisation publicitaire.

Bien entendu, le choix de la meilleure stratégie d'exposition dépendra des objectifs poursuivis; si l'on opte pour un «blitz» publicitaire et promotionnel, la première est la plus appropriée. Par contre, pour bâtir une image à long terme, la seconde est la plus adaptée.

Comment utiliser ce cadre conceptuel?

La présentation du cadre conceptuel permet de soulever une première série de questions qui, sans être exhaustive, introduit et démontre le rôle de l'apprentissage dans le marketing, sujet qui fera l'objet de la prochaine section de ce chapitre.

Sur le plan des stimuli (ou impulsions)

1) Quelles sont les dimensions du stimulus externe qui sont importantes?
2) Quelles sont les impulsions internes clés, leur hiérarchie, leurs interactions?
3) Quelles sont les attentes du consommateur et leurs intensités respectives?
4) La généralisation et la discrimination sont-elles susceptibles d'apparaître, et dans quelles conditions?

Sur le plan des réponses

1) Quelle est la nature des réponses possibles du consommateur dans telle ou telle situation de consommation?
2) Quelles seront la fréquence et l'amplitude de ces réponses?

Sur le plan du renforcement

1) Par quelles actions de marketing peut-on favoriser le renforcement du consommateur après son achat?

Sur le plan des habitudes de consommation

1) Comment se forment-elles? Quelle est l'importance réelle des premiers achats sur le comportement futur?
2) Quel est chez le consommateur le bagage de connaissances et de pratique spécifique à une situation de consommation étudiée?

APPRENTISSAGE ET MARKETING

Dans la sphère du marketing, de très nombreuses applications peuvent être retirées des concepts relatifs à l'apprentissage. Afin d'en assurer une meilleure compréhension, nous définirons dans un premier temps les domaines sur lesquels porte l'apprentissage d'un consommateur. Dans un second temps, nous nous intéresserons à quelques-unes des implications de marketing les plus directes, laissant volontairement de côté la fidélité à la marque qui, vu son importance, sera traitée séparément.

Ce qu'un consommateur apprend

L'apprentissage de la consommation se fait à deux niveaux, l'un essentiellement mental et l'autre essentiellement physique (Walters, 1974). En ce qui concerne le premier niveau, le plus fondamental, l'apprentissage est l'aboutissement d'un processus de pensée, qui implique les croyances, les préférences, les sentiments, les opinions et les associations mentales:

1) Un consommateur apprend à associer un chameau à une marque de cigarettes (et maintenant, au Québec, à une voiture économique: la sobriété du chameau avec l'économie en carburant de la Renault 5: «Le chameau? . . . Le meilleur ami de l'homme!»);
2) Un consommateur apprend à préférer les chemises Pierre Cardin;

3) Un consommateur apprend avec l'âge à élaborer de nouveaux critères d'évaluation, etc.

Pour ce qui est du second niveau, le consommateur apprend des comportements physiques spécifiques à chaque situation de consommation rencontrée. Ces comportements découleront des attitudes préalablement développées:

1) Un consommateur apprend que pour se rendre au centre commercial une route est plus courte que l'autre;
2) Un consommateur apprend à se comporter d'une certaine façon dans les magasins;
3) Un consommateur apprend à réagir devant la publicité, etc.

La quasi-totalité des comportements de consommation intègre les deux niveaux (voir fig. 5.8), mais l'apprentissage ne survient pas forcément d'une façon simultanée. Des comportements peuvent être appris longtemps après que des attitudes ont été développées. De nouvelles attitudes peuvent se former à la suite de comportements spécifiques. Quoi qu'il en soit, le consommateur est sujet, par le biais de la pensée ou du comportement, à un processus permanent de socialisation dans la consommation.

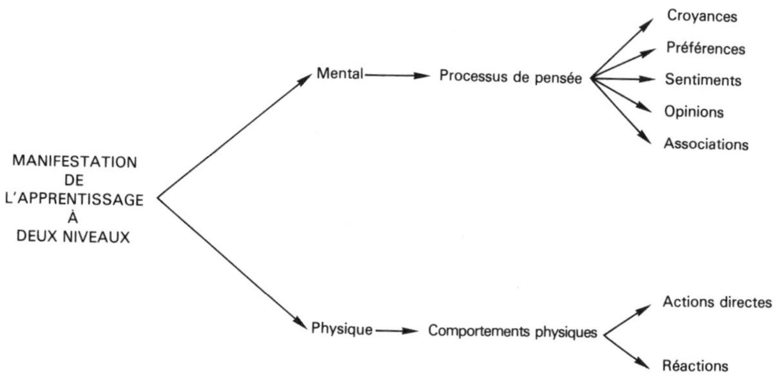

Figure 5.8 Implications de l'apprentissage en comportement du consommateur: «Ce qu'un consommateur apprend».

Quelques implications directes de marketing

L'apprentissage sans implication selon Krugman (1965)

Krugman a développé cette notion d'apprentissage sans implication chez le consommateur pour expliquer les effets de la publicité à la télévision. La figure 5.9 donne une idée du processus que nous allons expliquer maintenant.

Selon lui, le fait de regarder des messages publicitaires à la télévision constitue une situation peu implicante pour le consommateur. Par voie de consé-

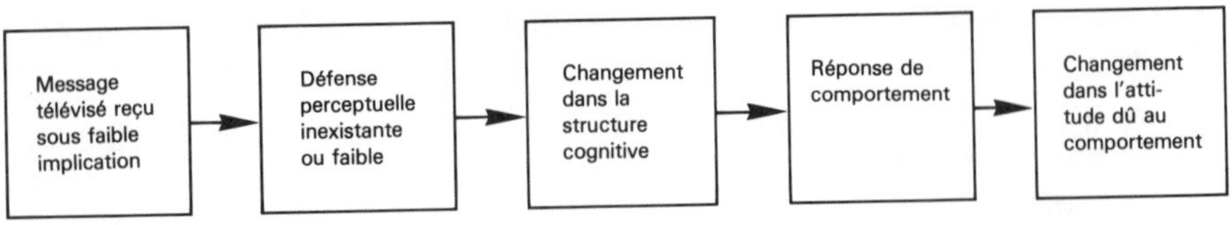

Source: Krugman, H., «The Impact of Television Advertising: Learning Without Involvement», *Public Opinion Quarterly*, 1965, p. 349-356. Reproduit avec autorisation, Copyright © 1965.

Figure 5.9 L'apprentissage sans implication selon Krugman (ou les effets de la publicité télévisée).

quence, la défense perceptuelle à l'égard de ces messages est faible, voire inexistante, et en profitant de la répétition, il est possible de provoquer un changement dans la structure cognitive. Il demeure toutefois que ce changement au niveau cognitif n'équivaut à un changement dans l'attitude que lorsqu'il y a eu un premier comportement sous la forme d'un achat ou d'une utilisation quelconque du produit.

Cette ancienne théorie qui prône la répétition des messages publicitaires comme moyen d'en augmenter l'efficacité trouve encore de nombreux adeptes dans les agences de publicité. Elle fait fi néanmoins de deux autres facteurs essentiels: la créativité du contenu publicitaire et la saturation publicitaire qui peut rendre les téléspectateurs «publiphobes». Nous en reparlerons plus précisément dans le chapitre sur la nouvelle théorie de la faible implication.

Le phénomène de remémoration spontanée

Un phénomène fort courant sur un marché donné est l'idylle qu'entretiennent les consommateurs avec un nouveau produit (ou une nouvelle idée) avant d'en revenir à un produit bien établi et familier (les «bons vieux produits!»).

Souvent, en matière de mesure de l'efficacité publicitaire, les tests peuvent être surprenants, ou à l'opposé décevants, selon que la mesure se fait à court ou à moyen terme. Cette situation s'explique fort bien par la notion de remémoration spontanée qui est, en fait, une dimension de l'emmagasinage publicitaire. Raisonnons à partir d'un cas concret: supposons que, dans un marché donné, une nouvelle marque soit littéralement propulsée par un budget de lancement important. Durant cette période de pression de marketing intense, elle va démarrer rapidement et peut-être même dépasser une ancienne marque bien établie qui, ne profitant plus d'un important budget de lancement (mais plutôt de maintien), stagne ou est même en lente extinction. Néanmoins, la nouvelle marque ne pouvant éternellement profiter d'un budget aussi substantiel doit, à son tour, rétrograder, en venir à un budget de maintien et donc à l'extinction. À ce moment-là, les parts de marché se remettent en place d'elles-mêmes et l'ancienne marque retrouve spontanément le premier rang. Ce phénomène repose sur une loi de l'apprentissage qui stipule que de deux habitudes d'égale force à un moment donné, la plus vieille sera, avec le temps, la plus forte (Ward, Robertson, 1973) (voir fig. 5.10).

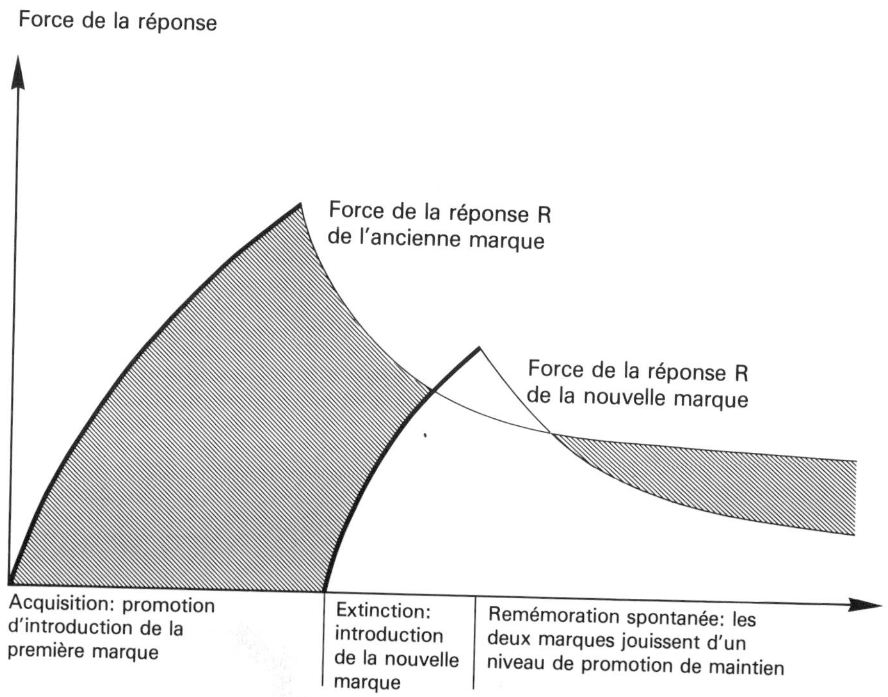

Source: Ward, S., Robertson, T. S., *Consumer Behavior: Theoretical Sources,* Prentice-Hall, 1973, p. 88. Reproduit avec autorisation de Prentice-Hall, Inc., Englewood Cliffs, N.J. Copyright © 1973.

Figure 5.10 Le phénomène de remémoration spontanée.

Le rôle de la promotion des ventes dans le façonnage des habitudes de consommation

Lors du lancement d'un nouveau produit, le façonnage du comportement des consommateurs s'avère fort important pour le spécialiste en marketing puisqu'il s'agit de former, à la longue, des habitudes qui soient favorables au produit, puis à la marque proprement dite.

De nombreux outils promotionnels peuvent favoriser l'introduction du produit sur le marché dans la mesure où leur usage est savamment dosé, s'estompant graduellement au fur et à mesure que le processus d'apprentissage prend forme. Au début, les incitants externes au produit constituent un moyen de promouvoir le produit. Puis, peu à peu, les bénéfices du produit devront jouer leur rôle d'incitants internes. Ainsi, par un passage graduel des critères d'achat à des critères intrinsèques, le produit devrait-il finir par se vendre de lui-même. Prenons un exemple: supposons qu'un échantillon soit donné pour favoriser l'acquisition et l'essai d'un nouveau produit. Ce premier essai est renforcé par la qualité du produit en question et par un coupon à faire valoir lors du premier achat. Ce coupon renforce indéniablement la considération d'acheter à nouveau le produit. Par la suite, les achats successifs sont renforcés par la qualité intrinsèque du produit et par d'autres coupons inclus dans les emballages. La valeur monétaire des coupons baisse au fur et à mesure que la promotion se poursuit. Finalement, les essais du produit se sont répétés en nombre suffisant pour que se soit développée une habitude de la marque.

Ainsi, en partant de rien, le comportement s'est transformé en un essai sans obligation financière, puis en une utilisation avec obligation faible, et enfin, en un usage répété avec obligation financière totale. La figure 5.11 donne un résumé de ce processus promotionnel (Rothschild, Gaidis, 1981). Une erreur commune réside dans l'arrêt trop rapide des efforts promotionnels qui devraient plutôt s'estomper graduellement. À l'opposé, une autre erreur consiste en une trop grande utilisation de ces aides promotionnelles, avec pour conséquence que l'achat devient trop associé à la présence d'une promotion. D'une fidélité à la marque, le consommateur passe à une fidélité à la promotion, mauvaise habitude dont il se défait difficilement.

OBJECTIF FINAL: L'ACHAT RÉPÉTÉ DE LA MARQUE

SÉQUENCE D'APPRENTISSAGE	FAÇONNAGE PROMOTIONNEL	RENFORCEMENT RECHERCHÉ
Favoriser l'essai du produit	Échantillon distribué, coupon inclus avec rabais important	Performance du produit / Coupon
↓	↓	↓
Favoriser l'achat avec une obligation financière minime	Coupon favorisant l'achat à faible coût. Autre coupon inclus donnant une réduction moindre	Performance du produit / Coupon
↓	↓	↓
Favoriser l'achat avec une obligation financière modérée	Coupon donnant droit à une faible réduction	Performance du produit
↓	↓	↓
Favoriser l'achat avec une obligation financière totale	L'achat se fait sans l'assistance d'un coupon	Performance du produit

Source: Rothschild, M., Gaidis, W., «Behavioral Learning Theory: Its Relevance to Marketing and Promotions», *Journal of Marketing,* vol. 45, printemps 1981, p. 72. Reproduit avec autorisation, Copyright © 1981.

Figure 5.11 Le façonnage des habitudes de consommation au moyen de la promotion des ventes.

LA FIDÉLITÉ À LA MARQUE

La fidélité à la marque réside dans la tendance qu'ont certains consommateurs à acheter avec régularité une seule et même marque. Le lien entre ce mode de comportement et la théorie de l'apprentissage est indéniable, cette dernière permettant d'en donner une explication conceptuelle convaincante: la fidélité à la marque et l'apprentissage constituent l'une et l'autre des processus qui s'étendent dans le temps et débouchent sur des habitudes de comportements propres à des situations données (Sheth, 1968).

Il est inutile d'épiloguer sur cette notion pour comprendre l'intérêt considérable qu'elle présente pour les firmes qui, sans exception, visent à obtenir cette fidélité pour leurs produits.

De plus, et malgré l'apparition de produits sans marque dans de nombreux hypermarchés tant européens que nord-américains (Carrefour, Euromarché, Steinberg, Dominion, etc.), il n'en demeure pas moins que de nombreuses études ont démontré qu'en toutes circonstances les consommateurs restaient attachés à la présence de grandes marques sur le marché. Néanmoins, et malgré cette importance unanimement reconnue, la recherche dans ce domaine a rencontré de graves problèmes d'opérationnalisation qui ont fait que les applications ont été pour le moins décevantes.

L'étude de la fidélité à la marque

Deux approches dans l'étude de la fidélité à la marque ont dominé la littérature en marketing. La première, par ordre d'apparition chronologique, s'inspire du conditionnement instrumental et voit dans la séquence d'achats répétés dans le temps une indication de la fidélité à la marque. Malheureusement, comme le constatent Jacoby et Kyner (1973), la définition de la notion de séquence peut être fort différente selon les chercheurs et amener des conclusions pour le moins contradictoires. Ainsi, une séquence de douze achats consécutifs «AABAACAADAAE» peut être qualifiée de significative de la fidélité du consommateur à la marque A en se référant à la définition qui repose sur le plus fort pourcentage d'achats d'une même marque, mais non significative selon la définition d'une séquence qui requiert au moins trois ou quatre achats consécutifs de la même marque comme critère de fidélité. De plus, une simple mesure unidimensionnelle est probablement insuffisante pour mesurer un phénomène multidimensionnel aussi complexe que celui de la fidélité à la marque.

De ce fait, la seconde approche qui est le reflet de la théorie cognitive soutient que le comportement seul n'est pas suffisant pour statuer sur l'existence de la fidélité à la marque, et que celle-ci implique la formation d'attitudes favorables. Cette évolution a débouché plus récemment sur l'idée selon laquelle les consommateurs pouvaient être fidèles à plusieurs marques, tendant à prouver que la fidélité à la marque est essentiellement un phénomène *relationnel,* c'est-à-dire qui consiste en la préférence pour une ou plusieurs possibilités prises parmi un grand nombre de possibilités proposées et concurrentes.

Cette notion de fidélité multiple dans une catégorie de produits n'est pas nouvelle puisque Brown avait dès 1952-53 soulevé la notion de fidélité divisée, puis Cunningham en 1956 avait donné une description de la fidélité double et triple à la marque.

Plus encourageants ont été le modèle d'achat de marques multiples (*model of multi-brand buying*) présenté par Ehrenberg et Goodhart en 1970 et enfin le modèle de fidélité multiple à des marques (*multi-brand loyalty model*) conçu par Jacoby en 1971.

C'est sur ce dernier modèle que nous allons maintenant insister.

Le modèle de fidélité multiple à des marques de Jacoby

En se basant sur ce modèle, il est possible de dire que les individus ont tendance à organiser les marques d'une classe donnée de produits en régions (ou latitudes) d'acceptation, de rejet et de neutralité. La région d'acceptation inclut à la fois la marque préférée entre toutes et les autres marques qui sont aussi jugées acceptables par le consommateur. La région de rejet comprend les marques qui sont considérées comme les plus indésirables ou inacceptables. La région de neutralité englobe les marques qui, pour une raison ou pour une autre, ne sont jugées ni acceptables, ni rejetables, c'est-à-dire les marques pour lesquelles l'individu est réservé.

Dès lors, si l'on prend l'exemple des dentifrices, un consommateur peut être fidèle à une seule marque, comme cela est montré dans le type 1 du modèle (voir fig. 5.12). Mais il peut aussi être fidèle à plusieurs marques en considérant cette fois le type 2 du modèle.

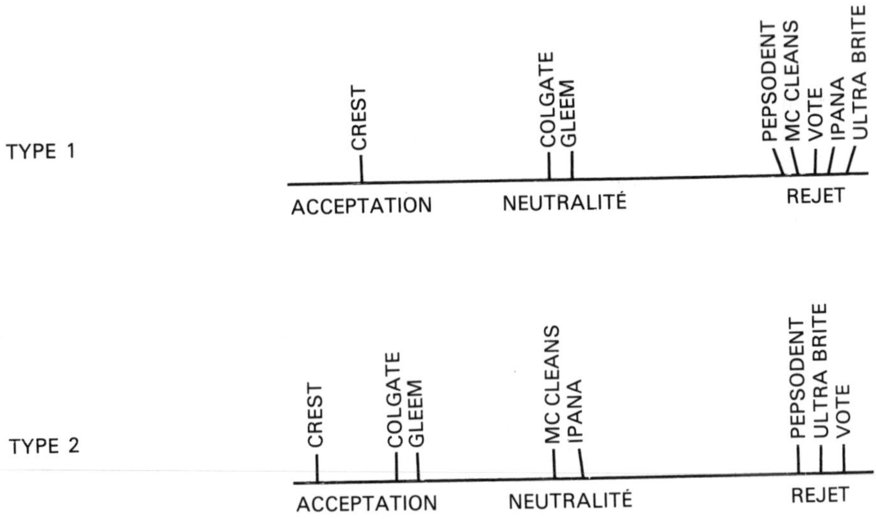

Source: Jacoby, J., «A Model of Multi-Brand Loyalty», *Journal of Advertising Research*, vol. 11, juin 1971, p. 25-31. Reproduit avec autorisation, Copyright © 1971.

Figure 5.12 Modèle de fidélité multiple selon Jacoby.

En fait, la région d'acceptation équivaut essentiellement à la notion conceptuelle d'«ensemble de marques de référence» («*evoked set*») développée par Howard et Sheth dès 1969 et que nous allons préciser.

La définition du concept d'ensemble de marques de référence (ou ensemble évoqué)

Dans un environnement commercial qui devient de plus en plus complexe, le consommateur est entouré d'une multitude de marques, à tel point qu'il n'est plus capable de les voir en totalité. Le besoin de clarifier une situation aussi complexe lui dicte la nécessité d'une sélection pure et simple de ces marques. Pour un produit donné, et à un moment donné du processus de décision, chaque individu sélectionne un ensemble de marques en fonction de leurs caractéristiques.

De ce fait, au sein même de la «carte du monde» qui conceptualise l'ensemble des marques connues du consommateur, celui-ci possède sa «carte de marques» pour un produit donné, c'est-à-dire les marques qu'il juge acceptables ou dignes d'intérêt pour un achat donné.

Et c'est pourquoi, dans le cas des marques de commerce, l'ensemble de marques de référence pour un consommateur est défini comme suit:

> Le nombre de marques d'une classe de produits qui, étant jugées comme acceptables pour un achat donné, sont considérées par le consommateur comme des possibilités potentielles (Campbell, 1968; Ostlund, 1973; Jarvis et Wilcox, 1973; Gronhaug, 1974; Dussart, 1975; Narayana et Markin, 1975; Williams et Etzel, 1976; May, Homans, 1977; Maddox, Gronhaug, Homans, May, 1978; Parkinson et Reilly, 1978; Brisoux et Laroche, 1980; et d'autres).

Nous présentons d'ores et déjà le rôle important qui sera joué par la mémoire de l'individu, et en particulier par le contenu de la mémoire, résultat des expériences passées. Ainsi, si l'on en croit Howard et Sheth (1969), sous l'effet d'une décision d'achat, le consommateur fait appel à sa mémoire pour y sélectionner dans un premier temps un ensemble de marques connues, sous-ensemble de marques disponibles sur le marché. Puis, dans un second temps, il limite sa décision à un ensemble de marques qui représente une fraction des marques connues, dont le nombre maximum dépasse rarement 7 et qui, en moyenne, se situe aux alentours de 2 à 3 marques (voir fig. 5.13).

Il est bien évident que le fait pour une marque donnée d'être ou de ne pas être située dans l'ensemble de marques de référence revêt une importance stratégique vitale, puisqu'il s'agit d'un préalable à l'achat. Le spécialiste en marketing devra donc faire en sorte que sa marque soit disponible — ce qui est une affaire de distribution —, soit connue — ce qui est le rôle de la publicité/promotion —, et soit enfin référencée comme acceptable — ce qui dépend de la qualité du produit proposé.

Les définitions conceptuelles élargies de la fidélité

Les nouvelles définitions conceptuelles de la fidélité à la marque constituent une suite logique aux concepts de fidélité multiple et d'ensembles de marques de référence en ce sens qu'elles intègrent ces notions dans leur formulation. Elles ont en commun le souci de démontrer qu'une définition du phénomène de la fidélité à la marque basée uniquement sur l'achat répété ou non d'un même produit est nécessaire mais très insuffisante.

Suivant cette même ligne de conduite, une définition élargie de la fidélité à la marque pourrait être celle présentée par Day (1969) qui affirme que la fidélité intentionnelle doit être soutenue par une attitude favorable face à la mar-

1) LES DIFFÉRENTS NIVEAUX DE MARQUES

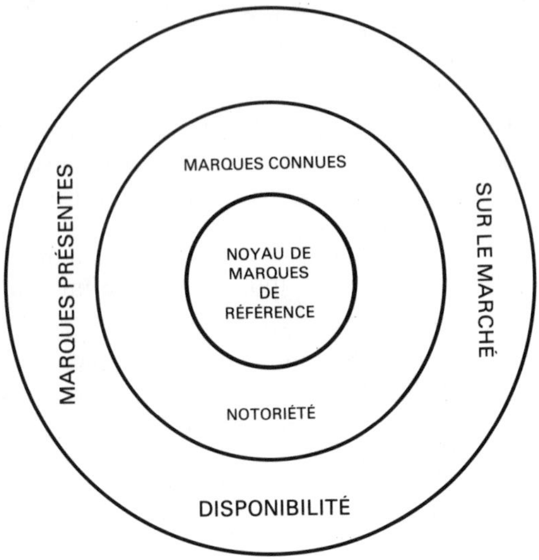

2) EXEMPLE FICTIF: LE CHOIX D'UNE CHAÎNE HAUTE-FIDÉLITÉ PAR UN CONSOMMATEUR

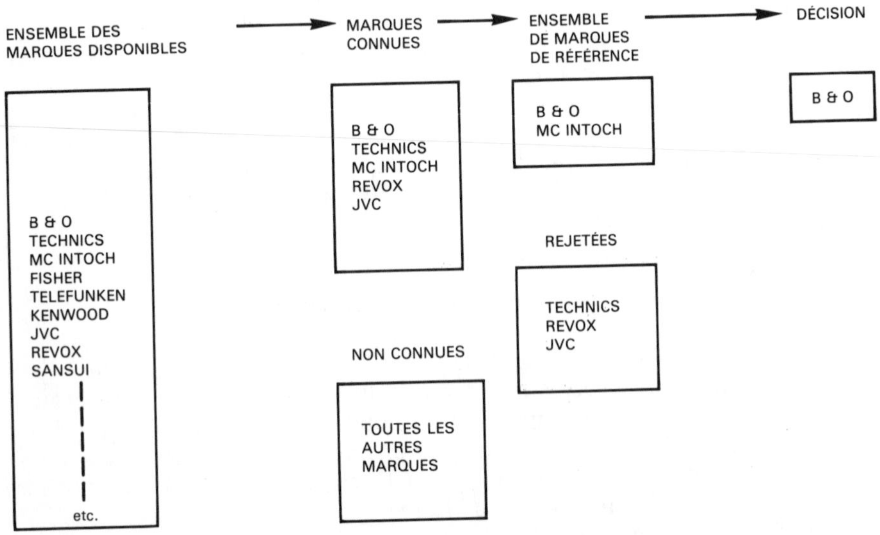

Figure 5.13 Processus du choix d'une marque.

que, en plus d'achats répétés. Ainsi, pour qu'un consommateur soit vraiment fidèle à une marque, il doit développer une attitude favorable face à elle en plus de l'acheter de façon répétée. En poursuivant ce raisonnement, la fidélité à la marque devient la réponse à la fois d'une attitude préférentielle et d'un comportement d'achat face à une ou plusieurs marques pour un produit défini, la réponse étant exprimée sur une période de temps par un consommateur (ou acheteur). Le modèle de Day intègre ainsi deux composantes: l'une behavioriste, l'autre intentionnelle mesurée sur le plan de l'attitude, d'où la formule:

$$L_i = \frac{P(B_i)}{KA_i^n} = f(X_a, X_b, \text{- - -} X_j)$$

où:

L_i = mesure de la fidélité à la marque du ième acheteur du produit;

$P(B_i)$ = proportion des achats du produit de marque «m» sur la période d'étude;

A_i = attitude face à la marque «m» au début de l'étude; plus elle est favorable, plus A_i est petit;

X_a, - - -, X_j = variables de régression;

K, u = constantes de maximisation de l'ajustement entre L_i et X_a - - - X_j.

Les avantages de cette définition sur les approches traditionnelles portant seulement sur l'analyse des achats effectués sont les suivants:

a) elle reconnaît la fidélité à plusieurs marques;
b) elle envisage la fidélité à la marque comme un phénomène rattaché plus spécifiquement au produit qu'à tout autre attribut général. Ainsi, un consommateur peut faire preuve de beaucoup de fidélité dans une catégorie de produits X, mais de très peu ou pas du tout dans une autre catégorie de produits;
c) elle traite la fidélité à la marque comme un phénomène temporel;
d) l'étude se fait à partir des réponses du preneur de décision;
e) la définition propose un continuum de fidélité à la marque, qui s'oppose à la dichotomie «fidèle-non fidèle»;
f) enfin, elle incorpore les variables d'attitude et de comportement.

Jacoby (1973) a établi lui aussi une définition conceptuelle élargie de la fidélité à la marque qui spécifie précisément ce qui doit être mesuré lorsqu'on étudie ce phénomène, mais ne dit pas comment le faire (par quelles procédures, avec quels instruments, etc.). La définition se présente sous la forme d'un ensemble de six conditions nécessaires et suffisantes envisagées d'une façon collective:

La fidélité à la marque est:

1) Un phénomène biaisé (non aléatoire);
2) Le résultat d'un comportement (l'achat);

3) Exprimé dans le temps;
4) Par une unité de prise de décision;
5) Face à une ou plusieurs possibilités de marques parmi un ensemble de marques;
6) Représente l'aboutissement de processus psychologiques (prise de décision, évaluation).

(Jacoby, 1973)

Reprenons plus spécifiquement chacune des conditions. La fidélité à la marque est avant toute chose un phénomène non aléatoire qui défie la prédiction et le contrôle. L'expression verbale de ce biais face à une ou des marques (affirmations de préférence ou d'intention d'achat) ne suffit pas pour définir la fidélité à la marque. De telles affirmations à l'endroit d'une marque spécifique se doivent d'être accompagnées de comportements d'achat, sinon il n'y a pas fidélité. Le terme fidélité suppose une condition de durabilité, et c'est pourquoi le même acte d'achat doit se répéter au moins à deux moments différents dans le temps.

L'expression «unité de prise de décision» implique que le preneur de décision n'a pas besoin d'être (*a*) l'utilisateur ou même l'acheteur du produit, bien qu'il le soit probablement, ou (*b*) un individu, mais peut être un groupe d'individus (une famille, une organisation).

La cinquième condition selon laquelle la fidélité à la marque exige la sélection d'une ou de plusieurs marques d'un ensemble de marques comporte aussi d'importantes implications. Elle reconnaît que la fidélité est un phénomène *multidimensionnel* (fidélité multiple) et *relationnel* (fonctions d'acceptation et de rejet).

La sixième condition dénote que la fidélité à la marque est une fonction d'un processus de prise de décision ainsi que d'évaluation. C'est le reflet d'une décision d'achat dans laquelle les différentes marques sont psychologiquement comparées (peut-être même physiquement), évaluées sur certains critères; alors la ou les marques jugées «optimales» sont sélectionnées.

Quelques applications de la fidélité à la marque

En raison des graves problèmes de conceptualisation et d'opérationnalisation de cette notion, les applications ont tardé à devenir fructueuses, notamment en matière de segmentation. Ce n'est que depuis 1973, date de la nouvelle définition conceptuelle selon Jacoby, que leurs résultats ont commencé à être plus concluants.

Fidélité à la marque et composition de la part de marché

En règle générale, la position concurrentielle d'une marque dans un marché donné est mesurée selon sa part de marché. Si cet indicateur constitue un excellent moyen de mesurer l'efficacité de marketing reliée à la marque, il n'en demeure pas moins à lui seul limité car il définit une position à un moment donné, sans en spécifier la stabilité interne.

La question qui se pose toujours consiste à savoir si cette position se maintiendra dans le temps. Et la réponse se trouve dans l'évaluation de la solidité des bases constituantes de cette position; plus spécifiquement, il s'agit de savoir si les acheteurs qui composent la part de marché sont occasionnels ou permanents, et donc si la clientèle est provisoire ou stable.

L'analyse devra donc porter sur la détermination et le dénombrement des différentes catégories d'acheteurs de la marque. Le plus souvent, on retrouve trois grandes catégories: (1) les acheteurs réguliers du produit mais infidèles à la marque, (2) les acheteurs réguliers du produit et fidèles à la marque et (3) les acheteurs occasionnels (Jacoby, Chestnut, 1978).

Comme la figure 4.14 l'indique, chacun de ces groupes peut être lui-même subdivisé selon les réactions aux marques en concurrence.

Deux implications en découlent: selon la première, plus la composition de la part de marché reposera sur des acheteurs réguliers du produit et fidèles à la marque considérée, plus la position de cette dernière sera stable et assurée dans le temps; selon la seconde, chacun des groupes peut, en fonction de son importance, nécessiter un marketing différencié.

Cette seconde implication a motivé la recherche visant à cerner les caractéristiques propres à chacun de ces groupes, et dont nous parlerons maintenant.

Le profil type du consommateur fidèle

Toutes les études qui ont porté sur ce sujet soutiennent qu'il n'y a pas un type de consommateur qui soit fidèle en toutes circonstances: la fidélité varie selon les catégories de produits envisagées. Ainsi, des consommateurs pourront être fidèles à des marques dans certaines catégories où ils s'impliquent beaucoup, et devenir des acheteurs occasionnels pour d'autres catégories.

Des études récentes utilisant des mesures d'attitudes face à la fidélité à la marque ont permis de mettre à jour quelques caractéristiques intéressantes (voir le tableau 5.1 qui présente la structure conceptuelle de ces mesures d'attitudes) (Wind, 1977).

Ces résultats peuvent se résumer de la façon suivante:

1) Les consommateurs fidèles seraient plus sujets à l'influence des groupes de référence (Stafford, 1966; Carman, 1970);
2) Le consommateur fidèle aurait une plus grande confiance en son choix (Day, 1969; Carman, 1970);
3) Le consommateur fidèle est plus susceptible de percevoir un risque élevé à l'achat (Dussart, 1975). En continuant à acheter une marque dont il est sûr, il réduit ainsi son risque. De plus, au niveau des ensembles de marques de référence, le nombre des marques retenues est relié positivement au goût du risque; plus un consommateur accepte le risque, plus il effectue des erreurs d'inclusion en élargissant le nombre des marques considérées, et inversement (erreurs d'exclusion);
4) Le consommateur fidèle à une marque le serait aussi à un magasin (Carman, 1970).

La modélisation du processus de choix d'une marque

Les deux approches (comportementale et cognitive) de l'apprentissage ont donné naissance à deux grands types de modélisation du processus de choix d'une marque par un consommateur.

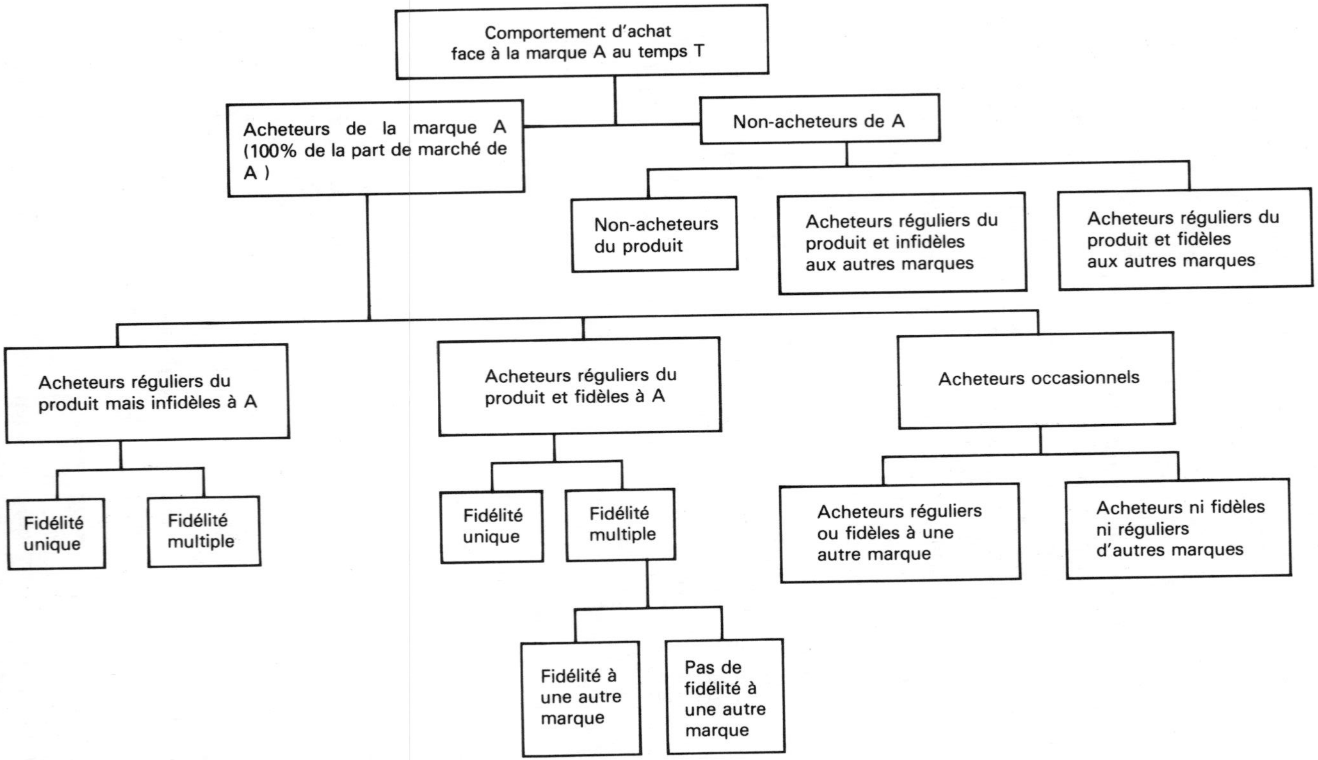

Source: Jacoby, J., Chestnut, R., *Brand Loyalty: Measurement and Management,* 1978, John Wiley & Sons, p. 103. Reproduit avec autorisation, Copyright © 1978.

Figure 5.14 Composition de la part de marché.

		Attitudes face à la marque	
		Attitude positive	Attitude négative ou indifférente
Comportement d'achat de la marque	Achète régulièrement la marque A	Fidèle à la marque A	Vulnérable à un passage à une marque concurrente
	N'achète pas régulièrement la marque A	Vulnérable à un passage à la marque A	Peu susceptible de passer à la marque A

Source: Adapté de Wind, Y., «Brand Loyalty and Vulnerability», dans *Consumer and Industrial Buying Behavior*, de Arch, G., Woodside, Jagdish, Sheth, N., Peter, D., Bennett, New York, 1977, North Holland, p. 314. Reproduit avec autorisation, Copyright © 1977 par Elsevier Science Publishing Co., Inc.

Tableau 5.1 Définition de la fidélité à la marque par les attitudes et le comportement.

Au comportement instrumental correspondent les modèles *stochastiques d'achat.* Ces modèles fournissent une vue structurelle de la manière dont les consommateurs règlent leurs décisions. Lorsque le comportement de choix de la marque par l'individu fait l'objet du modèle, la prédiction de celui-ci porte sur l'ensemble des actes possibles et s'exprime généralement au moyen d'une distribution de probabilités sur cet ensemble (Colard, 1975).

En se fondant sur le comportement d'achat passé pour prédire le comportement futur, on part de l'hypothèse que la répétition de l'achat reflète la satisfaction et accroît par conséquent la probabilité de rachat.

Ce n'est pas le but de cet ouvrage de présenter les fonctions mathématiques sous-jacentes à ces modèles (voir pour cela Bass, 1974). Sachons seulement que les modèles que l'on rencontre le plus souvent sont les modèles linéaires d'apprentissage et les modèles de Markov, plus connus sous le nom de chaînes de Markov, dont nous présenterons un exemple simple lors de la démonstration pratique.

À l'approche cognitive de l'étude de l'apprentissage correspondent les modèles *déterministes* qui visent à prédire le choix d'action spécifique sur la base de variables explicatives en intrant, telles que les caractéristiques du consommateur, ses attitudes, ses besoins. Comme nous l'avons déjà dit, les résultats obtenus par ces modèles n'ont pas toujours été probants, étant quelquefois même contradictoires.

CONCLUSION

Bien que le sujet de l'apprentissage soit au départ très théorique, nous nous sommes efforcés tout au long de ce chapitre d'en démontrer les fort nombreuses applications dans le domaine du marketing. La pertinence de ces notions est reliée à la nécessité pour le responsable du marketing de comprendre la formation des habitudes de consommation, élément moteur clé de la socialisation de l'individu en rapport avec la consommation, afin d'être capable d'exploiter cet apprentissage soit directement et sans chercher à le modifier, soit en tentant d'en influencer le sens.

Une bonne connaissance des théories de l'apprentissage constitue, en ce sens, un outil d'analyse fort précieux pour analyser les processus qui mènent à la formation de préférences pour des possibilités de consommation. Les domaines de la publicité, de la promotion des ventes, du lancement et de la diffusion de nouveaux produits, de la recherche en marketing profitent énormément de ces notions.

Nous avons aussi attaché un intérêt particulier à la fidélité à la marque, reconnaissant ainsi son rôle vital pour l'entreprise.

Venons-en maintenant à des considérations plus techniques sur les chaînes de Markov.

DÉMONSTRATION PRATIQUE: LES CHAÎNES DE MARKOV

Le concept de fidélité à la marque a toujours beaucoup intéressé les industriels et les chercheurs en marketing. Il est le point de départ de la plupart des développements concernant les habitudes d'achat des consommateurs.

Une grande partie des études sur ce sujet utilise les historiques d'achat comme données et les chaînes de Markov comme outils statistiques. Un historique d'achat constitue le simple enregistrement pendant un certain laps de temps des choix des consommateurs entre différentes marques d'un même produit. Une chaîne de Markov est un processus stochastique dans lequel l'état futur du système ne dépend que de l'état présent.

Historiques d'achat

Afin de mieux comprendre les chaînes de Markov, nous en expliquerons l'utilisation à travers un exemple. Nous choisirons comme produit le café instantané, avec 4 marques A, B, C et D et un échantillon de 10 consommateurs sur une période de 10 semaines. La figure 5.15 retrace l'historique d'achat des 10 consommateurs pendant cette période.

Dans l'analyse des historiques d'achat, nous nous trouvons face à trois types de variance:

1) *L'individu:* la variance provoquée par l'individu est nuisible à la qualité de l'étude. Pour l'éliminer, nous regroupons les individus ayant un comportement similaire et faisons une analyse séparée par groupe. Dans notre exemple, nous distinguons deux types d'individus: les gros consommateurs, qui achètent à peu près toutes les semaines (consommateurs 2, 3, 5, 8, 9), et les petits consommateurs, qui achètent à peu près tous les quinze jours (consommateurs 1, 4, 6, 7, 10);
2) *La marque:* cette variance représente l'objet de notre analyse, d'où l'intérêt d'étudier simultanément le plus grand nombre de marques possible et de ne pas les regrouper arbitrairement;
3) *Le temps:* le processus qui permet de résumer la variance dans le temps s'appelle la matrice de transition, ou encore matrice de Markov.

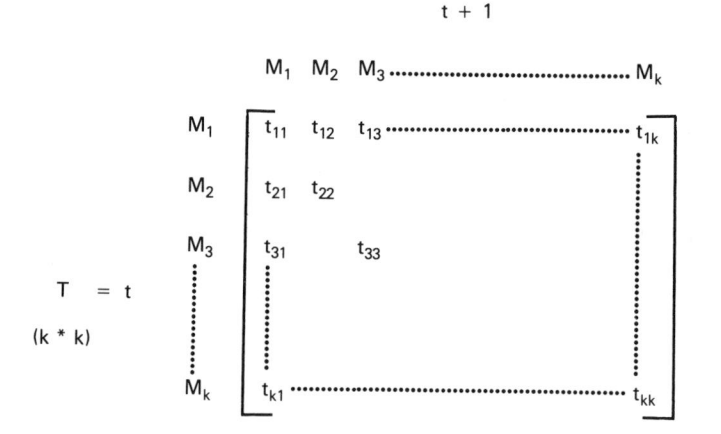

Semaines / Consommateurs	1	2	3	4	5	6	7	8	9	10
1	C		D		D		C		D	
2	B	B	A	C	B	B	C	C	B	B
3	A	A	A	A	A	A	A	A	A	A
4		D		D		D		C		D
5		C	A	B	B	B	B	B	B	B
6		C		D		D		D		C
7		D		C		C		C		C
8			A	B	C	B	A	C	B	A
9			B	C	A	B	C	B	A	C
10			C		D		D		C	

Figure 5.15 Historique d'achat.

Les matrices de transition

La matrice de transition est du format suivant:

$$
\underset{(k * k)}{T} = t \qquad
\begin{array}{c|ccccc|}
 & \multicolumn{5}{c}{t+1} \\
 & M_1 & M_2 & M_3 & \cdots & M_k \\
\hline
M_1 & t_{11} & t_{12} & t_{13} & \cdots & t_{1k} \\
M_2 & t_{21} & t_{22} & & & \vdots \\
M_3 & t_{31} & & t_{33} & & \vdots \\
\vdots & \vdots & & & & \vdots \\
M_k & t_{k1} & \cdots & \cdots & \cdots & t_{kk} \\
\hline
\end{array}
$$

où t et t + 1 sont les périodes;

M_i, i = 1, k, représentent les marques;

t_{ij} représente le pourcentage de consommateurs qui passent de la marque i à la marque j de la période t à la période t + 1;

t_{ii} représente le pourcentage de consommateurs qui rachètent la marque i à la période t + 1.

Les t_{ii} constituent les taux de fidélité à la marque. Dans notre exemple, la matrice devient, pour les périodes t = 4, et t + 1 = 5:

t = 5

t = 4	A	B	C	D	Non-achat
A	1	0	0	0	0
B	0	1	1	0	0
C	1	1	0	0	1
D	0	0	0	0	2
Non-achat	0	0	0	2	0

Certains consommateurs n'achetant pas à la période 4 ou à la période 5, nous sommes obligés de créer une colonne artificielle, le non-achat; cela n'ayant aucun intérêt analytique dans le cadre d'une étude sur le choix des marques, nous l'éliminerons en segmentant le marché en deux catégories: gros consommateurs et petits consommateurs.

À ce stade de l'étude, nous n'utilisons pas encore les pourcentages, mais seulement le nombre d'occasions d'achat.

Gros consommateurs

Nous commençons nos calculs à partir de la période où tous les consommateurs sont entrés dans le marché, c'est-à-dire la période 3. Nous remarquons que la marque D n'est achetée que par les petits consommateurs: elle ne figurera donc pas dans ce paragraphe.

t = 4

t = 3	A	B	C
A	1	2	1
B	0	0	1
C	0	0	0

t = 5

t = 4	A	B	C
A	1	0	0
B	0	1	1
C	1	1	0

t = 6

t = 5	A	B	C
A	1	1	0
B	0	2	0
C	0	1	0

$$t = 6 \quad \overset{\displaystyle t = 7}{\begin{array}{c} \\ A \\ B \\ C \end{array} \begin{array}{c} \begin{array}{ccc} A & B & C \end{array} \\ \begin{pmatrix} 1 & 0 & 0 \\ 1 & 1 & 2 \\ 0 & 0 & 0 \end{pmatrix} \end{array}}$$

$$t = 7 \quad \overset{\displaystyle t = 8}{\begin{array}{c} \\ A \\ B \\ C \end{array} \begin{array}{c} \begin{array}{ccc} A & B & C \end{array} \\ \begin{pmatrix} 1 & 0 & 1 \\ 0 & 1 & 0 \\ 0 & 1 & 0 \end{pmatrix} \end{array}}$$

$$t = 8 \quad \overset{\displaystyle t = 9}{\begin{array}{c} \\ A \\ B \\ C \end{array} \begin{array}{c} \begin{array}{ccc} A & B & C \end{array} \\ \begin{pmatrix} 1 & 0 & 0 \\ 1 & 1 & 0 \\ 0 & 2 & 0 \end{pmatrix} \end{array}}$$

$$t = 9 \quad \overset{\displaystyle t = 10}{\begin{array}{c} \\ A \\ B \\ C \end{array} \begin{array}{c} \begin{array}{ccc} A & B & C \end{array} \\ \begin{pmatrix} 1 & 0 & 0 \\ 1 & 2 & 0 \\ 0 & 0 & 0 \end{pmatrix} \end{array}}$$

Si nous faisons la somme des matrices de transition d'une période à l'autre, nous obtenons la matrice de vraisemblance maximum MLE (*Maximum Likelihood Estimator*); cette matrice MLE représente la meilleure estimation possible de l'ensemble des matrices de transition.

$$MLE = \begin{array}{c} \\ A \\ B \\ C \end{array} \begin{array}{c} \begin{array}{ccc} A & B & C \end{array} \\ \begin{pmatrix} 7 & 3 & 3 \\ 3 & 8 & 4 \\ 1 & 5 & 1 \end{pmatrix} \end{array} \begin{array}{c} \text{Total ligne} \\ 13 \\ 15 \\ 7 \end{array}$$

Pour obtenir la matrice finale $\hat{T}$, nous divisons chaque élément de la matrice MLE par le total de sa ligne:

$$\hat{T} = \begin{array}{c} \\ A \\ B \\ C \end{array} \begin{array}{c} \begin{array}{ccc} A & B & C \end{array} \\ \begin{pmatrix} 0{,}54 & 0{,}23 & 0{,}23 \\ 0{,}20 & 0{,}53 & 0{,}27 \\ 0{,}14 & 0{,}72 & 0{,}14 \end{pmatrix} \end{array}$$

Petits consommateurs

Nous procédons de la même manière pour les petits consommateurs avec les marques C et D et par périodes de 2 semaines.

$$t = 3, 4 \quad \overset{t = 5, 6}{\begin{array}{c} \\ C \\ D \end{array} \begin{array}{c} \begin{array}{cc} C & D \end{array} \\ \begin{pmatrix} 1 & 1 \\ 0 & 3 \end{pmatrix} \end{array}}$$

$$t = 5, 6 \quad \overset{t = 7, 8}{\begin{array}{c} \\ C \\ D \end{array} \begin{array}{c} \begin{array}{cc} C & D \end{array} \\ \begin{pmatrix} 1 & 0 \\ 2 & 2 \end{pmatrix} \end{array}} \qquad t = 7, 8 \quad \overset{t = 9, 10}{\begin{array}{c} \\ C \\ D \end{array} \begin{array}{c} \begin{array}{cc} C & D \end{array} \\ \begin{pmatrix} 1 & 2 \\ 2 & 0 \end{pmatrix} \end{array}}$$

Nous avons donc:

$$MLE = \begin{array}{c} \\ C \\ D \end{array} \begin{array}{c} \begin{array}{cc} C & D \end{array} \\ \begin{pmatrix} 3 & 3 \\ 4 & 5 \end{pmatrix} \end{array} \begin{array}{c} \\ 6 \\ 9 \end{array}$$

$$\hat{T} = \begin{array}{c} \\ C \\ D \end{array} \begin{array}{c} \begin{array}{cc} C & D \end{array} \\ \begin{vmatrix} 0{,}50 & 0{,}50 \\ 0{,}44 & 0{,}56 \end{vmatrix} \end{array}$$

Stabilité

La matrice MLE résume les changements observés à travers le temps. Elle ne contribue cependant à la réduction de la variance temps que dans la mesure où elle constitue une image relativement fidèle de chacune des matrices de transition. Pour cela, il faut que les variations d'une matrice à l'autre ne dépassent pas un certain seuil. C'est ce que l'on appelle la condition de stabilité. Un test statistique développé par Styan et Smith (1964) permet de vérifier l'existence de cette condition.

Dans l'exemple utilisé, nous supposons que la condition est remplie.

Équilibre et utilité prédictive

Équilibre

Les résultats des tests ayant établi la stabilité de la matrice de transition $\hat{T}$, il devient possible de prédire la part de marché future de chacune des marques. Il existe une relation formelle entre les parts de marché à différentes périodes:

$$\underset{(1 * m)}{Pt + 1} = \underset{(1 * m)}{Pt} * \underset{(m * m)}{\hat{T}}$$

où m est le nombre de marques;
Pt et Pt + 1 représentent les parts de marché aux périodes t et t + 1;
$\hat{T}$ est la matrice de transition.

En appliquant cette formule au segment des gros consommateurs, nous obtenons (en supposant des parts de marché pour A, B et C à la période t de 43%, 38% et 19% respectivement):

$$\underset{t+1}{\begin{matrix} A & B & C \\ (33 & 44 & 23) \end{matrix}} = \underset{t}{\begin{matrix} A & B & C \\ (43 & 38 & 19) \end{matrix}} \begin{pmatrix} 0,54 & 0,23 & 0,23 \\ 0,20 & 0,53 & 0,27 \\ 0,14 & 0,72 & 0,14 \end{pmatrix}$$

$$\underset{t+2}{(30 \quad 47 \quad 23)} = \underset{t+1}{(33 \quad 44 \quad 23)} \begin{pmatrix} 0,54 & 0,23 & 0,23 \\ 0,20 & 0,53 & 0,27 \\ 0,14 & 0,72 & 0,14 \end{pmatrix}$$

Au bout de cinq périodes, les parts de marché se stabilisent à:

$$\begin{matrix} A & B & C \\ (28 & 49 & 23) \end{matrix}$$

Dans le cas des petits consommateurs (en supposant des parts de marché pour C et D de 45% et 55% respectivement), nous avons:

$$\underset{t+1}{\begin{matrix} C & D \\ (47 & 53) \end{matrix}} = \underset{t}{\begin{matrix} C & D \\ (45 & 55) \end{matrix}} \begin{pmatrix} 0,50 & 0,50 \\ 0,44 & 0,56 \end{pmatrix}$$

Ces parts de marché en t + 1 s'avèrent finalement les parts de marché stabilisées.

Nous regroupons maintenant les deux segments du marché pour calculer la matrice de vraisemblance maximum pour l'ensemble du marché. Nous répartissons 1000 occasions d'achat entre les quatre marques A, B, C et D en supposant que le segment des gros consommateurs représente 65% du marché total.

Cette matrice s'obtient en deux temps:

Calcul des parts de marché:

$P_A = 1000 * 0,65 * 0,28 = 182$
où P_A est la part de marché de A;
0,65 est le pourcentage de gros consommateurs;
0,28 est la part de marché de A dans le segment des gros consommateurs.

Répartition des parts pour chaque marque en fonction des matrices de transition $\hat{T}$:

$98 = 182 * 0,54$
où 0,54 est le pourcentage de consommateurs qui rachètent A.

MLE =

		A		B		C		D		Parts du marché	
A		98		42		42		0			182
B		63		170		86		0			319
C	Gros	21	21	107	107	21	103	0	82	0,149	314
	Petit	0		0		82		82		0,165	
D		0		0		82		104			185
											1000

Ce qui donne:

$$\hat{T} = \begin{array}{c} \\ A \\ B \\ C \\ D \end{array} \begin{array}{cccc} A & B & C & D \\ \hline 0,54 & 0,23 & 0,23 & 0 \\ 0,20 & 0,53 & 0,27 & 0 \\ 0,07 & 0,34 & 0,33 & 0,36 \\ 0 & 0 & 0,44 & 0,56 \end{array}$$

Nous obtenons deux matrices de transition MLE et $\hat{T}$, en équilibre, c'est-à-dire que chaque marque gagne autant de clients qu'elle en perd. Ainsi les parts de marché sont stables dans le temps.

Utilité prédictive

Le calcul des matrices de transition en situation d'équilibre permet d'obtenir une extrapolation des parts de marché de chaque marque. L'importance de conserver un taux de fidélité proportionnel à la part de marché est mise en évidence; en effet, plus la part de marché est élevée, plus le taux de fidélité doit l'être aussi.

De plus, le rapport taux de fidélité/part de marché est un indicateur du niveau de concentration dans un segment. Ainsi, dans notre exemple:

A: $\dfrac{0{,}54}{0{,}182} = 2{,}97$ B: $\dfrac{0{,}53}{0{,}319} = 1{,}66$

C: $\dfrac{0{,}33}{0{,}314} = 1{,}05$ D: $\dfrac{0{,}56}{0{,}185} = 3{,}03$

Plus le rapport est élevé, plus la marque se trouve concentrée dans un segment.

La surveillance simultanée des parts de marché et des taux de fidélité de ses produits permet à l'entreprise de mieux en connaître le comportement concurrentiel.

Exercices pratiques

Exceptionnellement ce chapitre sur l'apprentissage comprend deux exercices. Ceci est dû à l'importance accordée à la fidélité à la marque en plus des phénomènes d'apprentissage proprement dits. La première expérimentation consiste en un exercice programmé individuel dont le but est de faire réfléchir l'étudiant sur la notion d'ensembles de marques de référence. La seconde est une étude de cas (avec jeux de rôles) qui pose un sérieux problème d'éthique professionnelle: la formation des habitudes de consommation en matière de. . . cigarettes!

Exercice pratique n° 1: Notoriété de la marque, nature du produit et marketing-mix

Chaque année, les entreprises industrielles et commerciales dépensent des sommes considérables pour faire connaître leurs produits auprès de leurs consommateurs potentiels, et ce parfois sans effets significatifs.

Or, si l'on fait une enquête auprès d'un échantillon de consommateurs en leur demandant de citer, pour quelques produits, les marques qui leur viennent à l'esprit, on s'aperçoit de l'existence des phénomènes suivants:

1) Les consommateurs associent difficilement des marques à certaines classes de produits, alors que pour d'autres ils le font très aisément;

2) Par ailleurs, au sein d'une même classe de produits, certaines marques acquièrent rapidement la notoriété, alors que d'autres ne l'atteignent que très lentement;
3) Les consommateurs perçoivent les marques d'un même produit en les plaçant sur un continuum affectif qui comprend trois zones:
a) *une zone d'acceptation:* les marques dans cette zone sont considérées favorablement. L'une d'entre elles est préférée aux autres.
b) *une zone de neutralité:* le consommateur ne perçoit ces marques ni favorablement, ni défavorablement. Il connaît leur existence, un point c'est tout;
c) *une zone de rejet:* le consommateur a une opinion défavorable de ces marques.

Cet exercice a pour but de faire réfléchir le lecteur sur la complexité des relations entre la nature du produit, les perceptions des consommateurs et le positionnement des marques.

1 Les auteurs opposent la notion de notoriété d'une marque à celle de non-connaissance de la marque. Vous devez nommer de mémoire:
a) plusieurs produits auxquels vous n'associez pas de marques;
b) plusieurs produits dont les noms de marques vous sont connus.

Choisissez un produit dans chacune des deux catégories.
Cherchez à savoir si la connaissance ou la non-connaissance des marques des produits retenus est due à des circonstances personnelles (par exemple: avoir travaillé dans le type d'entreprise en question) ou bien à la nature intrinsèque du produit (par exemple: les différentes marques sous lesquelles est vendu le produit sont toutes très peu connues des consommateurs).
Si votre connaissance des différentes marques est causée par des circonstances personnelles, veuillez choisir un autre produit avec lequel vous n'avez pas ce type de rapport.
2 Réfléchissez aux conséquences qu'entraînent les relations entre la notoriété de la marque et la nature du produit sur la rentabilité des actions entreprises par une firme dans le but de faire connaître sa marque, quel que soit le produit ou le marché.
3 Mettez-vous à la place du directeur de marketing chargé d'élaborer la stratégie à court et moyen terme pour les deux produits que vous avez retenus. Vous devez naturellement respecter les intérêts à long terme de l'entreprise pour laquelle vous travaillez.
Pour chacun des deux produits, décrivez soigneusement:
a) le marché cible;
b) les segments choisis (au moins deux) d'après les caractéristiques des consommateurs visés;
c) le marketing-mix, et ce par segment.

4 Pour un produit qui vous est familier, nommez les marques qui correspondent aux catégories suivantes:
a) marque préférée;
b) marques acceptables;
c) marques neutres;
d) marques rejetées.

Si vous étiez chargé d'organiser la campagne publicitaire d'une de ces marques, quelle serait votre stratégie? Faites-le pour une marque dans chacune des quatre catégories.

5 Réfléchissez à l'intérêt que présente pour l'élaboration des stratégies de marketing la connaissance approfondie de la perception qu'ont les consommateurs des produits et des marques. Donnez des exemples détaillés, pris si possible dans la réalité.

Exercice pratique n° 2: La compagnie de cigarettes Kingston*

Étude de cas avec discussions en groupes sur la formation des habitudes en matière de cigarettes et ses conséquences.

La procédure de travail

Première étape

Les participants se divisent en cinq groupes de travail. Chaque groupe aura à remplir une tâche particulière. Pour cela, il devra répondre aux questions spécifiques qui lui sont assignées et élire un rapporteur pour la séance de synthèse.

Deuxième étape

Une fois les travaux de groupe terminés, les représentants se réuniront autour d'une table ronde et un animateur sera nommé. Chacun des rapporteurs préalablement désignés présentera le travail de son équipe; les autres participants assisteront à la table ronde en tant qu'observateurs.

Troisième étape

Il y aura une discussion-synthèse autour des rapports présentés; les observateurs pourront intervenir lorsqu'ils en sentiront le besoin.

Tâches assignées aux différents groupes

Groupe 1

Ce groupe aura pour unique objectif de résoudre le cas. Pour cela il pourra s'aider des questions présentées à la fin du cas, mais il lui est recommandé de suivre son approche personnelle, de définir spécifiquement le problème à résoudre et de bien justifier sa solution.

---

* Ce cas a été traduit, adapté et remanié à partir de l'étude de cas «Kingston Cigarettes: Learning of a Social Practice» publiée dans *Cases in Consumer Behavior,* de Blackwell, Engel, Kollat, 1969, Holt, Rinehart & Winston, p. 44-48. Copyright © 1969 par Holt, Rinehart & Winston, Inc. Reproduit avec autorisation de H.R.W., CBS College Publishing.

Groupe 2

Ce groupe devra envisager le problème posé et les avenues de solution d'une façon assez générale, puis répondre plus spécifiquement à la question suivante: quand un produit est considéré comme néfaste pour les consommateurs, est-ce que la responsabilité de réduire les ventes du produit en question incombe aux consommateurs, à la firme ou au gouvernement?

Groupe 3

Ce groupe devra lui aussi envisager le problème posé et les avenues de solution d'une façon assez générale, puis répondre plus spécifiquement à la question suivante: si des méthodes ou moyens réels de contourner la loi existent, est-ce que l'équipe managériale de Kingston doit les utiliser? (Vous devrez envisager le cas où l'équipe managériale a connaissance du fait que le produit est néfaste, puis le cas où le gouvernement ou toute autre organisation dénonce le produit comme étant néfaste alors que l'équipe managériale rejette ces allégations.)

Groupe 4

Ce groupe devra lui aussi envisager le problème posé, et les avenues de solution d'une façon assez générale, puis répondre plus spécifiquement à la question suivante: si un chercheur en comportement du consommateur est employé par la compagnie et que la compagnie utilise ses capacités dans le but qu'il contourne la loi, quelle est la responsabilité du chercheur?

Groupe 5

Ce groupe devra lui aussi envisager le problème posé et les avenues de solution d'une façon assez générale, puis répondre plus spécifiquement à la question suivante: si les dirigeants ou les chercheurs peuvent utiliser des connaissances dans le but de contourner la loi, alors est-il de leur responsabilité de maximiser l'intérêt des actionnaires de la compagnie qui risquent de perdre des montants d'argent substantiels dans l'éventualité d'un déclin des ventes de cigarettes (ainsi que les employés et les exploitants de tabac qui risquent de subir de sérieux contrecoups) ou de satisfaire les consommateurs qui souffriraient de problèmes médicaux graves causés par une surconsommation due à l'accroissement de l'efficacité des communications de marketing?

Présentation du cas

La compagnie Kingston, nom fictif d'un important fabricant de cigarettes extralongues, a vendu environ 8% de toutes les cigarettes à bout filtre au Québec. Des études de marché effectuées périodiquement par la firme indiquaient que les fumeurs de cigarettes Kingston se distinguaient des fumeurs de marques concurrentes du fait qu'ils étaient parmi les plus fidèles à la marque, parmi les plus gros fumeurs et qu'ils semblaient peu enclins à cesser de fumer pour des raisons de santé.

Problème

En raison de la sensibilisation grandissante des gens aux dangers que la cigarette peut occasionner pour la santé, les plus grandes firmes de cigarettes durent apporter des restrictions sur leur publicité lorsque celle-ci s'adressait à des personnes de moins de vingt et un ans. Entre autres choses, ces restrictions stipulaient qu'on ne pouvait présenter des jeunes en train de fumer, que les messages publicitaires ne pouvaient être diffusés si l'auditoire était composé de plus de 50% de jeunes gens et que les incitations publicitaires au niveau des slogans ne pouvaient mettre l'accent sur le sport ou d'autres sujets d'un intérêt particulier pour les jeunes. Enfin, la société Radio-Canada qui reconnaissait les méfaits de la cigarette ne présentait plus d'annonces de ce produit à la radio ni à la télévision.

Ces restrictions ne produisirent aucun effet immédiat sur les ventes de Kingston et ne semblèrent pas non plus affecter la plupart des autres marques. Les ventes totales de cigarettes continuèrent à augmenter malgré l'émission d'un rapport par le ministère de la Santé et du Bien-Être social sur les dangers de la cigarette (voir à l'Annexe I quelques éléments clés de ce rapport), malgré la mise sur pied par ce même ministère d'une campagne de sensibilisation du public aux méfaits de la cigarette (voir à l'Annexe II quelques-unes des publicités utilisées), malgré l'obligation d'inscrire des Avis de santé sur les paquets de cigarettes et, enfin, malgré le lancement par diverses organisations de campagnes d'information sur les méfaits du tabac. Occasionnellement, la diffusion d'une nouvelle importante affectait les ventes pour un temps, mais la tendance générale restait à la hausse.

L'équipe de direction de la compagnie s'inquiétait néanmoins des effets à long terme provoqués par ces mesures restrictives, et plus particulièrement de l'absence d'une publicité dirigée vers les jeunes: quels seraient les effets réels d'une contrainte aussi majeure, et cela provoquerait-il pour la compagnie, dans un futur plus ou moins proche, une perte substantielle de fumeurs et donc du chiffre d'affaires? Pour tenter de faire le point, il semblait primordial pour la direction de pouvoir trouver réponse à la question suivante: quand et comment les individus commencent-ils à fumer? La compagnie désirait aussi savoir si le fait de ne pas fumer durant l'adolescence durerait dans les années à venir, avec pour conséquence une proportion plus petite de fumeurs, ou si la première cigarette serait simplement retardée de quelques années.

Méthodologie de la recherche

En avril 1976, le directeur de la compagnie Kingston approuva que soit commandée une étude visant à déterminer l'influence des premières cigarettes sur la formation des habitudes de consommation de ce produit. L'étude fut confiée à Remarco inc., une société de consultation indépendante située dans le secteur nord de Montréal. L'enquête sur le terrain fut entreprise dans ce même secteur, afin d'en limiter les dépenses. Enfin, la direction de Kingston consentait à effectuer une enquête d'envergure nationale si les résultats indiquaient qu'une étude plus élaborée s'avérait nécessaire. Un total de 1240 interviews individuelles furent recueillies. L'échantillon fut constitué par quotas de façon à respecter les proportions spécifiques de la population mère, stratifiée sur la base de variables démographiques, de façon aussi à inclure un nombre égal de fumeurs de marques importantes de cigarettes. Sur l'ensemble des personnes interrogées, 1024 personnes étaient des fumeurs, et le restant des non-fumeurs ou des personnes ayant déjà fumé. L'unité d'échantillonnage avait été définie comme étant toute personne qui fumait au moins dix cigarettes par jour. Le questionnaire comportait plusieurs questions: seules sont présentées ici celles qui se rapportent à la période des débuts d'un fumeur.

L'analyse des résultats

On demanda aux répondants de se rappeler l'âge auquel ils avaient fumé leur première cigarette. Le tableau récapitulatif n° 1 montre que 57 % d'entre eux ont commencé à fumer avant 16 ans. Les fumeurs de cigarettes Kingston sont sur ce point dans la moyenne. Seulement 10 % des fumeurs ont commencé après 21 ans.

Tableau récapitulatif n° 1

Âge de la première cigarette («Quel âge aviez-vous quand vous avez fumé pour la première fois?»)

	Kingston	Matinée	Belvedere	Du Maurier	Peter Jackson	Sans filtre	Total des fumeurs
16 ans ou moins	55 %	54 %	59 %	60 %	50 %	65 %	57 %
17 à 21 ans	35 %	37 %	33 %	35 %	41 %	27 %	35 %
21 ans et plus	10 %	9 %	8 %	5 %	9 %	8 %	8 %
Échantillon	(162)	(171)	(176)	(186)	(161)	(168)	(1024)

Le tableau récapitulatif n° 2, quant à lui, montre que les jeunes fumeurs avaient en général avoué plus facilement à leurs pères qu'à leurs mères qu'ils fumaient. Environ 31 % des parents d'un fumeur de cigarettes Kingston ne réalisaient pas (selon la perception du répondant) que leurs enfants fumaient au moment où ils ont commencé. Seule une minorité de fumeurs pensaient fermement que leurs parents étaient conscients du fait qu'ils commençaient à fumer.

Tableau récapitulatif n° 2

La connaissance des parents («Est-ce que l'un ou l'autre de vos parents savait que vous fumiez à ce moment?»)

	Kingston	Matinée	Belvedere	Du Maurier	Peter Jackson	Sans filtre	Total des fumeurs
Aucun des parents	31 %	40 %	29 %	24 %	29 %	32 %	31 %
Le père seulement	40 %	36 %	40 %	39 %	40 %	46 %	41 %
La mère seulement	7 %	7 %	7 %	9 %	6 %	7 %	7 %
Les deux	22 %	17 %	24 %	28 %	20 %	14 %	21 %
Ne se rappellent pas	—	—	—	—	5 %	1 %	—
Échantillon	(162)	(171)	(176)	(186)	(161)	(168)	(1024)

Enfin, le tableau récapitulatif n° 3 révèle la perception des fumeurs quant à l'attitude de leurs parents face à eux lorsqu'ils ont commencé à fumer. Pour l'ensemble des marques représentées dans cette étude, il semble que les parents des fumeurs de Kingston, en comparaison de ceux des fumeurs des autres marques, adoptèrent une attitude plus tolérante du fait que leurs enfants fumaient. Seulement 19 % des parents des enfants qui fumaient des Kingston s'opposaient fortement à ce que leurs enfants fument comparativement à 26 % pour l'ensemble des fumeurs.

Tableau récapitulatif n° 3

Attitude des parents face à la cigarette («Quelle a été la réaction de votre famille lorsque vous avez commencé à fumer?»)

	Kingston	Matinée	Belvedere	Du Maurier	Peter Jackson	Sans filtre	Total des fumeurs
S'opposaient fortement à ce que je fume	19 %	28 %	23 %	36 %	27 %	23 %	26 %
S'opposaient relativement à ce que je fume	23 %	17 %	16 %	21 %	20 %	26 %	20 %
Pas opposés à ce que je fume	23 %	23 %	34 %	24 %	23 %	27 %	26 %
N'avaient rien à dire à ce sujet	35 %	32 %	27 %	18 %	29 %	23 %	28 %
Ne me rappelle pas	—	—	—	1 %	1 %	1 %	—
Échantillon	(162)	(171)	(176)	(186)	(161)	(168)	(1024)

À l'examen des résultats, il devint clair pour les dirigeants de la compagnie Kingston que cette recherche soulevait des points pertinents, mais qu'il lui manquait les détails qui auraient permis de répondre aux questions soulevées. Un certain nombre d'études spécialisées dans les sciences du comportement indiquaient que les cigarettes représentaient l'accomplissement de plusieurs fonctions initiatiques propres aux années d'adolescence. Par exemple, elles indiquaient que lorsque des jeunes gens se font de nouvelles connaissances, commencent à se donner des rendez-vous ou se mêlent à une réunion entre amis, la cigarette devient un moyen de faire disparaître les barrières sociales. Dans certains cas même, la cigarette sert de symbole de maturité ou d'un statut social. Une série d'études démontraient aussi que les gros fumeurs étaient plus susceptibles d'avoir eu une enfance malheureuse que les fumeurs occasionnels ou les non-fumeurs. Ces études mettaient à jour une relation négative entre le degré de réalisation de l'étudiant dans ses études et l'habitude de fumer jeune. Selon les études, il semble que l'habitude de fumer indique un manque d'implication dans le programme scolaire et un effort pour se satisfaire hors de ce milieu. Ainsi, les défectuosités de certains systèmes pédagogiques favorisent peut-être le besoin de fumer.

Une brochure du ministère de la Santé et du Bien-Être social du Canada dressait la liste des raisons qui font qu'un adolescent fume:

a) pour faire comme les autres;
b) pour ne pas être différent;
c) pour être à la page;
d) parce que bon nombre de jeunes commencent à comprendre qu'il faut du courage pour ne pas fumer;
e) parce qu'on ne peut pas faire autrement entre amis;
f) parce qu'on n'a pas le droit à la maison.

Certaines indications semblaient démontrer qu'en général les jeunes gens avaient une mauvaise expérience de leur première cigarette et que le goût pour les cigarettes devait se développer dans le temps, par un usage répété.

Les implications stratégiques

La définition d'une stratégie pour la compagnie Kingston soulevait, en plus des questions techniques de prise de décision, des problèmes d'éthique professionnelle. À la lueur des résultats de l'étude réalisée par l'agence Remarco, l'équipe de direction conclut que l'adolescence était effectivement une période critique dans l'établissement des habitudes de consommation d'un fumeur, et notamment dans la formation de préférences spécifiques pour les marques de cigarettes. Tous étaient convaincus qu'environ 50 % des étudiants de sexe masculin et 25 % des étudiantes fumaient durant leurs années à l'université. Face aux restrictions volontaires reliées à la publicité destinée aux jeunes, et devant la menace à peine voilée de réglementations gouvernementales encore plus sévères, les dirigeants de Kingston étaient persuadés qu'il était impossible de lancer une campagne de publicité dirigée ouvertement vers les jeunes. Cependant, il leur semblait possible d'entreprendre des types de programmes éducationnels, à caractère innovateur, à l'intention des établissements scolaires pré-universitaires et des universités (des bourses d'études, des films, des séminaires). Chaque membre de la direction éprouvait le besoin de faire un effort de créativité afin d'influencer les jeunes, tout en respectant la morale, sans toutefois sacrifier les ventes futures de la compagnie... Au début de 1977, la compagnie envisagea sérieusement la possibilité d'engager une société de consultation spécialisée dans l'analyse du comportement du consommateur, et ce, afin d'aider à résoudre les problèmes majeurs restés sans réponse.

Questions

1 Selon vous, une étude plus poussée du processus d'apprentissage qui mène à la formation des habitudes de consommation d'un fumeur se justifie-t-elle? Veuillez répondre en fonction de l'étude qui a été menée en 1976 et de ses résultats.

2 Dans l'affirmative, sur quels points spécifiques devrait porter la nouvelle étude?

3 Que pourrait-elle apporter de plus au développement d'une stratégie de marketing pour la compagnie Kingston?

4 Jusqu'à ce que la décision finale soit prise au sujet de l'éventualité d'une nouvelle recherche, la compagnie Kingston doit continuer à développer sa stratégie de marketing actuelle. À votre avis, que devrait-elle faire, à présent, pour promouvoir les cigarettes Kingston sur le marché des jeunes?

5 Si la compagnie Kingston était amenée à découvrir que la promotion destinée aux jeunes constitue un phénomène instrumental dans la formation des habitudes du fumeur et dans le développement des préférences exprimées pour les marques, la firme envisagerait peut-être de diriger une partie de son action promotionnelle vers le marché des jeunes. En considérant le côté éthique de ce problème, la compagnie devrait-elle alors s'efforcer de trouver des voies légales pour contourner le code industriel et les actions gouvernementales afin de solliciter directement les jeunes? Justifiez votre point de vue.

ANNEXE I
DOSSIER SUR LES ACTIONS MENÉES PAR LE MINISTÈRE DE LA SANTÉ ET DU BIEN-ÊTRE SOCIAL DU CANADA*

Depuis des années, le ministère de la Santé et du Bien-Être social du Canada mène une lutte incessante pour inciter les Canadiens à diminuer leur usage du tabac.

Grâce à l'aimable autorisation de la Direction de la promotion de la santé, plusieurs volets de cette action concertée vous sont présentés ici, soit:

1) Des exemples de communiqués émis à la suite d'enquêtes sur la santé au Canada;
2) Des affiches des premières campagnes du ministère contre l'usage du tabac, mais qui ne reflètent plus la perspective actuelle de la Direction de la promotion de la santé vis-à-vis des problèmes occasionnés par le tabac;
3) Enfin, le scénario de la toute dernière campagne intitulée «Génération non-fumeurs» et qui met l'accent sur la prévention de l'usage du tabac chez les jeunes. Elle tentera de valoriser l'image du non-fumeur en créant un climat social où l'abstention de l'usage du tabac sera de plus en plus considérée comme un comportement normatif. En d'autres mots, on tentera de combattre à l'aide d'une approche positive les facteurs sociaux et personnels qui incitent les jeunes à commencer à fumer.

* Nos plus sincères remerciements au ministère de la Santé et du Bien-Être social du Canada pour nous avoir autorisé à reproduire les documents présentés ci-après.

COMMUNIQUÉ SUR LA SANTÉ DES CANADIENS

LES CANADIENS ET LE TABAC - 1981 S-01 juillet 1982

1. Les données préliminaires sur l'usage du tabac recueillies au cours de l'Enquête sur la population active de 1981 permettent de croire qu'entre 1965 et 1981:

- Le pourcentage des non-fumeurs a augmenté (de 50 p. 100 à 61,8 p. 100),
- Le pourcentage des personnes qui fument régulièrement la cigarette a diminué (de 42,8 p. 100 à 32,7 p. 100),
- Les pourcentages des fumeurs occasionnels et des personnes qui ne fument que la pipe ou le cigare sont restés bas et relativement constants (de 3,5 p. 100 à 2,0 p. 100).

Consommation	Pourcentage par année — Année					
	1965	1970	1975	1977	1979	1981
Non-fumeurs	50.2	52.9	55.3	58.1	60.1	61.8
Cigarette (régulièrement)	42.8	40.6	37.3	35.9	34.2	32.7
Cigarette (à l'occasion)	3.4	3.0	4.2	3.8	3.5	3.5
Pipe ou cigare	*	*	*	2.3	2.2	2.0

2. Entre 1977 et 1981, les personnes qui fumaient régulièrement la cigarette ont réduit de façon considérable les taux de goudron et de nicotine des cigarettes qu'ils fumaient;

- Le pourcentage des fumeurs qui fumaient des cigarettes dont la teneur en goudron était inférieure à 14 mg a augmenté de 18,5 p. 100 en 1977 à 37,3 p. 100 en 1981.

3. Pourcentage des personnes qui fumaient régulièrement la cigarette en 1981:

- C'est chez les groupes de 20 à 24 ans et de 25 à 44 ans qu'on trouvait les pourcentages les plus élevés autant chez les hommes que chez les femmes (39,9 p. 100 et 42,6 p. 100 chez les hommes; 40,8 p. 100 et 33,4 p. 100 chez les femmes); les pourcentages les moins élevés se trouvaient chez les sujets des deux sexes âgés de 65 ans et plus (21,3 p. 100 et 10,8 p. 100);
- C'est au Québec que le pourcentage était le plus élevé chez les sujets des deux sexes (44,9 p. 100 et 33,4 p. 100); la Saskatchewan avait le pourcentage le plus faible autant chez les hommes (29,6 p. 100) que chez les femmes (25,0 p. 100);
- Le niveau de scolarité reste un déterminant important de la prévalence de l'usage du tabac. Les taux les plus élevés se trouvent chez les sujets de sexe masculin qui ont de 0 à 8 années d'études (41,7 p. 100) et chez les sujets de sexe féminin ayant fait certaines études secondaires mais aucune étude collégiale (33,5 p. 100).

Canada

Health and Welfare Canada / Santé et Bien-être social Canada
Health Promotion Directorate / Direction de la promotion de la santé

COMMUNIQUÉ SUR LA SANTÉ DES CANADIENS

S-03: octobre 1981

PERCEPTION DU COMPORTEMENT DES CANADIENS FACE À LA CIGARETTE

Bien que les études faites entre 1965 en 1979 indiquent que le pourcentage des fumeurs canadiens âgés de 15 ans et plus a décliné de 42,8% en 1965 à 34,2% en 1979, d'après les données d'un récent sondage, un nombre significatif de non-fumeurs croient que la majorité des Canadiens fument. Une autre étude conduite en 1981 à travers le pays et ce, auprès de parents et d'adolescents*, démontre qu'à peu près la moitié des non-fumeurs estiment faire partie d'une minorité. Le tableau ci-dessous indique la répartition des réponses:

Pourcentage des non-fumeurs

	Parents			Adolescents		
À titre de non-fumeur, considérez-vous faire partie de	Total	Hommes	Femmes	Total	Garçons	Filles
la majorité des Canadiens	42%	42%	42%	41%	47%	34%
la minorité des Canadiens	51	50	51	49	43	55
Sans Opinion	7	8	7	10	10	11
Base N	(273)	(103)	(170)	(254)	(128)	(126)

Perception de changement

De façon à établir la perception des changements de comportement face à la cigarette, on demanda aux non-fumeurs s'ils croyaient que la tendance à l'abstention de fumer allait croissante, décroissante, ou se maintenait stable. Les résultats furent les suivants:

- Environ 71% des parents non-fumeurs déclarèrent percevoir une tendance favorable à l'abstention de fumer
- Les jeunes non-fumeurs (52%) furent moins enclins que les parents à croire que la tendance à l'abstention s'est accrue

Opinions anti-tabagiques

La plupart des fumeurs et des non-fumeurs, qu'ils soient parents ou adolescents, estiment que le sentiment anti-fumeur s'accroît. Cette opinion est davantage exprimée chez les parents (66%) que chez les adolescents (55%).

* 970 parents et 416 adolescents âgés de 10 à 18 ans participèrent à cette étude.

Source: Smoking and Non-Smoking. Une étude du comportement et des attitudes des Canadiens. Un rapport de recherches préparé par Goldfarb Consultants pour Santé et Bien-être social Canada, septembre 1981.

Canada
Santé et Bien-être social Canada — Health and Welfare Canada
Direction de la promotion de la santé — Health Promotion Directorate

COMMUNIQUÉ SUR LA SANTÉ DES CANADIENS

S-04 janvier 1982

L'USAGE DU TABAC CHEZ LES ENFANTS CANADIENS D'ÂGE SCOLAIRE

Un échantillon de 100 000 enfants canadiens, fréquentant l'école publique, de la 3e à la 13e année, ont fait l'objet d'une enquête sur l'usage de la cigarette. Cette enquête visait à fournir une évaluation de l'étendue de la consommation de tabac au sein de la population scolaire canadienne. Les principales constatations ont été les suivantes:

1) Les enfants font très jeunes l'expérience de la cigarette. Dès l'âge de 12 ans, environ la moitié des enfants canadiens ont au moins fait l'essai de la cigarette.

2) Bon nombre d'enfants canadiens de 13 à 15 ans sont des fumeurs habituels.

3) Les garçons d'âge scolaire font plus tôt que les filles l'expérience de la cigarette, mais les filles commencent plus tôt que les garçons à fumer régulièrement. Dès l'âge de 13 ou 14 ans, une plus forte proportion de filles fument tous les jours.

4) À l'âge de 14 ans, 15 p. 100 des garçons et 20 p. 100 des filles fument tous les jours. À l'âge de 17 ans, ces taux ont atteint 27 p. 100 pour les garçons et 30 p. 100 pour les filles. Après cet âge, la proportion des étudiants qui déclarent fumer tous les jours ne varie plus beaucoup.

5) On peut affirmer que les garçons qui fument ont tendance à consommer plus de cigarettes que leurs pairs de l'autre sexe, puisqu'à tous les âges après 12 ans une plus forte proportion de garçons déclaraient fumer 60 cigarettes ou plus par semaine.

6) C'est dans les Maritimes, et plus particulièrement au Nouveau-Brunswick (18 p. 100) et à Terre-Neuve (17 p. 100) qu'on retrouvait les plus fortes proportions de sujets qui fument tous les jours. Les trois provinces canadiennes les plus à l'ouest et le Québec obtenaient des taux intermédaires, tandis que l'Ontario et le Manitoba obtenaient les taux les plus faibles (12 et 10 p. 100).

7) Les enfants qui ont des parents non-fumeurs sont quelque peu moins susceptibles que ceux dont l'un ou les deux parents fument de devenir eux-mêmes des fumeurs habituels.

8) Il existe un rapport étroit entre l'usage du tabac chez un enfant d'âge scolaire et les habitudes de consommation de ses amis, tant chez les garçons que chez les filles. Une très faible proportion (5 p. 100 à 6 p. 100) de ceux qui n'ont jamais fumé ont déclaré que tous leurs amis ou la plupart d'entre eux fumaient. Par contre, une forte proportion (66 p. 100 à 73 p. 100) des fumeurs réguliers ont déclaré que leurs amis fumaient et seulement 1 p. 100 environ d'entre eux ont déclaré qu'aucun de leurs amis ne fumaient.

Source: Smoking Habits of Canadian School Children: A Summary Report, Direction de la promotion de la santé, Direction générale des services et de la promotion de la santé, Santé et Bien-être social Canada, 1980.

La présente enquête a été effectuée pour Santé et Bien-être social Canada par le département de statistiques de l'université de Waterloo. L'exécution de l'enquête a été confiée à MM K.S. Brown, W.H. Cherry et W.F. Forbes.

Canada

Health and Welfare Canada — Santé et Bien-être social Canada

Health Promotion Directorate — Direction de la promotion de la santé

SEULS LES
"POISSONS"
MORDENT
À L'HAMEÇON
Santé et Bien-être social Canada
Health and Welfare Canada

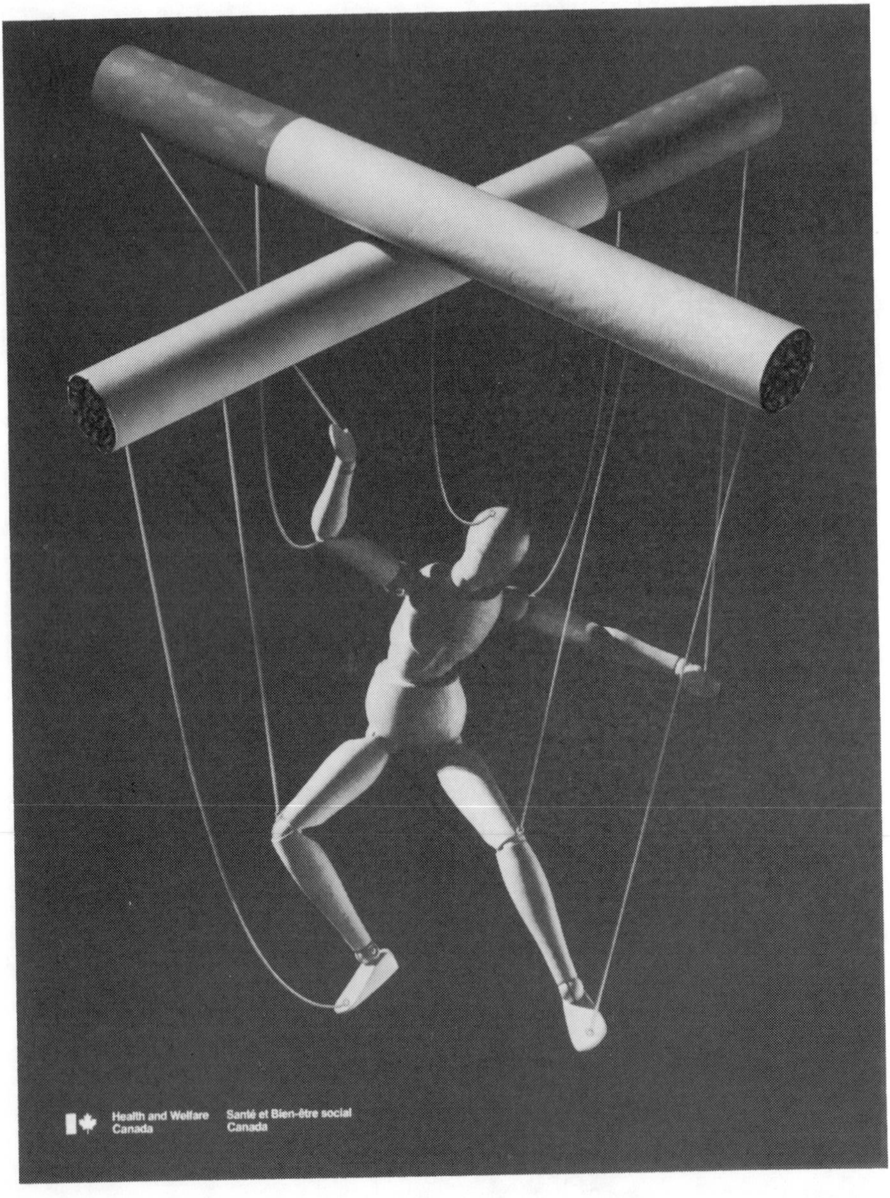
Health and Welfare
Canada
Santé et Bien-être social
Canada

SCÉNARIO TÉLÉVISION "PLAGE" MODÈLE

"PLAGE"

VIDÉO:

Les vagues viennent se briser avec fracas sur la plage. Le ciel est lourd et gris. On voit sur ce fond de scène évocateur deux personnes qui marchent au loin et s'approchent. La plus jeune, une petite fille de 8 ou 9 ans, porte un gros tricot brun et de longues bottes. Elle converse avec l'aîné, un adolescent, qui lui arbore casquette de laine, veston matelassé et bottes lacées. On perçoit dans leur attitude qu'ils apprécient le moment et sont conscients de l'influence de l'un à l'endroit de l'autre.

SUPER:

Vivre sans fumer, c'est affirmer sa liberté.

GÉNÉRATION

AUDIO:

(Chanté) Je n'ai jamais rien fait
pour que plus jeune que moi,
s'écarte de son chemin,
me suive les yeux fermés,
par amour de la liberté,
par respect des autres
et de la vie.

Canadä

Santé et Bien-être social Canada — Health and Welfare Canada

SCÉNARIO TÉLÉVISION "SKI" — LIBERTÉ

"SKI"

VIDEO:

Il neige abondamment sur une pente de ski. A travers le blizzard filmé au ralenti, une jeune fille entreprend une descente. Elle porte une visière . Elle skie avec facilité, d'une façon experte, glissant entre les mamelons. L'aisance qu'elle montre dans ses mouvements accompagne pour ainsi dire la trame musicale.

SUPER:

Vivre sans fumer, c'est affirmer sa liberté.

GÉNÉRATION

AUDIO:

(Chanté)

De très loin je m'évade,
plane dans l'air pur
que je respire.
Voici ma vie, voici ma vie
qui prend son vol
vers l'immense infini...

Canada

Santé et Bien-être social Canada — Health and Welfare Canada

En résumé, disons que l'objectif est simple à formuler mais difficile à réaliser puisqu'il s'agit de faire en sorte que les individus atteignent l'âge adulte sans acquérir l'habitude de fumer. Ce programme à long terme devrait durer quelque vingt ans et constituera l'une des contributions du Canada à l'objectif de l'Organisation mondiale de la Santé: «Santé pour tous d'ici l'an 2000».

BIBLIOGRAPHIE

ANDREASEN, A., DURSON, P., «Market Learning of New Residents», *Journal of Marketing Research,* mai 1968, p. 166-176.

ATKIN, C., «Children's Social Learning from Television Advertising: Research Evidence on Observational Modeling of Product Consumption», dans *Advances in Consumer Research,* sous la direction de B.B. Anderson, Association for Consumer Research, 1976, p. 513-519.

BASS, F., «The Theory of Stochastic Preference and Brand Switching», *Journal of Marketing Research,* février 1974, p. 1-20.

BEARDEN, W., TEEL, J., WRIGHT, R., «Family Income Effects on Measurement of Children's Attitudes Toward Television Commercials», *Journal of Consumer Research,* décembre 1979, p. 308-311.

BEKHTEREV, V., «Objective Psychologie oder Psychoreflexologie», *Die Lehre von den Assoziations Reflexen,* Leipzig, Teubner, 1913.

BRISOUX, J., LAROCHE, M., «La Relation entre le degré d'implication du moi-psychologique et la taille de l'ensemble évoqué», dans le *Rapport du Congrès annuel de la section marketing,* sous la direction de Vernon J. Jones, A.S.A.C., Montréal, 1980, p. 68-77.

BROWN, G., «Brand Loyalty: Fact or Fiction?», *Advertising Age,* vol. 23, juin 1953, p. 53-55.

BUSCH, P., MILLER, J., «Host Selling vs Premium TV Commercials: An Experimental Evaluation of Their Influence on Children», *Journal of Marketing Research,* août 1979, p. 323-332.

CAMPBELL, B., *The Existence and Determinants of Evoked Set in Brand Choice Behavior,* thèse de doctorat, Columbia University, 1969.

CARMAN, J., «Correlates of Brand Loyalty: Some Positive Results», *Journal of Marketing Research,* février 1970, p. 67-76.

CUNNINGHAM, R., «Brand Loyalty: What, Where, How-Much?», *Harvard Business Review,* vol. 34, 1956, p. 116-128.

CHURCHILL, G., MOSCHIS, G., «Television and Interpersonal Influences on Adolescent Consumer Learning», *Journal of Consumer Research,* juin 1979, p. 23-33.

COLARD, M., *Dynamique du marché et Comportement d'achat,* thèse de doctorat, Université de Louvain-la-Neuve, 1975.

DAVIS, L., «Yes, But It's Perceptual Positioning», *Marketing News,* 18 novembre 1977, publié par l'American Marketing Association.

DAY, G., «A Two Dimensional Concept of Brand Loyalty», *Journal of Advertising Research,* septembre 1969, p. 29-35.

DUSSART, C., *Les Ensembles de marques de référence: une étude empirique sur leur existence et leur magnitude dans le processus de choix d'une marque,* mémoire de maîtrise, Université de Sherbrooke, 1975.

EHRENBERG, A., GOODHART, G., «A Model of Multi-Brand Buying», *Journal of Marketing Research,* 1970, p. 77-84.

ENGEL, J., BLACKWELL, R., *Consumer Behavior,* The Dryden Press, 1982, p. 239.

FTC Staff Report on Television Advertising to Children, février 1978.

GOLDBERG, M., GORN, G., «The Impact of Television Advertising on Children from Low Income Families», *Journal of Consumer Research,* septembre 1977, p. 86-88.

GOLDBERG, M., GORN, G., «Children's response to Repetitive Television Commercial», *Journal of Consumer Research,* décembre 1979, p. 421-424.

GRONHAUG, K., «Some Factors Influencing the Size of the Buyer's Evoked Set», *European Journal of Marketing,* hiver 1973-74, p. 232-241.

HESLOP, L., RYANS, A., «A Second Look at Children and the Advertising of Premiums», *Journal of Consumer Research,* mars 1980, p. 414-420.

HOWARD, J., *Marketing Management: Analysis and Planning,* Irwin, 1963.

HOWARD, J., *Consumer Behavior: Application of Theory,* McGraw-Hill, 1977.

HOWARD, J., SHETH, J., *The Theory of Buyer Behavior,* John Wiley & Sons, 1969.

JACOBY, J., «A Model of Multi-Brand Loyalty», *Journal of Advertising Research,* juin 1971, p. 25-31.

JACOBY, J., KYNER, D., «Brand Loyalty vs Repeat Purchasing Behavior», *Journal of Marketing Research,* février 1973, p. 1-9.

JACOBY, J., CHESTNUT, R., *Brand Loyalty: Measurement and Management,* John Wiley & Sons, 1978, p. 103.

JARVIS, L., WILCOX, J., «Evoked Set Size — Some Theoretical Foundations and Empirical Evidence», dans *Combined Proceedings,* sous la direction de T.V. Greer, American Marketing Association, n° 35, 1973, p. 236-240.

KATONA, G., *Psychological Analysis of Economic Behavior,* New York, McGraw-Hill, 1951, p. 30.

KOHLER, W., *L'Intelligence chez les singes supérieurs,* Paris, P.U.F., 1973. (Rédigé par l'auteur en 1930.)

KRUGMAN, H., «The Impact of Television Advertising: Learning Without Involvement», *Public Opinion Quarterly,* 1965, p. 349-356.

LEIFER, A., «Developmental Aspects of Variables Relevant to Observational Learning», *Child Development,* novembre 1971, p. 1509-1516.

LEWIN, K., *Field Theory in Social Sciences,* New York, Harper & Row, 1964.

LEWIN, K., *Théorie du champ dans la science sociale,* 1951.

MADDOX, N., GRONHAUG, K., HOMANS, R., MAY, F., «Correlates of Information Gathering and Evoked Set Size for New Automobile Purchases in Norway and the U.S.», dans *Advances in Consumer Research,* sous la direction de Keith Hunt, Association for Consumer Research, Ann Arbor, 1978, p. 167-170.

MAY, F., HOMANS, R., «Evoked Set Size and the Level of Information Processing in Product Comprehension and Choice Criteria», dans *Advances in Consumer Research,* sous la direction de William D. Perreault, Association for Consumer Research, Ann Arbor, 1977, p. 172-175.

MOORE, R., STEPHENS, L., «Some Communication and Demographic Determinants of Adolescent Consumer Learning», *Journal of Consumer Research,* septembre 1975, p. 80-92.

NARAYANA, C., MARKIN, R., «Consumer Behavior and Product Performance: An Alternative Conceptualisation», *Journal of Marketing,* octobre 1975, p. 1-6.

OSTLUND, L., «Evoked Set Size: Some Empirical Results», dans *Combined Proceedings,* sous la direction de T.V. Greer, American Marketing Association, n° 35, 1973, p. 226-230.

PARKINSON, T., REILLY, M., «An Information Processing Approach to Evoked Set Formation», dans *Advances in Consumer Research,* sous la direction de William L. Wilkie, Association for Consumer Research, Ann Arbor, 1978, p. 227-231.

PAVLOV, I., *Vingt ans d'expérience dans le domaine de l'activité nerveuse supérieure des animaux,* P.U.F., 1955. (Rédigé par l'auteur en 1932.)

PAVLOV, I., *Les Réflexes conditionnés,* Paris, Masson, 1962. (Rédigé par l'auteur en 1935.)

PIAGET, J., *Le Langage et la Pensée chez l'enfant,* 8e éd., Neuchâtel, Delachaux et Niestlé, 1972. (Rédigé par l'auteur en 1923.)

PIAGET, J., *Le Jugement et le Raisonnement chez l'enfant,* 7e éd., Neuchâtel, Delachaux et Niestlé, 1971. (Rédigé par l'auteur en 1925.)

PIAGET, J., *La Représentation du monde chez l'enfant,* Paris, P.U.F., 1972. (Rédigé par l'auteur en 1926.)

PIAGET, J., *La Naissance de l'intelligence chez l'enfant,* 7e éd., Neuchâtel, Delachaux et Niestlé, 1972. (Rédigé par l'auteur en 1947.)

PIAGET, J., *Introduction à l'épistémologie génétique,* Paris, P.U.F., 1950. (Rédigé par l'auteur en 1950.)

PIAGET, J., *Essais sur les transformateurs des opérations logiques: les 256 opérations ternaires de la logique bivalente des propositions,* Paris, P.U.F., 1952.

ROBERTSON, T., ROSSITER, J., «Children and Commercial Persuasion: An Attribution Theory Analysis», *Journal of Consumer Research,* juin 1974, p. 13-20.

ROBERTSON, T., ROSSITER, J., GLEASON, T., «Children's Receptivity to Proprietary Medecine Advertising», *Journal of Consumer Research,* décembre 1979, p. 247-255.

ROSSITER, J., «Does Advertising Affect Children», *Journal of Advertising Research,* février 1979, p. 49-52.

ROTHSCHILD, M., GAIDIS, W., «Behavior Learning Theory: Its Relevance to Marketing and Promotions», *Journal of Marketing,* printemps 1981, p. 70-79.

SHETH, J., «How Adults Learn Brand Preference», *Journal of Advertising Research,* septembre 1968, p. 25-36.

STYAN, G., SMITH, H., Jr., «Markov Chains Applied to Marketing», *Journal of Marketing Research,* février 1964, p. 50-55.

STUTEVILLE, J., «Psychic Defense Against High Fear Appeals: A Key Marketing Variable», *Journal of Marketing,* avril 1970, p. 39-45.

THORNDIKE, E., *The Psychology of Learning,* 1914.

TOLMAN, E., *Purpose Behavior in Animals and Men,* 1932.

WALTERS, G., *Consumer Behavior: Theory and Practice,* Irwin, 1974.

WARD, S., WACKMAN, D., «Family and Media Influences on Adolescent Consumer Learning», *American Behavioral Scientists,* janvier-février 1971, p. 415-427.

WARD, S., «Children's Reactions to Commercials», *Journal of Advertising Research,* avril 1972, p. 37-45.

WARD, S., ROBERTSON, T., *Consumer Behavior: Theoretical Sources,* Prentice-Hall, 1973.

WARD, S., «Consumer Socialisation», *Journal of Consumer Research,* septembre 1974, p. 1-14.

WATSON, J., *An Introduction to Comparative Psychology,* H.R.W., 1967. (Rédigé par l'auteur en 1914.)

WATSON, J., *Behaviorism,* New York, Norton, 1970. (Présenté par l'auteur en 1928.)

WILLIAMS, T., ETZEL, M., «An Investigation and Extension of The Evoked Set Concept Applied to Consumer Durables», dans *Proceedings: Southern Marketing Association,* sous la direction de Henry W. Nagh et Donald P. Robin, 1976, p. 237-239.

WIND, Y., «Brand Loyalty and Vulnerability», dans *Consumer and Industrial Buying Behavior,* sous la direction de G. Arch, Woodside, Jagdish, Sheth, Peter, Bennett, New York, 1977, North Holland, p. 314.

ZIELSKE, H., «The Remembering and Forgetting of Advertising», *Journal of Marketing,* janvier 1959, p. 240.

ZIGLER, E., CHILD, I.L., «Socialization», dans *The Handbook of Social Psychology,* sous la direction de G. Lindzey et E. Aronson, 2e édition, vol. 2, The Individual in a Social Context, Reading, Mass., Addisson-Wesley Publishing Co., 1969.

Troisième partie

Les prédispositions

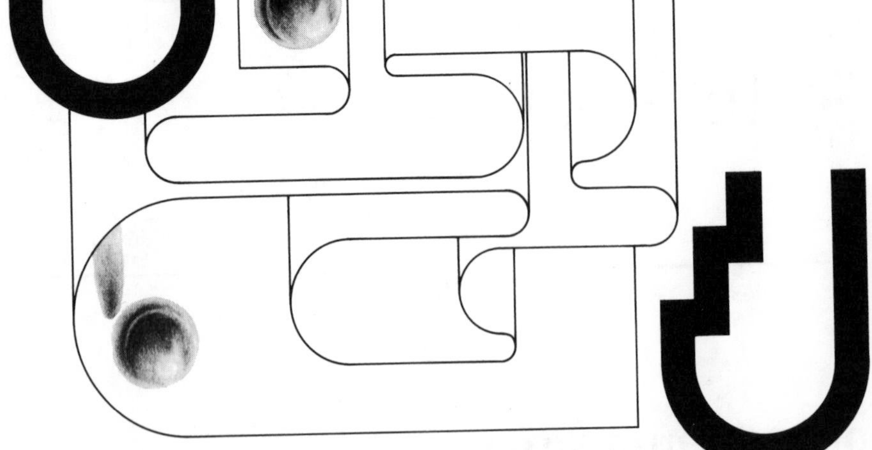

Chapitre

Les attitudes et la relation attitude-comportement*

OBJECTIFS:

1) Définir avec précision la notion d'attitude et son rôle central en marketing;
2) Présenter les modèles de base de mesure d'une attitude globale;
3) Faire comprendre les conditions de changement d'une attitude;
4) Discuter de la relation attitude-comportement et de ses implications en marketing.

PRÉPARATION À L'EXERCICE PRATIQUE:

1) Plusieurs exercices sont proposés; en faire le plus grand nombre possible étant donné la complexité de la notion d'attitude;
2) Les exercices ne sont pas reliés les uns aux autres.

* Ce chapitre a été écrit en collaboration avec Anne Philipponat, ex-assistante de recherche, programme M. Sc., à l'Université de Sherbrooke, maintenant chez Nielsen à Paris.

S

chapitre et la densité de son contenu sont à la mesure du rôle joue cette variable en comportement du consommateur.

De ce fait, nous avons scindé exceptionnellement la partie théorique du chapitre en deux volets, au cas où il serait trop ardu pour le lecteur d'assimiler d'un seul coup la totalité des notions qui y sont développées.

Le découpage que nous proposons est classique puisqu'il repose sur les deux considérations les plus courantes rattachées aux attitudes, soit la définition conceptuelle de base et l'analyse de la relation attitude-comportement.

Soulignons enfin que ce découpage n'est qu'artificiel et que, dans notre esprit, ce chapitre forme un tout en lui-même.

PREMIER VOLET: LA NOTION D'ATTITUDE

INTRODUCTION

Il est de première nécessité, pour une compagnie, de mesurer au plus tôt l'efficacité d'une campagne de marketing. Au plus tôt, cela signifie pouvoir prédire rapidement le succès ou l'échec pour un nouveau produit, et dans ce dernier cas procéder au plus vite à un éventuel retrait du marché. En outre, connaissant le taux de mortalité élevé d'un nouveau produit même dans sa phase ultime de commercialisation, nous comprenons mieux l'utilité d'un outil permettant au spécialiste en marketing d'obtenir une rétroaction rapide et exploitable au niveau de rectifications mineures ou majeures à apporter au programme de commercialisation prévu.

Dans ce sens, l'utilisation des mesures d'attitudes comme moyen de prédiction des comportements d'achat est très en vogue dans les firmes, bien qu'elle reste un sujet très controversé dans la littérature du comportement du consommateur. En effet, le concept d'attitude, parce qu'il joue un rôle central dans tous les modèles de comportement humain (satisfaction au travail, intention de vote, comportement du consommateur, etc.), reste très large. Pour cette raison, on dénombrait en 1972 plus de quatre cents définitions de l'attitude dont la plus fréquente semble être celle formulée par Gordon Allport dès 1935:

> Les attitudes sont des prédispositions apprises par l'individu, lui permettant de réagir devant un objet ou une classe d'objets d'une façon cohérente, que cette réaction soit favorable ou défavorable.

Par ailleurs, le lien entre attitude et comportement n'étant ni direct ni à sens unique, les mesures d'attitudes restent, pour les sceptiques, des outils limités.

Ce chapitre a pour objectif de présenter ce que sont les attitudes (définition et composantes), les fonctions qu'elles remplissent tant pour les stratèges en marketing que pour les consommateurs eux-mêmes, comment elles se forment, comment elles s'organisent et dans quelles conditions il est possible de les changer. Enfin, la controverse du lien entre attitude et comportement sera étudiée dans le souci de respecter les différentes écoles de pensée qui s'opposent sur ce sujet.

Tout au long de ce chapitre, l'accent sera mis sur l'utilisation que les entreprises peuvent faire de la connaissance des attitudes, mais nous soulignerons les limites et les conditions essentielles à une bonne utilisation stratégique.

NATURE ET FONCTIONS DES ATTITUDES

Les attitudes: définition et composantes

Nous expliciterons les différents éléments qui forment la définition du concept d'attitude, définition autour de laquelle existe un certain consensus en comportement du consommateur:

> [Une attitude est le résultat de l'évaluation portée par un consommateur]1 [quant à la capacité d'une possibilité de satisfaire ses exigences d'achat et de consommation]2 [telles qu'elles sont exprimées par ses critères d'évaluation]3.

1) *Une attitude est le résultat de l'évaluation portée par un consommateur*

Une attitude constitue une donnée affective et subjective; c'est l'expression d'un sentiment plus ou moins favorable (continuum de faveur) éprouvé par un individu. Étant propre à cet individu, l'attitude est fonction de l'apprentissage et de l'expérience qu'il a acquis;

2) *quant à la capacité d'une possibilité de satisfaire ses exigences d'achat et de consommation*

L'évaluation ne se fait pas dans l'absolu: la notion de possibilité réfère ici à la notion de concurrence directe (entre deux marques d'un même produit) ou indirecte (entre deux produits semblables). La capacité perçue de la possibilité représente l'ensemble des qualités et défauts de l'objet face aux exigences d'achat qui reflètent les besoins des consommateurs. On remarquera qu'il est question des besoins des consommateurs non seulement lors de l'achat, mais encore en situation de consommation;

3) *telles qu'elles sont exprimées par ses critères d'évaluation.*

Les critères d'évaluation traduisent les besoins ou exigences du consommateur. C'est avec ces critères d'évaluation que sont confrontés les attributs du produit qui reflètent la capacité de ce dernier de satisfaire les besoins du consommateur (voir le chapitre sur la perception).

Il est possible de représenter schématiquement les interactions des différents éléments de l'attitude (voir fig 6.1).

À la suite de cette définition, deux remarques essentielles s'imposent:

a) l'attitude se manifeste donc sous la forme d'une évaluation que porte le consommateur quant à la capacité de la possibilité de consommation (éventuellement la marque) de satisfaire ses exigences par la possession des attributs nécessaires, car désirés par ce dernier: c'est ce qui s'appelle *l'instrumentalité perçue*. L'attitude est donc fonction de la perception puisqu'elle débouche sur la formation d'un système de croyances, lesquelles sont les attributions objectives ou subjectives de certaines propriétés à l'objet sur lequel porte cette attitude. Néanmoins, l'attitude ne se limite pas à la perception, simple description de croyances, mais englobe en plus l'évaluation et la direction des actes concernant l'objet d'attitude dans une situation donnée (voir le schéma ci-après);

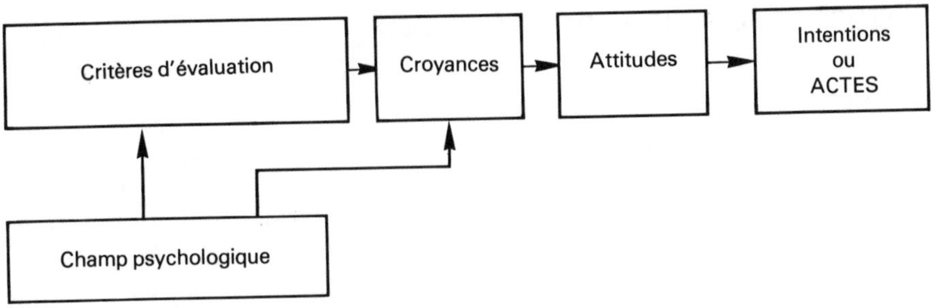

b) il apparaît clairement que la notion d'attitude est multidimensionnelle. Rosenberg et Hovland (1960) ont dégagé, de façon schématique, les trois composantes faisant partie intégrante de l'attitude (voir fig. 6.2).

La composante cognitive ou dimension cognitive d'une attitude est constituée de *l'ensemble des croyances,* c'est-à-dire de l'ensemble des caractéristiques qu'un consommateur perçoit ou attribue à un produit. Ces croyances se forment par confrontation entre les besoins ou exigences du consommateur d'une part et, d'autre part, les caractéristiques perçues du produit ou attributs propres à satisfaire ou non ces exigences. Cette confrontation se fait non seulement sur la nature des besoins (un attribut du produit répond ou non à un besoin exprimé du consommateur), mais aussi sur l'intensité ou l'importance des différents critères d'évaluation traduisant ces besoins; par exemple, un consommateur peut attendre des céréales du petit déjeuner qu'elles aient une grande valeur nutritive, mais il accorde surtout beaucoup d'importance au bon goût de ces céréales. L'évaluation globale d'une marque de céréales se fera donc d'abord et surtout par la présence de l'attribut «bon goût» qui aura un poids plus grand ou déterminant dans les critères d'évaluation de ce consommateur. L'évaluation prendra ensuite en compte la présence de l'attribut «valeur nutritive» de la marque de céréales.

Par souci de simplification, le consommateur peut transformer une croyance brute ou informationnelle, c'est-à-dire un *attribut* du produit, en *bénéfice* ou croyance évaluative. Par exemple, l'information brute disponible pour une automobile pourrait être sa consommation d'essence; le consommateur traduit cet attribut du produit (consommation d'essence aux cent kilomètres) en croyance évaluative (économie lors de l'utilisation) qui représente pour lui un bénéfice.

Ces notions d'attribut déterminant (poids plus grand dans l'évaluation) et de bénéfice sont fondamentales pour le développement de stratégies de segmentation dans la firme. *La segmentation par bénéfices* consiste, nous l'avons vu dans le chapitre sur la perception, à regrouper les individus accordant un poids plus important à tel ou tel bénéfice constitué par un attribut du produit. D'où l'importance cruciale accordée à la notion de *système hiérarchisé des croyances* par lequel un consommateur organise ses croyances, tant par nature que par ordre hiérarchique d'intensité ou d'importance.

Le tableau 6.1 donne quelques exemples des échelles classiquement utilisées pour mesurer les perceptions des attributs des produits, en l'occurrence la force des croyances développées.

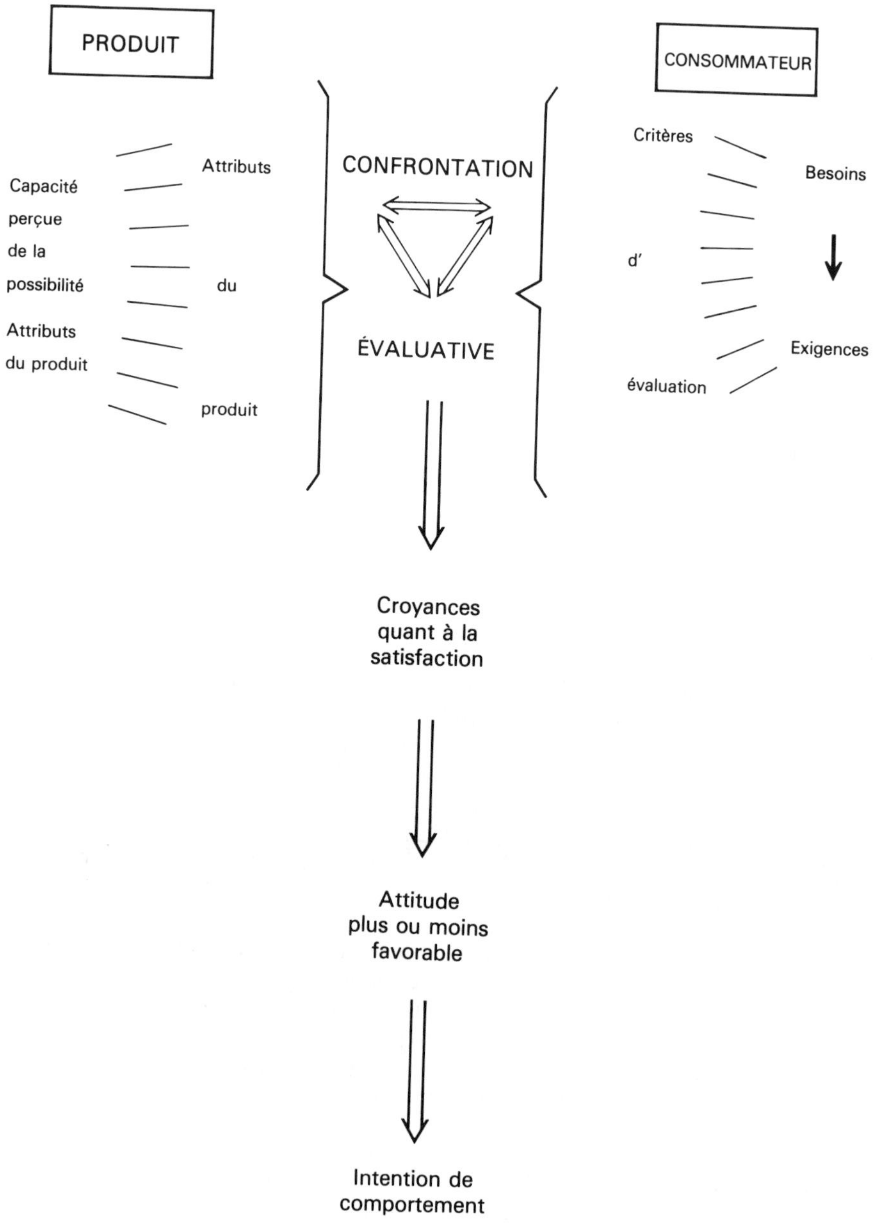

Figure 6.1 La naissance d'une attitude.

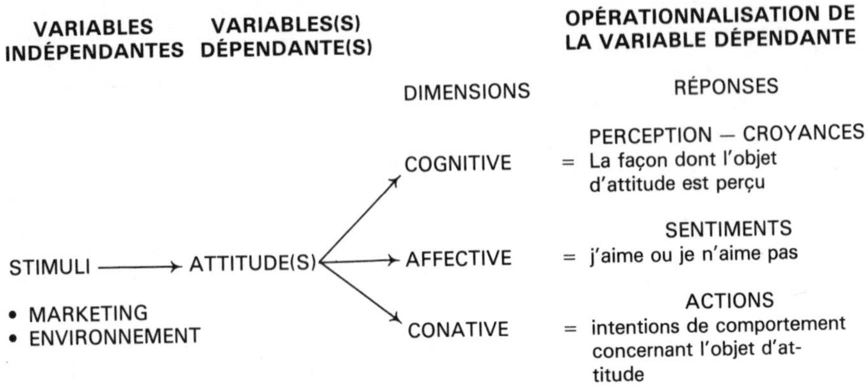

Figure 6.2 Les différentes composantes des attitudes.

La composante affective est unidimensionnelle (contrairement à la composante cognitive qui est un ensemble de croyances à l'égard de l'objet). Elle représente la faveur qu'un consommateur accorde à un objet: «J'aime» ou «je n'aime pas» l'objet X. C'est l'énoncé d'un sentiment favorable ou défavorable du consommateur face à la possibilité évaluée selon les croyances ou connaissances et perceptions acquises. Trop souvent, l'attitude a été ramenée à cette seule expression de faveur vis-à-vis du produit, mais la connaissance des croyances constitue un élément important d'explication de la formation du sentiment de faveur ou de défaveur associé à l'objet d'attitude.

La composante conative (relative à l'impulsion déterminant un acte, un effort quelconque*) est liée à l'action proprement dite. Cette composante est généralement mesurée selon l'intention d'achat, mais peut l'être également selon l'intention d'autres comportements: rachat, prescription, boycott, etc. L'intention d'achat est considérée comme le meilleur substitut à l'achat, objectif final que doit atteindre le spécialiste en marketing.

La composante conative peut être mesurée à l'aide d'échelles diverses, comme celles présentées au tableau 6.2.

Le tableau 6.3 présente finalement un résumé d'échelles pour chacune des composantes. Il met bien en évidence l'objectif de mesure propre à chacune d'entre elles:

Échelle de mesure		*Objectif de mesure*
dimension cognitive	→	perception - croyance
dimension affective	→	sentiment - faveur
dimension conative (ou encore comportementale, ou behavioriste)	→	intention de comportement

* Définition du Petit Robert.

a) LIKERT

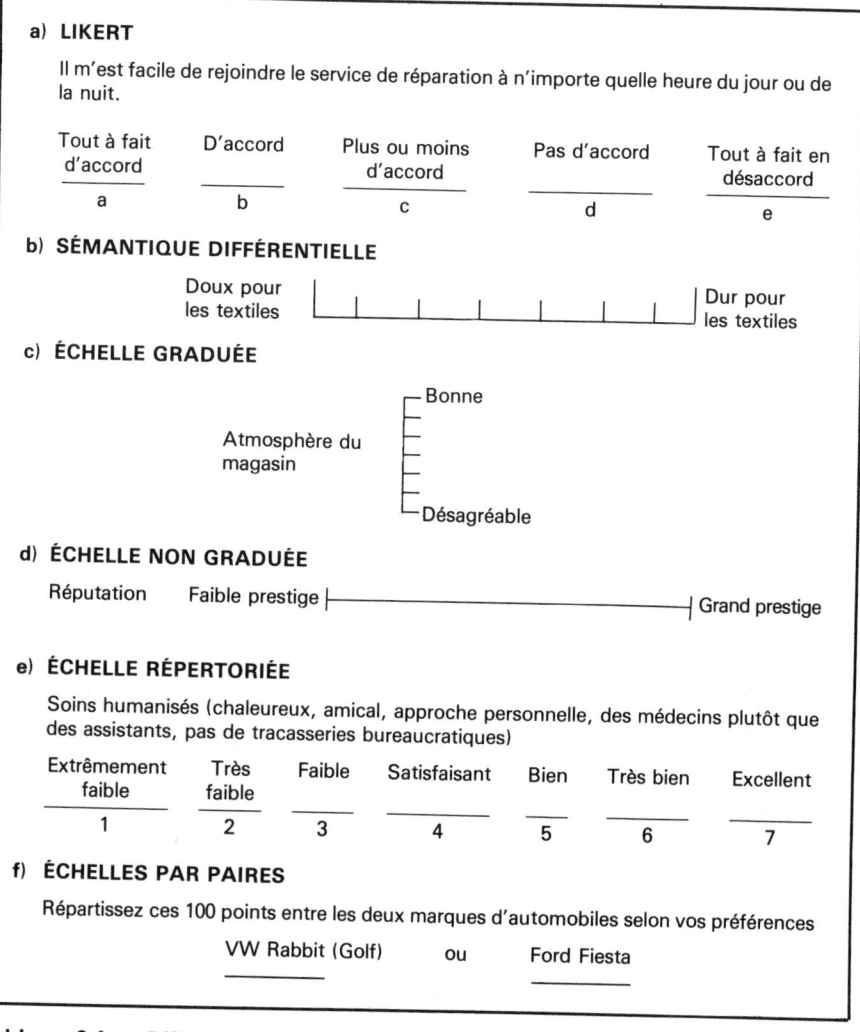

Il m'est facile de rejoindre le service de réparation à n'importe quelle heure du jour ou de la nuit.

Tout à fait d'accord	D'accord	Plus ou moins d'accord	Pas d'accord	Tout à fait en désaccord
a	b	c	d	e

b) SÉMANTIQUE DIFFÉRENTIELLE

Doux pour les textiles |__|__|__|__|__|__|__| Dur pour les textiles

c) ÉCHELLE GRADUÉE

Atmosphère du magasin

Bonne

Désagréable

d) ÉCHELLE NON GRADUÉE

Réputation Faible prestige |————————| Grand prestige

e) ÉCHELLE RÉPERTORIÉE

Soins humanisés (chaleureux, amical, approche personnelle, des médecins plutôt que des assistants, pas de tracasseries bureaucratiques)

Extrêmement faible	Très faible	Faible	Satisfaisant	Bien	Très bien	Excellent
1	2	3	4	5	6	7

f) ÉCHELLES PAR PAIRES

Répartissez ces 100 points entre les deux marques d'automobiles selon vos préférences

VW Rabbit (Golf) ______ ou Ford Fiesta ______

Tableau 6.1 Différents types d'échelles de mesure de la force des croyances.

Une fois les trois composantes de l'attitude dégagées, il apparaît, à bien y regarder, une similitude entre les différents stades de réaction du consommateur, de formation de ses attitudes, et le modèle de hiérarchie des effets de Lavidge et Steiner (1961) vulgarisé sous le sigle A.I.D.A.

Chaque stade constitue un point de repère fiable pour l'élaboration de stratégies de marketing, et plus particulièrement de stratégies publicitaires. Néanmoins, la connaissance approfondie des composantes de l'attitude ne résout pas la controverse existant entre deux stratégies de publicité bien distinctes. La première privilégie l'efficacité communicationnelle; prônée par les agences de publicité, elle cherche à provoquer des changements de notoriété et d'attitude, donc au niveau des deux premières composantes. La seconde stratégie privilégie l'ef-

a) Échelle de prédisposition à l'achat

- J'achèterai certainement cette marque la prochaine fois (1)
- J'achèterai probablement cette marque dans un avenir proche (2)
- Il est possible que j'achète cette marque dans le futur (3)
- Je ne sais pas si j'achèterai cette marque (4)
- Je n'achèterai certainement pas cette marque (5)
- Je ne me servirai pas de cette marque, quelles que soient les circonstances (6)

b) Premier et second choix

Si vous alliez en ce moment même acheter un produit X, quelle marque penseriez-vous acheter? . . . .

Si cette marque n'était pas disponible, quelle marque considéreriez-vous comme substitut à la marque que vous désirez? . . . . . .

c) Probabilité d'achat

1) Certain ou pratiquement certain	99 chances/100
2) Presque sûr	9 chances/10
3) Très probable	8 chances/10
4) Probable	7 chances/10
5) Bonne possibilité	6 chances/10
6) Assez bonne possibilité	5 chances/10
7) Possible	4 chances/10
8) Quelconque possibilité	3 chances/10
9) Faible possibilité	2 chances/10
10) Très faible possibilité	1 chance/10
11) Aucune chance ou pratiquement aucune	1 chance/100

d) Méthode des comparaisons par paires

Nommez différentes paires de marques. Pour chacune de ces paires, pourriez-vous dire quelle marque vous seriez le plus susceptible d'acheter?

Tableau 6.2 Mesures des intentions d'achat.

1) Composante COGNITIVE

Les voitures japonaises sont très peu économiques	|__|__|__|__|__|__|__|__|__|	Les voitures japonaises sont très économiques

2) Composante AFFECTIVE

Je n'aime pas du tout le style des voitures japonaises	|__|__|__|__|__|__|__|__|__|	J'aime beaucoup le style des voitures japonaises

3) Composante CONATIVE

Jamais je n'achèterai une voiture japonaise	|__|__|__|__|__|__|__|__|__|	J'ai la ferme intention d'acheter une voiture japonaise

Tableau 6.3 Exemples d'échelles de mesure des composantes des attitudes.

Stades / Modèles	Hiérarchie des effets	A.I.D.A.
COGNITIF Perception Croyances	Prise de conscience Connaissance Notoriété	Attention Intérêt
AFFECTIF Sentiments Évaluation	Goût Préférence	Désir
CONATIF Intention d'action, de comportement	Conviction Achat	Action

ficacité en rapport avec les ventes; prônée par les annonceurs, elle cherche à provoquer un changement de comportement, donc au niveau de la troisième composante, la composante conative.

Quoi qu'il en soit, la connaissance des attitudes s'avère un outil indispensable en marketing. Nous étudierons leurs fonctions, tant du point de vue de l'entreprise que de celui du consommateur.

Les fonctions des attitudes

Pour les spécialistes en marketing, la connaissance des attitudes du consommateur comporte trois fonctions essentielles:

1) *La fonction prédictive* constitue évidemment la préoccupation centrale. S'il existe un lien entre attitude favorable et comportement favorable, soit l'achat, alors la mesure des attitudes est un outil précieux de prévision des ventes à court ou moyen terme;
2) *La fonction d'intermédiaire («surrogation»)* amène à considérer l'attitude comme une variable opérant entre la réception d'un élément d'information (stimulus né de l'intervention du marketing-mix) et le comportement d'achat subséquent du consommateur. Ainsi, un stimulus provoquerait tout d'abord un changement d'attitude, avant de provoquer un changement de comportement. Les chercheurs en publicité ont beaucoup utilisé cette fonction «surrogatoire» dans le but d'en mesurer l'efficacité. Ainsi, les publicitaires testent les changements d'attitudes selon tel ou tel type de message, espérant qu'ils conduiront à un changement de comportement.

   Ces deux fonctions supposent aussi qu'attitude et comportement sont liés. Si le lien n'existe pas, l'étude des attitudes perd en partie sa raison d'être. Cette question fondamentale du lien entre attitude et comportement sera posée un peu plus loin dans ce chapitre. Cependant, et malgré tout, l'étude des attitudes présente un intérêt certain lors d'une analyse de marketing, car elle constitue un apport explicatif indéniable;
3) *La fonction explicative (ou de diagnostic):* la compréhension des raisons qui font qu'une marque plaît ou non est indispensable pour déterminer les éléments de réussite ou d'échec d'un produit. Ainsi, les attitudes, comme instruments de diagnostic, sont utilisées pour évaluer:

- les concepts de nouveaux produits;
- les produits en tests de marché avant leur lancement;
- l'adéquation attitude-produit à travers le temps (alors que les besoins et critères des consommateurs peuvent évoluer);
- les pré-tests de campagnes publicitaires;
- l'efficacité d'une campagne publicitaire, etc.

Outre ces utilisations de la connaissance des attitudes, il est aussi possible de définir de nouveaux segments et de positionner ou repositionner une marque de façon adéquate par la compréhension des critères d'évaluation et des croyances des consommateurs. En particulier, l'intelligence des systèmes hiérarchisés des croyances chez les consommateurs (nature et organisation des croyances) est un outil très utile pour un positionnement stratégique (voir la section démonstration pratique).

En ce qui concerne le consommateur, les stratégies de marketing ne seront efficaces que si les spécialistes ont bien assimilé les rôles que jouent les attitudes dans le comportement d'achat. La fonction générale des attitudes consiste à permettre au consommateur de se situer dans un environnement très complexe. En effet, la surabondance des stimuli (informations, produits, publicités, etc.) est telle que le consommateur ne peut tout emmagasiner à l'état brut. Il traite donc cette information en développant des attitudes, et celles-ci ont quatre fonctions essentielles:

1) *La fonction de cadre de référence* correspond pour le consommateur à une manière de se situer dans un environnement partiellement inconnu. Ayant certaines attitudes face à différents objets de son univers de consommation, l'individu procédera par déduction et développera une attitude face à une nouvelle marque, dans une catégorie de produits connue, en fonction des attitudes qu'il a face aux autres marques qu'il connaît déjà. Les attitudes déjà développées servent donc de cadre de référence au consommateur dans son processus d'apprentissage et de traitement de l'information sur les inconnues qui surviendront au cours de ses expériences futures de consommation;
2) *La fonction d'expression des valeurs fondamentales* d'un individu se retrouve dans certaines de ses attitudes en tant que consommateur. Les produits qui sont à sa disposition, outre leurs caractéristiques intrinsèques, véhiculent des signes. Ainsi, dans le choix d'un type de magasin, d'une marque, d'un niveau de prix, le consommateur exprime une partie de ses valeurs. Par exemple, les consommateurs qui attachent de l'importance à la visibilité sociale et au prestige préféreront des voitures, des loisirs et des sports qui véhiculent ces images de haut statut social. Il est important de noter que plus la valeur associée à un bien de consommation sera centrale pour le consommateur, plus celui-ci sera réticent à changer son attitude face à ce produit (résistance au changement). Il est donc primordial pour le spécialiste en marketing de bien comprendre le mécanisme qui associe un produit à une valeur, avant de chercher à faire évoluer une attitude face à une marque;
3) *La fonction de défense de l'ego* fait appel aux mécanismes de projection, de compensation et de rationalisation qu'utilise le consommateur pour réduire son anxiété et se protéger des pressions que l'environnement exerce

sur lui. Ainsi, par exemple, certains consommateurs développent des attitudes favorables devant les rince-bouche, les désodorisants, certaines marques de cigarettes, les bijoux, etc., dans le seul but de se défendre contre leur sentiment d'insécurité et d'anxiété face à la société. Certains fabricants ont bien saisi cette fonction de l'attitude et s'en servent comme fondement de leurs stratégies publicitaires. Marlboro cherche à associer une image masculine du fumeur à ses cigarettes en réponse à ce désir de projection d'image virile de ses clients. Le recours à la peur, s'il n'est pas excessif, constitue un bon moyen utilisé par les fabricants de rince-bouche pour montrer les risques sociaux associés à la non-utilisation de ce produit;

4) *La fonction d'ajustement* permet au consommateur qui développe une attitude plus ou moins favorable face à un produit de maximiser la satisfaction que peut lui apporter cet objet ou de minimiser la déception qu'il peut en avoir. Cette fonction d'ajustement figure dans de nombreuses théories expliquant le processus d'évaluation du consommateur après achat et utilisation du produit. Ainsi, selon la théorie de la dissonance cognitive (Festinger, 1957), tout écart perçu entre la performance anticipée et la performance réelle du produit crée chez le consommateur un déséquilibre psychologique entraînant un état de tension désagréable. Il aura alors tendance à minimiser ou à supprimer totalement cet écart en ajustant sa perception du produit de façon qu'elle soit plus en accord et, par là, moins dissonante par rapport à ses attentes, d'où une tendance à une réévaluation positive et artificielle du produit (assimilation). En ce qui concerne la pratique du marketing, cette théorie implique que la communication devrait s'efforcer de créer des attentes élevées, même irréalistes, puisque poussé par sa volonté de rationalisation, le consommateur relèvera l'évaluation du produit plutôt que de s'avouer insatisfait. Cette théorie fort controversée a été quelque peu abandonnée en raison de l'accumulation de résultats de recherche contradictoires. L'une des critiques majeures de cette théorie est qu'elle postule que l'individu, au lieu de tirer profit de ses erreurs passées, accroît la probabilité de les renouveler à cause de sa volonté de réduire sa dissonance après l'achat par la justification et la rationalisation subjective de ses décisions de consommation (Cardozo, 1965; Olshavsky et Miller, 1972; Anderson, 1973; Latour et Peat, 1979). La théorie du contraste systématique développe une thèse opposée selon laquelle tout écart entre les attentes avant l'achat et la performance réelle du produit est amplifié. Ainsi, si le produit enregistre une performance meilleure que prévue, la réaction sera plus que favorable. À l'inverse, si la performance est maigre, s'ensuivra une attitude négative généralisée à tous les attributs du produit et ce dernier recevra une évaluation plus que déplorable (Carlsmith et Aronson, 1963). Cette théorie suggère au spécialiste en marketing de sous-évaluer légèrement ses produits. La théorie de l'assimilation-contraste, quant à elle, joue un rôle de synthèse entre les deux premières théories en reliant l'applicabilité du phénomène d'assimilation ou de celui du contraste à l'ampleur de l'écart perçu entre les attentes et la performance enregistrée. Elle stipule qu'il y a dans la perception de la performance d'un produit par un consommateur trois zones, encore appelées latitudes, soit celles d'acceptation, de neutralité et de rejet. Si l'écart perçu entre les attentes et la performance est suffisamment faible pour s'inscrire dans une zone d'acceptation, dès lors le con-

sommateur aura tendance à évaluer le produit plus en accord avec ses attentes qu'avec les performances réelles du produit (réduction de la dissonance). À l'opposé, le consommateur amplifiera l'écart entre la performance du produit et ses attentes, sous-évaluant ainsi au maximum le produit considéré, par effet de contraste (Sherif et Hovland, 1961; Anderson, 1973; Olson et Daver, 1976).

LA FORMATION DES ATTITUDES

Les facteurs principaux

Le développement des attitudes du consommateur s'effectue par un processus d'apprentissage où prédispositions et environnement constituent les deux principaux facteurs intervenants.

Prédispositions

L'*expérience* personnelle est certainement à la base de toute formation d'attitude. L'accumulation d'informations au cours des expériences de consommation amène le consommateur à se faire une opinion ou à développer une attitude face à une possibilité d'achat en fournissant des critères d'évaluation plus précis. Le conditionnement instrumental (voir le chapitre sur l'apprentissage), où un essai par le consommateur est sanctionné soit par la déception soit par la satisfaction, représente aussi un facteur intervenant dans la formation d'une attitude. De même, l'*information* est un facteur déterminant: un consommateur peut décider de changer de marque (développer une attitude favorable face à une nouvelle marque) s'il apprend qu'une marque offre telle ou telle caractéristique nouvelle. Enfin, la *personnalité,* comme prédisposition, peut influer sur la formation des attitudes. C'est ainsi qu'un innovateur et un retardataire (voir le chapitre sur l'innovation) ne développeront pas les mêmes attitudes face à de nouveaux produits; les extravertis et les introvertis développeront des attitudes opposées devant certains produits qui reflètent cet aspect de leur personnalité (parfums, vêtements, par exemple).

L'influence de l'environnement

Le premier environnement d'un consommateur a été sa *famille,* alors qu'il était enfant. L'influence de celle-ci s'avère donc considérable puisqu'elle affecte les premières expériences de consommation, la formation des premières croyances et des premiers critères d'évaluation (il suffit de penser aux habitudes alimentaires). Autres facteurs d'influence, les *autorités externes* peuvent être aussi bien personnelles (amis, groupes de référence, vendeurs, etc.) qu'impersonnelles (revues, journaux, partis politiques, etc.). L'influence de ces autorités est d'autant plus forte qu'elles sont considérées comme fiables; il s'agit de la notion de crédibilité d'une source d'information. Dans le cas particulier où deux autorités donnent une information sur le même thème, on a constaté que les attitudes du consommateur étaient renforcées si les deux autorités étaient en accord. Si les deux autorités sont en désaccord, le consommateur peut soit choisir l'opinion de l'autorité la plus fiable (la plus crédible), soit concilier les deux, soit déformer l'information pour rétablir la cohérence entre cette information et son attitude préalable sur le thème.

Enfin, le *milieu culturel* peut être un facteur déterminant des attitudes d'un consommateur. Une grande partie des valeurs, des besoins, des aspirations d'un individu dépend de la culture à laquelle il appartient. Le processus de socialisation se déroule au cours de son enfance et de son adolescence à travers la double influence d'autorités (parents, amis, professeurs) et d'expériences personnelles (récompenses ou punitions sanctionnant un acte en conformité ou non avec le milieu culturel ambiant). Un même produit peut susciter des attitudes très différentes dans deux milieux culturels (ou sociaux) distincts. Ainsi, des contenus publicitaires ou des produits enregistrant des résultats très satisfaisants dans un pays peuvent connaître des résultats catastrophiques lorsqu'ils sont introduits tels quels dans un autre pays. C'est à cette influence culturelle que les fabricants se reportent lorsqu'ils insistent sur la provenance du produit ou l'attribut «*Made in...*» «Fabriqué en/au...» (Mis en bouteille au Château» pour les bons vins, «Fabriqué en Allemagne» pour la solidité d'un produit électroménager, «Brassée au Québec» pour une bonne bière).

Chacun de ces facteurs constitue un cadre de référence pour le consommateur en l'amenant à définir ses critères d'évaluation, à modifier ses perceptions et croyances.

Les différentes stratégies de formation d'une attitude

Divers courants de recherche se sont intéressés à la formation des attitudes afin de bien comprendre, en particulier, comment les consommateurs combinent les différentes composantes d'une attitude. Nous avons vu, en effet, qu'il est possible de mesurer, à chacun des stades (ou composantes) de l'attitude, soit les croyances, soit la faveur accordée à une possibilité, soit l'intention de comportement face à cette possibilité. Chacune de ces mesures constitue un précieux outil de diagnostic. Cependant, pour étayer la fonction prédictive des attitudes, les compagnies sont intéressées à obtenir une mesure globale de l'attitude pour prédire l'intention d'achat. C'est à ce problème de compréhension des stratégies de formation des attitudes chez le consommateur et de mesure globale de l'attitude que les modèles multi-attributs donnent une solution.

Il existe deux grandes classes de stratégies de formation des attitudes: les stratégies dites non compensatoires et les stratégies dites compensatoires.

Nous présenterons donc successivement les modèles multi-attibuts (ou d'attributs multiples) reposant sur chacune de ces stratégies.

Les modèles non compensatoires

Ils ont ceci en commun que les consommateurs fonderont leur évaluation sur deux ou trois attributs clés (caractéristiques des produits) et que la faiblesse d'un attribut ne sera pas «compensée» par la force d'un autre. Les consommateurs élimineront les marques dès qu'une de leurs exigences ne sera pas comblée par un des attributs du produit. Il est possible de distinguer trois modèles (Wilkie, Pessemier, 1973):

— *le modèle conjonctif:* le consommateur établit un minimum acceptable pour chaque attribut. Une marque sera évaluée comme étant acceptable seulement si chaque attribut égale ou dépasse ce niveau minimum. Dans le cas contraire, elle sera rejetée;

— *le modèle disjonctif:* le consommateur définit dans ce cas un ou plusieurs attributs dominants. Une marque ne sera jugée acceptable que si elle dépasse le niveau minimum spécifié sur ces attributs clés;

— *le modèle lexicographique:* le consommateur range les attributs du produit du plus important au moins important. Il compare ensuite les marques sur le premier attribut et retient celle qui obtient la plus haute évaluation. Si deux marques sont à égalité, alors on utilise le second attribut pour discriminer les marques, et ainsi de suite jusqu'à ce qu'une marque soit considérée comme supérieure aux autres (voir le tableau 6.4 qui donne des exemples de modèles non compensatoires).

MOYENNES DES ÉVALUATIONS OBTENUES POUR QUATRE MARQUES D'AUTOMOBILES (AUPRÈS D'UN ÉCHANTILLON DE CONSOMMATEURS)

Codification 7 = très grande satisfaction quant à la performance de la marque évaluée;
1 = très grande insatisfaction.

Modèles concurrents	Marque A	Marque B	Marque C	Marque D
Robustesse	4	7	2	3
Prix	5	2	7	4
Consommation	6	6	5	5

Modèle conjonctif

- B est éliminée à cause de sa faible performance sur le prix.
- C est éliminée à cause de sa faible performance sur la robustesse.
- Choix entre A et D.

Modèle disjonctif

- Supposons que la robustesse est l'attribut déterminant.
- C et D sont éliminées à cause de leur faible performance comparée à celle de B et A.
- B devrait être choisie malgré son prix élevé.

Modèle lexicographique

- Supposons que les attributs sont classés par ordre d'importance de la façon suivante: (1) Consommation, (2) Robustesse, (3) Prix.
- La sélection se fait entre A et B à cause de leur meilleure performance sur le plan de la consommation: les deux marques étant nez à nez, on passe à la robustesse.
- Le choix se porte sur B. Il est inutile de passer au prix.

Tableau 6.4 Exemples de modèles d'attitude de type non compensatoire.

Ces trois modèles ont aussi en commun le fait de passer toutes les marques en revue sur quelques attributs dominants alors que, nous allons le voir, les modèles compensatoires exigent du consommateur qu'il passe en revue tous les attributs d'une marque pour déterminer le score global de cette marque puisque, dans ces modèles, la faiblesse d'un attribut peut être compensée par la force d'un autre. Le processus compensatoire est donc beaucoup plus long; on l'utilise généralement dans le cas d'un produit à implication financière ou sociale élevée et dans le cas d'une prise de décision complexe ou finale. En revanche, le processus non compensatoire est plutôt utilisé pour une classe bien connue du consommateur de produits à faible implication sociale ou financière, ou encore lors de la première sélection des marques connues.

Les modèles compensatoires et leur utilisation stratégique

Selon la logique propre à ce type de modèle, le consommateur doit traiter beaucoup plus d'informations et évaluer chacune des marques à travers tous leurs attributs. L'évaluation de l'objet d'attitude (ici la marque «o») définissant l'attitude «A_o» développée face à cette dernière est le résultat d'une confrontation entre les croyances «b_i» (de l'anglais «b*eliefs*») et l'importance ou intensité «a_i» des besoins du consommateur sur chaque attribut «i»; de cette attitude découle une intention de comportement BI (de l'anglais «B*ehavioral* I*ntention*»). Ces variables et leurs interactions peuvent être schématisées de la façon suivante:

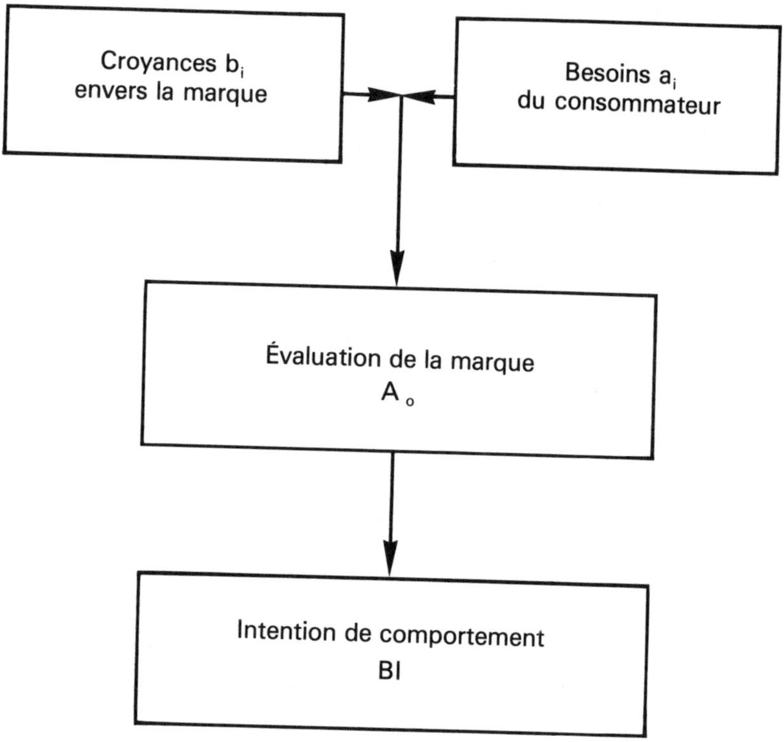

Le modèle de Fishbein

Plusieurs modèles ont été construits en conformité avec le schéma ci-dessus, dont ceux de Rosenberg (1956) et de Fishbein (1967) sont les plus connus. Cependant les interprétations que les auteurs ont données des différentes variables se différencient de façon subtile. Sans entrer dans le détail, nous présenterons, dans un premier temps, le modèle le plus réputé, soit celui de Fishbein. Sa formulation est la suivante:

$$A_o = \sum_{i=1}^{n} b_i \, a_i$$

où A_o = attitude face à l'objet o;

b_i = la force de la croyance i, c'est-à-dire la probabilité que l'objet o ait ou n'ait pas un attribut spécifique, ou que l'objet o soit associé ou non à un concept x_i; l'objet d'attitude pourra être une marque;

a_i = l'aspect évaluatif de la croyance b_i, c'est-à-dire l'évaluation favorable ou défavorable du concept x_i; la composante a_i spécifie donc si la possession de l'attribut i est un point positif ou négatif;

n = nombre de croyances au sujet de o.

Prenons comme exemple la Datsun GLX et supposons que les attributs d'une voiture de ce type soient l'économie, le prix, le confort et la tenue de route. Il est possible de mesurer «b_i» grâce à une question du type:

Selon vous, quelle est la probabilité que la Datsun soit jugée comme une voiture très économique?

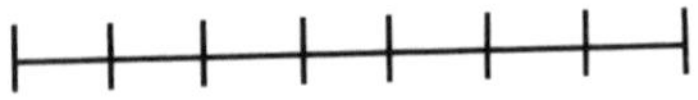

très grande — très petite

La croyance ainsi mesurée révèle deux points importants: en premier lieu, l'*association* qui est faite entre l'objet Datsun GLX et le concept d'économie; en second lieu, la *force* de la croyance qui est prise en considération par les différents points de l'échelle.

C'est ensuite l'aspect évaluatif «a_i» qui est mesuré. En fait, c'est le concept «x_i», ici l'économie, qui est évalué:

En ce qui concerne une voiture, l'économie est selon vous:

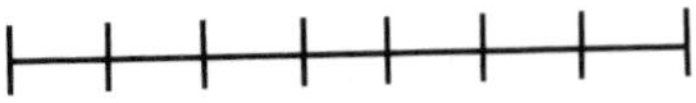

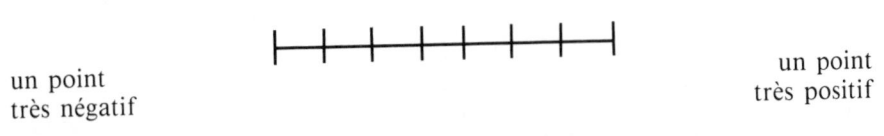

un point très négatif — un point très positif

Chaque croyance «b» est combinée avec l'évaluation de son importance «a» et ce, pour chacun des attributs. La somme de ces combinaisons donne un score global qui est «A_o» ou l'attitude face à l'objet «o».

Le modèle de préférence

Le modèle hybride, dit *modèle de préférence* (Bass, Talarzyk, 1972), a une formulation assez proche du modèle de Fishbein. Cependant, l'interprétation des membres de l'équation est totalement différente. La préférence pour une marque «j» est fonction de deux variables: l'importance que les individus accordent à un attribut, d'une part, et l'évaluation de la marque sur cet attribut, d'autre part. La préférence globale pour la marque «j» est alors la somme des scores pondérés obtenus par la marque sur chacun des attributs. Il est important de noter que cette mesure de préférence n'est valide que si elle est faite sur, et seulement sur, les attributs déterminants dans le choix d'une marque. Par exemple, une mesure de préférence pour un magasin d'alimentation serait faussée si l'on incluait comme attribut la couleur qui n'est pas un critère de décision pour un consommateur ou si l'on excluait l'attribut «proximité» qui lui est déterminant. Ce modèle est formulé de la façon suivante:

$$P_j = \sum_{i=1}^{n} w_i \, A_{ij}$$

où P_j = préférence globale pour la marque j;
w_i = poids (importance) accordé à l'attribut i;
A_{ij} = évaluation de la marque j par rapport à l'attribut i;
n = nombre d'attributs utilisés dans le processus de choix d'une marque.

Revenons à notre exemple d'une mesure de préférence pour des magasins d'alimentation. La première étape consiste à isoler les attributs déterminants. Les attributs ainsi dégagés sont les suivants: bas prix, variété et fraîcheur des produits, courtoisie du personnel, service aux caisses, propreté du magasin et facilité d'accès. Le consommateur est ensuite interrogé sur l'importance qu'il accorde à chacune des caractéristiques des magasins sur une échelle de 1 à 6 points, 6 signifiant que l'attribut est très important. Enfin, on demande au consommateur ce qu'il pense du magasin X, en ce qui concerne chacun des attributs sur une échelle de 1 à 6, 6 signifiant que le magasin est excellent en regard du critère. Le tableau d'évaluation pour trois magasins A, B, C pourrait être le suivant:

Critères	Bas prix	Variété et fraîcheur des produits	Courtoisie du personnel	Service aux clients	Propreté	Facilité d'accès
Poids	4	3	1	1	2	5
Évaluation des magasins						
A	4	2	3	1	5	3
B	2	4	4	4	4	2
C	2	5	1	2	3	5

Le calcul des scores de préférence pour chaque marque consiste à faire la somme des scores obtenus par la marque sur chacun des attributs, scores pondérés par le poids de l'attribut considéré. Ainsi, pour ces trois magasins, les scores de préférence sont les suivants:

$$P_A = (4 \times 4) + (2 \times 3) + (3 \times 1) + (1 \times 1) + (5 \times 2) + (3 \times 5)$$
$$= 16 + 6 + 3 + 1 + 10 + 15 = 51$$
$$P_B = 46 \quad \text{et} \quad P_c = 57$$

La préférence pour C étant la plus élevée, on déduit que l'attitude la plus favorable est envers le magasin C, qui bénéficie d'un avantage différentiel sur l'attribut «facilité d'accès», même s'il est mal noté sur d'autres critères moins importants.

Utilisation stratégique

En plus de donner une mesure globale d'attitude, ces modèles constituent donc des outils supplémentaires de diagnostic et d'analyse des forces et faiblesses d'une marque, lesquels outils peuvent être à la base de la construction d'une *stratégie d'adaptation*. Une stratégie publicitaire adaptative mettra en avant les croyances positives à l'égard de la marque afin d'attirer de nouveaux consommateurs ou de renforcer la fidélité des consommateurs. De même, la connaissance de besoins non comblés par les attributs des produits sur le marché peut mener à une innovation opportune et au positionnement adéquat d'un nouveau produit. Par exemple, le lancement des briquets jetables constituait une réponse pour les compagnies à une nécessité de faible investissement chez les fumeurs qui perdent trop souvent leurs briquets. Les briquets jetables, légers, représentent un bon compromis entre les allumettes et les briquets rechargeables de valeur. De même, le téléviseur portatif est apparu sur le marché parce que la facilité de transport est devenue, pour certains segments, un nouveau critère d'évaluation. Il peut donc s'agir d'innovations partielles mais aussi d'innovations plus larges; on pense par exemple à la télématique qui vient remplacer le télex dans les organisations.

Un autre type de modèle a pour objectif de hiérarchiser les marques selon leur proximité par rapport à un produit idéal. Il se formule de la façon suivante:

$$A_m = \sum_{i=1}^{n} W_i \mid I_i - X_{im} \mid$$

où A_m = l'attitude du consommateur face à la marque m;
W_i = l'importance qu'attache le consommateur à l'attribut i;
I_i = la performance idéale pour l'attribut i telle que perçue par le consommateur;
X_{im} = la croyance du consommateur quant à la performance de la marque m sur l'attribut i;
n = le nombre d'attributs considérés.

À partir du profil du produit idéal, une compagnie peut développer une stratégie visant à combler les consommateurs dont les besoins se ressemblent.

Enfin, un dernier type de modèle multi-attributs développé par les chercheurs en marketing est celui qui ne repose que sur les croyances (*Beliefs only model*), ne tenant pas compte de l'importance de ces dernières. Ce modèle a été proposé en premier par Sheth et Talarzyk (1972). Dans une étude portant sur six biens de consommation courante, ils trouvèrent que les cotes de satisfaction des consommateurs portant sur des attributs spécifiques communs à chacune des marques (goût, prix, nutrition, emballage) étaient reliées à l'évaluation d'ensemble de la marque. À l'inverse, il y avait peu de relation entre l'importance accordée à chaque attribut et les évaluations des marques. Ils en conclurent que lors de la définition de la stratégie du contenu publicitaire ou de celle du concept de produit, ce sont les attributs des marques plutôt que leur importance relative qui devraient être favorisés. Les sollicitations de marketing basées sur les attributs s'avéreraient plus efficaces du fait qu'ils cherchent à offrir au consommateur ce qu'il veut ou ce que l'on croit qu'il veut, tandis que celles basées sur les attributs s'avéreraient plus efficaces du fait qu'on cherche à offrir au consommateur ce qu'il veut ou ce que l'on croit qu'il veut, tandis que celles signifie qu'il serait plus approprié de dire qu'un sèche-cheveux Braun assure un service efficace plutôt que de tenter de convaincre le client potentiel que l'utilisation de cet appareil lui garantira le succès.

Certaines recherches soutiennent que les croyances exercent une influence clé dans l'évaluation de la marque, alors que selon d'autres l'inclusion des facteurs de pondération (les «a_i») contribuerait à expliquer comment l'on évalue les marques et comment l'on peut prédire les comportements subséquents.

En fait, il semble que le meilleur modèle d'attitude soit celui qui réponde le mieux aux spécificités de l'étude effectuée.

D'ores et déjà, il est clair que la connaissance de la formation des attitudes peut susciter chez les entreprises de nombreuses applications stratégiques adaptatives. Toutefois, les compagnies sont le plus souvent intéressées à provoquer des changements d'attitudes de la part des consommateurs, ce qui n'est pas une mince tâche. Pour y parvenir, il faudra prendre en compte la façon dont les attitudes s'organisent dans l'esprit des consommateurs.

L'ORGANISATION ET LES CHANGEMENTS D'ATTITUDES

Les attitudes n'existent pas et n'évoluent pas de façon isolée: elles forment une structure complexe où les unes dépendent des autres. Le consommateur cherche à maintenir l'équilibre de cette structure qui reflète son système de valeurs et à résister aux changements que tentent de lui imposer diverses influences. Les attitudes sont organisées selon trois principes, et c'est grâce au respect de ceux-ci qu'il sera peut-être possible de provoquer un changement d'attitude.

Le principe de stabilité et centralité

Deux variables servent d'indicateurs de la stabilité des attitudes, c'est-à-dire de leur résistance éventuelle au changement: le degré de confiance et l'implication du consommateur (M. Sherif, C. Sherif, Nebergall, 1961).

Le degré de confiance qu'un consommateur porte dans son propre jugement dépend essentiellement de la quantité d'information dont il dispose sur la marque. Si le consommateur est assez peu confiant dans son jugement sur une marque, ou s'il manifeste assez peu d'intérêt pour cette dernière, il sera beaucoup plus facile de modifier son attitude. En effet, le consommateur sera alors très réceptif à des informations additionnelles. Le degré de confiance peut dépendre aussi de la qualité de l'information qu'il détient. Si l'information est ambiguë ou contradictoire, une clarification de l'information entraînera une clarification des croyances et, par là même, une modification éventuelle de l'attitude.

L'implication du consommateur traduit le niveau général d'intérêt que celui-ci porte à l'objet d'attitude. L'implication varie essentiellement en fonction du *degré de centralité* d'une attitude. Une attitude dite «centrale» est une attitude fortement reliée au concept de soi du consommateur et à ses valeurs fondamentales. Ces attitudes sont étroitement reliées entre elles puisqu'elles reposent toutes sur le cadre de référence de l'individu, si bien qu'un changement de l'une d'entre elles entraînerait un déséquilibre de la structure entière. L'individu oppose donc une forte résistance pour maintenir la cohérence interne de son système de valeurs. Au contraire, les attitudes dites «périphériques» ne sont rattachées que de loin au concept de soi de l'individu. D'une façon générale, les biens de consommation courante font l'objet d'un développement d'attitudes périphériques. Les changements d'attitudes s'effectuent alors plus facilement car la volonté de maintenir un certain équilibre est réduite.

Le principe de consistance interne

Ce principe est fondé sur la notion fondamentale de l'équilibre psychologique; selon celle-ci, en effet, le consommateur cherche à maintenir un équilibre constant entre les composantes cognitive et affective d'une attitude (Rosenberg, 1965). Ainsi, une attitude face à un produit ou une marque ne peut être formée que si les deux composantes sont soit positives (par exemple une femme peut aimer être bronzée et croire que le bronzage donne un joli teint), soit négatives (à l'inverse, une femme n'aime pas se faire bronzer et croit que le bronzage provoque un vieillissement accéléré de la peau). Si cet équilibre n'existe pas, l'individu cherchera à réduire ou à éliminer l'incohérence entre les deux composantes cognitive et affective au moyen d'une réorganisation générale de ses attitudes. Dans l'exemple ci-dessus, l'équilibre arithmétique est rompu (une composante de chaque signe) si une femme qui aime bronzer reçoit de son dermatologue l'information selon laquelle le bronzage est nocif. À la réception de l'information, cette femme peut soit la rejeter totalement en discréditant la source, soit la modifier ou la fragmenter de manière à la rendre cohérente avec la composante affective (minimiser la nocivité de l'exposition au soleil), soit modifier son attitude à l'égard du bronzage en la rendant négative: le choix de l'une ou l'autre de ces trois stratégies dépendra de la centralité de l'attitude et de la confiance qu'a le consommateur en son propre jugement. Le changement d'attitude repose donc sur cette théorie de recherche d'un équilibre psychologique qui prône que la réorganisation des attitudes peut se faire de deux façons: un changement au niveau des croyances amenant un changement dans l'évaluation, ou un changement dans l'évaluation amenant un changement dans les croyances.

Le principe des structures unifiées

Une structure unifiée consiste en une association entre la caractéristique d'un produit et un bénéfice pour le consommateur. Par exemple, une structure unifiée dans l'esprit d'une maîtresse de maison peut être l'association entre l'agent moussant d'une lessive et la propreté du linge obtenue avec cette lessive: «Plus ça mousse, plus le linge est propre.» L'organisation des attitudes peut être plus ou moins complexe selon les classes de produits, tel que le démontre le schéma ci-dessous:

Système de croyance B_i

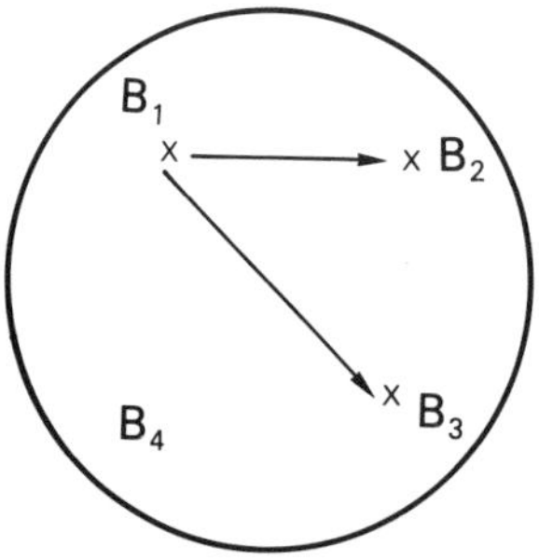

Structure simple

Système de croyance B_i

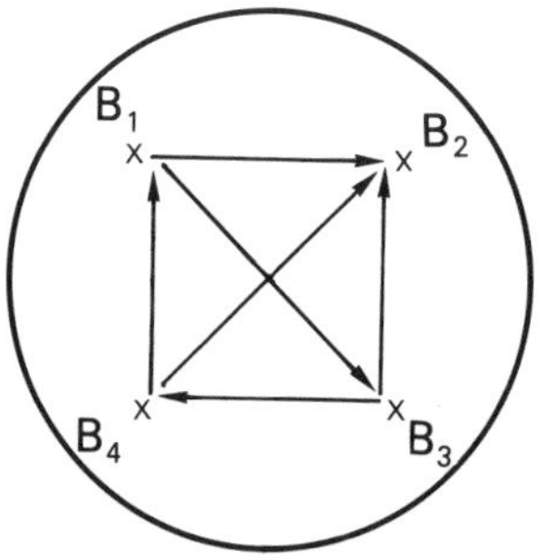

Structure complexe

Une structure simple peut ne comporter qu'une seule association, par exemple le café décaféiné a un mauvais arôme. Par contre, une structure complexe peut comporter des associations multiples qui se répercutent les unes sur les autres. Par exemple, la croyance que les rince-bouche doivent être rudes pour être efficaces est une structure unifiée complexe, qui repose sur la succession des croyances suivantes: pour avoir une bonne haleine, il faut tuer les germes; pour tuer les germes, il faut un produit médicamenteux; un médicament a mauvais goût et est d'usage désagréable; donc, un rince-bouche efficace a mauvais goût!

Il est important de bien comprendre les structures unifiées et de mesurer leur complexité. Plus une structure unifiée est complexe, plus il sera difficile de changer une attitude, car plus elle est complexe, plus les croyances sont interreliées et difficiles à changer.

La stratégie de changement des attitudes

La stratégie de changement des attitudes repose sur le modèle de hiérarchie des effets dont nous avons déjà parlé. Elle se justifie par le raisonnement selon lequel un changement des croyances sera susceptible d'entraîner un changement d'évaluation, puis de préférence, et enfin d'intention de comportement. Le principe est donc que tout changement à l'intérieur de la chaîne causale

besoins ↓ croyances	}	stade cognitif
↓ évaluation ↓ attitude	}	stade affectif
↓ comportement	}	stade conatif

se répercute comme une onde jusqu'au bout de cette chaîne pour aboutir à l'objectif ultime qui est un changement de comportement favorable à la marque.

Or, on peut évaluer précisément la difficulté d'une telle entreprise en se remémorant les principes fondamentaux suivants:

1) Il est plus facile de changer les croyances (stade cognitif) que les évaluations (stade affectif) des marques;
2) Il est plus facile de changer les croyances et les évaluations (cognitif et affectif) que le comportement (conatif);
3) Il est plus facile de changer l'intensité des besoins, les poids des critères d'évaluation que la nature de ces besoins;
4) Il est plus facile de changer les attitudes que les besoins des consommateurs.

Ainsi, mis à part le quatrième énoncé, tous les principes sont tels qu'il est globalement plus facile de changer les éléments en début de chaîne causale. Mais la répercussion des changements n'est pas automatique et des modifications en début de processus n'entraîneront pas nécessairement un changement de comportement. D'où les risques associés à l'utilisation d'une telle stratégie.

D'autres principes s'ajoutent à ceux exposés précédemment:

— Il est plus facile de changer des attitudes dites périphériques;
— Il est plus facile de changer des attitudes si le degré de confiance du consommateur dans son évaluation est peu élevé;
— Il est plus facile de changer des attitudes s'il y a inconsistance entre les composantes affective et cognitive;
— Il est plus facile de changer des attitudes si les croyances sont organisées en structures unifiées simples.

Voici les quatre tactiques que l'on peut appliquer dans le cadre d'une stratégie de changement d'attitude:

a) *changer un élément a* dans le modèle d'attributs multiples:

$$BI \simeq A_o = \sum_{i=1}^{n} b_i a_i$$

Ceci revient à changer la hiérarchie des valeurs du consommateur en provoquant un changement de l'importance de ses besoins traduits au niveau de critères d'évaluation;

b) *changer un élément b* ou changer les croyances à l'égard de la marque, ou l'évaluation portée sur un attribut;

c) *changer l'élément A_o* ou changer l'évaluation globale de la marque;

d) *changer l'élément BI* ou provoquer directement une modification de l'intention de comportement.

La première tactique qui consiste à changer les poids relatifs des critères d'évaluation du consommateur est couramment utilisée. Elle consiste à privilégier un attribut secondaire pour le rendre dominant. Ainsi, les grands couturiers, en apposant la griffe identifiant nettement leurs créations, compensent les prix élevés des articles de mode par l'attribution d'une grande visibilité sociale. Mais ces tactiques ne sont valables que si l'attribut privilégié répond à un besoin ressenti du consommateur. Dans la bataille des appareils photo reflex automatiques et des appareils manuels, il peut être vain de recommander à un consommateur peu averti de ne pas recourir à l'appareil automatique à cause des risques de mauvaise exposition, si l'aspect pratique et la facilité d'emploi priment sur tout le reste. La seconde tactique qui porte directement sur les croyances est, comme nous l'avons vu, beaucoup plus périlleuse et dépend du degré de stabilité de ces dernières. La troisième stratégie qui vise surtout à changer directement l'évaluation globale de la marque est un raccourci qui tend à court-circuiter les attributs intrinsèques en faveur des caractéristiques d'usage et de situations de consommation. Elle consiste à créer une ambiance favorable autour de l'utilisation de la marque. Cette stratégie est surtout utilisée lorsque les compagnies ne peuvent agir soit sur le poids des attributs, soit sur les évaluations des marques portées à partir de ces mêmes attributs, et ce à cause de la non-différenciation des marques sur des critères objectifs. La création d'une image de marque et la différenciation de la marque restent donc très étroitement reliées à la stratégie de changement d'attitude.

Enfin, la dernière tactique qui vise à provoquer directement un changement de comportement est utilisée lorsque est mise en place une campagne de promotion. Cependant, les méthodes promotionnelles temporaires qui ont pour résultat d'attirer de nouveaux usagers de la marque ne connaissent souvent que des effets à très court terme. En effet, si, malgré l'essai, le consommateur ne modifie pas son évaluation globale de la marque, ou celle d'un attribut, ou encore le poids de ses critères d'évaluation, c'est qu'il n'a pas changé d'attitude; aucun renforcement n'a eu lieu, et aucune fidélité ne pourra être créée. Le consommateur reviendra à son ancienne marque dès la fin de la promotion.

DEUXIÈME VOLET: ATTITUDE ET COMPORTEMENT

LA RELATION ATTITUDE-COMPORTEMENT

En marketing, un objectif de changement d'attitude ne trouve sa raison d'être que si sa réalisation provoque effectivement un changement dans le comportement du consommateur cible. Toute étude sur le lien entre attitude et comportement est donc fondée sur l'hypothèse selon laquelle les attitudes, en tant que «prédispositions à répondre», annoncent un comportement manifeste.

La mise en évidence d'une relation entre les attitudes et le comportement

Plusieurs études ont démontré l'existence d'une relation évidente entre les attitudes et le comportement (Assael, Day, 1968; Achenbaum, 1972), en particulier pour les biens à implication sociale ou financière limitée. Elles ont permis de mettre à jour les faits suivants:

— L'attitude envers une marque est positivement reliée à son utilisation;
— Il y a, pour de très nombreuses marques étudiées, une très forte relation entre la notoriété et la part de marché, entre les attitudes et cette même part de marché;
— La relation est biunivoque, c'est-à-dire que l'attitude peut influer sur le comportement d'achat et l'achat peut influer sur l'attitude future.

Cependant, dans bon nombre de ces études, la composante conative des attitudes est mesurée en fonction des intentions d'achat plutôt qu'en fonction des achats proprement dits. Or, des variables externes (telles que les situations d'achat, la disponibilité de la marque, le prix, de nouvelles possibilités sur le marché, etc.) peuvent constituer des freins à l'achat et amener le consommateur à adopter un comportement effectif différent de ses intentions déclarées précédemment. Cette influence de l'environnement justifie la distinction qu'il importe de faire entre intention et comportement d'achat (voir fig. 6.3).

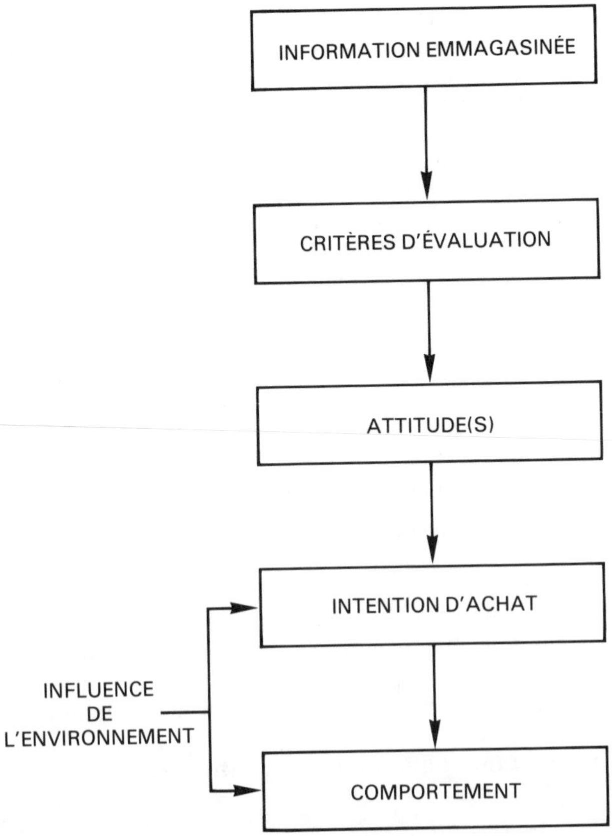

Figure 6.3 Les intentions, les attitudes, le comportement.

Vers une meilleure capacité prédictive: le modèle étendu de Fishbein

Afin de tenir compte de l'influence de l'environnement et dans le souci de mieux prédire le comportement du consommateur, Fishbein (1967, 1975) a étendu son modèle; ce n'est plus, dès lors, l'attitude face à un objet (ou une marque) qui est mesurée mais l'attitude face à un comportement relié à cet objet (achat, consommation, rachat, etc.). Fishbein donne d'ailleurs un bon exemple de l'intérêt qu'il y a de faire cette distinction entre «objet» et «action vis-à-vis de l'objet»:

> une maîtresse de maison peut avoir une attitude favorable face à une moquette à poils longs pour ses qualités de confort, de chaleur et de prestige, mais développer une attitude très peu favorable devant le fait de l'installer chez elle si elle a deux chiens, un chat et trois enfants en bas âge.

À l'inverse, madame Dupont peut très bien envisager d'acheter une boîte de cigares à son mari bien qu'elle-même ait une attitude très défavorable face aux cigares, puisqu'elle déteste fumer.

Donc, en mesurant l'attitude vis-à-vis de l'acte d'achat ou de consommation, l'implication du consommateur est alors plus élevée, et la mesure obtenue plus proche de l'intention de comportement effectif du consommateur. Nous avons par conséquent:

$$A_{acte} = \sum_{i=1}^{N} b_i \, a_i$$

où A_{acte} = attitude face à l'acte ou au comportement.

A_{acte} étant fonction de b_i (la croyance qu'adopter le comportement B aura une conséquence i) et de a_i (l'évaluation positive ou négative de cette même conséquence i).

En outre, le modèle étendu de Fishbein tient compte des influences sociales qui peuvent jouer un rôle dans la formation des attitudes. Aussi retrouve-t-on deux éléments «sociaux»: les croyances normatives, c'est-à-dire ce que l'individu croit que les autres attendent de lui, et la tendance du consommateur à se plier aux normes dictées par la famille ou le groupe (ou les groupes) de référence. Ainsi, un médecin peut considérer favorablement l'achat d'une petite voiture pour ses déplacements professionnels mais, considérant ce qu'en penseraient ses clients, renoncer à cet achat.

Le modèle global est formulé de la façon suivante:

$$B \simeq BI = (A_{acte}) \, w_0 + (NB) \, (MC) \, w_1$$

où B = comportement;
BI = intention de comportement;
A_{acte} = $\Sigma \, b_i \, a_i$ = attitude face à l'acte;
NB = croyance normative (ce que l'individu croit que les autres attendent de lui) («N*ormative* B*elief*»);
MC = tendances individuelles à se conformer aux normes («M*otivations to Comply*»);
w_0, w_1 = paramètres reflétant l'importance respective des deux composantes du modèle.

Le modèle ainsi formulé traduit que l'intention d'un individu de se comporter d'une certaine manière dans une situation donnée est fonction de son attitude devant ce comportement, de sa perception des normes qui prévalent dans cette situation et enfin de sa motivation à se soumettre à ces normes. Il faut noter l'importance de l'expression «dans une situation donnée». Mise en évidence dans le chapitre sur les situations de consommation, cette influence situationnelle est fondamentale et la prédiction du comportement n'en sera que meilleure si on en tient compte. L'achat de la boîte de cigares par madame Dupont n'est prévisible que si la mesure de l'intention tient compte de l'objectif d'offrir ces cigares en cadeau.

Le recours aux mesures d'intention

S'il est possible de prouver qu'il y a une relation directe entre une déclaration d'intention et un comportement subséquent, alors les intentions d'achat peuvent être envisagées comme des instruments de mesure fiables pour prédire des tendances comportementales. Cette relation a bel et bien été établie par de nombreuses études, dont celle de Katona (1960) qui porte sur les automobiles: parmi les répondants déclarant avoir l'intention de changer, l'année suivante, leur automobile d'occasion pour une neuve, 63% passaient aux actes, alors que, parmi ceux qui n'en avaient pas l'intention, seulement 29% en achetaient une. Le taux de réalisation moyen dans les études est d'ailleurs de 60% pour les déclarations d'intentions positives et de 30% pour les négatives.

Malgré ces résultats encourageants, l'apparente simplicité de voir l'intention comme précédant immédiatement le comportement qui lui correspond est parfois trompeuse. Certaines compagnies en ont fait la triste expérience, leurs mesures d'intention ne prédisant pas avec exactitude les comportements d'achats futurs. Les facteurs les plus susceptibles de diminuer la valeur prédictive des mesures d'intention sont les suivants:

- *Le choix même de la mesure d'intention employée:* ce choix peut influencer les résultats. Pour contrecarrer ce problème, il existe un principe à respecter dans tous les cas: une mesure appropriée de l'intention doit correspondre au même niveau de spécificité que le comportement à prédire;
- *Le laps de temps écoulé* entre les mesures d'intention et de comportement: cette variable est susceptible d'affecter sérieusement le niveau de corrélation entre les deux mesures;
- *La stabilité de l'intention* qui est d'autant plus faible que la dépendance à l'égard d'événements (ex.: octroi d'une augmentation de salaire) ou d'autres personnes est forte;
- *La volonté:* une personne peut être incapable d'agir selon son intention (de faire un régime ou d'arrêter de fumer par exemple);
- *La nouveauté du produit,* en ce sens que plus un produit est nouveau, plus l'efficacité de la mesure d'intention est élevée.

Quel que soit le scepticisme avec lequel sont considérées les mesures d'intention en tant que mesures prédictives, il reste qu'il y a beaucoup à apprendre de l'analyse de la relation entre intention déclarée (mesurée directement ou à l'aide du modèle de Fishbein) et comportement effectif.

Pour le prouver, prenons l'exemple d'une compagnie qui vend des appareils électroménagers sous la marque Monalec (nom fictif). Pour un type d'appareil, l'entreprise a pu construire le tableau suivant:

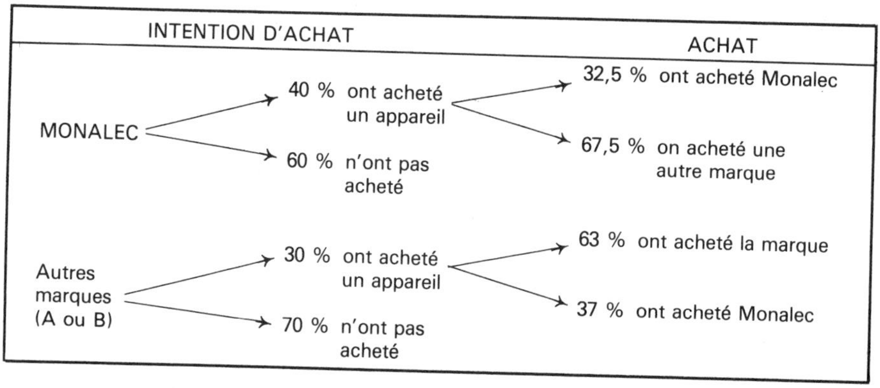

Le tableau peut se lire de la façon suivante: parmi les répondants ayant l'intention d'acheter un appareil Monalec, seulement 40 % ont acheté un appareil, toutes marques réunies. De ce nombre, seulement 32,5 % ont acheté un appareil Monalec. En ce qui concerne les marques concurrentes, seulement 30 % des répondants ont acheté le produit; 63 % ont acheté la même marque que celle déclarée lors de la mesure d'intention et 37 % ont changé pour un produit Monalec.

L'analyse de ce premier tableau indique que seulement 13 % des répondants en faveur de Monalec au moment de la mesure d'intention ont agi en conformité totale avec les intentions déclarées (40 % × 32,5 %). Ce taux atteint près de 19 % pour les autres marques. Le même tableau peut être reconstruit avec des chiffres absolus pour 100 déclarations d'intentions pour une marque spécifique.

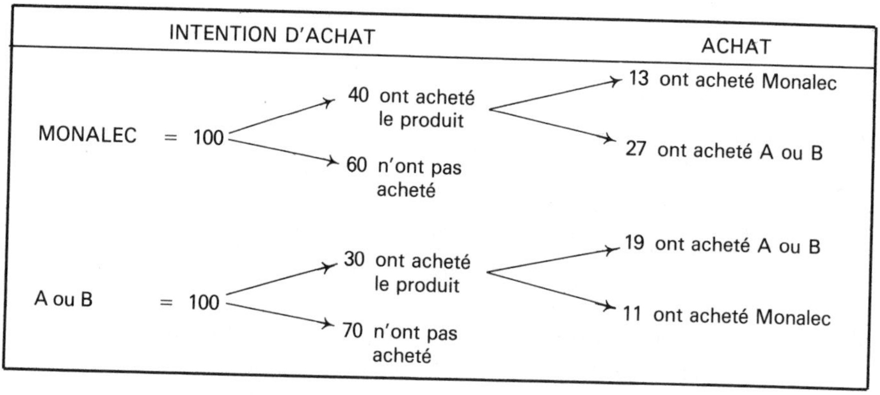

Il est assez difficile de distinguer qui, de Monalec ou de ses concurrents, détient la meilleure position. Pour Monalec, le taux d'achat d'un produit est meilleur que pour A ou B (40 contre 30%). Par contre, 13 % seulement achètent effectivement Monalec (contre 19 % pour A ou B).

Il est alors intéressant de calculer les gains ou pertes nets de chacune des marques par rapport aux déclarations d'intention. On peut le faire de la façon suivante: on calcule le nombre de consommateurs qui ont changé pour la marque Monalec pour chaque cent changements de Monalec à une autre marque: 11 consommateurs ont changé pour Monalec contre 27 pour A ou B. Ce chiffre 27 ramené à 100, on obtient le rapport suivant:

$$\left.\begin{array}{l} 27 \rightarrow 100 \\ 11 \rightarrow x \end{array}\right\} \Rightarrow x = \frac{11 \times 100}{27} = 40{,}7\ \% \qquad \text{soit une perte nette de } 59{,}3\ \%$$

Pour A ou B, on calcule le nombre de consommateurs qui ont changé pour A ou B (27) pour chaque 100, et les changements de A ou B vers Monalec (11). Le rapport est donc inverse:

$$\left.\begin{array}{l} 11 \rightarrow 100 \\ 27 \rightarrow y \end{array}\right\} \Rightarrow y = \frac{27 \times 100}{11} = \simeq 245\ \% \qquad \text{soit un gain net de } \simeq 145\ \%$$

Autrement dit, pour chaque personne qui change d'intention (A ou B) pour acheter finalement Monalec, cette dernière perd plus de deux consommateurs qui changent pour A ou B. En revanche, A et B gagnent plus de deux consommateurs pour chaque personne ayant déclaré son intention pour A ou B et ayant en définitive acheté Monalec.

La perte nette de Monalec est donc considérable. La compagnie devra analyser les causes de cette situation qui lui est défavorable. Ces causes peuvent résider dans sa mauvaise politique de distribution: taille, attraction, lieu de distribution, promotion sur le lieu de vente insuffisante ou inefficace, influence des vendeurs, disponibilité des produits, délais de livraison, etc.

Il est clair, avec cet exemple, que les mesures d'intention constituent des outils d'analyse sérieux qui peuvent permettre de réviser un plan de marketing ou de reconstruire un mix approprié afin d'augmenter le taux de réalisation de l'intention en un comportement d'achat subséquent.

Enfin, le lien entre l'attitude face à une marque «i»(A_i) et l'intention d'achat de cette même marque «i» (I_i) doit être envisagé non pas en supposant une relation directe et unique, mais en fonction des niveaux d'attitudes interactifs face aux marques concurrentes, notamment celles incluses dans l'ensemble évoqué du consommateur. Ainsi, les quelques résultats préliminaires fournis (Laroche, Bergier et McGown, 1980) tendent à confirmer cette hypothèse selon laquelle l'intention d'achat d'une marque évoquée «i» est fonction de l'ensemble des attitudes face aux marques évoquées pour le consommateur, ou encore:

$$I_i = g\,(A_1, A_2, \ldots\ldots A_k)$$

supposant alors, pour simplifier, que «g» est une fonction linéaire:

$$I_i = \Sigma\, a_{ij}\, A_j \qquad \text{pour } i = 1 \ldots\ldots k$$

donnant ainsi naissance à un modèle d'intentions à *effets multiples* qui augmente de façon significative le pouvoir prédictif des modèles d'intentions simples (Brisoux, Laroche, 1981).

SYNTHÈSE

Cet exposé théorique sur les attitudes a permis de donner une définition des attitudes et de leurs trois composantes: la composante cognitive (croyances), la composante affective, la composante conative (intentions de comportement). Les fonctions que jouent les attitudes ont été envisagées tant du point de vue du responsable du marketing (fonctions prédictive, d'intermédiaire et explicative) que du point de vue du consommateur (fonctions cadre de référence, d'expression des valeurs fondamentales, de défense de l'ego et d'ajustement). Par ailleurs, les facteurs principaux (prédispositions et influence de l'environnement) contribuant à la formation des attitudes ont été étudiés avant que soient présentées les deux stratégies de formation des attitudes: la stratégie non compensatoire et la stratégie compensatoire. On a ensuite mis en évidence le fait que les changements d'attitudes ne peuvent se faire qu'en respectant les principes d'organisation des attitudes; ces principes sont ceux de stabilité et de centralité, de consistance interne et de structures unifiées. Enfin, l'existence d'un lien entre attitude et comportement a été discutée ainsi que l'utilisation possible des mesures d'intention.

L'exposé d'un exemple d'application qui suit a pour objectif de démontrer l'importance fondamentale que revêt la connaissance des attitudes d'un point de vue stratégique pour un choix de positionnement.

DÉMONSTRATION PRATIQUE: LES EXPLICATIONS DES POSITIONS CONCURRENTIELLES*

La part de marché acquise par un produit résulte de l'effet cumulatif des choix portés par les consommateurs. De ce fait, la plupart des modèles permettant d'évaluer la position concurrentielle actuelle ou potentielle d'un produit comportent toujours un module concernant la prédiction du choix. La plupart du temps, ces modules, explicites ou implicites, visent à prédire la part de marché que devrait s'accaparer un nouveau produit à la suite de son introduction dans un univers concurrentiel donné; c'est pourquoi ils sont appelés des modèles d'attraction de part de marché, le mot «attraction» ayant le sens d'«appropriation».

En général, les modèles d'attraction de part de marché reposent sur la structure interne suivante:

$$PM_{jt} = \frac{A_{jt}}{\sum_{i=1}^{n} A_{it}}$$

* Cette partie du chapitre a pu être rédigée grâce à la collaboration du professeur Yvan Boivin de l'Université de Sherbrooke.

où PM_{jt} = la part de marché de la marque j à l'instant t;
A_{jt} = le pouvoir d'attraction de la marque j à l'instant t;
et n = le nombre de marques présentes sur le marché.

Puisque cette approche générale est rattachée au processus de choix d'une marque par un consommateur, il nous semble opportun, avant de l'appliquer dans la pratique, de la définir plus précisément en nous servant d'un modèle conceptuel traitant de ce choix.

Un modèle de choix d'une marque

Le modèle de Howard (1977) s'avère particulièrement utile pour aborder la compréhension des choix du consommateur. Ses principaux éléments sont illustrés à la figure 6.4 et peuvent s'expliquer de la façon suivante:

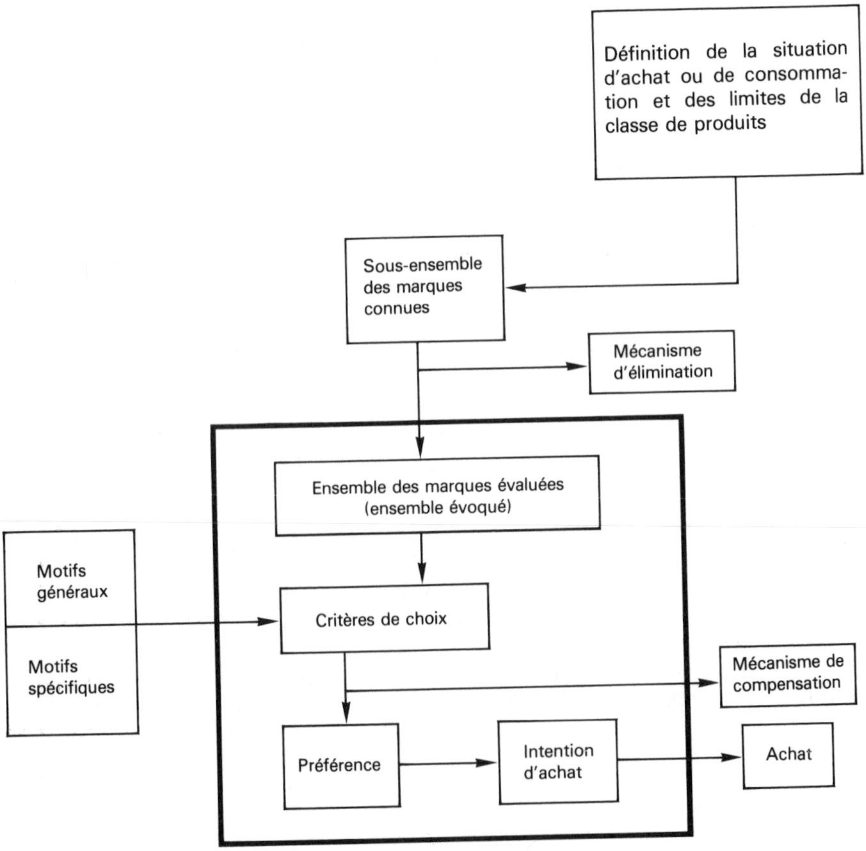

Source: Howard, J., Consumer Behavior: Application of Theory, McGraw-Hill, 1977.

Figure 6.4 Modèle de choix d'une marque.

a) pour qu'un consommateur choisisse une marque, il faut d'abord qu'il la connaisse. En ce sens, la mesure du taux de notoriété d'une marque se définit comme étant le pourcentage des gens qui connaissent cette marque. En général, il est préférable d'utiliser un taux de notoriété non aidé («Quelles sont les marques que vous connaissez?»), par opposition à un taux aidé («Connaissez-vous la marque X?»);

b) parmi l'ensemble des marques connues d'un consommateur, un certain nombre d'entre elles seront jugées comme étant acceptables pour un achat donné et seront de ce fait considérées pour fins d'évaluation finale; elles constituent l'ensemble de marques de référence ou encore l'ensemble évoqué (de l'anglais *«evoked set»*). Leur nombre est plus ou moins limité selon les consommateurs, mais il dépasse rarement cinq unités;

c) pour effectuer un choix final, le consommateur procède à une comparaison évaluative des marques de référence sur la base d'un certain nombre de critères visant à mesurer leurs similitudes ou leurs différences. Les consommateurs accordent une importance plus ou moins grande aux différents critères d'évaluation, soulignant ainsi leurs différences interindividuelles. Une fois les critères établis et hiérarchisés, le consommateur évalue (positionne) chacune des marques sur ses critères qui lui servent de dimensions de référence. La position d'une marque selon les différents critères d'évaluation correspond à ce que nous appelons plus familièrement l'image d'une marque;

d) l'expression d'une préférence pour une marque correspond à la notion d'attitude communément utilisée par les psychologues: il s'agit de la manifestation d'une opinion, bonne ou mauvaise, au sujet d'une marque. Bass (1972) nous propose une relation formelle entre l'image, la préférence et les critères de choix, à savoir:

A_{kj} = la position de la marque j sur le critère de choix k;
W_{ik} = l'importance du critère de choix k (ou de l'attribut) pour l'individu i;
P_{ij} = la préférence de l'individu i pour la marque j;
PM_j = la part de marché de la marque j.

Nous pouvons écrire:

$$P_{ij} = \Sigma_k W_{ik} A_{kj}$$
$$P_j = \Sigma_i P_{ij}$$

et finalement:

$$P_m j = \frac{P_j}{\Sigma_j P_j}$$

Nous avons donc une relation formelle entre les images de marques et les parts de marché P = f(A). Cette relation nous permet de définir de façon plus précise le problème du positionnement qui consiste à modifier A de façon à maximiser ou du moins à améliorer la part de marché d'une marque. Finalement, un segment de marché sera défini comme un ensemble d'individus qui accordent la même importance à différents critères de choix; il s'agit en fait de la segmentation par bénéfices telle que nous l'avons définie dans le chapitre sur la perception.

Présentation d'un exemple simple

Supposons que nous ayons, à partir d'un questionnaire, mesuré les différentes images de marques des rince-bouche en présence sur un marché donné. Pour les principales marques de référence, les résultats obtenus apparaissent dans le tableau 6.5.

Critères de choix	Marques				
	Micrin	Cepacol	Listerine	Lavoris	Colgate 100
1. Élimination des germes	2,22	2,40	1,63	1,85	2,21
2. Goût	2,40	2,92	3,28	2,38	2,52
3. Prix	2,60	2,70	2,29	2,50	2,68

N.B.: Toutes ces données sont fictives.

Tableau 6.5 Images des différentes marques de rince-bouche.

Avant d'aller plus loin, soulignons que les données du tableau 6.5 représentent le score moyen attribué à chacune des marques par un échantillon représentatif de répondants; dans ce cas, plus le chiffre est petit, plus le score est favorable.

La première opération consiste à transformer la matrice de perception (les images) en différences à partir de la marque idéale sur chacun des critères de choix. Le but de cette transformation est d'éviter d'inclure dans le calcul des préférences les critères de choix pour lesquels toutes les marques sont perçues comme identiques. Par exemple, si toutes les compagnies de transport aérien étaient perçues comme également sûres, la sécurité n'aurait rien à voir avec le choix d'une compagnie; par conséquent, un modèle de choix devrait éliminer ce critère.

Les images de marques exprimées en différences par rapport à la marque idéale sont les suivantes:

$$\left\| A_{kj} \right\| = \begin{bmatrix} 0{,}59 & 0{,}77 & 0 & 0{,}22 & 0{,}58 \\ 0{,}02 & 0{,}54 & 0{,}90 & 0 & 0{,}14 \\ 0{,}31 & 0{,}41 & 0 & 0{,}21 & 0{,}39 \end{bmatrix}$$

En supposant que les répondants accordent l'importance suivante aux différents critères d'évaluation:

combat les germes = 0,40
goût = 0,20
prix = 0,40

nous pouvons maintenant calculer un score de préférence pour chacune des marques:

$$P(\text{Micrin}) = (0{,}40,\ 0{,}20,\ 0{,}40) \begin{bmatrix} 0{,}59 \\ 0{,}02 \\ 0{,}31 \end{bmatrix} = 0{,}36$$

$$P(\text{Cepacol}) = (0{,}40,\ 0{,}20,\ 0{,}40) \begin{bmatrix} 0{,}77 \\ 0{,}54 \\ 0{,}41 \end{bmatrix} = 0{,}58$$

et de façon similaire:

$$\begin{aligned} P(\text{Listerine}) &= 0{,}180 \\ P(\text{Lavoris}) &= 0{,}172 \\ P(\text{Colgate 100}) &= 0{,}416 \end{aligned}$$

Comme ces chiffres expriment jusqu'à quel point les différentes marques s'éloignent d'une marque idéale, il faut prendre la réciproque pour obtenir les scores de préférence:

$$1/P_j = (2{,}78,\ 1{,}72,\ 5{,}55,\ 5{,}81,\ 2{,}40)$$

et donc:

$$PM_j = (15\ \%,\ 9\ \%,\ 30\ \%,\ 32\ \%,\ 13\ \%)$$

or:

$$\text{Parts réelles} = 17\ \%,\ 2\ \%,\ 43\ \%,\ 28\ \%,\ 10\ \%$$

La correspondance entre les parts de marché réelles et estimées est donc faible, particulièrement pour les deux marques qui dominent le marché.

Supposons maintenant que nous ayons deux segments différents. Le premier comprend 70 % du marché et peut être décrit par le vecteur d'importance suivant: germes = 0,49, goût = 0,07 et prix = 0,44. Le second segment qui comprend 30 % du marché peut être décrit par le vecteur (0,20, 0,50, 0,30). Nous pouvons donc écrire:

$$\underset{(2 \times 5)}{P} = \underset{(2 \times 3)}{w'} \ \underset{(3 \times 5)}{A} \qquad \text{(dimensions des matrices)}$$

$$\begin{bmatrix} 0{,}42 & 0{,}58 & 0{,}063 & 0{,}19 & 0{,}46 \\ 0{,}221 & 0{,}547 & 0{,}45 & 0{,}107 & 0{,}303 \end{bmatrix} = \begin{bmatrix} 0{,}49 & 0{,}07 & 0{,}44 \\ 0{,}20 & 0{,}50 & 0{,}30 \end{bmatrix}$$

$$\begin{bmatrix} 0{,}59 & 0{,}77 & 0 & 0{,}22 & 0{,}58 \\ 0{,}02 & 0{,}54 & 0{,}90 & 0 & 0{,}14 \\ 0{,}31 & 0{,}41 & 0 & 0{,}21 & 0{,}39 \end{bmatrix}$$

Et pour le segment 1, les parts de marché sont les suivantes: 8,7 %, 6,3 %, 57,9 %, 19,2 % et 7,9 % alors que pour le segment 2, les parts sont égales à: 21,3 %, 8,6 %, 10,5 %, 44,1 % et 15,6 %. Pour l'ensemble du marché, les parts prévues sont: 12 %, 7 %, 44 %, 27 %, 10 %, c'est-à-dire une correspondance beaucoup plus étroite avec les parts réelles maintenant que sont considérées, de façon explicite, les différents segments du marché.

Nous venons donc d'établir la relation entre les images des marques et leurs parts de marché respectives. Par conséquent, étant capables d'anticiper l'effet de différents programmes de marketing sur «A» ou «W», nous devrions pouvoir relier ces derniers à des variations prévisibles de parts de marché. Par exemple, en réussissant à diminuer l'importance du goût dans le segment 2 de 0,50 à 0,20, nous pouvons anticiper que la part de marché de Listerine passera de 18 à 34 %. Il restera à déterminer si ce gain est rentable eu égard à l'effort de marketing à déployer pour y arriver. Ce dernier point nous amène à faire le lien avec les principes de base de la stratégie concurrentielle.

Positionnement et stratégies concurrentielles

Comme nous venons de le dire, la dimension financière (ressources, risques et rentabilité) fait qu'il arrive très souvent qu'une entreprise cherche à exploiter le positionnement actuel des marques sur le marché plutôt qu'à le faire évoluer. Nous distinguerons donc deux grands types de stratégies concurrentielles: celles qui visent à modifier d'une façon substantielle un ordre établi dans le positionnement des marques sur le marché et celles qui cherchent à exploiter au maximum un positionnement préétabli sans le modifier. Nous qualifierons les premières de réactives et les secondes d'adaptatives.

Stratégies concurrentielles réactives

À partir du modèle que nous avons examiné, et malgré sa simplicité, nous pouvons classifier les efforts de positionnement en quatre grandes catégories:

1) Modification de la position d'une marque sur un critère de choix. Par exemple, l'utilisation d'un thème publicitaire disant que «les Ford 1982 sont aussi silencieuses que les Rolls-Royce» constitue une tentative dans cette direction. Ou encore l'attaque virulente de Pepsi pour déloger Coca-Cola de sa position de leader, l'argument clé étant dans ce cas le goût;
2) Modification de l'importance d'un ou de plusieurs critères d'évaluation. Le slogan de la campagne publicitaire pour le rince-bouche Listerine qui dit «Il faut que ça goûte ce que ça goûte pour faire ce que ça fait!» peut être interprété comme un effort visant à diminuer l'importance du goût et à augmenter celle du critère «efficacité». Rappelons-nous qu'il est toujours plus facile d'aller dans le sens des croyances du consommateur. Scope, la marque concurrente de Listerine, l'a appris à ses dépens en sortant un rince-bouche qui, malheureusement pour lui, avait bon goût! («Il n'y a pas besoin que ça goûte ce que ça goûte pour faire ce que ça fait!»);
3) L'invention de nouveaux critères d'évaluation. Sur le marché nord-américain du dentifrice, il sera difficile de trouver un critère qui soit plus important aux yeux des consommateurs que la lutte contre la carie dentaire. À tel point que ce critère a maintenant été généralisé au marché des rince-bouche;
4) L'invention de nouvelles possibilités. Il s'agit du lancement d'une nouvelle marque avec l'assurance qu'elle fera plus de tort aux marques concurrentes qu'à notre marque déjà existante, évitant ainsi un phénomène de

cannibalisme. Souvent cela se fait pour élargir le marché, soit que le produit est positionné sur un segment trop limité, soit que les ventes stagnent. General Foods a ainsi lancé un concurrent à Tang (cristaux d'orange) qui était trop exclusivement associé au moment du petit déjeuner, a introduit Brim à la suite de Sanka pour augmenter ses ventes de café décaféiné.

Toutes ces stratégies concurrentielles possèdent, à quelques nuances près, des caractéristiques communes:

— Ce sont des opérations de longue haleine, financièrement coûteuses: la campagne d'agressivité de Pepsi envers Coca-Cola dure depuis des années!
— Leur difficulté d'application croît avec l'importance du changement escompté: cette importance peut se mesurer à la fois par l'écart entre les positions d'images actuelle et désirée et par le sens du changement projeté relativement à celui des croyances des consommateurs cibles;
— Le risque qui leur et associé est grand.

Ces difficultés opérationnelles font que les entreprises ont souvent recours à des stratégies plus statiques d'adaptation aux conditions concurrentielles du marché.

Stratégies concurrentielles adaptatives

Nous avons vu que la position concurrentielle d'une marque sur un marché se définit plus précisément par rapport à des segments donnés plutôt que par rapport au marché envisagé d'une façon globale. Il en est de même des stratégies concurrentielles adaptatives: leur efficacité respective dépend étroitement de leur degré d'ajustement aux spécifications des segments auxquels elles s'adressent. De plus en plus la pratique d'un marketing *indifférencié* — c'est-à-dire un produit non différencié proposé à l'ensemble du marché ou au segment le plus vaste — cède le pas à un marketing *différencié* — plusieurs segments visés avec une gamme étendue de produits — ou *concentré* — un seul segment de taille moyenne ou plusieurs petits associés à une gamme réduite. Si le choix d'une de ces stratégies ressortit au domaine décisionnel propre à l'entreprise, la segmentation du marché représente, quant à elle, une donnée de la demande qui constitue l'aboutissement d'un processus logique selon lequel les segments les plus importants sont associés aux critères les plus déterminants aux yeux des consommateurs, et inversement. La marque leader sur un marché donné sera celle qui se trouvera le plus fortement associée par les consommateurs à leur(s) critère(s) déterminant(s). De ce fait, le choix d'une stratégie adaptative dépendra:

1) De la position absolue de la marque dans tel ou tel segment: en général, deux grandes stratégies concurrentielles sont possibles:
   a) soit une stratégie de lutte concurrentielle ouverte dans le segment le plus large: Crest et Colgate s'affrontent dans le grand segment de la lutte contre la carie dentaire;
   b) soit une stratégie de quasi-monopole dans un segment limite: Ultra-Brite pour la blancheur des dents;
2) De la position relative de la marque par rapport à celle des concurrents: la distance entre les marques implique, si elle est faible, une stra-

tégie d'assimilation de la part du suiveur ou une stratégie de rejet de la part du meneur, et si elle est grande une stratégie de repositionnement.

En guise de résumé, nous proposons une matrice de stratégies adaptatives spécifiant les conditions d'application de l'une ou de l'autre.

	Accent sur l'attribut déterminant	**Accent sur la compatibilité des marques**	**Accent sur un attribut secondaire**
Position de leader dans le plus vaste segment	① Stratégie de rejet «Toujours imité, jamais égalé»	③	③
Position de second dans le plus gros segment	③	① Stratégie d'assimilation: se faire tirer par le leader	③
Position prépondérante dans des segments secondaires	③	② Stratégie possible par rapport à une autre marque leader dans le segment (souvent marché trop petit)	① Stratégie de repositionnement
Codification: ① Stratégie la plus efficace. ② Stratégie possible, mais limitée. ③ Stratégie inefficace ou dangereuse			

Tableau 6.6 Matrice des stratégies adaptatives.

Conclusion

Le raisonnement que nous avons suivi dans cette démonstration visait à prouver que la structure concurrentielle d'un marché répond à une logique sous-jacente rigoureuse et que celle-ci est le reflet des systèmes de croyances des consommateurs eux-mêmes. Cela révèle l'importance considérable du rôle que jouent les attitudes dans le développement des préférences pour les marques et donc dans les explications à donner de leurs parts de marché respectives.

Exercice pratique Mini-recherches sur les attitudes

Les exercices qui vous sont proposés ici ont pour but de vous familiariser avec la notion d'attitude dans des domaines d'application différents.

Exercice n° 1

Évaluez les scores de préférence pour trois marques d'automobiles. Réunissez une douzaine de personnes avec lesquelles vous dégagerez les attributs déterminants dans le choix d'une voiture du type choisi. Sur la base de votre échantillon, calculez le poids moyen des attributs clés que vous aurez dégagés (pas plus de cinq attributs) et procédez à l'évaluation des trois marques sur chacun de ces attributs. Calculez les scores de préférence. Posez un diagnostic sur les forces et faiblesses des marques considérées.

Exercice n° 2

Passez en revue quelques achats que vous avez faits récemment. Trouvez un produit pour lequel vous estimez avoir utilisé un modèle compensatoire et un produit pour lequel vous pensez avoir utilisé un modèle non compensatoire. En analysant les deux processus de décision qui ont conduit à ces deux achats, quels conseils donneriez-vous aux firmes concurrentes oeuvrant dans les classes de produits retenues?

Exercice n° 3

Feuilletez un magazine dans lequel la publicité abonde. Distinguez rapidement les différentes tactiques mises en oeuvre par les annonceurs: ces annonceurs veulent-ils changer les attitudes des lecteurs en changeant le poids des attributs, en créant ou en cassant des structures unifiées, en modifiant l'évaluation globale du produit ou bien en provoquant directement un changement d'intention de comportement? Si vous estimez qu'une annonce cherche à casser une structure unifiée, s'agit-il d'une structure simple ou d'une structure complexe? Décomposez de façon détaillée les associations qui sont implicites dans les cas de structures unifiées de croyances (sens des croyances, associations attributs-bénéfices) et schématisez ces structures.

BIBLIOGRAPHIE

ACHENBAUM, A., «Advertising Doesn't Manipulate Consumers», *Journal of Advertising Research,* avril 1972, p. 3-13.

ALLPORT, G., «Attitudes», dans *A Handbook of Social Psychology,* sous la direction de C.A. Murchinson, Worcester, Mass., 1953, p. 798-844.

ANDERSON, R., «Consumer Dissatisfaction: The Effect of Disconfirmed Expectancy on Perceived Product Performance», *Journal of Marketing Research,* février 1973, p. 38-44.

ASSAEL, H., DAY, G., «Attitudes and Awareness as Predictors of Market Share», *Journal of Marketing Research,* décembre 1968, p. 3-10.

BASS, F., «The Theory of Stochastic Preference and Brand Switching», *Journal of Marketing Research,* février 1974, p. 1-20.

BASS, F., TALARZYK, W., «An Attitude Model for the Study of Brand Preference», *Journal of Marketing Research,* février 1972, p. 93-96.

BRISOUX, J., LAROCHE, M., «Une vérification empirique du modèle d'intention à effets multiples», *Rapport du Congrès annuel de la section marketing,* A.S.A.C., Halifax, 1981, p. 46-55.

CARDOZO, R., «An Experimental Study of Customer Effort, Expectation and Satisfaction», *Journal of Marketing Research,* octobre 1970, p. 61-65.

CARLSMITH, M., ARONSON, E., «Some Hedonic Consequences of the Confirmation and Disconfirmation of Expectancies», *Journal of Abnormal and Social Psychology,* février 1963, p. 151-156.

FESTINGER, L., *A Theory of Cognitive Dissonance,* Row Peterson, Evaston, Ill., 1957.

FISHBEIN, M., «An Investigation of the Relationships Between Beliefs About an Object and The Attitude Toward That Object», *Human Relations,* vol. 16, 1963, p. 233-240.

FISHBEIN, M., AJZEN, I., *Belief, Attitude, Intention and Behavior,* Addison-Wesley Publishing Company, 1975.

KATONA, G., *The Powerful Consumer,* New York, McGraw-Hill, 1960, p. 80-83.

LAROCHE, M., BERGIER, M., MCGOWN, L., «Attitudes, Intentions and the Effects of Competition», dans *Rapport du Congrès annuel de la section marketing,* sous la direction de Vernon J. Jones, A.S.A.C., Montréal, 1980, p. 222-229.

LATOUR, S., PEAT, N., «Conceptual and Methodological Issues in Consumer Satisfaction Research», dans *Advances in Consumer Research,* sous la direction de W.L. Wilkie, Association for Consumer Research, vol. 6, octobre 1978, p. 431-437.

LAVIDGE, R., STEINER, G., «A Model for Predictive Measurements of Advertising Effectiveness», *Journal of Marketing Research,* octobre 1961, p. 59-62.

OLSHAVSKY, R., MILLER, J., «Consumer Expectations, Product Performance and Perceived Product Quality», *Journal of Marketing Research,* février 1972, p. 19-21.

OLSON, J.C., DAVER, P., «Effects of Expectation Creation and Disconfirmation on Belief Elements of Cognitive Structure», dans *Advances in Consumer Research,* sous la direction de B.B. Anderson, Association for Consumer Research, vol. 3, 1976, p. 168-175.

ROSENBERG, M., «Cognitive Structure and Attitudinal Affect», *Journal of Abnormal and Social Psychology,* novembre 1956, p. 367-372.

ROSENBERG, M., «Inconsistency Arousal and Reduction in Attitude Change», dans *Current Studies in Social Psychology,* sous la direction de I.D. Steiner et M. Fishbein, New York, Holt, Rinehart & Winston, 1956, p. 123-124.

ROSENBERG, M., HOVLAND, C., «Cognitive, Affective and Behavioral Components of Attitudes», *Attitude Organization and Change,* Yale University Press, New Haven, Conn., 1960.

SHERIF, C., SHERIF, M., NEBERGALL, R., «Attitude and Attitude Change», Yale University Press, New Haven, Conn., 1961.

SHERIF, M., HOVLAND, C., *Social Judgements: Assimilation and Contrast Effects in Communication and Attitude Change,* Yale University Press, New Haven, Conn., 1961.

SHETH, J., TALARZYK, W., «Perceived Instrumentality and Value Importance as Determinants of Attitudes», *Journal of Marketing Research,* février 1972, p. 6-9.

WILKIE, W., PESSEMIER, E., «Issues in Marketing's Use of Multi-Attribute Attitude Models», *Journal of Marketing Research,* novembre 1973, p. 248.

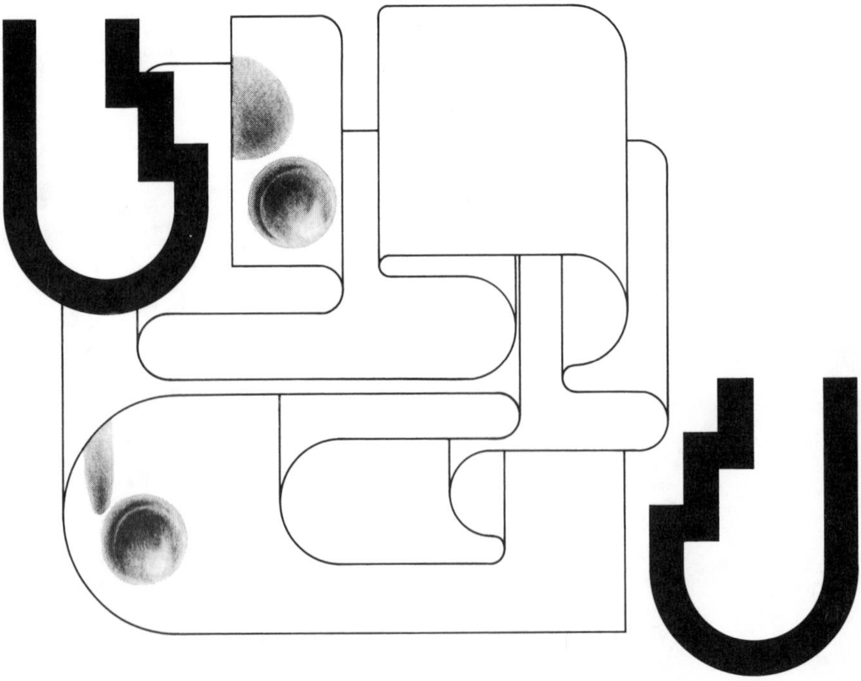

Chapitre 7

Personnalité et mode de vie*

OBJECTIFS:

1) Familiariser le lecteur avec le concept de personnalité, suivant la signification que lui accordent les écoles de pensée les plus connues;
2) Faire prendre conscience des limites de cette variable en même temps que de ses possibilités;
3) Démontrer une utilisation pratique des modes de vie.

PRÉPARATION À L'EXERCICE PRATIQUE:

1) Lire attentivement l'exercice programmé «Les alcools de chez nous»;
2) Une fois un marché cible défini, développer une stratégie de marketing et une stratégie de promotion-publicité;
3) Synthèse et discussion.

* Ce chapitre a été rédigé par Gilles Valence, professeur de marketing à l'Université de Sherbrooke.

INTRODUCTION

Selon une des idées les plus persistantes en marketing, certains produits ou même certaines marques conviennent plus particulièrement à certains types de consommateurs. Ainsi, les mélanges à gâteaux ne conviendraient pas à une femme qui se considère comme une «bonne épouse» (Haire, 1950); le conducteur d'une Chevrolet serait moins agressif et rechercherait davantage le prestige que celui d'une Ford (Evans, 1959). Les gros utilisateurs d'aspirine seraient plus masochistes que les autres (Gottlieb, 1960), etc.

C'est à partir d'un tel échantillon de généralisations qu'il est possible de mieux comprendre la recommandation souvent formulée en marketing de «bien identifier son marché cible» ou d'analyser soigneusement les profils des consommateurs des différents produits ou marques. Il faut cependant noter que ces exhortations ne sont valides que dans la mesure où d'autres études ont identifié des relations *claires* entre des caractéristiques des individus et leurs choix de consommation; si, au contraire, les relations sont faibles ou ambiguës, il faudra chercher ailleurs une explication à ces choix.

Parmi les variables interpersonnelles et individuelles réquisitionnées par la discipline du comportement du consommateur, la personnalité occupe certainement une place spéciale. D'une part, parce qu'en termes historiques, ce fut la première variable mise à l'honneur; d'autre part, parce qu'en ce début de la décennie 80, les académiciens en marketing restent encore perplexes sur son utilisation. La raison de l'un et l'autre phénomènes est probablement la même: il s'agit d'une variable sur laquelle les chercheurs ont beaucoup misé pour analyser d'une façon distributive différents aspects du comportement du consommateur. En d'autres mots, on a cherché l'explication d'un comportement, comme par exemple le choix d'une marque spécifique d'un produit, dans le fait d'avoir une certaine forme de personnalité.

Le tableau 7.1 donne les résultats de quelques études ayant eu comme objectif de chercher à associer les différences de personnalité aux choix des produits et des marques. Comme le lecteur peut le constater, les résultats sont en général plutôt décevants et permettent de rejeter sans hésitation l'hypothèse assez globale qu'un style de personnalité est associé à une marque donnée. Depuis 1971 d'ailleurs, beaucoup moins d'études ont été publiées sur ce sujet, probablement parce que les chances de trouver un résultat significatif apparaissent de plus en plus faibles.

À ce propos, il est intéressant de noter qu'historiquement, l'hypothèse selon laquelle la personnalité détermine le choix des marques avait été suggérée à la suite d'un sentiment général d'insatisfaction en ce qui concerne la performance des variables socio-économiques. Malheureusement, les résultats présentés au tableau 7.1 nous amènent à conclure que le pouvoir explicatif des variables de personnalité ne semble pas supérieur à celui des variables socio-économiques. Mais avant de porter un jugement péremptoire sur cette variable, examinons-la plus en détail.

Pour cela, nous allons, dans un premier temps, en donner une définition précise et présenter les différentes écoles de pensée. Parmi les théories auxquelles elles ont donné naissance, nous nous limiterons à celles qui ont connu une utilisation substantielle en marketing, soit la théorie psychanalytique de Freud,

☐ Sur le lien entre le choix d'une marque d'automobile et la personnalité de l'acheteur.

Auteurs: Evans (1959 et 1968), Westfall (1962)

Résultats: Discrimination quasiment impossible entre les différents marques et types d'automobiles.

☐ Sur le lien entre le choix d'une marque de cigarettes et la personnalité du fumeur

Auteur: Fry (1971)

Résultats: Liens significatifs.

☐ Sur le lien entre le choix de marques pour des produits d'alimentation quotidienne et la personnalité de l'acheteur.

Auteurs: Haire (1950), Frank, Massy et Lodahl (1969), Webster et Von Pechmann (1970), Lane et Watson (1975)

Résultats: Contradictoires.

Tableau 7.1 Résultats types de quelques études sur la personnalité.

la théorie des traits et facteurs et celle du concept de soi qui a elle-même engendré les fameux tests d'*A*ctivités, *I*ntérêts, *O*pinions, plus connus sous le nom d'A.I.O.

Puis nous nous attacherons à souligner les applications des notions de psychographie et de mode de vie en ayant soin auparavant de faire, sur le plan conceptuel, la distinction entre ces deux concepts. Comme le lecteur pourra le constater lui-même, les domaines d'application gravitent inexorablement autour des notions de segmentation et de communication publicitaire.

L'ensemble de notre réflexion sur la personnalité nous amènera à conclure que le principal intérêt de ces études se situe sans doute au niveau de la définition de la stratégie du contenu publicitaire pour une marque donnée.

LES ÉCOLES DE PENSÉE SUR LA PERSONNALITÉ

Au sens large du terme, la personnalité consiste en la configuration des caractéristiques uniques et permanentes d'un individu. Ainsi, selon cette définition, le concept de personnalité recouvre deux idées différentes: celle d'une intégration plus ou moins parfaite autour d'un «moi» et celle d'individualité:

«Parler de la personnalité humaine, c'est dire, en somme, que chaque homme est *un* et qu'il est *unique*» (G. Berger).

Cette configuration s'articule autour de deux niveaux: l'un observable, les réponses externes de l'individu, et l'autre qui ne l'est pas, les variables intervenantes et les réponses internes. L'hypothèse généralement admise veut qu'il y ait cohérence entre ces deux niveaux, bien que cela ne soit pas nécessairement le cas.

Suivant une démarche logique, l'étude de la personnalité se fait aux deux niveaux précités, bien que les manifestations externes soient les plus faciles à analyser.

En se situant au niveau externe, il convient de dire, faute de mieux, que la personnalité est ce qui fait qu'un individu se comporte toujours de la même façon, ou presque, dans des situations en l'occurrence fort diverses. Traduit en des termes de consommation, cela peut vouloir dire, par exemple, qu'un individu conservateur de tempérament aura tendance à ne choisir que des marques éprouvées, et inversement.

Au niveau interne, la personnalité constituant une variable hypothétique, il était inévitable que plusieurs écoles de pensée en donnent des définitions fort différentes. Celles-ci recouvrent d'ailleurs assez bien les trois grands courants de la psychologie contemporaine que sont les approches psychanalytique, behavioriste et cognitive, qui, comme nous l'avons vu, s'appliquent à d'autres variables du comportement humain telles que l'apprentissage.

Une simple consultation de quelques manuels de base en psychologie fait découvrir au lecteur une pléthore de grands penseurs dans le domaine. Ainsi, deux livres français publiés par le Centre d'étude et de promotion de la lecture (1972, 1973) regroupent vingt grands noms en psychologie, soit Adler, Binet, Charcot, Freud, Janet, Jung, Kinsey, Klein, Köhler, Lacan, Lorenz, Masters et Johnson, Montessori, Moreno, Pavlov, Piaget, Reich, Rogers, Skinner et Watson. À cette liste, nous pourrions ajouter les noms de Perls, Berne, Erickson et d'autres. Bien sûr, ces auteurs n'ont pas tous contribué d'une manière égale au progrès de la science psychologique, pas plus que leur influence intellectuelle n'a été comparable. Enfin, l'opérationnalisation de leurs théories respectives n'est pas toujours facile à entrevoir. Il reste néanmoins surprenant de constater qu'au plus six théories psychologiques ont alimenté l'utilisation de la variable personnalité en comportement du consommateur. Ce sont:
— la théorie psychanalytique de Freud;
— la théorie socio-psychanalytique de Horney;
— la théorie analytique de Jung;
— la théorie des traits et facteurs de Allport;
— la théorie de soi et du concept de soi;
— la théorie cognitive.

Dans les pages qui suivent, nous mettrons en évidence les caractéristiques importantes de chacune d'entre elles, en nous limitant toutefois aux seules considérations susceptibles de trouver un écho aux préoccupations de marketing de nos lecteurs.

L'école psychanalytique

Sigmund Freud soutient que la personnalité se compose de trois forces interdépendantes: le ça, le moi et le sur-moi. C'est l'interaction de ces trois forces psychologiques qui produit la personnalité d'un individu. Ces forces sont définies ainsi:

- *le ça:* générateur de l'énergie psychique, le ça est la composante biologique de la personnalité. Il est profondément enfoui dans l'inconscient. Il comprend les instincts, qui incitent l'individu à se comporter de certaines façons, comme par exemple les comportements agressifs perturbant le fonctionnement de la société;

- *le sur-moi:* il correspond à la conscience morale et sociale d'un individu, c'est-à-dire à son acceptation des valeurs et des normes régissant la société. Il est à la fois conscient et inconscient;
- *le moi:* il agit comme un courtier entre les demandes du ça et les contraintes du sur-moi. Ayant le contrôle des processus de perception et de pensée, il établit des priorités et des stratégies pour satisfaire les instincts. Il est à la fois conscient et inconscient.

Ce que l'on retient aujourd'hui de la théorie psychanalytique, c'est entre autres l'idée selon laquelle la sexualité domine l'ensemble de la personnalité.

Les principales techniques de mesure qui ont été développées à l'intérieur de l'école psychanalytique s'inscrivent dans cet effort mené pour faire ressortir les dimensions cachées de l'individu. On y retrouve donc des techniques ou des tests à saveur fortement *qualitative:*

1) L'introspection;
2) L'entrevue en profondeur;
3) Les techniques de projection:
   a) le test d'association de mots (voir tableau 7.2);
   b) le test de perception thématique (voir tableau 7.3);
   c) le test de complètement de phrases (voir tableau 7.4);
   d) le test de la tache d'encre de Rorschach;
   e) les psychodrames, etc.

L'école socio-psychanalytique

Karen Horney (1885-1952) et d'autres disciples mécontents de Freud ont remis en question l'importance du facteur biologique dans la constitution de la personnalité. La théorie socio-psychanalytique, comme son appellation le laisse supposer, reconnaît plutôt aux facteurs sociaux une importance déterminante. En ce sens, elle soutient que l'homme est conscient de ses besoins et de ses désirs; son comportement trahit sa volonté de les satisfaire. Au nombre des besoins et des désirs, on cite l'aspiration à la supériorité sur les autres, le désir d'éviter la solitude, le besoin de sécurité, le besoin de relations humaines satisfaisantes et le besoin de diminuer l'anxiété.

Ce que l'on retient généralement de nos jours de la théorie socio-psychanalytique, c'est la typologie des trois orientations interpersonnelles dominantes chez l'individu, qui correspondent à trois modes fondamentaux de traiter avec autrui:

- l'empressement (aller vers les autres);
- le détachement (s'éloigner des autres);
- l'agressivité (s'opposer aux autres).

Cohen a établi une échelle pour mesurer la variable personnalité. Il s'agit de l'échelle C.A.D. («*Compliance-Aggression-Detachment*») qui a été utilisée dans une célèbre étude portant sur plusieurs produits de soins personnels (Cohen, 1967). Le tableau 7.5 donne des exemples d'associations positives entre chacune de ces orientations interpersonnelles et la consommation de certains produits.

Lorsque nous pensons à une personne, à un objet ou à toute autre chose, nous lui associons des qualificatifs ou des noms. Par exemple, au mot «méditerranéen», vous pouvez associer «chaud» en pensant au climat, «soleil» en pensant au ciel, «gai» en pensant au mode de vie, «vacances» en pensant à vos projets.

Pourriez-vous citer trois adjectifs ou noms qui se présentent spontanément à votre esprit lorsque vous pensez aux phrases que je vais vous énumérer:

Le rayon des appareils haute-fidélité dans un grand magasin	______________
	______________
	______________
Le rayon des appareils haute-fidélité dans un hypermarché	______________
	______________
	______________
Les appareils haute-fidélité dans un magasin de rabais	______________
	______________
	______________
Les appareils haute-fidélité dans un magasin spécialisé	______________
	______________
	______________

Tableau 7.2 Exemple de test d'association de mots (application au marketing).

Regardez bien cette image pendant 20 secondes. Puis rangez-la, n'y retournez plus et racontez en une page environ ce qui se passe selon vous. Donnez des détails, expliquez bien: il n'y a pas de bonne ou de mauvaise réponse. Soyez spontané.

Tableau 7.3 Exemple de test de perception thématique.

Complétez les phrases suivantes en écrivant les mots qui vous viennent à l'esprit après en avoir lu la première partie. Soyez spontané, ne vous compliquez pas inutilement la tâche. Il n'y a pas de mauvaise réponse.

La plupart des gens pensent que les propriétaires de Mercedes sont ______________

____

Les Mercedes sont plus ______________________________
que les BMW.

Une des caractéristiques les plus remarquées des Mercedes, c'est ______________

____

Si je recevais la visite d'un oncle américain au volant d'une Mercedes, je serais __________

____

Tableau 7.4 Exemple de test de complètement de phrases (application au marketing).

L'école analytique

Un autre élève de Freud, Jung (1875-1961), a aussi développé une théorie différente de celle du maître. Selon cet auteur, la personnalité est composée des trois forces suivantes:

- *le moi:* c'est l'esprit, entièrement conscient, qui contient les souvenirs, perceptions, pensées et sentiments;
- *l'inconscient personnel:* il regroupe les expériences qui ont été réprimées, oubliées, ou qui ne sont pas assez fortes pour être perçues consciemment. Les complexes font partie de l'inconscient personnel;
- *l'inconscient collectif:* il s'agit d'un héritage de symboles et de souvenirs provenant de toute l'histoire de l'humanité, et dont l'homme dispose dès sa naissance. L'inconscient collectif est structuré autour d'archétypes ou de notions portant sur des dimensions importantes de la vie. Ainsi, on parle de l'archétype féminin («*anima*») ou vision idéale qu'un homme entretient au sujet de la femme, et de l'archétype masculin («*animus*») ou vision idéale qu'une femme entretient au sujet de l'homme.

Chez Freud comme chez Jung, la personnalité provient de l'interaction des différentes composantes. Cependant, à la différence de son maître qui soutenait que cette interaction est faite d'oppositions, Jung soutient qu'un déploiement de chacune des forces est nécessaire pour composer une personnalité équilibrée.

Jung ne s'est pas préoccupé lui-même de mesurer les dimensions de la personnalité qu'il avait identifiées. Nous disposons toutefois à l'heure actuelle d'un test* qui vise à classifier les gens selon les quatre types de personnalité dégagés par le fondateur de l'école analytique.

* Il s'agit du «*Myers-Briggs Type Indicator*» de I.B. Myers, Educational Testing Service, 1962.

Produit	Orientation interpersonnelle prédominante*
Rince-bouche	L'empressement
Eau de cologne pour hommes et lotion après rasage	L'agressivité
Le savon de toilette ou pour le bain	L'empressement
Les rasoirs	L'agressivité
Le thé	Le détachement
Le vin	L'empressement

*Statistiquement significatif à p = 0,5

Source: Cohen, J.B., «An Interpersonal Orientation to the Study of Consumer Behavior», *Journal of Marketing Research,* vol. 4, août 1967, p. 270-278. Reproduit avec autorisation, Copyright © 1967.

Tableau 7.5 Exemples d'associations positives entre l'échelle de Cohen et la consommation de certains produits.

L'école des traits et facteurs

L'école des traits et facteurs s'insère directement dans ce deuxième courant de la psychologie contemporaine, à savoir l'approche behavioriste. On fait alors référence au modèle S-R (stimulus-réponse) ou S-O-R (stimulus-organisme-réponse) qui implique que l'individu est avant tout un être qui «réagit» aux instances provenant de l'extérieur.

Concrètement parlant, la théorie des traits et facteurs avance que la personnalité peut se décomposer en manières de réagir, qu'on dénomme traits ou facteurs. Ce sont ces traits ou facteurs qui permettent de distinguer les individus les uns des autres, comme l'affirme un de ses adeptes modernes les plus reconnus, Allport (1937). Cette théorie, comme le souligne Kassarjian (1971), est née à la fois de l'expérimentation pratiquée sur les animaux en laboratoire (traits) et de la manipulation de techniques statistiques assez élaborées (facteurs), comme l'analyse factorielle. Les tenants de cette théorie supposent que les traits et facteurs sont communs à toutes les personnes, mais que leur degré d'intensité varie selon les individus. Voici une liste de traits de personnalité tels que les a développés Westfall en 1962:

- actif;
- vigoureux;
- impulsif;
- dominant;
- stable;
- sociable;
- réfléchi.

En concevant la personnalité comme un ensemble de traits et facteurs, nous disposons d'une véritable panoplie de tests, appelés aussi inventaires de personnalité, mis au point par divers psychologues. Nonobstant la diversité des variables visées, ces tests ont un point en commun: ils s'inspirent d'une approche positiviste, laquelle privilégie l'expérimentation comme méthode de recueil d'information et qui fait emploi d'*outils quantitatifs* pour analyser lesdites données. Les exemples les plus connus de tests qui ont été exploités en marketing sont les suivants:

- *Edwards Personal Preference Schedule* (EPPS) (1963);
- *Gordon Personality Profile* (1963);
- *Thurstone's Temperament Schedule* (1953);
- *California Personality Inventory* (CPI) (1957);
- *Guilford-Zimmerman Temperament Survey* (1955);
- *Cattell Personality Factor Inventory* (1957).

Parmi ces derniers, le plus utilisé est sans aucun doute le *Edwards Personal Preference Schedule* (EPPS). Il regroupe pas moins de quatorze dimensions qui sont décrites dans le tableau 7.6.

LA RÉALISATION:	Rivaliser, vouloir surpasser les autres; faire de son mieux; rechercher le prestige, l'accomplissement, le succès; être ambitieux.
LA SOUMISSION:	Accepter le leadership d'autrui; s'aligner volontairement; laisser les autres prendre des décisions; soumission, déférence, conformité.
L'ORDRE:	Aimer le rangement; être organisé; être propre, ordonné; netteté, organisation.
L'EXHIBITIONNISME:	Attirer l'attention; se faire remarquer d'autrui; faire impression sur les autres; vanité et goût de la dramatisation.
L'AUTONOMIE:	Chercher la liberté; résister à l'influence; défier l'autorité et la contrainte; vouloir être indépendant.
L'APPARTENANCE:	Se faire des amis, appartenir à des associations; participer à la vie de groupes; faire des choses en commun; appartenance et amitié.
L'ANALYSE:	Comprendre les autres; examiner leurs motivations; s'analyser soi-même; compréhension et introspection.
LA DÉPENDANCE:	Chercher la liberté; résister à l'influence; défier l'autorité et la contrainte; vouloir être indépendant.
L'EFFACEMENT:	Se sentir inférieur aux autres; accepter le blâme, la punition; masochisme et honte.
L'ASSISTANCE:	Aider les autres; être sympathique; protéger autrui; aide et appui moral.
LE CHANGEMENT:	Faire de nouvelles choses; aimer la nouveauté; changer la routine quotidienne; variété et renouveau.
L'ENDURANCE:	Travailler d'arrache-pied; finir le travail entrepris; persévérance et volonté.
L'HÉTÉROSEXUALITÉ:	Vouloir parler de sexualité; être attiré par le sexe opposé; entretenir des relations avec le sexe opposé; amour et désir.
L'AGRESSIVITÉ:	Attaquer, agresser, injurier; décrier, faire mal, blâmer, punir; sadisme et violence.

Source: Edwards, A., *Edwards Personal Preference Schedule Manual*, Psychological Corp., New York, 1957. Adapté avec la permission du manuel *Edwards Preference Schedule Manual*, Copyright 1954, © 1959 par The Psychological Corporation. Tous droits réservés.

Tableau 7.6 Traits de personnalité répertoriés dans le *Edwards Personal Preference Schedule* (EPPS).

L'école du concept de soi

La théorie du concept de soi est attribuée à des auteurs comme Carl Rogers, William James et Abraham Maslow (1954). Toutefois, elle semble découler d'un courant de pensée commun à ces trois auteurs plutôt que d'avoir fait l'objet d'une proposition formelle de l'un d'entre eux. Cette théorie exprime l'idée qu'il existe chez l'individu un soi réel et un soi perceptuel.

Le concept de soi se retrouve non seulement dans la personnalité d'un individu, mais dans toutes ses possessions. Chacun a tendance à percevoir les objets qui l'entourent sur le plan des symboles qu'ils représentent, et chacun cherche à maximiser l'adéquation existant entre son soi et les objets extérieurs.

Nous retiendrons que le concept de soi est composé des quatre éléments suivants:

a) le soi «réel» (comment je me vois);
b) le soi «idéal» (comment je voudrais me voir);
c) le réel «autres» (comment je pense que les autres me voient);
d) l'idéal «autres» (comment je voudrais que les autres me voient).

L'utilisation du concept de soi par les responsables du marketing peut s'expliquer en suivant le raisonnement logique suivant (Grubb et Grathwol, 1967):

1) Un individu se fait une certaine image de lui-même;
2) Cette image de soi a de l'importance pour l'individu;
3) De ce fait l'individu s'efforcera de valoriser cette image de lui-même;
4) L'image de soi se forme à la suite d'interactions avec les parents, les pairs, les professeurs et d'autres personnes clés;
5) Les produits servent de symboles sociaux et sont par conséquent des supports communicationnels pour l'individu;
6) L'utilisation de produits-symboles est un moyen de communiquer aux autres l'image de soi et affecte ainsi la conception individuelle du soi;
7) De ce fait, le comportement de consommation d'un individu tendra à s'axer sur l'image du concept de soi, cherchant même à la renforcer par l'utilisation de certains types de biens ayant une connotation symbolique.

L'idée de mesurer la personnalité d'un consommateur sous l'angle du concept de soi a donné naissance à deux grands types d'études qui s'apparentent l'une à l'autre: la psychographie et l'étude des modes de vie. Elles ont en commun le recours à une approche *qualitativo-quantitative* pour identifier des segments de marché. Elles se différencient néanmoins par leurs visions conceptuelles de base. Plus spécifiquement, la psychographie «tente de décrire les caractéristiques humaines des consommateurs qui peuvent avoir une influence sur leurs réactions aux produits, aux emballages, à la publicité et aux relations publiques» (Demby, 1974). Donc, la psychographie s'efforce de rassembler de nombreuses informations sur l'univers psychologique d'un grand nombre d'individus. Comme le souligne Cossette (1980)

> on évaluera les traits de personnalité (comme la sociabilité, la confiance en soi, etc.), les attitudes (vis-à-vis, par exemple, de l'éducation des enfants, de l'argent, de la morale, de l'État, etc.), les intérêts (pour le sport, la lecture, la bonne chère, les arts, la politique, etc.) et les opinions (sur les rôles de l'homme et de la femme, le futur, le crédit, la mobilité géographique, etc.).

C'est une vision relativement *statique d'états psychologiques.*

En ce qui concerne les études sur les modes de vie, la vision est beaucoup plus *dynamique* et privilégie la *perspective sociologique.* «Qui dit mode de vie suppose *dynamicité:* on est en face de flux plus que d'états, de mouvements et d'évolutions plus que de climats» (Péninou, 1974).

En ce sens, le mode de vie est un concept permettant d'identifier la façon de vivre, les trois composantes de base étant les *activités* ou la façon dont les individus disposent de leur temps, les *intérêts* ou ce qu'ils considèrent comme important dans leur environnement et enfin les *opinions* qu'ont les individus d'eux-mêmes et du monde qui les entoure, c'est-à-dire une mesure des A.I.O. (voir tableau 7.7).

ACTIVITÉS	INTÉRÊTS	OPINIONS
Travail	Famille	D'eux-mêmes
Loisirs	Maison	Mouvements sociaux
Événements sociaux	Métier	Politique
Vacances	Communauté	Affaires
Distractions	Récréation	Économie
Appartenance à des clubs	Mode	Éducation
Communauté	Alimentation	Produits
Magasinage	Médias	Futur
Sports	Réalisations	Culture

Source: Plummer, J., «The Concept and Application of Life Style Segmentation», *Journal of Marketing,* vol. 38, janvier 1974, p. 33-37. Reproduit avec autorisation, Copyright © 1974.

Tableau 7.7 Quelques éléments spécifiques des A.I.O.

Ces tests d'A.I.O. peuvent être soit généraux, lorsqu'ils ne sont pas très étroitement reliés à un comportement de consommation étudié, soit spécifiques, dans le cas contraire. Les experts considèrent que les A.I.O. généraux apportent une meilleure compréhension du comportement d'ensemble des individus, comparativement aux A.I.O. spécifiques qui eux permettent une meilleure prédiction du choix d'un produit ou d'une marque. Le tableau 7.8 donne des exemples d'échelles cherchant à mesurer des A.I.O. généraux et spécifiques. Par exemple, selon une étude réalisée par le Centre de communication avancée de Havas Conseil (Paris, 1974), on tente de démontrer comment évoluent les comportements des Français, ce que Cossette appelle d'une façon plus recherchée la «comportementalité». Toujours selon cette étude, ces derniers passeraient de valeurs monolithiques à des valeurs mosaïques (le vêtement masculin plus diversifié en est un indicateur), de valeurs objectives à des valeurs symboliques (on achète de plus en plus d'objets-signes), de valeurs permanentes à des valeurs éphémères (abandon de la morale sexuelle, attrait pour le produit jetable), de valeurs agressives à des valeurs affectives, etc.

A.I.O. GÉNÉRAUX	A.I.O. SPÉCIFIQUES
Il est plus agréable de vivre en ville que de vivre à la campagne. Rien ne vaut des vacances à l'étranger. Je n'aime pas aller au cinéma. Je passe souvent des soirées avec des amis. Mieux vaut voir un match de football à la télévision que dans un stade. Je lis régulièrement un quotidien. Les hebdomadaires procurent une bonne information. L'important n'est pas de gagner mais de participer. Je fais du sport toutes les semaines. Je préfère les sports individuels. Je ne dispose pas d'assez de temps pour mes loisirs. Les loisirs doivent se passer en famille. J'aime bien les activités de plein air. Les loisirs me permettent d'oublier mes soucis quotidiens. Je fais beaucoup de bricolage. Je vois régulièrement à l'entretien de ma voiture.	**VIS-À-VIS DES PRIX** Je surveille de très près les soldes. Je vérifie toujours les prix sur les emballages. Une personne économise beaucoup en cherchant les réductions. **VIS-À-VIS DE LA MODE** Entre la mode et le confort, je choisis la première. Porter des vêtements à la mode est une part importante de ma vie. J'ai toujours un ou deux ensembles dernier cri. **LE RECOURS AU CRÉDIT** J'achète beaucoup avec une carte de crédit. J'aime payer en argent sonnant. Le crédit est inutile, sauf pour les gros achats. **LA NOUVEAUTÉ** J'aime essayer une nouvelle marque, juste pour voir. J'essaie souvent de nouvelles marques avant mes amis. Tout ce qui est nouveau m'attire. **L'INFORMATION** Je demande toujours l'avis de mon entourage avant d'acheter. Il est nécessaire de discuter longuement sur les produits. Les conseils de mes amis sont souvent précieux.

Tableau 7.8 Exemples d'A.I.O. généraux et spécifiques.

L'école cognitive

Avec l'arrivée de l'école cognitive sur la personnalité, nous retrouvons ce troisième grand courant de la psychologie contemporaine qui, d'une manière un peu ambiguë, porte lui aussi le nom de cognitif. En réaction à la fois contre la vision psychanalytique et la vision behavioriste, les tenants de cette dernière école cherchent à ennoblir l'homme, préalablement rapetissé au niveau de marionnette de ses instincts dans un cas et de cobaye de laboratoire dans l'autre, en reconnaissant chez lui une capacité de se fixer des objectifs d'une façon autonome et de les poursuivre d'une façon rationnelle.

Selon les tenants de l'école cognitive, McGuire en tête, l'utilisation de la variable «personnalité» doit passer par l'étude de dispositions qui existent chez l'individu. Celles-ci présentent une certaine ressemblance avec les traits et facteurs dont nous avons parlé plus haut. Cependant, elles ont un caractère plus interne, comme le lecteur peut le voir au moyen des quelques exemples suivants:

- l'autoritarisme;
- le dogmatisme;
- le goût pour les différents types de risques;
- la conformité à la désirabilité sociale;
- le besoin de persuader.

Quant aux instruments de mesure utilisés en relation avec l'école cognitive sur la personnalité, ils se ressentent toujours de cette épistémologie positiviste que nous avons évoquée à propos de l'école des traits et facteurs. Plus particulièrement, ce sont des échelles d'attitudes que l'on favorise ici. (Voir à ce sujet le chapitre 6 sur les attitudes.)

LES PRINCIPALES THÉORIES SUR LA PERSONNALITÉ APPLIQUÉES EN COMPORTEMENT DU CONSOMMATEUR

Indépendamment de la préférence accordée à l'une ou l'autre des théories précitées par les chercheurs en marketing, il faut reconnaître la faveur générale que la variable «personnalité» a longtemps obtenue. Comme l'a écrit Kassarjian (1971):

> L'un des concepts les plus notables de l'étude du comportement du consommateur est celui de personnalité. Le comportement d'achat, le choix des médias, l'innovation, la segmentation, le recours à la peur, l'influence sociale, le choix du produit, le leadership d'opinion, la prise de risques, le changement d'attitude, et presque tout ce à quoi il est possible de penser a été relié à la personnalité.

Voici donc les trois principales théories sur la personnalité qui se sont vu appliquées en comportement du consommateur:

1) C'est la théorie psychanalytique de Freud (aidée quelque peu par la psychologie de la forme (Gestalt) et la psychologie cognitive) qui fut la première à signifier quelque chose pour les gens de marketing. En fait, elle a engendré les *études de motivation du consommateur* autour des années 50. Le livre de base en ce domaine, relatant plusieurs centaines d'études, est le fameux *Handbook of Consumer Motivations* (1964) de Ernest Dichter, dont nous avons déjà parlé dans le premier chapitre.
Voici quelques exemples d'explication du comportement de consommation tirés de l'ouvrage de Dichter:
   - Les hommes achètent une voiture décapotable comme substitut à une maîtresse;
   - Le pourcentage élevé de gens qui veulent des céréales croustillantes indique qu'ils considèrent en quelque sorte le petit déjeuner comme un adversaire à vaincre;
   - C'est souvent l'anticipation d'un sentiment d'embarras face à sa famille, en cas de décès, qui empêche les gens de voyager par avion.

   Les études de motivation sont rapidement tombées dans une certaine désuétude en dépit de leur avenir prometteur. Cela tiendrait à la fois aux coûts énormes que leur mise en oeuvre nécessitait, aux résultats décevants qu'elles ont apportés et à l'engouement pour d'autres approches aux allures plus rigoureuses.

La critique la plus sérieuse adressée à leur endroit touche la difficulté de réconcilier l'orientation axée sur l'individu dans les études de motivation et l'orientation axée sur l'agrégation d'individus que l'on privilégie en marketing. Incidemment, c'est la même difficulté qui, de nos jours, empêche les spécialistes en marketing d'utiliser les méthodes psychothérapeutiques telles que l'analyse transactionnelle et la théorie émotivo-rationnelle qui ont été élaborées pour susciter un changement chez les individus;

2) La théorie des traits et facteurs fut la deuxième théorie à trouver grâce auprès des gens de marketing. Cette théorie a créé un impact extraordinaire puisque, comme le soulignent Berkman et Gilson (1978), «la majorité des recherches en comportement du consommateur utilisant la variable personnalité s'en sont inspirées». Et cet impact ne cesse, semble-t-il, de s'accroître au fil des années. Plusieurs centaines d'échelles de personnalité ont été élaborées par des psychologues, les unes à partir d'un cadre conceptuel, les autres à travers l'analyse factorielle appliquée à des données expérimentales. Chacune de ces échelles vise à mesurer un ou plusieurs traits. Le chercheur en marketing qui est ici le plus facilement identifiable est sans doute Franklin B. Evans, à cause de la polémique qu'a générée une de ses études parue en 1959. Utilisant le test EPPS, Evans avait tenté en vain de trouver des différences dans les traits de personnalité entre les propriétaires de voitures Ford et ceux de voitures Chevrolet;

3) Quant à la troisième théorie, celle du concept de soi, elle a entraîné l'apparition des concepts de modes de vie et de psychographie. La psychographie exerce de nos jours une fascination remarquable chez plusieurs auteurs. Le livre de base en ce domaine est *Life Style and Psychographics,* de W.D. Wells, publié en 1974.

La ferveur avec laquelle on considérait la psychographie s'est quelque peu refroidie, parmi les chercheurs américains tout au moins. Toutefois, afin de rendre justice à l'ampleur que ce mouvement a connue et qu'il connaît encore dans certains milieux, nous allons, dans la prochaine section, explorer plus avant les utilisations qu'on en a faites.

UNE APPLICATION CONTINUE DE LA PERSONNALITÉ EN COMPORTEMENT DU CONSOMMATEUR: LA PSYCHOGRAPHIE OU L'ÉTUDE DES MODES DE VIE

À peu près toutes les grandes firmes se permettent un jour une étude sur les modes de vie. L'approche est assez simple: au lieu de mesurer une chose aussi abstraite que la personnalité, on préfère mesurer un grand nombre de variables plus accessibles portant sur les Activités, Intérêts et Opinions (AIO) des consommateurs. L'initiateur de l'approche, Wells (1974), a fait une excellente revue des résultats à ce jour. D'une manière générale, on trouve des corrélations assez faibles entre les AIO et le choix des marques (± 0,20). Même l'utilisation des cartes de crédit a une corrélation de 0,20 à 0,30 sur divers aspects du mode de vie. Il s'agit pourtant d'un type de comportement que l'approche AIO aurait dû expliquer assez facilement, a priori.

À l'époque où les études de ce type détenaient, selon les chercheurs, la «vérité universelle», on a tenté d'utiliser les modes de vie dans presque tous les cas pouvant se présenter. En fait, avec le recul, nous constatons que les analyses de modes de vie ne sont pas valables pour tout. Si, dans certaines situations, elles sont utiles, dans d'autres cas leur présence se justifie difficilement. Pour les fins de cet exposé, nous ne considérerons que les trois utilisations suivantes, qui nous semblent être les plus pertinentes:

— la publicité et la communication de marketing;
— la segmentation du marché;
— la création de nouveaux segments.

Modes de vie, publicité, communication

L'utilisation des modes de vie dans le cadre de la communication de masse peut se justifier à l'aide de la citation suivante de Plummer (1974):

> Plus on en sait sur les gens avec qui on veut communiquer et vers qui sont dirigés les efforts de marketing, plus on pourra communiquer et diriger ces efforts efficacement.

Généralement, on ne fait intervenir la variable «modes de vie» dans une étude en marketing que lorsque des données sur les produits et les marchés ont été recueillies. Ce qui présuppose donc une segmentation préalable faite sur d'autres bases que la psychographie ou les modes de vie. La procédure habituelle consiste donc dans un premier temps à segmenter le marché des acheteurs potentiels et à identifier dans un deuxième temps les utilisateurs du produit, ceci dans le but d'aider le créateur des messages publicitaires et de faciliter l'orientation de la campagne publicitaire.

Comme le font remarquer de nombreux spécialistes en communication de marketing, les écrivains ou les artistes qui conçoivent les publicités sont dans une position inconfortable; ils doivent communiquer avec un très grand nombre de gens dont ils ne savent à peu près rien. Ils sont donc souvent amenés à écrire ou faire des publicités qui traduisent l'idée qu'ils peuvent s'être forgée de ces gens, mais qui ne correspond pas forcément à la réalité. D'où l'intérêt d'avoir une image plus riche et plus réelle du segment de consommateurs visé qui dépasse les données fournies par les études démographiques:

> Publicitaires, hommes de marketing et communicateurs en général savent la nécessité de sélectionner leurs cibles. Après avoir taillé dans la masse un sous-groupe homogène, ils procèdent à une analyse plus fine de ses caractéristiques. Cela permet de «parler» sur un ton plus approprié et par des canaux plus adéquats (Cossette, 1980).

Les publicitaires utilisent donc les modes de vie ainsi que l'humeur, le langage, le style, la mise en scène pour mieux adapter le message aux consommateurs visés. La meilleure façon d'expliquer le phénomène consiste à présenter un exemple. Un article de Ziff (1971) en fournit un relativement à la firme Lamberton (nom fictif) qui fabrique des vêtements en laine pour femmes.

Cette entreprise manufacturière a pu déterminer, après une étude de marché faisant intervenir de nombreuses variables psychographiques, quatre segments dans la population des femmes comme consommatrices de vêtements. Nous ne tiendrons compte ici que des trois premiers:

Segment n° 1 (38 %): les consommatrices veulent un vêtement confortable, moderne, aisé à entretenir, synthétique de préférence;
Segment n° 2 (22 %): les femmes désirent un vêtement durable, en fibres naturelles, qui offre à la fois le confort et la variété dans le contexte d'une famille conservatrice et active;
Segment n° 3 (33 %): les acheteuses optent pour des vêtements dernier cri. Elles sont très sensibles à la mode.

Le segment n° 1 est tout de suite rejeté par la compagnie Lamberton car l'attitude des consommatrices vis-à-vis de son produit est négative.

Le segment n° 2 est celui qui a le plus grand potentiel, puisque les femmes qui en font partie perçoivent la laine de façon positive. Ces femmes sont de plus attirées par les marques de fabricants et beaucoup d'entre elles connaissent déjà Lamberton.

Quant au segment n° 3, il est plus difficile à atteindre, puisque les consommatrices concernées attachent beaucoup d'importance à la griffe et ont par conséquent un faible intérêt pour les produits Lamberton.

Les résultats de l'étude ont donc conduit à l'élaboration d'une publicité visant le segment n° 2 et axée sur le message suivant:

LAMBERTON, for the woman who doesn't want to squeeze her way of life into a mini-skirt.

Mais elle a permis aussi d'aller plus loin et de contribuer à la création d'une nouvelle ligne de produits dont la publicité était:

The only thing square about LAMBERTON is the label.

Cet exemple succinctement évoqué illustre bien la possibilité de «refaire du neuf avec de l'ancien» en matière de publicité. Cela veut dire partir de thèmes déjà connus, puisque le segment visé par la publicité est le segment traditionnel, et refaire de la publicité d'une nouvelle manière. L'exemple montre aussi comment l'utilisation de la variable psychographique en publicité peut servir la cause d'une efficacité communicationnelle. En effet, de nombreux magazines, journaux, chaînes de télévision (américaines) consacrent des efforts pour en venir à mieux connaître leurs lecteurs et téléspectateurs. Il s'en est suivi d'importantes études psychographiques analysant les besoins en information des consommateurs. Ces études visaient habituellement deux objectifs:

1) Mieux adapter le produit au segment cible de la population;
2) Attirer les publicitaires intéressés par ce segment.

Remarquons que le deuxième objectif contribue à la réalisation du premier car si, dans un magazine, est placée à côté d'articles censés intéresser le lecteur une publicité qui va dans le sens de ses désirs, goûts et attentes, le consommateur ne pourra qu'être encore plus convaincu de la bonne qualité du magazine.

Dans cette optique, quelques études ont acquis une certaine réputation. Celle concernant l'hebdomadaire français *L'Express,* de même que celle établissant une comparaison entre les lecteurs de *Newsweek* et de *Time* aux États-

Unis, sont déjà considérées comme classiques. Mais la plus connue d'entre toutes reste l'étude portant sur les lecteurs du magazine *Playboy*. Elle est tout à fait représentative de ce qui a pu être fait à l'époque sur le sujet. Le tableau 7.9 présente à titre d'illustration quelques-unes de ces données.

Plus récemment encore, en octobre 1980, la chaîne de télévision Radio-Québec publiait un rapport de recherche tentant de définir les téléspectateurs d'après leurs attitudes-comportements; six groupes d'égale importance furent ainsi identifiés: les intellectuels, les relaxants, les observateurs, les hédonistes, les fureteurs et les esthètes.

La segmentation du marché par les modes de vie

Certains auteurs n'hésitent pas à soutenir que les modes de vie représentent la nouvelle voie à suivre pour segmenter le marché. Nous pensons qu'il faut y regarder à deux fois avant de faire une telle affirmation. Les variables psychographiques ou de modes de vie ne peuvent être la base de la segmentation, mais elles peuvent apporter une aide fort appréciable dans la description des segments.

Si nous émettons des réserves quant à une utilisation généralisée des modes de vie en segmentation, c'est parce qu'elle suscite des problèmes importants, le principal étant relié aux faits suivants: il n'existe pas une technique d'analyse des modes de vie qui soit universellement reconnue. Chaque auteur apporte quelque chose de différent dans ses études. La conséquence est directe: avec les mêmes données, en changeant la méthode d'analyse, on obtient des résultats différents. Il en ressort une faible crédibilité des analyses de modes de vie auprès d'un bon nombre de praticiens du marketing.

Le second problème découle du premier. Il est difficile d'avoir une idée exacte de la taille des segments. Sachant que les intrants varient, ainsi que la façon de les traiter, si un analyste détermine une taille pour les segments, un autre analyste obtiendra d'autres estimations.

Il est donc important de faire remarquer le côté subjectif des analyses psychographiques qui ne vont pas toujours de pair avec l'exigence d'une rigueur scientifique.

La création de nouveaux segments

Cette troisième application possible des modes de vie en marketing a déjà été introduite dans le paragraphe précédent (refaire du neuf avec de l'ancien). Plutôt que d'en reprendre l'argumentation, nous nous concentrerons sur la façon de la développer. Grosso modo, on peut reconnaître deux démarches à ce propos, une première qui cherche à identifier de nouveaux segments à partir des intérêts, besoins et valeurs qui sont *reliés au produit considéré,* et une deuxième qui cherche à identifier de nouveaux segments à partir d'intérêts, besoins et valeurs *généralisés.*

En ce qui concerne la première démarche, le processus est le suivant:

1) Identifier un ensemble de champs révélateurs qui sont reliés directement à la consommation du produit étudié (le crédit, la famille, les loisirs, etc.);
2) Pour chacun des champs ainsi identifiés, avoir recours à un certain nombre d'indicateurs clés se matérialisant souvent sous la forme de phrases-

	Ne lit pas (N = 516)	Lit à l'occasion (N = 172)	A lu 1 ou 2 des 4 derniers numéros (N = 147)	A lu 3 ou 4 des 4 derniers numéros (N = 142)
Le jeu pour l'argent				
J'aime jouer au poker	22 %	35 %	40 %	47 %
Parfois je parie aux courses	6	12	13	16
J'aime le danger	6	9	16	20
Je n'aime pas tenter ma chance	44	33	31	21
Les voitures sport, les avions et les voyages				
J'aime les voitures sport	16	33	48	55
Si je le pouvais, j'aurais une voiture décapotable	8	19	22	33
J'aimerais voler avec mon propre avion	29	48	48	63
Je n'aime pas prendre l'avion	42	27	23	22
J'aimerais faire un voyage autour du monde	50	69	75	80
J'aimerais passer une année à Paris ou à Londres	27	42	52	55
Conservatisme, traditionalisme				
Il est impossible de garder en estime une femme non mariée qui devient enceinte	25	13	11	7
Les femmes ne devraient pas fumer en public	53	32	32	26
J'ai des goûts et des habitudes que certains peuvent considérer comme vieux jeu	68	57	51	41
Je pense souvent au bon vieux temps de nos grands-parents	31	24	20	16
Aujourd'hui, on accorde trop d'importance aux questions de sexe	57	31	30	14
Il y a trop de violence à la télévision	64	28	25	19
Les jeunes ont trop de privilèges de nos jours	49	33	33	26
Les gens en général manquent de discipline aujourd'hui	50	37	31	20

Source: Wells, W.D., *Life Style and Psychographics,* American Marketing Association, Chicago, 1974. Reproduit avec autorisation, Copyright © 1974.

Tableau 7.9 Quelques éléments du profil du lecteur de *Playboy* reliés à sa fréquence de lecture.

affirmations (le nombre de ces phrases peut être très important dans certains tests);

3) Identifier l'ensemble des bénéfices recherchés dans l'achat et l'utilisation du produit considéré;

4) Regrouper les consommateurs selon une double similitude entre les indicateurs de mode de vie et les bénéfices recherchés. Ce regroupement se fait par une analyse statistique programmable sur ordinateur et appelée analyse typologique de regroupement (de l'anglais «*cluster analysis*»). L'objectif du programme est de regrouper les répondants selon les similitudes dans leurs réponses (dans ce cas, les scores sur les indicateurs de mode de vie et la pondération des bénéfices recherchés), de façon à minimiser la variance à l'intérieur de chacun des groupes et à maximiser la variance entre les groupes;
5) Enfin, la dernière étape consiste à analyser le comportement de consommation relié au produit à l'intérieur de chacun des segments identifiés.

Nous aboutissons ainsi à un ensemble de groupes de répondants définis par des intérêts, des besoins, des attitudes liés aux bénéfices recherchés du produit.

En ce qui concerne la seconde démarche, le processus commence par la sélection d'un échantillon très large auquel est soumis un grand nombre d'affirmations sur les intérêts, attitudes, opinions des consommateurs.

Une fois de plus, l'utilisation de l'analyse typologique de regroupement permet de répartir les répondants en groupes. Il est alors plus aisé de comparer ces derniers selon leur consommation de produits et services, ou selon leurs préférences pour les marques.

Qui a raison et qui a tort dans le choix de la démarche? A priori, nous pouvons affirmer que la première façon de faire s'avère plus utile aux gens de marketing que la seconde, car elle s'attache directement au produit. Shirley Young (1971) est très claire sur ce point.

> Le chef de marketing n'a besoin de connaître que les aspects de la personnalité et du mode de vie pertinents en regard du comportement du consommateur vis-à-vis du produit. Toute classification de consommateurs sur des bases très générales, sans considération aucune de la place des produits dans sa vie, est non pertinente pour toutes les relations aux produits et même trompeuse.

Cette première optique a pourtant des désavantages dont le principal est que, finalement, chaque produit requiert une étude séparée. D'où le coût très élevé des recherches.

Quant à la deuxième façon de procéder, nous pensons qu'il ne faut pas la rejeter aussi catégoriquement que le fait l'auteur précité. Elle a une validité plus grande dans le temps. Elle permet de déterminer des mouvements de société qu'une étude par produit risquerait de manquer. De plus, l'on peut croire que si les questions posées restent comparables, les segments seront similaires d'une étude à l'autre.

POUR UNE UTILISATION AVERTIE DE LA VARIABLE «PERSONNALITÉ» EN COMPORTEMENT DU CONSOMMATEUR

Après avoir passé en revue l'ensemble des écrits portant sur l'utilisation de la variable «personnalité» dans la prédiction du comportement du consommateur, Kassarjian (1971) pose un jugement péremptoire: les résultats sont équivoques.

Quelques études indiquent une forte corrélation; d'autres n'en indiquent aucune; la très grande majorité montre des corrélations si faibles qu'aucune signification ne peut leur être accordée. Selon lui, il faut attribuer en grande partie la faiblesse de ces résultats à la validité des instruments de mesure utilisés.

Nous évoquerons maintenant quelques considérations à partir desquelles il est possible d'envisager une utilisation plus avertie de la variable «personnalité». Non seulement ces considérations font-elles référence à des problèmes majeurs qui ont déjà été soulevés dans ce chapitre, mais elles indiquent le sens de correctifs ou de développements qui sont déjà envisagés.

L'utilisation d'une configuration de traits de personnalité. Il convient de rappeler que, indépendamment de la conceptualisation choisie de la variable «personnalité», les résultats des études concernées n'ont pas, dans l'ensemble, comblé les premières attentes. Souvent les chercheurs ne se sont pas préoccupés au point de départ de fournir une justification théorique à l'utilisation de ladite variable ou de formuler des hypothèses qui présentent une certaine cohérence entre elles, d'une part, et qui découlent de considérations théoriques, d'autre part.

Ces lacunes ne sont pas demeurées ignorées de tous, cependant, puisque dans au moins deux cas des chercheurs ont eu recours à une configuration de traits de personnalité plutôt qu'à des traits individuels isolés. Lupien (1973), en cherchant à expliquer le choix d'une marque de bière, a retenu quatre traits de personnalité, soit l'ascendant, le sens des responsabilités, la stabilité émotionnelle et la sociabilité. Non seulement ces traits ont été retenus à cause de leur relation possible avec la consommation de ce type de produit, mais l'hypothèse à vérifier portait sur l'*ensemble* des quatre traits. Les auteurs Ackoff et Ehmshoff ont adopté une approche semblable dans le cadre d'une recherche pour la société américaine Anheuser-Busch, en 1975. L'exemple mériterait d'être poursuivi avec la consommation de produits autres que la bière.

L'utilisation de tests de personnalité «sur mesure». Un reproche capital qu'on fait à l'endroit des études de personnalité concerne la nature des instruments de mesure utilisés. Quelques années avant Kassarjian, Tigert (1966) avait déjà fait écho à ce problème en soulignant le manque de standardisation de tels instruments.

À la vérité, ce problème s'inspire de celui qui a été évoqué précédemment. Il se complique du fait que si les chercheurs en marketing n'ont pas la préparation académique pour confectionner des tests d'évaluation psychologique, les psychologues en revanche ne manifestent guère d'empressement à élaborer des outils qui serviront à des fins commerciales.

Ackoff et Ehmshoff (1975) ont effectué un travail en ce sens, qui illustre bien notre propos. En effet, ils ont adapté des échelles de personnalité mises en avant par Churchman et Ackoff au cas de la consommation de la bière. Cela a donné lieu à l'élaboration de quatre dimensions particulières de la personnalité d'un buveur de bière, soit:

a) la tendance à internaliser objectivement (*objective internalizer*);
b) la tendance à externaliser subjectivement (*subjective externalizer*);
c) la tendance à externaliser objectivement (*objective externalizer*);
d) la tendance à internaliser subjectivement (*subjective internalizer*).

Le lien entre ces dimensions et le marketing est, il nous semble, loin d'être évident.

La personnalité comme variable modératrice. Les chercheurs se rendent compte de plus en plus que la personnalité interagit avec d'autres variables, notamment l'environnement. La personnalité permettrait de bonnes prédictions dans certaines situations, et pas dans d'autres. Les traits de personnalité sont donc des variables «modératrices» de la situation, ce qui signifie qu'il est nécessaire de connaître quel type de personnalité se combine avec quelle attitude, et cela dans quelle situation. Par exemple, une personne extravertie pourrait acheter deux marques de cognac: une, de très bonne qualité pour la consommation avec des amis invités à la maison, et l'autre, de qualité ordinaire pour une consommation plus personnelle.

Le choix des variables modératrices est encore difficile; il reste encore beaucoup de recherche à faire dans ce domaine.

La personnalité comme variable intervenante. Dans ce cas, le marché est d'abord segmenté sur un critère objectif. Ensuite, chaque segment est analysé pour déterminer d'éventuelles différences sur des dimensions psychologiques. Les critères objectifs sont soit démographiques, soit en relation avec le produit, comme son taux d'utilisation par exemple. L'approche du taux d'utilisation ou de non-utilisation du produit ou de la marque s'est souvent révélée très significative.

Ainsi, la personnalité prend la place qui est la sienne: elle constitue une variable expliquant les différences individuelles à l'intérieur de catégories socio-économiques plus larges.

CONCLUSION

Dans ce chapitre, nous avons tour à tour fait état de la diversité conceptuelle de la variable «personnalité», des applications auxquelles elle a donné lieu en marketing, des embûches que son utilisation présente et des indications à suivre pour en tirer le meilleur parti possible.

En définitive, c'est un exercice un peu irréaliste que de séparer ainsi conceptualisation et méthodologie. Bien que le nombre d'écoles de pensée en matière de personnalité soit particulièrement élevé, il est fort probable que celles-ci continueront à se multiplier dans les prochaines années. À la lumière de ces nouvelles conceptualisations apparaîtront plus clairement les lacunes ou les présuppositions des méthodologies passées, en même temps qu'émergeront de nouvelles méthodologies riches de promesses.

D'ici à ce que ces spéculations se matérialisent en des ouvrages bien documentés, nous devrons user de la variable «personnalité» à l'intérieur des paramètres existants, et avec circonspection. C'est l'optique que le lecteur devrait garder constamment à l'esprit au moment où il aborde la démonstration pratique et l'expérimentation de ce chapitre.

Quoi qu'il en soit, et malgré les dangers inhérents à son utilisation, les attraits de cette variable sont tels, notamment dans le domaine de la définition du contenu publicitaire, que bon nombre de spécialistes essaient de pallier ses inconvénients. En ce sens, une approche fort originale d'un expert en communication publicitaire a retenu notre attention: il s'agit de la notion de «comportementalité», néologisme descriptif défini par Claude Cossette (1980) qui associe les deux idées de «comportement» et de «mentalité».

DÉMONSTRATION PRATIQUE: LA «COMPORTEMENTALITÉ» SELON COSSETTE*

Le concept de comportementalité réside dans l'effort important qu'un publicitaire effectue en vue d'identifier un outil simple et opératoire qui permette de segmenter le marché. La comportementalité repose au départ sur l'idée selon laquelle le critère de référence qui peut servir à cerner les attitudes et les comportements n'est ni l'échelle de revenus, ni le niveau d'instruction, ni le métier, etc., mais bien plutôt «l'ouverture au changement». Par exemple, on ne peut dire que les acheteurs «naturels» de beaux meubles contemporains sont les gens riches, ou les jeunes, ou les professionnels; il serait plus réaliste et surtout plus fonctionnel de penser que ce sont des gens de comportementalité donnée, qu'ils soient jeunes ou vieux, riches ou pauvres, qui s'intéressent à ce type d'ameublement.

En ce sens, la comportementalité permet de cerner les attitudes fondamentales des cibles, d'estimer leurs comportements naturels et, en définitive, d'adopter un langage persuasif particulier. Car, ne l'oublions pas, l'idée de base de tous les efforts de segmentation en communication publicitaire est de savoir comment parler à une masse, en s'assurant que cette communication se rapproche le plus possible de la situation idéalement empathique de la communication interpersonnelle.

Définition et hypothèse

La comportementalité constitue une aptitude à être disponible au changement et à l'innovation qui touche aussi bien la philosophie que les comportements de l'individu. Techniquement, cette attitude typique d'un individu (identifiable à un groupe homogène) est indiquée par une valeur discriminante — l'ouverture au changement — dont l'importance est estimée grâce à des indicateurs pertinents relevant de cinq champs révélateurs: la foi, la famille, la patrie, l'autre sexe, la valeur privilégiée.

Les individus qui composent la masse seraient donc plus ou moins résistants au changement, à l'innovation. À titre d'hypothèse, l'auteur a tenté de répartir ceux-ci en quatre groupes caractéristiques grâce à des indicateurs (que nous verrons plus loin et que nous examinerons en détail).

Groupe type I: *les inertes.* Ce sont des Québécois qui tiennent à leurs valeurs et à leurs habitudes. Leurs attitudes vis-à-vis de la vie sont stables: pour eux, la foi, la famille, le travail, la morale constituent des valeurs permanentes. C'est la télévision seule qui leur permet d'accéder au monde extérieur et qui les influence. Leurs comportements aussi sont constants: ils mangent «comme leurs

---

* En plus d'être professeur agrégé à l'Université Laval de Québec, Claude Cossette est le président-fondateur d'une agence de publicité fort renommée (Cossette et Associés communication marketing) qui, depuis quelques années, rafle systématiquement le titre envié de meilleure agence de l'année. Son idée sur la comportementalité étant à l'image de son auteur, c'est-à-dire fort créative, nous allons reprendre de longs passages de son mémoire intitulé «La Comportementalité et la Segmentation du marché» et publié en 1980. Nous conseillons vivement au lecteur intéressé par le sujet de se procurer le document original dont les références sont données dans la bibliographie. Reproduit avec autorisation de l'auteur.

mères le faisaient»; le goût du familier plus que les restrictions économiques les incite à demeurer dans leur environnement immédiat.

Groupe type II: *les «amovibles»*. Ce sont des Québécois capables de changement s'ils sont sollicités par des motivations suffisamment fortes. Ils espèrent surtout profiter d'une certaine *mobilité sociale* (dans le sens sociologique du mot), c'est-à-dire changer de milieu. Ils sont bien conscients que «les choses changent ou ne sont plus ce qu'elles étaient». S'ils sont conservateurs, ils n'en espèrent pas moins une amélioration de leurs conditions de vie. Ils ont parfois tendance à imiter certains comportements des classes supérieures de la génération précédente (vacances au chalet, diplômes pour les enfants, etc.). Ils lisent peu, si ce n'est les journaux hebdomadaires d'information générale. Ils aiment s'alimenter de plats maison. Ils souhaitent profiter des loisirs de masse (quilles, motoneige, etc.).

Groupe type III: *les mobiles*. Ce sont des Québécois qui affichent une certaine «ouverture d'esprit». Ils aiment suivre la mode. Ils sont mobiles mais davantage au niveau des comportements qu'au niveau de leur système de valeurs. Ils croient fermement au progrès scientifique et à la technique; ce sont souvent des partisans de l'avoir plutôt que de l'être. Leurs relations personnelles s'étendent au-delà du cercle familial, mais elles sont plus intéressées qu'implicantes affectivement. Ils lisent les best-sellers. Ils souhaitent vivre à la manière de l'establishment: voyages d'hiver dans le Sud, repas au restaurant, sports en vue comme le squash, résidence qui a belle allure.

Groupe type IV: *les «versatiles»*. Ce sont des Québécois réformistes et ils remettent en question continuellement leurs attitudes profondes, leurs idées, leurs valeurs. Ils recherchent souvent des sources d'information qui vont à contre-courant. Ils sont prêts à essayer de nouveaux comportements (habitats nouveaux, voyages exotiques, etc.). Ce sont en fait des adeptes de l'information permanente et de l'évolution, parfois même au détriment de valeurs fondamentales. Ils ont généralement un point de vue critique de la société globale et de leur propre milieu.

Disons encore que la comportementalité est influencée par un point de vue écologique et qu'à ce titre, ces portraits doivent continuellement être refaits en fonction du milieu social dans lequel ils s'insèrent. Soulignons enfin que ces portraits pourraient fort bien s'appliquer à d'autres sociétés nord-américaines et même européennes.

Le système conceptuel de base

Voyons maintenant comment ont été déterminés et définis les principaux concepts relatifs à la comportementalité.

Les champs révélateurs

Il fallait arriver à identifier des champs révélateurs de la variable discriminante «mobilité». Après consultations auprès de psychologues et de sociologues, l'auteur a finalement découvert cinq champs qui, de tout temps, semblent jouer un rôle prépondérant dans l'univers des valeurs individuelles. Ces champs sont: la foi, la famille, la patrie, l'autre sexe, la valeur privilégiée.

Mesurer l'ouverture au changement dans ces champs permettrait donc d'établir un indice général de comportementalité d'un individu et donc de l'affecter à un groupe donné.

L'indice de comportementalité

La fourchette de l'indice va de 1 à 4. L'indice 1 identifie les individus les moins mobiles et l'indice 4, l'inverse. Les lois de la typologie obligeant l'auteur à regrouper en classes types les comportementalités particulières, il parle donc selon le degré de mobilité des types I, II, III ou IV. Notons en plus que l'indice de mobilité n'est pas en équirelation d'un groupe à l'autre, ce qui veut dire qu'il ne s'agit pas d'une répartition «normale» comme le montre le graphe ci-dessous.

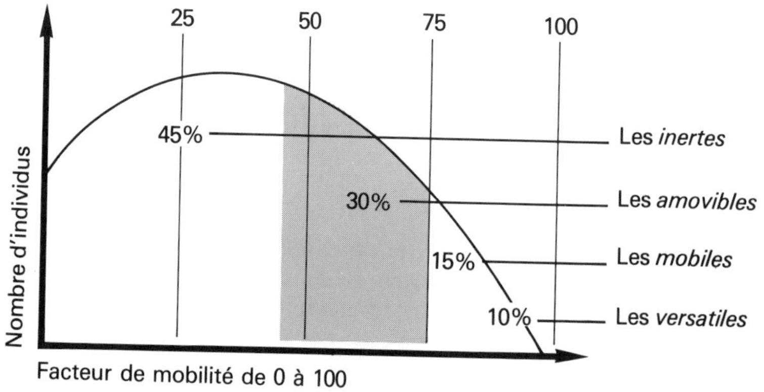

Les indicateurs

Pour arriver à accorder un indice à un individu, l'auteur a eu recours à des «indicateurs», suivant ainsi une méthodologie classique en la matière. Ces indicateurs consistent en une série de phrases reflétant les opinions de personnes plus ou moins mobiles. En forçant un individu à choisir celle — et une seule — qui correspond le plus à son opinion, on l'oblige ainsi à révéler ses attitudes et conséquemment sa personnalité (on verra plus loin comment s'est faite la mise au point de ces indicateurs). En réalité, il s'agit d'une échelle d'attitude, de type ordinal, construite selon une méthode inspirée de Thurstone.

La procédure méthodologique

Sans entrer dans tous les détails de la procédure scientifique qui consistait à mettre au point un jeu d'indicateurs, nous préciserons cependant les différentes étapes de la procédure systématique qui a été finalement suivie:

Étape n° 1: Cueillette des phrases-indicateurs auprès du public par un jeu de phrases-amorces.

Les répondants avaient à compléter trente et une phrases (une par champ).

Les phrases-amorces retenues l'ont été en fonction de trois critères:
1) Choisir des phrases capables d'amener l'expression de définitions personnelles relativement élaborées;
2) Éliminer les phrases comportant un jugement de valeur, soit positif, soit négatif;
3) Éviter d'utiliser des phrases suscitant l'expression de détails plutôt que de sentiments profonds.

L'annexe I donne le libellé de ces phrases-amorces.

Étape n° 2: Écrémage de la banque des phrases-indicateurs, selon les principes suivants:
1) Regroupement harmonieux des phrases par champ indicateur;
2) Reformulation et suppression des recoupements;
3) Clarification des formulations.

Étape n° 3: Classement ordinal par un jury d'experts:
1) Identifier, sur une échelle de 7 points, le degré d'ouverture au changement exprimé par chacune des phrases;
2) Déterminer la phrase qui, selon leur propre jugement, caractérisait le mieux les différents types de comportementalités.

Étape n° 4: L'analyse de synthèse.

L'analyse finale a permis d'arrêter un choix sur des indicateurs sûrs de la comportementalité. L'auteur en a choisi deux pour chacun des quatre degrés et pour chacun des cinq champs révélateurs.
L'annexe II présente la liste finale de ces indicateurs.

L'utilisation pratique

L'auteur propose ici une procédure simple qui permet de mieux définir la mentalité d'un individu d'après une qualité discriminante unique et, partant, de mettre au point un message plus opportun. Cette procédure fait appel au concept de comportementalité et se déroule en quatre étapes: (1) établir un échantillon, (2) faire subir le test de comportementalité, (3) choisir le groupe cible, (4) façonner le message.

Établir un échantillon

En psychologie sociale, on connaît la masse en connaissant un échantillon qui la représente. On construira à cette fin un échantillon occasionnel stratifié selon les données démographiques élémentaires: l'âge, le sexe, et, s'il y a lieu, selon une répartition géographique ou linguistique. De plus, les sujets de l'échantillon seront répartis en deux sous-groupes égaux conformes à une dernière variable significative orientée: un premier sous-groupe comprendra les «consommateurs naturels» et l'autre, les «non-consommateurs naturels».

Par «consommateurs naturels», on entend des sujets qui ont une attitude globale favorable face au produit en question, qu'ils aient ou non déjà acheté ce produit. Par «non-consommateurs naturels», on entend des sujets qui ont une attitude globale défavorable face au produit en question, peu importe s'ils ont acheté ce produit dans le passé. Pour distinguer les uns des autres, il suffira de poser une question discriminante du genre: «Croyez-vous que le produit X peut être utile aux consommateurs, est un bon produit, peut répondre aux besoins de ses acheteurs, etc.?»

Faire subir le test de comportementalité

L'étape suivante consiste à assigner un indice de comportementalité à chacun des participants des deux sous-groupes, ce qui permet de classer chacun d'eux dans un des quatre groupes types de comportementalité. Pour ce faire, on utilise le test de comportementalité.

Il faudra veiller à ce que les choix offerts par un test statistique présentent une cohérence interne de façon à éliminer les incongruités qui ne permettraient pas un classement clair (ex.: un candidat qui ferait un choix I dans le champ «Religion» et un choix IV dans le champ «Valeur privilégiée»).

On connaîtra alors les caractères différentiels des consommateurs naturels et des non-consommateurs naturels. On retrouve habituellement une dispersion par faisceaux autour de l'anneau de la comportementalité, comme si l'indice de comportementalité formait un continuum ressemblant à un serpent qui se mord la queue. De plus, l'opposition consommateurs/non-consommateurs est marquée par une dispersion topographique diamétrale opposée sur cet anneau.

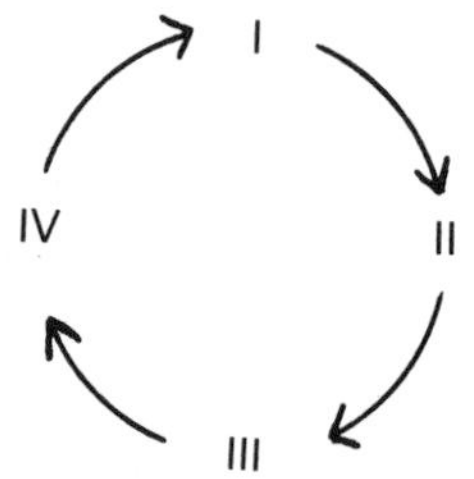

Choisir le groupe cible

À cette étape, il faut opter pour le groupe cible de nos messages. On connaît la comportementalité respective des deux groupes de consommateurs. Reste à arrêter notre stratégie: veut-on élargir le marché des consommateurs naturels ou, au contraire, attaquer de front le marché des non-consommateurs naturels? Le choix à effectuer se fonde sur des intuitions ou des raisonnements. Dans un cas comme dans l'autre, le caractère propre au segment cible choisi commandera une rhétorique, un langage, un ton particuliers. Mais une chose est certaine, opter pour la valeur discriminante de la comportementalité comme facteur de stratification suppose qu'on met en veilleuse les caractéristiques socio-démographiques.

Façonner le message

Le segment cible étant choisi, il reste à mettre au point le message le plus efficace, c'est-à-dire celui qui saura persuader. Pour cela, il faut ajuster le message le plus exactement possible à la comportementalité désormais connue des destinataires.

Dans cette perspective, le texte et l'image joueront toute la gamme des émotions et de l'argumentation qui convient au groupe identifié. Et on changera le message s'il est destiné à un groupe cible différent. Tous les moyens de persuasion sont disponibles, depuis les valeurs les plus stables jusqu'aux idées d'avant-garde.

Voyons comment cette procédure permet d'établir un message efficace pour persuader les consommateurs naturels de petites voitures importées (Cossette et Associés communication marketing, 1977):

1) Nous établissons un échantillon d'une centaine d'individus dont la moitié sont des consommateurs naturels de petites voitures importées et la moitié des non-consommateurs naturels de ces voitures;
2) Nous leur faisons passer le test de comportementalité pour découvrir ceci: les consommateurs naturels se classent à 88 % dans les groupes types III et IV (mobiles et versatiles) alors que les non-consommateurs naturels se retrouvent à près de 60 % dans le groupe type II (amovibles) avec une distribution éparpillée dans le type I et quelque peu dans le type III. On voit donc se dessiner ici une tendance où les consommateurs naturels de petites voitures sont marqués d'un indice de comportementalité III-IV alors que les non-consommateurs naturels sont plutôt identifiables à un indice II avec glissement vers le I. Connaissant les caractères généraux propres à chaque groupe, on peut donc rédiger un message persuasif différent pour chaque groupe. Ce qui pourrait donner quelque chose comme ceci:

Message «amovibles/petites voitures importées»

OUVERTURE:	Musique française des années 30. (Fondu)
ANNONCEUR:	En 1932, Louis Renault, un des pères de l'automobile, mettait sur le marché une voiture familiale, solide comme le pont de Québec et confortable comme un fauteuil d'antan. Le père Louis baptisa évidemment sa voiture: la Renault.
Témoignage de Louis Renault:	«J'ai voulu construire une voiture qui défierait les générations, comme nos maisons ancestrales. . .»
ANNONCEUR:	Louis Renault a réussi. En France comme ici, beaucoup de choses ont changé, mais pas la Renault. Elle est devenue la Renault 5. On peut bien y ajouter une radio AM/FM, un allume-cigare ou un essuie-glace arrière mais, pour le reste, tout est dans la pure tradition Renault: On ne change pas ce qui est bon!
FINALE:	(Fondu) Musique du début.

Message «mobiles/petites voitures importées»

OUVERTURE:	Début du *Bolero* de Ravel au synthétiseur. (Fondu)
ANNONCEUR:	La France nous a donné Ravel, Eiffel, Piaf et Bardot . . . et une petite intellectuelle: la Renault 5. La 5 n'est pas une voiture pour tout le monde. Elle aime le confort et l'argent,

le raffinement et le bon vin, l'intimité et les grands espaces, le cinéma et les sports.
Si vous n'êtes pas comme les autres et si vous n'avez pas peur de passer pour différent, passez en Renault 5: on vous remarquera!

FINALE: (Fondu) Fin du *Bolero* de Ravel.

Conclusion

La comportementalité est un outil simple qui permet de caractériser plus judicieusement les segments de marché visés. Partant, elle permet de produire des messages — images autant que textes — compatibles avec certaines attitudes fondamentales des destinataires. Pour tout dire, on se rend bien compte actuellement qu'il ne suffit pas de connaître le consommateur d'un produit donné mais qu'il est surtout utile de savoir *pourquoi* il consomme ce produit.

Cette méthode, bien sûr, ne permet ni la finesse d'une véritable interview en profondeur ni la fiabilité statistique d'une enquête psychographique raffinée. Mais elle répond à des impératifs quotidiens en publicité: *coûts contrôlés et rapidité d'exécution,* tout en assurant une information optimale à l'intérieur de ces paramètres.

ANNEXE I PHRASES-AMORCES

1) Ce qu'il y a de plus important pour une personne, c'est . . .
2) Le rôle de la famille, c'est . . .
3) Ce que je considère essentiel dans ma vie de tous les jours, c'est . . .
4) Un conjoint idéal est celui qui . . .
5) Les activités, métiers ou professions qui conviennent le mieux aux femmes sont . . .
6) Le mot «patrie» veut dire . . .
7) L'homme est différent de la femme car il . . .
8) Pour moi, la pratique religieuse, c'est . . .
9) Voter lors d'une élection signifie que . . .
10) Être membre d'une famille, c'est . . .
11) Appartenir à un pays, ça veut dire . . .
12) Je serais prêt à laisser tomber bien des choses pour . . .
13) Pour moi, la famille, c'est . . .
14) En matière de religion, l'école devrait apprendre à l'enfant à . . .
15) Ce qui compte le plus pour moi, c'est . . .
16) La femme est différente de l'homme car elle . . .
17) La famille idéale est celle qui . . .
18) S'il existe beaucoup de religions, c'est que . . .
19) Ce qui est le plus important de transmettre aux enfants, c'est . . .
20) La différence entre mon pays et un autre, c'est qu'ici . . .
21) Ma façon de vivre la religion est de . . .
22) La chose la plus importante dans la vie, c'est . . .
23) Si je pouvais choisir le sexe de mon unique enfant, je préférerais
   un garçon ☐
   une fille ☐

24) Par rapport à la religion, le gouvernement devrait . . .
25) C'est au sein de la famille que . . .
26) Le plus important dans la vie, c'est . . .
27) La religion est . . .
28) Avoir envie d'une famille, c'est avoir envie de . . .
29) Le devoir d'un citoyen est de . . .
30) Ce que j'aime chez l'homme (masculin), c'est qu'il . . .
31) La différence entre moi et les gens d'un autre pays, c'est que je . . .

ANNEXE II LISTE DES INDICATEURS DE COMPORTEMENTALITÉ

Les INERTES

1.
- La religion, ce sont les commandements immuables de Dieu et de l'Église qu'il faut accomplir en tous points.
- La religion, c'est de participer régulièrement aux activités de l'Église.

2.
- La famille, c'est la cellule immuable de la société.
- La famille, c'est l'endroit où se situe le rôle spécifique de la femme.

3.
- La patrie, c'est ce qui nous rassemble parce que nous y sommes semblables.
- La patrie, c'est une entité que je dois défendre.

4.
- L'homme est supérieur à la femme.
- Le rôle de la femme est d'élever les enfants.

5.
- Ma valeur privilégiée est la sécurité.
- Ma valeur privilégiée, c'est de vivre en harmonie avec mes principes moraux.

Les AMOVIBLES

1.
- La religion, c'est ce qui permet de s'assurer de son salut.
- La religion, c'est un appui dans les moments critiques.

2.
- La famille, c'est le lieu où l'on éduque les enfants dans l'apprentissage des valeurs importantes.
- La famille, c'est le mode de vie idéal pour le couple.

3.
- La patrie, c'est respecter les lois et faire confiance à ceux qui nous gouvernent.
- La patrie, c'est l'entité à laquelle je dois payer mes impôts et mes taxes.

4.
- L'homme plutôt que la femme est stable, logique, fort.
- La femme plutôt que l'homme est intuitive, patiente, ingénieuse.

5.
- Ma valeur privilégiée est d'avoir un but dans la vie.
- Ce qui est le plus important dans ma vie, c'est l'éducation de mes enfants.

Les MOBILES

1.
- La religion, c'est aimer Dieu en faisant son

devoir et en étant charitable pour les autres.
- La religion consiste à savoir aimer et à se laisser aimer.

2.
- La famille est un lieu fraternel où il doit être bon de vivre.
- La famille, c'est l'endroit privilégié où l'on se sent utile et apprécié.

3.
- La patrie, c'est appartenir à une communauté culturelle et politique dans laquelle je dois prendre mes responsabilités.
- La patrie, c'est le lieu d'une manière de vivre spécifique.

4.
- C'est la société qui crée les différences entre l'homme et la femme.
- L'homme et la femme sont égaux en principe même s'ils ne sont pas identiques dans les faits.

5.
- Ma valeur privilégiée, c'est de pouvoir m'adapter aux valeurs de l'existence.
- Ce qui est le plus important dans la vie, c'est de pouvoir communiquer avec les autres.

Les VERSATILES

1.
- La religion, c'est la dépossession de soi pour l'accueil de l'autre dans sa vie.
- La religion, c'est personnel à chacun.

2.
- La famille, c'est un lieu de liberté et de responsabilités dans l'accueil des autres.
- La famille, c'est un lieu de prolongement de soi.

3.
- La patrie, c'est une entité qui rend possible les rapports avec les autres.
- La patrie, c'est le lieu où j'ai le devoir de participer à trouver des solutions à des problèmes communs.

4.
- Les différences entre les êtres sont ce qui les rend désirables les uns pour les autres, peu importe leur sexe.
- Les hommes et les femmes sont des êtres aux qualités particulières, tout dépend des individus.

5.
- Ma valeur privilégiée, c'est être capable d'accepter les autres comme ils sont.
- Ce qui est le plus important dans la vie, c'est de pouvoir penser et agir en toute liberté.

Exercice pratique Les alcools de chez nous

Vous êtes directeur du marketing dans une entreprise qui produit des liqueurs et d'autres alcools. À la lecture des rapports de ventes, vous vous apercevez que depuis quelques mois deux de vos produits sont en perte de vitesse: une liqueur à l'orange et un cognac. Vous en faites part au directeur général, qui vous charge de remédier le plus efficacement possible à la situation.

Vous savez que 80 % des consommateurs de ces deux boissons sont des hommes. Une étude psychographique vous donne certains renseignements (voir tableau 1), en particulier sur l'image que projettent ces deux boissons:

- La consommation de liqueur à l'orange n'est pas socialement valorisante. Elle donne un air de singularité;
- La consommation de cognac, par contre, est très valorisante. Elle conserve une image forte. Cet effet augmente avec le degré de qualité du cognac consommé.

Tableau 1 Étude psychographique.

Seulement 6 des 8 segments originels sont retenus ici*.

GROUPE 1: *Le traditionnaliste* (16 % de la population masculine)
C'est un homme qui se sent en sécurité, qui a de l'estime pour lui-même, qui se conforme aux conventions. Il se considère comme attentif à la situation des autres. En tant que consommateur, il est conservateur et préfère les marques et les produits connus.

Niveau d'instruction et statut social faibles.
Le plus âgé.

GROUPE 2: *Le moraliste* (14 %)
C'est un homme sensibilisé aux besoins de ses concitoyens. Vivant de manière stricte, il se contente de son travail, de sa famille et de ses amis. Il est sensibilisé à la culture, aux questions religieuses et aux réformes sociales. En tant que consommateur, il est prêt à payer pour de la qualité, mais à un juste prix.

Bon niveau d'instruction, statut social moyen.
Âge moyen, ou regroupant plusieurs âges.

GROUPE 3: *L'hédoniste* (9 %)
Il tient à garder son image de virilité et rejette tout ce qui paraît doux ou féminin. Il se voit comme un meneur d'hommes. Il est égocentrique et n'aime pas son travail. Il veut satisfaire ses besoins immédiatement. C'est un consommateur impulsif.

Niveau d'instruction et statut social faibles.
Âge moyen ou plus jeune que la moyenne.

GROUPE 4: *Celui qui accomplit des choses* (11 %)
C'est un travailleur acharné, attaché au succès et à ses récompenses (prestige, pouvoir, argent). Il recherche la diversité et l'aventure. Il est raffiné et aime la bonne chère, la musique, etc. En tant que consommateur, il est conscient de son statut et réfléchit.

Bon niveau d'instruction, statut social élevé.
Jeune.

* Traduit et adapté de Wells, W.D., «Psychographics: A Critical Review», *Journal of Marketing Research,* mai 1975, p. 196-213.

GROUPE 5: *L'homme d'action* (19 %)

Il est grégaire, aime l'action et une vie excitante. Il se voit dominant et efficace. Il est célibataire par choix. Les produits et marques qu'il achète tendent à avoir une image très expressive, du type «homme d'action».

Bon niveau d'instruction, statut social moyen.
Le plus jeune de tous.

GROUPE 6: *L'homme raffiné* (10 %)

C'est un intellectuel sensibilisé aux questions sociales, qui admire la réussite artistique ou intellectuelle. Il est cosmopolite et veut être un meneur. En tant que consommateur, il est attiré par l'unique et le stylisé.

Le niveau d'instruction de même que le statut social le plus élevés.
Âge plus jeune que la moyenne.

À partir de ces données et éventuellement en vous en procurant d'autres sur le marché des boissons alcoolisées en général et sur celui des digestifs en particulier, on vous demande de répondre le plus précisément possible aux questions suivantes:

1 Détaillez la stratégie de marketing pour chaque produit.

	Liqueur à l'orange	**Cognac**
Segment cible • principal • secondaire	______ ______	______ ______
Profil psychologique du segment	______ ______ ______ ______	______ ______ ______ ______
Repositionnement du produit	______ ______ ______ ______ ______	______ ______ ______ ______ ______

2 Vous décidez de passer des messages publicitaires à la télévision. Décrivez-les ci-dessous. Justifiez chacune des recommandations que vous avancez.

	Liqueur à l'orange	Cognac
Cible	______	______
Axes • principal • secondaire	______ ______ ______ ______	______ ______ ______ ______
Arguments sous-jacents	______ ______ ______ ______	______ ______ ______ ______
Scénario • durée • cadre • décor • personnages • activités • ambiance	______ ______ ______ ______ ______ ______ ______ ______ ______ ______ ______ ______	______ ______ ______ ______ ______ ______ ______ ______ ______ ______ ______ ______

3 Pensez-vous que le recours à la notion de comportementalité telle qu'elle a été définie dans la démonstration pourrait être un choix judicieux comme critère de segmentation du marché des digestifs? Justifiez votre réponse en comparant cette typologie à celle présentée dans l'exercice.

BIBLIOGRAPHIE

ACKOFF, R., EHMSHOFF, J., «Advertising Research at Anheuser-Bush Inc. (1963-1968)», *Sloan Management Review,* vol. 16, 1975, p. 1-15.

ALLPORT, G., *Personality, A Psychological Interpretation,* New York, Holt & Co., 1937.

ASSAEL, H., *Consumer Behavior and Marketing Action,* Kent Publishing Company, 1981.

BERKMAN, H., GILSON, C., *Consumer Behavior: Concepts and Strategies,* Dickenson Publishing Company, 1978, p. 280.

CENTRE D'ÉTUDE ET DE PROMOTION DE LA LECTURE, Les Dix Grands de l'inconscient, 1972.

CENTRE D'ÉTUDE ET DE PROMOTION DE LA LECTURE, Les Dix Grands de la psychologie, 1973.

COHEN, J., «An Interpersonal Orientation to the Study of Consumer Behavior», *Journal of Marketing Research,* août 1967, p. 270-278.

COSSETTE, C., «La Comportementalité et la Segmentation des marchés», *Cahiers de communication graphique, n° 15,* École des Arts visuels, Université Laval, 1980.

COSSETTE ET ASSOCIÉS COMMUNICATION MARKETING, «La Comportementalité de la clientèle de mini-compactes importées», 1977, non publié.

DEMBY, E., «Psychographics and from Whence It Came», dans *Life Style and Psychographics,* sous la direction de W.D. Wells, American Marketing Association, p. 9-30.

DICHTER, E., *Handbook of Consumer Motivations,* New York, McGraw-Hill, 1964.

EDWARDS, A., *Edwards Personal Preference Schedule Manual,* New York, Psychological Corp., 1957.

EVANS, F., «Psychological and Objective Factors in the Prediction of Brand Choice», *Journal of Business,* octobre 1959, p. 340-369.

EVANS, F., «Ford vs Chevrolet: Park Forest Revisited», *Journal of Business,* octobre 1968, p. 445-459.

FRANK, R., MASSY, W., LODAHL, T., «Purchasing Behavior and Personal Attributes», *Journal of Advertising Research,* décembre 1969, p. 15-24.

FRY, J., «Personality Variables and Cigarette Brand Choice», *Journal of Marketing Research,* août 1971, p. 298-304.

GOTTLIEB, M., «Segmentation by Personality Types», dans *Advancing Marketing Efficiency,* sous la direction de L.H. Stockman, Conférence de l'American Marketing Association, 1960, p. 148-158.

GRUBB, E., GRATHWOL, H., «Consumer Self Concept, Symbolism and Market Behavior: A Theoretical Approach», *Journal of Marketing,* octobre 1967, p. 22-27.

HAIRE, M., «Projective Techniques in Marketing Research», *Journal of Marketing,* avril 1950, p. 649-656.

KASSARJIAN, H., «Personality and Consumer Behavior: A Review», *Journal of Marketing Research,* novembre 1971, p. 409-418.

KOPONEN, A., «Personality Characteristics of Purchasers», *Journal of Advertising Research,* septembre 1960, p. 6-12.

LANE, G., WATSON, G., «A Canadian Replication of Mason Haire's Shopping List Study», *Journal of the Academy of Marketing Science,* vol. 3, n° 1, printemps 1975.

LUPIEN, S., *L'Influence de la personnalité et de l'image de marque sur le choix de la bière,* mémoire de maîtrise, Faculté d'administration, Université de Sherbrooke, septembre 1973.

MASLOW, A., *Motivation and Personality,* New York, Harper & Row, 1954.

PÉNINOU, G., *Stratégies,* n° 46, 1973.

PÉNINOU, G., «Propos introductifs», *Les Styles de vie,* 1974.

PLUMMER, J., «The Concept and Application of Life Style Segmentation», *Journal of Marketing,* janvier 1974, p. 33-37.

RADIO-QUÉBEC, *Les Québécois et la Télévision: la place de Radio-Québec,* 1980.

TIGERT, D., *Consumer Typologies and Market Behavior,* thèse de doctorat, Purdue University, 1966.

TUCKER, W.T., PINTER, J.J., «Personality and Product Use», *Journal of Applied Psychology,* octobre 1961, p. 325-329.

WEBSTER, F.E., VON PECHMANN, F., «A Replication of the "Shopping List" Study», *Journal of Marketing,* avril 1970, p. 61-77.

WELLS, W., *Life Style and Psychographics,* American Marketing Association, Chicago, 1974.

WELLS, W., «Psychographics: A Critical Review», *Journal of Marketing Research,* mai 1975, p. 196-213.

WESTFALL, R., «Psychological Factors in Predicting Product Choice», *Journal of Marketing,* avril 1962, p. 34-40.

YOUNG, S., «Psychographic Research and Marketing Relevancy», dans *Attitude Research Reaches New Heights,* sous la direction de C.A. King et D.J. Tigert, American Marketing Association, 1971, p. 220-222.

ZIFF, R., «Psychographics for Market Segmentation», *Journal of Advertising Research,* avril 1971, p. 3-10.

Quatrième partie

L'influence de l'environnement

AVANT-PROPOS

Dans cette partie, notre intérêt ne portera plus sur l'individu en tant que tel, mais sur le milieu ambiant qui constitue ce qu'il est d'usage d'appeler l'environnement du consommateur.

Afin de mieux cerner les influences de cet environnement sur le comportement, nous procéderons, d'une façon très classique si l'on fait référence à la littérature spécialisée dans le domaine, selon une démarche spécifique, vulgarisée sous le nom de processus en entonnoir.

Ainsi, nous passerons des dimensions de l'environnement les plus larges aux dimensions les plus délimitées, de la culture aux situations de consommation, resserrant progressivement l'étau autour du comportement du consommateur.

Graphiquement, l'on peut schématiser cette démarche au moyen d'une pyramide renversée dont la pointe exerce une pression de plus en plus vive et précise sur le consommateur.

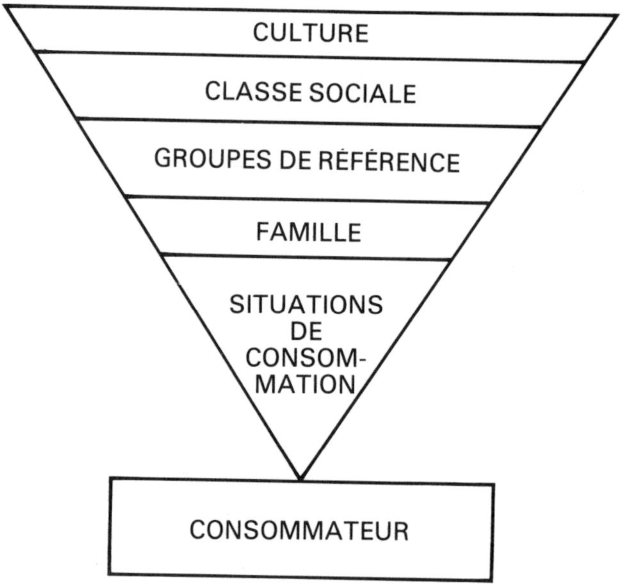

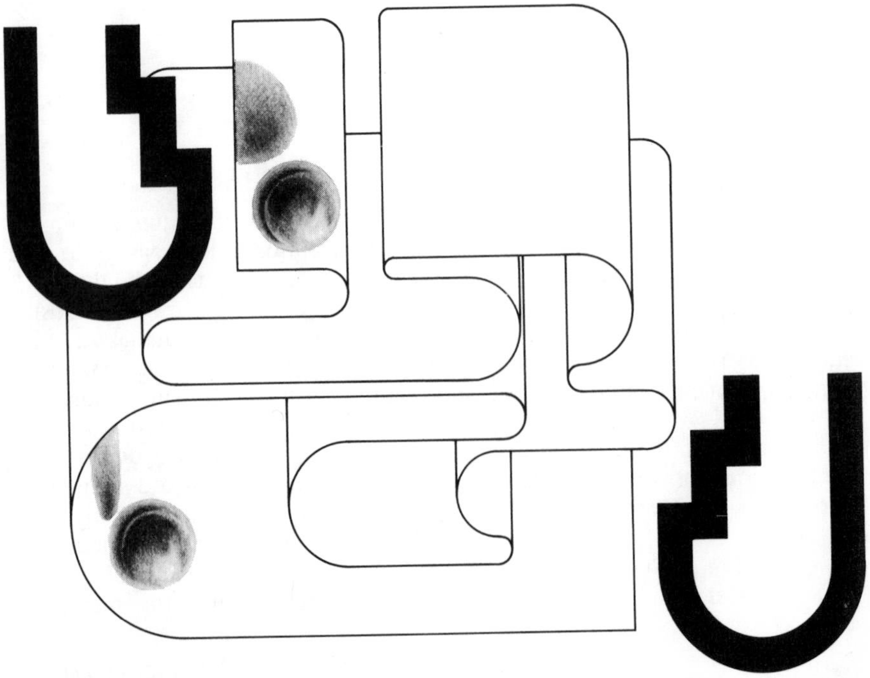

Chapitre 8

L'influence de la culture

OBJECTIFS:

1) Présenter une définition précise de la culture en général et appliquée au comportement du consommateur;
2) Préciser l'importance du rôle de la culture sur le marketing en pays multiculturels ou en développement international;
3) Insister sur la controverse entre stratégies d'extension et d'adaptation;
4) Définir les principales méthodes d'étude de la culture.

PRÉPARATION À L'EXERCICE PRATIQUE:

1) Prendre connaissance du cahier des charges d'une analyse culturelle croisée;
2) Lire attentivement ce qui se rapporte aux stratégies d'extension et d'adaptation, ainsi que la démonstration du chapitre.

INTRODUCTION

La survie de toute organisation dépend étroitement de sa capacité de s'adapter aux conditions de son environnement. Pour une firme, cela signifie que le maintien de son efficacité concurrentielle est fonction de l'ajustement de sa planification stratégique et de sa structure organisationnelle aux exigences imposées par l'environnement (Starback, 1976). Cette affirmation qui fait force de loi dans la pratique des affaires s'applique aussi bien aux marchés domestiques qu'internationaux. Ainsi, s'il est généralement reconnu que la tâche d'ajuster les politiques de la firme aux caractéristiques propres de son environnement est plus difficile dans le cas de marchés internationaux, certains marchés domestiques requièrent eux aussi, à cause de leurs vastes étendues géographiques, des efforts particuliers d'adaptation aux spécificités locales; par exemple, les différences entre l'Est et l'Ouest des États-Unis, ou entre le Canada anglais et le Canada français. Dans certains cas, les variations d'ordre géographique cèdent le pas à celles d'ordre économique et culturel: l'opposition entre les cultures flamande et wallonne en Belgique, le multiculturalisme en Suisse, le sous-développement économique du Mezzogiorno en Italie en constituent des exemples.

À la multitude de ces situations est rattachée l'idée selon laquelle l'environnement se compose de forces diverses qui peuvent être classifiées en trois groupes interreliés: économique, physique et culturel. Le premier comprend des variables comme l'emploi, le revenu per capita, le produit national brut, la balance des paiements, et autres. Le second rassemble des facteurs tels que la population, le climat, les ressources naturelles, la géographie, l'habitat, etc. Enfin, le troisième inclut le langage, la religion, les valeurs et attitudes, l'éducation, l'organisation sociale, la technologie, la politique, les mythes, les lois, les symboles, etc. Ce chapitre est tout entier consacré à ce troisième et dernier groupe: l'environnement culturel. Il a pour but de développer chez le lecteur une meilleure compréhension des phénomènes culturels et de leurs effets sur le comportement des consommateurs. Dans un premier temps, nous présenterons donc une définition précise de la culture, définition que nous emprunterons en grande partie à l'anthropologie, sans pour autant prétendre à l'exhaustivité sur le sujet.

LA CULTURE ET SON CADRE CONCEPTUEL

Définition de la culture

Devant la multitude de travaux qui, de près ou de loin, ont utilisé le concept de culture, il serait bien difficile et téméraire de donner une définition qui satisfasse non seulement les anthropologues mais aussi les ethnologues, les sociologues, les linguistes, les psychologues, les politologues, les historiens, les géographes et les économistes! Après avoir passé en revue pas moins de 164 définitions de la culture, Kroeber et Kluckhohn (1952) en ont conclu que la seule formulation d'une définition qui puisse satisfaire tout le monde pourrait être la suivante:

> La culture consiste en des modes de comportement, explicites ou implicites, acquis et transmis par des symboles et représentant les caractères distinctifs de groupes humains, y compris leurs attachements à des objets ou artefacts; le noyau central de la culture réside dans les idées traditionnelles et tout spécialement dans les valeurs qui y sont rattachées.

Cette première définition de base fait de la culture un phénomène intégrateur et englobant. La culture y est envisagée comme un système composé de parties reliées les unes aux autres. Si cette vision systémique de la notion de culture est, comme nous l'avons dit, largement partagée, il est important de distinguer deux grandes écoles de pensée qui s'affrontent sur leur façon de concevoir le système culturel. La première parle de systèmes socio-culturels en intégrant le système culturel au système social. La seconde voit dans la culture un système conceptuel indépendant séparé du système social, quoique pouvant avoir des rapports étroits avec ce dernier, et parle de système culturel idéologique indépendant*.

Les systèmes socio-culturels

Cette vision a pour prémisse que la culture présente la totalité des comportements appris et qui sont socialement transmissibles. En ce sens, la culture devient un mécanisme d'adaptation qui doit passer par la médiation de l'apprentissage et de l'éducation et par lequel un certain groupe d'individus peut mener une vie sociale ordonnée et organisée dans un environnement donné. La culture est l'une des composantes de base d'une structure sociale qui elle-même est incluse dans une civilisation. Les mécanismes culturels visent à établir un double équilibre, interne au niveau de la structure des phénomènes culturels et externe au niveau de l'environnement.

Cette école de pensée se ramifie elle-même en deux grandes branches selon la méthodologie d'analyse des phénomènes culturels. L'approche *synchronique* étudie ou présente les événements survenus à une même époque mais dans des lieux différents, des domaines séparés, ou relatifs aux aspects différents d'un même ensemble de phénomènes à un moment de leur évolution. Le fonctionnalisme fait partie de cette approche (Malinowski et Radcliffe-Brown). L'accent est placé sur la signification globale, mais surtout sur l'utilité de toute institution du groupe dans le but d'en satisfaire les besoins et d'assurer un consensus social. Le fonctionnalisme apparaît en réalité comme étant une réaction scientifique aux interprétations de l'ethnologie évolutionniste et philosophante du XIXe siècle. Il se heurte néanmoins à deux grandes limites inhérentes à ses postulats:

— le fonctionnalisme semble incapable de rendre compte de la réalité des tensions, des affrontements et des contradictions sociales, c'est-à-dire de ce qu'on appelle la double dynamique progressive-régressive des systèmes culturels;

---

* C'est aux professeurs Allaire et Firsirotu (1981) que revient le mérite d'avoir, en premier, dressé une typologie exhaustive fort originale des différentes théories sur la culture, remettant ainsi de l'ordre dans ce domaine. Nous nous inspirerons donc, en partie, de leurs travaux dans les paragraphes qui suivent (voir les références dans la bibliographie). (Cité avec autorisation.)

— le fonctionnalisme ne dégage pas de véritables structures sociales au sens de l'anthropologie structurale, parce qu'il n'élève pas le débat au-dessus de la simple description empirique des relations sociales.

L'approche *longitudinale,* quant à elle, analyse le transformisme culturel basé sur l'évolution des fonctions culturelles que l'homme doit remplir au sein d'une société. Dans cette perspective, le projet *évolutionniste* consiste à dégager les étapes de transformations qui procèdent les unes des autres par relation de cause à effet. L'évolutionnisme anthropologique trouve son expression dans la loi de Haeckel: l'individu traverse les mêmes phases que l'histoire des espèces. La critique majeure que l'on fait à cette approche, c'est de relier les transformations culturelles à de simples mécanismes de transformations biologiques et à l'effet d'un mouvement profond de l'histoire. L'anthropologie *diffusionniste* constitue une réaction vigoureuse à l'évolutionnisme et l'historicisme. Cette idéologie s'intéresse au processus des contacts que les cultures entretiennent entre elles, des emprunts et des métissages, que ce soit une anthropologie fondée sur les relations interpersonnelles (Kroeber, Kluckhohn) ou sur les rapports sociaux gravitant autour d'échanges d'informations (Parsons).

Le système idéologique culturel indépendant

Dans ce cas, la culture est envisagée comme un domaine distinct qui se manifeste par (1) des structures cognitives, (2) des processus de pensée ou (3) des artefacts de culture. Aux premières correspond l'école cognitive, laquelle considère que la culture se rapporte aux formes de pensée des individus (perception, interprétation), c'est-à-dire à l'organisation structurelle des phénomènes culturels.

Aux seconds correspond le structuralisme de Lévi-Strauss. Partant d'une observation et d'une description minutieuses des relations sociales, l'anthropologue construira à partir de celles-ci des modèles formels capables de mettre en évidence la structure naturelle inconsciente des sociétés. La notion de structure ne se rapporte donc jamais à la réalité empirique des relations sociales existantes, mais aux modèles construits à partir d'elles. Chez Lévi-Strauss, ce modèle est linguistique et son usage représente une sorte de négation du rôle de la subjectivité.

Enfin, aux derniers correspond l'école symbolique qui analyse la culture à partir des systèmes symboliques et des produits culturels partagés par les individus, ces systèmes donnant une signification à leurs actes (Geertz, Schneider).

À la fin de ce bref résumé sur l'anthropologie culturelle, il est bien difficile de situer l'analyse du comportement du consommateur en fonction de l'usage qu'elle a fait de telle ou telle théorie. En effet, les sciences de la consommation attachent beaucoup d'importance à la fois au symbolisme des objets, aux structures cognitives, aux systèmes de valeurs, aux stéréotypes culturels, etc. Néanmoins, parmi toutes ces ramifications scientifiques, il est possible de dégager deux grandes constantes qui ont guidé l'étude des effets de la culture sur le comportement du consommateur. La première concerne la mise en situation de la problématique: dans la très grande majorité des cas, la culture est envisagée comme un système socio-culturel et une très grande place est faite aux relations entre culture et système social. La seconde s'applique au design de recherche employé et donc à la méthodologie de la recherche puisqu'il s'agit de la faveur accordée à la coupe instantanée, c'est-à-dire à une approche synchronique. La science du comportement du consommateur est caractérisée par l'importance accordée aux analyses culturelles croisées, et par conséquent aux mesures de similitudes ou de dissimilitudes entre cultures ou entre sous-cultures d'une même société. Cela ne veut pas dire pour autant que la transmission des valeurs culturelles dans le temps soit écartée, loin de là: l'analyse du processus de socialisation d'un enfant ou de nouveaux résidents est là pour le prouver. Néanmoins, l'usage a favorisé l'approche instantanée au détriment de l'approche longitudinale. À partir de tous ces éléments, nous proposerons donc la définition suivante de la culture en comportement du consommateur.

C'est un système complexe de valeurs, idées, stéréotypes, croyances, attitudes et symboles significatifs, explicites ou implicites, conscients ou inconscients, qui sont créés par l'homme pour façonner le comportement de consommation à l'intérieur d'un système social donné et en équilibre avec celui-ci. Les caractéristiques et artefacts de culture reliés à la consommation seront transmis d'une génération à une autre.

Quels que soient les désaccords et quelles que soient les nuances qui puissent être apportées à cette définition de la culture appliquée au comportement du consommateur, il existe des caractéristiques de base de la culture qui sont largement acceptées et que nous passerons en revue.

Caractéristiques de la culture

Il est plus facile de comprendre l'importance de la culture si l'on examine ses caractéristiques. Elles sont au nombre de huit:

1) *La culture est acquise.* Cela signifie que la culture n'est pas instinctive. Un individu ne sait pas précisément à sa naissance quels sont les actes précis de consommation qui lui permettront de satisfaire ses besoins, ou que certains comportements sont prohibés et d'autres pas. Les éléments de la culture appris dès les premières années résistent beaucoup mieux à toute tentative de changement que ceux appris plus tard dans la vie. Il s'ensuit que toute stratégie de marketing qui heurterait des valeurs fondamentales pour les membres d'une culture courrait de grands risques d'échec. Il est de loin préférable que la stratégie reflète ces valeurs;
2) *La culture est transmise.* La culture est léguée d'une génération à l'autre par l'entremise d'institutions comme la famille, l'école, la religion, etc. Elle n'est pas nécessairement enseignée de façon directe. L'individu peut en effet l'acquérir insensiblement à travers ses interactions avec les autres membres du groupe, comme nous le verrons dans le chapitre consacré aux groupes de référence;
3) *La culture est idéalisée.* La culture est transmise sous une forme idéalisée. Il y a toutefois une différence entre les normes idéalisées et celles pratiquées couramment. Les violations les plus bénignes des valeurs culturelles sont parfois permises, mais les violations majeures sont toujours durement réprimées;
4) *La culture est sociale.* Les éléments caractéristiques d'une culture ne sont pas propres à un individu; ils appartiennent à la collectivité. La culture exerce

un effet particulièrement important sur les valeurs et comportements sociaux, comme le choix des vêtements, de la nourriture, etc. Cet aspect de la culture présente donc un grand intérêt pour le spécialiste en marketing, puisqu'il s'agit d'un phénomène de normalisation dans la consommation;

5) *La culture est bénéfique.* La fonction principale de la culture est de satisfaire les besoins des individus qui y adhèrent. Elle récompense les comportements qui lui sont conformes et punit les autres. Ainsi, elle renforce les automatismes, ou réponses, des individus à des stimuli;
6) *La culture facilite la résolution des problèmes.* Elle permet à l'individu de transformer la plupart des décisions qu'il est amené à prendre quotidiennement en simple routine;
7) *La culture a une fonction d'intégration.* Par la constitution de ses éléments, elle permet aux individus de s'intégrer au groupe et de s'en sentir membres à part entière. C'est ce qu'on appelle le sentiment d'appartenance à une culture;
8) *La culture est évolutive.* La culture s'adapte à l'environnement avec lequel elle interagit. Ce processus peut être soit du type révolutionnaire, comme en Chine populaire, soit du type évolutionniste, comme en Occident. Actuellement, ce processus évolutionniste est accéléré dans les pays occidentaux sous la pression du rythme croissant des changements technologiques. Le processus de transmission des nouvelles valeurs sociales s'appelle le processus de «ruissellement»: les nouvelles valeurs ruissellent des jeunes individus vers les vieux, des milieux éduqués et financièrement aisés vers les milieux pauvres et moins éduqués, etc.

Attributs de la culture

Certains attributs permettent de distinguer les cultures entre elles. Ce sont la socialisation, les normes, les récompenses et les sanctions.

La socialisation. La socialisation réfère à la communication du contenu d'une culture d'une génération à l'autre. Si cette communication n'existait pas, les civilisations n'auraient guère dépassé les stades élémentaires de la connaissance. À la base de la socialisation se trouve le besoin fondamental de l'être humain de communiquer l'ensemble de son savoir à ses semblables. D'où l'importance des systèmes de communication qui rendent la socialisation possible, mais aussi des symboles qui permettent à l'individu de reproduire ses idées et ses concepts. Les symboles sont plus permanents que les concepts. Ainsi, la capacité de symboliser les idées rend possible l'accumulation des éléments de culture à travers le temps.

La socialisation joue un rôle important dans le comportement du consommateur. D'une part, l'apprentissage de la consommation fait partie du processus de socialisation en général et, d'autre part, bien des éléments de comportement d'un consommateur ont une valeur symbolique élevée (voir le chapitre sur le processus d'apprentissage).

Les normes. Elles définissent la manière de se comporter que prescrit la société. Bien qu'elles soient parfois vagues, voire ambiguës, les normes n'en exercent pas moins une grande influence sur la vie quotidienne. Elles se définissent toujours d'une façon relative à la culture où elles s'appliquent. Il n'existe pas de normes qui soient bonnes ou mauvaises dans l'absolu. Ainsi, une norme peut être bien vue dans une culture et mal vue dans une autre. Enfin, la société élabore des normes dans son seul intérêt. Elles présentent quatre aspects principaux:

a) elles constituent un guide pour l'action: elles nous disent ce que nous pouvons faire, quand et comment nous pouvons le faire. En les respectant, nous pouvons agir dans la vie de tous les jours sans subir la réprobation de nos semblables;

b) elles fournissent des critères de jugement: elles nous permettent autant de juger les autres que de nous juger nous-mêmes;

c) elles vont souvent par paires: cela signifie que les normes recommandent et interdisent, la plupart du temps d'une façon dichotomique stricte;

d) elles dominent la société: certaines normes, comme les lois réprimant le meurtre, se répandent dans toute la société. D'autres normes, comme celles de se serrer la main, sont aussi universelles. Certaines normes sont particulières à un groupe d'une société: coupe de cheveux, vêtements, etc. La plupart des habitudes d'achat répondent à ces normes de groupe.

Si les normes se répartissent en de nombreux types, il est généralement reconnu que les plus importants sont les coutumes et traditions, les moeurs et les lois:

- les coutumes et traditions: elles ont été inconsciemment élaborées par les membres de la société. Les gens les observent parce qu'ils n'imaginent pas faire autrement. La société n'assure pas leur respect. Faire ses courses durant la journée, ne pas téléphoner au milieu de la nuit, prendre trois repas par jour, en sont des exemples;
- les moeurs: ce sont des normes vitales pour une société. Il n'y a pas de punitions préétablies pour les faire respecter. Simplement, le fait de les bafouer, par exemple devenir alcoolique, peut entraîner une mise à l'écart de la société;
- les lois: ce sont des normes formalisées, dont le non-respect est trop grave pour qu'il puisse ne pas être réprimé. Les lois régissent bien des relations entre les industriels et les consommateurs.

Les normes sont plus ou moins efficaces; leur degré de formalité n'assure en rien leur respect. Leur efficacité ne peut provenir que du consentement de la société où elles s'appliquent. Les lois prohibant l'usage de boissons alcoolisées n'ont eu qu'une efficacité dérisoire. Les raisons pour lesquelles les individus observent les normes sont nombreuses: les normes apportent de l'ordre dans les interactions entre individus; elles permettent d'éviter d'avoir à porter un jugement personnel; les individus apprécient l'approbation de leurs semblables qui résulte de la conformité aux normes et craignent la réprobation; il est plus facile de les respecter que de les enfreindre.

Les récompenses et sanctions. Les normes se font respecter grâce à l'utilisation de récompenses et de sanctions. Les récompenses sont octroyées aux individus qui se conforment totalement, les sanctions visent ceux qui enfreignent les normes. Les deux sont nécessaires pour assurer la conformité aux normes. Les récompenses et sanctions sont intégrées dans le système de manière plus ou moins formelle. Les récompenses formelles prennent la forme de trophées, médailles, prix, diplômes, et même testaments. Les récompenses informelles peuvent être une poignée de main, une tape dans le dos ou une parole louangeuse. Les sanctions formelles sont, quant à elles, assurées par les lois.

CULTURE ET MARKETING

Il sera beaucoup plus facile de sensibiliser le lecteur à l'importance qu'exerce la culture sur le marketing en citant des exemples d'erreurs stratégiques qui ont entraîné des conséquences néfastes et souvent même catastrophiques qu'en essayant, dès les premières lignes, de le convaincre dans l'abstrait de l'importance de ce concept. Nous céderons donc à la facilité en citant quelques exemples parmi d'autres de défaillances dans la planification stratégique en marketing international (bon nombre de ces exemples ont été tirés d'un ouvrage paru en 1975 de Ricks, Arpan et Fu sur les échecs internationaux).

Colgate avait introduit dans les pays francophones un dentifrice du nom de Cue, sans se douter des connotations grossières de ce terme quand il est prononcé en français. General Mills a essayé de pénétrer le marché des céréales en Grande-Bretagne en montrant un jeune garçon typiquement américain sur l'emballage; cette stratégie n'a connu aucun succès dans ce pays où l'enfant joue un rôle plus conventionnel qu'aux États-Unis. Goodyear faisait de la publicité pour le cordage de ses pneus en montrant un câble d'acier se rompant; ce message a été considéré comme peu flatteur pour l'industrie de l'acier lorsqu'il est passé en Allemagne, et donc tout à fait incorrect. Au Québec, un producteur de poissons en conserve a tenté de promouvoir ses produits dans une publicité télévisée qui montrait une femme en short, jouant au golf avec son mari, et ayant l'intention de servir du poisson pour le dîner. Ces trois faits heurtaient les normes de la culture québécoise. Une compagnie de tabac a essayé de lancer des cigarettes à bout filtre dans un pays asiatique où l'espérance de vie est de 29 ans et où, par conséquent, le cancer du poumon n'est pas la préoccupation première de la population. Enfin, un dernier exemple qui constitue plutôt une interrogation: qu'en serait-il des ventes de certains produits en France si la population apprenait qu'ils ne sont pas français, mais américains, alors que la croyance populaire les associe depuis toujours à l'industrie nationale, et inversement pour certains produits français aux États-Unis?

Le très grand nombre d'exemples d'erreurs commises dans le secteur culturel est un indicateur de la difficulté qu'ont les entreprises à tenir compte de tous les facteurs étroitement associés au lancement de leurs nouveaux produits. Un oubli, si minime soit-il, peut prendre des allures de catastrophe commerciale. C'est la raison essentielle qui a justifié la mise sur pied d'un cadre d'analyse des phénomènes culturels reliés à la consommation. La seconde est que les analystes en comportement du consommateur sont continuellement à la recherche de variables explicatives qui soient communes à une grande partie de la population étudiée: la culture est ce moule unificateur des comportements. Elle permet de comprendre pourquoi des individus en apparence très différents se comportent parfois de manière fort semblable. Or, comme nous venons de le voir, le concept de culture est vaste et il embrasse tous les aspects de la vie. Pour qu'il puisse en retirer des notions exploitables, le stratège en marketing ne peut se permettre d'utiliser un cadre aussi large. Bien au contraire, il doit le simplifier sans nuire à sa pertinence et l'adapter à la spécificité des problèmes qu'il doit résoudre. Ce processus de refonte du cadre conceptuel se fait à deux niveaux:

— celui de la culture en général; l'objectif consiste à repérer les valeurs culturelles spécifiques et globales qui ont une incidence significative sur les comportements de consommation, et de mesurer la force et la fréquence de ces incidences;
— celui des sous-cultures; l'objectif est alors de segmenter la population d'une culture donnée en sous-groupes ayant des valeurs culturelles homogènes que l'on sait exercer une incidence réelle sur les comportements de consommation.

De l'exploitation des résultats ainsi obtenus pourront alors découler deux types de stratégies: *l'extension* ou *l'adaptation*. Nous allons maintenant reprendre en détail ces différents éléments du processus de marketing reliés à la culture.

Valeurs culturelles et comportement du consommateur

Une bonne compréhension des valeurs culturelles propres à une population donnée s'avère vitale lors du déploiement de stratégies de marketing à l'étranger. Toute entreprise vendant ses produits sur un marché extérieur devrait étudier soigneusement la culture qui s'y exprime, et en particulier les valeurs culturelles les plus importantes en matière de consommation. Ces dernières ont été classées (Hawkins, Coney et Best, 1980) autour de trois types de comportements qui sont (1) le contrôle, c'est-à-dire le sentiment de liberté éprouvé par l'individu type de cette culture (notamment dans ses décisions de consommation), (2) l'action, c'est-à-dire l'éventail plus ou moins restreint des possibilités d'action qui s'offrent à lui et (3) le sentiment, c'est-à-dire le degré de satisfaction ou de plaisir retiré d'une situation ou d'une activité de consommation donnée. Le tableau 8.1 dresse une liste de 18 valeurs culturelles importantes dans la grande majorité des cultures complexes. Bien que la plupart des valeurs soient définies par couples dichotomiques, les extrêmes sont reliés deux à deux par un continuum: le fait pour une société de porter très peu d'intérêt à la propreté n'entraîne pas forcément un goût prononcé pour la saleté!

Une étude a démontré comment certaines de ces valeurs culturelles affectent la consommation de produits sélectionnés (Plummer, 1977). En comparant des attitudes culturelles provenant de plusieurs pays (États-Unis et Canada, certains pays d'Europe et du Commonwealth) plus ou moins liées directement à l'utilisation de différents types ou catégories de produits, il est possible de constater des écarts importants qui exercent une influence significative (voir tableau 8.2). Par exemple, la ménagère nord-américaine accorde bien moins d'importance à la fonction de nettoyage de la maison que la ménagère italienne. Les bénéfices recherchés dans un produit de nettoyage seront probablement plus fonctionnels pour les premières et plus symboliques pour les secondes qui voient très certainement leur rôle d'une façon plus traditionnelle. Dans le cas d'une cire à plancher, il sera donc recommandable de passer d'un contenu promotionnel fonctionnel à un contenu plus symbolique et imagé.

En examinant plus en profondeur les données du tableau 8.2, il est possible de constater qu'une variation peut s'établir entre les habitants d'un même pays (ici entre le Canada français et le Canada anglais). C'est pourquoi le bi ou multiculturalisme dans un pays donné justifie le recours à des analyses culturelles croisées à l'intérieur même de ce pays.

LE CONTRÔLE

Individualisme-Collectivisme: est-ce que l'activité et l'initiative individuelles sont plus valorisées que l'activité collective et le conformisme?

Performance-Statut: est-ce que le système de récompense est basé sur la performance en tant que telle ou sur des critères provenant du rang familial ou social?

Tradition-Innovation: est-ce que les modes de comportement établis sont, dans leur nature, mieux considérés que ceux qui innovent?

Masculinité-Féminisme: dans quelle mesure le pouvoir social est-il entre les mains des hommes?

Compétition-Coopération: est-ce que le succès s'obtient en dominant les autres ou en coopérant avec eux?

Jeunesse-Troisième âge: est-ce que sagesse et prestige sont associés aux plus jeunes ou aux plus vieux?

L'ACTION

Activité-Passivité: est-ce qu'une vie physique active est valorisée?

Matérialisme-Spiritualisme: quelle importance est accordée à l'acquisition de biens matériels?

Travail-Loisir: est-ce que le surplus de travail est valorisé?

Risque-Sécurité: est-ce que ceux qui prennent des risques pour atteindre des objectifs élevés sont plus admirés que les autres?

Résolution de problèmes-Fatalisme: est-ce que l'on encourage la prise en main et la résolution des problèmes?

Écologie: y-a-t-il respect de l'environnement naturel?

LE SENTIMENT

Enfants-Parents: la vie familiale est-elle organisée de façon à satisfaire en priorité les besoins des enfants ou des parents?

Se ménager-Profiter dans l'immédiat: est-ce que les plaisirs à court terme l'emportent sur ceux à long terme?

Sensualité-Abstinence: quelles sont les limites acceptables des plaisirs sensuels tels que le manger, la boisson, la sexualité?

Humour-Austérité: est-ce que la vie est considérée comme une affaire très sérieuse ou doit être prise à la légère?

Romantisme: est-ce que l'amour prime dans tout?

Propreté: jusqu'à quel point la propreté est perçue comme étant préalable à une bonne santé?

Traduit et adapté de Hawkins, D., Coney, K., Best R., *Consumer Behavior: Implications for Marketing Strategy*, Dallas, Business Publ. Inc., 1980, p. 71. Reproduit avec autorisation, Copyright ©.

Tableau 8.1 Les valeurs culturelles le plus directement reliées au comportement du consommateur.

S'il a été démontré comment les valeurs culturelles larges affectaient la consommation, peu d'études ont utilisé ces mêmes valeurs pour décrire le comportement du consommateur. La raison en est que le passage de valeurs culturelles larges à des valeurs spécifiques reliées à la consommation et au produit, et inversement, n'est pas chose facile. Une étude effectuée en 1977 a permis de réaliser ce passage essentiel à une exploitation opérationnelle de la notion de culture (Vinson, Scott et Lamont). Quelques exemples en sont donnés ci-après:

«Une maison devrait être nettoyée et cirée trois fois par semaine.»	«Mes enfants sont ce qu'il y a de plus important dans ma vie.»	«Tout le monde devrait utiliser un désodorisant.»
100 % d'accord	100 % d'accord	100 % d'accord
86 % Italie	86 % Allemagne	89 % États-Unis
59 % Royaume-Uni	84 % Italie/Canada français	81 % Canada français
55 % France	74 % Danemark	77 % Canada anglais
53 % Espagne	73 % France	71 % Royaume-Uni
45 % Allemagne	71 % États-Unis	69 % Italie
33 % Australie	67 % Espagne	59 % France
25 % États-Unis	57 % Royaume-Uni	53 % Australie
	56 % Canada anglais	
	53 % Afrique du Sud	
	48 % Australie	

Traduit de Plummer, J., «Consumer Focus in Cross-National Research», *Journal of Advertising*, printemps 1977, p. 10-11. Reproduit avec autorisation, Copyright ©.

Tableau 8.2 Attitudes culturelles croisées des femmes face au ménage, aux enfants, aux désodorisants.

Valeurs	**Valeurs culturelles** →	**Valeurs spécifiques à la consommation** →	**Valeurs spécifiques au produit**
Définition	Croyances stables concernant des modes de comportements désirés	Croyances portant sur des activités sociales et personnelles spécifiques	Croyances évaluatives sur les attributs d'un produit
Exemples	Sécurité Joie Liberté Reconnaissance sociale	Promptitude du service De l'information exacte Magasins pratiques Pas de pollution	Relaxant Facile à utiliser Durable Pas cher

Quoi qu'il en soit, il reste encore beaucoup de travail à faire dans ce sens.

Les sous-cultures

Une culture s'accompagne souvent de ce qu'on appelle des sous-cultures. Ces dernières peuvent être définies comme des segments, avec des normes et des valeurs différentes de celles de la culture globale dont elles font partie. L'influence des sous-cultures sur le comportement du consommateur est très variable. Il existe certains produits qui sont destinés plus particulièrement à une sous-culture. L'achat de calmars est plutôt le fait d'amateurs de la cuisine italienne; l'achat d'un sauna d'appartement est généralement effectué par des Scandinaves ou par des individus ayant subi leur influence. D'autres produits, comme les restaurants à service rapide ou les motels, sont habituellement acceptés à travers les sous-cultures.

Il est possible de distinguer quatre caractéristiques sur lesquelles se fonde une sous-culture: la nationalité, la religion, la situation géographique, l'ethnie.

La nationalité. Dans les pays à forte immigration, plusieurs grandes villes ont des quartiers dont la plupart des habitants proviennent d'un pays particulier: par exemple, les quartiers chinois ou italiens aux États-Unis et au Canada, les quartiers pakistanais ou indiens en Grande-Bretagne. Bien des individus de ces communautés gardent une partie de leur mode de vie original et ont des relations privilégiées avec leurs semblables. Dans ce cas, il est intéressant pour les stratèges en marketing de s'adresser spécifiquement à ces communautés, en leur offrant des produits, des journaux, des stations de radio ou de télévision propres à leurs cultures. Une distribution qui est au fait des caractéristiques de ces communautés devient indispensable. General Motors aurait eu plus de succès que ses concurrentes à New York parce qu'elle possédait une organisation de concessionnaires fondée sur les normes et valeurs des diverses sous-cultures de la métropole.

La religion. Certains groupes religieux constituent une sous-culture parce que leurs membres respectent strictement les normes du groupe. Les juifs achèteront de la viande kascher ou des produits traditionnels. Les mormons n'achèteront pas d'alcool ou de tabac.

La situation géographique. Certaines régions possèdent ou développent leur propre sous-culture. Le Sud-Ouest des États-Unis est connu pour son mode de vie mettant l'accent sur un habillement décontracté, des divertissements de plein air et si possible excentriques. En Europe, les gens du nord consomment différemment des gens du sud.

L'ethnie. L'origine ethnique peut être la base de l'existence d'une sous-culture. L'exemple le plus représentatif est celui de la culture noire aux États-Unis.

À titre d'exemples pour bien démontrer les effets des spécificités culturelles sur les comportements de consommation et donc sur le marketing, nous examinerons deux cultures minoritaires nord-américaines: la culture canadienne-française et la culture noire.

La culture canadienne-française

La culture francophone, suivant l'opinion que l'on se fait du phénomène québécois, a soit une origine géographique, soit une origine nationale. C'est une des cultures minoritaires les plus importantes d'Amérique du Nord: elle représente 27 % de la population canadienne, et 25 % du revenu national et des ventes au détail. Pendant une longue période, les annonceurs anglophones ont ignoré les caractéristiques particulières de cette partie de la population canadienne, jusqu'à ce que certaines agences locales prônent l'adaptation des messages aux valeurs culturelles de base (BCP à Montréal en a été le leader: voir les 36 cordes sensibles du Québécois de Jacques Bouchard, tableau 8.3). La question fondamentale qui se pose aux responsables de marketing est de savoir lesquels des éléments du marketing-mix peuvent être utilisés communément aux deux cultures.

Or, d'une façon analogue au schéma théorique que nous venons de développer, l'analyse des différences entre les cultures anglophone et francophone s'est heurtée, elle aussi, à deux difficultés majeures qui sont:

Groupe	Corde	N°	N°	Corde	Groupe
A.	LE BON SENS	1	19	L'ANTIMERCANTILISME	D.
	L'AMOUR DE LA NATURE	2	20	LE MYSTICISME	
	LA SIMPLICITÉ	3	21	L'ESPRIT MOUTONNIER	
	LA FIDÉLITÉ AU PATRIMOINE	4	22	LE FATALISME	
	LA FINASSERIE	5	23	LE CONSERVATISME	
	L'HABILETÉ MANUELLE	6	24	LA XÉNOPHOBIE	
B.	LE COMPLEXE D'INFÉRIORITÉ	7	25	LA JOIE DE VIVRE	E.
	LE BAS DE LAINE	8	26	L'AMOUR DES ENFANTS	
	L'ENVIE	9	27	LE BESOIN DE PARAÎTRE	
	L'ÉTROITESSE D'ESPRIT	10	28	LE TALENT ARTISTIQUE	
	LE MATRIARCAT	11	29	LA SENTIMENTALITÉ	
	LE COMMÉRAGE	12	30	L'INSTINCTIVITÉ	
C.	LA SUPERCONSOMMATION	13	31	LE CHAUVINISME	F.
	LA RECHERCHE DU CONFORT	14	32	LE CARTÉSIANISME	
	LE GOÛT BIZARRE	15	33	L'INDIVIDUALISME	
	LA SOLIDARITÉ CONTINENTALE	16	34	LA SENSUALITÉ	
	LE SENS DE LA PUBLICITÉ	17	35	LA VANTARDISE	
	LES «NATIONALISMES»	18	36	LE MANQUE DE SENS PRATIQUE	

A. TERRIENNE	RACINES	CATHOLIQUE	D.
B. MINORITAIRE		LATINE	E.
C. NORD-AMÉRICAINE		FRANÇAISE	F.

Source: Bouchard, Jacques, *Les 36 Cordes sensibles des Québécois,* Montréal, éditions Héritage. Reproduit avec autorisation, Copyright © 1978.

Tableau 8.3 Les 36 cordes sensibles des Québécois.

1) Le passage difficile de valeurs culturelles larges à des comportements de consommation spécifiques: par exemple, comment interpréter de façon concrète les caractéristiques culturelles des Canadiens anglais et français telles qu'elles ont été identifiées par Chebat et Hénault (1974) (voir tableau 8.4)? Ce schéma conceptuel a permis de mettre à jour des différences majeures qui ont servi d'arguments-chocs dans le déploiement de stratégies publi-promotionnelles entièrement refondues pour répondre aux besoins particuliers du marché québécois, plutôt que de recourir à de simples traductions. Il ne permet pas toutefois de donner toutes les explications voulues sur les attitudes et les comportements de consommation propres à ces deux entités culturelles;

2) Le problème de l'attribution de causes à des effets manifestes: de nombreuses études rapportent l'existence de données significatives supportant l'existence de différences d'attitudes et de comportements en matière de consommation. Mallen (1977) a passé en revue, d'une façon quasi exhaustive, les études, qu'elles soient privées ou publiées, traitant de ce sujet. Les principaux faits retenus sont les suivants:
   — les produits d'excellente qualité seraient mieux acceptés au Québec que dans le reste du Canada;
   — les consommateurs francophones passeraient plus de temps à écouter la radio et à regarder la télévision;
   — les consommateurs francophones ayant une orientation plus familiale auraient une tendance plus développée à opérer comme une unité;

CARACTÉRISTIQUES CULTURELLES	ANGLOPHONES	FRANCOPHONES
Origine ethnique	Anglo-Saxonne	Latine
Religion	Protestante	Catholique
Attitude intellectuelle	Pragmatique	Théorique
Famille	Matriarcat	Patriarcat
Loisirs	En fonction de la classe professionnelle	En fonction du cercle familial
Attitude face au milieu	Plutôt sociale	Plutôt individualiste
Gestion des affaires	Administration	Innovation
Tendances politiques	Conservateur	Libéral
Attitudes de consommation	Tendance à l'épargne; plutôt prêteur qu'emprunteur	Tendance à la dépense; emprunteur plutôt que prêteur

Source: Chebat, J.-C., Hénault, G., «Le Comportement culturel des consommateurs canadiens», dans *Le Marketing au Canada: textes et cas*, de V.H. Kirpalani et R.H. Rotenberg, Holt, Rinehart & Winston, 1974, p. 193. Reproduit avec autorisation, Copyright ©.

Tableau 8.4 Les caractéristiques culturelles des Canadiens anglais et français.

— les consommateurs francophones seraient plus conservateurs, en ce sens qu'ils adopteraient des comportements de consommation minimisant le risque;
— les consommateurs francophones feraient preuve de beaucoup plus de fidélité envers les marques;
— les consommateurs francophones seraient plus fidèles aux marques nationales;
— les consommateurs francophones seraient très curieux et portés vers la nouveauté;
— cette «joie de vivre» des Québécois se manifesterait par des dépenses plus grandes en matière de vêtements, de soins personnels, de tabac et de boissons alcoolisées. De plus, les Québécois prendraient de gros repas midi et soir, alors que les anglophones se contenteraient de repas plus légers, notamment le midi.

Enfin, en ce qui concerne plus particulièrement la Canadienne française:
— elle rechercherait davantage la valeur intrinsèque des articles qu'elle achète. Par exemple, les promotions qui jouent la carte de la qualité, soit par l'offre de primes qui en valent la peine, soit par une réduction de prix substantielle, seraient accueillies avec un plus grand enthousiasme;
— elle serait plus tournée vers la mode et plus soucieuse de son apparence. Elle serait plus au fait des dernières tendances vestimentaires, des coupes de cheveux dernier cri et s'attarderait davantage aux options pour des produits tels que les automobiles, les réfrigérateurs;
— elle serait moins consciente des écarts de prix.

Bien que fort intéressants, ces résultats n'en demeurent pas moins souvent contradictoires. Ainsi, contrairement aux affirmations de Chebat et Hénault qui clament que les Canadiens français ont une plus grande propension à dépenser, trois études passées en revue par Mallen (1977) révèlent que les francophones favoriseraient plus l'épargne que l'investissement dans des biens de consommation. De plus, comment les francophones peuvent-ils à la fois être conservateurs, ne pas aimer le risque, être très curieux et portés vers la nouveauté?

De ce fait, dire que les Canadiens français consomment plus ou moins tel ou tel produit pour ensuite en déduire que ces différences spécifiques découlent d'un champ plus large du comportement humain est, comme le souligne Tamilia (1980), quelque peu farfelu. Si le Québec est unique, ce n'est en aucun cas un marché monolithique.

Une certaine controverse entoure donc ce type d'étude. Elle repose sur deux points clés complémentaires, donc interdépendants: l'aspect méthodologique et la validité interne.

Dans le premier cas, Allaire (1977) a fait la preuve que ces études souffraient de lacunes méthodologiques graves qui remettent en question leur validité. Il semble bien que le cadre conceptuel s'attachant à la notion de culture n'ait pas été très bien maîtrisé.

Dans le second cas, il s'agit de faire prendre conscience aux spécialistes en marketing qu'il reste beaucoup à faire pour fournir une explication théoriquement valide de ces différences sur le marché de la consommation.

Sur ce terrain conflictuel, trois écoles de pensée s'affrontent:

1) Celle qui soutient que les différences observées sont essentiellement attribuables à des niveaux d'éducation et de revenu différents (Lefrançois et Chatel, 1966; Cloutier, 1978);
2) Celle qui continue à prétendre que ces différences sont principalement de nature culturelle; par exemple, Palda (1967) qui, en maintenant constants les critères socio-économiques, obtient néanmoins une variance dans les modes de comportement;
3) Enfin, celle qui soutient que les conditions même du marché pourraient nous aider à mieux comprendre la rationalité de ces comportements; par exemple, la structure de la distribution au Québec qui est fondamentalement différente de celle en place en Ontario pourrait expliquer d'une façon satisfaisante les différences.

En guise de synthèse, disons qu'il n'y a pas de réponse toute faite et unique à ce débat, si ce n'est que la recherche doit hausser son niveau conceptuel.

Une étude (Tamilia, 1974), basée sur une analyse culturelle croisée des systèmes de communication des francophones et des anglophones, nous donne une idée de l'efficacité de l'utilisation d'un modèle de communication identifiant les processus perceptuels des deux cultures. Elle débouche sur plusieurs conclusions: les francophones ont tendance à évaluer les objets sur des dimensions concrètes, objectives et sensorielles; ils accordent plus d'importance à l'émetteur qu'au message lui-même. Il est important que l'émetteur du message soit favorablement situé dans le système signifiant du consommateur. Les francophones sont plus attentifs à la publicité mettant l'accent sur les individus qu'à celle mettant l'accent sur le message. Les anglophones, eux, accordent plus d'importance au message qu'à l'émetteur. Ce type d'étude pourrait s'avérer très utile s'il portait, par exemple, sur la communauté mexicaine en Californie ou sur les communautés flamande et wallonne en Belgique.

La culture noire

Culture noire ne signifie pas couleur de peau noire. L'existence d'une culture noire provient de plusieurs siècles d'esclavagisme, suivis d'un siècle de discrimination raciale, de souffrances, de conditions de vie d'une grande pauvreté et d'une impossibilité de participer à la culture majoritaire, c'est-à-dire la culture *WASP («White Anglo-Saxon Protestant»)*. Il existe de nombreux Noirs de culture majoritaire, de même qu'il existe certains Blancs de culture noire. Il y a quatre causes structurelles qui fondent la culture noire aux États-Unis:

1) *Revenu faible*. Le revenu moyen d'une famille blanche était de 53 % supérieur à celui d'une famille noire en 1975. À la même époque, 29,3 % de toutes les familles noires étaient au-dessous du seuil de pauvreté, contre seulement 9,7 % de familles blanches. Ce n'est pas une question de niveau d'instruction, puisque 39,3 % des familles blanches qui ont au moins quatre ans de collège gagnent plus de 25 000 $ par an, contre seulement 29,4 % des familles noires. Cela complique les recherches, car il faut dissocier les conséquences sur la consommation dues à la pauvreté de celles dues au fait d'être noir;
2) *Manque d'instruction*. Les institutions scolaires ont été incapables de permettre aux enfants noirs d'accéder à la culture majoritaire. Les jeunes Noirs ont dû développer une culture informelle, qui leur est devenue propre;
3) *Caractéristiques familiales*. C'est sur le plan de la famille que les conséquences de trois siècles d'exploitation sont les plus dramatiques. L'instabilité des familles noires s'avère beaucoup plus grande que celle des familles blanches. Une grande proportion des chefs de famille sont des femmes;
4) *Discrimination raciale*. Même si cet aspect de la culture noire déborde le cadre de notre étude, il est impossible de parler de culture noire sans mentionner la gravité des conséquences de cette discrimination. Les difficultés qu'une famille noire rencontre à se loger dans un quartier résidentiel en constituent un exemple frappant. Il est très difficile à une famille noire de posséder une maison dont elle peut être fière. De ce fait, les Noirs sont poussés à acheter d'autres produits à grande visibilité sociale, comme nous allons le voir maintenant.

La très grande sensibilité des Noirs aux problèmes sociaux fait qu'ils envisagent la consommation comme un support de visibilité sociale dans un environnement dominé par les Blancs. Nous avons tiré de la volumineuse bibliographie portant sur le comportement des consommateurs noirs aux États-Unis quelques-uns des traits les plus caractéristiques et nous les avons regroupés autour de points clés définissant bien la consommation.

Les types de produits achetés

- Les Noirs dépenseraient relativement plus que les Blancs pour l'habillement, l'hygiène personnelle et les meubles, alors que c'est l'inverse pour les médicaments, les aliments et le transport automobile (Bauer et Cunningham, 1970);
- Les Noirs seraient plus facilement des innovateurs potentiels pour des produits à consommation ostentatoire, en particulier les vêtements, les articles de mode (Robertson, Dalrymple et Yoshino, 1969; Sexton, 1972);

- Dans les classes de revenus élevés, les Noirs accorderaient aux aliments une valeur davantage fonctionnelle que symbolique (Robertson, Dabrymple et Yoshino);
- En général, il y aurait donc une très grande importance accordée à la visibilité sociale dans la consommation.

Les marques achetées

- Le niveau de notoriété des marques privées et nationales serait plus élevé chez les Noirs que chez les Blancs;
- Les Noirs seraient plus portés à acheter des marques reconnues, de façon à réduire le risque (Bauer, 1966);
- Ils seraient plus enclins à faire preuve de fidélité envers la marque (une autre forme de réduction du risque). De plus, ils n'achèteraient pas facilement des marques aux connotations négatives (racisme, esclavagisme). La marque de riz Uncle Ben est moins utilisée chez les Noirs que chez les Blancs (Larson, Wales, 1973).

Le comportement d'achat

- Les Noirs feraient moins de tournées des magasins que les Blancs;
- Ils fréquenteraient plus les magasins de rabais, seraient moins attirés par les grands magasins à rayons, par la vente par correspondance et par téléphone (Feldman, Star, 1968; Pétrof, 1971);
- Ils rechercheraient plus une atmosphère amicale, pratique et du service; ils sont plus réfractaires aux employés désagréables, à la foule, et ils le font savoir (Pétrof, 1971);
- Ils préféreraient fréquenter les magasins du voisinage et sont plus informés sur les prix.

Les attitudes face à la communication de masse

- Le média n° 1 est la radio, alors que c'est la télévision pour les Blancs (laquelle est dominée par les Blancs) (Morse, 1977);
- Les Noirs s'identifieraient plus aux produits lorsqu'ils sont présentés dans des magazines ou des radios pour les Noirs, ou dans la publicité comportant exclusivement des acteurs noirs (Choudhury, Schmid, 1974);
- Ils semblent être plus réceptifs à la sollicitation de la publicité tant sur le plan de la notoriété que sur celui du changement d'attitude (Pétrof, 1968).

Extension ou adaptation?

L'existence de différences culturelles dans le marché international ou entre des sous-cultures étant maintenant démontrée, il serait hâtif d'en conclure que les compagnies en tiendront compte systématiquement lors du déploiement de leurs stratégies de marketing. En fait, ces compagnies s'interrogent pour découvrir si un programme de marketing peut être étendu uniformément à tous les marchés ou si des campagnes séparées doivent être mises sur pied pour tenir compte des disparités locales. Deux théories s'affrontent dans le domaine: les partisans de l'extension du marketing et ceux de son adaptation partielle ou totale. Les premiers sont convaincus qu'il est possible de standardiser les programmes de marketing dans un certain nombre de régions à travers le monde. Ces spécialistes utilisent une approche de type heuristique en s'appuyant sur le concept de culture universelle. Cette croyance repose sur l'idée qu'on dénombre certaines conditions sine qua non à l'existence d'une entité culturelle: protection, reproduction, communication. De ces conditions découlent des motivations fondamentales communes à tous les pays. Une étude menée auprès de 27 entreprises multinationales opérant en Europe et sur le continent nord-américain — y compris General Foods, Nestlé, Coca-Cola, Procter & Gamble, Unilever, Revlon — révèle que 63 % de leurs programmes de marketing sont hautement standardisés (Sorenson, Wiechman, 1975). Du côté de la communication publicitaire, on parle d'un langage international de la publicité en raison de la masse globale des dépenses en la matière (Dunn, 1976) (voir les raisons invoquées en faveur de l'extension des messages et les conditions de réussite d'une telle option, tableau 8.5). Les années 75-76 semblent être marquées par un renversement de tendance qui se manifeste par une décroissance de l'utilisation des approches standardisées (Dunn, 1976). Les deux tiers des cadres interviewés dans l'étude de Dunn pensent que l'on portera de plus en plus l'accent dorénavant sur les traits nationaux. Une contribution possible à ce phénomène pourrait être le ressentiment des consommateurs devant l'uniformité des campagnes de Coca-Cola, devant l'uniformité des restaurants MacDonald, des Holiday Inn, des Howard Johnson. . . Si un certain degré de standardisation est inévitable, la tendance actuelle se dirige clairement vers la prise en compte des différences locales dans les habitudes et les attitudes. Le tout, finalement, serait de ne pas considérer ces deux possibilités stratégiques comme exclusives, mais comme complémentaires (voir les raisons invoquées en faveur de l'adaptation des messages, tableau 8.5).

Il est un domaine pour lequel l'extension est souhaitable pour des raisons économiques évidentes: les marques de commerce internationales. Quand une firme veut utiliser le même nom de marque dans différents pays, elle doit s'assurer que ce nom peut être employé sans qu'il soit besoin de le traduire. Avant d'utiliser un nom de marque dans un pays étranger (ou une sous-culture différente), il est recommandé de se poser les questions suivantes:

1) Est-ce que le nom a un sens différent dans le ou les pays de destination?
2) Est-ce que ce nom peut être prononcé partout?
3) Est-ce que le nom est proche d'une marque étrangère?
4) Est-ce que la provenance nationale du nom constitue un handicap dans le ou les pays de destination?

Une des techniques les plus utiles dans le choix d'une marque de commerce internationale est la traduction à rebours (Brislin, 1970). Un message (mot ou ensemble de mots) est traduit par un groupe de traducteurs du pays d'origine dans la langue du pays destinataire, puis vice-versa. Le processus est répété plusieurs fois, le résultat de chaque double traduction servant de base de départ à la suivante. Le but de ces itérations est d'arriver à l'équivalence conceptuelle des messages en contrôlant les biais successifs des différentes traductions.

POURQUOI ADAPTER LE MESSAGE?

Parce que:

— les barrières culturelles sont insurmontables;
— aucun pays ne réagit de la même façon aux mêmes stimuli;
— l'expression des besoins est fonction de la culture;
— les habitudes de consommation et les symboles diffèrent d'un marché à un autre;
— le message non adapté n'atteint pas le récepteur, n'est pas perçu, n'agit pas.

POURQUOI ÉTENDRE L'UTILISATION DU MESSAGE EN LE STANDARDISANT?

Parce que:

— les besoins fondamentaux sont universels;
— les frontières politiques ne sont pas des frontières psychologiques;
— les segments locaux peuvent correspondre à des segments internationaux;
— les habitudes de consommation se rapprochent;
— les voyages facilitent ce rapprochement des habitudes de consommation;
— la standardisation permet des économies de budget, des économies d'échelle;
— elle permet d'obtenir une image de marque homogène dans différents pays.

QUELLES SONT LES CONDITIONS DE RÉUSSITE DE L'EXTENSION?

Elle nécessite:

— des ressources financières;
— une similitude des conditions de marché, des attitudes des consommateurs, de l'avantage compétitif d'un produit;
— l'adaptation créative par des agences locales d'une idée de base;
— une attitude positive envers le pays d'origine du produit;
— un plan à deux étages vis-à-vis des médias: l'un international, l'autre local.

Source: Schieb, P.-A., *Efficacité différentielle de la publicité internationale: extension, adaptation ou invention*, mémoire de maîtrise, Université de Sherbrooke, novembre 1973.

Tableau 8.5 Extension ou adaptation?

MÉTHODES D'ÉTUDE DE LA CULTURE

La plupart des méthodes d'étude de la culture proviennent de l'anthropologie, de la linguistique, de la sociologie. Depuis quelque temps, cependant, des efforts ont été accomplis de façon à rendre les outils de recherche plus adaptés au marketing. L'efficacité d'une recherche sur la culture repose en grande partie sur deux critères essentiels: la compétence de l'analyste et la méthodologie de l'étude. Sur le premier point, certaines aptitudes s'avèrent nécessaires:

— la sensibilité aux différences culturelles;
— l'aptitude à comprendre, sans la juger, la logique de la culture d'un pays étranger;
— la capacité d'absorption des chocs culturels;
— l'aptitude à s'adapter et à vivre avec un nouvel environnement sans pour autant tomber dans l'excès (Furahashi, Evants, 1967).

En ce qui concerne le second point, il est reconnu que la recherche n'a pas forcément besoin d'être poussée sur le plan quantitatif, bien au contraire. Nous allons examiner successivement les six principaux types d'étude de la culture.

Les études intensives in vivo. On y recourt afin d'obtenir un maximum d'information; pour ce faire, il suffit de placer des enquêteurs au milieu d'une culture donnée. Elles regroupent les études d'*observation de masse* et les études d'*observation participative:*

- Les chercheurs utilisant l'observation de masse se mêlent aux membres de la culture locale, interrogent, écoutent, notent, prennent des photographies ou tournent des films. Cette technique permet de garantir la spontanéité et le naturel des observations. Toutefois, étant donné l'intervention de la subjectivité du chercheur, ce type d'étude constitue plutôt une base de développement d'hypothèses devant être testées avec des méthodologies plus systématiques. La faiblesse principale de cette technique tient à trois facteurs: il n'y a pas d'échantillonnage systématique, les situations observées ne sont pas standardisées, la plupart des observations obtenues n'ont aucune pertinence avec l'objet de l'étude;
- Les études d'observation participative supposent une implication totale des observateurs dans la culture étudiée. C'est le cas des études ethnographiques où les chercheurs vivent pendant de longs mois au sein d'un groupe de la population étudiée. Le chercheur essaie ainsi de se fondre dans la masse pour limiter les distorsions provoquées par sa présence, ce qui du reste constitue la principale faiblesse de ce type d'étude. La deuxième faiblesse est, là encore, l'absence d'échantillonnage systématique. Cependant, l'existence de ces deux faiblesses est compensée par la richesse et la profondeur des observations obtenues. L'étude d'observation participative a été assez peu utilisée en marketing; il semble toutefois qu'elle pourrait être très utile dans l'élaboration de stratégies de communication destinées à des cultures très différentes des nôtres. Le fait d'utiliser un modèle de comportement du consommateur permet de déterminer avec précision quels types d'informations sont nécessaires.

Les analyses de contenu. L'analyse de contenu est une technique visant à déterminer les valeurs, les thèmes, les prescriptions de rôles, les normes de comportement et d'autres éléments d'une culture sur la base des documents d'expression produits par les individus qui la composent, dans les différentes étapes de leur vie et à travers les événements qui surviennent. Cette méthode comporte un double avantage: elle peut être mise à profit là où les contacts personnels s'avèrent trop difficiles; la culture peut être étudiée sans que ses membres en soient conscients. Les matériaux disponibles sont extrêmement variés: des histoires pour enfants, des journaux, la publicité, les médias en général, etc. Le marketing s'est très peu servi de cette technique. Son utilisation s'est limitée à l'analyse des valeurs et rôles exprimés par les messages publicitaires, tels que l'évolution du rôle des Noirs (Kassarjian, 1969) ou de celui des femmes (Wagner, Banos, 1973; Belkaoui, 1976) dans la publicité nord-américaine.

Les analyses de l'utilisation des objets courants. Cette méthode consiste à étudier la conception d'objets usuels chez des enfants de différentes cultures. La méthode est la suivante: on choisit un certain nombre d'objets relativement communs aux cultures étudiées. Ensuite, on demande à chaque enfant de répondre à la question «À quoi sert tel objet?», ceci pour tous les objets. On analyse les réponses en regroupant celles qui sont les plus fréquentes pour chaque objet. Il est ainsi possible de découvrir les valeurs profondes apprises par l'individu dès sa petite enfance. Étant donné l'importance du processus de socialisation chez l'enfant, ce type d'étude permet une bonne connaissance des marchés concernés.

Les analyses longitudinales. Les recherches longitudinales consistent en l'étude d'un phénomène spécifique sur une durée temporelle prolongée. Ce type d'étude n'a été utilisé que très récemment pour l'analyse des changements de valeurs dans le temps. Il existe deux types d'études longitudinales:

a) *les panels continus:* un panel continu de type classique se constitue d'un groupe d'individus qui acceptent de donner de l'information périodiquement. Les deux faiblesses du panel sont les suivantes: les individus qui consentent à faire partie d'un panel sont probablement légèrement différents des autres; le fait d'être membre d'un panel peut modifier le comportement. Étant donné la longueur des intervalles nécessaires pour que s'effectuent les changements de valeurs, ce type d'étude ne paraît pas satisfaisant;

b) *les mesures répétées:* le chercheur prend ses mesures à partir d'échantillons représentatifs d'une culture et constitués périodiquement. Les sondages de ce type sont souvent effectués par le Gallup ou le Harris aux États-Unis, la Sofres ou l'Ifop en France.

Les analyses de type coupe instantanée. Ces analyses, utilisées couramment en marketing, ont été appliquées aussi dans le but d'obtenir une coupe dans une culture donnée à un certain moment. Les procédures d'échantillonnage visent à établir un échantillon représentatif de la culture étudiée. Les questions sont posées de telle manière qu'elles révèlent les valeurs et les normes de la culture. La méthode présente plusieurs avantages: elle facilite le recours à de grands échantillons; elle peut décrire les valeurs des sous-cultures aussi bien que celles de l'ensemble de la culture; elle permet de procéder à des comparaisons entre sous-cultures par une analyse sectorielle croisée.

Les analyses culturelles croisées. De par sa nature même, c'est sans aucun doute la méthode la plus globale puisqu'elle permet la comparaison systématique des ressemblances et des différences entre les aspects matériels et comportementaux de deux ou plusieurs cultures. Cette technique, empruntée à l'anthropologie, peut s'appliquer autant aux marchés intérieurs qu'aux marchés étrangers. Elle a permis de découvrir des ressemblances entre des cultures n'ayant jamais eu de contacts entre elles.

La méthodologie de l'analyse culturelle croisée regroupe toutes les méthodes décrites précédemment mais dans la réalisation d'un seul objectif: établir des *comparaisons systématiques* entre les cultures. Il est possible de décomposer l'analyse culturelle croisée en plusieurs étapes:

1) Comparaisons statistiques des sociétés concernées par l'étude;
2) Comparaisons typologiques larges;
3) Analyse descriptive et fonctionnelle de plusieurs aspects de la culture;
4) Comparaisons analytiques et descriptives de l'ensemble de la culture;
5) Nouvelles analyses par le même enquêteur;
6) Nouvelles analyses par différents enquêteurs.

Le tableau 8.6 présente un cahier des charges très complet de l'information que doit recueillir une analyse culturelle croisée: il est fortement conseillé à tout analyste de s'y reporter, comme à une check-list, dans le cas d'une investigation culturelle à l'étranger.

---

1) Identification des besoins applicables au contexte culturel étudié:
   ☐ Dans l'esprit des membres de la culture, à quels besoins répond ce produit? Actuellement, comment sont assouvis ces besoins? Est-ce que les membres de la culture sont enclins à reconnaître l'utilité de ces besoins?

2) Détermination des modèles caractéristiques de comportement:
   ☐ Quels modèles sont caractéristiques du comportement d'achat? Comment se fait la répartition des tâches au sein de la structure familiale? Quelle est la fréquence d'achat de ce type de produit? Quelle est la quantité moyenne achetée? Est-ce que l'une quelconque de ces caractéristiques entre en conflit avec le comportement escompté pour ce produit? Jusqu'à quel point les caractéristiques entrant en conflit, donc s'opposant à la distribution de notre produit, sont-elles fortement ancrées?

3) Détermination des valeurs culturelles générales importantes pour le produit:
   ☐ Y a-t-il des valeurs fondamentales — sur le travail, la religion, les relations familiales, etc. — qui soient reliées au produit? Est-ce que le produit présente des attributs en conflit avec ces valeurs culturelles? Est-ce que les conflits de valeurs peuvent être évités en modifiant le produit? Quelles sont les valeurs culturelles reliées positivement à l'utilisation du produit, et au produit lui-même?

4) Détermination des formes caractéristiques de la prise de décision:
   ☐ Face aux décisions concernant des innovations, est-ce que les membres de la culture adoptent une approche extensive ou impulsive? Quelle est la forme du processus de prise de décision? Quelles sources d'information sont utilisées? Les gens sont-ils rigides ou flexibles face aux nouvelles idées? Quels sont leurs critères d'acceptation?

5) Évaluation du degré de pertinence des méthodes de promotion:
   ☐ Quel est le rôle joué par la publicité dans la culture? Quels sont les thèmes, mots ou illustrations qui sont tabous? Quels sont les problèmes de sémantique? Quels types de vendeurs sont acceptés? De tels vendeurs sont-ils disponibles?

6) Choix des institutions de distribution appropriées:
   ☐ Quels types de dépositaires et d'intermédiaires sont disponibles? Quels sont les services offerts par ces institutions et attendus par les consommateurs? Comment obtenir les services nécessaires à la vente du produit et qui ne sont pas offerts par les institutions en place? Quelle est l'image des différents magasins auprès des consommateurs? Est-ce que des changements dans la structure de distribution seront acceptés?

Source: Engel, J. Blackwell, R., *Consumer Behavior*, 4e édition, The Dryden Press, 1982, p. 97, Copyright © 1982 par CBS College Publishing, reproduit avec autorisation de CBS College Publishing.

Tableau 8.6 Le cahier des charges de l'information à recueillir par une analyse culturelle croisée.

CONCLUSION

Nous avons voulu sensibiliser le lecteur à l'importance réelle du rôle de la culture sur le comportement du consommateur, et ce en nous servant de faits probants. Pour atteindre cet objectif, nous avons procédé à un examen approfondi, incluant une définition précise de la notion de culture, une présentation détaillée de l'utilisation qui a été faite de cette variable dans le marketing et une revue des différentes méthodes d'analyse qui y sont rattachées. Nous avons souligné la controverse existant entre les stratégies d'extension et d'adaptation et précisé que l'applicabilité de ces notions s'étendait aussi bien aux marchés internationaux qu'aux marchés domestiques comportant des sous-cultures importantes. Enfin, nous avons signalé que de gros efforts restent à faire pour assurer, dans les deux sens, le passage de valeurs culturelles larges à des problèmes spécifiques de comportement du consommateur. Nous allons maintenant nous orienter plus précisément vers le principal domaine d'application de ces notions: le marketing international et le développement de stratégies à l'étranger.

DÉMONSTRATION PRATIQUE: LES CHOIX STRATÉGIQUES POUR UN PRODUIT À DISTRIBUTION INTERNATIONALE

L'essence même du marketing international résiderait, dit-on, dans la reconnaissance des différences culturelles entre pays et donc implicitement dans le développement de programmes de marketing adaptés. Dans le monde des affaires internationales, les choses ne sont, hélas, pas si simples. L'adaptation est synonyme de coûts supplémentaires importants, ce qui n'encourage guère les industriels, les poussant plutôt à recourir à la standardisation (ou extension). En fait, le choix stratégique se résume à une évaluation du rendement marginal de l'adaptation par rapport à l'extension pure et simple. Quel intérêt y a-t-il à voter un budget supplémentaire d'adaptation des programmes internationaux lorsque, par exemple, il s'agit d'un pays ne disposant pas du potentiel nécessaire pour rentabiliser l'opération? Et, dans tous les cas, pourquoi dépenser plus alors que ce n'est pas forcément essentiel? Encore faudrait-il, avant le lancement d'une campagne internationale, mesurer le gain prévisionnel d'efficacité retiré d'une campagne adaptée par rapport à une autre standardisée. Or une telle évaluation s'avère un exercice périlleux: le succès d'une campagne dépendant d'une multitude de facteurs, il est bien difficile de mesurer l'effet net du choix stratégique. Il n'empêche que bon nombre de filiales de grandes compagnies internationales, ainsi que certaines agences de publicité locales, luttent en faveur de l'adaptation, convaincus qu'ils sont que cette dernière option est la plus efficace. Sans adopter l'une ou l'autre d'une façon catégorique, il existe une méthode permettant d'évaluer simplement les choix stratégiques pour une expansion internationale: nous l'appellerons la méthode Keegan (1969, 1974) en hommage à son auteur, auquel revient le mérite d'avoir fait la lumière dans ce domaine controversé. Cette méthode repose sur les deux principes de base suivants:

1) Une planification inadéquate de la politique du produit est l'une des causes majeures nuisant à la croissance et à la profitabilité des opérations en affaires internationales. Selon Keegan, le choix stratégique adaptation vs extension porte essentiellement sur deux variables de marketing-mix: le produit et la communication de marketing qui y est reliée;
2) Le choix stratégique concernant le couple produit-communication se fait selon:
   a) le produit lui-même défini sur le plan des fonctions ou besoins auxquels il répond;

b) le marché défini sur le plan des conditions d'utilisation du produit, incluant les préférences des acheteurs potentiels et leur capacité d'acheter le produit en question;
c) les coûts d'adaptation et de production imputables à ces approches.

À partir de ces principes, l'auteur propose cinq possibilités stratégiques ordonnées autour de trois concepts fondamentaux:

1) L'extension (ou standardisation), qui consiste à exporter le même produit et le même message dans le monde entier, sans chercher à ajuster les marketing-mix aux besoins et aux conditions locales;
2) L'adaptation, qui consiste à ajuster (le message ou le produit, ou les deux à la fois), au moins partiellement, le marketing-mix aux conditions locales;
3) L'invention, qui consiste à créer un marketing-mix original pour un marché étranger.

Quant aux stratégies proprement dites, le tableau 8.7 les résume. Nous les passerons en revue.

Stratégie n° 1: un produit, un message, dans le monde entier

C'est la stratégie la plus simple et dans bien des cas la plus rentable. L'un des leaders de cette stratégie est la compagnie Pepsi-Cola: ses performances internationales justifient à elles seules l'utilisation de cette approche. Malheureusement, les choses n'ont pas toujours été aussi simples pour d'autres. La compagnie Campbell a essayé de vendre sa soupe aux tomates façon américaine aux Britanniques: elle a découvert après des pertes financières considérables que les Anglais préféraient un goût plus amer. Et inversement, les soupes en sachets qui dominent l'Europe ont été un échec aux États-Unis, non pas à cause du goût, mais du temps de préparation. . . une quinzaine de minutes. Knorr a dû défrayer les coûts de cet «oubli» malheureux dans la recherche. Les Canadiens n'ont pas accepté les mélanges à tabac américains: Philip Moris a dû battre en retraite et retirer ses marques américaines alors qu'il comptait profiter du réseau conjoint de télévision États-Unis-Canada pour imposer ses mélanges.

Malgré tout cela, cette stratégie exerce un attrait considérable auprès des compagnies multinationales à cause des réductions de coûts qu'elle comporte. Parmi ces dernières, les plus connues sont les économies d'échelle au niveau de la production et l'élimination des coûts de recherche et de développement. Ce qui est moins connu, ce sont les coûts associés à l'adaptation des communications de marketing: en effet, la conception et la production de messages publicitaires sont très onéreuses. Pepsi-Cola avait estimé que ses coûts supplémentaires seraient de 8 000 000 $ par année! Néanmoins, ces dépenses peuvent être nécessaires pour éviter un désastre financier.

Stratégie n° 2: extension du produit et adaptation des communications

Quand le produit satisfait un besoin différent dans des conditions similaires à celles du pays d'origine, le seul ajustement requis se situe au niveau des communications. Les bicyclettes, les motos, les moteurs hors-bord en sont des exemples. Les deux premières catégories satisfont des besoins de loisir dans les pays industrialisés et de transport dans les autres. Quant à la dernière catégorie, les

STRATÉGIE	FONCTION DU PRODUIT OU BESOIN SATISFAIT	CONDITIONS D'UTILISATION DU PRODUIT	CAPACITÉ D'ACHETER LE PRODUIT	STRATÉGIE DU PRODUIT RE-COMMANDÉE	STRATÉGIE DES COMMUNICA-TIONS RE-COMMANDÉE	COÛT RELATIF DES AJUSTEMENTS	EXEMPLES DE PRODUITS
1	identique	identique	oui	extension	extension	1	boissons douces (Pepsi, etc.)
2	différente	identique	oui	extension	adaptation	2	bicyclettes
3	identique	différente	oui	adaptation	extension	3	détergents
4	différente	différente	oui	adaptation	adaption	4	cartes de voeux
5	identique	—	non	invention	développer de nouvelles communications	5	machines à laver

Source: Keegan, W., «Multinational Product Planning: Strategic Alternatives», *Journal of Marketing*, vol. 33, janvier 1969, p. 59. Reproduit avec autorisation, Copyright © 1969.

Tableau 8.7 Les choix stratégiques pour un produit à distribution internationale.

moteurs, ils sont vendus aux États-Unis presque exclusivement à des fins récréatives, alors que dans d'autres pays ils sont utilisés pour la pêche ou le transport. L'attrait de cette stratégie est son coût relativement bas; les coûts de recherche et de développement, de production et d'inventaire ne varient pas. Les seuls coûts sont reliés à l'identification des différentes fonctions associées au produit et à la reformulation des communications de marketing tournant autour de ces nouvelles fonctions.

Stratégie n° 3: adaptation du produit et extension des communications

Il s'agit ici de ne pas changer la stratégie communicationnelle développée dans le marché d'origine, mais d'adapter le produit à des conditions d'utilisation locale. On part de l'hypothèse que le produit servira à la même fonction dans des marchés différents dans des conditions d'utilisation différentes. Les grandes marques internationales de savons et de détergents ont adapté la composition de leurs produits à l'équipement en machines à laver le linge selon les pays, de même qu'à une eau différente. Esso change la composition de ses types d'essences pour répondre aux conditions climatiques qui prévalent à l'étranger; mais le slogan reste le même: «Mettez du tigre dans votre moteur!»

Stratégie n° 4: double adaptation

C'est une combinaison des stratégies n° 2 et n° 3: il y a des différences dans les conditions environnementales d'utilisation et dans les fonctions auxquelles répond le produit. Le marché des cartes de voeux en Europe et sur le continent nord-américain en constitue un exemple. En Europe, la carte ne contient pas de message préparé et elle est enveloppée de cellophane, contrairement à celle que l'on retrouve sur le continent nord-américain.

Stratégie n° 5: invention

Quand les clients potentiels à l'étranger ne peuvent s'offrir le produit, il est tout indiqué de développer un produit entièrement nouveau conçu de façon à satisfaire les besoins ou les fonctions identifiés à un prix accessible. C'est une stratégie qui demande l'accomplissement d'un effort supplémentaire. Mais si les coûts de développement du nouveau produit ne sont pas excessifs, alors cette stratégie recouvre un grand potentiel pour les marchés de masse des pays en voie de développement. Par exemple, il y a 600 millions de femmes dans le monde qui battent encore le linge à la main: pourquoi ne pas créer à leur intention une machine à laver le linge manuelle bon marché? Colgate-Palmolive a lancé en 1969 au Mexique cette «invention rétro» pour moins de 10 $: les résultats ont été fort encourageants.

Comment choisir une stratégie?

La meilleure stratégie est celle qui optimise les profits de la compagnie à long terme ou, d'une façon plus précise, c'est celle qui maximise la valeur actuelle de la M.B.A. (marge brute d'autofinancement) retirée des opérations. Quelle est la stratégie qui réalise le mieux cet objectif? Il n'y a pas de réponse toute faite à cette question. Tout dépend de la combinaison produit-marché-compagnie.

Exercice pratique Polybâtir inc.*

La firme Polybâtir inc. est une importante entreprise québécoise qui s'est établi une réputation dans la vente de maisons pré-usinées, c'est-à-dire construites entièrement en usine, exception faite des fondations bien entendu. Ce concept de maisons, typiquement nord-américain, présente plusieurs avantages essentiels par rapport aux maisons traditionnelles construites sur place:

1) La qualité: les maisons ont l'avantage d'être usinées selon des critères sévères, à atmosphère contrôlée, donnant ainsi un produit de haute qualité uniforme lorsqu'il est assemblé;
2) L'économie: la standardisation, le recours au travail à la chaîne permettent de réaliser au niveau de la production des économies d'échelle substantielles. La chaîne de production chez Polybâtir inc. sort deux maisons par jour! De plus, la standardisation réduit considérablement les dépenses de recherche et de développement;
3) Le prix de vente: il est concurrentiel puisque le prix de revient est bas. Les maisons se vendent en moyenne 35 000 $ canadiens. De plus, ce prix est ferme puisque le consommateur a, dès la commande, une estimation exacte du coût total du produit fini;
4) La rapidité de la livraison: en général, les délais de livraison sont très courts, et la maison, une fois finie, peut être facilement élevée en une seule journée dès que les fondations sont prêtes. La maison arrive en deux moitiés — étant coupée dans le sens de la longueur —, chacune d'elles sur un camion semi-remorque. Chaque partie est ensuite levée, posée sur des rails, et l'ensemble glisse jusqu'à sa position finale. Il suffit ensuite de demander au plombier et à l'électricien de venir effectuer les branchements.

Il y a cependant deux facteurs qui affectent les ventes de ce type de maison:

1) Les réactions de certains groupes de consommateurs: l'aspect négatif relié à ces maisons «construites en une journée» est assez fort chez certains consommateurs. La publicité a lutté avec un certain succès contre ces préjugés en développant un axe approprié: «Les maisons Polybâtir sont de vraies maisons!»;
2) Les taux hypothécaires: le segment de marché le plus important pour ce genre de maison est constitué de personnes ayant un revenu moyen, si bien que la principale source de fonds se trouve dans les prêts hypothécaires conventionnels. Dès que les taux augmentent, ou que des mesures défavorables au crédit sont prises, les ventes baissent automatiquement.

Or, depuis le début des années 80, la construction domiciliaire au Canada en général, et au Québec en particulier, est plongée dans un marasme en raison de la mauvaise conjoncture économique, de la réduction sensible du pouvoir

* Polybâtir est un nom fictif. Toute ressemblance avec une entreprise existant ou ayant existé serait pure coïncidence.

d'achat des classes moyennes, de la flambée des taux hypothécaires qui ont atteint des sommets supérieurs à 20 %, d'une stagnation de la croissance de la population. Le secteur de la maison pré-usinée est donc durement touché.

Pour maintenir son rythme de production, le président de Polybâtir inc. sait qu'il doit trouver de nouveaux débouchés et se tourner vers les marchés étrangers. De retour d'un voyage en Europe, il pense pouvoir percer sur ce marché et entend, dans les plus brefs délais, s'attaquer au marché français et s'en servir comme d'une plate-forme future pour les autres pays. Au moins n'y aura-t-il pas de problème de langage! dit-il. Il a confié la planification de sa stratégie d'exportation à son directeur de marketing, une personne expérimentée et qualifiée; celle-ci lui a soumis un premier rapport qui a été présenté lors du dernier conseil d'administration. La recommandation principale est la suivante: procéder à une analyse du marché français et notamment à une analyse culturelle croisée avant toute autre chose; coût estimé de l'opération: 80 000 $! Sans contester le montant en tant que tel, bon nombre des administrateurs sont d'avis qu'il serait mieux d'investir cette somme directement dans le développement du marché français puisque, vu la qualité et la renommée des maisons Polybâtir au Canada et aux États-Unis, tout porte à croire que le lancement sera un succès. Mais le directeur de marketing défend son point de vue et brandit avec habileté le spectre d'une catastrophe financière. Que choisir entre une stratégie d'extension (ou standardisation) et une stratégie d'adaptation du produit et du marketing-mix qui l'entoure? La première est beaucoup moins coûteuse, mais la seconde, plus sûre! Finalement, connaissant la compétence de son directeur de marketing, le président, encore hésitant, demande à être convaincu qu'une étude préalable est nécessaire et amènera des informations pertinentes. Il lui demande alors de préparer d'ici la prochaine réunion du conseil un rapport circonstancié décrivant avec précision les types d'informations qu'il pourra obtenir d'une telle étude, leur pertinence, et surtout un aperçu de la façon dont ils pourront être utilisés concrètement. Tout au plus une dizaine de pages, ajoute-t-il.

Mettez-vous dans la peau du directeur de marketing et rédigez ce rapport! N'oubliez pas que la qualité de votre argumentation est soumise à votre pouvoir de persuasion. Sachez vendre vos idées. . . et bonne chance!

N.B. Quelques modèles avec leurs plans vous sont présentés pour que vous vous fassiez une meilleure idée des maisons Polybâtir (voir Annexe I).

ANNEXE I

MODÈLE STANDARD*

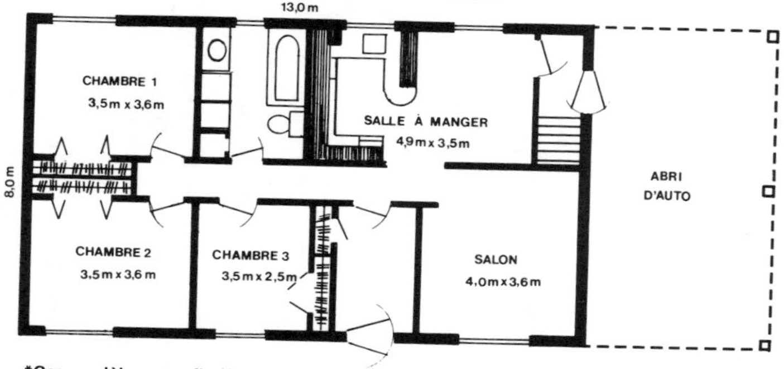

*Ces modèles sont fictifs.

MODÈLE SPACIEUX*

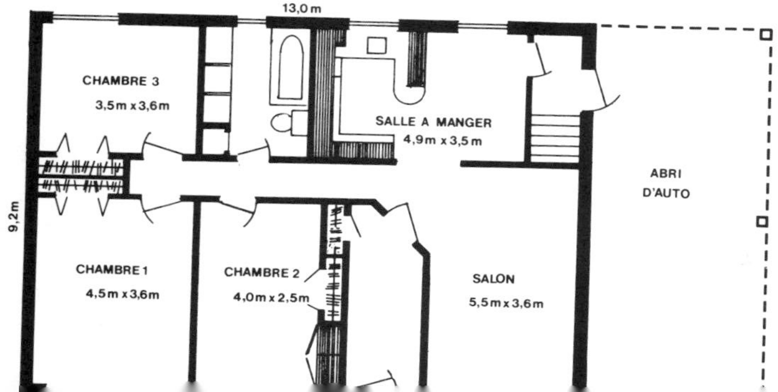

BIBLIOGRAPHIE

ALLAIRE, Y., «Le Consommateur québécois: méthodologie ou mythologie?», article présenté au chapitre montréalais de l'American Marketing Association, mars 1977.

ALLAIRE, Y., FIRSIROTU, M., «Theories of Organizational Culture», *Working paper,* Centre de recherche en gestion, Université du Québec à Montréal, mai 1981.

BAUER, R., «Negro Consumer Behavior», dans *On Knowing the Consumer,* sous la direction de Joseph M. Newman, New York, John Wiley & Sons, 1966, p. 161-165.

BAUER, R., CUNNINGHAM, S., «The Negro Market», *Journal of Advertising Research,* avril 1970, p. 3-13.

BELKAOUI, A., BELKAOUI, J., «A Comparative Analysis of the Roles Portrayed by Women in Print Advertisements: 1958, 1970, 1972», *Journal of Marketing Research,* mai 1976, p. 168-172.

BOUCHARD, J., *Les 36 Cordes sensibles des Québécois,* Montréal, Éditions Héritage, 1978.

BRISLIN, R., «Back-Translation for Cross-Cultural Research», *Journal of Cross-Cultural Psychology,* septembre 1970, p. 185-216.

CHEBAT, J.-C., HÉNAULT, G., «Le Comportement culturel des consommateurs canadiens», dans *Marketing au Canada: textes et cas,* sous la direction de V.H. Kirpalani et R.H. Rotenberg, Holt, Rinehart & Winston, 1974.

CHOUDHURY, P., SCHMID, L., «Black Models in Advertising to Blacks», *Journal of Advertising Research,* juin 1974, p. 19-22.

CLOUTIER, M., «Marketing in Quebec», Industrial Marketing Research Association Conference, Toronto, mars 1978.

DUNN, W., «Effect of National Identity on Multinational Promotional Strategy in Europe», *Journal of Marketing,* octobre 1976, p. 51.

DUNN, W., «The International Language of Advertising», dans *International Communication: Media, Channels, Functions* de H. Fischer et J. Merrill, New York, Hastings House, 1970, p. 357.

ENGEL, J., BLACKWELL, R., *Consumer Behavior,* 4e édition, The Dryden Press, 1982.

FELDMAN, L., STAR, A., «Racial Factors in Shopping Behavior», dans *June Conference Proceedings of the American Marketing Association,* sous la direction de Keith Cox et Ben M. Enis, n° 27, 1968, p. 216-226.

FURAHASHI, H., EVANTS, H., «Educating Men for International Marketing», *Journal of Marketing,* janvier 1967, p. 51-53.

HAWKINS, D., CONEY, K., BEST, R., *Consumer Behavior: Implications for Marketing Strategy,* Dallas, Business Publications Inc., 1980.

KASSARJIAN, H., «The Negro and American Advertising, 1964-1965», *Journal of Marketing Research,* février 1969, p. 29-39.

KEEGAN, W., *Multinational Marketing Management,* Prentice-Hall, 1974.

KEEGAN, W., «Multinational Product Planning: Strategic Alternatives», *Journal of Marketing,* janvier 1969, p. 58-62.

KROEBER, A., KLUCKHOHN, C., «Culture: A Critical Review of Concepts and Definitions», *Papers of the Peabody Museum of American Archeology and Ethnology,* Harvard University Press, Cambridge, 1952, p. 357.

LARSON, C., WALES, H., «Brand Preferences of Chicago Blacks», *Journal of Advertising Research,* août 1973, p. 15-21.

LEFRANÇOIS, P.C., CHATEL, G., «The French Canadian Consumer: Fact and Fancy», dans *New Ideas for Successfull Marketing,* sous la direction de J.S. Wright et J.L. Goldstucker, Proceedings of the 1966 World Congress, A.M.A., Chicago, 1966.

MALLEN, B., *French Canadian Consumer Behavior: Comparative Lessons from the Published Literature and Private Corporate Studies,* Advertising and Sales Executives Club of Montreal, Montréal, 1977.

MORSE, L., «Black Radio Market Study», *Television/Radio Age,* 28 février 1977, p. A-1-A-31.

PALDA, K., «A Comparison of Consumer Expenditures in Quebec and Ontario», *Canadian Journal of Economics and Political Science,* février 1967.

PÉTROF, J., «Attitudes of the Urban Poor Toward Their Neighborhood Supermarkets», *Journal of Retailing,* printemps 1971, p. 3-17.

PÉTROF, J., «Reaching the Negro Market: A Segregated vs a General Newspaper», *Journal of Advertising Research,* avril 1968, p. 40-43.

PLUMMER, J., «Consumer Focus in Cross-National Research», *Journal of Advertising*, printemps 1977.

RICKS, D., ARPAN, J., FU, M., *International Business Blunders*, Grid Publishing, Columbus, 1975.

ROBERTSON, T., DALRYMPLE, D., YOSHINO, M., «Cultural Compatibility in New Product Adoption», dans *Proceedings of the American Marketing Educators Conference*, n° 30, sous la direction de Philip R. McDonald, 1969, p. 72.

SCHIEB, P.-A., *Efficacité différentielle de la publicité internationale: extension, adaptation ou invention*, mémoire de maîtrise, Université de Sherbrooke, novembre 1973, p. 25-26.

SEXTON, JR., D., «Black Buyer Behavior», *Journal of Marketing*, octobre 1972, p. 38.

SORENSON, R., WIECHMAN, U., «How Multinationals View Marketing Standardisation», *Harvard Business Review*, mai-juin 1975, p. 38-56.

STARBACK, W., «Organizations and Their Environments», *Handbook of Industrial and Organizational Psychology*, sous la direction de Marvin D. Dunette, Chicago, 1976, p. 1069-1123.

TAMILIA, R., «Advanced Research Skills Needed to Probe Consumption Patterns of French Canadians», *Marketing News*, Special Canadian Issues, vol. 18, 18 avril 1980, p. 3.

TAMILIA, R., «Cross-Cultural Advertising Research: A Review and Suggested Framework», dans *Combined Proceedings, French Canada*, sous la direction de Ronald C. Curham, 1974, p. 131-134.

VINSON, D., SCOTT, J., LAMONT, L., «The Role of Personal Values in Marketing and Consumer Behavior», *Journal of Marketing*, avril 1977, p. 44-50.

WAGNER, L., BANOS, J., «A Woman's Place: A Follow-up Analysis of the Roles Portrayed by Women in Magazine Advertisements», *Journal of Marketing Research*, mai 1973, p. 213-214.

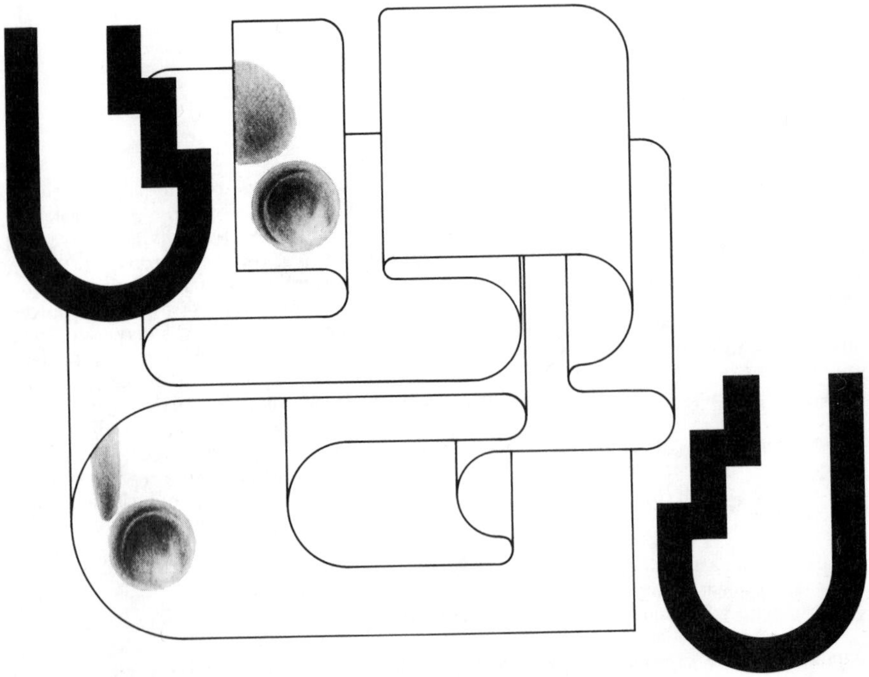

Chapitre 9

La stratification sociale

OBJECTIFS:

1) La stratification sociale comme variable explicative du comportement du consommateur;
2) Les problèmes de mesure des classes sociales;
3) Les profils généraux des consommateurs selon les couches sociales;
4) Les applications majeures en marketing de la notion de classe sociale.

PRÉPARATION À L'EXERCICE PRATIQUE:

1) Prendre connaissance de l'index de Hollingshead;
2) Analyser les variations de comportement d'une classe sociale à une autre;
3) Tirer de celles-ci les implications stratégiques.

INTRODUCTION

Durant l'année 1977, l'eau minérale pétillante Perrier, embouteillée dans le sud de la France, fut lancée avec succès aux États-Unis. Le produit fut positionné non seulement comme une boisson non alcoolisée, mais aussi comme une possibilité «chic», face aux boissons gazeuses et autres boissons de ce type déjà sur le marché. Utilisant des données démographiques détaillées, en plus d'informations pertinentes sur les ventes de bières et de vins importés, Perrier fut, à ses débuts, introduit dans les milieux les plus influents de la société américaine. Son prix fut fixé en conséquence, sachant qu'un prix élevé renforcerait l'appel aux adultes ayant réussi ou à ceux voulant leur ressembler. En d'autres mots, la marque recourut au snobisme. Les supports publicitaires imprimés furent des magazines de haute couture et la narration des messages télévisés fut confiée à Orson Welles. Indiscutablement, Perrier fut un succès commercial parce qu'il s'était concentré sur les classes sociales élevées (*Business Week,* 1979; repris aussi par Hawkins, Coney et Best, 1980).

Cet exemple, parmi tant d'autres, démontre bien que les sociétés modernes requièrent le dépassement de la vision spontanée des objets au niveau des besoins, de la priorité de la valeur d'usage. Ce n'est plus tant cette valeur d'usage qui compte, mais bien la valeur de l'échange-signe qui est fondamentale, la première ne servant souvent que de prétexte à la seconde, voire de rationalisation pure et simple (Baudrillard, 1972).

Dans la perspective sociologique, la discrimination est passée aujourd'hui, avec l'élévation du niveau de vie, de la possession en tant que telle à l'organisation et à la pratique sociale des objets. En conséquence, s'il s'agit d'abord de considérer les objets eux-mêmes et leur somme comme indices d'appartenance sociale, il importe beaucoup plus, par la suite, de les considérer comme le support d'une structure globale de l'environnement social qui est, en même temps, une structure active de comportement. En résumé, la consommation de certains objets ne prend de sens que sous l'angle du contexte social où ils se trouvent — c'est-à-dire de la classe sociale — et du type de pratiques qui s'y rattachent.

Puisque les classes sociales diffèrent sur plusieurs aspects de ces pratiques, il est logique de penser que les entreprises pourront souvent utiliser ce concept comme outil de sélection de leurs stratégies de marketing. Ce n'est, hélas, pas toujours le cas puisque, pour bon nombre de produits, le processus de consommation est similaire d'une classe sociale à une autre.

Nous garderons donc à l'esprit, tout au long de ce chapitre, que l'applicabilité du concept de classe sociale en marketing est dépendante du type de produit utilisé, en plus d'en examiner les caractéristiques, la nature des profils de consommateurs ainsi définis et l'impact de la stratification sociale sur le processus de consommation et donc sur le marketing.

LA STRATIFICATION SOCIALE ET SON CADRE CONCEPTUEL

Définition de la classe sociale

Au sens large, une classe sociale se définit comme un ensemble de personnes, de même condition, ou niveau social, qui ont une certaine conformité ou communauté d'intérêts, de moeurs.

Dans la sphère du comportement du consommateur, il s'agit d'*une division relativement permanente et homogène d'une société, au sein de laquelle il est possible de classer des individus ou des familles partageant des valeurs, des modes de vie, des intérêts et des comportements de consommation semblables.*

Le mot de classe impliquant une idée de classification, nous parlerons de *stratification sociale,* signifiant par là un système hiérarchisé de couches sociales.

Théoriquement parlant, pour qu'un système de classes sociales puisse exister dans une société donnée, il faut que chacune des classes ainsi définies réponde à cinq critères: elles doivent être (1) clairement délimitées, (2) ordonnées, (3) mutuellement exclusives, (4) exhaustives et (5) influentes. La première condition requiert l'existence d'une frontière précise entre chaque classe; pour chacune d'elles, il doit donc y avoir une règle spécifique à partir de laquelle il sera possible de statuer sur l'inclusion ou l'exclusion d'un individu en particulier. La seconde condition concerne la possibilité d'ordonner les classes sociales sur la base d'un critère préalablement choisi, généralement une mesure de prestige ou de statut. La troisième condition veut qu'un individu ne peut appartenir qu'à une seule classe à la fois, bien que des mouvements d'une classe à l'autre soient possibles. Pour qu'elle s'applique, il faut que la règle (ou les règles) d'affectation soit reconnue de tous. La quatrième condition signifie que chaque individu appartenant à un système social puisse être intégré à une classe et que, par conséquent, il n'y ait pas de «résidus». Finalement, les classes doivent être influentes, c'est-à-dire qu'il y ait des variations perceptibles de comportements entre ces dernières.

Disons d'une façon absolue, et sur la base de ces cinq critères d'existence, qu'aucun système de classes sociales n'est strictement et parfaitement défini. Les frontières ne sont jamais tracées très clairement. Pour une même société, les découpages sont loin d'être toujours les mêmes, en nombre et en nature. Le recours à de nombreux critères de classification fait qu'un individu peut être classé dans les classes moyennes si l'on pense à son revenu, et dans les classes élevées si l'on se réfère à son niveau d'instruction. Enfin, la mobilité sociale ne facilite pas toujours la tâche du chercheur en sciences sociales.

Tout ceci fait qu'il n'existe pas, au sens strict du terme, un système de classes sociales, mais plutôt une série de continuums de statuts ou de positions sociales reflétant les dimensions ou facteurs clés des sociétés concernées. Ainsi, dans une société occidentale moderne, orientée vers la réalisation des valeurs personnelles, les facteurs reliés à cette orientation constituent des dimensions statutaires importantes: l'instruction, la profession, le revenu et peut-être aussi le type de résidence.

Les dimensions ainsi répertoriées sont presque toujours reliées les unes aux autres par des relations causales: le statut social des parents influence le niveau d'instruction qui, à son tour, détermine la profession, de cette dernière découlant le revenu. Est-ce que cela signifie qu'un individu ayant un statut élevé dans une dimension gardera ce même niveau dans d'autres dimensions? Le problème soulevé est désigné sous l'expression «cristallisation statutaire»; plus il y a cohérence entre les dimensions, plus le degré de cristallisation est fort. En général, ce degré (ou taux) est relativement faible dans nos sociétés. Un moment de réflexion permettra d'en mieux comprendre le pourquoi: un même niveau académique peut sur le plan salarial rapporter beaucoup plus dans un secteur que dans un autre, si bien que les corrélations entre les dimensions ne sont pas toujours très fortes. Une étude aux États-Unis (O. Duncan, Featherman, B. Duncan, 1972) a donné comme résultat 0,60 entre l'instruction et la profession, 0,33 entre l'instruction et le revenu et 0,40 entre la profession et le revenu.

Les déterminants de la classe sociale

La recherche en sciences sociales s'est concentrée sur deux grandes dimensions. La première tente de donner une explication à l'existence des classes sociales au sein d'une société. La seconde s'efforce de trouver les mécanismes permettant de situer le rang social d'un individu, l'existence même d'une hiérarchie sociale étant reconnue. Il est bien évident que la deuxième dimension est celle qui présente un intérêt très particulier pour les chercheurs en marketing.

Nous présenterons donc brièvement un schéma théorique de six facteurs permettant de mieux comprendre les déterminants de la classe sociale d'un individu:

1) *L'occupation:* «Quelle est votre profession?»; c'est sans doute l'une des questions le plus souvent posées pour évaluer le rang social d'un individu. À juste titre d'ailleurs, puisqu'il est reconnu que la profession exercée par un individu reste l'un des meilleurs indicateurs, sinon le meilleur, du rang social de celui-ci et, comme nous le verrons un peu plus loin, il a été utilisé en tant que tel par les chercheurs en comportement du consommateur;
2) *La performance personnelle:* «C'est le meilleur professeur à la Faculté», «C'est le meilleur avocat en ville», «Dans la mécanique automobile, il n'a pas son pareil», etc. Ces affirmations démontrent que la valorisation sociale d'un individu est aussi tributaire du succès qu'il obtient dans l'exercice de sa profession ou de sa participation active et reconnue à la vie sociale d'une communauté ou à la vie familiale («C'est une mère en or»);
3) *Les relations sociales:* «Qui s'assemble se ressemble», «Dis-moi qui tu invites à dîner ce soir, et je te dirai qui tu es». Ces dictons, traductions populaires de la théorie des relations sociales, semblent indiquer que les gens sont en général plus à l'aise lorsqu'ils sont dans leur milieu social;
4) *Les possessions:* la voiture, la maison, les titres de propriété en général véhiculent l'image du maître. L'impact social des possessions repose non seulement sur le montant total des biens possédés, mais aussi sur leur nature;
5) *Les valeurs sociales:* les valeurs culturelles sont interprétées et appliquées différemment selon les couches de la société, donnant ainsi naissance à ce qu'on appelle les valeurs sociales (voir tableau 9.1);
6) *La conscience de classe:* ressentir les phénomènes de classe sociale accroît la tendance des individus à évaluer les écarts entre leur position personnelle et celle des autres.

CLASSE MOYENNE	CLASSE BASSE
1) ORIENTÉ VERS LE FUTUR	1) ORIENTÉ VERS LE PRÉSENT ET LE PASSÉ
2) POINT DE VUE À LONG TERME	2) VIT ET PENSE À COURT TERME
3) IDENTIFICATION PLUTÔT URBAINE	3) IDENTIFICATION PLUTÔT RURALE
4) INSISTE SUR LA RATIONALITÉ	4) PLUTÔT IRRATIONNEL
5) A UN SENS STRUCTURÉ DE L'UNIVERS	5) STRUCTURE MONDIALE VAGUE ET IMPRÉCISE
6) HORIZONS VASTES, ET NON LIMITÉS	6) HORIZONS DÉFINIS ET LIMITÉS
7) MEILLEUR SENS DU CHOIX	7) SENS RESTREINT DU CHOIX
8) CONFIANCE EN SOI, PRÊT À RISQUER	8) TRÈS PRÉOCCUPÉ PAR LA SÉCURITÉ OU L'INSÉCURITÉ
9) PENSE D'UNE FAÇON IMMATÉRIELLE ET ABSTRAITE	9) PENSE D'UNE FAÇON CONCRÈTE ET SENSIBLE
10) SE VOIT LIÉ AUX ÉVÉNEMENTS NATIONAUX	10) LE MONDE TOURNE AUTOUR DE SA FAMILLE ET DE LUI-MÊME

Source: Martineau, P., «Social Class and Spending Behavior», *Journal of Marketing*, octobre 1958, p. 121-129. Reproduit avec autorisation, Copyright © 1958.

Tableau 9.1 Attitudes différentes entre les classes sociales (pour l'individu moyen).

Il n'y a pas d'unanimité au sein des experts quant au nombre exact de catégories ou strates nécessaires pour décrire au mieux la structure sociale d'une société. Le tableau 9.2 donne une idée du nombre et de la diversité des schèmes de référence qui ont été utilisés à la fois à l'intérieur d'un pays et d'un pays à un autre. Le choix du nombre idéal de catégories dépend en fait du degré de précision que le chercheur croit nécessaire pour expliquer adéquatement les variations d'attitudes ou de comportements étudiés.

En guise de première conclusion, nous pouvons dire que le spécialiste en marketing devrait éviter d'utiliser d'une façon exclusive une stratification sociale donnée et plutôt recourir à la structure particulière qui soit la plus appropriée aux spécificités du problème posé. Dans tous les cas, il faudra se rappeler que chaque structure a ses défauts et que cela est dû essentiellement à la nature même de la mesure.

LA MESURE DES CLASSES SOCIALES

Même si la notion de classe sociale est envisagée comme un tout, elle est en fait multidimensionnelle. En parlant de classe sociale, nous faisons référence à une combinaison de variables qui définissent cette dernière. Cela peut inclure des notions telles que le pouvoir, les privilèges, le prestige, l'influence, les bonnes manières, etc., lesquelles, à leur tour, résultent de l'occupation, de l'instruction et d'autres variables.

La complexité engendrée par le caractère de multidimensionnalité du concept fait que bien des chercheurs sont incertains quant aux dimensions de base sous-jacentes à une structure sociale. Pour résoudre ce problème, et poussés par l'importance accordée à ce concept, ils ont employé une vaste gamme de techniques qui, pensent-ils, cernent la philosophie des classes sociales et en don-

SCHÈME À DEUX CATÉGORIES

- Les cols bleus, les cols blancs
- Inférieure, supérieure
- Inférieure, moyenne

SCHÈME À TROIS CATÉGORIES

- Les cols bleus, les cols gris, les cols blancs
- Inférieure, moyenne, supérieure

SCHÈME À QUATRE CATÉGORIES

- Inférieure, moyenne inférieure, moyenne supérieure, supérieure

SCHÈME À CINQ CATÉGORIES

- Inférieure, classe ouvrière, moyenne inférieure, moyenne supérieure, supérieure
- Inférieure inférieure, inférieure supérieure, moyenne inférieure, moyenne supérieure, supérieure

SCHÈME À SIX CATÉGORIES

- Inférieure inférieure, inférieure supérieure, moyenne inférieure, moyenne supérieure, supérieure inférieure, supérieure supérieure

SCHÈME À NEUF CATÉGORIES

- Inférieure inférieure, inférieure moyenne, inférieure supérieure, moyenne inférieure, moyenne moyenne, moyenne supérieure, supérieure inférieure, supérieure moyenne, supérieure supérieure

Tableau 9.2 Variations dans la définition des catégories de classes sociales.

nent une approximation jugée comme étant «satisfaisante», sans toujours être tout à fait «concluante».

Quatre grands types de méthodes ont été utilisées pour mesurer la classe sociale: les méthodes subjectives, d'attributions sociales, sociométriques et enfin objectives.

Les méthodes subjectives

Dans une approche subjective, l'individu interrogé est amené à définir lui-même son rang social, souvent en répondant à une question type formulée de la façon suivante:

> Si l'on vous demandait d'utiliser l'un des quatre termes suivants pour définir votre classe sociale, lequel choisiriez-vous: la classe moyenne, la classe inférieure, la classe ouvrière, la classe supérieure?

L'affectation volontaire qui en résulte dépend de la perception individuelle et de l'image de soi. La classe sociale est, dans ce cas, envisagée comme un phénomène «personnel» qui reflète le sentiment d'appartenance de l'individu à un groupe social donné, appelé aussi «conscience de classe».

De par leur nature, les méthodes subjectives ont été critiquées à cause des biais perceptuels qu'elles introduisent. Ainsi, on constate souvent une surabondance d'individus qui se classent dans la catégorie «classe moyenne», cette dernière incluant anormalement les personnes limitrophes.

Jusqu'à présent, ces méthodes subjectives n'ont pas été employées en comportement du consommateur, à tort sans aucun doute, car il est fort probable que l'utilisation de certains produits soit étroitement reliée au sentiment d'appartenance à une classe sociale. Dans le cas d'un recours à ce type d'approche, il est fortement conseillé d'utiliser un schéma de catégorisation fort détaillé pour favoriser l'enregistrement des nuances de perception.

Les méthodes d'attributions sociales

Les méthodes d'attributions sociales reposent sur l'évaluation individuelle du rang social d'autrui au sein d'une communauté donnée. En règle générale, on demande aux répondants de classer les individus qu'ils connaissent dans une communauté au sein de laquelle ils évoluent tous ensemble. L'application de cette méthode se trouve grandement facilitée par le fait que même les gens qui se déclarent peu préoccupés des rangs sociaux peuvent, presque toujours, diviser une communauté en groupes pour ensuite y affecter leurs relations. Cette méthode a été développée aux États-Unis par Warner (1949) et appelée méthode «d'évaluation participative d'autrui». Elle repose sur un ensemble d'instructions très précises pour interpréter les interviews et élaborer par la suite les classes sociales. En gros, il s'agit de sélectionner des informateurs clés dans une communauté et, à partir de leurs évaluations respectives du rang social des autres individus faisant partie de la même communauté, d'en déterminer la structure sociale.

Le problème d'application de cette méthode en comportement du consommateur ne porte pas tant sur la méthodologie qui lui est propre que sur son objectif de définition d'une structure sociale. Comme nous l'avons déjà dit, les analystes en comportement du consommateur sont intéressés à la mesure des classes sociales afin de mieux comprendre les comportements de consommation et non l'existence même de la structure sociale.

Les méthodes sociométriques

Les tests sociométriques sont basés sur l'observation directe ou indirecte des réseaux sociaux s'établissant entre les individus d'une même communauté. De nombreuses études sociologiques ont eu recours à ces techniques, mais elles n'ont pas été à vrai dire appliquées directement à l'analyse du comportement du consommateur, peut-être à cause des moyens financiers qu'elles nécessitent. Certains phénomènes tels que la mode, la diffusion de nouveaux produits, d'idées nouvelles mériteraient d'être analysés sous cet angle.

Les méthodes objectives

L'approche objective de mesure de la classe sociale repose sur l'assignation d'un rang social à un individu basée sur la position mesurée de ce dernier le long d'une échelle représentant une variable stratifiée. Les variables les plus utilisées sont la profession, le revenu, l'instruction, la dimension et le style de la résidence.

La grande majorité des recherches en comportement du consommateur utilisent des méthodes objectives de classification des répondants pour plusieurs raisons essentielles:

— parce qu'elles permettent d'éviter l'écueil que constitue l'interprétation subjective, bien que le choix des dimensions de base n'écarte pas ce problème;
— parce qu'elles débouchent sur des résultats chiffrés;
— parce que les informations de base sont simples à obtenir;
— parce qu'elles collent plus aux objectifs fondamentaux de l'analyse du comportement du consommateur qui visent à mettre à jour des variations entre les groupes (sections) sociaux au moyen de l'analyse sectorielle croisée de type coupe instantanée;
— parce qu'elles ont une valeur considérable dans la segmentation des marchés.

Les mesures objectives se divisent en deux grandes catégories: les index simples et les index multiples.

Les index simples

Dans ce cas, on utilise une seule variable pour définir l'appartenance sociale d'un individu. Parmi les variables possibles, la profession est généralement reconnue comme procurant la meilleure approximation de la classe sociale, suivie du revenu.

La profession. La profession et le mode de vie d'un individu sont fortement associés pour deux raisons:

— les gens occupant des postes de niveaux similaires partagent souvent des moyens d'accès similaires à un mode de vie particulier: loisirs, indépendance financière, savoir et pouvoir sont souvent communs à des catégories de même niveau;
— ils sont aussi amenés à développer entre eux une vie sociale active, accroissant ainsi, par approbations réciproques successives, leur degré de consensus concernant les types d'activités, d'intérêts, de possessions, d'affectations des ressources familiales, etc.

L'utilisation de cette variable comme outil de classification des répondants a débouché sur le développement d'échelles de répartition simples et pondérées.

Les premières (voir tableau 9.3) présentent un intérêt certain de ventilation, mais manquent de précision:

1) Il est souvent difficile pour un individu de se classer dans une catégorie plutôt que dans une autre;
2) Les échelles variant d'un organisme à un autre, il est difficile de regrouper les résultats; enfin, le prestige relatif associé à chaque profession n'est pas défini.

Les secondes tentent de remédier à ces problèmes en attribuant à des titres d'emplois du recensement d'un pays donné des valeurs approximatives selon une échelle de prestige. Deux exemples de ce type d'échelle sont celle de Treiman qui est utilisée internationalement et celle de Blishen qui s'applique au Canada (voir tableau 9.4).

On utilise ces échelles en comportement du consommateur en demandant au répondant de décrire son occupation exacte, laquelle peut ensuite être codée en fonction de la valeur qui lui est accordée.

CANADA				FRANCE
CONFERENCE BOARD	STATISTIQUE CANADA	OFFICE DE PROTECTION DU CONSOMMATEUR (QUÉBEC)		INSEE
Administrateurs Professionnels Employés de bureau Vente Services Fermage Conditionnement, machinerie Fabrication Construction Transport	Gestion et Administration[1] Travaux d'écriture Vente Services Secteurs primaires[2] Conditionnement[3] Construction Transports Manutention et autres métiers	Professionnels, Gérants et Administrateurs Semi-professionnels et Petits administrateurs	Catégorie occupationnelle élevée	Exploitants agricoles Salariés agricoles Patrons de commerce et de l'industrie Cadres supérieurs et professions libérales Cadres moyens Employés Ouvriers Personnel de service Autres catégories (étudiants) Inactifs
		Employés de bureau Ouvriers spécialisés	Catégorie occupationnelle moyenne	
		Ouvriers semi- et non spécialisés Cultivateurs	Catégorie occupationnelle inférieure	
		Retraités Autres		

[1]Comprend gestion et administration, sciences naturelles et sociales, religions, enseignement, médecine et santé, arts et loisirs.
[2]Comprend exploitants agricoles et travailleurs agricoles, chasseurs et piégeurs, bûcherons et travailleurs assimilés, mineurs, travailleurs des carrières et des puits de pétrole.
[3]Comprend conditionnement, fabrication de machines, assemblage et réparation.

Tableau 9.3 Les découpages en catégories socio-professionnelles selon certains organismes et pays (Canada et France).

ÉCHELLE DE TREIMAN	Indice Socio-économique
TRAVAIL JOURNALIER	
Travailleur journalier	18,1
Journalier à la ferme	18,1
AGRICULTURE	
Fermier	37,7
NON SPÉCIALISÉS	
Travailleur de la construction	30,0
Vendeur de fruits et légumes	24,4
Apprenti charpentier	22,6
SEMI-SPÉCIALISÉS	
Postier	32,8
Policier	30,2
Cuisinier	30,9
Soldat	38,7
SPÉCIALISÉS	
Électricien	44,5
Charpentier	37,2
Plombier	33,9
Mécanicien d'avions	49,6
Coiffeur	30,4
SEMI-PROFESSIONNEL	
Homme d'affaires	50,0
Comptable	54,6
Représentant commercial	39,9
Marin	29,0

ÉCHELLE DE BLISHEN (CANADA)	Indice Socio-économique
PROFESSIONNEL	
Professeur d'école	57,0
Avocat	70,6
Journaliste	54,9
Mathématicien	66,9
Économiste	60,5
Ingénieur chimiste	76,69
Ingénieur industriel	70,43
Professeur	70,14
Programmeur (informatique)	67,5
Directeur de publicité	66,05
Auteur, éditeur, journaliste	64,23
Directeur des ventes	62,04
Agent d'assurance	55,19
Bibliothécaire	49,55
Photographe	48,07
Conducteur de train	45,68
Électricien	40,68
Postier	39,65
Prospecteur	37,73
Plombier	34,38
Mineur	33,38
Tailleur	30,26
Charpentier	29,71
Pêcheur	27,17
Ouvrier de la chaussure (en usine)	26,56

Tableau 9.4 Scores de statuts professionnels: quelques exemples choisis dans les échelles de Treiman et de Blishen.

Sans entrer dans les détails, disons que la méthode est simple bien que fastidieuse.

Dans un premier temps, il s'agit de mesurer, auprès d'un échantillon représentatif d'une population donnée, le prestige associé (selon une échelle) à chaque profession recensée. Puis, dans un second temps, il convient de calculer les coefficients de régression entre la variable dépendante «prestige» telle que précédemment définie et les variables indépendantes des niveaux de revenu et de scolarité.

Enfin, on utilise les coefficients de régression obtenus pour attribuer à chacune des professions une valeur, en termes socio-économiques, et donc un rang selon l'indice développé de la sorte.

De telles échelles ont l'avantage d'affecter, à chacune des professions, un estimé numérique précis du statut professionnel, auquel on peut par la suite recourir dans les analyses statistiques.

Toutefois, leur utilisation doit faire l'objet d'une foule de précautions, ce qui est loin d'être toujours le cas; pour celle de Blishen par exemple, il est fort probable que, depuis 1958, bien des changements se soient produits dans la hiérarchie sociale au Canada. Enfin, leurs éléments de base et certains problèmes méthodologiques associés à leur constitution en limitent sérieusement la validité interne. Il est donc à conseiller, dans le cas où l'on se sert de ce type d'échelle, de se référer à la littérature spécialisée dans le domaine, afin d'éviter de fâcheuses erreurs de mesure.

Le revenu. Le revenu personnel ou familial est un autre indicateur socio-économique couramment utilisé pour évaluer le rang social et le niveau de vie d'un individu.

L'opérationnalisation de cette variable se fait soit par le montant, soit par la source de revenu, par exemple de la façon suivante:

Revenu familial (Canada, 1977)	%
Moins de 5000 $	6,5
De 5000 $ à 8999 $	12,3
De 9000 $ à 11 999 $	8,9
De 12 000 $ à 14 999 $	10,3
De 15 000 $ à 24 999 $	34,8
25 000 $ et +	27,1

Source de revenu (Canada, 1977)	%
Salaire et traitement	69,7
Paye militaire	0,9
Revenu net de la ferme	1,8
Revenu net de travailleurs autonomes non incorporés	5,1
Revenu d'investissement	9,1
Transferts courants	
du gouvernement	13,1
de corporations	0,2
de non-résidents	0,2

Source: Statistique Canada — Conference Board.

Bien que cet indicateur soit fort populaire (surtout celui opérant par tranches de revenu), il ne faut pas oublier que deux individus touchant le même salaire peuvent l'employer de façons bien différentes.

D'autres indicateurs ont été utilisés tels que le niveau d'instruction, le lieu d'habitation, la valeur monétaire de la résidence principale (ou coût du loyer).

L'expérience prouve qu'il est souvent difficile et hasardeux de bâtir des échelles autour de ces concepts, et notamment, pour n'en citer qu'un exemple, le lieu d'habitation.

Enfin, de nombreux chercheurs pensent que le recours à un seul indicateur ne donne qu'une vision limitée (parce que partielle) et donc incomplète du rang social d'un individu.

De ce fait, le désir d'en arriver à une méthode objective permettant de mesurer de façon plus complète la classe sociale a débouché sur le développement des index multiples.

Les index multiples

Les index multiples combinent plusieurs indicateurs de classe sociale dans le but de fournir une représentation plus complète de celle-ci. L'idée est d'isoler les dimensions ou indicateurs de rang social les plus objectifs et mesurables, puis de les pondérer en les regroupant de façon qu'ils reproduisent le plus précisément possible la hiérarchie sociale d'origine.

Parmi tous les index multiples qui ont été développés, deux sont particulièrement connus; ce sont celui à deux facteurs de Hollingshead et celui de Warner à quatre facteurs.

L'index de Hollingshead (1958)

Il faut garder à l'esprit avant d'analyser cet index qu'il a été conçu, comme tous les autres d'ailleurs, de façon à mesurer le rang social «global» d'un individu dans une communauté. De ce fait, il est possible d'obtenir un score élevé pour l'un des facteurs et faible pour l'autre. Conséquence logique, deux individus peuvent avoir le même score final d'indexation pour des raisons (facteurs) différentes. En fait, il est important de savoir que leurs processus de consommation peuvent différer au moins pour certains produits.

L'utilisation fort simple de l'index est expliquée dans le tableau 9.5.

Nous avons dû adapter l'échelle du niveau d'instruction au système canadien; de ce fait il sera nécessaire, avant tout usage, d'en vérifier la validité. Une erreur classique d'utilisation de ces échelles consiste dans la tendance qu'ont certains chercheurs à substituer ou à manipuler les facteurs d'une façon tout à fait arbitraire, ignorant ainsi le processus méticuleux de mise au point d'un tel instrument.

L'index de Warner (1949)

Il est l'un des index de classe sociale les plus utilisés. Warner l'a développé en Nouvelle-Angleterre. Il repose sur les indicateurs socio-économiques suivants:
— la profession (pondération: x 4);
— la source de revenu (pondération: x 3);
— le type de maison (pondération: x 3);
— le lieu d'habitation (pondération: x 2).

Les catégories utilisées pour chacun des indicateurs sont reproduites dans le tableau 9.6. Comme le soulignent Engel, Blackwell et Kollat (1978), plusieurs avantages reliés à cet index en ont accru l'utilisation:
— il a été validé par des méthodes d'attributions sociales;
— il a été validé par d'autres index;
— il a été utilisé, avec modifications, dans plusieurs communautés, villes et pays;
— il a reçu une confirmation théorique considérable.

Par contre, cet index a lui aussi fait l'objet de critiques (Felson, 1975), celles-ci portant particulièrement sur les points suivants:

— l'âge de l'outil;
— les relations de cause à effet entre ces variables qui sont ignorées;
— les diverses conséquences possibles associées à chacune de ces variables;
— l'évolution des récompenses associées à la classe sociale en fonction des différents stades du cycle de vie familial.

Nous pouvons en ajouter un: la difficulté d'opérationnaliser certains indicateurs et, notamment, comme nous l'avons déjà dit, le lieu d'habitation.

(A) L'ÉCHELLE PROFESSIONNELLE

	Score
Administrateurs de haut niveau, propriétaires et professionnels majeurs	1
Cadres d'affaires, propriétaires d'affaires de taille moyenne et professionnels de second niveau	2
Personnel cadre, propriétaires de petites affaires et petits professionnels	3
Personnel de bureau, vendeurs, techniciens, propriétaires de très petites affaires	4
Ouvriers spécialisés	5
Préposés aux machines et employés semi-spécialisés	6
Employés non spécialisés	7

(B) L'ÉCHELLE DU NIVEAU D'INSTRUCTION

	Score
Post-secondaire	
Universitaire — achevé	1
Universitaire — inachevé	2
Non universitaire — achevé	3
Non universitaire — inachevé	4
Élémentaire — Secondaire	
Secondaire — achevé	5
Secondaire — inachevé	6
8e année ou moins	7

(C) LE SYSTÈME DE PONDÉRATION

(Score professionnel x 7) + (Score éducationnel x 4) = Score d'indexation

(D) LE SYSTÈME DE CLASSIFICATION

Classe 1	Scores
I	11 — 17
II	18 — 31
III	32 — 47
IV	48 — 63
V	64 — 77

Source: Hollingshead, 1958.

Tableau 9.5 L'index de classe sociale à deux facteurs selon Hollingshead (tentative d'adaptation au Canada).

OCCUPATION (x4)	SOURCE DE REVENU (x3)	TYPE DE MAISON (x3)	LIEU DE RÉSIDENCE (x2)
PROFESSIONNELS, GÉRANTS, ADMINISTRATEURS	FORTUNE FAMILIALE	MAISONS MAGNIFIQUES	TRÈS CHIC
PETITS ADMINISTRATEURS ET SEMI-PROFESSIONNELS	FORTUNE GAGNÉE	TRÈS BELLES MAISONS	CHIC, LA PLUS BELLE BANLIEUE, EN MAISONS ET APPARTEMENTS
EMPLOYÉS DE BUREAU	HONORAIRES	BELLES MAISONS	AU-DESSUS DE LA MOYENNE, RÉSIDENTIEL
OUVRIERS SPÉCIALISÉS	SALAIRES	MAISONS MOYENNES	RÉSIDENTIEL DANS LA MOYENNE, PAS DE DÉTÉRIORATIONS
PROPRIÉTAIRES DE PETITES AFFAIRES	GAINS	MAISONS SIMPLES	AU-DESSOUS DE LA MOYENNE, DÉTÉRIORATIONS, USINES
OUVRIERS SEMI-SPÉCIALISÉS	ALLOCATIONS PRIVÉES	MAISONS PAUVRES	DÉTÉRIORÉ, EN DÉCADENCE
OUVRIERS NON SPÉCIALISÉS	ALLOCATIONS PUBLIQUES ET REVENUS «AU NOIR»	MAISONS TRÈS PAUVRES	SORDIDE

Tableau 9.6 Catégories utilisées pour l'index de Warner.

UN PROFIL GÉNÉRAL DES DIFFÉRENTES CLASSES SOCIALES

Voici maintenant quelques-unes des dimensions clés qui caractérisent les comportements au sein des différentes classes sociales aux États-Unis et par extension possible au Canada. Les généralisations qui seront présentées résultent de recherches descriptives effectuées par Warner lui-même, Coleman (1960), Levy (1966) et d'autres qui ont contribué fortement au développement de la recherche sur les classes sociales.

La classe supérieure élevée (ou l'aristocratie) (1,4 %)

Il s'agit de l'élite sociale, généralement constituée de vieilles familles fortunées. Ces individus occupent des positions professionnelles élevées, souvent en tant qu'administrateurs, ou possèdent leurs propres compagnies bien établies, jouent un rôle actif dans la communauté et les activités culturelles, envoient leurs enfants dans des écoles privées, puis dans les meilleures universités.

Sur le plan de la consommation, ils dépensent sans regarder, mais sans en faire l'étalage, ils s'habillent de façon classique et chic, et préfèrent acheter en privé. Leur position sociale est tellement assurée qu'ils peuvent, s'ils le désirent, dévier des normes établies sans pour autant en perdre leur statut.

La classe supérieure basse (ou les nouveaux riches) (1,6 %)

Cette classe est constituée de professionnels ou de gens d'affaires qui ont réussi et obtenu leur fortune par eux-mêmes plutôt que par héritage. Ce sont des gens très actifs qui cherchent à affirmer et à consolider leur statut fraîchement acquis.

Sur le plan de la consommation, la visibilité sociale revêt pour eux une grande importance: ils achètent de vastes maisons avec piscines, des automobiles luxueuses. Ils sont plus innovateurs que les aristocrates. C'est un marché fort important pour les produits de grand luxe.

La classe moyenne élevée (10,2 %)

Cette classe regroupe aussi des gens d'affaires et des professionnels ayant réussi, mais ne possédant pas le statut et surtout la richesse des nouveaux riches. Ils sont très préoccupés par leur carrière et leur motivation de réalisation est forte.

L'accent est placé sur l'instruction; c'est le groupe le plus instruit de la société. Plusieurs d'entre eux ont des diplômes d'études supérieures et sont exigeants quant aux performances scolaires de leurs enfants.

Étant donné leur haut niveau d'instruction, ils évaluent d'une façon plus critique et élaborée les possibilités de consommation qui leur sont présentées, et notamment les produits: c'est le marché de la qualité. La maison est un symbole de réalisation, ils s'intéressent à la mode et développent les activités de lecture. Les femmes appartenant à cette classe sont plus actives, éveillées et créatrices que les autres.

La classe moyenne basse (28,1 %)

Elle est constituée de cols blancs, de propriétaires de petites affaires, de vendeurs, d'instituteurs. Ils recherchent la respectabilité et tendent à se conformer aux normes sociales. La maison est un centre d'intérêt important; ils la désirent propre, présentable et située dans un bon voisinage.

Les femmes s'orientent davantage vers la maison et la famille; elles sont fières de leurs rôles de mère et de maîtresse de maison.

Sur le plan de la consommation, ces gens sont très sensibles aux variations de prix. Autre caractéristique spécifique, les femmes sont peu intéressées par les produits alimentaires faisant gagner du temps, préférant une conception plus traditionnelle de la cuisine.

La classe inférieure élevée (32,6 %)

C'est la classe du collet bleu ou encore la classe ouvrière. Les emplois font peu de place à la créativité, requièrent l'automatisme du geste, sont souvent routiniers. On y trouve des ouvriers spécialisés, des mécaniciens, des manutentionnaires. Le travail est, en lui-même, envisagé non pas comme une fin mais comme un moyen d'atteindre l'«après-boulot», c'est-à-dire les loisirs, le repos et le plaisir.

L'étroitesse des possibilités offertes par les emplois et l'impossibilité d'y exprimer véritablement sa personne favorisent le développement de modes de comportement d'achat de type impulsif pour échapper à la routine. De ce fait, les promotions sur les lieux de vente s'avèrent particulièrement efficaces auprès de ces personnes. L'achat immédiat supplante l'achat planifié et, par conséquent, la publicité vantant la fantaisie, l'évasion touche de très près ce public.

La classe inférieure basse (26,1 %)

Ce sont les plus défavorisés de la société; les ouvriers non spécialisés, les assistés sociaux en font partie. Ce sont des gens souvent frustrés, voire aigris par leur statut économique.

Ils sont peu informés sur les prix, les produits, les magasins, si bien que, même en ne consommant que l'essentiel, ils payent souvent trop cher des produits de mauvaise qualité. Ils achètent aussi, phénomène courant, des produits-symboles de la société de consommation: les voitures de prix élevé, les téléviseurs couleur en constituent des exemples. Ils ont souvent recours au crédit.

CLASSE SOCIALE, COMPORTEMENT DE CONSOMMATION, MARKETING STRATÉGIQUE

Parmi tous les phénomènes reliés au comportement social des individus, l'un des plus fondamentaux et mystérieux est leur tendance à vouloir à la fois se différencier les uns des autres et se regrouper sur la base de similitudes.

Or, ce concept de positionnement social, c'est-à-dire la création de groupes sociaux à l'intérieur d'une communauté pour mieux s'y différencier par la suite, n'est-il pas en tous points analogue à celui du positionnement de marketing qui consiste à proposer un produit différencié de celui des concurrents à un segment sélectionné? Cette analogie dans la logique du positionnement entre un système d'application (la société) et un système stratégique d'exploitation (le marketing) ne pouvait que favoriser le développement d'une analyse approfondie des classes sociales comme moyen de segmenter un marché. Or, c'est bel et bien la recherche de la segmentation qui a suscité les études sur les classes sociales en comportement du consommateur et qui suppose la réalisation des étapes suivantes:

1) Identification de l'usage qui est fait du produit selon les classes sociales;
2) Croisement des variables socio-économiques de segmentation avec d'autres variables telles que le cycle de vie familial, le mode de vie;
3) Description des caractéristiques de consommation du produit propres à chacune des classes sociales identifiées;
4) Développement d'un programme de marketing qui réponde le mieux possible aux spécifications des classes sociales constituant des segments cibles.

De ce but centralisateur qu'est la segmentation ont dérivé des applications diverses selon l'intérêt spécifique de l'analyse et le domaine du marketing devant en profiter: la figure 9.1 donne un aperçu de ces relations.

Nous développerons ici les grands résultats d'analyses à caractère «social» reliées au comportement du consommateur et préciserons quelques-unes des implications pratiques, laissant le soin au lecteur d'en imaginer d'autres possibles.

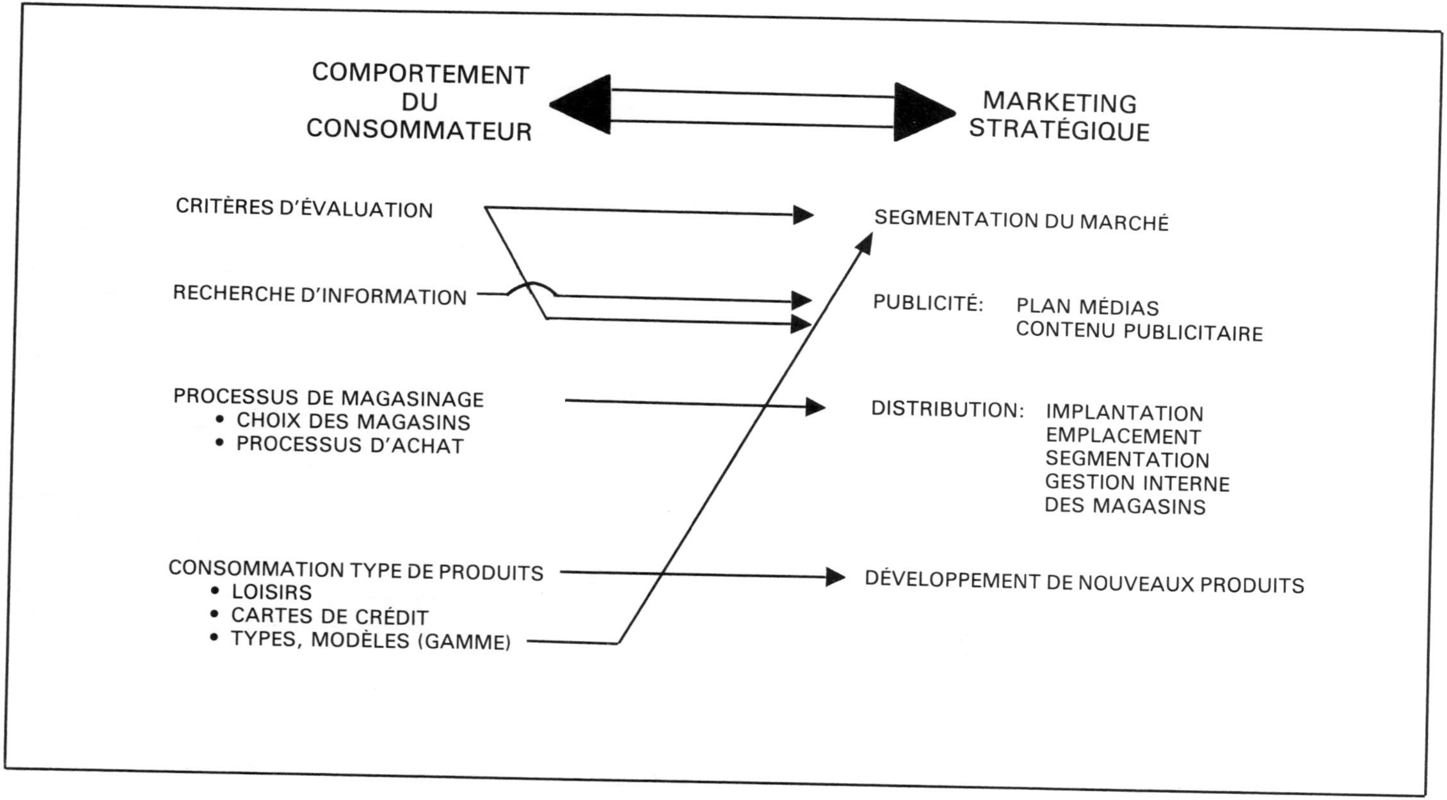

Figure 9.1 Classe sociale, comportements de consommation, gestion du marketing.

Les critères d'évaluation

Tout porte à croire que les spécifications auxquelles se réfère un consommateur pour comparer les produits et les marques en présence sur le marché devraient être grandement influencées par son appartenance à une classe sociale donnée. Sachant que l'importance de cette influence est reliée au type de produit étudié, nous présenterons les résultats des recherches en les regroupant autour de différents produits.

Le vêtement

Ne dit-on pas des vêtements qu'ils sont des objets fabriqués pour couvrir le corps humain, le cacher, le protéger ou le parer, *selon les coutumes propres à chaque société ou même à chaque classe sociale?* Le style, la qualité, la coupe des pièces d'habillement portés par un individu sont, en général, fortement empreints de l'influence exercée par la classe sociale.

De nombreux résultats de recherches en comportement du consommateur sont venus corroborer ces assertions, de la façon suivante:

— le vêtement est un indicateur visuel et instantané de l'appartenance à une classe sociale chez celui qui le porte (Hoult, 1954);
— le fait d'être «bien habillée» est un critère de succès pour une adolescente, de l'avis même de ces dernières (Ostermeier, Eicher, 1966);
— la mode vestimentaire est un moyen de différenciation privilégié à cause du caractère de visibilité sociale des pièces d'habillement (Gordon, 1957);
— si l'intérêt vis-à-vis des styles et des modes vestimentaires est fort répandu à travers toutes les classes de la société, il s'accroît substantiellement dans les classes élevées (Rich et Jain, 1968);
— ce sont les femmes aisées qui lisent le plus les revues de mode, assistent aux défilés de mode, discutent de la mode, et qui observent le plus ce que les autres portent (Rich et Jain, 1968);
— les consommateurs des classes inférieures recherchent plus le confort dans l'habillement que la mode en tant que telle (Roscoe, LeClaire, Schiffman, 1977).

Ameublement et décoration

«Un riche ameublement» ou, à l'inverse, «un ameublement modeste», voilà deux expressions couramment utilisées pour évaluer l'ensemble des objets qui meublent, garnissent, décorent une maison, une pièce et, par contrecoup, le rang de celui ou de ceux qui les possèdent.

L'ameublement exerce une fonction symbolique certaine pour les consommateurs de rang social élevé, alors qu'il a une fonction utilitaire pour ceux des classes inférieures. Les classes sociales les plus élevées se dépeignent dans leur mobilier, en achetant du moderne ou du classique, par des décorations stylées, par le choix d'oeuvres d'art. Par contre, les classes sociales inférieures recherchent plus la standardisation, le confort et l'entretien aisé (Levy, 1966).

De toutes les pièces de la maison, le salon est sans aucun doute celle qui reflète le mieux l'image de la famille: c'est pourquoi on l'appelle souvent «le miroir familial». La pertinence de recourir à l'ameublement et à la décoration du salon comme d'un baromètre de l'échelle sociale d'une famille a été démontrée dans une étude, devenue un classique en la matière, et à laquelle on a donné le nom d'«échelle du living-room» (Laumann, House, 1970).

Tirée de cette dernière étude, la figure 9.2 présente une typologie des classes sociales basée sur la possession de types spécifiques de meubles et d'accessoires de décoration pour un salon. Elle répertorie et classifie 33 articles de salon (ou caractéristiques) sur le plan du statut social élevé ou inférieur et du décor moderne ou traditionnel. Cette classification débouche sur quatre grands groupes distincts selon toutes les combinaisons prises deux à deux (statut inférieur traditionnel/quadrant supérieur gauche; statut élevé traditionnel/quadrant supérieur droit; statut supérieur moderne/quadrant inférieur droit; statut inférieur moderne/quadrant inférieur gauche).

Il est évident que ce type de classification présente un intérêt certain pour le développement de nouveaux produits ou de campagnes publi-promotionnelles s'adressant à un segment cible en particulier.

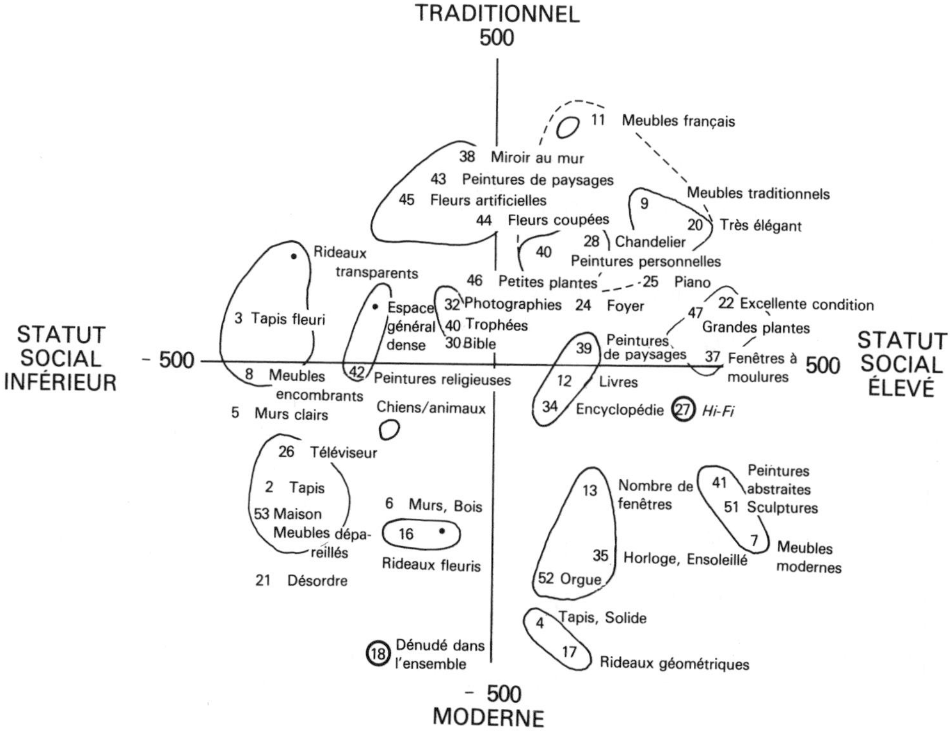

Source: Laumann, E., House, J., «Living Room Styles and Social Attributes: The Patterning of Material Artifacts in a Modern Urban Community», *Sociology and Social Research, vol. 54, avril 1970, p. 326. Reproduit avec autorisation, Copyright ©.*

Figure. 9.2 L'échelle sociale du living-room.

Une autre étude plus récente réalisée par l'American Telephone and Telegraph Company (ATTC) et portant sur les modèles, les styles et les couleurs de téléphones est venue approfondir nos connaissances sur la relation entre la classe sociale et le style de décoration recherché au foyer. Un examen des résultats montre:

a) que les classes sociales moyennes inférieures pensent qu'un téléphone doit améliorer ou tout au moins contribuer au style d'une pièce et être disponible dans plusieurs formes et couleurs;

b) que les classes inférieures recherchent tout simplement un téléphone qui fonctionne;

c) que les classes sociales élevées constituent un marché potentiel pour des téléphones de style (Roscoe, LeClaire, Schiffman, 1977).

Le comportement alimentaire

Alors que les membres de classes sociales élevées recherchent le raffinement et l'originalité des mets, conférant ainsi aux aliments une valeur symbolique élevée, ceux des classes inférieures disent après un repas réussi qu'ils sont «remplis», redonnant aux aliments une valeur avant tout nutritionnelle et donc plus pragmatique (Levy, 1966; Dussart, 1981).

Tout ceci fait qu'il arrive souvent à des familles aisées d'acheter des aliments plus pour leur effet-signe que pour leur valeur nutritive et que les familles modestes procèdent à des achats de produits alimentaires standard et reconnus. L'aspect sémiologique est d'ailleurs accentué dans des situations de consommation spécifiques telles que des repas avec invités où la fonction sociale du produit alimentaire est poussée à l'extrême, dans les milieux aisés notamment (Dussart, 1981).

La recherche d'information: type, quantité, contenu

Le contenu communicationnel

La réalité de tous les jours montre que les membres des classes sociales inférieures décrivent les événements qui les entourent en des termes très personnels et concrets alors que ceux des classes moyennes et supérieures parlent de leurs expériences à partir d'un ensemble de points de vue (Schatzman, Strauss, 1955).

On peut illustrer cette constatation par le type de réponse qui est donnée à la question suivante: «Où achetez-vous votre chewing-gum?» Réponse type dans la classe moyenne supérieure: «À un comptoir quelconque ou dans un kiosque à journaux»; réponse type dans la classe moyenne inférieure: «Chez Steinberg ou chez le dépanneur du coin»; réponse type dans la classe inférieure: «Chez Tony.»

Les membres des classes sociales moyenne et supérieure jouissent donc d'une vision plus large du monde, alors que ceux des classes inférieures envisagent celui-ci sous l'angle de leurs expériences vécues à très court terme. Ceci coïncide d'ailleurs fort bien avec les résultats d'une étude de Levy (1966) selon lesquels les consommateurs des classes inférieures sont plus réceptifs aux messages publicitaires qui possèdent un fort caractère visuel, qui montrent une activité précise de la vie de tous les jours, qui dégagent une impression de vitalité et présentent des solutions pratiques à des problèmes quotidiens.

À l'opposé, les consommateurs aisés sont plus réceptifs au symbolisme subtil, aux approches personnalisées, à la présentation de produits et de symboles qui soient à même de véhiculer et de représenter leur statut social.

Toujours sur le plan du contenu communicationnel, le vocabulaire employé représente un autre facteur important de différenciation entre les classes sociales (Morland, 1958; Ellis, 1967). Une connaissance approfondie des différentes terminologies en place au sein des classes sociales est un préalable nécessaire à la rédaction d'une communication de marketing, que ce soit pour un message publicitaire, un emballage ou une inscription sur une étiquette. Ainsi, il est une règle qui dit que pour être compris, un message publicitaire doit parler le langage des gens auxquels il s'adresse.

Les comportements communicationnels

Le niveau d'instruction semble prédire mieux que toute autre chose le recours aux différents médias d'information. Les personnes les plus instruites adoptent des comportements communicationnels qui diffèrent sensiblement de celles qui le sont moins, ces différences ne pouvant être attribuées à des écarts de temps libre entre les deux groupes.

D'une façon générale, les membres des classes moyennes et supérieures s'abonnent plus facilement aux journaux et aux magazines, regardent moins la télévision, contrôlent plus le temps passé par leurs enfants devant le récepteur télé, s'intéressent davantage aux émissions d'actualité, aux drames, alors que les spectacles de variétés, les jeux télévisés, les feuilletons et les comédies s'adressent plus aux classes inférieures.

En ce qui concerne maintenant la recherche d'information touchant spécifiquement le domaine de la consommation, le degré de recours aux médias d'information semble être le plus fort pour les catégories les plus aisées, lesquels se répartissent uniformément entre la radio, la télévision, les journaux et les revues spécialisées telles que *Consumers Reports* aux États-Unis et *Protégez-vous* au Québec (voir le tableau 9.7 qui donne des résultats d'une étude menée au Québec par l'Office de Protection du Consommateur).

L'information imprimée touche donc plus les classes aisées, et cette relation s'accentue avec la spécialisation de l'information.

Les processus d'achat

Le choix des magasins

La recherche dans ce domaine porte presque exclusivement sur l'étude du processus d'achat des femmes. Bien que la plupart d'entre elles aiment fréquenter les magasins, leurs motifs varient selon les classes sociales. Quelques-uns des principaux résultats obtenus peuvent se résumer de la façon suivante:

— les femmes des classes sociales supérieure et moyenne supérieure font la tournée des magasins plus souvent que les autres; elles apprécient l'acte de magasiner en tant que tel (lèche-vitrines, atmosphère des magasins), alors que les femmes des classes inférieures trouvent leur plaisir dans l'acquisition proprement dite de nouveaux vêtements ou d'articles pour la maison (Rich et Jain, 1968);

(A) INFORMATION ET CLASSE SOCIALE

Pourcentage de ceux qui déclarent recourir régulièrement à la télévision, à la radio, aux journaux et aux revues spécialisées pour obtenir de l'information en consommation.

	Radio-télévision	Journaux	Revues spécialisées
Scolarité			
— primaire	23,5	13,0	3,1
— secondaire	31,4	22,7	6,8
— supérieure	40,8	33,6	13,1
Âge			
— 18-34 ans	36,7	19,8	7,1
— 35-54 ans	28,9	22,6	6,9
— 55 ans et plus	25,8	20,4	5,6
Catégorie occupationnelle			
— supérieure	33,6	28,3	13,2
— moyenne	32,6	24,6	6,3
— inférieure	29,1	13,7	3,7
Revenu familial			
— revenu inférieur à 12 000 $	30,0	19,3	3,6
— revenu supérieur à 12 000 $	34,7	24,7	9,4

(B) RECOURS AUX MÉDIAS ET CLASSE SOCIALE

Degré de recours aux médias d'information en consommation selon l'âge, la scolarité, le revenu familial, le statut occupationnel, le sexe et la langue maternelle des consommateurs.

	Recours fort	Recours moyen	Recours faible
Âge			
— 18-34 ans	34,9	45,7	19,4
— 35-54 ans	32,9	37,9	29,2
— 55 ans et plus	23,8	37,2	38,9
Scolarité			
— primaire	18,0	39,0	43,0
— secondaire	32,2	43,4	24,3
— supérieure	51,9	32,5	15,6
Revenu familial			
— revenu inférieur à 12 000 $	24,6	40,6	34,8
— revenu supérieur à 12 000 $	39,7	39,7	20,6
Catégorie occupationnelle			
— supérieure	45,0	34,1	20,9
— moyenne	33,1	42,7	24,2
— inférieure	22,1	42,0	35,9
TOTAL	30,6	39,8	29,6

Source: Belley, J.G., Hamel, J., Masse, C., *La Société de consommation au Québec*, Coproducteur: Office de Protection du Consommateur, Éditeur officiel du Québec, la Documentation québécoise, 1980, p. 103 et 106. Reproduit avec autorisation, Copyright © 1980.

Tableau 9.7 La recherche d'information chez le consommateur québécois.

— les femmes des classes aisées discutent entre elles de leurs achats, alors que les femmes des classes moins favorisées en parlent aux membres de leur famille;
— les femmes ne magasinent pas forcément aux mêmes endroits: soit au centre-ville, soit ailleurs, dans des centres commerciaux périphériques par exemple;
— alors que les magasins à rayons attirent la très grande majorité des femmes, toutes classes confondues, il y a une nette tendance chez les femmes aisées à préférer ceux qui sont les plus traditionnels et, à l'inverse chez les femmes des classes inférieures, à fréquenter ceux qui pratiquent plus la vente de masse et sont situés au centre-ville (*ibid.*);
— les magasins à rabais s'adressent généralement aux femmes des classes moyennes qui ont suffisamment de confiance en elles (ce qui manque à celles des classes inférieures) et de motivations (ce qui manque à celles des classes supérieures) pour fréquenter de tels magasins, bien que cela puisse varier selon les types de produits: plus le risque social associé au produit est grand, plus les ventes baissent avec l'accroissement du rang social (Prasad, 1975);
— enfin, les femmes de carrière, contrairement à celles qui restent à la maison, fréquentent les magasins à des heures différentes de la journée et à des jours différents de la semaine; de ce fait, la dimension temporelle devrait être importante pour segmenter le marché de la clientèle féminine (Hirschman, 1980).

Les comportements face aux prix

La plupart du temps, les consommateurs des classes sociales les plus basses sont mal informés sur les prix et les différences entre produits (Gabor, Granger, 1964). Ils achètent plus facilement que les autres des produits offerts en promotion ou à petits prix (Webster, 1964). Parce qu'ils manquent d'information objective, ils ont recours au prix comme indicateur de qualité, ce qui, d'ailleurs, se retourne souvent contre eux puisqu'il les rend vulnérables au fait de payer trop cher pour des produits de basse qualité (Caplovitz, 1963). Les consommateurs des classes élevées, et plus particulièrement ceux de la classe moyenne supérieure, sont plus aptes à juger de la qualité réelle d'un produit (Fry, Siller, 1970).

Réévaluation après l'achat et esprit consommateuriste

Deux études récentes permettent de tirer des enseignements sur le degré d'attention porté par les consommateurs à la réévaluation de leurs achats (Office de Protection du Consommateur, 1980) et à leur propension à adopter une philosophie consommateuriste (Diamond, Ward, Faber, 1976).

Dans le premier cas, on constate sans surprise, à la lecture du tableau 9.8, que la fréquence des problèmes signalés est reliée étroitement au statut socio-économique découlant de l'activité occupationnelle; le nombre des problèmes identifiés augmente avec le statut social.

Dans le second cas, on remarque que le type de plaintes varie aussi avec la classe sociale (voir tableau 9.9).

Ceci nous amène à conclure que la classe sociale est une variable explicative du niveau de satisfaction après l'achat et des problèmes de consommation qui en découlent.

Statut socio-économique	% des consommateurs	% des problèmes signalés	Moyenne prob. signalée/consommateurs	% signalant deux problèmes ou plus
Très faible	25,0	20,6	1,88	42,9
Faible	25,7	24,3	2,16	47,4
Élevé	25,4	25,8	2,32	53,1
Très élevé	23,8	28,9	2,77	62,0

Source: Belley, J.G., Hamel, J., Masse, C., *La Société de consommation au Québec,* Coproducteur: Office de Protection du Consommateur, Éditeur officiel du Québec, la Documentation québécoise, 1980, p. 231. Reproduit avec autorisation, Copyright © 1980.

Tableau 9.8 Fréquence des problèmes de consommation signalés au Québec selon le statut socio-économique.

	CLASSES SOCIALES			
Types de problèmes	**Inférieure (n = 39)**	**Intermédiaire (n = 66)**	**Élevée (n = 45)**	**Total (n = 150)**
Avant l'achat	13 %	11 %	20 %	14 %
Durant la transaction/livraison	10	31	31	27
Performance du produit	13	18	18	17
Garantie/contrat	15	11	9	11
Service/réparation	39	25	18	26
Dépôt/crédit/versements	8	1	4	4
Autres	2	3	0	1
	100 %	100 %	100 %	100 %

Source: «Consumer Problems and Consumerism: Analysis of Calls to a Consumer Hot Line», *Journal of Marketing,* janvier 1976, p. 60. Reproduit avec autorisation, Copyright © 1976.

Tableau 9.9 Types de problèmes énoncés sur une ligne ouverte selon les classes sociales.

La consommation type de produits

Épargne, dépenses, crédit

L'utilisation qui est faite de la carte de crédit

Les membres des classes sociales élevées et intermédiaires utilisent la carte de crédit comme un substitut pratique à l'argent sonnant et pour des achats de produits de luxe tels que les spectacles, les repas au restaurant, les antiquités, l'essence.

À l'opposé, les consommateurs moins aisés voient dans la carte de crédit un moyen de «retarder le paiement» et l'utilisent pour l'achat de produits de nécessité tels que les meubles, les vêtements, les médicaments (Lee Mathews, Slocum, 1969).

Quelles que soient les différences dans l'usage qui en est fait, le recours à la carte de crédit s'est fort répandu à travers toutes les couches de la société. Les utilisateurs les plus fréquents sont, cependant, des gens de revenu élevé, d'âge moyen, ayant un bon niveau d'instruction et une occupation professionnelle (Plummer, 1971; Hawes, Blackwell, Talarzyk, 1977).

Les sources de crédit

Les classes aisées recourent aux banques et aux polices d'assurance comme sources et moyens d'obtenir du crédit. Les classes inférieures, quant à elles, citent les compagnies de prêts personnels, les sociétés de crédit et les amis (Martineau, 1960).

La conception du budget familial

Les gens aisés se préoccupent de l'avenir, ont confiance à leur capacité de se financer, sont désireux d'investir dans l'assurance, les actions et l'immobilier. En revanche, les gens des classes sociales inférieures recherchent plus les gratifications immédiates; lors d'éventuels placements de leur épargne, ils exigent sécurité et garantie du rendement.

Les loisirs

Les loisirs ne sont pas à la portée de toutes les bourses, et s'il est un domaine qui soit assujetti à l'influence du rang social, c'est bien celui-là (voir Bishop et Ikeda, 1970).

Le théâtre, les concerts, le bridge sont des activités sociales élevées, alors que la télévision, la pêche, le base-ball s'adressent aux catégories les plus défavorisées.

Les activités commerciales (bowling, billard, tavernes) et le bricolage sont associées aux classes sociales modestes, alors que les activités sportives prestigieuses telles que le tennis, l'équitation, le patinage artistique sont des chasses gardées de l'aristocratie et des nouveaux riches.

Enfin, les voyages varient aussi selon les classes sociales, bien que le développement d'un tourisme industriel ait favorisé une certaine démocratisation du domaine.

Les types et modèles de produits

Il va de soi que certains produits, que certains modèles à l'intérieur d'une même ligne de produits et que certaines marques d'un même produit s'adressent plus particulièrement à certaines classes sociales qu'à d'autres. Le but de l'entreprise est alors d'adapter l'offre, c'est-à-dire la gamme de ses produits, à la demande, c'est-à-dire les spécificités de chacune des classes sociales. Les exemples en sont nombreux, notamment dans le domaine de l'automobile: entre les grosses et les petites voitures, entre les voitures étrangères et domestiques, entre les voitures «super-équipées» et celles qui ne le sont pas, entre des marques de prestige et d'autres plus populaires, etc.

CONCLUSION

La stratification sociale, c'est-à-dire le découpage de la société en une hiérarchie de couches sociales, est un phénomène commun à toutes les sociétés et cultures. Le rang social est généralement synonyme de statut et il se définit toujours de façon relative et donc en référence à celui des autres classes sociales.

L'appartenance à une classe sociale sert de cadre de référence au développement d'attitudes et de comportements dits «de classes». La consommation n'y échappe pas et c'est pourquoi les stratèges en marketing ont recours à des systèmes de groupes sociaux pour identifier et segmenter leurs marchés cibles.

En ce sens, la mesure des classes sociales acquiert une valeur toute particulière qui ne s'assombrit que devant les difficultés rencontrées à classer les individus dans des groupes parfaitement distincts, le statut socio-économique étant un phénomène multidimensionnel fort complexe.

Nous avons vu qu'il y avait deux grandes approches (subjective et objective) pour mesurer les classes sociales et nous avons souligné que les mesures socio-économiques combinant plusieurs facteurs en une position sociale globale étaient, une fois validées, les plus utiles à l'analyse du comportement du consommateur.

Enfin, nous avons prouvé que la recherche en marketing avait largement démontré les effets de la classe sociale sur les actes de consommation, gardant à l'esprit que l'ampleur de cet effet pouvait varier selon le type de produit étudié.

En guise de résumé, disons que les résultats de ces analyses sont fort prometteurs, non seulement pour l'entreprise privée, mais aussi pour les organismes publics, parapublics, gouvernementaux, tel que nous allons le démontrer maintenant.

DÉMONSTRATION PRATIQUE: LE PROFIL SOCIO-ÉCONOMIQUE DU CONSOMMATEUR QUÉBÉCOIS*

Dans le premier chapitre de cet ouvrage, nous avons affirmé que l'engouement actuel que suscite la recherche en comportement du consommateur était dû, en partie, à l'utilisation possible par différents types d'organismes des résultats d'analyses obtenus.

Or, pour l'instant, nous avons, dans la section démonstration, limité la nature de nos exemples à des applications s'adressant à des entreprises privées.

Le moment nous semble opportun de présenter une application de ce type d'analyse à un domaine dont l'orientation est à caractère «non lucratif»; nous avons choisi l'analyse de la consommation d'une communauté en général et nous sommes basé sur une vaste étude réalisée récemment, et en premier, par

---

* *Source:* Belley, J.G., Hamel, J., Masse, C., *La Société de consommation au Québec,* Coproducteur: Office de Protection du Consommateur, Éditeur officiel du Québec, la Documentation québécoise, coll. Études et Dossiers, 1980. Reproduit et adapté avec autorisation, Copyright©.

l'Office de Protection du Consommateur du Québec, intitulée *La Société de consommation au Québec*. Celle-ci vise à mieux connaître les habitudes de consommation des Québécois reliées à leur profil culturel et socio-économique.

À cause de l'ampleur des résultats, nous n'en donnerons ici qu'un très bref aperçu, ne retenant que ceux reliés à la détermination d'un profil du consommateur québécois; pour plus de détails, nous conseillons très fortement au lecteur intéressé par le sujet de se référer à l'ouvrage qui a été publié à la suite de cette enquête et qui figure dans la bibliographie.

Soulignons enfin que nous puiserons abondamment dans le texte original afin de ne pas trahir la pensée de ses auteurs.

Les objectifs de l'étude

L'étude vise d'abord à connaître et à comprendre un peu mieux les habitudes de consommation des Québécois, à identifier les différents modèles de consommation, à mesurer si possible l'écart, les différences et, jusqu'à un certain point, les oppositions qui séparent les groupes sociaux quant à la possibilité pour eux d'accéder à cette société dite d'abondance, à connaître les capacités d'intégration et de résistance manifestées par ces groupes à l'égard de cette société tant au niveau de leurs comportements qu'à celui de leurs perceptions idéologiques, à cerner l'étendue des mécanismes individuels et sociaux de défense susceptibles de les amener à réagir aux difficultés et problèmes qui découlent du fonctionnement de cette société.

La compréhension des phénomènes reliés aux comportements et attitudes culturelles de consommation, de même qu'aux problèmes de consommation et de «privations», repose sur les consommateurs comme seuls témoins et indicateurs de leur propre situation sociale.

Quelques considérations méthodologiques

Les unités de consommation comme base d'analyse

L'unité de base de l'étude a été définie comme étant le logement. Par là, il était implicitement reconnu que le consommateur interrogé traite en fait des problèmes de consommation qui se posent à l'ensemble de l'unité de consommation dans lequel il est directement impliqué. En ce sens, l'enquête porte sur les questions et préoccupations concernant l'ensemble du logement et non le seul consommateur en tant qu'individu.

Le chef de ménage a été considéré comme le meilleur indicateur pour témoigner, celui-ci étant le mari ou l'épouse, selon les familles.

L'échantillon

Dès le départ, les responsables de l'étude ont cherché à effectuer une analyse qui permette une vision d'ensemble de la société de consommation au Québec et qui, en même temps, tienne compte des particularités et différences régionales.

À partir de la liste électorale la plus récente, neuf échantillons représentatifs de neuf régions administratives du Québec ont été ainsi construits, soit un grand total de 1879 entrevues complétées, correspondant à un taux de réponse de 72,2 %!

L'enquête par questionnaire

Plus de cent interviewers ont sillonné le Québec pour interroger à leur domicile les chefs de ménage qui habitaient les logements sélectionnés au hasard. D'une durée moyenne d'une heure et demie, l'entrevue, assez complexe, était régie par un certain nombre de règles qui ont fait l'objet d'un manuel technique. Le questionnaire comportait 363 questions qui ont engendré plus de 1000 variables.

Le profil des consommateurs québécois: les principaux résultats

Niveaux de consommation et position socio-économique

Le niveau de consommation des unités est d'autant plus élevé que le répondant est jeune, que la scolarité du chef de ménage est élevée, que sa position occupationnelle est importante ou que son revenu familial est élevé (voir tableau 9.10).

Quatre conditions apparaissent a priori nécessaires pour accéder à un niveau de consommation élevé:

1) *Avoir moins de 55 ans.* 74,7 % des unités dont le répondant est âgé de plus de 55 ans possèdent un faible niveau de consommation, contre seulement 35,9 % chez les moins de 35 ans;
2) *Avoir un niveau de scolarité qui dépasse le primaire.* 76 % des unités dont le chef de ménage possède un niveau de scolarité primaire ont en effet un niveau faible de consommation, contre seulement 25,3 % et 21,3 % chez ceux qui possèdent un niveau collégial et universitaire respectivement;
3) *Posséder un revenu familial élevé.* Soulignons à ce propos que les unités de consommation ont été ventilées en quatre groupes égaux. Le quartile inférieur regroupe les unités dont le revenu familial annuel est inférieur à 6500 $. Le deuxième quartile réunit les unités dont le revenu familial est situé entre 6500 $ et 12 000 $. Le troisième quartile regroupe les unités dont le revenu se situe entre 12 000 $ et 19 300 $. Enfin, le quartile supérieur a trait aux unités dont le revenu familial est supérieur à 19 300 $. Dans l'enquête, les unités à revenu familial élevé sont celles dont le revenu est supérieur à 12 000 $. En ce sens, 89,2 % et 78 % des ménages et familles à revenu familial très bas et bas se caractérisent par un faible niveau de consommation;
4) *Avoir un certain niveau d'occupation.* 62 % des ouvriers semi- et non spécialisés, 74,4 % des cultivateurs et 82,4 % des retraités possèdent un niveau faible de consommation. À l'inverse, 20 % des professionnels, gérants ou administrateurs et 29,1 % des petits administrateurs ou semi-professionnels manifestent un niveau faible de consommation.

Toutefois, ces variables n'exercent pas une même influence dans la détermination du niveau de consommation des unités. Seules celles du revenu familial et du niveau de scolarité semblent être déterminantes. Ainsi, peu importe l'âge, la scolarité ou la catégorie occupationnelle du chef de ménage, la possession d'un revenu familial élevé entraîne toujours un niveau de consommation plus élevé. À un revenu familial supérieur à 12 000 $ s'ajoute une deuxième

Variables socio-économiques		Niveau de consommation (%) (n = 2991) Très bas	Bas	Haut	Très haut
Âge du répondant	18-34 ans	13,3	22,6	33,8	30,3
	35-54 ans	18,9	25,9	24,8	30,4
	55 ans et plus	48,0	26,7	14,5	10,8
Scolarité du chef de ménage	Primaire	46,8	29,2	16,3	7,7
	Secondaire	18,8	25,8	29,9	25,5
	Collégial	5,7	19,6	29,6	45,1
	Universitaire	7,1	14,2	20,9	57,9
Revenu familial	Moins de 6500 $	64,2	25,0	8,3	2,5
	6500 $ — 12 000 $	32,2	35,8	23,5	8,5
	12 000 $ — 19 300 $	9,0	26,8	40,0	24,1
	Plus de 19 300 $	4,1	12,6	26,8	56,5
Occupation du chef de ménage	Professionnels, gérants, administrateurs	5,1	14,9	17,5	62,5
	Petits administrateurs et semi-professionnels	8,0	21,1	25,4	45,5
	Employés de bureau	15,7	27,8	31,4	25,2
	Ouvriers spécialisés	18,1	23,2	32,1	26,7
	Ouvriers semi- et non spécialisés	30,9	31,1	25,8	12,1
	Cultivateurs	35,7	38,7	16,0	9,6
	Retraités	52,3	30,1	10,6	7,1
	Autres	61,4	19,6	13,5	5,5
	Total	25,0	25,1	25,0	24,9

Source: Belley, J.G., Hamel, J., Masse, C., *La Société de consommation au Québec*, coproducteur: Office de Protection du Consommateur, Éditeur officiel du Québec, la Documentation québécoise, coll. Études et Dossiers, 1980, p. 25. Reproduit avec autorisation, Copyright ©.

Tableau 9.10 Niveau de consommation des ménages et familles québécois selon certaines variables socio-économiques.

condition pour l'obtention d'un niveau très élevé de consommation, soit un niveau de scolarité qui dépasse le primaire. *Il y a donc un effet conjugué du revenu familial et de la scolarité du chef de ménage dans la détermination du niveau de consommation.*

Les structures simples et complexes de consommation

L'accès inégal des unités à des niveaux élevés de consommation s'exprime également par la capacité différente des groupes à atteindre des formes complexes de consommation élevée (voir tableau 9.11).

Si l'accès à un niveau élevé de consommation repose essentiellement sur le revenu familial et la scolarité du chef de ménage, l'adoption de formes complexes de consommation semble en plus déterminée par sa position occupationnelle dans l'échelle sociale.

Face à ces résultats, nous pouvons poser l'hypothèse que d'une part les catégories occupationnelles supérieures, de par leur position sociale élevée, sont susceptibles d'obtenir des avantages auxquels n'ont pas accès les unités de catégories occupationnelles inférieures. Nous pensons par exemple au réseau de relations sociales plus développées qui multiplient les circonstances, les occasions propices à une plus grande diversification de la consommation; à la permanence mieux assurée dans les emplois qui permet dans l'ensemble une plus grande stabilité du rythme de consommation en évitant les points de coupure radicale dans le revenu familial; à l'accès plus facile et plus étendu aux diverses formes de crédit qui permet un meilleur accès aux diverses formes de consommation.

D'autre part, les contraintes sociales et économiques auxquelles les catégories occupationnelles inférieures sont soumises rendent difficile sinon impossible un même accès à la consommation: risques de chômage plus élevés et de grève plus fréquents qui tendent à briser le rythme de la consommation de ces groupes par le biais de l'instabilité du revenu familial. Le recours au crédit et, de là, à l'endettement devient dans ces conditions, et à la différence des catégories supérieures, le principal moyen de tenter de maintenir le rythme antérieur de consommation, et non plus seulement de le diversifier.

Les modes d'organisation de la consommation

À cette inégalité d'accès à la consommation d'un groupe à l'autre se greffent des manières différentes d'organiser la consommation mesurées par la ventilation du budget familial entre les dépenses pour des biens (B), des services (S) ou des loisirs (L). À niveaux différents de consommation, les groupes ne peuvent adopter des formes d'organisation similaires. Les modes d'organisation de la consommation observés reposent d'abord sur la capacité des groupes à aborder le champ de la consommation et dépendent étroitement de l'état de leurs ressources disponibles, des contraintes sociales et économiques auxquelles ils font face.

En bas d'un certain niveau de revenu familial (inférieur à 12 000 $), la seule forme d'organisation possible pour tous les groupes est le mode -BLS, c'est-à-dire que la majorité des unités de cette catégorie ne se caractérisent ni par une possession élevée des Biens, ni par une utilisation poussée des Services et Loisirs. Sauf pour les cultivateurs, tous les groupes ayant un revenu familial faible se définissent par les structures de consommation les plus simples.

Au-delà de ce minimum, des formes d'organisation émergent et, règle générale, se complexifient au fur et à mesure qu'on s'élève dans l'échelle sociale (voir tableau 9.12). Dans les catégories occupationnelles supérieures, l'organisation de la consommation est de loin la plus élaborée et repose sur la forme LSB, à savoir que la très grande majorité des unités de cette catégorie ont une consommation élevée de Loisirs, Services et Biens. Les unités des catégories occupationnelles moyennes se caractérisent par des formes d'organisation moins complexes. Les employés de bureaux se définissent par la forme LS et les ouvriers spécialisés par la forme BL. Dans les catégories inférieures, les cultivateurs se caractérisent par la forme simple B. Les ouvriers semi- et non spécialisés révèlent une forme d'organisation plus complexe que les catégories occupationnelles moyennes, soit la forme BLS. Comme groupe social, nous devons cependant observer qu'une très faible majorité d'unités de cette catégorie est affec-

A) OPÉRATIONNALISATION DE LA VARIABLE «FORMES DE CONSOMMATION»

	Formes de consommation	Fréquence absolue des unités (n)	Fréquence relative (%)
Formes non complexes	1) B + S - L -	298	10,2
	2) S + B - L -	209	7,2
	3) L + B - S -	347	11,9
	4) B - S - L +	795	27,2
Formes complexes	1) B + S + L -	218	7,5
	2) B + L + S -	255	8,7
	3) L + S + B -	333	11,4
	4) B + S + L +	462	15,8

B = biens S = services L = loisirs + = élevé - = faible

Source: *Ibid.*, p. 24. Reproduit avec autorisation, Copyright © 1980.

B) FORMES SIMPLES ET OCCUPATION

Proportions des individus qui ont des formes simples de consommation selon l'occupation du chef de ménage, le revenu familial, l'âge du répondant et la scolarité du chef de ménage.

	Professionnels Gérants Administrateurs	Semi-professionnels Petits administrateurs	Employés de bureau	Ouvriers spécialisés	Ouvriers semi- et non spécialisés	Cultivateurs	Retraités	Autres
	Catégorie occupationnelle							
	supérieure		moyenne		inférieure		Autre	
	20,4	33,9	48,3	47,4	69,3	78,1	80,5	84,4
Revenu familial inférieur à 12 000 $	*	67,7	64,9	72,0	86,6	83,0	84,3	91,3
Revenu familial supérieur à 12 000 $	19,5	23,7	37,3	37,3	41,4	*	*	*
Scolarité primaire	*	71,0	72,5	65,4	81,1	81,7	85,6	91,2
Scolarité secondaire	35,4	33,0	46,7	36,9	60,0	63,7	74,4	79,8
Scolarité supérieure	11,6	22,9	43,9	46,0	*	—	*	*
18-34 ans	19,8	27,1	36,6	41,4	62,8	86,4	—	68,2
35-54 ans	13,8	34,5	49,3	44,2	67,6	26,0	26,0	86,0
55 ans et plus	36,3	50,4	69,4	66,3	82,5	85,0	83,1	88,4

*indique n < 30 individus

Source: *Ibid.*, p. 35. Reproduit avec autorisation, Copyright © 1980.

Tableau 9.11 Le recours à des formes simples ou complexes de consommation.

tée par cette forme de structuration alors qu'au niveau des catégories moyennes, les modèles observés sont le fait d'un nombre d'unités beaucoup plus important.

(n = 2991)

		Catégorie occupationnelle						
		supérieure		moyenne		inférieure		
		Professionnels Gérants Administrateurs	Semi-professionnels Petits administrateurs	Employés de bureau	Ouvriers spécialisés	Ouvriers semi- et non spécialisés	Cultivateurs	Retraités
		(1)	(2)	(3)	(4)	(5)	(6)	(7)
Unités à consommation élevée de:	B	65,2	60,2	34,8	54,9	33,1	60,4	22,5
	S	73,4	61,9	52,3	43,7	32,9	26,3	24,3
	L	80,5	69,0	60,6	51,6	36,9	18,8	24,6
		LSB	LSB	LS	BL	—	B	—

Source: *Ibid.*, p. 40. Reproduit avec autorisation, Copyright © 1980.

Tableau 9.12 Modes d'organisation de la consommation selon l'occupation du chef de ménage.

Les comportements de consommation

L'inégalité dans l'accès à des formes élevées et complexes de consommation et les différences observées dans la structuration des modèles de consommation tendent à révéler un certain nombre de divergences et d'oppositions entre les unités sur leurs façons de se comporter en matière de consommation: s'intègrent-elles ou non au système de consommation, adoptent-elles ou non des comportements généraux de consommation traditionnels ou modernes (fréquentation de lieux d'achat modernes, recours aux diverses formes de crédit, dépendance face à la mode) (voir tableau 9.13)?

Quelle que soit la catégorie occupationnelle, la capacité d'intégration des unités repose sur la carte géographique de distribution ou de pénétration du système. À une certaine distance des centres modernes de consommation, les comportements se traduisent par une intégration beaucoup moins poussée, compte tenu des difficultés qu'impose aux unités de toutes catégories un tel éloignement.

À cet égard, nous pouvons observer une différence par rapport au niveau général de consommation. S'il y a interaction positive entre le niveau de consommation et les comportements, ces deux phénomènes ne sont pas affectés au même degré par la proximité ou l'éloignement des centres modernes de consommation. Alors que l'intégration élevée des comportements suppose que les unités de consommation sont situées à l'intérieur d'une aire géographique donnée par rapport aux centres modernes de consommation, limite au-delà de laquelle tous les groupes manifestent des comportements traditionnels, un niveau élevé de consommation ne requiert aucunement la présence de tels centres dans ce même espace géographique. Le niveau de consommation n'est à vrai dire nullement influencé par la présence ou l'éloignement des centres commerciaux.

Avec les mêmes ressources éducatives et financières, il est possible de s'assurer un niveau de consommation similaire, peu importe la distance des centres modernes de consommation, à la condition de ne pas être situé dans une zone rurale; mais il s'avère beaucoup plus difficile de manifester des comportements modernes au-delà d'une certaine limite. Une dépendance élevée face à la mode, un recours poussé aux diverses formes de crédit et une fréquentation assidue des lieux modernes d'achat supposent une certaine proximité des centres actifs et modernes de consommation, ce que n'exige pas nécessairement l'adoption d'un niveau élevé de consommation, lequel peut plus facilement se contenter des centres de distribution «moins à la page», comme il peut résister plus facilement à l'éloignement des centres modernes. À cet égard, si les unités possèdent des ressources financières suffisantes, elles ne se laisseront pas facilement arrêter par la distance pour consommer davantage, mais elles auront davantage tendance à le faire d'une manière plus traditionnelle, en quelque sorte par défaut.

Par ailleurs, dans la sphère d'influence de l'aire géographique inférieure à 15 milles du premier centre commercial, la capacité d'intégration est directement fonction de l'importance des ressources culturelles et économiques. Les catégories occupationnelles supérieures sont ainsi caractérisées par des comportements moins traditionnels que les catégories occupationnelles inférieures. C'est à l'intérieur de ces catégories que nous retrouvons proportionnellement le plus grand nombre d'unités dont la scolarisation dépasse le niveau primaire et le revenu familial est supérieur à 12 000 $, variables qui influencent directement la capacité d'intégration des unités de consommation.

En ce sens, les différences observées entre catégories occupationnelles ne s'expliquent pas tant par une plus grande résistance des catégories inférieures que par un certain nombre d'avantages, sur le plan des ressources, qui favorisent les membres des catégories occupationnelles supérieures au détriment des catégories moins élevées et qui accroissent du même coup les chances d'une intégration plus poussée. Une plus grande capacité de résistance de catégories moins élevées se traduirait normalement par une opposition plus grande, au niveau des attitudes et opinions, aux valeurs mises en avant par le système économique environnant. Or, justement, tel n'est pas le cas.

Conclusion générale à l'étude

Nous avons pu constater, à la lecture des résultats obtenus, la richesse informative de cette étude qui dépeint avec précision le profil socio-économique du consommateur québécois.

Il va de soi que ces résultats pourront servir aux communications, aux chercheurs en marketing, aux étudiants, aux associations de consommateurs, aux organismes à caractère économique, aux milieux d'affaires, enfin à tous ceux qui s'intéressent au comportement du consommateur québécois, quel que soit le but qu'ils désirent atteindre.

Degré d'intégration des comportements généraux de consommation selon la position occupationnelle du chef de ménage, son âge, son degré de scolarité et le revenu familial.

	Comportements généraux de consommation		
	Traditionnels	**+ ou - modernes**	**Modernes**
A) Catégorie occupationnelle du chef de ménage			
1. Professionnels, gérants et administrateurs	21,2	25,6	53,2
2. Semi-professionnels et petits administrateurs	18,8	37,2	43,9
3. Cols blancs ou employés de bureau	23,8	33,5	42,7
4. Ouvriers spécialisés	35,4	27,8	36,8
5. Ouvriers semi- et non spécialisés	37,5	28,3	34,2
6. Cultivateurs	60,5	21,6	17,9
7. Retraités	60,9	28,6	10,5
8. Autres catégories	59,4	25,9	14,8
B) Revenu familial			
1. Moins de 6500 $	58,5	30,3	11,1
2. 6500 $ — 12 000 $	43,0	24,5	32,5
3. 12 000 $ — 19 300 $	27,3	32,3	40,4
4. Plus de 19 300 $	16,9	27,1	56,0
C) Degré de scolarité du chef de ménage			
1. Primaire	52,4	30,1	17,5
2. Secondaire	31,7	28,0	40,3
3. Supérieur	18,6	30,5	50,9
D) Âge du répondant			
1. 18—34 ans	20,2	25,9	54,9
2. 35—54 ans	34,8	31,9	33,3
3. 55 ans et plus	53,4	29,8	16,8
TOTAL	36,8	29,3	33,9
n =	1068	851	985

Source: *Ibid.*, p. 60. Reproduit avec autorisation, Copyright © 1980.

Tableau 9.13 Comportements généraux de consommation.

Exercice pratique Étude de l'influence socio-économique sur le processus d'achat de produits sélectionnés

Le but premier de cet exercice pratique est de mesurer le degré d'influence de facteurs socio-économiques sur le comportement de consommation d'individus sélectionnés, et ce pour trois produits. Concrètement, cela signifie qu'il faudra évaluer les variations de cette influence d'une classe sociale à une autre, d'un produit à un autre, et en analyser les manifestations sur les comportements de consommation reliés à ces produits.

La procédure

En utilisant l'index de classe sociale à deux facteurs de Hollingshead tel qu'il est décrit au tableau 9.5 et *en supposant qu'il s'applique à la région où vous allez prendre vos données,* établissez une classification sociale d'un échantillon de consommateurs.

Comme il y a cinq catégories possibles, efforcez-vous d'avoir suffisamment de répondants et répondantes par catégorie, de façon à pouvoir procéder à une analyse comparative sérieuse des variations de comportements que l'on vous demandera d'étudier.

Vous pouvez recourir à un échantillonnage de convenance, c'est-à-dire, pour vous faciliter la tâche, interroger des connaissances, des amis. Cette procédure sera tolérée ici, puisque cet exercice ne porte pas sur la notion de représentativité d'un échantillon.

Trois types de produits vous sont suggérés, mais non imposés: les articles de sport, les formules de voyages de vacances, les cartes de crédit. Au cas où vous choisiriez d'autres produits, efforcez-vous d'en avoir au moins un qui soit, a priori, sujet à l'influence des classes sociales.

L'enquête

Elle consiste à poser une série de questions aux consommateurs sélectionnés. Pour vous aider, nous vous en proposons quelques-unes à titre purement indicatif:

1) Mesurer le mode de vie des consommateurs en choisissant des questions reliées directement à l'usage des produits étudiés:
   - J'ai le goût de l'aventure (pour les voyages);
   - Je vais souvent au restaurant (pour les cartes de crédit);
   - Je préfère les sports individuels (pour les articles de sport);
   - etc.
2) Quels sont les produits et les marques qui sont possédés par les consommateurs?
3) Dans quels magasins préfèrent-ils acheter ces produits? À quelles occasions utilisent-ils le plus fréquemment leurs cartes de crédit? Pourquoi?
4) Quels prix ont-ils payé pour ces articles? Ont-ils profité d'une promotion? Utilisent-ils leurs cartes de crédit pour payer plus tard ou comme substitut pratique à l'argent sonnant?
5) Quels sont les revues, journaux qu'ils lisent le plus souvent? Quelles sont les émissions de télévision qui les intéressent le plus?
6) Quelle est leur profession, leur niveau d'instruction?

À vous d'organiser l'ensemble de vos questions dans un tout qui soit cohérent et articulé. Chaque catégorie de produit devra être analysée séparément, quitte après à procéder à une analyse horizontale de synthèse.

Les conclusions

Veuillez, à partir des résultats que vous obtiendrez, répondre aux questions suivantes:

- Quelles sont les différences les plus remarquables entre les classes sociales?
- Selon vous, ces différences sont-elles imputables au revenu disponible ou aux normes et valeurs en vigueur dans chaque classe sociale?

- Quelles sont les implications de marketing des résultats que vous avez obtenus?

Efforcez-vous de développer avec soin chacun de ces points, et tout particulièrement le dernier. Précisons encore une fois que nous postulerons que les résultats sont généralisables à la population mère.

BIBLIOGRAPHIE

BAUDRILLARD, J., *Pour une critique de l'économie politique du signe,* Gallimard, Collection «Tel», Paris, 1972.

BELLEY, J.G., HAMEL, J., MASSE, C., *La Société de consommation au Québec,* Coproducteur: Office de Protection du Consommateur, Éditeur officiel du Québec, 1980.

BISHOP, D., IKEDA, M., «Status and Role Factors in the Leisure Behavior of Different Occupations», *Sociology and Social Research,* janvier 1970, p. 190-208.

BLISHEN, B., «The Construction and Use of an Occupational Class Scape», *Canadian Journal of Economics and Political Science,* vol. XXIV, novembre 1958, p. 519-531.

CAPLOVITZ, D., *The Poor Pay More,* New York, The Free Press, 1963.

COLEMAN, R., NEWGARTEN, B., *Social Status in the City,* San Francisco, Jossey-Bass, 1971.

DIAMOND, S., WARD, S., FABER, R., «Consumer Problems and Consumerism: Analysis of Calls to a Consumer Hot Line», *Journal of Marketing,* janvier 1976, p. 58-63.

DUNCAN, O., FEATHERMAN, D., DUNCAN, B., *Socioeconomic Background and Achievement,* Seminar Press, 1972, p. 38.

DUSSART, C., *Vers une mesure d'un état de bien-être dans la consommation,* thèse de doctorat, Université de Louvain-la-Neuve, Belgique, 1980.

ELLIS, D., «Speech and Social Status in America», *Social Forces,* vol. 45, mars 1967, p. 431-437.

FELSON, M., «A Modern Sociological Approach to the Stratification of Material Lifestyle», dans *Advances in Consumer Research,* sous la direction de Mary Jane Schlinger, Association for Consumer Research, 1975, p. 34.

FRY, J., SILLER, F., «A Comparison of Housewife Decision Making in Two Social Classes», *Journal of Marketing Research,* août 1970, p. 333-337.

GABOR, A., GRANGER, C., «Price Sensitivity of the Consumer», *Journal of Advertising Research,* décembre 1964, p. 40-44.

GORDON, W., *The Social System of the High School,* New York, The Free Press, 1957.

HAWES, D., BLACKWELL, R., TALARZYK, W., «Attitudes Toward Use of Credit Cards: Do Men and Women Differ?», *Baylor Business Studies,* n° 110, janvier 1977, p. 57-71.

HAWKINS, D., CONEY, K., BEST, R., *Consumer Behavior: Implications for Marketing Strategy,* Business Publications Inc., 1980.

HIRSCHMAN, E., «Women's Self-Ascribed Occupational Status and Retail Patronage», dans *Advances in Consumer Research,* sous la direction de Kent B. Monroe, Association for Consumer Research, octobre 1980, p. 648-654.

HOLLINGSHEAD, A., REDLISH, F., *Social Class and Mental Illness,* New York, John Wiley & Sons, 1958.

HOULT, T., «Experimental American Measurement of Clothing as a Factor in Some Social Rating of Selected American Men», *American Sociological Review,* juin 1954, p. 324-325.

LAUMANN, E., HOUSE, J., «Living Room Styles and Social Attributes: The Patterning of Material Artifacts in a Modern Urban Community», *Sociology and Social Research,* vol. 54, avril 1970, p. 321-324.

LEE MATHEWS, H., SLOCUM, J., «Social Class and Commercial Bank Credit Usage», *Journal of Marketing,* janvier 1969, p. 71-78.

LEVY, S., «Social Class and Consumer Behavior», dans *On Knowing the Consumer,* sous la direction de Joseph W. Newman, New York, John Wiley & Sons, 1966, p. 146-160.

MARTINEAU, P., «Social Class and Its Very Close Relationship to the Individual's Buying Behavior», dans *Marketing: A Maturing Discipline,* sous la direction de Martin L. Bell, American Marketing Association, Chicago, 1960, p. 191.

MORLAND, J., *Millways of Kent,* Chapel Hill, University of North Carolina Press, 1958.

OSTERMEIER, A., EICHER, J., «Clothing and Appearance as Related to Social Class and Social

Acceptance of Adolescent Girls», *Michigan State University Quarterly Bulletin,* vol. 48, février 1966, p. 431-436.

PLUMMER, J., «Life Style Patterns and Commercial Bank Credit Card Usage», *Journal of Marketing,* avril 1971, p. 35-41.

PRASAD, V., «Socioeconomic Product Risk and Patronage Preference of Retail Shoppers», *Journal of Marketing,* juillet 1975, p. 45.

RICH, S., JAIN, S., «Social Class and Life Cycle as Predictor of Shopping Behavior», *Journal of Marketing Research,* février 1968, p. 41-49.

ROSCOE, M., LE CLAIRE, A., SCHIFFMAN, L., «Theory and Management Applications of Demographics in Buyer Behavior», dans *Consumer and Industrial Buying Behavior,* sous la direction de Arch G. Woodside, Jagdish N. Sheth et Peter D. Bennett, North Holland, New York, 1977, p. 74.

SCHATZMAN, L., STRAUSS, A., «Social Classes and Modes of Communication», *American Journal of Sociology,* janvier 1955, p. 329-338.

TREIMAN, D., «Problems of Concept and Measurement in the Comparative Study of Occupational Mobility», *Social Sciences Research,* septembre 1975, p. 183-230.

TREIMAN, D., *Occupational Prestige in Comparative Perspective,* New York, Academy Press, 1977.

WARNER, L., MEEKER, M., EELS, K., *Social Class in America: A Procedure for the Measurement of Social Status,* Science Research Associates, Chicago, 1949, p. 56-57.

WEBSTER, F., «The Deal-Prone Consumer», *Journal of Marketing Research,* août 1964, p. 32-35.

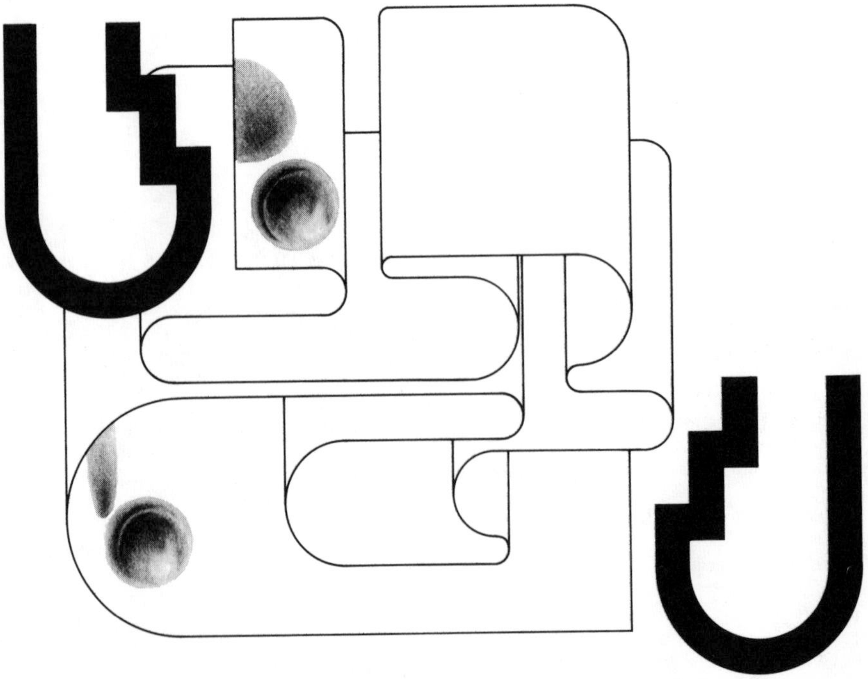

Chapitre 10

Les groupes de référence: nature et fonctionnement

OBJECTIFS:

1) Définir les caractéristiques des différents groupes de référence;
2) Préciser les grands types d'influences des groupes;
3) Démontrer comment les normes affectent le comportement;
4) Présenter les implications stratégiques en marketing.

PRÉPARATION À L'EXERCICE PRATIQUE:

1) Imaginer les applications des concepts étudiés au domaine de la publicité;
2) Essayer de déterminer les critères de succès d'une publicité faisant appel aux groupes de référence.

INTRODUCTION

Comme nous venons de le démontrer dans le chapitre précédent sur les classes sociales, notre société demande que l'on aille au-delà de la vision spontanée des objets au niveau des besoins, de l'hypothèse de la priorité de la valeur d'usage. Ce n'est plus cette valeur d'usage qui est fondamentale, mais bien la valeur de l'échange-signe. L'idée centrale se traduit donc par la théorie de l'objet-signe, ou sémiologie, dans le cadre d'une théorie générale de la consommation. Face à cette perspective, la fonction communication des objets prend le pas sur la fonction utilité stricte. Ainsi, la signification sociale de la consommation met en action des forces pouvant être contradictoires: soit la volonté d'assimilation à un groupe et celle de différenciation.

Sous l'angle de la sociologie, le groupe social d'appartenance impose un certain mode de consommation qui se traduit par un système de signes-objets. La discrimination est passée aujourd'hui, avec l'élévation du niveau de vie, de la possession pure et simple à l'organisation et à la pratique sociale en rapport avec les objets (Baudrillard, 1972).

Pour les stratèges en marketing, l'importance du concept de l'image de soi réside dans le fait que les symboles que les individus véhiculent comme des représentations d'eux-mêmes peuvent inclure des produits et des services, mais aussi la manière d'utiliser ceux-ci. Ainsi, le mode de vie adopté par un individu comprend la consommation de produits, laquelle lui permet de refléter l'image de son statut parmi les autres. Le groupe devient pour l'individu le point de référence, le standard grâce auquel il portera des jugements, ce qui peut se schématiser de la façon suivante:

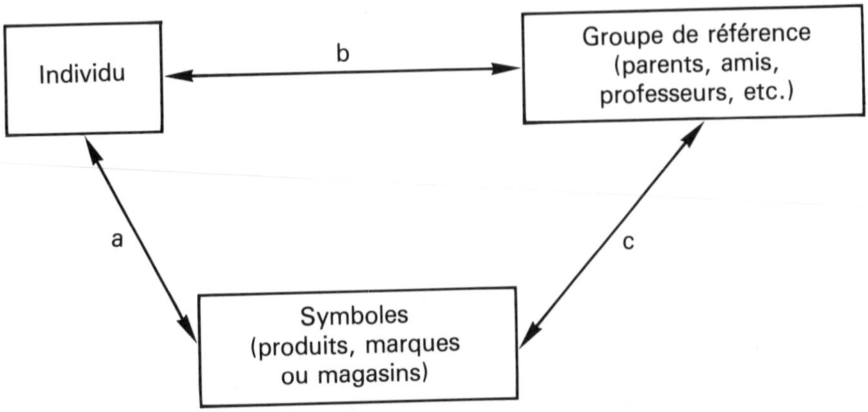

N.B.: La relation «a» qui nous intéresse particulièrement représente le choix de certains types de produits, marques ou magasins par l'individu. Elle peut s'expliquer par la volonté, plus ou moins forte, qu'a l'individu de s'identifier à un groupe de référence (relation «b») à travers l'utilisation de produits fréquemment employés ou symbolisant le groupe de référence en question (relation «c»).

Source: Grubb, E.L., Grathwohl, H.L., «Consumer Self-Concept, Symbolism and Market Behavior: A Theoretical Approach», *Journal of Marketing*, vol. 31, octobre 1967, p. 25. Reproduit avec autorisation, Copyright © 1967.

Mais qu'entendons-nous exactement par groupe de référence? Pour tenter de répondre à cette question, non seulement nous nous efforcerons de définir cette notion, mais aussi et surtout nous attacherons à analyser le fonctionnement interne du groupe. Aussi aurons-nous une vision dynamique des relations qui s'établissent entre l'individu et ses groupes de référence.

DÉFINITION ET TYPOLOGIES DES GROUPES DE RÉFÉRENCE

On entend par groupe de référence toute agrégation interagissante de personnes qui influence les attitudes ou le comportement d'un individu. Il est primordial de retenir que le groupe influence la conception que l'individu a de lui-même, mais aussi ses attitudes, ou son comportement, en servant de point de référence. Il existe bien entendu plusieurs types de groupes de référence. En général, ces derniers ont été classés en fonction de deux dimensions, à savoir les groupes primaires ou secondaires et les groupes formels ou informels (voir tableau 10.1).

	INFORMELS	FORMELS
PRIMAIRES	1 FAMILLES, GROUPES D'AMIS	2 GROUPES À L'ÉCOLE GROUPES DANS LES AFFAIRES
SECONDAIRES	3 GROUPES DE MAGASINAGE GROUPES SPORTIFS	4 CLUBS D'AFFAIRES ORGANISATIONS DIVERSES

Tableau 10.1 Classification des groupes de référence.

Par groupes *primaires,* on entend une population restreinte d'individus, souvent suffisamment intimes pour que tous les membres puissent communiquer entre eux. Les groupes primaires jouent sans aucun doute un rôle capital dans la formation des croyances, goûts et préférences des individus, et ce sont eux qui exercent l'influence la plus directe sur le comportement d'achat proprement dit. Conséquemment, les praticiens du marketing leur accordent une attention toute spéciale.

Les organisations sociales constituent, quant à elles, ce qu'on appelle les groupes *secondaires.* Enfin, les groupes de référence incluent à la fois des groupes formels et des groupes informels, selon qu'une structure interne au groupe est établie ou pas. La cellule 1 qui rassemble les groupes primaires et informels est sans conteste la plus exploitée par le marketing à cause de la fréquence des contacts qui se font à l'intérieur de ces groupes et de l'intimité qui y règne. Les messages publicitaires mettent souvent en scène des réunions d'amis ou des situations en contexte familial. La cellule 2 est plus formelle; il s'agit la plupart du temps de groupes de travail sur une base journalière, et le recours à l'approbation professionnelle y est particulièrement exploité (la voiture du cadre supérieur dynamique, sa tenue vestimentaire). La cellule 3 est constituée de groupes qui se forment d'une façon plus sporadique, et souvent pour des occasions bien spécifiques. Ainsi, une étude a démontré (Granbois, 1968) qu'une personne faisant ses achats accompagnée par trois autres personnes ou plus avait deux fois plus de chances que l'achat planifié ne soit pas réalisé! Enfin, la cellule 4 des groupes secondaires et formels est la moins fondamentale pour le consommateur et donc ne présente que peu d'intérêt pour le marketing.

Étant donné que les individus organisent leurs relations sociales afin de maximiser le profit total qu'ils en retirent, la nature des interactions à l'intérieur d'un groupe sera déterminée par la perception individuelle du profit de l'interaction, c'est-à-dire la perception de ce qu'une personne doit et ne doit pas faire pour devenir ou demeurer membre du groupe. Mais si jusqu'à présent nous avons postulé que la volonté de l'individu était de faire partie du groupe, tel n'est pas toujours le cas, loin de là. L'attitude développée par un individu vis-à-vis d'un groupe n'est pas forcément favorable à ce dernier. La notion de référence à un groupe peut donc être vue de façon positive ou négative. De plus, l'admissibilité de l'individu au groupe n'est pas toujours assurée. En reliant l'attitude développée à l'admissibilité au groupe, il devient possible d'établir une première typologie des groupes de référence, tel que le montre le tableau 10.2.

	ADMISSIBILITÉ COMME MEMBRE	**NON-ADMISSIBILITÉ COMME MEMBRE**
ATTITUDE POSITIVE	GROUPE À PARTICIPATION POSITIVE GROUPE D'APPARTENANCE	GROUPE D'ASPIRATION
ATTITUDE NÉGATIVE	GROUPE DÉSAVOUÉ	GROUPE DE REJET

Tableau 10.2 Typologie des groupes de référence.

Un individu peut appartenir ou vouloir joindre un groupe, puis rejeter les valeurs propres à ce groupe. Dans ce cas, le groupe sera renié ou désavoué. Il peut aussi vouloir se démarquer d'un groupe en ne voulant pas en faire partie; il s'agit alors d'un groupe de rejet.

Du point de vue du marketing, le groupe de référence évalué positivement a plus d'importance que celui qui a été évalué négativement, parce que les consommateurs ont plutôt tendance à acheter des objets pour des raisons positives que pour des raisons négatives. À l'occasion aussi, les consommateurs recherchent des produits à consommation ostentatoire pour se démarquer d'un groupe. En fait, la théorie de la consommation ostentatoire telle qu'elle a été établie par Thorstein Veblen en 1899, selon laquelle la consommation d'un individu est largement motivée par son désir de se démarquer d'autres groupes sociaux, est basée sur la distinction que nous avons faite entre une attitude positive et une attitude négative.

Enfin, et cela constitue le dernier point du cadre conceptuel, l'admissibilité à un groupe de référence peut être reliée à l'accessibilité à ce groupe et déboucher sur une typologie des groupes d'aspiration (voir tableau 10.3).

	GROUPES D'ASPIRATION
CONTACT	D'ANTICIPATION
PAS DE CONTACT	SYMBOLIQUES (ou socialement distants)

Tableau 10.3 Typologie des groupes d'aspiration.

Les groupes d'anticipation sont ceux que les individus espèrent rejoindre dans un futur plus ou moins rapproché, et avec lesquels ils ont la plupart du temps des contacts directs. Un bon exemple d'assimilation à des groupes d'anticipation est la tendance qui se manifeste chez les étudiants gradués en commerce à copier la consommation type des gens d'affaires. Dans le cas des groupes symboliques, bien que partageant les croyances et les attitudes de ces groupes, les individus sont peu susceptibles d'y être admis et d'avoir des contacts directs avec les membres. Dans certains sports tels que le tennis, le ski alpin, le fait de recourir à l'élite de la compétition favorise les ventes des produits correspondants.

Jusqu'à présent, les études de marketing ont généralement établi l'existence de relations entre les attitudes d'un individu et celles d'un groupe, mais elles n'ont su préciser la nature ou la force de cette relation. Le sujet apparaît d'autant plus difficile que les consommateurs sont membres de nombreux groupes et reçoivent différemment les influences de chacun des groupes. La nature des prédispositions de chacun génère aussi des types différents de réponses aux modèles de référence du groupe.

LA NATURE DES GROUPES DE RÉFÉRENCE

Les groupes de référence ont certaines fonctions qui affectent la nature de l'influence qu'ils exercent sur leurs membres. À ces groupes sont associées des notions de normes, de rôles, de statuts, de socialisation et de pouvoir que nous allons maintenant passer en revue.

Les normes

Ce sont les règles, les standards de conduite (généralement non définis d'une façon formelle), tels qu'établis par le groupe. Les membres du groupe sont supposés se conformer à ces normes. La fonction normative des groupes de référence s'avère d'un grand intérêt pour les stratégies de marketing parce qu'elle détermine, avec d'autres fonctions (fonction comparative, fonction de socialisation, etc.), si un produit sera accepté par des groupes de taille suffisamment importante pour qu'ils puissent en assurer le succès sur le marché.

Les rôles

Ce sont les fonctions que l'individu assume ou qui lui sont assignées par le groupe en vue d'atteindre ses objectifs. Ou encore, il s'agit de la perception d'un modèle de comportement, tel qu'il est attendu d'une personne dans une situation donnée en fonction de la position qu'elle occupe au cours de cette situation. Les rôles peuvent varier d'un type de décision à un autre, d'un produit à un autre et tout au long des étapes du processus de décision.

Les statuts

Le statut définit la position occupée par l'individu dans le groupe, sachant qu'un statut élevé est synonyme de pouvoir et d'influence. La tenue vestimentaire peut être, par exemple, un moyen de manifester son statut, quoiqu'il faille être très prudent puisque les mêmes produits peuvent avoir des significations symboliques différentes d'un groupe à l'autre. La grosse voiture et la tenue vestimentaire grand chic peuvent constituer la norme dans un groupe social de revenu moyen, alors que la petite voiture et la tenue décontractée seront de mise dans un groupe social aisé et snob.

La socialisation

C'est une notion fondamentale dont nous avons parlé dans les chapitres sur l'apprentissage et sur la culture. Rappelons simplement qu'il s'agit du processus par lequel l'individu apprend les normes et les rôles que l'on attend de lui dans certaines situations spécifiques. Sous cette rubrique, le processus de socialisation des enfants revêt une importance considérable puisqu'il se situe au début de la phase d'apprentissage; c'est pourquoi nous lui accorderons une attention toute particulière lors du prochain chapitre sur la famille.

Le pouvoir

L'influence du groupe sur l'individu est directement reliée au pouvoir que le premier exerce sur le second. Le pouvoir n'entraîne pas systématiquement une relation de soumission, mais peut signifier une recherche d'assistance. C'est ainsi qu'il est d'usage de distinguer trois grandes sources de pouvoir qui présentent un intérêt spécial pour la stratégie de marketing: le pouvoir d'expertise, le pouvoir de référence et enfin le pouvoir de récompense.

Le pouvoir d'expertise. Il repose sur l'expertise reconnue d'un individu ou d'un groupe, laquelle est basée sur l'expérience et le savoir. L'achat d'un produit peut être influencé par les recommandations d'un tiers reconnu comme étant un expert. Dans ce cas, il y a crédibilité de la source et les chances sont fortes que le contenu informatif qui a été transmis soit accepté dans sa quasi-totalité. Ne suivons-nous pas quelquefois l'avis d'experts reconnus en matière d'automobiles pour nous faire une idée sur un nouveau modèle? Il est même arrivé que la publicité crée de toutes pièces ses propres experts!

Le pouvoir de référence. Plus il y a identification de l'individu aux membres du groupe et à son système de valeurs, plus fort est le pouvoir de référence exercé par celui-ci. Dans ce cas encore, les agences de publicité ont fait un large usage des possibilités qui leur étaient offertes en mettant en situation des personnages du type Madame ou Monsieur Tout-le-Monde. Cette pratique est très employée lorsque l'auditoire est constitué par la masse et dans le cas de certains produits où l'identification du consommateur est forte. Pour de nombreuses lessives, on fait appel à Madame Dupont qui a une famille salissant fort les vêtements (mari mécanicien, enfants turbulents) et qui, grâce à une certaine marque, parvient à résoudre son problème de lessive, reprenant ainsi en main la situation. L'encouragement à ressembler à un héros ou une idole est aussi un moyen de recourir au pouvoir de référence comme incitant à l'achat.

Le pouvoir de récompense. Nous touchons ici à la capacité qu'a le groupe de récompenser l'individu par l'approbation, les compliments, les récompenses. Il n'est pas rare, par exemple, que l'on montre le chef de famille complimentant son épouse pour l'éclat des planchers, la propreté de la vaisselle, l'arôme du café, etc.!

GROUPES DE RÉFÉRENCE ET PHÉNOMÈNES DE CONSOMMATION

Dans la réalité, les notions que nous venons de décrire prennent la forme d'un ensemble de phénomènes qui constituent une base conceptuelle primordiale dans l'analyse de la consommation.

Objets fétiches et phénomènes de consommation

Le concept de consommation ostentatoire directe ou indirecte. Développée sous le nom de prodigalité ostentatoire («*conspicuous waste*») dans les analyses de Thorstein Veblen (1899) et reprise par Baudrillard dans ses travaux plus récents (1972), cette fonction symbolique fondamentale des objets vise à exposer le statut social de l'individu à travers sa consommation. La fonction essentielle des objets consiste donc à instituer et préserver un ordre hiérarchique des valeurs. La consommation ostentatoire ainsi définie peut être directe ou indirecte, selon qu'elle se manifeste ou non par un intermédiaire. Le monde des objets n'échappe pas à cette règle de la superfluité dans la connotation sociale.

Le concept d'arbitrage ou de substitution. Si l'on accepte l'idée selon laquelle certaines consommations permettent une transgression des limites qui s'imposent à chacun dans ses relations avec le monde, on comprend mieux les arbitrages que les ménages effectuent parfois entre des catégories d'objets qui ne peuvent, à première vue, se substituer parfaitement. Des objets dont l'acquisition nécessite des sacrifices élevés entrent ainsi en conflit; la voiture peut, par exemple, prendre le pas sur les conditions de logement. S'il est vrai que les fonctions utilitaires se prêtent moins aux substitutions (alimentation, habillement), ce n'est que la constatation d'une tendance toute relative.

Les concepts de formules de consommation et de chaînes symboliques. Souvent les fonctions symboliques des objets sont peu manifestes; elles sont difficiles à repérer et, a fortiori, à quantifier; elles ne sont pas toutes avouables et sont souvent inconscientes. De plus, les divers objets peuvent constituer des chaînes complexes de symboles dans lesquelles n'interviennent que certaines de leurs composantes; ainsi, la possession d'une certaine marque de voiture reflétera le statut social, ce dernier sera lui-même signifié par un certain type de mobilier et une certaine façon de prendre des vacances. Nous retrouvons, dès lors, une chaîne d'objets de consommation, véritable association symbolique autour de l'idée de statut social. De plus, la consommation n'échappe pas à la règle qui veut que les propriétés d'un ensemble ne soient pas forcément la somme pure et simple des différentes parties de cet ensemble. Lorsqu'il y a juxtaposition de divers éléments de consommation en un tout, la garantie de l'appropriation magique et symbolique de l'ensemble se fait souvent sous la forme d'une formule «tout compris». Les éléments sont ainsi figés, donc a priori garantis, et le recours au symbolique atteint son maximum. Prenons pour exemple le développement d'un certain tourisme industriel; on s'achète ainsi une semaine d'«idéalisme vacancier».

L'influence des groupes de référence

Comme nous l'avons vu précédemment, l'influence exercée par un groupe peut être de type *informative* et correspondre au pouvoir d'expertise, *comparative* et correspondre au pouvoir de référence, enfin *normative* et correspondre au pouvoir de récompense (voir tableau 10.4).

Les grands types de facteurs suivants conditionnent le recours préférentiel non absolu à un type d'influence plutôt qu'à un autre:

— les prédispositions à rechercher tel ou tel type d'influence; une étude a permis de mettre à jour certaines conditions favorisant l'exposition aux différents types d'influences (Park et Lessig, 1977) (voir tableau 10.5);

— le type de produit étudié: tout porte à croire que les produits techniques et complexes favorisent l'influence informative, alors que ceux qui véhiculent un effet-signe important sont liés au rôle que jouent les influences comparative et normative.

Quelles que soient les raisons invoquées, elles ont en commun une recherche de la réduction du risque, de performance dans le cas d'une influence informative pour un produit complexe et social dans le cas d'influence normative ou comparative pour un produit à consommation ostentatoire.

Techniques de regroupement par association entre le rôle perçu et les types de produits utilisés

L'apport pratique le plus substantiel de la théorie des groupes de référence réside sans aucun doute dans les techniques de regroupements de produits en fonction de la perception des rôles qui y sont rattachés. Plus précisément, on entend par regroupements de produits un ensemble — en fait un éventail — de produits généralement considérés comme nécessaires pour remplir correctement un rôle. Les produits peuvent être nécessaires à la fois sur le plan fonctionnel et sur le plan symbolique.

Ces notions sont fondamentales puisque le but du marketing est de promouvoir l'acceptation du produit auprès des consommateurs cibles. Or, la réussite du produit dépend étroitement du fait que son usage sera jugé approprié ou non pour remplir le rôle auquel il a été destiné. Notamment, lors du lance-

TYPES D'INFLUENCES	OBJECTIFS	CARACTÉRISTIQUES PERÇUES DE LA SOURCE	TYPES DE POUVOIR	COMPORTEMENTS
Informative	Connaissance	Crédibilité	Expertise	Acceptation à recevoir
Comparative	Se rassurer soi-même Enrichissement	Similitude	Référence	Identification
Normative	Récompense	Pouvoir	Récompense ou contrainte	Conformité

Traduit de Burnkrant, R., Cousineau, A., «Informational and Normative Social Influence in Buyer Behavior», *Journal of Consumer Research,* décembre 1975, p. 207. Reproduit avec l'autorisation du JCR, Copyright © 1975.

Tableau 10.4 Les grands types d'influences exercées par les groupes de référence.

Influence informative

1. L'individu recherche de l'information sur les différentes marques d'un produit auprès d'une association de professionnels ou d'un groupe indépendant d'experts.
2. L'individu recherche de l'information auprès de ceux qui font un usage professionnel du produit.
3. L'individu recherche de l'information comparative sur les marques auprès des amis, voisins, connaissances, collègues de bureau ayant une bonne connaissance du sujet.
4. Le choix de la marque est influencé par l'apposition d'un sceau d'approbation de la part d'une agence indépendante.
5. L'observation de ce que font les experts influence le choix de la marque (observation de la marque de téléviseur utilisée par les professionnels de l'audio-visuel).

Influence comparative

6. L'individu pense que l'achat ou l'utilisation d'une certaine marque donnée améliorera son image auprès des autres.
7. L'individu pense que l'achat d'une marque particulière l'aidera à refléter sa vraie personnalité auprès des autres ou son image idéale (être un sportif, être un cadre supérieur ayant réussi).
8. L'individu pense que ceux qui achètent ou utilisent une marque donnée possèdent les caractéristiques rêvées.
9. L'individu pense parfois qu'il ne serait pas désagréable d'être comme les personnages de la publicité.

Influence normative

10. La décision d'un individu d'acheter une marque donnée est influencée par les préférences des gens avec lesquels il a des interactions.
11. La décision d'un individu d'acheter une marque donnée est influencée par les préférences des membres de sa famille.
12. Le désir qu'éprouve l'individu de répondre aux attentes des autres envers lui fait que, pour bon nombre de produits, il choisit certaines marques plutôt que d'autres.

Traduit et adapté de Park, W., Lessig, P., «Students and Housewives: Differences in Susceptibility to Reference Group Influence», *Journal of Consumer Research*, septembre 1977, p. 105. Reproduit avec l'autorisation du JCR, Copyright © 1977.

Tableau 10.5 Facteurs favorisant l'exposition aux influences informative, comparative et normative.

ment d'un nouveau produit, le test d'acceptation, préalable au lancement sur le marché, a pour but de mesurer l'intérêt des consommateurs, leurs motivations devant l'achat, mais aussi et surtout leurs freins. Or, il arrive assez souvent que l'utilisation d'un produit ne soit pas perçue comme étant socialement acceptable. Par exemple, cela a été le cas du café instantané lorsqu'il a été lancé sur le marché. Si, de nos jours, le rituel du café a été quelque peu bousculé pour céder la place à une préparation plus expéditive, il n'en reste pas moins que les stratèges en marketing ont eu à rehausser l'image du café instantané, tel que l'a montré une étude maintenant devenue un classique en la matière et réalisée dans les années 60 (Haire, 1960). Le but étant de mesurer la résistance des ménagères nord-américaines au nouveau produit, deux groupes expérimentaux ont reçu une liste identique décrivant le panier type d'une ménagère, à l'exception près cependant que l'une des listes contenait du café régulier en grains

Maxwell House, alors que l'autre contenait du café instantané Nescafé. À partir de ces listes, il était demandé aux répondantes de décrire, en l'imaginant, la ménagère ayant acheté ces produits. Les réponses furent éloquentes (voir tableau 10.6). D'une façon très nette, le café instantané ne faisait pas partie, à ses débuts, de la panoplie de la «bonne» ménagère. Conséquence pratique, toute la publicité revalorisa le rôle de la ménagère utilisant ce produit par le biais de l'approbation familiale: «Chérie, ton café a beaucoup de goût!» Il est amusant de noter que les dernières reprises de cette étude (Webster, Von Pechmann, 1970; Robertson, Joselyn, 1974; Lane, Watson, 1975) ont donné des résultats inverses. De nos jours, la femme nord-américaine qui utilise du café instantané est perçue comme étant moderne, alors que celle qui utilise du café régulier en grains est qualifiée de vieux jeu, voire de rétrograde! Les rôles ne sont pas statiques, ils évoluent dans le temps, soit sous l'effet de l'habitude, soit sous l'influence de la communication de marketing.

DESCRIPTIONS TYPES D'UNE MÉNAGÈRE QUI, EN PLUS D'AUTRES PRODUITS, ACHÈTE DU CAFÉ MAXWELL HOUSE RÉGULIER EN GRAINS

- Je dirais qu'elle est pratique et frugale. Elle achète trop de pommes de terre. Elle doit aimer cuisiner et faire des pâtisseries puisqu'elle ramène de la farine. Elle ne doit pas porter beaucoup d'attention à son physique puisqu'elle ne recherche pas la variété dans ce qu'elle achète.
- J'ai pu observer plusieurs centaines de femmes qui ont fait des achats fort semblables à ceux contenus dans la liste qui nous est présentée, et la seule chose que je puisse détecter comme jouant un rôle sur sa personnalité est la boîte de pêches au sirop Del Monte. Quand ce produit est acheté séparément, cela signifie qu'elle peut désirer vivement se faire plaisir à elle-même ou aux membres de sa famille, avec un petit extra. C'est probablement une ménagère sensible et économe.

DESCRIPTIONS TYPES D'UNE MÉNAGÈRE QUI, EN PLUS D'AUTRES PRODUITS, ACHÈTE DU CAFÉ INSTANTANÉ NESCAFÉ

- Cette femme me semble être célibataire, ou vivant seule. Je parierais qu'elle travaille dans un bureau. Si je me fie à ce qu'elle achète, elle doit aimer traîner au lit le matin, puisqu'elle achète du café instantané que l'on utilise quand on est pressé. Elle a probablement aussi acheté une boîte de pêches pour le petit déjeuner, parce que c'est facile à ouvrir. En supposant qu'elle est dans la moyenne, et que ce n'est pas une beauté naturelle, style fille de rêve qui n'a pas besoin de beaucoup de temps le matin pour se maquiller, elle doit être plutôt négligée, prenant peu de temps pour s'arranger le matin. Elle doit manger aussi très souvent hors du domicile, plutôt seule qu'avec une escorte. Une vieille femme de chambre sans aucun doute.
- Je la crois paresseuse, parce qu'elle achète des pêches en boîte et du café instantané. Elle ne semble pas avoir beaucoup de cervelle, parce qu'elle achète deux miches de pain, avec de la farine, à moins qu'elle ne pense faire un gâteau. C'est probablement une jeune mariée.
- Tout me porte à croire que c'est le genre de femme qui ne doit pas voir plus loin que le bout de son nez, le genre de femme qui envoie toujours les enfants au magasin du coin pour acheter ce qu'elle a oublié. Elle doit être aussi particulièrement paresseuse. Tous les produits qu'elle a ramenés, ou presque, sont préparés. Cette fille doit être une employée de bureau qui vit au jour le jour, au petit bonheur la chance.

Traduit et adapté de Haire, M., «Projective Techniques in Marketing Research», *Journal of Marketing,* avril 1960, p. 649-656. Reproduit avec autorisation, Copyright © 1960.

Tableau 10.6 Fiches descriptives.

Déterminants de la conformité

Conformisme et anticonformisme

Jusqu'à présent, nous avons dit que, sous la pression normative d'un groupe de référence, le consommateur imitait le comportement du groupe et avait tendance à acheter les produits et les marques prescrits par les leaders. Mais nous avons en fait simplifié la relation s'établissant entre pression normative et conformité. Ainsi, quand la pression du groupe devient trop forte, le consommateur rejette les normes du groupe et adopte un comportement indépendant: ce phénomène de réaction individuelle est connu sous le nom d'anticonformisme. Donc, la pression normative doit être nuancée et ne pas dépasser un certain seuil, toujours difficile à déterminer, au-delà duquel ses effets s'inversent. De plus, certaines études ont quelque peu minimisé la tendance à la conformité prise d'une façon absolue au profit de la croyance à la crédibilité de l'information fournie par les pairs qui influence le plus les évaluations des marques (Burnkrant et Cousineau, 1975).

Autres déterminants de la tendance à la conformité

De nombreux autres déterminants affectent la tendance à la conformité. Sans entrer dans tous les détails, il est néanmoins possible de résumer les résultats des nombreuses recherches qui ont eu pour but d'expliquer la variation dans la tendance à la conformité, mais aussi l'ensemble des présomptions qui ne reposent, de par leur nature, que sur des hypothèses n'ayant pas été encore empiriquement vérifiées. Et dans ce champ d'analyse précis du comportement du consommateur, de très nombreuses affirmations ne sont, en fait, que des postulats émis par induction.

La tendance à la conformité s'applique différemment selon les types de produits. Le tableau 10.7 montre que les groupes de référence peuvent influencer le choix du produit ou celui de la marque, ou n'influencer aucun des deux. Un examen approfondi de cette classification de produits selon Bourne (1961) permet de penser que l'influence normative est d'autant plus forte que la consommation du produit ou de la marque est visible socialement, et inversement; cela nous amène à définir un second principe d'application de l'influence normative.

Le degré d'influence d'un groupe sur l'utilisation d'un produit ou d'une marque serait, en partie, fonction de la visibilité sociale de la situation de consommation (Witt et Bruce, 1970). Bien que généralement reconnu comme tel, ce principe n'en a pas moins été quelque peu ébranlé par les résultats de l'une des études les plus connues sur l'influence normative: celle de Stafford (1966). Le but de l'expérimentation était d'analyser les différences dans les choix préférentiels de ménagères pour des pains, ceux-ci ne différant en fait que par leurs marques de commerce. Les données démontrèrent qu'après quelque temps, les ménagères tendaient à choisir les marques qui étaient retenues par les leaders du groupe informel ainsi créé. Or, le pain est bel et bien un produit à consommation non ostentatoire. Une étude subséquente réfuta ces résultats (Ford et Ellis, 1980). Cette dernière recherche semble avoir plus de poids car, en considérant le pain pour ce qu'il est, c'est-à-dire un produit à faible implication, tout

Influence sur la marque \ Influence sur le produit	FAIBLE	FORTE
FORTE	− + Vêtements Meubles Magazines Réfrigérateurs (types) Savons de toilette Téléviseurs (couleur)	+ Voitures Cigarettes Bière (ordinaire ou de qualité) Médicaments Chaînes stéréophoniques −
FAIBLE	− Savons Pêches en boîte Détergents Refrigérateurs (marques) Radios −	Systèmes d'air conditionné Cafés instantanés Téléviseurs (noir et blanc) Vidéo-disques − +

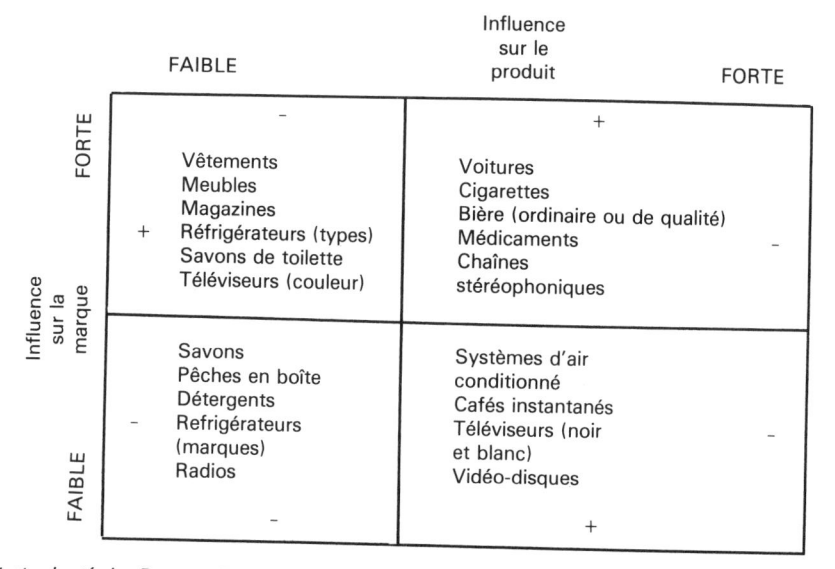

Traduit et adapté de Bourne, F., «Group Influences in Marketing and Public Relations», dans *Some applications of Behavioral Research,* sous la direction de R. Likert et S.P. Hayes Jr., UNESCO, 1961. Reproduit et adapté avec autorisation, Copyright © Unesco 1961.

Tableau 10.7 Classification des produits selon Bourne (actualisée intuitivement).

porte à croire que le souci de conformisme est moins fort, d'où le postulat qui suit.

Plus le degré d'implication du consommateur envers le produit est fort, plus la tendance à la conformité devrait se manifester, et inversement. Cette hypothèse mériterait d'être vérifiée.

Plus le degré d'attachement de l'individu au groupe est fort, plus l'individu se conforme aux normes du groupe. Cette hypothèse formulée par Festinger dès 1964 fut vérifiée par Moschis en 1976 dans une étude portant sur les décisions de choix de produits de beauté.

Plus une activité particulière a de l'importance pour le bon fonctionnement du groupe, plus la pression devrait être forte de se conformer aux normes y prévalant. Dans le cas présent, la notion d'importance est de toute évidence difficile à cerner, d'autant plus qu'elle peut reposer sur des combinaisons de caractéristiques fonctionnelles et symboliques différentes selon les groupes.

Plus l'individu a confiance en lui-même lors d'un achat donné, moins il a tendance à subir l'influence d'un groupe de référence (Lessig et Park, 1978).

La communication à deux niveaux

Nous avons vu dans le chapitre portant sur le processus de traitement de l'information que la communication de marketing constituait l'un des outils de base utilisé par les stratèges pour influencer le comportement des consommateurs. Bien que l'information soit destinée au consommateur ultime, elle est, dans bien des cas, traitée, interprétée puis retransmise à son destinataire par certains membres de groupes de référence. Les personnes qui jouent ce rôle sont communément appelées des *leaders d'opinion* et le processus de transmission de l'information est appelé *la communication à deux niveaux («two-step flow communication»)*. On comprend bien alors que les leaders d'opinion constituent une cible privilégiée pour les communications de masse en marketing, parce qu'ils sont à l'origine du développement de communications interpersonnelles dans le groupe (voir figure 10.1). Étant donné qu'ils servent de courroie de transmission, il est fondamental de connaître leurs caractéristiques propres: c'est ce que nous verrons dans le chapitre sur la diffusion des innovations.

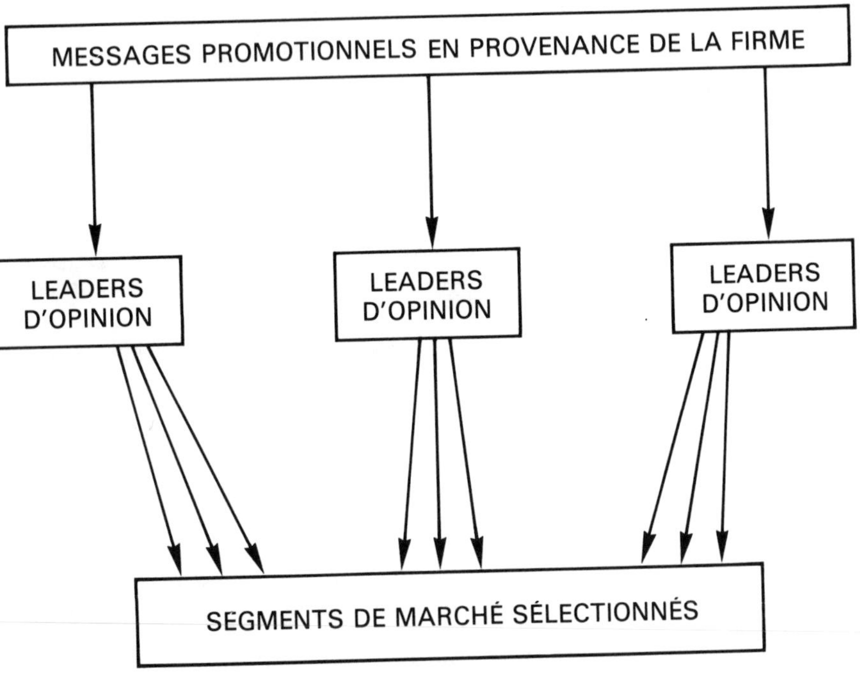

Figure. 10.1 La communication à deux niveaux.

CONCLUSION

La multiplicité des fonctions jouées par les groupes de référence ne facilite pas toujours leur application directe à la stratégie de marketing. Parmi l'ensemble des notions que nous avons développées, celles reliées aux différents types d'influences exercées par un groupe s'avèrent d'une importance cruciale. En particulier, les stratèges ont beaucoup recouru à l'influence normative parce qu'elle repose sur le phénomène de la conformité, surtout lorsqu'il s'agit de produits à consommation ostentatoire. Néanmoins, nous avons souligné que le marketing a eu tendance à négliger l'influence informative au profit de l'influence normative. Pourtant, très souvent les groupes remplissent davantage une fonction de source d'information que d'influence. Le chapitre suivant est consacré à un groupe primordial dans la vie de tous les jours d'un consommateur: la famille.

DÉMONSTRATION PRATIQUE: LE PHÉNOMÈNE DE LA MODE

La mode est un phénomène que de nombreux domaines ont étudié, dont la sociologie, l'histoire, l'anthropologie, l'économie et la psychologie sociale. Si tous les spécialistes s'accordent pour reconnaître dans ce phénomène une caractéristique souvent complexe des civilisations, les définitions qui en sont ressorties, bien que présentant des similitudes, sont très spécifiques aux domaines dont elles sont issues. Néanmoins, ces différentes définitions ont permis la mise sur pied d'un cadre conceptuel de référence sur la mode. Les lignes qui suivent tentent de présenter les trois grands cadres conceptuels de référence de la théorie contemporaine du comportement du consommateur face à la mode.

Le concept général de la mode

Historiquement, le phénomène de la mode a presque exclusivement été rattaché au domaine du vêtement. Aujourd'hui ce domaine ne constitue plus qu'une branche du concept général puisqu'il est démontré que la mode exerce une influence sur la quasi-totalité des décisions d'achat et existe dans pratiquement toutes les catégories de produits (automobiles, meubles, appareils électroménagers, etc.).

Quel que soit le domaine où elle s'applique, la mode constitue dans les faits un phénomène éphémère de comportements généralisés. Dès lors, on peut définir la mode en général, et la mode du vêtement en particulier, comme étant:

> Une forme d'expression culturelle, d'un phénomène matériel ou non matériel particulier, qui est perceptible à un moment donné, et évolue dans le temps à l'intérieur d'un système social ou d'un groupe d'individus (Sproles, 1973).
>
> Un style d'expression esthétique, endossé par la culture, et qui se manifeste dans le vêtement ou l'ornement (Sproles, 1973).

Notons qu'il est important d'établir une différence entre style et mode. Alors que le style est une forme caractéristique ou distinctive d'expression, de présentation ou de conception au niveau de n'importe quel art, la mode représente n'importe quel style accepté et acheté par plusieurs groupes de gens sur une période de temps relativement longue, soit au moins une saison. La différence existe dans le sens où une mode est l'adoption d'un style parmi bien d'autres, tandis qu'un style n'est pas une mode.

Il est intéressant d'associer ce concept général de la mode à celui de réduction du risque. Du fait même que les goûts diffèrent d'une personne à l'autre, le choix d'un objet selon ses goûts personnels constitue un risque par rapport à l'acceptation et à la reconnaissance de cet objet par les autres. Ainsi, en se conformant à une tendance par l'achat d'un objet à la mode, une personne encourt moins de risques de voir son achat se transformer en une erreur de goût.

Pour ce faire, il faut que la personne connaisse la mode qui prévaut: la lecture de magazines, la recherche d'informations auprès d'amis ou de personnes dites informées constituent quelques-unes des actions que le consommateur entreprend avant de procéder à l'achat.

Enfin, et avant d'analyser plus en détail le processus de la mode, il convient de dire quelques mots sur le rôle que joue l'industrie de la mode pour sa propagation. La survie même de cette industrie ne dépend-elle pas des changements réguliers apportés dans les styles? Annuellement, ou à chaque saison, une importante proportion de consommateurs doit être persuadée ou doit choisir librement de remplacer des objets qui ne sont ni usés, ni dépassés sur le plan fonctionnel strict. Historiquement, l'industrie de la mode a exercé un contrôle direct et centralisateur sur le renouvellement des modes, promouvant des styles spécifiques et laissant aux consommateurs peu de latitude dans le choix, si ce n'est au niveau des couleurs. . . dans la mesure où elles font elles-mêmes partie de la mode!

La mode: un objet et un processus

En théorie du comportement du consommateur, la mode, en tant qu'objet, représente la naissance et l'évolution d'un produit ou d'un service possédant un caractère spécifique attribuable soit à une innovation technique proprement dite, soit à une modification stylistique apportée à ce dernier, soit encore aux deux en même temps. En ce qui concerne les biens non tangibles, l'objet de mode peut être une pratique en vigueur ou un courant idéologique.

Quant au processus de la mode, il réfère à l'enclenchement des différentes phases par lesquelles un objet de mode passe de sa création à sa présentation au public et à son acceptation ou non par celui-ci. Ce qu'il faut considérer ici, c'est l'aspect dynamique de la mode qui fait que celle-ci sera acceptée ou rejetée. Ce processus peut s'expliquer par deux concepts fondamentaux qui sont le cycle de vie de la mode et sa diffusion.

La mode: un cycle, une diffusion

Comparable au cycle de vie d'un produit en bien des points, le cycle de la mode, en tant que mécanisme social, peut être structuré, comme l'a fait Sproles (1973, 1981), en cinq étapes:

1) Le leadership d'adoption par les agents de changement en matière de mode. Cette première étape englobe l'introduction de l'innovation ainsi que son achat par certains individus qui agissent comme des meneurs quant aux préférences et goûts exprimés dans leurs milieux sociaux respectifs;
2) L'étape de visibilité sociale et de communication. La nouvelle mode est à ce stade caractérisée comme une «nouveauté» dont les adopteurs précoces font usage. Petit à petit, elle se révèle comme une possibilité de choix très visible et communicative face aux modes déjà existantes;
3) La conformité à l'intérieur et à travers les différents systèmes sociaux. Après avoir passé avec succès la phase d'introduction de son processus d'évolution, la nouvelle mode gagne en légitimité et en acceptation sociales, au fur et à mesure qu'elle se communique à l'intérieur et à travers les diffé-

rents réseaux sociaux. Cette phase se réalise grâce à un phénomène de contagion et de conformité sociales à un nouvel ensemble de goûts;

4) La saturation sociale et la saturation du marché. La mode atteint ici son plus haut niveau d'acceptation, et la conformité de masse à cette mode crée une sorte de saturation sociale qui fait qu'elle est adoptée d'une façon constante par un grand nombre de personnes;
5) Le déclin et la désuétude. Cette phase est provoquée par l'apparition de nouvelles modes et par la saturation sociale de la mode préexistante. Cette dernière devient désuète, et le pourcentage de consommateurs l'utilisant finit par devenir infime.

Le point central de cette conceptualisation de la mode en un cycle réside dans l'influence prédominante des communications et l'influence sociale sur ce dernier. Cependant, il existe d'autres forces qui agissent, notamment la disponibilité de l'objet de mode sur le marché, le phénomène des attitudes envers les changements, le pouvoir d'achat du consommateur et son mode de vie, les motivations psychologiques, etc.

Enfin, le cycle de vie de la mode pourra s'étendre sur une période de temps plus ou moins longue, caractérisant ainsi:

— le cycle séculaire [cycle long], où l'évolution d'un style à l'autre est lente, d'une décennie à une autre, d'un siècle à un autre;
— le cycle saisonnier [cycle court], où l'acceptation d'un style particulier se fait dans une période s'étendant de quelques mois à quelques années.

Pour ce qui est de la diffusion de la mode, elle peut se faire soit de façon verticale, soit de façon horizontale. La diffusion verticale consiste à introduire une mode dans les classes supérieures de la société. Cette mode possède donc des caractéristiques de nouveauté, de distinction et d'exclusivité qui sont des plus importantes pour la population ainsi visée. Dès lors que la mode atteint sa phase de maturité dans les classes supérieures, elle se trouve simultanément introduite dans les classes moyennes et inférieures au moyen de phénomènes de communication et de production de masse. Les classes supérieures abandonnent alors cette mode pour en adopter une autre, et le cycle recommence. Certaines phases du cycle de la mode sont vite atteintes ou dépassées dans les classes supérieures. Pour les autres classes, le cycle de la mode est complètement représenté.

La diffusion horizontale est le procédé par lequel on introduit un objet dans seulement une ou quelques classes sociales, quelles qu'elles soient, avant qu'il ne passe par toutes les phases du cycle de la mode.

L'exercice du leadership dans la mode

Il existe toujours en ce qui touche la mode une forme de leadership qui fait que les innovateurs ou premiers utilisateurs de l'objet influencent les autres dans leurs achats futurs. Ces innovateurs, ou encore agents de changement, sont en fait des leaders d'opinion dans le sens où ils communiquent aux autres de l'information et propagent une certaine influence concernant les objets ayant de fortes chances de devenir à la mode. Leur influence connaîtra notamment un impact au cours des premières phases du cycle de la mode, en influençant les goûts du reste de la population.

Pour le spécialiste en marketing, les agents de changement représentent un marché cible qu'il devra à tout prix atteindre s'il veut introduire son produit sur le marché en général. Une parfaite connaissance des caractéristiques propres à ces personnes devient alors nécessaire. Nous allons donc, à partir de plusieurs études (Katz et Lazarfeld, 1955; Summers, 1970; Dussart, Pierrot, Roy, 1976), passer en revue quelques-unes des caractéristiques à analyser, en prenant comme exemple les vêtements pour femmes.

- Les caractéristiques démographiques. Plus les femmes sont jeunes et instruites, plus leurs revenus et statut d'occupation sont élevés, et plus elles sont susceptibles d'être des agents de changement en matière de mode;
- Les caractéristiques sociales. En général, plus les femmes participent à la vie sociale de leur milieu, et plus elles jouent un rôle de leadership dans la mode. On entend par participation sociale la mobilité physique, la communication sociale, l'appartenance et la participation à un certain nombre d'organisations, les postes tenus dans des organisations, la participation formelle et informelle à des activités sociales, et enfin la participation à des activités sportives;
- Les caractéristiques de personnalité. Les femmes émotionnellement stables, communicatives et responsables ont plus tendance à être des agents de changement dans la mode que celles qui sont dépressives et non influentes;
- Les caractéristiques des attitudes et des valeurs. Plus les femmes sont agressives (aiment avoir le dernier mot lors de discussions), exhibitionnistes (aiment être le centre d'attraction), à l'avant-garde (innovent et attirent ainsi l'attention), grégaires (aiment la vie de groupe, les rencontres d'amis) et actives (aiment les activités en dehors de la maison), plus elles sont susceptibles d'être des meneuses en matière de mode, contrairement aux femmes conservatrices (ayant une attitude négative envers le changement), timides et incertaines;
- Les caractéristiques d'intérêt. Les femmes qui exercent un leadership dans la mode lisent les nouvelles régulièrement et se considèrent comme des expertes en la matière. Elles parlent beaucoup de mode et s'efforcent de maintenir leur garde-robe au goût du jour;
- L'exposition aux mass-médias. En général, les leaders regardent un peu plus la télévision et lisent un peu plus de livres que les autres femmes. Elles lisent davantage les magazines sur l'entretien de la maison, les revues de mode. Cependant, elles s'intéressent moins aux magazines à caractère intellectuel. Dans le cas des autres revues, les différences ne sont pas significatives.

Conclusion

Bien que les manifestations de la mode au niveau des consommateurs soient une réalité de tous les jours, il n'en reste pas moins qu'une théorie contemporaine en la matière s'avérait de première nécessité. La mise sur pied d'un cadre conceptuel sur le phénomène de la mode permettra de mieux en saisir les articulations, donc de mieux comprendre son influence sur toutes les étapes du processus de décision du consommateur menant à l'achat. Ce cadre devrait permettre d'intégrer les recherches dans un tout cohérent et servir de base à des applications diverses.

Exercice pratique   Publicité et groupes de référence

Comme nous l'avons vu dans la partie théorique du chapitre, le monde de la publicité a abondamment puisé dans les notions reliées aux groupes de référence, notamment les grands types d'influences qu'ils exercent sur le comportement des consommateurs. En général, deux principes de base régissent cette utilisation:

Principe n° 1: Un individu n'a pas besoin d'être membre d'un groupe, d'y être admis et d'entretenir des contacts directs avec ce dernier pour que ses attitudes et son comportement en soient influencés.

Principe n° 2: Différents groupes de référence influenceront différentes attitudes et décisions de consommation. Une personne peut être influencée par les normes d'un groupe pour une catégorie de produits donnée et se référer à un autre groupe pour une autre catégorie. Cependant, nous ne connaissons pas précisément quels sont les critères de succès d'une publicité faisant appel aux groupes de référence. L'expérience que nous proposons a pour objectif de tenter de répondre à cette question d'une façon pragmatique, c'est-à-dire en procédant à des comparaisons entre des publicités du type qui nous intéresse. Pour y parvenir, suivez la procédure et efforcez-vous de répondre aux questions.

Première étape: Première recherche documentaire

☐ Trouvez trois annonces publicitaires imprimées qui recourent aux groupes de référence comme support promotionnel.

☐ Décrivez le plus précisément possible ces publicités:

- Quels en sont, selon vous, les objectifs communicationnels et commerciaux?
- Quels en sont les axes (idées essentielles que ces publicités cherchent à traduire)?
- Comment le graphisme et les slogans traduisent-ils les axes?

☐ Pour chaque annonce publicitaire, décrivez le type de groupe auquel il est fait référence:

- Est-ce un groupe d'appartenance?
- Est-ce un groupe désavoué?
- Est-ce un groupe d'aspiration (symbolique ou d'anticipation)?

☐ Pour chaque annonce publicitaire, décrivez le type d'influence exercé par le groupe de référence correspondant (il serait intéressant que dans le choix de vos annonces, vous ayez un cas de chaque type d'influence).

- S'agit-il d'une influence informative?
- S'agit-il d'une influence comparative?
- S'agit-il d'une influence normative?

Deuxième étape: Expérimentation

☐ Trouvez dans des magazines trois annonces publicitaires supplémentaires qui mettent en scène des rôles stéréotypés et qui associent à ces derniers un ou des produits types. Décrivez-les pour justifier votre choix.

☐ Prenez un échantillon de personnes et mesurez leurs réactions face à ces publicités (une dizaine de personnes devrait suffire).

- Que pensent-elles des rôles affectés aux différents personnages?

- Que pensent-elles des associations qui sont faites entre les rôles et l'utilisation des produits?
- Quelles sont leurs réactions face à l'intensité de la pression à la conformité?
- Constate-t-on des réactions négatives importantes devant ces messages?
- Si oui, lesquelles?
- Et, dans ce cas, sont-elles susceptibles de provoquer des freins substantiels à l'achat?
- Peut-on parler de phénomènes de résistance?

Troisième étape: Synthèse

Sur la base des résultats de la deuxième étape, et en fonction de la théorie sur les groupes de référence, *quels sont selon vous les critères de succès d'un message publicitaire ayant recours aux groupes de référence?* (Devant les réactions des répondants et répondantes aux différentes annonces publicitaires que vous aurez choisies, vous pourrez procéder à une évaluation comparative de leur efficacité relative.)

BIBLIOGRAPHIE

ASSAEL, H., *Consumer Behavior and Marketing Action,* Kent Publishing Company, 1981, p. 328.

BAUDRILLARD, J., *Pour une critique de l'économie politique du signe,* Paris, Gallimard, Collection «Tel», 1972.

BOURNE, F., «Group Influences in Marketing and Public Relations», dans *Some Applications of Behavioral Research,* sous la direction de R. Likert et S.P. Hayes Jr., UNESCO, 1961.

BURNKRANT, R., COUSINEAU, A., «Informative and Normative Social Influence in Buyer Behavior», *Journal of Consumer Research,* décembre 1975, p. 206-215.

DUSSART, C., PIERROT, C., ROY, A., «Les groupes d'influence et la diffusion de la mode féminine des vêtements au Québec», dans *Perspective canadienne 77,* sous la direction de G.H.G. McDougall et R. Drolet, Association canadienne des sciences administratives, 1976, p. 231-240.

FESTINGER, L., «A Theory of Social Comparison Processes», *Human Relations,* mai 1954, p. 117-140.

FORD, J., ELLIS, E., «A Reexamination of Group Influence on Member Brand Preference», *Journal of Marketing Research,* février 1980, p. 125-132.

GRANBOIS, D.H., «Improving the Study of Customer In-Store Behavior», *Journal of Marketing,* octobre 1968, p. 28-33.

GRUBB, E.L., GRATHWOHL, H.L., «Consumer Self-Concept, Symbolism and Market Behavior: A Theoretical Approach», *Journal of Marketing,* octobre 1967, p. 25.

HAIRE, M., «Projective Techniques in Marketing Research», *Journal of Marketing,* avril 1960, p. 649-656.

KATZ, E., LAZARFELD, P., *Personal Influence,* Glencoe, Free Press, 1955.

LANE, G., WATSON, G., «A Canadian Replication of Mason Haire's 'Shopping List' Study», *Journal of the Academy of Marketing Science,* hiver 1975, p. 48-59.

LESSIG, V., PARK, W., «Promotional Perspectives of References Group Influence: Advertising Implications», *Journal of Advertising,* printemps 1978, p. 41-74.

MOSCHIS, G., «Social Comparison and Informal Group Influence», *Journal of Marketing Research,* août 1976, p. 237-244.

PARK, W., LESSIG, P., «Students and Housewives: Differences in Susceptibility to Reference Group Influence», *Journal of Consumer Research,* septembre 1977, p. 105.

ROBERTSON, D., JOSELYN, R., «Projective Techniques in Research», *Journal of Advertising Research,* octobre 1974, p. 27-31.

SPROLES, G., «Analysing Fashion Life Cycle: Principles and Perspectives», *Journal of Marketing,* automne 1981, p. 116-124.

SPROLES, G., «Fashion Theory: A Conceptual Framework», dans *Advances in Consumer Research,* sous la direction de S. Ward et P. Wright, Association for Consumer Research, 1973, p. 463-471.

STAFFORD, J., «Effects of Group Influence on Consumer Brand Preferences», *Journal of Marketing Research,* février 1966, p. 68-75.

SUMMER, J., «The Identity of Women's Clothing Fashion Opinion Leaders», *Journal of Marketing Research,* mai 1970, p. 178-185.

VEBLEN, T., *The Theory of Leisure Class,* New York, McMillan, 1899.

WEBSTER, F., VON PECHMANN, F., «A Replication of the 'Shopping List' Study», *Journal of Marketing,* avril 1970, p. 61-63.

WITT, R., BRUCE, G., «Purchase Decisions and Group Influence», *Journal of Marketing Research,* novembre 1970, p. 533-535.

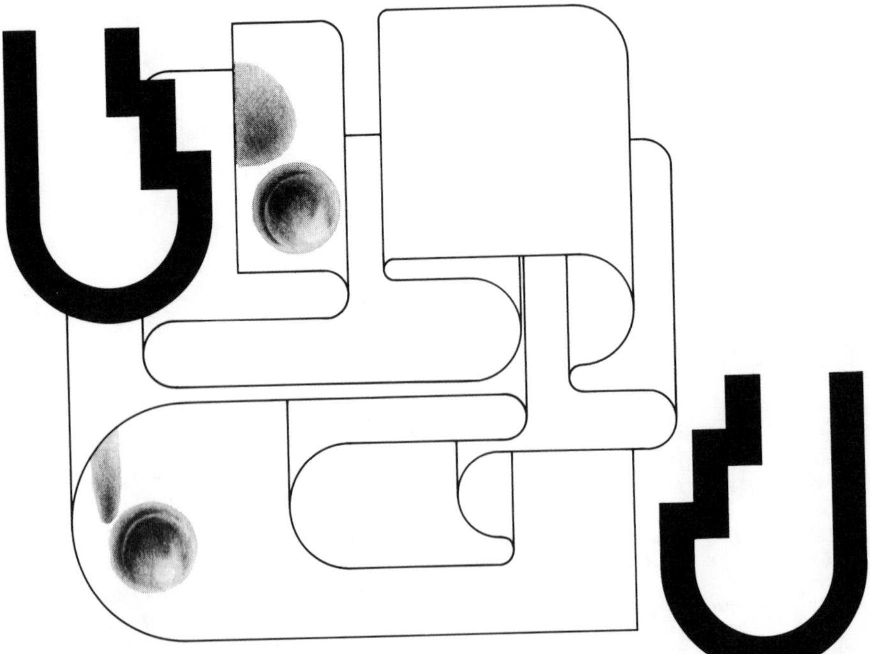

Chapitre 11

La structure des rôles dans la famille*

OBJECTIFS:

1) Souligner la multidimensionnalité de la structure des rôles dans la famille;
2) Sensibiliser le lecteur aux problèmes de validité des instruments de mesure dans ce domaine;
3) Insister sur le nécessité d'étendre l'analyse des rôles à ceux exercés par les enfants.

PRÉPARATION À L'EXERCICE PRATIQUE:

1) Lire avec attention la première partie du chapitre;
2) Se conformer au plan du rapport tel qu'il est proposé.

* Ce chapitre a été rédigé en collaboration avec Geneviève Cases, professeur à l'École supérieure de Commerce de Toulouse (France).

INTRODUCTION

Parler du comportement *du* consommateur donne souvent l'impression que celui-ci est un individu isolé et indépendant. Rien n'est moins vrai pourtant: la plupart des biens et des services sont consommés en groupe, c'est-à-dire détruits collectivement.

Deux tendances de la recherche dans le domaine essayent d'intégrer le processus de décision dans un cadre communautaire. L'une s'efforce d'expliquer la prise de décision en fonction de variables dites situationnelles (des marques ou des produits seraient achetés en fonction des situations dans lesquelles ils seraient consommés), l'autre s'intéresse à l'explication du comportement du consommateur à travers les influences qu'exercent sur lui ses groupes de référence (voir le chapitre précédent).

C'est dans ce deuxième courant de recherche que s'inscrit l'étude d'un groupe de référence particulièrement important: la famille. En effet, la marque choisie au moment de l'achat résulte très souvent de tout un réseau d'influences préalables: l'acheteur, sachant qu'il ne consommera pas seul, effectue son choix en fonction des goûts, pressions, conseils, etc., de tous les membres de sa famille impliqués dans le processus de consommation.

En économie, la famille est considérée comme une unité de consommation appelée «ménage», et qui est presque exclusivement envisagée sous l'angle de sa capacité à consommer traduite en des termes financiers (pouvoir d'achat).

En sociologie, l'intérêt porte sur les interactions dans le couple à un niveau beaucoup plus général que le seul processus de consommation. Certains sociologues sont ainsi parvenus à établir une classification unidimensionnelle des types de familles en fonction de la répartition des rôles dans le couple: régime du patriarcat, du matriarcat ou de l'égalité des sexes.

En marketing, dont la base conceptuelle est l'interaction profitable avec le consommateur, le problème acquiert une connotation plus opérationnelle: qui décide dans la famille et donc à qui s'adresser? Répondre à cette question permet:

— au responsable du marketing d'une firme de connaître son interlocuteur lors des différentes phases du processus de décision, ce qui comporte des implications évidentes, notamment au niveau de la définition de la stratégie communicationnelle: le contenu communicationnel (axe, incitations, supports, thèmes) est différent selon que l'on s'adresse à l'homme, à la femme ou au couple; le plan sur les médias change lui aussi (choix des supports, des heures d'écoute, etc.);
— au responsable de la recherche de définir avec précision son unité d'analyse (l'homme, la femme, les deux ensemble ou séparément). Trop souvent les enquêtes s'adressent aux seules maîtresses de maison, alors que ce n'est pas toujours elles qui décident, même si elles effectuent l'achat (différence entre «prescripteur» et agent d'achat).

Tout en intégrant les concepts de base de l'interaction familiale tirés de la sociologie et les résultats des études, peu nombreuses, effectuées sur la répartition des rôles dans la famille et sur les influences des différents membres, nous développerons plus loin:

a) la répartition des rôles dans le couple et les variables qui expliquent ou modifient cette répartition;
b) la perception des rôles dans le couple, les variables qui influent sur cette perception et les problèmes que cette divergence éventuelle peut poser;
c) le rôle de l'enfant dans le processus de prise de décision, ses tentatives d'influence et les conditions dans lesquelles ces dernières réussissent.

LA RÉPARTITION DES RÔLES AU SEIN DU COUPLE DANS LE PROCESSUS DE CONSOMMATION

Les bases théoriques pour une segmentation par classe de produits

Dès 1959, le sociologue Wolfe a proposé une classification des familles selon deux axes: le premier est la part relative de domination des époux et on le mesure au moyen du degré d'influence de l'un ou l'autre des conjoints; le second est le degré de spécialisation des époux et il se définit par le pourcentage des familles qui disent qu'une décision a été prise en commun. Sur la base de ces deux dimensions, il répartit les familles en fonction de quatre grands types de prise de décision (voir figure 11.1):

— la décision femme dominante ou type I;
— la décision autonome (rôles répartis entre les deux époux) ou type II;
— la décision syncrétique (rôles partagés par les deux époux) ou type III;
— et enfin, la décision homme dominant ou type IV.

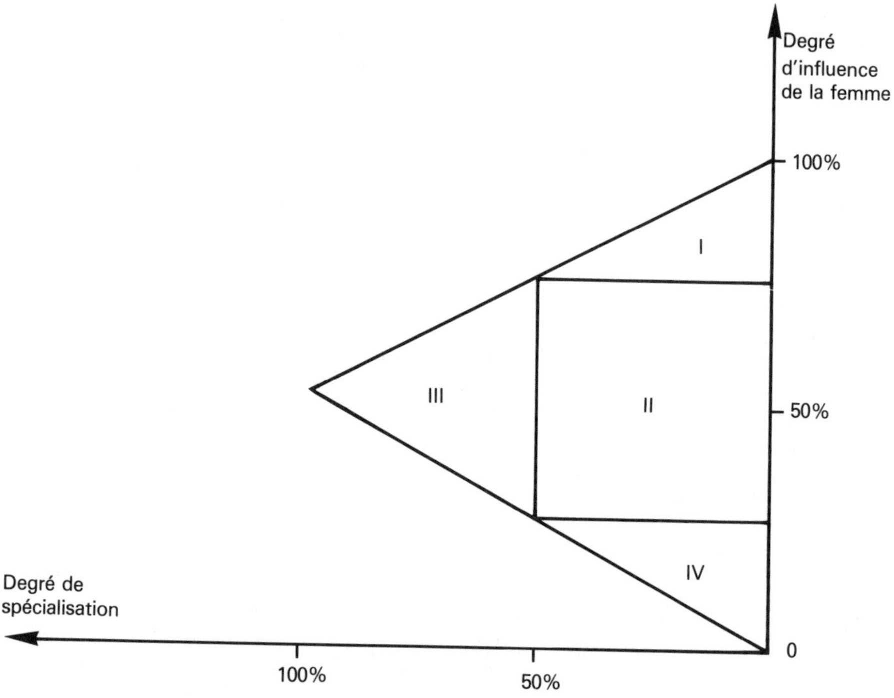

Figure. 11.1 Classification des familles selon le schéma de Wolfe (1959).

Si cette classification a le mérite d'être claire, elle reste cependant fort générale et doit être adaptée au contexte de la consommation. En effet, le point de départ d'une recherche en marketing est le produit. Que ce soit pour faire une étude ou pour concevoir une campagne publicitaire, le raisonnement se fera toujours par rapport à une classe de produits donnée. Il est donc d'une utilité toute relative de savoir que les familles se répartissent en quatre types car cela ne circonscrit en rien la cible à atteindre. Fort heureusement, la recherche en comportement du consommateur sur l'influence de la famille a récemment progressé et offre un schéma conceptuel clair et adapté. Ainsi, Davis et Rigaux (1974) ont réalisé une étude auprès de familles belges qui donne des résultats particulièrement intéressants (voir figure 11.2).

À la lecture de cette figure, il devient évident que les *mêmes* couples ont tendance à se répartir les rôles de manière différente selon la classe de produits au sujet de laquelle ils doivent prendre une décision. C'est ce que Davis avait appelé, dès 1970, la *multidimensionnalité* des influences dans le couple: ce dernier n'est pas de type patriarcal ou matriarcal dans l'absolu et irrévocablement, mais il change de structure selon le type de décision en jeu. Nous nous rendons ainsi compte que cette approche dynamique est beaucoup plus réaliste et surtout plus directement applicable au marketing. En fonction du produit étudié, il devient possible de déterminer à quel type général de décision on s'adresse: femme dominante (I), décision autonome (II), décision syncrétique (III) ou homme dominant (IV). Et si le produit étudié fait l'objet d'une décision du type IV, il sera alors vain d'interroger les maîtresses de maison pour recueillir des informations, au cours d'une enquête par exemple.

Puisque la structure des rôles est changeante, nous nous intéresserons donc aux dimensions qui provoquent cette dynamique interne.

Les dimensions sur lesquelles varie la répartition des rôles

La notion de multidimensionnalité de la répartition des rôles dans le couple ne se limite pas à la variable produit ou classe de produits. En effet, Davis (1970) met en évidence une répartition des rôles pour un même produit en fonction du *type de décision ou sous-décision* à prendre pour ce produit. Il s'agit là des cas de décisions syncrétiques ou autonomes où l'influence des deux époux se présente à un degré variable de spécialisation. Pour les meubles et les automobiles, Davis a dégagé un modèle où l'homme prend les sous-décisions de type économique (où acheter, quand, combien dépenser?) et la femme partage avec lui les décisions reliées aux caractéristiques intrinsèques du produit (quelle marque, quel modèle, quelle couleur?). Rigaux, pour sa part, a analysé en 1974 la variation des répartitions dans la *dynamique du processus de prise de décision:* de la prise de conscience du besoin, en passant par la recherche de l'information pour en arriver à la décision finale d'achat d'une marque, la répartition des rôles variera. Au point de départ, et en fonction du produit considéré, la décision se situe dans l'un ou l'autre des quatre quadrants; puis, tout au long du processus, des glissements ont lieu dans le degré de spécialisation des époux. C'est en phase de recherche d'information que la spécialisation est plus poussée. Il peut même arriver qu'une décision autonome ou syncrétique au moment de l'achat soit de type femme dominante ou mari dominant en phase de recherche d'information (voir figure 11.3).

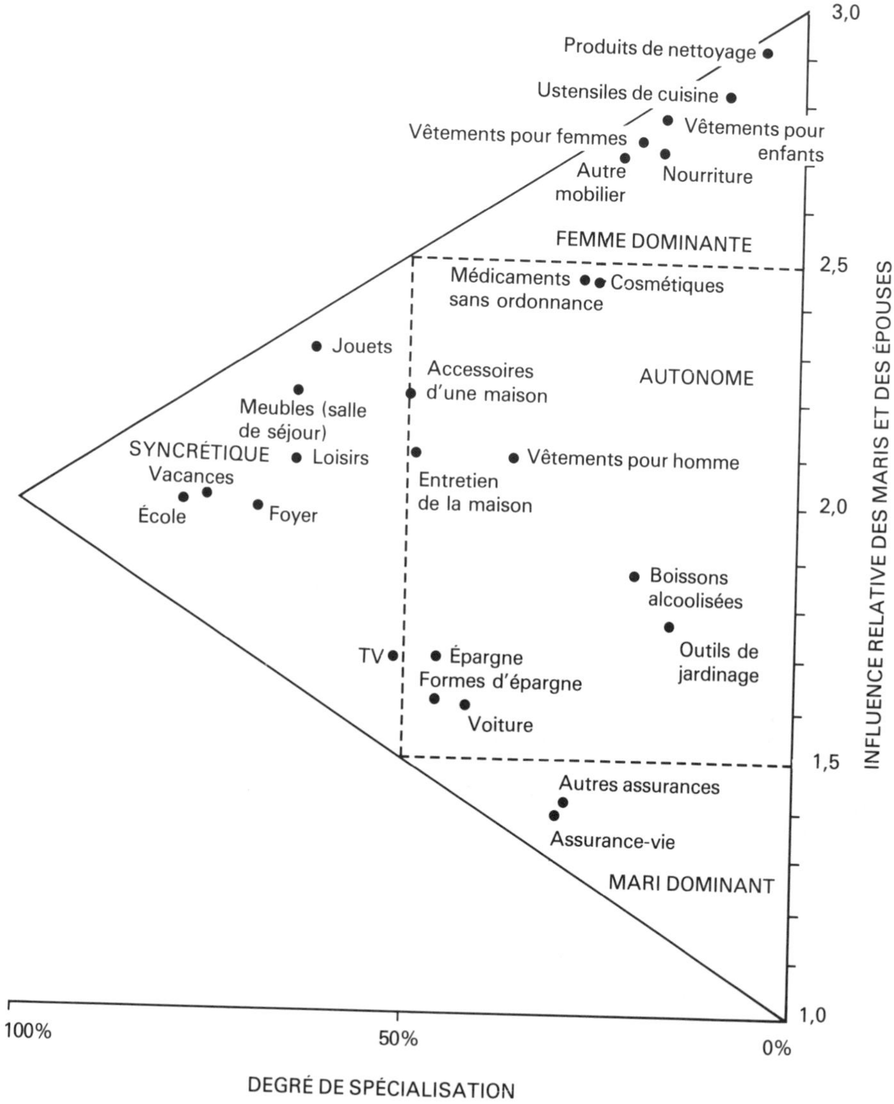

Source: Davis, H., Rigaux, B., «Perception of Marital Roles in Decision Processes», *Journal of Consumer Research,* vol. 1, juin 1974, p. 54. Reproduit avec l'autorisation du JCR, Copyright © 1974.

Figure 11.2 Les rôles conjugaux pour 25 produits.

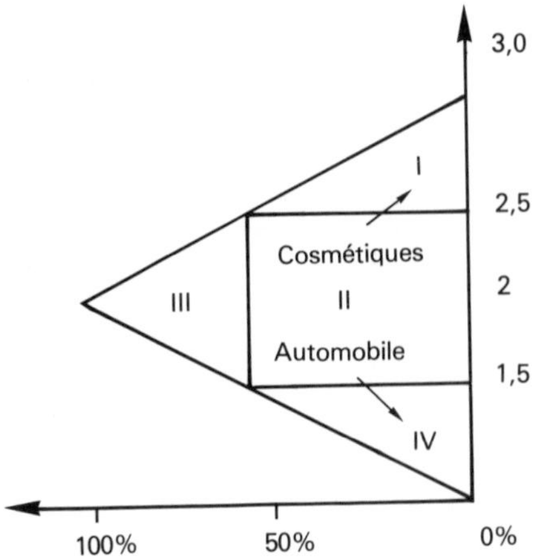

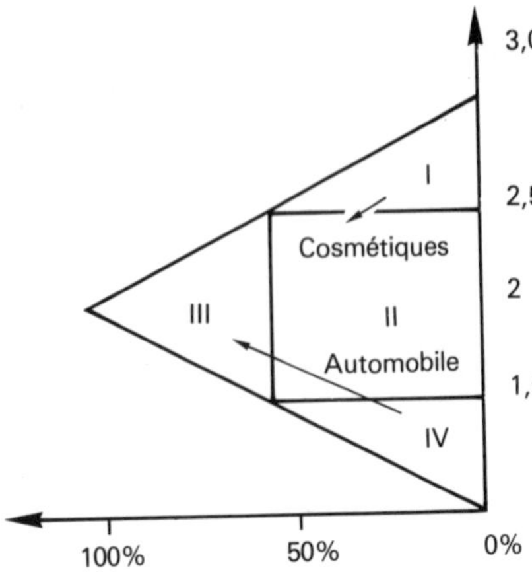

Source: Ibid. Copyright © 1974.

Figure 11.3 Glissements des rôles au cours du processus de décision.

Il est donc important, au niveau du marketing, de définir clairement la phase du processus de décision sur laquelle la stratégie portera, afin de pouvoir identifier le type général de répartition des rôles auquel il faut faire face. Dans le cas de décisions partagées (syncrétiques ou autonomes), il faudra aussi identifier les sous-décisions pour lesquelles les rôles sont encore répartis. Ainsi, pour une automobile, si l'objectif est de préparer une campagne publicitaire, mieux vaut s'adresser à l'homme qui semble plus spécialisé dans la recherche d'information. Mais, sur le lieu de vente, donc en phase finale d'achat, il faut savoir que le couple prend la décision en commun et que la femme participe à la décision d'ordre esthétique; le concessionnaire devra tenir compte de ce fait dans le choix de la gamme de couleurs et de modèles qu'il exposera en magasin. Pour les cosmétiques, nous pouvons voir dans la figure 11.3 que la femme est dominante en phase de recherche de l'information mais qu'au moment de la reconnaissance du besoin (!) et de la décision d'achat, l'homme exerce plus d'influence: c'est un exemple type de décision influencée par la famille au complet même si le consommateur effectif est unique.

Un domaine encore inexploré par la recherche est celui de la phase de réévaluation après l'achat. Il est certain que cette phase aussi subit des variations d'influence du mari et de la femme selon le type de produit à évaluer. Cette phase et les influences en jeu à ce moment du processus de consommation ont une importance énorme pour le comportement ultérieur de la famille. Il serait donc souhaitable d'en tenir compte lors d'une étude.

Les variables explicatives de cette segmentation par classe de produits

Deux types de variables ont été étudiées qui peuvent expliquer l'appartenance d'une classe de produits à un des quatre types généraux de répartition des rôles dans le couple.

Les variables socio-culturelles

L'environnement socio-culturel d'un couple, son appartenance à une nation, une race, une ethnie, expliquent en grande partie les différences de répartition de rôles selon les classes de produits (voir le chapitre sur la culture).

Zeldritch (1955) a effectué une étude, basée sur des rapports de recherches ethnographiques auprès de 56 sociétés, qui révèle des différences que l'on retrouve de manière plus ou moins universelle entre le rôle du mari et celui de la femme. Suivant un schéma théorique de Falcott Parson, les résultats de cette étude tendent à accorder à l'homme le rôle instrumental, celui des activités économiques de base, et à la femme le rôle expressif, celui du réconfort, des sentiments et sensations. Ce schéma recoupe bien la distinction qui vient d'être soulignée entre les rôles des deux époux par type de sous-décisions pour un même produit: l'homme décide du budget, la femme de la couleur, de la forme, etc.

Si des schémas similaires de répartition pour un type de sous-décisions se retrouvent dans différentes sociétés, la répartition par classe de produits peut changer. Ainsi, une étude de Dubey et Choldin (1967) auprès de 169 familles indiennes a révélé que la décision d'utilisation de la pilule anticonceptionnelle était prise à 44 % par l'homme seul, à 4 % seulement par la femme seule. La décision serait donc en Inde de type IV, homme dominant, et il est bien évident que pour ce produit, dans la société occidentale, la décision serait de type différent. Il est donc nécessaire, lors de l'utilisation d'une segmentation de type triangulaire par classe de produits, de ne la considérer que dans le cadre socio-culturel où elle a été établie. Ainsi, une analyse culturelle croisée sur l'achat d'une maison entre des familles du Connecticut et du nord-ouest de l'Angleterre ne donne pas de différences significatives (Hempel, 1974). Au niveau du marketing, cela implique qu'une étude de segmentation par classe de produits doit être faite pour chaque pays.

De même, il ne faut pas considérer cette répartition comme statique. Des tendances culturelles à travers le temps peuvent modifier les rôles respectifs des époux. Le sociologue John Scanzoni (1977) note une tendance accrue des femmes nord-américaines à prendre de l'influence dans la décision conjugale. De même, il est fort possible que certains pays en voie de développement, traditionnellement patriarcaux, voient leur structure évoluer. Par exemple, toute baisse de l'influence de la religion islamique se traduit par un accroissement de l'influence de la femme dans le couple et se répercute sur la consommation.

Les variables individuelles

D'une manière générale, les produits achetés par la famille sont consommés en commun. Cependant, certains sont plus précisément destinés à un des membres de la famille en particulier. Cette *fonction d'utilisateur* privilégié augmente certainement l'*implication relative* de ce membre de la famille dans le processus de prise de décision et, partant, son influence. Ainsi, dans une étude réalisée en France par la S.O.F.R.E.S. et intitulée *Qui décide?* (1977), le choix de la marque des produits d'hygiène et de beauté est toujours de type femme dominante à 80 %, sauf dans le cas des produits de rasage et après rasage où l'influence prépondérante de la femme n'est que de 36 %.

De même, il est important de savoir *qui effectue l'achat* car c'est finalement l'acheteur, même s'il a été influencé auparavant, qui a le pouvoir de décision finale et qui, en cas de non-disponibilité de la marque choisie sur le lieu de vente, prendra la décision de changer de marque, de magasin, ou d'attendre. La présence de cette variable *acheteur effectif* renforce la nécessité d'une étude séparée des différents stades du processus de prise de décision.

Reliée très souvent aux variables culturelles, une troisième variable individuelle explique la répartition des rôles dans le couple par classe de produits: *l'expertise de l'époux.* Il peut s'agir, comme le signalent Engel, Blackwell et Kollat (1978), soit d'une extertise réelle, soit d'une expertise perçue. Il est certain, par exemple, qu'une grande partie de l'expertise accordée au mari en matière d'automobile provient autant de normes socio-culturelles que de la réalité effective. De la même manière, dans l'étude déjà citée réalisée en France (1977), il ressort que pour tous les produits alimentaires la décision est de type femme dominante (I) à plus de 75 %, sauf pour les bières, vins et alcools où elle est partagée (l'homme influence dans 50 à 60 % des cas). Cette expertise en matière d'alcool relève autant de normes sociales que de connaissances réelles du Français moyen en matière de millésimes. . .

Les variables explicatives des variations à l'intérieur d'un type de répartition pour une classe de produits: les variables «couple»

La méthode du triangle permet de situer globalement une classe de produits dans un type de répartition des rôles conjugaux. Cependant, les axes étant continus, des variations soit dans l'influence relative des époux, soit dans leur degré de spécialisation peuvent se produire, si l'on considère les couples pris un à un et non plus d'une façon globale. Ces variations devront ou ne devront pas être prises en compte, selon le degré de précision de l'étude et en fonction du type de données que l'on veut obtenir.

Si plusieurs variables peuvent expliquer ces différences, elles se rapportent toutes à la description du couple.

Le cycle de vie de la famille

Le concept de cycle de vie de la famille s'avère très important en marketing. Variable d'identification et variable explicative à la fois, il est primordial au cours d'une étude de situer dans ce cycle de vie le stade auquel le couple répondant est parvenu. Le tableau 11.1 présente l'une des classifications qu'il est possible d'utiliser. La situation d'un couple dans telle ou telle cellule de ce tableau comporte des implications à deux niveaux:

— au niveau *explicatif* de la répartition des rôles dans le couple;
— au niveau *descriptif* de la structure de consommation du couple.

Au niveau explicatif, bon nombre d'études ont démontré que la structure des rôles changeait au cours du cycle de vie de la famille. Wolgast (1958), dans une étude sur les achats d'automobiles et de biens d'équipement de la maison, et Blood et Wolfe (1960) ont constaté la même dépendance économique — et donc le même manque d'influence dans la prise de décision financière — de la femme ayant des enfants en bas âge. Davis (1974) constate que la proportion

COUPLE / AUTRES MEMBRES DE LA FAMILLE	JEUNE COUPLE: LIEN CONJUGAL DE - DE 5 ANS	COUPLE DE 5 À 20 ANS DE LIEN CONJUGAL	COUPLE DE + DE 20 ANS DE LIEN CONJUGAL	VEUF OU VEUVE	DIVORCÉ OU DIVORCÉE	AUTRES CAS
SANS ENFANT						
ENFANTS DE - DE 6 ANS						
ENFANTS DE 6 À 18 ANS						
ENFANTS DE + DE 18 ANS						
AUTRES PERSONNES À CHARGE						

Tableau 11.1 Cycle de vie familial.

de décisions prises exclusivement par le mari (type IV) augmente avec le nombre d'enfants demeurant à la maison. Les jeunes couples, eux, ont tendance à prendre plus de décisions en commun, adoptant en cela les normes modernes de concertation dans le couple.

Au niveau descriptif, il est évident que la structure de consommation des familles change: la présence de jeunes enfants, puis d'enfants d'âge scolaire ou universitaire modifiera l'affectation des budgets aux différentes classes de produits. Il est donc essentiel en marketing de tenir compte de cette variable pour identifier les utilisateurs les plus importants d'une classe de produits, en même temps que le membre du couple qui aura le plus d'influence sur la prise de décision de consommation de ce type de produits. Toutefois, pour mieux comprendre les réalités de nos sociétés dites modernes, la notion traditionnelle de cycle de vie familial doit être révisée pour tenir compte des changements survenus dans la composition même des familles. Ainsi, le nombre croissant des célibataires, des cohabitations non légalisées, des familles monoparentales, du taux de divorces requiert une redéfinition des étapes du cycle de vie familial (voir à ce sujet le schéma de Gilly et Enis, 1981).

Le niveau d'instruction des époux

Une hypothèse intuitive voudrait que l'influence relative des époux soit fonction de la différence du niveau d'instruction entre eux: plus l'instruction de l'un des partenaires excéderait celle de l'autre, plus ce dernier serait dépendant dans la prise de décision conjugale. En fait, des études ont été effectuées et les résultats prouvent que cette variable ne peut pas être prise en considération pour expliquer la répartition des rôles dans le couple (Ferber et Lee, 1974).

Les revenus et le statut d'emploi de l'épouse

Si la répartition des rôles ne dépend pas du niveau d'instruction des époux, elle est par contre influencée par le fait que l'épouse travaille ou non (Ferber, Birnbaum, 1980). Cette différence s'explique par la théorie de l'échange selon laquelle les ressources possédées par chaque époux sont échangées contre le droit de participer à des degrés différents à la prise de décision et aux activités familiales. Ainsi la femme qui travaille, apportant sa contribution au revenu de la famille, acquiert de l'influence dans l'aspect financier de la décision.

Le degré de spécialisation des tâches varie aussi selon le type d'emploi qu'occupe l'épouse. La femme qui travaille pour des raisons purement économiques sera moins autonome (II) donc plus syncrétique (III) que celle qui considère son emploi comme une carrière. La répartition des dépenses du couple pourrait aussi varier selon le statut d'emploi de l'épouse. Drucker (1976) affirme que les revenus supplémentaires apportés par le salaire de la femme sont consacrés à des dépenses dites «extraordinaires», c'est-à-dire des biens ou services qui n'auraient pas été achetés sans ce revenu additionnel: biens durables, produits de luxe, vacances, restaurant, etc. Cette analyse a été reprise en 1977 par Strober et Weinberg qui ont prouvé que cela n'était pas le cas, et qu'il fallait plutôt considérer le revenu de la famille comme un revenu global impliquant un certain niveau de vie global, que ce revenu soit formé d'un ou de deux salaires. En fonction de ce niveau de revenu, un schéma général décrit l'influence des époux: dans les familles à revenu faible ou élevé, l'implication commune est faible, et dans les familles à revenu moyen, l'implication commune est forte.

Pour ce qui est du type de produits achetés, une idée reçue voudrait que les produits alimentaires ou électroménagers qui sont censés faire gagner du temps à la ménagère soient consommés surtout par les couples dont la femme travaille. Plusieurs études (Douglas, 1976; Strober et Weinberg, 1977; Dussart, 1981), là aussi, prouvent qu'il n'en est rien, et que le fait que la femme travaille ou non ne modifie en rien la consommation de la famille dans ce sens, que ce soit en Europe ou en Amérique du Nord.

Par contre, pour le comportement d'achat proprement dit (choix du magasin et surtout des heures de magasinage), le fait que la femme travaille a une importance que les distributeurs ne peuvent pas négliger.

La classe sociale

Cette variable constitue en quelque sorte une synthèse des variables dont nous venons de parler. Komarovsky (1961), après examen de plusieurs études, a émis l'hypothèse d'une relation curviligne entre la classe sociale et le degré de prise de décision en commun dans la famille: la femme aurait tendance à dominer dans les classes sociales basses, les époux décideraient en commun dans les classes moyennes et l'homme dominerait dans les classes hautes. Cette hypothèse reste à confirmer par des études empiriques.

Le mode de vie

Une certaine vogue dans les études psychographiques en comportement du consommateur a amené les chercheurs à tenter d'expliquer ce comportement et ses variations par des différences de mode de vie. Woodside (1975) a essayé d'analyser l'impact de ce type de variable sur l'influence relative du mari et de la femme pour l'achat de huit produits: automobile, machine à laver, bière, tapis, fromage, téléviseur, outils de jardinage, tondeuse. Faiblesse méthodologique ou reflet de la réalité, cette étude ne réussit pas à mettre en évidence une quelconque influence du mode de vie ou des caractéristiques démographiques des couples sur leur structure de prise de décision.

Nous voyons donc que la répartition des rôles de consommation dans le couple peut, pour une même classe de produits, varier selon certains schémas précis. Cependant, il faut voir dans les variables intrinsèques au couple plutôt des variables de contrôle que des variables purement explicatives d'un processus de répartition des rôles conjugaux. Ce processus se situe en effet à un autre niveau, qui est celui de l'environnement socio-culturel de la famille.

LA PERCEPTION DES RÔLES DANS LE COUPLE

Le questionnaire constitue sans aucun doute l'instrument de recherche le plus utilisé pour recueillir des données sur le comportement du consommateur. Cet outil a cependant des limites quant à la fiabilité des réponses obtenues: la subjectivité du répondant, la mauvaise interprétation des questions, etc., sont autant de biais qui provoquent une distorsion dans les résultats. Au niveau de l'analyse du comportement familial, le problème est plus complexe encore. En effet, pour déceler la part d'influence des époux dans une décision, il faut faire appel chez le répondant à des notions assez vagues et diffuses, mais aussi à sa mémoire qui n'est pas toujours fraîche lorsque les faits sont antérieurs de plusieurs semaines, voire de plusieurs mois. Aussi n'est-il pas étonnant qu'en comparant les réponses du mari avec celles de la femme d'un couple, on puisse constater qu'ils perçoivent différemment leur propre influence dans une même décision et que le pourcentage de variation réellement attribuable à la subjectivité est difficilement contrôlable.

Face à cette divergence de perception dans les rôles respectifs des partenaires du couple, deux problèmes se posent:

1) Au niveau de la méthodologie de la recherche: comment tenir compte de ces divergences perceptuelles? Comment interpréter les résultats, faute d'un consensus?
2) Au niveau de la stratégie: comment tenir compte de cette différence de perception des rôles dans le couple?

Au niveau de la méthodologie de la recherche

En comportement du consommateur, les deux composantes de base d'une étude réussie sont l'instrument de mesure (en général le questionnaire) et l'unité d'analyse (le choix des répondants). Davis (1971) a analysé les résultats obtenus en interrogeant 77 couples avec quatre types de questionnaires différents: deux indices généraux d'influence dans la prise de décision et deux indices spécialement mis au point pour un type de produit précis, un pour l'automobile et un pour les meubles. Les résultats ont révélé que mari et femme percevaient avec un plus grand consensus leurs rôles respectifs mesurés avec des instruments spécifiques.

Ceci rejoint bien la notion de multidimensionnalité de la répartition des rôles dans le couple; ceux-ci ne sont pas répartis en général, mais varient selon certaines décisions et sous-décisions pour un produit précis. Un couple à qui il est demandé de décrire d'une façon générale ses modes internes d'influence éprouve de la difficulté à le faire. Par contre, lorsque l'interrogation porte sur un type précis de produit, chacun des époux a une perception relativement plus nette du rôle qu'il joue effectivement et de ses limites. Étant donné l'importance des conséquences du désaccord observé très souvent entre époux dans les études, il est intéressant de se demander si les différences entre les perceptions des rôles ont tendance à être aléatoires ou biaisées dans le sens de la modestie (sous-estimation de sa propre participation au profit de celle de l'autre) ou de la vanité (surestimation de sa propre participation aux dépens de celle de l'autre) (Davis, Rigaux, 1974). À la lueur des résultats d'une très récente étude sur les problèmes de validité de telles mesures (Davis, Douglas, Silk, 1981), il semble que la vanité prévaille sur la modestie, sans que cela nuise trop à la capacité de discrimination des instruments de mesure. Néanmoins, la présence d'un faible consensus dans les réponses, due en grande partie à un biais perceptuel réciproque, pose un sérieux problème méthodologique de validité interne des mesures employées: mesure-t-on vraiment ce que l'on veut mesurer, existe-t-il un moyen quelconque de s'assurer que la personne qui se dit impliquée dans les différentes tâches de la décision l'est en réalité, évitant ainsi les réponses socialement stéréotypées?

Résoudre ces problèmes méthodologiques n'est pas chose facile. Au niveau du questionnaire, il faut être très précis et ne pas vouloir englober plusieurs classes de produits dans un même schéma de répartition des rôles. Lors de l'analyse des résultats, il ne faut pas hésiter à avoir recours aux méthodes statistiques qui portent sur l'évaluation des erreurs de mesure (voir à ce sujet le livre de Bagozzi, 1980).

En ce qui concerne le choix du répondant, le problème est de décider si un seul des deux époux sera interrogé (et lequel?) ou les deux (conjointement ou séparément?). Il est certain que si l'on tient à contrôler la véracité des réponses, on se doit alors d'interroger les deux conjoints. Cependant cette méthode, outre le fait qu'elle soit coûteuse et qu'il soit souvent difficile de rencontrer l'homme au foyer en dehors de certaines heures bien précises, donnera de toute manière, nous venons de le dire, un certain taux de divergence non contrôlée dans la perception des influences relatives. Faisant suite à toute cette réflexion sur le sujet de la convergence des perceptions de rôles dans le couple, deux conclusions s'imposent: pour les produits à domination unique (homme ou femme, I ou IV), cette domination est généralement reconnue par chacun; aussi vaut-il mieux, dans ce cas, n'interroger que le conjoint dominant; pour les produits de types II ou III, les répondants s'entendent à peu près sur leurs rôles respectifs (68 % de convergence, 15 % de sous-évaluation, 17 % de surévaluation; Davis et Rigaux, 1970, 1974); il est alors possible de n'interroger qu'un seul des partenaires et de se servir des indices de consensus pour pondérer les réponses obtenues.

Au niveau de la stratégie

Le problème de perceptions divergentes à l'intérieur d'un couple, de l'influence de chacun dans la prise de décision, n'est donc pas limité à un simple problème d'enquête. Plus profondément, il révèle un mécanisme fondamental en comportement du consommateur: le lien entre croyances, attitudes et comportement. C'est en tenant compte dans les messages communicationnels de la croyance d'un individu quant à son influence que l'entreprise peut parvenir à créer une attitude favorable à sa marque, interférant dans l'évaluation familiale. Il est évident que la communication de marketing devra éviter de froisser les consommateurs en éveillant les susceptibilités, surtout dans le cas précis de produits ou encore de types de décisions pour lesquels il n'y a pas de rôles dominants bien tranchés en faveur de l'un ou de l'autre des époux. Lorsque les avis sont partagés, il est recommandé de faire preuve de diplomatie.

Suivant les travaux de Cox (1975), et en guise de résumé à cette section sur les structures d'influences dans le couple, signalons qu'une nouvelle orientation est apparue dans l'analyse du processus de décision familial. Elle repose sur la croyance selon laquelle les résultats obtenus seraient plus satisfaisants si l'examen se faisait sous l'angle de l'analyse du comportement d'un petit groupe orienté vers des objectifs plutôt que sous celui de l'influence exercée par le mari ou la femme. En ce sens, la recherche devrait porter davantage sur le degré d'adéquation dans les objectifs individuels de consommation, et mesurer l'ajustement entre les perceptions du mari et de la femme ou encore la dynamique de ce processus d'ajustement. Il a été ainsi démontré que la similitude entre les préférences du mari et celles de la femme pour les automobiles s'accentuait chez les familles se situant aux stades les plus avancés du cycle de vie familial, pour ensuite décliner dans les deux derniers. Ceci appelle deux constatations:

1) Le cycle de vie constitue un excellent moyen de prédire le degré d'ajustement entre les deux conjoints;
2) La présence des enfants est l'un des déterminants clés du comportement d'ajustement: les familles qui n'ont pas d'enfants, ou celles qui n'en ont plus, sont moins susceptibles de s'ajuster dans leurs objectifs de consommation.

L'importance du rôle joué par les enfants a été confirmée, et l'on suggère maintenant que la recherche ne se limite pas aux époux, mais englobe les enfants: ainsi, la structure des rôles dans la famille prend-elle toute sa signification (Szybillo, Sosanie, 1977).

LE RÔLE DE L'ENFANT DANS LA PRISE DE DÉCISION FAMILIALE

Nous ne saurions traiter du problème des interactions familiales dans le processus de consommation sans nous préoccuper du rôle qu'y joue l'enfant. Trois raisons suffisent à justifier les études qui ont été entreprises sur ce thème depuis une dizaine d'années:

1) Le marché potentiel que représente l'enfant est de plus en plus important, tant indirectement (consommation de la famille pour l'enfant) que directement (consommation de l'enfant qui dispose de plus en plus jeune d'un budget personnel);
2) L'enfant commence son apprentissage de consommateur dans sa famille; celle-ci est donc le point de départ du processus de socialisation en matière de consommation;
3) L'intuition forte que l'enfant tente d'influencer sa mère dans un magasin a amené les chercheurs à tenter de modéliser ce processus pour le mieux comprendre et l'exploiter.

La littérature sur l'interaction parents-enfants s'est donc intéressée à deux phénomènes: les tentatives de l'enfant et les réponses apportées par les parents, le but de ces recherches étant toujours d'identifier le membre de la famille qui influence le plus le choix final, de manière à diriger vers lui la communication de la firme.

Ainsi que pour la recherche sur la structure des rôles dans le couple, ce sont les mêmes variables qui servent à dessiner un schéma global d'interaction parents-enfants. Ward et Wackman (1972) ont décelé des différences très nettes entre classes de produits: les aliments pour enfants et les produits durables pour enfants sont plus souvent réclamés par ceux-ci que les produits les concernant moins (voir tableau 11.2).

Nous retrouvons donc là une possibilité de segmentation par classe de produits, expliquée en grande partie par la variable individuelle «implication relative»: l'enfant réclame un produit dont il est le consommateur *privilégié*. Le passage du stade de la tentative à celui de la réussite semble suivre un schéma bien établi: l'enfant obtient plus facilement les produits dont il est le consommateur direct et la mère cédera d'autant plus facilement qu'elle est moins impliquée dans le processus global de consommation. Dans le tableau 11.2, nous pouvons voir qu'elle cède pour les produits alimentaires, peu chers, dans 59,5 %

PRODUITS	FRÉQUENCE DES REQUÊTES[1]		POURCENTAGE D'ACCEPTATION DE LA MÈRE	
Produits alimentaires pour enfants				
— céréales	1,59		87	
— casse-croûte	1,80		63	
— sucreries	1,93		42	
— boissons gazeuses	2,01		46	
Moyenne		1,83		59,5
Autres produits alimentaires				
— pain	3,16		19	
— café	3,94		1	
— aliments pour animaux	3,36		7	
Moyenne		3,49		9
Produits durables pour enfants				
— jouets	1,65		54	
— vêtements	2,52		37	
— bicyclette	2,61		8	
— disques	2,78		24	
Moyenne		2,39		30,75
Autres produits				
— dentifrice	2,39		39	
— shampoing	3,29		16	
— automobile	3,57		12	
— carburant	3,70		2	
— détergent	3,72		2	
Moyenne		3,33		14,2

1 Le score varie sur une échelle de 1: souvent à 4: jamais

Source: Ward, S., Wackman, D., «Children's Purchase Influence Attempts and Parental Yielding», *Journal of Marketing Research*, vol. 9, août 1972, p. 316-319. Reproduit avec autorisation, Copyright © 1972.

Tableau 11.2 Fréquence des tentatives des enfants pour influencer les achats et pourcentages des mères cédant habituellement.

des cas; par contre, elle ne cède que dans 30,75 % des cas en ce qui concerne les produits durables pour enfants.

L'implication de la mère dans la relation avec son enfant entre aussi en ligne de compte. Berey et Pollay (1968) ont découvert que plus la femme était consciente de son rôle de mère, moins elle avait tendance à céder à son enfant. Cependant, ceci ne suffit pas à contrebalancer les effets très forts de l'influence de l'enfant pour certains produits alimentaires. Une étude d'Atkin (1978), basée sur l'observation directe du comportement des parents accompagnés de leurs enfants dans un supermarché (et donc sans biais perceptuel), démontre en effet que, pour le choix d'une marque de céréales, l'enfant arrive à ses fins dans 69 % des cas, ce qui est considérable. Il est d'autre part important de savoir que plus l'enfant est jeune, plus il cherche à influencer la décision (Ward et Wackman, 1972; Atkin, 1978), mais par contre moins il réussit à obtenir ce qu'il réclame!

En conséquence, les résultats de ces études ont désigné l'enfant comme la cible publicitaire privilégiée pour certains types de produits. Atkin (1978) remarque que l'enfant qui réclame une marque de céréales dans le supermarché ne le fait pas après observation des marques exposées, mais directement: il a donc déjà recueilli de l'information et acquis une préférence avant d'entrer dans le lieu de vente. L'efficacité de la publicité dirigée vers les enfants n'est donc plus à mettre en doute (voir le chapitre sur l'apprentissage).

Ce rôle de la publicité a aussi été décelé dans le cas de la mère. Ainsi, le temps qu'elle passe devant le téléviseur et son attitude favorable face à la publicité sont directement liés à sa tendance à céder aux demandes des enfants. Il serait ici très intéressant de mieux connaître le processus d'interaction parents-enfants tout au long des étapes du processus de prise de décision, et notamment les discussions qui peuvent survenir lors de l'éveil du besoin, durant la recherche d'information, en phase d'évaluation des possibilités de choix, pendant l'achat et, enfin, en phase de réévaluation du produit. Très peu d'études ont été entreprises dans ce sens, exception faite de celle de Szybillo, Sosanie en 1977 dont les résultats appuient notre observation (voir tableau 11.3). Cependant, la constatation objective d'une influence réelle de l'enfant sur la décision parentale pour certains produits suffit à indiquer aux entreprises l'importance qu'elles doivent attacher à ce troisième membre de la famille.

	STRUCTURE DES RÔLES (%)							
CHOIX D'UN RESTAURANT DE RESTAURATION RAPIDE	(1)	(2)	(3)	(4)	(5)	(6)	(7)	N
ÉTAPES DÉCISIONNELLES								
DÉMARRAGE	1	—	6	11	11	16	55	(190)
RECHERCHE D'INFORMATION	—	3	4	10	8	14	61	(190)
DÉCISION FINALE	1	1	10	4	5	8	71	(190)
CHOIX D'UNE EXCURSION D'UNE JOURNÉE								
ÉTAPES DÉCISIONNELLES								
DÉMARRAGE	4	2	34	2	4	6	48	(190)
RECHERCHE D'INFORMATION	4	4	35	—	6	4	47	(190)
DÉCISION FINALE	4	1	37	1	1	2	54	(190)

CODIFICATION DES STRUCTURES DE RÔLES: (1) MARI, (2) ÉPOUSE, (3) MARI-ÉPOUSE, (4) ENFANT(S), (5) MARI-ENFANT(S), (6) ÉPOUSE-ENFANT(S), (7) MARI-ÉPOUSE-ENFANT(S).

Source: Szybillo, G., Sosanie, A., «Family Decision Making: Husband, Wife and Children», dans *Advances in Consumer Research,* sous la direction de William D. Perreault Jr., Association for Consumer Research, vol. IV, 1977, p. 47. Reproduit avec autorisation, Copyright © 1977.

Tableau 11.3 Structure des rôles dans la famille: mari-femme-enfants.

Par ailleurs, il faut savoir que le problème de la publicité dirigée vers les enfants a soulevé depuis quelques années une vive controverse. Les pouvoirs publics ont été amenés dans certains pays à prendre des mesures réglementant ce type de publicité sous la pression de mouvements de défense des consommateurs: nous en reparlerons plus en détail dans le dernier chapitre sur le consommateurisme.

CONCLUSION

Tout au long de cette section théorique, nous avons proposé un schéma général du partage des rôles et des influences entre les membres de la famille dans la décision de consommation. La démarche à suivre peut se résumer en deux étapes.

Première étape: Après détermination de l'étape (ou des étapes) du processus de prise de décision qu'il faut analyser, utilisation d'une segmentation triangulaire par classes de produits (préalablement établie dans une société donnée) pour identifier:

— le type général de répartition des rôles rencontré (I, II, III ou IV);
— l'implication du mari, de la femme, des enfants dans la consommation du produit étudié.

Deuxième étape: À l'intérieur du quadrant ainsi déterminé, étudier:

— les variables «couple»: cycle de vie de la famille, niveau du revenu familial, statut d'emploi de l'épouse;
— les sous-décisions possibles dans l'achat du produit.

Cette dernière étape permettra de bâtir le questionnaire qui sera soumis au répondant choisi. L'analyse des résultats devra se faire en contrôlant la validité des instruments de mesure. Ensuite, viendra la définition de la stratégie communicationnelle de la firme.

Enfin, et en guise de conclusion générale, nous pouvons dire que la répartition des familles dans les différentes catégories du cycle de vie familial permet de prévoir les tendances à la croissance, à la stabilisation ou à la baisse d'un marché potentiel pour une classe de produits. Il en est ainsi de la baisse dramatique de la natalité dans les pays occidentaux, laquelle préfigure une baisse du marché de l'enfance au profit de celui de l'âge mûr.

DÉMONSTRATION PRATIQUE: QUI DÉCIDE DANS LA FAMILLE FRANÇAISE EN 1977?

En 1977, la S.O.F.R.E.S., organisme spécialisé dans les sondages d'opinion, a réalisé à l'initiative de quatre magazines français* une étude auprès de 1000 familles pour savoir comment se répartissaient les rôles dans les couples et qui décidait effectivement (voir en bibliographie les références complètes de cette étude). Cette étude a reçu un avis technique favorable du CESP.

Les résultats obtenus, et qui ont été rendus publics, peuvent constituer la base d'une segmentation par classe de produits adaptée au contexte socio-culturel français, donc utilisable par les entreprises désirant opérer sur ce marché.

Au niveau purement statistique, toutes les précautions ont été prises pour que l'échantillon de 1000 couples soit effectivement représentatif de l'ensemble des familles françaises. Des études-pilotes et des pré-tests ont permis de limiter le champ d'investigation au seul processus de choix de la marque lorsqu'il s'agissait de produits de grande consommation; pour les biens d'équipement, le processus de prise de décision a été décomposé en trois phases: reconnaissance du besoin, recueil de l'information, choix de la marque. 33 produits de consommation courante et 19 biens d'équipement ont été sélectionnés pour l'étude.

**Elle, Paris-Match, Sélection du Reader's Digest* et *Télé 7 Jours.*

Au niveau de la perception du rôle respectif des époux qui ont, notons-le, été interrogés séparément, il est intéressant de constater que le taux de divergence est très faible. Si les époux avaient perçu parfaitement leur part d'influence dans une décision, la somme de leurs deux scores aurait dû être égale à 10. Elle varie en fait de 9,9 à 10,6 sur les 19 biens d'équipement (moyenne de 10,3), et de 10 à 11 sur les produits de grande consommation (moyenne de 10,4). Une légère surévaluation a donc eu lieu dont il faut tenir compte dans l'analyse des résultats.

Les résultats obtenus peuvent servir à identifier l'interlocuteur privilégié pour tel ou tel produit. De plus, un pourcentage d'acheteurs récents du produit (depuis moins de 3 mois pour les produits de grande consommation, moins de 3 ans pour les biens d'équipement) ayant été relevé, cela permet du même coup de se rendre compte du taux de pénétration de chaque produit dans les familles françaises.

Analyse des résultats pour les produits de grande consommation

Le tableau 11.4 présente les résultats concernant la répartition des rôles mari-femme dans le choix d'une marque pour 33 produits de grande consommation.

Il faut tout d'abord noter que le processus de prise de décision pour ces produits a été limité au choix de la marque car aucune différence de répartition des rôles ne ressortait dans l'étude-pilote entre les trois phases classiques du processus de prise de décision. Le caractère presque routinier de l'achat de ce type de produits, dits de consommation courante, explique cette uniformité ou même l'élimination possible de la phase de recueil de l'information.

Le tableau 11.4 révèle d'autre part des tendances marquées dans la répartition des rôles dans le couple. Pour les produits alimentaires, la femme domine (type I). L'homme domine seulement pour les vins fins et le champagne. Les rôles sont plus partagés pour les bières, apéritifs et liqueurs et, à un degré moindre, l'homme participe au choix de la marque de fromage, qui est un produit fortement consommé (97,5 % d'acheteurs depuis moins de 3 mois).

En ce qui concerne les produits d'hygiène et de beauté, l'influence principale est, dans la très grande majorité des cas, exercée par la femme soit à cause de son rôle d'utilisatrice principale ou de prescripteur familial, notamment envers les enfants. Seul le choix des produits de rasage et d'après rasage et, à un degré moindre, du dentifrice, est influencé plus fortement par les hommes.

Au niveau des conséquences stratégiques, nous voyons donc que la plupart des marques de produits de grande consommation font l'objet d'une décision féminine. La maîtresse de maison est donc la cible à privilégier en publicité, promotion sur le lieu de vente, conception du produit et de l'emballage, sans cependant négliger l'influence du mari, plus ou moins marquée selon le produit.

Analyse des résultats pour les biens d'équipement

À la lecture du tableau 11.5, nous nous rendons compte que, pour les produits durables, la décision est beaucoup plus conjointe.

En observant tout d'abord la nature de l'influence exercée sur la décision finale du choix d'une marque, nous voyons se dessiner trois tendances:

PRODUITS	% d'acheteurs du produit depuis moins de 3 mois	% d'influence sur le choix de la marque	
		HOMME	FEMME
Produits alimentaires			
eau minérale	63,0	25	75
boissons fruitées	50,8	21	79
sodas-tonics	24,2	25	75
bières	52,4	53	47
vins fins	38,6	63	37
champagne	13,6	60	40
apéritifs	60,3	49	51
liqueurs	21,7	47	53
biscuits, graines salées	74,0	18	82
café instantané	35,4	20	80
épices, condiments	60,3	14	86
huile	92,6	12	88
yaourt	74,2	13	87
desserts frais	52,0	15	85
fromage	97,5	32	68
plats cuisinés	39,7	21	79
produits surgelés	46,2	16	84
pâtes, riz pré-emballé	92,4	14	86
potage en boîte, en sachets	36,7	19	81
Produits d'hygiène et de beauté			
produits bain-douche	37,4	13	87
shampoing	79,5	17	83
savon de toilette	79,0	13	87
dentifrice	83,0	23	77
parfum femme	29,5	12	88
rasage, après rasage	47,5	64	36
déodorant corporel	38,0	13	87
produits solaires	3,2	12	88
Produits d'entretien			
déodorant d'atmosphère	30,2	14	86
entretien des sols	62,1	7	93
détergent vaisselle	78,3	5	95
papier aluminium	44,8	6	94
Autres			
aliments pour chiens et chats	25,3	22	78
sous-vêtements masculins	33,6	34	66

Source: S.O.F.R.E.S., *Qui décide?,* France, 1977. Étude commandée et rendue publique par les grands magazines français suivants: *Elle, Paris-Match, Sélection du Reader's Digest, Télé 7 Jours.* Avis technique émis par le CESP.

Tableau 11.4 Répartition des influences mari-femme pour 33 produits de grande consommation en France.

PRODUITS	% d'acheteurs depuis moins de 3 ans	Initiateur de l'achat du produit		% d'activité dans le recueil de l'information		% d'influence sur le choix de la marque	
		HOMME	FEMME	HOMME	FEMME	HOMME	FEMME
Machine à laver	29,7	35	65	45	55	40	60
Cuisinière, four, plaque	21,9	37	63	44	56	39	61
Revêtements muraux	39,2	34	66	40	60	33	67
Linge de maison	51,8	5	95	29	71	8	92
Livres de plus de 25 F	47,9	36	64	46	54	38	62
Petits appareils ménagers	46,7	28	72	43	57	34	66
Tapis, moquette	25,4	44	56	44	56	36	64
Matelas, literie	30,3	33	67	43	57	36	64
Lave-vaisselle	8,9	36	64	44	56	46	54
Réfrigérateur, congélateur	25,7	46	54	49	51	49	51
Bibliothèque, rayonnages	9,5	45	55	49	51	48	52
TV couleur	17,6	64	36	57	43	61	39
Caméra, projecteur cinéma	4,1	72	28	60	40	75	25
Magnéto: bandes, cassettes	14,9	63	37	58	42	62	38
Appareil photo	14,8	55	45	51	49	56	44
Radio pour auto	11,9	82	18	57	43	82	18
Chaîne *hi-fi* plus de 3000 F	6,6	78	22	64	36	71	29
Outils de bricolage	28,8	81	19	56	44	81	19
Automobile	42,3	76	24	65	35	69	31

Source: S.O.F.R.E.S., *Qui décide?,* France, 1977. Étude commandée et rendue publique par les grands magazines français suivants: *Elle, Paris-Match, Sélection du Reader's Digest, Télé 7 Jours.* Avis technique émis par le CESP.

Tableau 11.5 Évolution de la répartition des influences le long du processus de décision.

— l'homme domine les décisions portant sur les produits électroniques, les objets de loisir et l'automobile;
— la femme domine les décisions portant sur les biens d'équipement de la maison;
— la décision est partagée, presque à égalité, pour trois types de produits: le lave-vaisselle, le réfrigérateur-congélateur et, enfin, les bibliothèques-rayonnages.

Nous constatons que dans deux cas (le lave-vaisselle et les bibliothèques-rayonnages), ces produits sont très peu implantés dans le marché (9 % d'acheteurs depuis moins de trois ans), ce qui explique que la recherche d'information et le choix se fassent conjointement, alors que le démarrage provient davantage de la femme.

En se penchant sur l'évolution de la répartition des influences entre les époux le long des trois phases du processus de prise de décision, nous nous rendons compte que:

— la domination est la même tout au long du processus: si l'homme domine dans le choix de la marque, il a aussi été l'initiateur de l'achat et a dominé le recueil de l'information;

— la spécialisation des rôles est nettement supérieure lors du démarrage du processus d'achat et au moment du choix de la marque qu'en phase de recueil de l'information. Dans cette seconde phase, les rôles deviennent moins nettement discriminés entre homme et femme. Le tableau 11.6 permet de visualiser ce phénomène de convergence de l'influence conjointe en phase 2, après et avant spécialisation en phases 1 et 3.

Biens d'équipement	**% de maris initiateurs de l'achat**	**% de maris recueillant de l'information**	**% de maris influençant le choix de la marque**
En moyenne pour les 19 produits	50	49,68	50,73
En moyenne pour les 8 produits hommes dominants	71,375 →	58,5 →	69,625
En moyenne pour les 8 produits femmes dominantes	31,5 →	41,75 →	33
En moyenne pour les 3 produits où la décision est conjointe	42,33	47,33	47,66

Adapté de S.O.F.R.E.S., *Qui décide?*, France 1977. Étude commandée et rendue publique par les grands magazines français suivants: *Elle, Paris-Match, Sélection du Reader's Digest, Télé 7 Jours.* Avis technique émis par le CESP.

Tableau 11.6 Degré de spécialisation le long du processus.

Parmi les biens d'équipement, nous distinguons donc trois types de produits correspondant à trois répartitions où la domination des époux varie:

a) pour les biens d'équipement usuels de la maison, la cible prioritaire, mais non la seule, sera la femme;

b) pour les produits électroniques, de bricolage, de loisir et l'automobile, l'homme devra être privilégié;

c) les résultats quant aux produits les plus faiblement implantés dans le marché sont significatifs pour l'entreprise: lors du lancement d'un produit nouveau, ou tant que celui-ci n'est pas en phase de maturité sur un marché et qu'il s'agit d'un bien d'équipement durable, c'est-à-dire impliquant une décision sérieuse sur le plan des conséquences financières, il est recommandé de s'adresser au couple dans son ensemble. Celui-ci n'ayant pas acquis de familiarité avec le produit, il ne peut aussi facilement assigner une spécialisation dans les rôles.

Il aurait été intéressant que cette étude recueille des résultats séparés pour les réfrigérateurs et les congélateurs par exemple. Nous pouvons en effet supposer que les premiers, ayant largement pénétré le marché et faisant partie de l'équipement usuel d'un foyer français, feraient l'objet d'une décision semblable à celle des machines à laver, c'est-à-dire du type femme dominante. Alors que les congélateurs, bien moins implantés, seraient perçus comme le lave-vaisselle et feraient l'objet d'une décision conjointe.

Ces résultats, spécifiques et représentatifs du milieu socio-culturel français offrent:

1) Des similitudes:
   a) avec la segmentation obtenue par Davis et Rigaux (1974) sur le marché belge, et peuvent donc être utilisés selon le schéma décrit dans la partie théorique pour le marché français;
   b) avec les types de variables explicatives de la segmentation par classes de produits utilisés plus haut. En effet, la notion de familiarité du couple avec un produit est directement reliée à la notion d'expertise perçue et accordée à un des deux membres. Lorsque l'un des époux est devenu familier avec un produit nouveau, celui-ci est assimilé à une classe générale de produits pour laquelle l'époux était déjà considéré comme expert (phénomène de généralisation expliqué dans le chapitre sur l'apprentissage). Cela peut être le cas du lave-vaisselle qui, devenant de plus en plus usuel, sera peu à peu évalué comme relevant de la compétence de l'épouse et assimilé en cela aux biens d'équipement de la maison;
2) Des différences qui prouvent bien l'utilité d'une segmentation spécifique à chaque milieu socio-culturel. Ainsi, à la différence des couples belges, les couples français ne se spécialisent pas en phase de recherche de l'information; au contraire, c'est au cours de cette phase qu'ils partagent le plus les tâches.

Exercice pratique Le cas Caravan inc.*

Historique

La compagnie Caravan inc. fut fondée en 1966 par monsieur Dion, l'actuel président. Monsieur Dion était devenu en 1965 le président d'une importante firme de construction située dans la région de Victoriaville. Afin de se protéger contre les fluctuations incessantes et imprévisibles du marché, il cherchait à diversifier ses activités en fabriquant un produit qui puisse, sans trop de heurts, s'adapter au style de ses opérations.

* Les noms utilisés dans cette étude sont fictifs. Ce cas a pu être rédigé grâce à l'autorisation de LIONEL Inc.

L'idée tant attendue lui vint au cours de l'été 1966, lors d'une excursion en camping aux États-Unis. Monsieur Dion avait alors loué une tente-roulotte, un produit technologiquement simple dont les différentes phases de montage s'apparentent aisément à celles que l'on rencontre dans la construction. Une étude de marché lui avait également permis de constater qu'il y avait place pour une entreprise spécialisée fabriquant ce type de produit. Malgré un manque évident d'expérience dans le domaine, monsieur Dion et monsieur Lambert, l'un de ses amis ingénieur, décidèrent donc de développer rapidement la construction et la mise au point de plusieurs prototypes. Ils en réalisèrent une douzaine, tout en menant de front les démarches d'incorporation officielle, chose qui fut accomplie le 30 juin 1967. Ils firent alors appel à monsieur Fortin pour s'occuper de la mise en marché et des ventes.

L'historique des ventes

À la fin de 1968, les ventes atteignaient déjà 300 000 $. La croissance du chiffre d'affaires annuel de la compagnie (tableau 1) indique fort bien l'efficacité du travail accompli par monsieur Fortin au sein de la compagnie.

Tableau 1 Évolution des ventes entre 1968 et 1973.

Année	Ventes ($ canadien)
1968	300 000
1969	1 000 000
1970	2 500 000
1971	4 000 000
1972	8 000 000
1973	12 000 000

Le marché

Il s'étend à tout le Canada et au Nord-Est des États-Unis. Monsieur Dion est fier de souligner que la compagnie possède 30 % du marché canadien de la tente-roulotte, malgré la concurrence très vive de 250 manufacturiers en véhicules récréatifs, dont 65 au Québec.

Ligne de produits

Au moment où nous intervenons, la compagnie Caravan inc. fabrique six modèles de tentes-roulottes et deux modèles de roulottes de voyage, dont voici la description. Vous trouverez en Annexes I et II des illustrations à ces descriptions.

Tableau 2 Parts de marché en 1973.

Compagnie	Part de marché %
Caravan inc.	30
Atlantic Mobile inc.	21
Mobilex inc.	15
Mobile Homic Co. Ltd.	13
Bellevue inc.	11
Autres	10

Tentes-roulottes:

Modèle	
CAR-De Luxe	Son luxe, son allure, sa commodité sont sans pareil. Elle est conçue pour 8 personnes.
CAR-500	Votre famille et vcus-même appréciez l'excellence de la construction de ce modèle. C'est le rêve réalisé de votre famille. Elle est conçue pour 6 personnes.
CAR-400	Ce modèle est idéal pour une famille qui voyage. Il offre tout l'espace voulu pour une famille de 7 personnes.
CAR-300	La CAR-300 vous permet de profiter avec votre famille de la vie au grand air. Elle convient aisément à 6 personnes.
CAR-200	Ce modèle vous permettra de réaliser les voyages dont vous rêviez.
CAR-100	Avec votre famille vous vivrez les fins de semaine et les vacances les plus intéressantes en CAR-100.

Roulottes de voyage [Caravanes]:

CAR-2000	Ce modèle convient fort bien à 4 personnes grâce à ses dimensions de 2 m par 4,2 m.
CAR-5000	Les roulottes de voyage CAR-5000 répondent au choix des personnes désireuses de confort, convient à 6 personnes avec ses 2,5 m de largeur et ses 5,2 m de longueur.

Canaux de distribution

Desservir un marché aussi vaste que celui de Caravan inc. nécessite l'utilisation de tous les moyens de transport disponibles. C'est ainsi que selon la destination des tentes-roulottes ou des roulottes de voyage, il faut recourir à la fois aux transports routier, ferrovière et même maritime.

La compagnie possède un réseau de 200 distributeurs à travers le Canada.

Promotion

Le budget de publicité de la compagnie compte pour environ 1 % des ventes, ce qui est peu. La majorité de ce budget est affectée aux différentes expositions qui se tiennent à travers le Canada.

La promotion des produits est axée sur «une qualité élevée à un bas prix».

Prix

Les prix pratiqués par la compagnie sont très compétitifs. Ils varient en ce qui concerne les tentes-roulottes de 1029 $ à 2595 $ pour les 6 modèles. Les prix des roulottes de voyage, qui varient de 4500 $ à 5800 $, sont établis selon l'équipement désiré.

Problèmes actuels

Lors de la dernière exposition, il y a un an, au Salon de la roulotte à la Place Bonaventure à Montréal, monsieur Fortin s'était lui-même occupé de l'organisation et de l'animation du kiosque de la compagnie de façon à être en contact direct avec les acheteurs éventuels de ses produits. Il s'en explique de la façon suivante: «À mon arrivée au sein de la compagnie en 1969, je m'occupais toujours du kiosque lors des expositions. Il y a un an, lors de l'exposition tenue à Québec et qui s'ouvre deux mois après celle de la Place Bonaventure, j'avais été dans l'impossibilité d'y participer. Depuis lors, je n'ai assisté à aucune autre exposition. Même si je reçois continuellement de l'information sur les changements du marché et sur les changements des goûts des consommateurs, le contact personnel avec ces derniers me manque. C'est pourquoi j'ai décidé cette année de participer au Salon de la roulotte qui se tient à la Place Bonaventure.»

Parmi les membres de l'équipe de monsieur Fortin se trouvait un stagiaire, monsieur Cloutier, diplômé en marketing de l'Université de Sherbrooke. Monsieur Fortin, qui appréciait beaucoup son dévouement, lui demanda s'il était intéressé à participer à l'exposition: l'autre s'empressa d'accepter.

À leur retour de l'exposition, monsieur Fortin décida d'organiser une réunion de synthèse avec les membres de son équipe, de façon à connaître les changements dans les caractéristiques du marché que chacun avait cru percevoir. Monsieur Cloutier amena le point suivant: «Durant l'exposition, j'ai observé le comportement des différentes familles qui s'y présentaient. Je me suis aperçu que le mari désireux de se procurer une tente-roulotte consultait dans bien des cas sa femme ou ses enfants. Je considère que les changements dans la situation économique actuelle ont une influence sur la prise de décision au sein de la famille lors de l'achat d'un produit tel que le nôtre et que cette prise de décision s'effectue différemment.»

Monsieur Fortin fut très intéressé par le point de vue de monsieur Cloutier et il décida de lui confier la responsabilité d'une recherche sur l'influence de la famille lors de l'achat d'une roulotte (tente-roulotte ou roulotte de voyage).

Procédure à suivre

Vous devez vous placer dans la position de monsieur Cloutier et préparer une proposition de recherche. Cette dernière devra inclure:

1 *Une définition précise du problème sur lequel portera la recherche.* Pour ce faire vous pouvez vous poser les questions suivantes:
   — Qu'est-ce que je veux étudier?
   — Sur quel(s) produits(s) portera ma recherche?
   — Qu'est-ce que la famille?
   — Comment se définit le processus décisionnel?

2 *Vos hypothèses de travail.* Vous devez poser toutes les hypothèses qui vous serviront à résoudre le problème. À titre d'exemple, l'une de vos hypothèses pourrait être la suivante: 60 % des familles achètent le modèle CAR-De Luxe à cause de son bas prix. Vous devez expliquer les raisons pour lesquelles vous posez une hypothèse particulière.

3 *Le modèle de recherche que vous utiliserez.* À ce stade, il s'agit de déterminer quels seraient les avantages et les inconvénients d'utiliser tel ou tel modèle de recherche, et sur cette base de procéder à un choix. Pour vous aider, deux possibilités principales peuvent être envisagées, soit une étude longitudinale, soit une analyse de type coupe instantanée.

4 *La définition de votre procédure d'échantillonnage.* Pour garantir la représentativité de votre échantillon, vous devez établir:
   — le(s) lieu(x) où vous ferez votre échantillonnage;
   — la taille de cet échantillon;
   — les quotas d'échantillonnage par type de produit;
   — l'unité d'échantillonnage ou unité d'analyse.

5 *Le choix de votre instrument de mesure.* Un questionnaire, par exemple, ou des inverviews de groupe, ou l'observation de simulations d'achats en laboratoire, etc.

6 *Un premier projet de cet instrument.* Donnez quelques exemples de la façon dont vous poserez vos questions.

7 *Une première esquisse de la façon dont vous analyserez vos résultats.* Fréquences, pourcentages, croisements entre les questions, etc.

8 *Un avant-goût de l'exploitation stratégique des résultats escomptés.* Indiquez brièvement comment les résultats futurs de votre étude pourront aider la compagnie à élaborer une stratégie de marketing appropriée pour chaque produit.

En répondant à toutes ces questions, en plus d'avoir appliqué le concept de structure des rôles dans la famille vous aurez appris à présenter une proposition de projet de recherche dans une entreprise. Il n'y manquera plus que le budget prévisionnel.

ANNEXE I

ANNEXE II

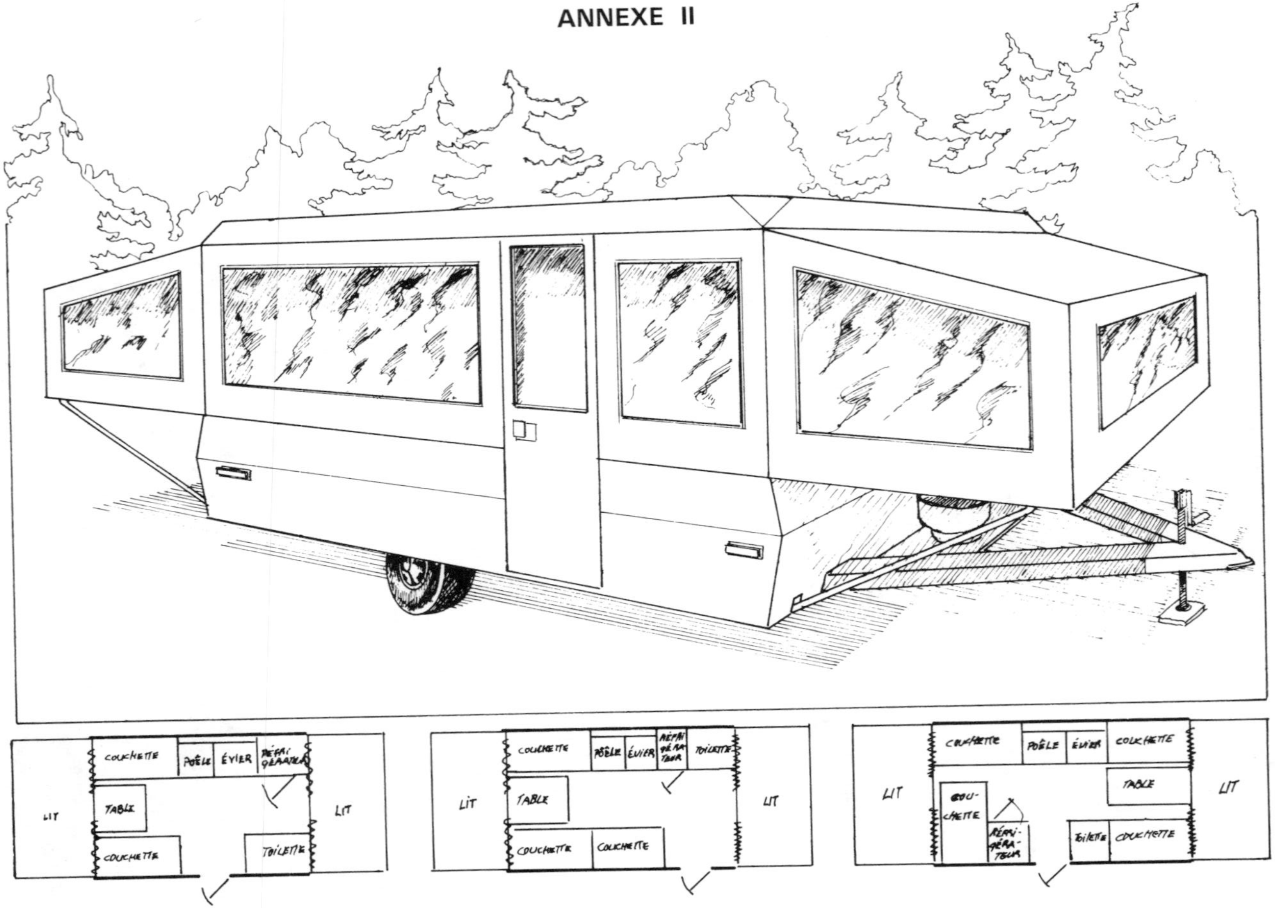
LIT
COUCHETTE
POÊLE
ÉVIER
RÉFRIGÉRATEUR
TABLE
COUCHETTE
TOILETTE
LIT
LIT
COUCHETTE
POÊLE
ÉVIER
RÉFRI-
GÉRA-
TEUR
TOILETTE
TABLE
COUCHETTE
COUCHETTE
LIT
LIT
COUCHETTE
POÊLE
ÉVIER
COUCHETTE
TABLE
COU-
CHETTE
RÉFRI-
GÉRA-
TEUR
TOILETTE
COUCHETTE
LIT

BIBLIOGRAPHIE

ATKIN, C., «Observation of Parent-Child Interaction in Supermarket Decision Making», *Journal of Marketing,* octobre 1978, p. 41-45.

BAGOZZI, R., *Causal Models in Marketing,* New York, Wiley & Sons, 1980.

BEREY, L., POLLAY, R., «The Influencing Role of the Child in Family Decision Making», *Journal of Marketing Research,* février 1968, p. 70-72.

BLOOD, R., WOLFE, D., *Husbands and Wives: The Dynamics of Married Living,* Glencoe, Ill., The Free Press of Glencoe, 1960.

COX, E., «Family Purchase Decision Making and the Process of Adjustment», *Journal of Marketing Research,* mai 1975, p. 189-195.

DAVIS, H., «Dimensions of Marital Roles in Consumer Decision Making», *Journal of Marketing Research,* mai 1970, p. 168-177.

DAVIS, H., «Measurement of Husband-Wife Influence in Consumer Purchase Decisions», *Journal of Marketing Research,* août 1971, p. 305-312.

DAVIS, H., «Determinants of Marital Roles in a Consumer Purchase Decision», *Working Paper 72-14,* European Institute for Advanced Studies in Management, 1972.

DAVIS, H., RIGAUX, B., «Perception of Marital Roles in Decision Processes», *Journal of Consumer Research,* juin 1974, p. 51-61.

DAVIS, H., DOUGLAS, S., SILK, A., «Measure Unreliability: A Hidden Threat to Cross-National Marketing Research?», *Journal of Marketing,* printemps 1981, p. 98-109.

DOUGLAS, S., «Working Wife vs Non-Working Wife Families: A Basis for Segmenting Grocery Markets», dans *Advances in Consumer Research,* sous la direction de Beverlee B. Anderson, Association for Consumer Research, 1976, p. 191-198.

DRUCKER, P., «Why Consumers Aren't Behaving», *Wall Street Journal,* décembre 1976, p. 18.

DUBEY, D., CHOLDIN, H., «Communication and Diffusion of the IUCD: A Case Study in Urban India», *Demography,* vol. 4, 1967, p. 601-614.

DUSSART, C., *Vers une mesure d'un état de bien-être dans la consommation,* thèse de doctorat, Université de Louvain-la-Neuve, avril 1981.

ENGEL, J., BLACKWELL, R., KOLLAT, D., *Consumer Behavior: Third Edition,* 1978.

FERBER, R., LEE, L., «Husband-Wife Influence in Family Purchasing Behavior», *Journal of Consumer Research,* juin 1974, p. 43-50.

FERBER, M., BIRNBAUM, B., «One Job or Two Jobs: The Implications for Young Wives», *Journal of Consumer Research,* décembre 1980, p. 263-271.

GILLY, M., ENIS, B., «Recycling the Family Life Cycle: A Proposal for Redefinition», dans *Advances in Consumer Research,* sous la direction de Andrew Mitchell, Association for Consumer Research, St. Louis, 1981, p. 271-276.

HEMPEL, D., «Family Buying Decisions: A Cross-Cultural Perspective», *Journal of Marketing Research,* août 1974, p. 295-302.

KOMAROVSKY, M., «Class Differences in Family Decision Making», dans *Household Decision Making,* sous la direction de Nelson N. Foote, 1961.

SCANZONI, J., «Changing Sex Roles and Emerging Directions in Family Decision Making», *Journal of Consumer Research,* décembre 1977, p. 185-188.

S.O.F.R.E.S., *Qui décide?,* 1977, commandé et rendu public par les services de publicité de *Elle, Télé 7 Jours, Paris-Match* et *Sélection du Reader's Digest,* avis technique émis par le CESP.

STROBER, M., WEINBERG, C., «Working Wives and Major Family Expenditures», *Journal of Consumer Research,* décembre 1977, p. 141-147.

SZYBILLO, G., SOSANIE, A., «Family Decision Making: Husband, Wife and Children», dans *Advances in Consumer Research,* sous la direction de William D. Perreault Jr., Association for Consumer Research, 1977, p. 46-49.

WARD, S., WACKMAN, D., «Children's Purchase Influence Attempts and Parental Yielding», *Journal of Marketing Research,* août 1972, p. 316-319.

WOLFE, D., «Power and Authority in the Family», dans *Studies in Social Power,* sous la direction de D. Cartwright, Ann Arbor, University of Michigan Press, 1959.

WOLGAST, E., «Do Husbands or Wives Make the Purchasing Decisions?», *Journal of Marketing,* octobre 1958, p. 151-158.

WOODSIDE, A., «Effects of Prior Decision-Making, Demographics, and Psychographics on Marital Roles for Purchasing Durables», dans *Advances in Consumer Research,* sous la direction de Mary Jane Schlinger, Association for Consumer Research, 1975, p. 81-92.

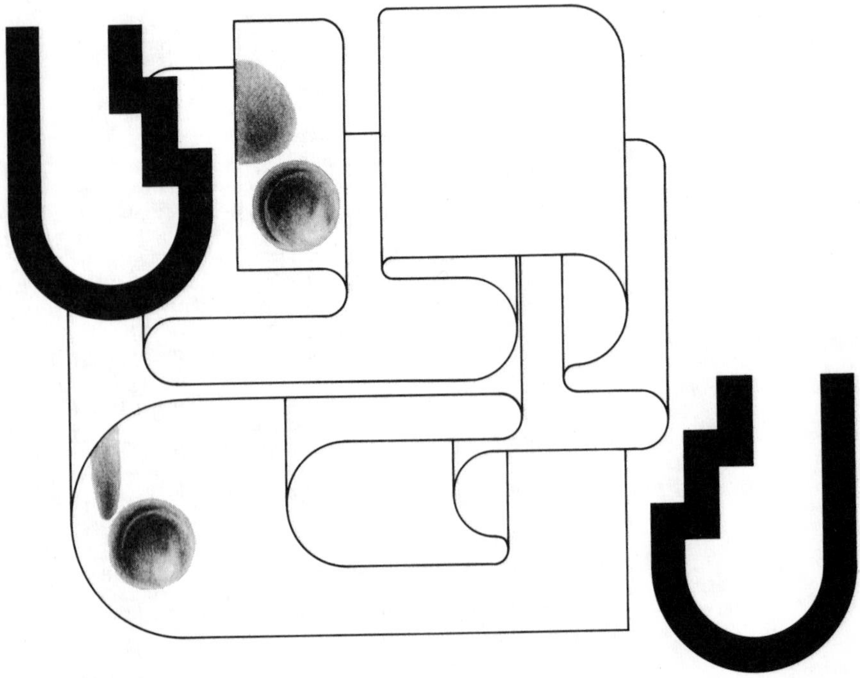

Chapitre 12

L'influence des facteurs situationnels*

OBJECTIFS:

1) Sensibiliser le lecteur à l'importance des facteurs situationnels;
2) Démontrer l'intérêt pour l'entreprise de tenir compte des situations de consommation comme l'un des déterminants clés de la demande pour ses produits;
3) Présenter les nombreuses implications stratégiques en marketing;
4) Faire la preuve de l'effet de ces variables par la présentation d'un exemple.

PRÉPARATION À L'EXERCICE PRATIQUE:

1) Une fois l'exemple bien assimilé, efforcez-vous de comprendre comment l'importance des attributs d'un restaurant change en fonction de deux situations présentées;
2) Définir vos objectifs de positionnement comme si vous étiez réellement à la tête de ce restaurant;
3) Dresser un inventaire de situations de consommation pour d'autres produits ou services.

* Ce chapitre a été écrit en collaboration avec Anne Philipponat, ex-assistante de recherche, programme M.Sc., Faculté d'administration de l'Université de Sherbrooke, maintenant chez Nielsen (Paris).

INTRODUCTION

Imaginons que vous soyez directeur de marketing d'une grande compagnie d'aviation. Vous vous souciez constamment des exigences de vos clients. Pensez-vous que les besoins soient les mêmes en matière de délais d'enregistrement, d'horaires, de destinations, de franchises de bagages, de service en cours de vol, etc., pour une clientèle d'affaires et une clientèle touristique? Il est probable que non; votre compagnie se trouve ici en face de consommateurs en situations de consommation différentes.

Cet exemple simple permet de souligner l'intérêt de prendre en considération l'influence des facteurs situationnels sur le comportement du consommateur. De la même façon, en demandant à un consommateur d'exprimer sa préférence pour une ou des marques d'un produit donné, nous pourrions nous attendre à ce qu'il réponde que son choix dépend du comment, du quand, du où et du pourquoi de l'utilisation qu'il en fera. Ne nous arrive-t-il pas d'acheter une marque d'essuie-tout réputée pour les gros travaux plutôt qu'une marque bon marché? N'est-il pas courant de voir un consommateur utiliser du café régulier pour ses réunions avec des amis et du café instantané pour son propre usage? Ne possède-t-on pas quelquefois une marque de whisky réservée à sa consommation personnelle? N'est-il pas logique que certaines familles aient recours à une marque et un modèle d'automobile précis selon l'usage qu'elles comptent en faire? N'achète-t-on pas différemment un objet selon qu'il s'agit d'un achat personnel ou d'un cadeau à offrir? Quelles que soient les explications apportées à ces interrogations, elles ont surtout pour but de démontrer comment les facteurs situationnels affectent la perception qu'ont les consommateurs des produits et des marques en présence sur le marché, donc la formation des préférences et, tout compte fait, le comportement d'achat proprement dit.

Il y a tout intérêt à envisager que l'exposition répétée du consommateur à des situations types provoque chez ce dernier un processus d'apprentissage. Ainsi, aux mêmes situations correspondraient les mêmes types de réponses (relation de type stimulus-réponse), d'où l'importance considérable de ces variables comme facteurs explicatifs de la demande pour un produit et une marque:

À une situation S_x —— correspondrait → R_x (réponse)
À une situation S_y —— correspondrait → R_y (réponse)

et donc

DEMANDE = f(SITUATIONS)

Le développement de la recherche en comportement du consommateur dans ce domaine spécifique est fort récent (1974), mais il se révèle très prometteur. Comme nous allons le voir dans ce chapitre, les différents problèmes de définition, de mesure et de taxonomie des situations en caractérisent bien la jeunesse. En ce sens, et bien que nous soyons volontairement restés vagues dans notre introduction sur la notion de situation, celle-ci mérite maintenant d'être précisée sur le plan conceptuel; c'est ce que nous nous proposons de faire dans un premier temps. Puis, et avant de déboucher sur les implications stratégiques nombreuses et fructueuses, nous dresserons un bilan de la recherche dans ce domaine. Ainsi, aurons-nous accordé à cette dernière grande variable environnementale toute l'importance qu'elle mérite.

SITUATION OBJECTIVE, SITUATION PSYCHOLOGIQUE: DÉFINITIONS ET MESURES

Avant d'en arriver à définir de façon précise les différents types de situations reliées à la consommation, il convient de comprendre que la «situation» est un sous-ensemble d'un «contexte» qui est lui-même englobé dans le concept d'«environnement». Cette distinction est importante car elle permet de centrer un peu mieux la recherche puisque la situation peut alors être définie comme un *point précis du temps et de l'espace.*

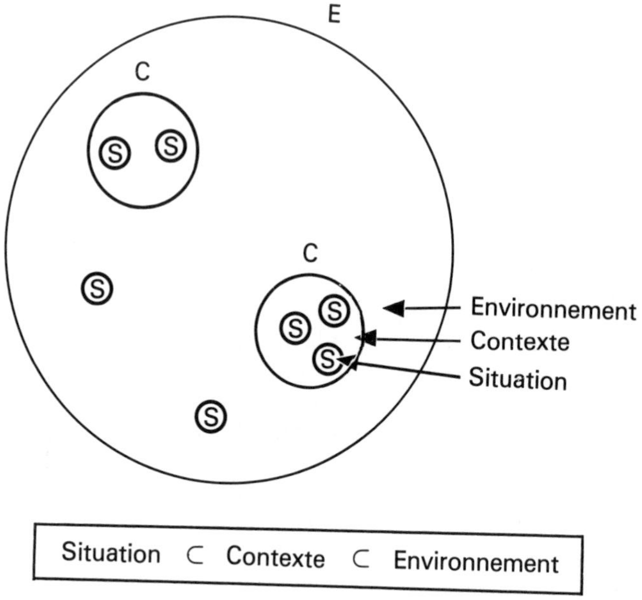

Figure. 12.1

Nous apportons une deuxième restriction d'importance au comportement du consommateur puisque nous ne nous intéresserons qu'aux seules situations de consommation, de communication et d'achat auxquelles un individu peut faire face, et non à toutes les situations qu'il rencontre.

Ces restrictions posées, venons-en à la première définition d'une situation, qualifiée d'«objective», telle qu'elle a été proposée par Belk en 1974.

Définition et mesure d'une situation objective

Une situation peut être définie comme l'ensemble des facteurs particuliers à un lieu et à une période d'observations qui ne découlent pas de

> connaissances personnelles ou de réactions face à un stimulus et qui ont un effet systématique et démontrable sur le comportement habituel (Belk, 1974).

Le comportement d'un consommateur est donc influencé par un ensemble de facteurs (définition vague) que l'on peut préciser à partir de cinq dimensions de base qui ont toutes un caractère momentané:

1) *L'environnement physique:* caractéristiques apparentes de la situation: son, éclairage, température, etc.;
2) *L'environnement social:* absence ou présence d'autres personnes, caractéristiques de celles-ci, leurs rôles apparents (vendeur, ami, etc.);
3) *La perspective temporelle:* période de la journée, saison, temps écoulé depuis la dernière paie, depuis le dernier achat, depuis le dernier repas, etc.;
4) *La définition des rôles:* s'agit-il de la recherche d'information ou de l'achat proprement dit? d'un achat pour soi ou d'un cadeau?;
5) *Les états antérieurs propres à l'individu:* son état d'anxiété, son humeur, son degré d'éveil (ou d'excitation), des conditions momentanées comme sa faim, sa fatigue, sa santé, etc.

Il s'agit là d'une définition strictement *objective* de la situation dans laquelle se trouve le consommateur. L'intérêt ne porte que sur les éléments descriptifs de cette situation et non pas sur la perception qu'en a le consommateur. Les états antérieurs de l'individu ne sont pas mesurés à partir de son interprétation, mais à partir d'éléments physiques et par inférence. Ainsi, la faim peut être mesurée selon le temps écoulé depuis le dernier repas du consommateur, son humeur à partir d'éléments comme le temps qu'il vient de passer dans un embouteillage ou le temps qu'il a mis à trouver une place de stationnement.

À partir de cette première définition, il est possible de distinguer trois grands types de situations ayant un intérêt direct pour le spécialiste en marketing:

La situation de consommation: elle circonscrit les conditions d'utilisation anticipées pour le produit ou la marque considérés. Par exemple, il est demandé aux consommateurs d'indiquer quels types d'aliments ils achèteraient dans la perspective:

- d'un repas rapide, en famille, le soir, devant la télé;
- d'un repas rapide, pour des amis intimes, lors d'une soirée;
- d'un repas rapide, pour une longue randonnée en automobile;
- d'un casse-croûte entre deux repas;
- d'un repas rapide, pour des amis non attendus;
- d'un repas rapide, pour soi-même.

La situation d'achat: elle décrit soit les conditions qui prévalent sur le lieu d'achat, soit la nature même de l'achat effectué. Dans le premier cas, il s'agit de facteurs situationnels tels que la non-disponibilité du produit, un changement imprévu de prix, une promotion alléchante ou l'argumentation d'un vendeur en faveur d'une marque concurrente, etc. Dans le second cas, il peut s'agir de l'achat d'un produit pour soi-même ou à offrir en cadeau, et des conséquences que cela comporte sur les critères d'évaluation utilisés (voir Belk, 1981).

La situation communicationnelle: elle définit la situation dans laquelle se trouve le consommateur lorsqu'il reçoit le message, et s'efforce d'établir comment cette situation affecte la réceptivité du consommateur au contenu informatif du message.

Cette première typologie des situations a été mise en correspondance avec la structure concurrentielle sur un marché, et ce en fonction du degré d'influence exercée par les facteurs en provenance de l'environnement (voir figure 12.2) (Srivastava, 1980). Plus le consommateur se rapproche de la décision d'achat, plus les niveaux de concurrence deviennent spécifiques et plus la situation d'achat prend le pas sur la situation de consommation en ce qui concerne l'influence respective qu'elles exercent sur le processus décisionnel.

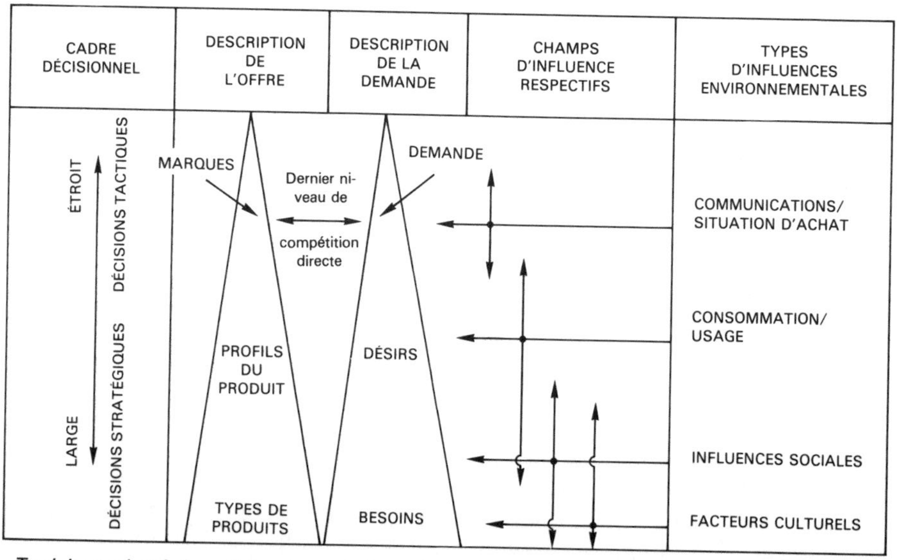

Traduit et adapté de: Srivastava, R.K., «Usage-Situational Influence on Perceptions of Product-Markets: Theoretical and Empirical Issues», dans *Advances in Consumer Research,* vol. 8, sous la direction de Kent B. Monroe, Association for Consumer Research, Chicago, 1980, p. 107. Reproduit avec autorisation, Copyright © 1980.

Figure 12.2 Modèle de correspondance entre les types de décisions, la structure du marché et les grands types d'influences environnementales.

L'intérêt d'une définition objective des situations de consommation se trouve dans le fait que les problèmes de mesure peuvent être plus facilement surmontés que dans le cas où l'on envisage une définition subjective de celles-ci. Toutefois, certains auteurs considèrent que ce n'est finalement pas la situation objective qui peut influencer le comportement du consommateur, mais bel et bien la situation telle que perçue par le consommateur.

C'est pour cette raison que Lutz et Kakkar (1975) ont complété la définition de Belk pour arriver à la définition d'une situation psychologique.

Définition et mesure d'une situation psychologique

La situation appropriée pour la compréhension du comportement du consommateur est la situation psychologique. On peut définir celle-ci

> comme étant les réponses internes des individus ou leurs interprétations de l'ensemble des facteurs particuliers à un lieu et une période d'observations qui ne sont pas des caractéristiques individuelles stables ou des caractéristiques d'un environnement stable et qui ont un effet démontrable et systématique sur le processus psychologique de l'individu ou sur son comportement apparent (Lutz et Kakkar, 1975).

Cette définition découle de l'idée selon laquelle les individus réagissent en fonction de leur propre définition de la situation, ce qui peut se schématiser ainsi:

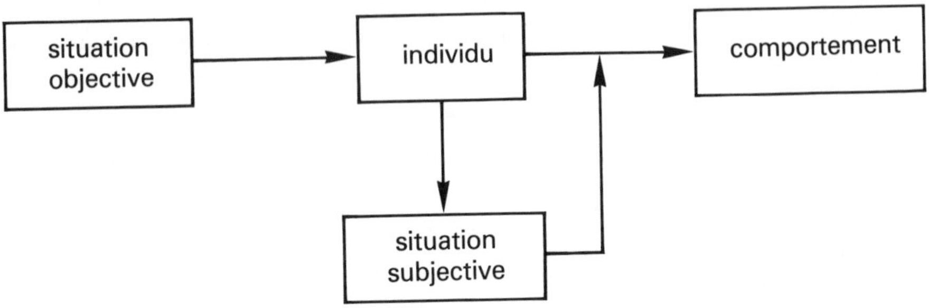

Nous pouvons envisager aussitôt les problèmes de mesure qu'implique la deuxième définition. Tout d'abord, il se pose un problème d'agrégation des données puisque chaque individu ayant sa propre interprétation subjective, nous risquons fort de déboucher sur une analyse interindividuelle et non intersituationnelle. Sur un autre plan, cette nouvelle définition fait perdre le bénéfice de la recherche de Belk qui avait réduit les situations à cinq dimensions de base.

Pour pallier cet inconvénient, Lutz et Kakkar ont proposé que l'on exploite une théorie reposant sur le fait que l'impact de la situation sur le comportement se manifeste par des réponses émotionnelles de manière à ce que n'importe quel ensemble de conditions génère d'abord une réaction cognitive («Je sais et suis conscient ou non»), affective («J'aime ou je n'aime pas») et enfin comportementale («J'agis ou je n'agis pas»). En d'autres termes, des réponses émotionnelles s'insèrent entre la situation psychologique et le processus de décision et de comportement. Nous avons alors le schéma suivant (d'après Lutz et Kakkar, 1975):

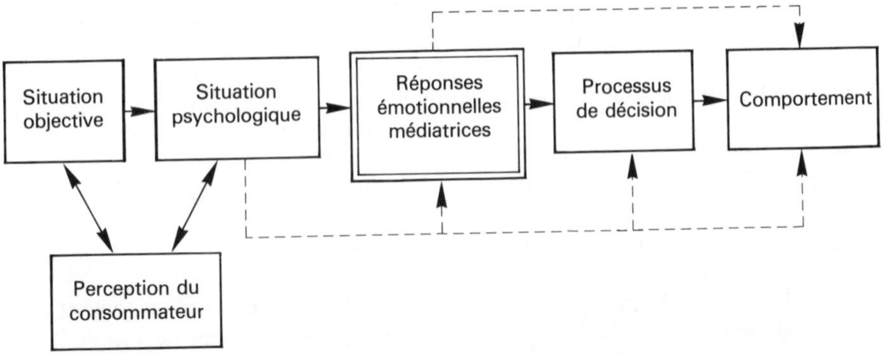

L'intérêt de cette théorie, en termes pratiques, réside dans la réponse émotionnelle qui peut être représentée à partir de trois dimensions ou par une combinaison de celles-ci. Ces trois dimensions de base sont les suivantes:

— *l'éveil ou excitation:* le degré d'éveil de l'organisme correspond au point auquel celui-ci est prêt à réagir;
— *le plaisir:* des sentiments tels que le bonheur, le contentement, la satisfaction;
— *la domination:* l'individu domine-t-il son environnement ou, au contraire, se sent-il contrôlé par lui?

Cela suppose alors que chaque situation pourrait être caractérisée par une réponse émotionnelle, elle-même mesurée sur les trois dimensions. Ainsi, une situation hostile provoquerait une réponse émotionnelle où le niveau d'éveil serait élevé, le niveau de plaisir presque nul et le niveau de domination très faible. En plus de pouvoir caractériser les situations, la méthode permettrait une comparaison de celles-ci selon les coefficients obtenus par les réponses émotionnelles sur chaque dimension.

Les auteurs ne s'accordant pas sur la définition ou du moins sur le fait de savoir si celle-ci doit englober les notions de perception et d'interprétation de la part du consommateur, et les problèmes de mesures étant mieux résolus dans le cas de la définition d'une situation objective et de ses cinq dimensions de base, nous nous intéresserons principalement à cette dernière. Elle s'avère, en effet, plus opérationnelle à court terme et a donné, jusqu'à présent, dans les études expérimentales, de bons résultats. De plus, nous nous limiterons maintenant aux seules situations de consommation auxquelles est rattachée la plus grande valeur explicative dans les variations des comportements de consommation.

ÉTUDES SUR LES SITUATIONS DE CONSOMMATION

Les études réalisées dans le domaine des situations de consommation (Bishop et Witt, 1970; Belk, 1974 et 1975; Lutz et Kakkar, 1975; Dussart, 1981) ont montré l'influence de la situation sur le choix d'un produit.

Elles ont ceci d'intéressant pour nous que leurs méthodologies, souvent semblables, sont facilement utilisables sur le plan managérial. Avant donc de présenter les principaux types d'études réalisées au niveau de la recherche, puis les implications stratégiques de l'utilisation des variables situationnelles, nous présenterons, dans un premier temps, une démarche type qui peut être facilement exploitée par l'entreprise pour mesurer les effets des situations de consommation sur le comportement des consommateurs.

Les points clés d'une recherche sur les situations de consommation

Pratiquement toutes les études qui ont pour but de mesurer les effets des situations de consommation sur le comportement du consommateur ont trois points en commun: (1) elles reposent sur une procédure méthodologique uniformisée, (2) elles accordent une importance considérable au développement des inventaires de situations et (3) elles ont, à quelques nuances près, les mêmes objectifs d'information au niveau du questionnaire final.

La procédure méthodologique type

Les étapes rencontrées le plus souvent sont les suivantes:

1) Identifier les différents produits et les situations d'achat ou de choix; c'est ce qu'on appelle dresser les bases d'un inventaire;
2) Donner la description à la fois la plus précise et la plus simple possible des situations identifiées;
3) Sélectionner les produits les plus utilisés et les situations les plus courantes, en évitant notamment la redondance des situations de consommation;
4) Administrer le questionnaire proprement dit (et sur lequel nous reviendrons).

Les trois premières étapes contribuent au développement d'un inventaire de situations finalisé et donc exploitable.

Le développement des inventaires de situations

Voici sans aucun doute la tâche primordiale dans ce type de recherche. Généralement, on procède à des interviews de groupes de consommateurs et, au moyen d'entretiens semi-directifs portant sur l'usage du produit considéré, on cherche à identifier un grand nombre de situations de consommation, mais aussi à repérer celles qui sont le plus étroitement reliées à la catégorie de produit qui nous intéresse. Ensuite, en évitant les recoupements dus à des situations identiques, on dresse un véritable inventaire des situations de consommation tel que celui présenté au tableau 12.1. Enfin, dans le cas d'un grand nombre de situations identifiées, et pour ne pas trop complexifier la passation du questionnaire, le nombre des situations peut, par analyse factorielle de regroupement, être réduit à un plus petit nombre de dimensions ou facteurs situationnels.

1. En recevant des amis à la maison.
2. Lors d'une réception durant laquelle les invités sont des collègues de bureau ou des gens que vous rencontrez une à deux fois la semaine.
3. Dans une taverne après le travail.
4. Au restaurant, un vendredi ou un samedi soir.
5. En regardant un événement sportif à la télévision (ou une émission préférée).
6. Comme invité à un événement social pour lequel il vous est demandé d'apporter votre boisson.
7. Après une séance de sport ou en pratiquant une activité quelconque (golf, pêche).
8. Lors d'une excursion, en camping.
9. En travaillant à la maison (jardinage, menus travaux à la maison ou à la voiture).
10. En relaxant chez soi.

Traduit et adapté de Bearden, W.O., Woodside, A.C., «Consumption Occasion Influence on Consumer Brand Choice», *Decision Sciences,* avril 1978, p. 275. Reproduit avec l'autorisation de *American Institute,* Copyright ©.

Tableau 12.1 Inventaire de situations de consommation: la cas de la bière.

Les objectifs d'information

Une fois l'inventaire des situations établi, la séance du questionnaire a pour buts:

- de déterminer la fréquence d'apparition des différentes situations;
- d'indiquer, pour chacune des «n» situations décrites, la probabilité de choix de chacun des produits ou marques. Par exemple:

  Situation n° 1: vous vous apprêtez à partir en pique-nique et vous faites quelques achats en prévision de celui-ci. Quelle est la probabilité que vous achetiez chacun des produits suivants?

	Très probable				Pas du tout probable
Chips	1	2	3	4	5
Pizza	1	2	3	4	5
Bière en contenant métallique	1	2	3	4	5
Bière en bouteille	1	2	3	4	5
etc.					

  Situation n° 2: des amis se présentent chez vous à l'improviste; vous vous rendez chez l'épicier (le dépanneur) le plus proche. Quelle est la probabilité, etc.?

- d'indiquer le degré habituel d'utilisation de chacun des produits;
- de répondre aux questions habituelles portant sur les variables de classification socio-démographiques.

Les domaines d'application de la recherche sur les situations de consommation

Comme nous le verrons maintenant, les domaines d'application sont fort nombreux et soulignent l'intérêt que portent les spécialistes en marketing aux variables situationnelles.

Préférences et situations de consommation

Une étude récente de Kenneth E. Miller (1979) nous fait faire un pas en avant par rapport aux études précédentes, en ce sens qu'elle a une valeur explicative. Miller ne se contente pas de montrer que la prédiction du choix d'une marque par un consommateur est meilleure lorsqu'on tient compte de variables situationnelles que lorsqu'on place le répondant dans un contexte non situationnel. Reprenant le modèle classique de préférence (ou d'attributs multiples):

$$P_j = \sum_k w_k A_{kj} \qquad \text{(i)}$$

où P_j = préférence pour le produit ou la marque j;
A_{kj} = score (position) de la marque j sur le critère k;
w_k = poids du critère d'évaluation k;
k = critères d'évaluation en jeu,

l'auteur montre que l'importance des attributs qui caractérisent les marques varie en fonction des situations. En d'autres termes, il montre que «w_k» varie en fonction des situations, devenant «w_{ks}» (voir figure 12.3).

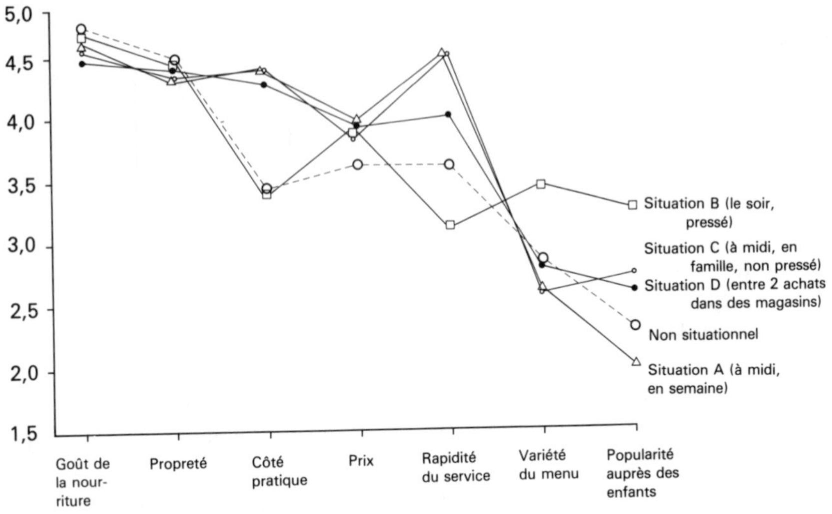

Traduit de: Miller, K. E., Ginter, J.-L., «An Investigation of Situational in Brand Choice Behavior and Attitude», *Journal of Marketing Research,* vol. 16, février 1979, p. 111-123. Reproduit avec autorisation, Copyright © 1979.

Figure 12.3 Importance des attributs pour le choix d'un restaurant-snack-bar.

Le comportement (ou la préférence) face à une marque varie donc en fonction des situations par un changement des poids des critères dans l'esprit du consommateur. Nous obtenons alors:

$$P_{js} = \sum_{k} w_{ks} A_{kj} \qquad \text{(ii)}$$

où s = pour une situation donnée.

Ainsi le modèle «$P_{js} = \sum_{k} w_{ks} A_{kj}$» se révélerait meilleur que le modèle classique (voir équation (i)).

Attitudes et situations de consommation

Nous pouvons très bien imaginer dès maintenant une inclusion possible des variables situationnelles dans un modèle d'attitude. Prenons l'exemple de l'achat d'un vêtement pour deux situations différentes, pour sortir ou pour tous les jours. Selon la situation, les croyances sur les conséquences de l'achat du vêtement varient, ainsi que l'évaluation ou le poids accordé à ces croyances. C'est la variation de cette évaluation qui est représentée au centre des cercles de la figure 12.4. L'attitude envers l'achat de tel ou tel vêtement est donc modifiée selon la situation. Le consommateur subit en outre l'influence de son environnement. Dans notre cas, les normes sociales varient en fonction de la situation. Ces croyances du consommateur quant aux normes imposées par le groupe de référence peuvent elles-mêmes être plus ou moins pondérées par la motivation qu'il a à se plier à ces normes. En dernier ressort, l'intention et le comportement dépendent donc de l'influence des situations sur les différentes composantes d'une attitude. Cet exemple n'est bien entendu qu'une première illustration de la notion d'attitude. Bien que cet axe de recherche soit exploité depuis peu, ses implications stratégiques sont considérables pour une entreprise si l'on considère le fait que la prédiction des préférences pour une marque est meilleure dans le cas où l'on tient compte des variables situationnelles que dans celui où toutes les situations sont confondues. Il devient alors fondamental pour une entreprise de bien identifier ces situations et, en conséquence, d'utiliser ces variables.

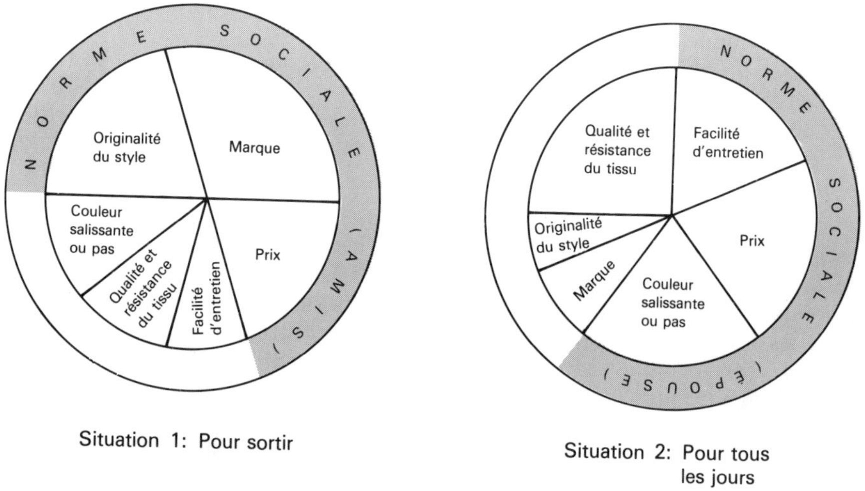

Figure 12.4 Choix d'un vêtement pour deux situations.

Processus de décision et situations de consommation

Très peu d'études ont porté sur l'influence exercée par les situations de consommation sur les processus de décision des consommateurs, alors que celles qui mesurent cette même influence à partir des situations d'achat sont plus nombreuses (achat d'un cadeau: Ryans (1977), Clarke et Belk (1979); achat accompagné ou pas: Granbois (1968)). Pourtant, tout porte à croire que le nombre de marques considérées, l'intensité de la recherche d'information, le type d'information recherché, les sources d'information utilisées et par conséquent la nature même du processus de décision (extensif, limité, routinier) devraient varier selon les situations de consommation envisagées. Ainsi, la logique nous porte à croire que les consommateurs changent leur façon d'évaluer les marques d'un produit selon l'usage qu'ils en feront.

Formules de consommation et situations de consommation

Puisqu'il a été demontré que les situations de consommation exerçaient une influence prépondérante sur l'utilisation de produits et de services, il est possible d'en déduire qu'à certaines situations types devraient correspondre des associations ou encore des chaînes de produits types; nous les appellerons les formules de consommation, et nous distinguerons les formules simples, c'est-à-dire la prescription d'emploi d'un certain type de produit dans une situation de consommation spécifiée, et les formules multiples, c'est-à-dire une association de produits de différentes catégories et constituant une chaîne symbolique formant un tout. Par exemple, dans le cas des produits alimentaires, nous pouvons dresser une liste exhaustive des formules types de consommation utilisées par les ménagères françaises lors de la préparation d'un repas (Dussart, 1981):

- faire la préparation soi-même à partir d'aliments frais;
- faire la préparation soi-même à partir d'aliments surgelés, non cuisinés (légumes, viandes, poissons, volailles, etc.);
- servir un plat cuisiné et à préparer soi-même (couscous, paella, pizza . . . en conserves, etc.);
- servir un plat cuisiné tout préparé en conserve (plats cuisinés à base de pâtes, cassoulet, choucroute);
- servir un plat cuisiné surgelé tout préparé.

Nous pouvons aussi envisager d'autres associations de produits alimentaires constituant des menus différents. Prenons le cas du petit déjeuner. Il se compose de trois grands ensembles de produits: les boissons, le plat de base, les accompagnements (voir figure 12.5). La composition du menu peut changer selon les situations de consommation, ce qui démontre non seulement les liens possibles (ou formules) entre les produits des différentes catégories, mais aussi la concurrence entre des produits d'une même catégorie qui, à première vue, n'étaient pas directement concurrents.

De ce fait, la demande pour un type de produit dépend non seulement des situations de consommation, mais aussi des formules de consommation. Prenons un autre cas, celui des boissons: bière, vin, cidre et boissons gazeuses. En dressant une typologie des situations de consommation, nous devrions constater que la demande pour ces produits est associée non seulement à des situations de consommation, mais en plus aux formules d'accompagnement que ces dernières présupposent aux yeux des consommateurs (soirée entre amis, vins, fromages). Ainsi, sur le marché nord-américain en général et sur celui du Québec en particulier, le cidre est un produit peu associé à des situations de consommation ou à des aliments types. Tout ceci fait qu'il n'obtient pas un succès important. Une étude poussée sur les formules de consommation mérite ici d'être soulignée (Dussart, 1981) puisqu'elle nous donne une première indication de l'incidence directe des situations de consommation sur les formules de consommation. En étudiant le comportement alimentaire des Françaises pour trois types de repas (repas principal de la journée, en semaine, chez soi, en famille; repas du soir, en semaine, chez soi, avec des invités; repas du dimanche midi, chez soi, en famille, avec éventuellement des parents proches), nous avons constaté:

1) Que les situations de consommation exercent une incidence directe et primordiale sur le choix des formules de consommation;

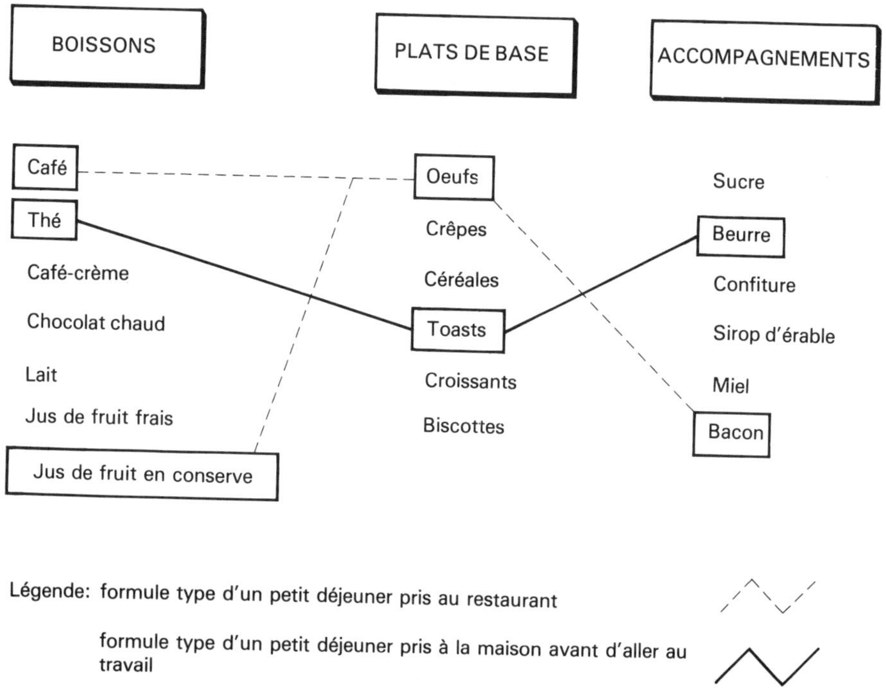

Figure 12.5 Formules de consommation et situations de consommation: le petit déjeuner.

2) Que cette incidence se manifeste par des phénomènes d'indépendance ou d'interdépendance, de complémentarité ou d'interchangeabilité entre les différentes formules de consommation considérées comme un ensemble d'éventualités acceptables pour chacune des situations de consommation envisagées;
3) Que ces phénomènes semblent régis par une logique sous-jacente rigoureuse qui associe les formules de consommation aux situations de consommation où elles s'appliquent le mieux dans l'esprit des consommateurs en fonction du degré d'adéquation entre les attributs des premières et les critères des secondes.

IMPLICATIONS STRATÉGIQUES EN MARKETING

Quelles que soient les implications stratégiques qui découlent directement ou indirectement du recours aux variables situationnelles comme critères de segmentation, elles reposent toutes sur la variation appréciable, et fort souvent significative, des attentes des consommateurs et par conséquent de leurs critères d'évaluation d'une situation de consommation à une autre.

Situations de consommation et segmentation

Reprenons l'exemple de la compagnie d'aviation. Afin d'optimiser sa politique de marketing, la compagnie devrait distinguer sa clientèle en fonction de la situation dans laquelle celle-ci se trouve, de la même façon que la compagnie distingue sa clientèle selon les usages que celle-ci en attend. De même que la compagnie considère qu'elle a deux segments (fondés sur la distinction d'usages), le fret (transport des marchandises) et la navigation commerciale (transport des personnes), de même elle devrait faire la distinction entre clientèle d'affaires et clientèle de tourisme, et ce parce que la situation de chacune de ces clientèles diffère. La clientèle d'affaires est pressée, ne paie pas le voyage, a généralement peu de bagages, peut désirer se reposer ou bien travailler, avoir des journaux d'affaires à sa disposition, voyage seule, etc. Pour sa part, le touriste est plus indifférent quant aux horaires, quant à la rapidité des transits, des délais d'enregistrement, il voyage en famille, éventuellement avec des enfants, a plus de bagages, a besoin de distractions, est fort sensible aux prix, etc.

Ces situations différentes se traduisent par des poids différents des critères de choix d'un consommateur pour une compagnie, par exemple pour les attributs: commodité des horaires, délai de transits, possibilité de tarifs réduits pour les enfants ou de tarifs dégressifs pour les familles, aéroports desservis, services en vol, etc.

L'entreprise devrait donc considérer deux segments différents et adapter ses stratégies. Cette illustration est un exemple de segmentation par les situations de consommation, laquelle segmentation devrait à son tour servir de base au positionnement des produits selon les situations de consommation.

Situations de consommation et positionnement

Procéder à une investigation de ce que le consommateur fait dans telle ou telle situation peut constituer une étape fort précieuse dans la recherche de possibilités de positionnement pour de nouveaux produits, car c'est vraiment considérer le marché selon le point de vue du consommateur. Illustrons ce point en prenant un exemple tel que le riz. Trois segments de marché correspondent à ce produit: le riz instantané, régulier et apprêté. Nous pouvons aisément imaginer que le consommateur ne considère jamais le riz comme une catégorie en tant que telle, à l'exception peut-être du moment où il l'achète. Nous pouvons penser que lorsqu'il l'utilise, le consommateur voit en fait le riz comme un accompagnement non végétal. Ceci élargit considérablement la notion de marché à l'ensemble des féculents (pâtes alimentaires, pommes de terre, etc.). Ces catégories sont en concurrence les unes par rapport aux autres, et ce d'une façon différente d'une situation à l'autre. Supposons que nous puissions catégoriser les situations de consommation selon deux dimensions:

a) la rapidité du repas et de sa préparation qui correspondent à l'aspect pratique;

b) le degré de formalisme qui rejoint la connotation sociale de l'acte de manger.

Sur cette base, il devient fort pertinent de positionner les différentes formules ou catégories de produits alimentaires les unes par rapport aux autres en fonction de cette structure situationnelle quadratique (voir figure 12.6). Le lancement en Europe (et maintenant au Canada) de produits surgelés de luxe constitue un bel exemple de nouveau produit correspondant à un positionnement sur la portion 2 du marché (voir la publicité, Annexe II). Nous donnerons dans la démonstration du chapitre un exemple plus élaboré de segmentation-positionnement pour des produits alimentaires.

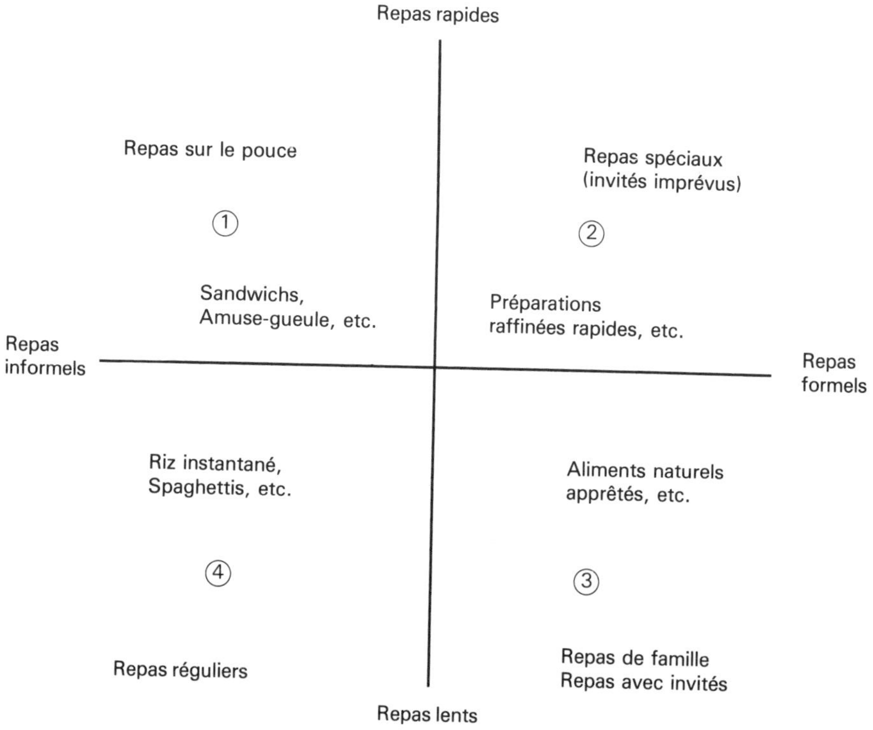

Figure 12.6 Positionnement partiel de produits alimentaires.

Situations de consommation et stratégies de communication

La stratégie communicationnelle de l'entreprise a tout à gagner en recourant aux variables situationnelles, et ce à trois niveaux essentiels:
— la définition du contenu des messages;
— l'emploi d'une publicité dite «de situation»;
— le plan relatif aux médias.

Si nous reprenons l'exemple d'une compagnie d'aviation, le contenu des messages devrait varier selon les situations. Pour la clientèle d'affaires, il faudrait insister sur les attributs ayant les poids les plus forts comme les horaires ou les facilités de transit par exemple; pour les touristes, sur les tarifs, les facilités concernant les bagages. D'une façon plus générale, une entreprise devrait axer sa communication sur les attributs les plus déterminants par situation de consommation et différencier ses messages en fonction des situations d'utilisation les plus fréquentes.

Cette philosophie de création du contenu publicitaire a donné naissance à une publicité de situation, c'est-à-dire une publicité qui vante les qualités d'utilisation du produit en présentant ce dernier en situation. Ainsi, pour l'automobile, le type d'utilisation devenant un critère prépondérant, certaines compagnies présentent l'utilisation de tous les jours de certains de leurs modèles: le transport des enfants, celui des sacs d'épicerie, de toute la famille, etc. De nombreux publicitaires croient en la grande efficacité de ce type de messages et en favorisent le développement (voir Annexe I).

Quant au choix des médias, il devrait tenir compte des notions de plaisir, d'éveil et de domination pour le choix des supports et des espaces (TV, radio). Par exemple, un restaurant pourrait exploiter la notion de situation (faim = degré d'éveil élevé de l'organisme) pour diffuser ses messages à midi à la radio et une compagnie d'aviation dans les magazines de voyages et d'aventures pour les touristes. Les grosses compagnies, qui seules peuvent se le permettre, profitent d'ailleurs de leur puissance financière pour multiplier les messages publicitaires, adaptés par exemple aux différents moments de la journée, et pour imposer aux médias des heures de diffusion bien précises. La compagnie MacDonald ne présente-t-elle pas des messages différents tout au long de la journée pour «suivre» ses consommateurs du petit déjeuner jusqu'au repas du soir!

Situations et stratégie de produit

Pour répondre aux besoins spécifiques des consommateurs en fonction des situations, les entreprises de services ou de distribution pourraient modifier leurs politiques si les situations se reproduisent fréquemment. Par exemple, modifier les services en fonction des horaires, le nombre de caisses ouvertes dans une banque, dans un supermarché, les arguments de vente si la personne est accompagnée, les menus dans un restaurant constituent des pratiques courantes à l'heure actuelle, répondant à la nécessité de prendre en considération les situations de consommation. Dans certains types de restauration rapide, le sucré est prédominant en matinée, puis le salé le midi, puis le sucré en après-midi, enfin le salé et le sucré simultanément le soir.

Les associations de produits correspondent, elles aussi, à une évolution des politiques de marketing. Des associations («*packages*») de produits et des formules de consommation sont proposées au consommateur selon les situations. Par exemple, l'on retrouve souvent des ventes de produits complémentaires dans la distribution: (vins-fromages, desserts-mousseux) et les stratégies de diversification des entreprises de production sont souvent cohérentes avec l'exploitation des variables situationnelles (une grande marque d'apéritifs produit aussi des arachides et des biscuits apéritifs; une marque de club de vacances donne son nom à des produits solaires et commandite un voilier — exemple de publicité conjointe —; les marques de dentifrice à l'origine cantonnées dans le secteur chimique vendent des brosses à dents). Enfin, nous avons assisté depuis quelques années au développement de formules «tout compris»: le développement du tourisme industriel, sorte d'idéalisme vacancier, est là pour le prouver.

Les variables situationnelles trouvent donc de multiples applications stratégiques, et si elles ont été utilisées très tôt par les entreprises, c'est parce qu'elles ont une utilité réelle démontrée par la pratique, contrairement aux variables de personnalité et de mode de vie, plus difficiles à appliquer.

ANNEXE I PUBLICITÉ DE CITROËN

ANNEXE II PUBLICITÉ DE FINDUS

Findus et Michel Guérard.

Findus, c'est un nouvel appétit.

Le désir d'une cuisine plus inattendue, mieux équilibrée, adaptée à notre mode de vie actuel.

Un appétit qui sait rester simple, mais un appétit qui peut aussi devenir très gourmand, avec de grands plats conçus par Michel Guérard, et cuisinés par Findus.

De grands plats tout de nuances et de saveurs, raffinés et légers.

Fricassée de poulet au vinaigre et au poivre vert, terrines chaudes de rascasse du nord sauce cresson : la nouvelle cuisine rencontre le Nouvel Appétit.

Pout toute information complémentaire sur les recettes de Michel Guérard préparées par Findus, écrivez à : Informations Consommateurs Findus, 19 cité Voltaire, 75011 Paris.

Un nouvel appétit.

FINDUS®

Feldman, Calleux & Associé

CONCLUSION

La recherche semble être quelque peu en retard sur la pratique au sein des entreprises. Certaines ont su exploiter à bon escient les variables situationnelles et cela devrait aller en s'accentuant puisque les recherches théoriques s'avèrent très prometteuses. L'apport des variables situationnelles pourrait être considérable en publicité et en communication par exemple.

Si le cadre théorique manque encore de rigueur, c'est, nous l'avons vu, en raison de problèmes de définition, de mesure et de classification des situations. Les recherches futures devraient vraisemblablement parvenir à mieux faire comprendre comment la situation influe sur le comportement.

DÉMONSTRATION PRATIQUE: SITUATIONS DE CONSOMMATION ET CRITÈRES D'ÉVALUATION

Pour mettre en évidence la relation entre situations de consommation et critères d'évaluation, nous recourons à une étude faite sur la consommation alimentaire en France et visant à mesurer la performance d'un produit ou d'un service de consommation. L'étude considérait des variables telles que les prédispositions des consommateurs, les formules de consommation, les critères d'évaluation du produit, les attentes du consommateur et, enfin, ce qui nous intéresse plus particulièrement ici, les situations de consommation.

Nous présenterons la méthodologie utilisée et les résultats obtenus en ce qui touche à l'analyse des principales dimensions sous-jacentes à la notion de *satisfaction en fonction des différentes situations de consommation.* Nous nous pencherons donc sur les attentes et critères d'évaluation des consommateurs en fonction des situations.

Le champ expérimental de l'étude est celui de l'alimentation. Nous nous intéressons en fait à l'opinion des ménagères françaises et à leur utilisation de produits alimentaires (industriels et surgelés vs produits frais) et aux critères d'importance de leurs objectifs de consommation en fonction de différentes situations de consommation.

D'une part, nous devons définir des situations de consommation différentes qui seront des types de repas différents. Deux caractéristiques de Belk ont été retenues:

— *la pression sociale:* aspect symbolique des aliments, description de la situation (repas) en fonction des personnes présentes, leurs caractéristiques, leurs rôles respectifs et les interactions susceptibles de s'établir;
— *la dimension temporelle:* moment de la journée ou de la semaine pouvant provoquer des contraintes (par exemple, le temps disponible pour la préparation d'un repas).

Pour refléter la non-stabilité de la composition de la table familiale et l'hétérogénéité des modes de comportements alimentaires selon les types de repas, trois situations de consommation ont été retenues:

1) Le repas principal de la journée, en semaine, chez vous, en famille;
2) Le repas du soir, en semaine, chez vous, avec des invités;
3) Le repas du dimanche midi, en famille avec éventuellement des parents proches.

Nous voulons, d'autre part, déceler les principales dimensions qui, dans l'esprit de la maîtresse de maison, font qu'un repas est réussi ou non. C'est ce que nous appellerons les attentes des ménagères. Il s'agit en fait de savoir ce qui compte le plus pour leurs repas. Les dimensions de base sont les suivantes:

Dimension 1: caractère pratique

Critères:
- utilisation possible d'aliments en réserve chez soi;
- facilité de préparation du repas;
- temps de préparation du repas;
- présentation des plats;
- variété du menu d'un repas à l'autre;
- utilisation d'aliments «passe-partout» (pour tous les goûts et toutes les circonstances);
- réussite de la préparation;
- originalité des mets.

Dimension 2: caractéristiques olfacto-gustatives

Critères:
- préparation des plats (les rendre agréables au goût);
- raffinement de la cuisine;
- valeur nutritive des aliments;
- qualité des ingrédients.

Dimension 3: critères d'achat

Critères:
- abondance des portions;
- caractère économique des plats;
- recours à des produits de marque;
- facilité d'achat des produits;
- information sur les produits alimentaires.

On demande aux répondantes d'indiquer quelle importance revêtent les différents critères (échelle à 5 points: très important, important, plus ou moins important, peu important, pas du tout important) pour garantir la réussite d'un repas. Mais on leur demande aussi d'indiquer l'importance qu'elles accordent aux critères pour chacun des trois repas décrits précédemment.

L'idée de base est que les critères se combinent différemment selon le type de repas et que la structure des dimensions dominantes d'un repas réussi diffère selon les situations de consommation.

La méthode statistique utilisée est celle de l'analyse factorielle. Celle-ci permet de dégager les dimensions essentielles (les facteurs) constituant les critères d'un repas réussi et la part relative de chaque dimension dans l'estimation globale de la réussite d'un repas (pourcentage de variance expliquée par chaque facteur). L'analyse factorielle permet de regrouper plusieurs critères en un nombre de facteurs ou dimensions plus restreint. Le premier facteur extrait correspond à la dimension dominante, le second correspond à une dimension moins importante, et ainsi de suite. (Le premier facteur explique toujours plus de variance que le second.) Une analyse factorielle est effectuée pour chacun des trois types de repas. En comparant l'importance de chacun des facteurs retenus pour les trois situations de consommation et le contenu des facteurs (critères regroupés au sein du même facteur) avec l'interprétation que l'on peut donner de ces facteurs, nous pourrons constater l'influence des variables situationnelles sur les critères de réussite que se fixe la ménagère (voir tableau 12.2).

Repas principal familial de tous les jours	Repas du soir, en semaine, avec des invités	Repas dominical, avec éventuellement des parents proches
QUALITÉ DU REPAS variété des menus réussite de la préparation préparation des plats (goût) qualité des ingrédients 45,1 % de variance	SOPHISTICATION DU REPAS présentation des plats variété des menus réussite de la préparation originalité des mets préparation des plats (goût) raffinement de la cuisine 39,8 % de variance	SOPHISTICATION DU REPAS présentation des plats variété des menus réussite de la préparation originalité des mets préparation des plats (goût) raffinement de la cuisine 45,8 % de variance
FACILITÉ DE PRÉPARATION (dimension pratique) utilisation de réserves facilité de préparation temps de préparation utilisation d'aliments passe-partout facilité d'achat 26,5 % de variance SOPHISTICATION DU REPAS présentation des plats originalité des mets raffinement de la cuisine produits de marque 14,2 % VALEUR NUTRITIVE ET ÉCONOMIE valeur nutritive abondance des portions économie des plats 7,7 % INFORMATION information sur le produit 6,5 %	FACILITÉ DE PRÉPARATION facilité de préparation temps de préparation utilisation d'aliments passe-partout 26,8 % de variance FACILITÉ D'ACHAT grandes marques facilité d'achat information sur les produits 12,6 % QUALITÉ — PRODUITS qualité des ingrédients 9 % VALEUR NUTRITIVE ET ÉCONOMIE valeur nutritive économie 7,3 % UTILISATIONS MULTIPLES ET PORTIONS réserves-portions-aliments passe-partout 4,8 %	FACILITÉ DE PRÉPARATION ET ÉCONOMIE utilisation de réserves facilité de préparation temps de préparation utilisation d'aliments passe-partout économie 27,5 % de variance FACILITÉ D'ACHAT produit de marque facilité d'achat information sur les produits 11,8 % QUALITÉ — PRODUITS qualité des ingrédients 8,2 % VALEUR NUTRITIVE ET ÉCONOMIE valeur nutritive abondance des portions 6,8 %

Source: Dussart, C., *Vers une mesure d'un état de bien-être dans la consommation,* thèse de doctorat, Université de Louvain-la-Neuve, 1981.

Tableau 12.2 Comparaison des critères de réussite d'un repas en fonction de trois situations.

Pour le premier repas, repas principal familial de tous les jours, les facteurs «qualité» et «aspect pratique de la préparation» priment sur les facteurs de «sophistication», de «valeur nutritive et économie» et enfin d' «information».

Pour le repas du soir, en semaine, avec des invités, le schéma de regroupement est différent: les dimensions dominantes pour un repas de réception sont avant tout la «sophistication du repas», puis l' «aspect pratique» de la préparation et des achats préalables que ce repas implique pour la ménagère. La qualité intrinsèque du repas de même que ses caractéristiques purement nutritionnelles ne sont pas des dimensions qui viennent en premier lieu.

Le repas du dimanche midi, avec éventuellement des parents proches, ressemble plus au repas 2 qu'au repas 1 (repas de tous les jours). Les dimensions dominantes sont la «sophistication du repas» et la «facilité de préparation» pour la ménagère, aussi bien à l'achat qu'à la préparation proprement dite des produits.

Ce qui différencie très nettement le repas familial et les repas avec invités ou parents proches est la prépondérance de la dimension «sophistication» qui est reliée à des qualités subjectives extrinsèques telles que l'originalité, le raffinement, la présentation, c'est-à-dire les apparences plutôt que les caractéristiques intrinsèques comme la qualité des produits utilisés.

En conclusion, la structuration des critères de réussite d'un repas n'est pas indépendante des circonstances entourant celui-ci. Idéalement, il faudrait établir une comparaison rigoureuse des facteurs ou dimensions retenues pour l'analyse, et ce entre les trois situations. Cette démarche nécessiterait la construction d'échelles de mesures synthétiques (au niveau de chaque facteur) dans une structuration homogène commune à ces trois situations. Bien entendu, une telle analyse dépasse l'objectif purement pédagogique de cet exemple.

Quoi qu'il en soit, nous pouvons dire qu'un responsable de marketing par une meilleure connaissance de l'influence des variables situationnelles sur le comportement du consommateur devrait pouvoir optimiser sa politique quant au produit, à la vente et à la communication.

C'est ce que nous vous demandons maintenant de faire par le biais de l'exercice suivant.

Exercice pratique Restauration et situations de consommation

Depuis plus de trente ans, les spécialistes en marketing sont à la recherche de variables permettant de prédire le comportement du consommateur. Ils ont successivement étudié les variables socio-démographiques, la personnalité, le mode de vie (psychographie). Les résultats obtenus n'ont pas été à la hauteur des espérances.

Il est facile de remarquer qu'à la question «Qu'allez-vous faire dans un futur proche?», beaucoup de personnes interrogées répondent: «Cela dépendra de la situation.» Les individus reconnaissent intuitivement l'importance de la situation dans la détermination de leur comportement.

Depuis une dizaine d'années, certains chercheurs introduisent des variables de situation dans leurs modèles. Les résultats obtenus sont d'autant plus prometteurs que le problème de taxonomie des situations n'est pas encore résolu.

Cet exercice a pour but d'aider le lecteur à appréhender le concept de situation et de lui faire entrevoir toute la richesse de ses implications dans la stratégie de marketing.

1 Prenez connaissance des deux situations de consommation suivantes:

Situation 1. Au cours d'une journée de travail exténuante en milieu de semaine, vous n'avez pas le temps de rentrer déjeuner à la maison. Vous allez donc prendre votre repas dans un restaurant proche de votre lieu de travail, restaurant réputé pour sa cuisine.

Situation 2. Vous avez invité à dîner au restaurant votre patron et son épouse. Ce dîner a lieu un vendredi soir, dans le même restaurant que précédemment.

Décrivez les deux situations ci-dessus, conformément au schéma explicatif suivant:

- Environnement;
- Contexte;
- Situation:
  - — entourage physique;
  - — entourage social;
  - — perspective temporelle;
  - — définition de la tâche;
  - — états antécédents.

2 Décrivez chacun des deux repas tels qu'ils devraient se dérouler idéalement (durée, service, confort, présentation des plats, étendue du choix, raffinement de la cuisine, boissons, prix).

3 Supposez que vous soyez propriétaire d'un restaurant de taille moyenne dans une zone urbaine. En tenant compte des notions de situation et de formules de consommation, décrivez votre stratégie de marketing autour des points clés suivants:

- Nom du restaurant;
- Clientèle recherchée;
- Style de décoration;
- Services offerts à la clientèle:
  - — qualité et style de cuisine;
  - — menus;
  - — prix;
  - — horaires d'ouverture;
  - — campagne promotionnelle;
  - — campagne publicitaire (objectifs, axe, thème, supports).

4 Analysez les conséquences de la connaissance des différentes situations de consommation d'un produit ou service sur l'adéquation entre ce produit ou service et les désirs des consommateurs.

5 Essayez de trouver des exemples, hors de l'alimentation et de la restauration, où les situations de consommation peuvent influer sur le comportement d'un consommateur, et ce le long des différentes étapes du processus de décision.

6 Parmi les exemples que vous avez trouvés pour la question précédente, choisissez-en deux. En conduisant quelques interviews en profondeur, efforcez-vous pour chacun d'entre eux:

a) d'établir un premier inventaire de situations de consommation;

b) de dresser les listes de critères d'évaluation associés aux situations les plus fréquentes.

BIBLIOGRAPHIE

BEARDEN, W., WOODSIDE, A., «Consumption Occasion Influence on Consumer Brand Choice», *Decisions Sciences,* 9 avril 1978, p. 275.

BELK, R., «An Exploratory Assessment of Situational Effects in Buyer Behavior», *Journal of Marketing Research,* mai 1974, p. 156-163.

BELK, R., «Situational Variables and Consumer Behavior», *Journal of Consumer Research,* décembre 1975, p. 157-163.

BELK, R., «The Objective Situation as a Determinant of Consumer Behavior», dans *Advances in Consumer Research,* sous la direction de Mary Jane Schlinger, Association for Consumer Research, Chicago, 1975, p. 427-437.

BELK, R., «Effects of Gift-Giving Involvement on Gift Selection Strategies», dans *Advances in Consumer Research,* sous la direction de Andrew Mitchell, Association for Consumer Research, St. Louis, 1981, p. 408-412.

BISHOP, D., WITT, P., «Sources of Behavioral Variance During Leisure Time», *Journal of Personality and Social Psychology,* octobre 1970, p. 352-360.

CLARKE, K., BELK, R.,«The Effects of Products Involvement and Task Definition on Anticipated Consumer Effort», dans *Advances in Consumer Research,* sous la direction de William L. Wilkie, Association for Consumer Research, 1979, p. 313-318.

DUSSART, C., *Vers une mesure d'un état de bien-être dans la consommation,* thèse de doctorat, Université de Louvain-la-Neuve, 1981.

GRANBOIS, D., «Improving the Study of Customer In-Store Behavior», *Journal of Marketing,* octobre 1968, p. 28-33.

LUTZ, R., KAKKAR, P., «The Psychological Situation as a Determinant of Consumer Behavior», dans *Advances in Consumer Research,* sous la direction de Mary Jane Schlinger, Association for Consumer Research, Chicago, 1975, p. 439-453.

LUTZ, R., KAKKAR, P., «Situational Influence in Interpersonal Persuasion», dans *Advances in Consumer Research,* sous la direction de Beverlee B. Anderson, Association for Consumer Research, 1976, p. 370-378.

MILLER, K., «A Situational Multi-Attribute Attitude Model», dans *Advances in Consumer Research,* sous la direction de Mary Jane Schlinger, Association for Consumer Research, Chicago, 1975, p. 455-463.

MILLER, K., GINTER, J., «An Investigation of Situational in Brand Choice Behavior and Attitude», *Journal of Marketing Research,* février 1979, p. 111-123.

RYANS, A., «Consumer Gift Buying Behavior: An Exploratory Analysis», dans *Proceedings of the American Marketing Association Educators' Conference,* sous la direction de Barrett A. Greenberg et Danny N. Bellenger, vol. 41, 1977, p. 99-104.

SRIVASTAVA, R.K., «Usage-Situational Influences on Perceptions of Product-Markets: Theoretical and Empirical Issues», dans *Advances in Consumer Research,* sous la direction de Kent B. Monroe, Association of Consumer Research, Chicago, 1980, p. 106-111.

Cinquième partie

La prise de décision: forte ou faible implication?

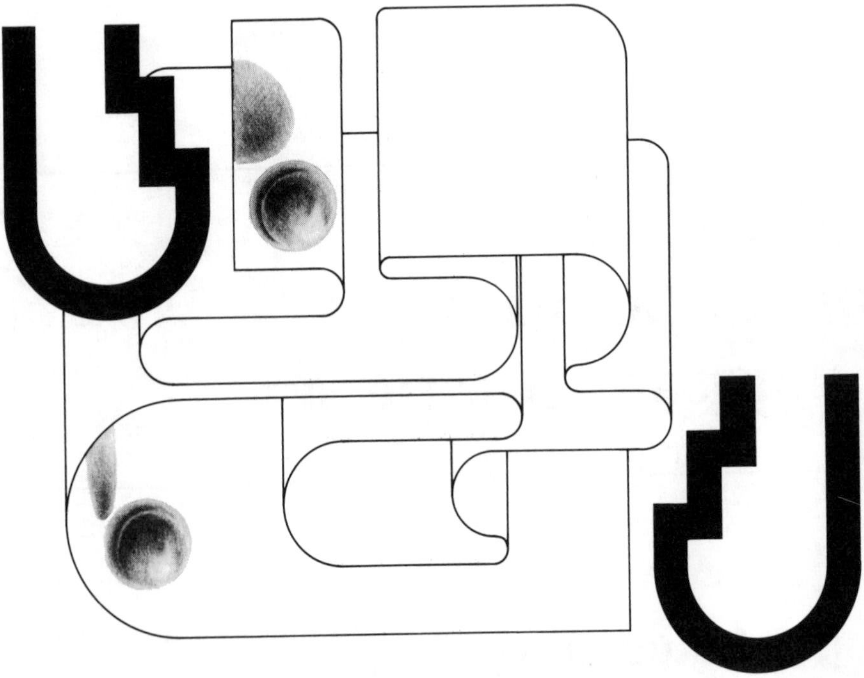

Chapitre 13

Forte ou faible implication décisionnelle

OBJECTIFS:

1) Faire la distinction entre un processus décisionnel à forte implication et un autre à faible implication;
2) Intégrer les groupes moteurs clés et les facteurs d'influence du comportement du consommateur à un processus décisionnel extensif;
3) Présenter les bases théoriques du revirement que constitue la notion de faible implication du consommateur;
4) En analyser les implications conceptuelles, pratiques et méthodologiques;
5) Enfin, insister plus particulièrement sur ses retombées dans le domaine de la stratégie publicitaire.

PRÉPARATION À L'EXERCICE PRATIQUE:

1) Essayer de contrer les effets négatifs de la faible implication dans une campagne de publicité;
2) Lire avec soin la démonstration pratique et ne pas hésiter à consulter un manuel sur la publicité;
3) Rédiger avec succès une campagne publicitaire hypothétique.

AVANT-PROPOS

Jusqu'à maintenant dans cet ouvrage, nous avons passé en revue l'ensemble des facteurs internes et externes à l'individu qui contribuent à créer différents modes de comportements de consommation, suivant en cela, et avec rigueur, notre démarche qualifiée de globale puis parcellaire.

Nous avons terminé notre analyse en soulignant que tout comportement s'insérant dans un contexte situationnel donné signifiait que les processus de prise de décision peuvent varier entre les consommateurs, mais aussi chez un même consommateur dans des situations différentes. En guise de synthèse à l'ouvrage, il nous semble pertinent de montrer, dans ses grandes lignes bien entendu, comment se fait l'intégration des groupes moteurs clés et des différents facteurs d'influence du comportement du consommateur au processus décisionnel vu dans son ensemble.

Or, nous venons de le dire, le déroulement de ce processus n'est pas immuable. Certaines décisions, aux connotations fort importantes pour le consommateur, actionneront des démarches longues et précises, alors que d'autres décisions entraîneront des actes de consommation mineurs, quelquefois même réduits à leur plus simple expression.

C'est pourquoi nous ferons la distinction, dans cette cinquième partie, entre les processus de prise de décision à forte implication de la part du consommateur et ceux à faible implication (chapitre 13).

Puis, dans un second temps, nous nous concentrerons sur un processus décisionnel particulier menant à l'achat d'un nouveau produit; ainsi, en plus d'analyser les modèles synthétiques du processus d'adoption d'une innovation, nous en profiterons pour étudier la courbe de diffusion du nouveau produit et ses conséquences stratégiques (chapitre 14).

PREMIER VOLET: FORTE IMPLICATION DÉCISIONNELLE

INTRODUCTION

Le processus décisionnel tel que nous l'avons défini au début de ce livre correspond en fait à une décision extensive, c'est-à-dire débouchant sur des actes de consommation considérés par le principal intéressé — le consommateur lui-même — comme ayant une importance personnelle. Ce phénomène peut survenir lorsque le produit véhicule l'image de celui qui le possède, lorsque son coût est élevé, lorsque le risque à l'achat est important, lorsque l'influence des pairs est forte et que la volonté de s'y conformer est établie, etc., notre but n'étant pas ici de faire l'inventaire, une fois de plus, de tous les résultats des recherches sur le sujet puisque cela a été fait dans les chapitres précédents.

Du fait même qu'il s'agit d'un processus en situation de forte implication, le consommateur devrait suivre une séquence d'étapes telles que nous les avons présentées et qui sont (1) l'éveil du besoin, (2) la formation des bases décisionnelles, (3) l'évaluation des possibilités de choix, (4) les intentions, (5) les actes de consommation proprement dits et enfin (6) la réévaluation après l'achat. Nous reverrons brièvement ces étapes, afin de donner une vision d'ensemble du fonctionnement du modèle de décision de l'acheteur tel que présenté à la figure 13.1.

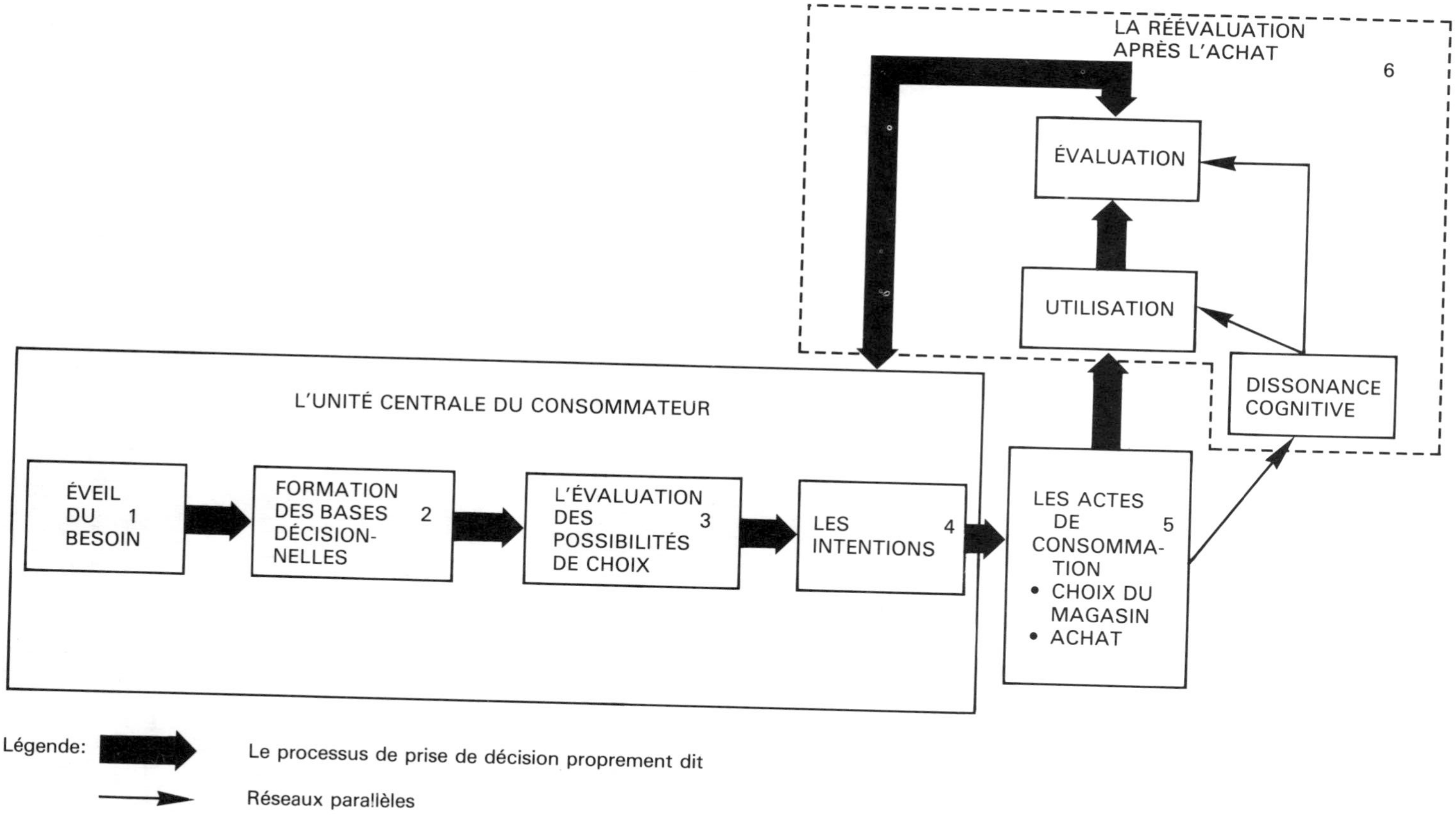

Figure 13.1 Le processus de prise de décision à forte implication.

L'ÉVEIL DU BESOIN

Définition

La reconnaissance d'un problème constitue la toute première étape du processus de prise de décision d'un consommateur et l'éveil correspondant du besoin représente un préalable absolu au déclenchement d'une démarche décisionnelle.

Le processus de reconnaissance d'un problème naît souvent de la confrontation entre une situation donnée et un état idéal désiré, ce dernier pouvant être atteint, de façon imaginaire ou non, par l'obtention d'un produit donné.

Par exemple, l'idée d'acheter un lave-vaisselle peut être motivée par le souci des membres de la famille de parvenir à une qualité de vie plus grande, car moins contraignante.

L'intensité de la motivation à résoudre le problème perçu dépend étroitement de l'ampleur de l'écart entre l'état désiré et l'état actuel (c'est-à-dire l'intensité perçue du problème) et de l'importance accordée à ce problème (c'est-à-dire les priorités de l'individu). Ainsi, un consommateur peut-il désirer ardemment posséder une voiture de sport et rouler dans une voiture familiale vieillotte. L'écart est certes important en valeur absolue, mais comparativement aux autres problèmes qui se posent, tel le choix des meubles, de la décoration du foyer, de la nourriture, il peut devenir tout à fait secondaire. Sous la contrainte d'un budget familial, les consommateurs sont souvent amenés à trancher entre les différents types de dépenses, créant ainsi des conflits entre des produits qui, au départ, n'étaient pas directement concurrents: l'alimentation ou la nouvelle voiture? Mais ce n'est pas là la seule conséquence stratégique de la perception de l'importance d'un problème de consommation. Par exemple, à la suite d'une étude effectuée auprès des consommateurs de céréales, la compagnie General Foods découvrit que ses boîtes de céréales étaient perçues comme peu pratiques car se rangeant mal dans les armoires et sur les étagères. Pour répondre à cette critique, General Foods introduisit des boîtes plus compactes, et le succès fut mitigé. Bien qu'identifié, le problème était en fait d'une importance toute relative pour le consommateur (Tauber, 1975).

Typologie des reconnaissances de problèmes

Pour mieux comprendre la nature de l'éveil du besoin du consommateur, il peut être utile de développer une classification des différents types de problèmes de consommation pouvant se poser au consommateur, en nous référant pour cela à la matrice proposée par Hawkins, Coney et Best (1980) (voir tableau 13.1)

Nous distinguons ainsi:

1) Les problèmes routiniers, lorsque le consommateur s'attend à un écart entre les états actuel et désiré et que le besoin d'une solution est immédiat (être à court d'un produit);
2) Les problèmes d'urgence qui, imprévisibles, requièrent une solution immédiate (le réfrigérateur qui tombe en panne);
3) Les problèmes planifiés qui sont prévisibles mais ne requièrent pas une solution immédiate (penser à changer sa voiture d'ici un an);
4) Enfin, les problèmes évolutifs qui sont imprévisibles mais ne requièrent pas forcément une solution immédiate (s'adapter progressivement à la mode).

Le caractère immédiat de la solution / Le caractère prévisible du problème	Solution requise immédiatement	Solution pouvant être différée
Problème prévisible	routine	planification
Problème imprévisible	urgence	évolution

Source: Hawkins, D., Coney, K., Best, R., *Consumer Behavior: Implications for Marketing Strategy*, Business Publications Inc., 1980, p. 390. Reproduit avec autorisation, Copyright © 1980.

Tableau 13.1 Types de reconnaissances de problèmes.

Les déterminants de l'éveil du besoin

Parmi les déterminants de l'éveil du besoin, il est d'usage, dans la littérature spécialisée, de faire la distinction entre les facteurs qui influencent l'état désiré et ceux influençant l'état actuel (voir Hawkins, Coney et Best).

Les facteurs qui influencent l'état désiré

- Les changements dans la composition de la cellule familiale peuvent provoquer une modification majeure des besoins. Par exemple, l'accroissement du nombre des enfants accentue le besoin de sécurité, d'où l'importance accordée à la maison et à l'assurance-vie comme moyens de protéger le capital familial.
- Les changements dans le statut financier ou dans les perspectives économiques. La crise économique que nous vivons actuellement a donné naissance à un nouveau type de consommateurs, plus réfléchis, aux besoins plus calculés.
- Les changements dans les groupes de référence. Le passage d'un milieu professionnel à un autre altère le mode de vie de l'individu et par contrecoup ses besoins.
- L'influence plus controversée qu'est la recherche de la nouveauté ou le goût du changement. Qu'elle soit provoquée ou strictement exploitée, cette influence contribue grandement à renouveler les besoins et surtout les désirs des consommateurs, le désir étant, comme chacun le sait, dérivé du besoin.
- L'influence des facteurs situationnels modifie aussi les besoins individuels. Un consommateur ayant au travail un horaire continu désirera, à l'heure du midi, un service de restauration rapide.
- Le développement individuel et personnel. Nous avons vu que le degré d'expérience accru d'un consommateur est, en règle générale, synonyme d'un degré de complexité plus poussé de ses besoins.

Les facteurs qui influencent l'état actuel

- La pénurie pure et simple: le besoin d'un changement d'huile, par exemple.
- L'insatisfaction reliée à l'utilisation du produit, laquelle peut être soit de nature instrumentale et se rapporter à la performance du produit, soit de nature symbolique et reposer sur des dimensions de nature psychologique.

LA FORMATION DES BASES DÉCISIONNELLES

De l'éveil du besoin résulte une plus grande sensibilité du consommateur à une information sur le produit considéré. Celui-ci recueillera, traitera et rassemblera les éléments constitutifs de son système décisionnel qui devra lui servir de base à une prise de décision éclairée: ce sont les critères d'évaluation.

C'est à ce stade précis que la recherche d'information interne et externe joue un rôle considérable, mais aussi le traitement de l'information, c'est-à-dire la façon dont celle-ci sera assimilée à la suite des différentes manipulations dans les mémoires à court et long terme.

L'ÉVALUATION DES POSSIBILITÉS DE CHOIX

Nous avons vu qu'à partir des croyances évaluatives sur les attributs des marques, le consommateur pouvait suivre différentes stratégies de formation d'une attitude globale, stratégies qui correspondent en fait à des règles décisionnelles dans la formation des préférences pour les produits et les marques. La question principale qui se pose au niveau de cette étape est de savoir quelle règle décisionnelle suivra effectivement le consommateur. Bien que des recherches aient démontré que les consommateurs utilisaient bel et bien ces règles, il nous est difficile à ce jour de déterminer avec précision laquelle ils utilisent dans telle ou telle situation. L'analyste en marketing devra s'efforcer d'identifier pour le segment de marché considéré la règle la plus susceptible d'être employée afin d'établir une stratégie appropriée de prise d'information. Pour ce faire, il gardera à l'esprit les grands principes suivants:

1) Les règles de décision non compensatoires obligent le consommateur à recueillir de l'information sur les marques attribut par attribut;
2) Les règles compensatoires font que le consommateur doit recueillir de l'information sur l'ensemble des attributs marque par marque;
3) Puisque l'évaluation des marques est plus simple dans les modèles non compensatoires, il est fort probable que le consommateur suivra ce type de règle décisionnelle en évaluant les marques dans des situations à faible implication;
4) Les règles compensatoires décriraient mieux les évaluations des marques pour des produits à forte implication et auxquels correspondent des prises de décision complexes.

LES INTENTIONS D'ACHAT

L'évaluation de la marque a pour résultante l'intention d'achat, sachant que le consommateur devrait acheter la marque la mieux évaluée ou tout au moins l'une des marques les mieux évaluées et donc faisant partie de son ensemble évoqué. L'intention est donc une probabilité d'achat subjective d'un produit donné ou d'une marque donnée. Par la suite, cette intention pourra être affectée par des variables environnementales, souvent des situations de consommation ou d'achat imprévisibles.

LES RÉPONSES

Ce sont les actes concrets, et donc objectifs, qui expriment le choix final du consommateur. Règle générale, le choix du consommateur est double puisqu'il porte à la fois sur le magasin où se fera l'achat et sur la marque proprement dite.

Le choix du magasin

Le processus du choix d'un magasin en vue d'y effectuer un achat a été modélisé par Monroe et Guiltinan (1975) (voir figure 13.2).

Les caractéristiques individuelles du consommateur (bloc n° 1) mènent à la formation de certaines opinions et certains principes généraux sur la façon de s'y prendre pour faire la tournée des magasins (bloc n° 2), ces avis menant eux-mêmes à la recherche de certains attributs particuliers parmi un ensemble (bloc n° 3). Une image perceptuelle des magasins est ainsi développée à partir de ces attributs et des efforts stratégiques déployés par les commerçants (bloc n° 4). Plus l'image du magasin est proche des besoins du consommateur (bloc n° 4 mis en rapport avec les blocs n°s 2 et 3), plus l'attitude envers le magasin est positive (bloc n° 6) et plus la probabilité de fréquentation dudit magasin est forte (bloc n° 7). Si le consommateur est satisfait de l'information disponible en magasin (bloc n° 8) et de la sélection des produits et des marques qui y sont proposés, alors l'image positive du magasin s'en trouve renforcée (rétroaction vers le bloc n° 4), accroissant du même coup la probabilité d'une fréquentation répétée de ce magasin. Un processus de renforcement permanent devrait développer la fidélité du consommateur envers le magasin.

L'achat proprement dit

Le consommateur peut décider, au tout dernier moment, de ne pas acheter, même s'il en avait la ferme intention. Ce faisant, le processus décisionnel prend fin à deux doigts de sa conclusion concrète: par exemple, l'information reçue à la dernière minute sur le lieu d'achat est trop confuse ou contradictoire, si bien que la dernière option n'est plus l'achat, mais le report de celui-ci ou même l'élimination pure et simple.

Dans la majorité des cas, l'achat se fait en contact direct avec un vendeur, si bien que le modèle d'interaction qui s'établit entre l'acheteur potentiel et le vendeur influence la nature du choix final. Un tel modèle a été développé par Weitz (1978) (voir figure 13.3)

Dans un premier temps, le vendeur allie son expérience du métier à l'information recueillie sur le consommateur avec lequel il a pris contact pour se former une impression et préparer sa stratégie d'approche. Lorsque le vendeur s'efforce de convaincre l'acheteur, l'effet de ses arguments est évalué de manière à y apporter des corrections. Le vendeur peut changer en tout ou en partie sa stratégie d'approche, ce qui confirme le dicton selon lequel la principale qualité d'un vendeur est de savoir écouter le client!

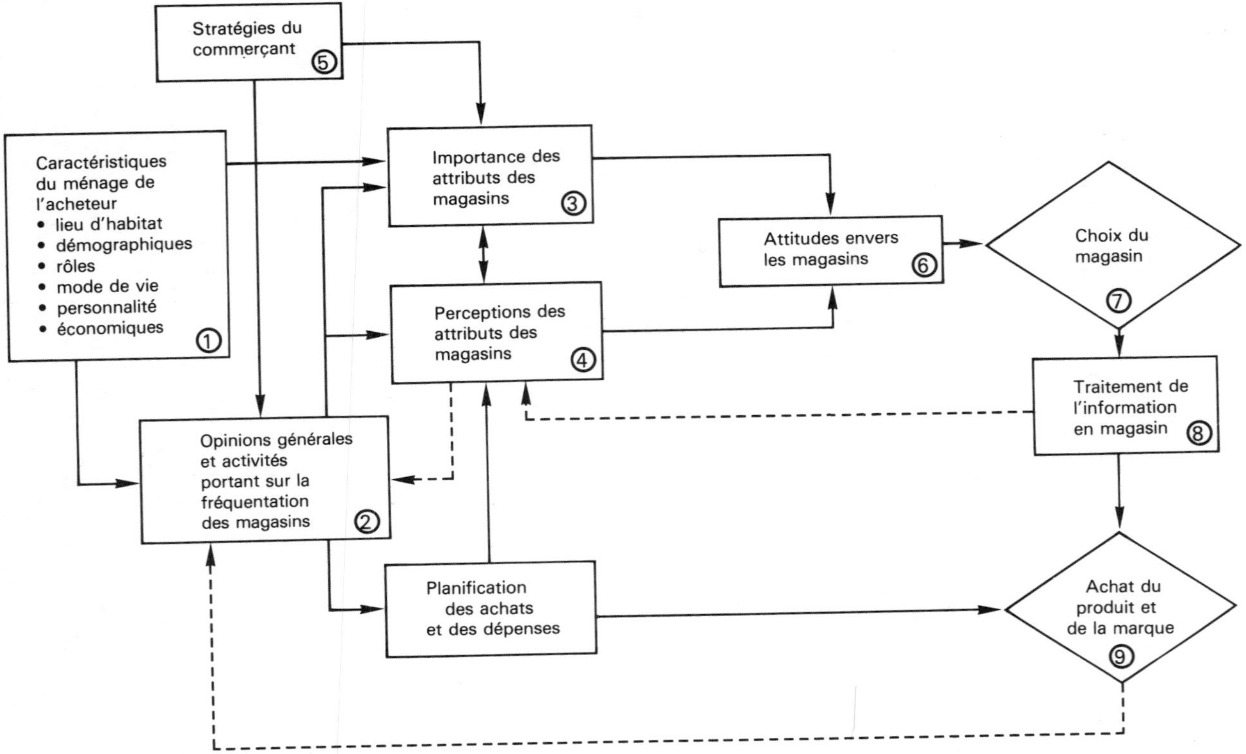

Source: Monroe, K., Guiltinan, J., «A Path-Analytic Exploration of Retail Patronage Influences», *Journal of Consumer Research,* juin 1975, p. 21. Reproduit avec l'autorisation du JCR, Copyright © 1975.

Figure 13.2 Un modèle de choix d'un magasin.

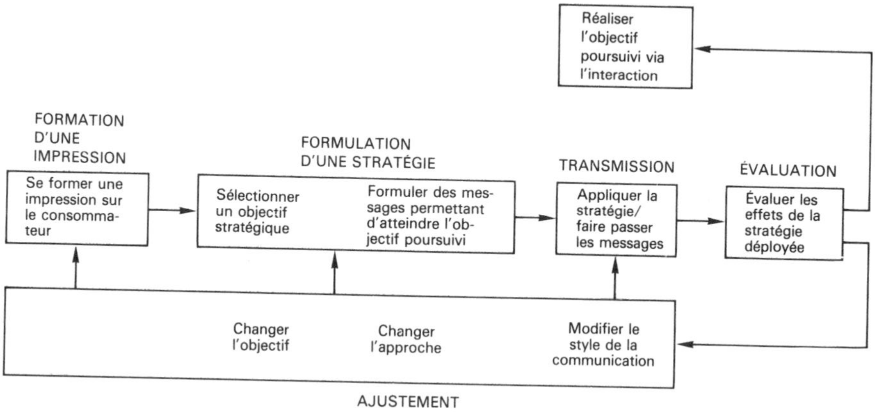

Source: Weitz, B., «The Relationship Between Salesperson Performance and Understanding of Customer Decision Making», *Journal of Marketing Research,* novembre 1978, p. 502. Reproduit avec autorisation, Copyright © 1978.

Figure 13.3 Un modèle d'interaction vendeur-consommateur.

LA RÉÉVALUATION APRÈS L'ACHAT

La réévaluation après l'achat se présente sous la forme d'une série d'étapes reliées entre elles, comprenant entre autres la réduction de la dissonance cognitive, l'utilisation du produit et l'évaluation proprement dite.

La dissonance après l'achat

Après une décision d'achat, surtout lorsque celle-ci a été difficile à prendre et qu'elle engage le consommateur sur une période de temps relativement longue, peuvent apparaître chez lui le doute et l'anxiété: ce phénomène s'appelle la dissonance cognitive (voir Festinger, 1957, et plus récemment Cummings et Venkatesan, 1976).

Bon nombre des décisions d'achat, mais pas toutes, sont donc suivies d'une dissonance cognitive. La probabilité qu'un consommateur soit sujet à une telle réaction et l'intensité de celle-ci sont fonction:

a) du degré d'irrévocabilité de la décision: plus elle est flexible, moins la dissonance se fera sentir;
b) de l'importance que revêt la décision pour le consommateur qui est corrélée positivement avec la dissonance;
c) de la difficulté ressentie par le consommateur à porter un choix entre les différentes possibilités qui se présentent à lui (là encore le lien est positif);
d) des prédispositions à l'anxiété qui font que certaines personnes sont plus portées que d'autres à vivre ces états d'insécurité.

L'inconfort psychologique ressenti par un consommateur en situation de dissonance l'amènera à réduire celle-ci en utilisant plusieurs méthodes (Festinger):

- soit en accroissant artificiellement le degré de convoitise pour la marque achetée;
- soit en diminuant celui des possibilités rejetées;
- soit en diminuant l'importance même de la décision d'achat;
- soit, enfin, par un dosage de ces trois méthodes.

Le doute provoqué par la dissonance cognitive pousse très souvent le consommateur à rechercher de l'information consonante, c'est-à-dire servant à confirmer le bien-fondé de la décision. Ainsi, certaines annonces publicitaires ont pour but de renforcer les convictions des possesseurs d'une marque donnée: cela a été le cas, par exemple, pour les propriétaires de voitures Ford.

L'utilisation du produit

L'observation des conditions d'utilisation du produit constitue un excellent moyen pour la firme de découvrir à la fois des ouvertures pour de nouveaux produits et de nouvelles utilisations de produits existants, par conséquent de nouveaux marchés. Par exemple, les consommateurs ont utilisé le bicarbonate de soude comme désodorisant dans les réfrigérateurs, bien avant que les entreprises commercialisent cet emploi.

L'évaluation

Elle marque l'aboutissement du processus évaluatif et influence les processus décisionnels ultérieurs. Elle se manifeste chez le consommateur par un sentiment de satisfaction ou d'insatisfaction qui rend compte de son évaluation sur les attributs du produit, et ce en fonction de ses besoins et désirs propres.

Nous parlerons donc:

- de performance «brute» du produit qui correspond à l'aspect purement fonctionnel;
- de performance «relative au cadre social» reliée aux aspects symbolique et d'effet-signe du produit;
- enfin, de performance «mode de vie», c'est-à-dire du sentiment de bien-être que l'individu retire de l'utilisation du produit.

Le résultat final de ce processus devrait consister en la création d'un état de bien-être dans la consommation, lequel peut se définir de la façon suivante:

> (...) toute perception individuelle d'une sensation de réconfort consécutive à un acte quelconque de consommation et constituant l'aboutissement d'un processus évaluatif relatif à un espace de consommation donné (Dussart, 1981).

Reste à savoir si ce sentiment sera effectivement ressenti par le consommateur: c'est une question que nous nous poserons dans le chapitre sur le consommateurisme.

DEUXIÈME VOLET: FAIBLE IMPLICATION DÉCISIONNELLE

INTRODUCTION*

Le progrès scientifique ne consiste pas en une accumulation de connaissances considérées comme immuables une fois acquises, mais en une restructuration perpétuelle des principes directeurs de notre connaissance, liant le problème du sujet de connaissance à celui de l'objet de son savoir. Ainsi, il n'est point de domaine scientifique où l'introduction à un moment donné de nouvelles idées ne soit venue bouleverser l'état des connaissances.

Par exemple, l'influence d'Einstein sur la physique contemporaine a été immense; la mutation qu'il a provoquée dans l'histoire des sciences a pu être comparée à celle dont Newton avait été l'initiateur deux siècles plus tôt.

Dans l'architecture, la littérature, les sciences humaines, la musique et la peinture, des virages importants jalonnent l'évolution historique et amorcent de nouveaux courants de pensée. Elvis Presley et les Beatles ont profondément marqué nos conceptions musicales, tout comme le jazz de la Nouvelle-Orléans l'avait fait auparavant. Nul autre peintre que Picasso n'a exercé un tel pouvoir de fascination sur ses contemporains en devenant, avec Braque, le principal créateur du cubisme. Freud, s'il n'est pas le premier à avoir refusé l'identification du psychisme et du conscient a par contre créé une méthode originale d'exploration de l'inconscient.

Dans un domaine tel que le comportement du consommateur, malgré une histoire toute jeune mais compensée par un rythme de croissance élevé, de tels revirements historiques existent. Nous avons vu au premier chapitre comment la théorie économique néo-classique, élégante mais inapplicable à l'expérience, avait donné naissance au courant des sciences du comportement, suivi de celui de la modélisation et enfin du courant que nous avons appelé «*in vivo*». Le point commun de ces derniers courants est l'importance accordée au sein des différentes phases qui les composent à l'approche «cognitiviste», et notamment dans le cas des modèles d'attitude multi-attributs et dans celui du traitement de l'information. La révolution «cognitiviste» (McGuire, 1976) a donc mis l'accent sur la complexité de la prise de décision du consommateur.

Bien qu'il soit encore trop tôt pour se prononcer définitivement, tout nous porte à croire que l'approche cognitiviste puisse, à son tour, être remise en question et doive se modifier en profondeur sans pour autant perdre de son intérêt. En effet, la variable «implication du consommateur» pourrait provoquer d'ici peu un bouleversement complet de nos conceptions actuelles du consommateur.

S'il est vrai qu'aujourd'hui, la plupart des produits suscitent peu d'implication de la part des consommateurs et qu'un grand nombre de personnes n'apportent que le minimum d'attention à leurs problèmes de consommation, alors la combinaison de ces deux faits, comme le souligne Valence (1981), entraîne des conséquences graves. Non seulement une partie importante de l'édifice conceptuel et méthodologique sur lequel sont fondées nos connaissances porte à

---

* Cette introduction ainsi que le grand titre suivant ont été fortement inspirés des travaux de Kassarjian qui, dans ce domaine, fait office de vulgarisateur (voir Kassarjian, 1980).

faux, mais une portion tout aussi importante des activités de marketing repose sur de fausses prémisses. Nous pouvons ainsi nous demander si de nouveaux manuels de base en comportement du consommateur mériteraient d'être écrits, qui tiendraient compte uniquement des situations de faible implication. Nous pouvons nous demander également si la stratégie de marketing en général, et la stratégie communicationnelle en particulier, ne devrait pas être repensée d'abord et avant tout en fonction du niveau d'implication du consommateur.

Sans aller jusqu'à écrire un livre complet sur cette nouvelle orientation, nous avons pensé qu'un volet de chapitre traitant du sujet se justifiait amplement. Nous allons donc revoir le processus de prise de décision du consommateur en situation de faible implication, jeter les bases d'une nouvelle théorie du comportement du consommateur, présenter les premiers résultats des études les plus révélatrices de l'existence de cette situation décisionnelle et, enfin, en tirer les implications stratégiques. Nous conclurons en montrant à quel point le problème de l'opérationnalisation proprement dite de la variable «implication» reste posé, soulignant par contrecoup que le contenu de ce volet mériterait d'être validé sur bien des points et doit, de ce fait, être abordé avec une certaine prudence.

LES DEUX GRANDS TYPES DE PRISE DE DÉCISION

L'hypothèse à la fois la plus répandue et la plus acceptée dans la recherche en comportement du consommateur est que les achats sont précédés d'un processus de décision (Olshavsky, Granbois, 1979). Les auteurs qui ont proposé des modèles de ce processus emploient des terminologies différentes, mais tous semblent être d'accord sur les points suivants:

1) Deux ou plusieurs possibilités d'actions existent et, de ce fait, un choix s'avère nécessaire;
2) L'analyse des critères d'évaluation facilite la prévision des conséquences virtuelles reliées à chaque possibilité sur les objectifs du consommateur;
3) Le choix d'une possibilité est déterminé par une règle de décision appelée aussi procédure d'évaluation;
4) L'information empruntée à des sources externes ou puisée dans la mémoire à long terme sert de donnée de base à l'application de la règle de décision ou procédure d'évaluation.

Il ne fait aucun doute que, dans certaines circonstances, tout au moins lors de l'achat de certains types de produits et de services, les consommateurs traitent de l'information, résolvent des problèmes, recourent à des raisonnements visant à favoriser des décisions sensées. Ces circonstances correspondent bien entendu chez le consommateur à des situations de forte implication, souvent créées par des produits d'importance, chers, à risque élevé, véhiculant fortement les valeurs de ceux qui les possèdent. Les actes et décisions de consommation qui en découlent sont souvent des plus complexes; c'est ce type de décision qui a été le plus fréquemment étudié en comportement du consommateur. Nous avons analysé, disséqué, représenté d'une façon imagée, articulé dans les modèles les processus cognitifs dont nous pensions qu'ils existent en tout temps.

Le problème auquel nous faisons face actuellement constitue une prise de conscience, quelque peu tardive d'ailleurs, selon laquelle l'univers du consommateur ne se limite pas à des situations de forte implication. Bien plus encore, parmi les centaines de décisions qu'un consommateur prend quotidiennement, très peu d'entre elles font l'objet d'une réelle implication de sa part. En d'autres termes, d'une façon très détachée, le consommateur achète et utilise toutes sortes de produits, en essaie de nouveaux, change fréquemment de marque, ignore de toute évidence les activités promotionnelles des firmes et se soucie bien plus des événements qui, à ses yeux, sont une source réelle de préoccupation: l'automobile qui a un besoin urgent d'être révisée, les résultats des enfants à l'école, les ennuis au travail, etc.

En 1977, Kassarjian a soulevé le point selon lequel il est possible que nous attribuions un processus de choix au consommateur alors que, dans la réalité, un tel processus n'existerait tout simplement pas! Cette idée fondamentale ne se borne pas à suggérer que le processus décisionnel puisse être routinier ou automatique plutôt qu'extensif comme cela avait déjà été avancé par Howard (voir les chapitres sur les modèles et sur l'apprentissage), mais va jusqu'à prétendre que, dans certains cas, il y a absence totale de processus de décision.

Depuis quelques années, de nombreuses études empiriques et conceptuelles ont clairement démontré que le comportement du consommateur lors de l'achat de produits à forte implication et risque élevé est tout à fait différent de celui menant à l'achat de produits peu importants.

Le moins que l'on puisse faire devant ces résultats est de conseiller, lors d'une recherche en marketing, de déterminer si le produit étudié entraîne une implication forte ou faible chez les répondants qui constituent l'échantillon. D'autant plus que l'hypothèse la plus explosive de cette théorie est celle qui restreint l'applicabilité du modèle traditionnel de hiérarchie des effets (Lavidge et Steiner, 1961; Colley, 1961) aux produits de forte implication, suggérant, comme nous allons le voir maintenant, une hiérarchie renversée pour les produits de faible implication. . .

Le modèle renversé de hiérarchie des effets

Dans le cas d'une prise de décision complexe, le modèle de hiérarchie des effets (voir le chapitre sur les attitudes) stipule que le consommateur se forme en premier lieu des croyances envers une marque (composante cognitive des attitudes), puis l'évalue (composante affective) et enfin prend une décision quant à un achat éventuel (composante conative).

Cette hiérarchie, qui se conforme bien à la vision dominante de la psychologie cognitive selon laquelle le consommateur réfléchit avant d'agir et qui a dominé toute la pensée en marketing depuis l'intégration du comportement du consommateur comme discipline à part entière, réalise une bien piètre performance à décrire les décisions à faible implication pour les individus.

En prenant un exemple extrême, il est fort peu probable qu'un consommateur qui achète une bouteille de vinaigrette mette en branle une recherche d'information visant à déterminer les caractéristiques distinctives des marques en présence sur le marché. Plutôt que de chercher de l'information, il y sera éventuellement exposé et la recevra de façon passive. Assis devant son écran de télévision, le consommateur peut voir un message publicitaire pour la vinaigrette Kraft. À ce moment précis, le consommateur pense à tout autre chose qu'à la vinaigrette. Il ne retiendra que quelques fragments d'information sans pour autant s'engager dans un processus cognitif. Le consommateur achètera la marque (Kraft) quand le besoin s'en fera sentir, surtout à cause de la familiarité avec le nom. La répétition de la publicité crée cette familiarité qui reste superficielle et ne débouche pas sur la formation d'attitudes: il n'y a pas, à vrai dire, de réaction favorable ou défavorable face à la marque. Le consommateur envisage la marque d'une façon relativement neutre puisqu'elle n'est pas reliée à des bénéfices recherchés découlant de valeurs fondamentales. De faibles attitudes envers la marque peuvent néanmoins se développer si, par exemple, une amélioration est apportée au produit (un bec verseur pratique) ou si, à l'usage, le produit est décevant (une fois ouverte, la vinaigrette perd très vite de sa saveur). Mais ces attitudes se développent après l'achat et non pas avant (Rothschild, 1979). De ce fait, le modèle de hiérarchie des effets pour les produits à faible implication est fort différent de celui pour les produits à forte implication, comme le montre le schéma suivant:

Hiérarchie des effets en situation de faible implication	**Hiérarchie des effets en situation de forte implication**
Les croyances envers les marques se forment à la suite d'un apprentissage *passif.*	Les croyances envers les marques se forment à la suite d'un apprentissage *actif.*
Une décision d'achat est alors prise.	Les marques sont alors évaluées.
La marque choisie peut ensuite être ou ne pas être évaluée.	Une décision d'achat est prise.

Le consommateur impliqué

Bien qu'il semble essentiel de segmenter les produits selon le niveau d'implication qui leur est généralement associé, il y a de fortes chances pour que cette procédure ne permette pas de contrôler en totalité la variance associée au concept d'implication forte ou faible. Tout nous porte à penser que certaines dimensions de la personnalité d'un consommateur sont reliées à ce concept. Ainsi, indépendamment de la classe de produits envisagée, certaines personnes tendent à être plus impliquées que d'autres dans leurs processus décisionnels. Il doit fort probablement exister un profil du lecteur assidu de magazines de protection du consommateur ou de la personne qui est plus attentive que la moyenne à la publicité et à l'influence interpersonnelle. Dans la même ligne de pensée, certains consommateurs pourraient bien être plus sensibles aux prix, plus sensibles aux différences entre les marques, disposant d'une façon générale d'une plus grande aptitude à discriminer ces dernières, étant finalement plus vigilants, plus conscients et plus intéressés dans leurs actes de consommation.

Le consommateur peu ou pas impliqué

À l'opposé, et d'une façon tout aussi évidente, il est vrai que certains individus ne veulent pas se sentir concernés par des problèmes de marketing et de consommation. Il est possible de penser à des personnes qui ne s'intéressent qu'à des valeurs théoriques, philosophiques, esthétiques ou idéologiques de haut niveau, ignorant tout simplement les problèmes courants du quotidien et en particulier ceux reliés à la consommation, à l'accumulation de biens. Il y a d'autres personnes qui, tout simplement, ne portent aucun intérêt particulier à leurs activités d'achat. Ces deux premiers groupes constituent ce qu'on appelle l'ensemble des personnes *détachées,* c'est-à-dire qui prennent un certain recul face aux préoccupations terre à terre du marché.

Il y a aussi ceux qui sont sans opinion, soit par manque d'instruction ou d'intérêt pour ce qui se passe autour d'eux: nous les appellerons les *ne sais pas.*

La classification des différents types d'implications

Sur la base d'un croisement à double effet de l'implication due à la nature du produit considéré et de celle provenant de la personnalité type du consommateur, il est possible de classifier l'implication en six types différents (voir tableau 13.2) (Kassarjian, 1980).

La cellule n° 1 regroupe les types de comportements de consommation qui ont été les plus étudiés jusqu'à maintenant, alors que la cellule n° 2 fait référence à la recherche sur la faible implication telle qu'elle a évolué jusqu'ici. La cellule n° 3 pose, quant à elle, de sérieuses difficultés conceptuelles puisqu'il s'agit d'individus généralement «détachés» mais qui, à l'occasion, peuvent s'impliquer pour un produit particulier. La cellule n° 4 ne présente pas d'intérêt direct pour la recherche en comportement du consommateur. La cellule n° 5 rassemble les personnes ayant un faible niveau de connaissances et qui, de temps à autre, peuvent se trouver placées dans une position où elles sont contraintes de s'impliquer à travers une décision. Dans ces circonstances, il est fort probable que le processus décisionnel ne soit pas aussi complexe que celui rencontré en cellule n° 1. Le choix peut être déterminé par la disponibilité immédiate du produit, le montant d'argent disponible, un emballage attrayant, un vendeur convaincant, etc. La cellule n° 6 rassemble les gens qui ne manifestent aucun intérêt pour quoi que ce soit et qui gonflent le taux de non-réponses dans une enquête!

CONCEPTUALISATION, DÉFINITION ET MESURE

Si, comme nous venons de le voir, la recherche en comportement du consommateur a tout intérêt à mesurer d'une façon systématique le degré d'implication du consommateur avant même de tester toute autre hypothèse, il est regrettable de constater qu'à ce jour, aucun instrument simple n'a été mis au point pour mesurer ce concept, lequel constitue pourtant une nécessité. On aurait pu croire que cet intérêt soudain pour le phénomène de la faible implication aurait débouché sur une compréhension claire et précise de ce qu'est en fait l'implication. Cependant, il n'existe pas de définition bien établie ni même de consensus sur ce concept.

Les multiples problèmes de conceptualisation et de définition

De l'avis de plusieurs spécialistes (Lastovicka et Gardner, 1977; Mitchell, 1978; Tyebjee, 1979; Leavitt, Greenwald et Obermiller, 1980), le principal problème

		Effet de la situation ou Implication face au produit	
		FORT	**FAIBLE**
Facteurs individuels ou reliés à la personnalité	Forte implication	Majorité des connaissances actuelles sur le comportement du consommateur ①	Recherche actuelle sur la faible implication ②
	Faible implication Type «détaché»	Intérêt minimal mais fortement concentré ③	Ne s'intéressant pas à la consommation Autres intérêts ④
	Faible implication «Ne sais pas»	Choix déterminé par: la disponibilité l'emballage l'accessibilité financière ⑤	Ne sais pas N'y prête pas attention Pas d'opinion ⑥

Source: Kassarjian, H., «Low Involvement: A Second Look», dans *Advances in Consumer Research,* sous la direction de Kent B. Monroe, Association for Consumer Research, vol. VIII, octobre 1980, p. 32. Reproduit avec autorisation de l'ACR, Copyright © 1981.

Tableau 13.2 Classification des différents types d'implications.

relié à ce domaine est celui de la conceptualisation. Cela tient sans doute à la fois au caractère hypothétique du concept et son utilisation dans les deux sciences de la psychologie sociale et du comportement du consommateur. En même temps, cela témoigne bien du petit nombre de recherches qui lui ont été consacrées en relation avec la consommation. Certains, Krugman en tête, ont défini l'implication comme étant un *processus,* ce qui suppose que les mécanismes cognitifs chez l'individu sont différents selon qu'il y a forte ou faible implication. Pour d'autres, qui s'inspirent des travaux en psychologie sociale, l'implication est un *état interne* à l'individu. Cet état peut influencer les mécanismes cognitifs du consommateur, mais d'autres facteurs peuvent également intervenir, soit l'ampleur des connaissances acquises sur un produit, le contenu d'un message publicitaire, etc. Enfin, d'autres chercheurs semblent intéressés à appliquer directement en comportement du consommateur l'implication telle qu'entendue originellement en psychologie sociale.

En plus d'un problème relié à l'existence de ces écoles de pensée quant à la nature de la variable «implication», on note un problème de conceptualisation au niveau même du contenu de ladite variable. Comme le souligne fort bien Rothschild (1977), il est possible de parler d'implication dans une question, d'implication situationnelle, d'implication «asituationnelle» ou durable, d'implication en rapport avec une classe de produits ou des marques données. Nous pouvons aussi distinguer, comme le fait Wright (1974), l'implication en rapport avec le contenu d'un message publicitaire et celle reliée au médium de transmission.

À une conceptualisation aussi flexible ne pouvait correspondre qu'une opérationnalisation multiforme. À titre d'indication, la liste suivante regroupe quelques-unes des définitions opérationnelles auxquelles ont eu recours des auteurs en comportement du consommateur; une fois cette liste établie, nous nous intéresserons plus particulièrement à la définition découlant de la théorie de Sherif sur le jugement social:

1) L'implication face à un stimulus de marketing à caractère persuasif est le nombre de «connections» (ou références personnelles internes) qu'un individu établit entre le contenu du stimulus et celui de sa vie personnelle (Krugman, 1966);
2) L'implication se mesure par l'enjeu psychologique, social ou économique que représente une décision (Myers, 1968);
3) L'implication s'évalue selon le degré d'importance accordée à l'achat d'un produit en particulier (Cohen et Goldberg, 1970);
4) L'implication reflète le degré d'engagement d'un individu dans une situation particulière (Hansen, 1972);
5) L'implication est fonction des réponses cognitives engendrées par un message publicitaire (Wright, 1974);
6) L'implication est un concept multidimensionnel qui repose sur le degré de familiarité du consommateur avec le produit étudié, l'engagement face aux marques et la pression normative ressentie (Lastovicka et Gardner, 1977);
7) L'implication se matérialise par l'intensité de la recherche d'information, cette dernière découlant elle-même d'un besoin aigu d'être informé (Burnkrant, 1978);
8) L'implication dépend du nombre de valeurs personnelles qui sont reliées à l'utilisation du produit et de la centralité de ces valeurs (Tyebjee, 1977);
9) L'implication se reflète dans le niveau d'attention accordé à l'information concernant le produit (intensité) et dans la stratégie de traitement de l'information (direction) (Mitchell, 1980);
10) L'implication s'évalue par le nombre de marques rejetées par le consommateur (Brisoux, 1980), ce qui est en fait la traduction en marketing de l'idée de Sherif selon laquelle le consommateur actif et impliqué est très sélectif au niveau des marques. Nous allons développer ce dernier point.

La théorie de Sherif sur le jugement social et ses implications en marketing

Selon cette théorie, la position adoptée par un individu face à un objet social est basée sur son degré d'implication face à celui-ci (Sherif, 1947). Sous cet angle, l'opérationnalisation du concept d'implication se fait en identifiant une latitude (ou zone) d'acceptation (les prises de position que l'individu accepte), une latitude de rejet (les prises de position qu'il rejette) et une attitude de non-engagement (les prises de position devant lesquelles l'individu est neutre). Un individu fortement impliqué, ayant une opinion bien établie sur un sujet, acceptera selon cette théorie peu de positions et en rejettera de ce fait un grand nombre (latitude d'acceptation étroite, latitude de rejet large). À l'opposé, un individu non impliqué devrait trouver acceptables un plus grand nombre de positions (latitude d'acceptation large) ou n'avoir pas d'opinion sur le sujet (latitude de neutralité large).

En poursuivant le raisonnement dans le même sens, pour un individu fortement impliqué, un message qui est en accord avec sa pensée (latitude d'acceptation) sera interprété plus positivement qu'il ne devrait normalement l'être; c'est ce qu'on appelle l'effet d'*assimilation*. À l'inverse, un message dont le contenu est en désaccord avec l'avis de l'individu (latitude de rejet) devrait être interprété encore plus négativement qu'il ne mérite de l'être, d'où l'effet dit de *contraste*. De ce fait, le consommateur fortement impliqué est le plus susceptible de percevoir les messages d'une façon sélective basée sur ses conceptions établies et ses biais personnels, l'inverse étant vrai. Si l'on poursuit nos déductions, le consommateur impliqué devrait être plus attentif aux contenus des messages publicitaires et plus susceptible de les interpréter dans le sens de ses attitudes en place et de ses expériences passées, tandis que le consommateur moins impliqué devrait être moins attentif et plus susceptible de les accepter. En guise de conclusion à la présentation de la théorie de Sherif, nous pouvons constater qu'elle s'accorde fort bien avec celle de Krugman (voir le chapitre sur l'apprentissage).

Rothschild et Houston (1977) ont étendu l'application de la théorie de Sherif au marketing en postulant que le consommateur fortement impliqué utilisera plus d'attributs dans son évaluation des marques, et inversement. Cette idée n'est pas dépourvue de sens puisque le consommateur le plus impliqué s'engage en fait dans un processus plus extensif d'évaluation de la marque visant à maximiser les bénéfices attendus. Sur cette base, les auteurs ont conceptualisé les notions de forte et faible implications de la façon suivante:

	Forte implication	**Faible implication**
Nombre d'attributs utilisés dans l'évaluation de la marque	Beaucoup	Peu
Latitude d'acceptation	Étroite (peu de marques)	Large (plus de marques)

Ainsi, dans le cas d'un processus décisionnel en situation de forte implication, un moins grand nombre de marques seront évaluées sur la base d'un plus grand nombre d'attributs, et inversement.

Puisque le consommateur a recours à plus d'attributs dans le cas de la forte implication, les auteurs ajoutent que la vision d'une évaluation multi-attributs de la marque est la plus cohérente. Plus spécifiquement encore, qu'un modèle compensatoire soit utilisé dans ce cas. Par opposition, un modèle non compensatoire devrait correspondre à une prise de décision en faible implication. Puisqu'il y a peu d'attributs utilisés, une mauvaise performance enregistrée sur un seul de ces attributs devrait suffire à éliminer la marque considérée.

Comme nous pouvons le constater, de nombreuses questions restent encore soulevées concernant cette approche et les résultats, bien qu'intéressants, doivent être envisagés avec précaution.

Les problèmes méthodologiques*

Il existe un premier problème méthodologique qui découle à la fois de la conceptualisation insuffisante citée plus haut et du stade exploratoire où en sont la plupart des études sur le sujet. C'est la fidélité et la validité des échelles de mesure utilisées. Mitchell (1978), Ray (1978) et Kassarjian (1980) partagent le même avis sur ce point. D'une manière générale, les auteurs ne rapportent aucun test qui aurait servi à vérifier la fidélité et la validité de leurs instruments de mesure, indépendamment du type de recherche auquel ils s'adonnent.

---

* Cette section a été tirée du *working paper* de Gilles Valence (1981).

Un deuxième problème tient à la nature particulière de l'implication en rapport avec les produits de consommation. L'implication qu'une personne ressent devant le problème de la paix entre les nations intervient probablement à un tout autre niveau que l'implication qu'elle avoue devant les dentifrices! Par ailleurs, ce qui intéresse les chercheurs, c'est d'étudier la *faible* implication chez les consommateurs. Or, le fait d'utiliser un instrument de recueil de données comme le questionnaire tend ou bien à impliquer le répondant (DeBruicker, 1977), ou bien à lui suggérer indirectement des réponses cognitives dont il reste à démontrer la corrélation avec le comportement éventuel. Par contre, si l'on veut obtenir des réponses comportementales, il faut élaborer des procédures pour manipuler la variable «implication» en laboratoire (Ray, 1978; Mitchell, 1978), en courant le risque de susciter une implication comportementale artificielle, comme dans le cas de l'expérience de Wright.

Un troisième problème provient également de la nature particulière de notre variable. Parce qu'il y a hétérogénéité des produits par rapport auxquels les consommateurs sont faiblement impliqués, il devient difficile de réunir les observations en un tout et de généraliser les résultats à travers les produits (DeBruicker, 1977). La tâche est rendue encore plus difficile si l'on tient compte de l'interaction des individus, des produits et des situations de consommation. En attendant que la lumière conceptuelle se fasse sur le véritable contenu de la variable «implication», peut-être sera-t-il nécessaire de traiter les données à la fois individuelles et réunies, comme le suggère encore DeBruicker.

VERS UNE NOUVELLE THÉORIE DU COMPORTEMENT DU CONSOMMATEUR?

La conception selon Krugman (1965) d'un consommateur passif a littéralement bouleversé bon nombre de concepts comportementaux traditionnels, provoquant l'émergence d'une nouvelle théorie du comportement du consommateur. Il nous a donc semblé important de répertorier les principaux concepts de base, véritables fondements théoriques qui étaient associés implicitement à un consommateur impliqué et actif, puis en parallèle d'examiner les révisions apportées à ces derniers conséquemment à une vision non impliquée et passive du consommateur.

Y a-t-il recherche active d'information?

Selon les protagonistes de la forte implication, le consommateur est un chercheur actif d'informations, recourant en alternance à diverses sources et s'engageant le plus souvent dans une visite des magasins avant de procéder à un achat. À l'opposé, selon les tenants de la faible implication, le consommateur n'est qu'un récepteur passif d'informations auxquelles il est le plus souvent soumis sans même le vouloir.

Dans sa revue de la littérature sur la recherche d'information (voir le chapitre 4), Newman (1977) trouve peu d'évidence à l'existence d'une recherche extensive de la part du consommateur, et une certaine évidence à ce qu'aucune recherche ou aucune évaluation ne surviennent dans bien des cas. Sur les sources d'information, il précise qu'une étude a démontré qu'un tiers seulement des acheteurs de biens durables recevaient de l'information d'une seule source et qu'une autre, plus récente, a révélé que 15 % des acheteurs de biens durables et d'automobiles ne consultaient aucune source externe avant d'acheter. . .

Dans le même sens, les études sur l'activité de magasinage précédant l'achat de biens durables ont, d'une façon typique, constaté une forte proportion d'achats survenant après une seule visite, et ce malgré le prix élevé des produits considérés, leur complexité physique et la fréquence d'achat relativement basse.

Les données suivantes illustrent ces résultats (Granbois, 1977):

Type d'achat	% d'acheteurs relatant une seule visite en magasin
Téléviseur noir et blanc	39
Téléviseur couleur	50
Meubles	22
Tapis	27

Ces résultats choisis parmi bien d'autres démontrent que, pour une importante proportion de la population, et même en ce qui concerne des produits qui, a priori, justifieraient par leur nature une recherche intensive, la recherche d'information est limitée à sa plus simple expression.

Les consommateurs traitent-ils en profondeur l'information dont ils disposent?

Le consommateur impliqué est vu comme quelqu'un qui procède à une analyse cognitive de l'information, passant à travers tous les stades d'exposition, de réception, d'analyse et d'attitude, le tout selon un mécanisme interactif entre les mémoires à court et à long terme. Or, toujours selon Krugman, les mécanismes cognitifs chez l'individu sont différents selon qu'il y a forte ou faible implication. Krugman estime que le consommateur en situation d'apprentissage passif est sous l'effet de la répétition dans la publicité (voir le chapitre 5), un peu comme des enfants qui apprennent des syllabes sans en connaître le sens, relevant des stimuli au hasard et les retenant. Cette dernière hypothèse en entraîne une autre: celle de la distraction communicationnelle (Haaland, Venkatesan, 1968) spécifie que lorsque le consommateur est peu impliqué et le message peu intéressant (ce qui est souvent le cas en publicité), un certain côté distrayant du contenu peut en augmenter la notoriété. Nous reviendrons plus en détail sur le sujet de la publicité puisqu'il est au tout premier rang des débats entre les conceptions de forte et de faible implications.

Maximiser la satisfaction ou minimiser les problèmes

Selon la vision traditionnelle du comportement du consommateur, celui-ci cherche à maximiser sa satisfaction de la marque achetée et par conséquent, sachant qu'à un objectif ambitieux correspondent de grands moyens, il passerait à travers un processus d'évaluation long et fastidieux. Sous l'angle de ce raisonnement, les bénéfices perçus sont comparés aux attentes et la marque qui correspond au meilleur niveau d'adéquation est choisie.

La théorie de la faible implication ne postule pas que le consommateur cherche à maximiser la satisfaction de la marque, ni même qu'il recherche un ensemble idéal de bénéfices (Assael, 1981).

Un consommateur qui achète un papier d'emballage en plastique ne cherche pas tant à maximiser sa satisfaction qu'à acheter un produit acceptable. De la sorte, le consommateur n'évaluera pas les différents bénéfices tels que la force, la protection, l'imperméabilité. Il choisira l'emballage qui est le moins susceptible de se déchirer, de coller au rouleau, de se détendre une fois posé, etc. En un mot, le but n'est pas de maximiser les bénéfices mais de minimiser les problèmes. De plus, le consommateur n'évaluera pas les différentes marques d'emballage sur un grand nombre d'attributs. La marque la plus familière, qui n'aura pas posé de problèmes majeurs, sera celle qu'il devrait acheter.

De nombreuses études ont démontré que le nombre d'attributs utilisés était souvent limité à deux ou trois et que l'ensemble évoqué du consommateur est typiquement petit (Newman, 1977; Dussart, 1975):

	Une seule marque
Réfrigérateurs	41 %
Aspirateurs	71 %
Fournitures de maison, d'auto	47 %
Désodorisants	32 %
Ciné-caméras	55 %
Dry gin	44 %

Les variables de personnalité et de mode de vie sont-elles applicables?

La plupart des produits n'étant pas reliés aux croyances les plus centrales des individus, ils ne véhiculent pas leur identité propre. C'est d'ailleurs ce qui peut expliquer les résultats peu encourageants en ce qui concerne les valeurs prédictive et explicative de ces variables. Il est tout à fait logique de penser par exemple que la consommation de mouchoirs en papier, de chewing-gum ainsi que l'exposition à certaines émissions télévisées n'aient rien à voir avec les composantes fondamentales de la personnalité d'un individu.

Peu d'influence de la part des groupes de référence?

En ce qui concerne les produits à forte implication, dont l'utilisation comporte une connotation sociale marquée, nous avons vu que les groupes de référence exerçaient une influence non négligeable. D'un autre côté, il est peu probable que cela soit le cas pour des produits à faible implication. À cause de cela, tout porte à croire que la publicité qui a recours à l'approbation sociale pour vanter les mérites de produits à faible implication n'emploie pas une approche très efficace.

LES CONSÉQUENCES STRATÉGIQUES DE LA THÉORIE DE LA FAIBLE IMPLICATION

Le remous considérable provoqué par l'application de la théorie de la faible implication à l'analyse du comportement du consommateur trouve deux explications unies par la complémentarité:

1) S'il est vrai que cette théorie s'applique, et tout porte à croire que c'est le cas dans bon nombre de situations de consommation, tous les concepts de base sont à réviser et par contrecoup toutes les stratégies qui en découlent; il s'agit donc de garantir la validité interne des résultats d'analyses du comportement décisionnel de l'acheteur et de s'assurer, par le fait même, du bien-fondé des stratégies déployées;
2) Un simple exercice de réflexion devrait nous permettre de comprendre que le domaine d'application de cette théorie est, en fait, fort large puisque la grande majorité des produits d'achat courant ne requièrent ni ne provoquent chez le consommateur une implication particulièrement importante.

Nous sommes ainsi placés devant une théorie révolutionnaire dont les applications sont vastes et les conséquences stratégiques profondes. Inéluctablement, il faut s'attendre à ce que les principales notions stratégiques développées en marketing soit remises en question, précisées ou corrigées.

L'acuité des questions posées par le monde des affaires est à la mesure des points critiques que ces dernières soulèvent (nous reprenons ici en partie une liste de questions posées par Assael, 1981):

1) Est-il possible d'accroître l'implication du consommateur? Si oui, comment?
2) Dans le cas de la faible implication, quels doivent être les objectifs de l'action de marketing dirigée sur le consommateur? Faut-il encourager l'inertie en favorisant la fidélité à la marque ou l'inverse?
3) Les stratégies de marketing doivent-elles être différenciées selon le degré d'implication du consommateur? Et, par conséquent, y a-t-il lieu de segmenter un marché en fonction du degré d'implication du consommateur?
4) Enfin, est-ce que tout ce qui a été dit et fait en matière de communication publicitaire doit être remis en question?

Nous nous efforcerons de répondre à ces questions. Avant d'entrer dans les détails, précisons que nous nous attarderons plus particulièrement à la dernière d'entre elles parce que nous croyons que l'onde de choc provoquée par l'explosion de cette nouvelle théorie est le plus fortement ressentie dans le domaine de la publicité. En ce sens, en plus de lui consacrer la section suivante, nous lui accorderons une plus grande attention encore lors de la démonstration pratique du chapitre.

Accroître le degré d'implication du consommateur

Faire en sorte qu'un consommateur qui n'était pas impliqué le devienne s'avère une idée fort séduisante, celui-ci étant alors moins susceptible de subir l'influence des stratégies publicitaires, promotionnelles et de prix provenant de la concurrence et donc plus en mesure de retenir l'information (en l'occurrence celle qui lui a été transmise par la marque considérée).

À la base, l'idée consiste à créer de toutes pièces un lien d'implication entre le consommateur et le produit, tout comme on crée des différences artificielles entre marques lorsque l'offre est homogène. Mais l'implication est toute relative: accroître l'implication ne signifie pas forcément que le consommateur s'engagera dans un processus décisionnel complexe, mais signifie tout au plus que les processus cognitifs peuvent être quelque peu activés par le biais de politiques publicitaire et de produit.

Inertie ou recherche de la variété?

Faut-il encourager le consommateur à rechercher la variété par des changements de marques ou faut-il l'inciter à garder la même marque en tablant sur la familiarité avec le produit et sur la simplification du processus de recherche? Tout dépend de la position concurrentielle de la marque considérée. Dans le cas d'une marque leader, la familiarité et donc la fidélité à la marque feront l'objet des stratégies et des tactiques de marketing: l'institutionnel devra sur le plan de la communication de marketing soutenir le promotionnel. Pour une marque moins connue, les stratégies déployées encourageront l'essai au moyen de méthodes promotionnelles incitant directement l'achat (coupons, rabais, etc.).

Segmentation et degré d'implication

Le segment des consommateurs fortement impliqués devrait nécessiter une politique de différenciation du produit, une stratégie de contenu publicitaire mettant en valeur les bénéfices du produit, l'affectation d'un poste budgétaire appréciable pour des annonces imprimées et une reconnaissance de l'influence interpersonnelle sur le processus décisionnel.

D'un autre côté, le segment des consommateurs peu impliqués requiert une communication différenciée s'opposant à une différenciation du produit, un contenu publicitaire mettant en valeur l'image de marque, un recours aux médias de masse aux dépens des supports imprimés, une faible présomption sur l'influence de la communication du type de bouche à oreille (Tyebjee, 1979).

Publicité et implication

Selon la théorie de la forte implication, le consommateur résiste à tout message publicitaire qui n'est pas conforme à ses croyances. Ainsi, la publicité serait un piètre moyen pour changer les croyances des consommateurs, mais serait plus appropriée pour confirmer des croyances établies.

Dans le cas de la faible implication, quand le consommateur est passif et que le contenu de la communication a relativement peu d'importance, alors la publicité peut devenir un moyen efficace de persuasion pouvant conduire à l'achat sans qu'intervienne forcément l'étape de compréhension dans le modèle de hiérarchie des effets.

Dans la démonstration pratique, nous établirons que l'on peut augmenter l'efficacité d'une publicité pour un produit suscitant une faible implication.

CONCLUSION

Bien que la notion de faible implication ait été mise en avant dès 1965 par Krugman, ses effets ont tardé à se faire sentir et ce n'est que depuis quelques années que cette nouvelle théorie, très proche de la réalité de tous les jours, provoque un revirement complet du comportement du consommateur et nous force à jeter un regard neuf sur les concepts traditionnels gravitant autour d'une vision d'un processus décisionnel complexe.

Nous avons donc voulu dans ce chapitre jeter les premières bases d'une nouvelle théorie en comportement du consommateur, en donnant les premiers résultats de recherches dans le domaine et en en soulignant les premières conséquences.

Nous avons défini cette théorie en la situant par rapport à ce qui lui est opposé, et ce pour tous les concepts clés du processus décisionnel du consommateur et notamment celui du modèle de hiérarchie des effets.

Nous avons aussi classifié les différents types d'implications dans un souci évident de clarification conceptuelle.

Nous avons aussi souligné les problèmes méthodologiques de conceptualisation et de mesure se posant quant à la notion de degré d'implication du consommateur.

Enfin, nous avons souligné les conséquences stratégiques fondamentales découlant d'une application de la théorie de la faible implication à l'analyse du comportement du consommateur, en soulignant que le domaine de la publicité avait été particulièrement touché par ce bouleversement théorique.

La publicité sera donc notre centre d'intérêt, non seulement lors de la démonstration pratique, mais aussi lors de l'exercice pratique.

DÉMONSTRATION PRATIQUE: LA PUBLICITÉ EST-ELLE VRAIMENT L'UN DES MÉTIERS LES PLUS DIFFICILES À PRATIQUER?*

Aux dires de nombreux spécialistes en communication de marketing, la difficulté de communiquer est incontestablement le problème le plus important de nos sociétés occidentales. Si la problématique est fort simple à poser, elle est par contre bien difficile à résoudre: comment faire passer à un consommateur un message précis alors que ses capacités de réceptivité sont limitées et que son environnement ambiant est sursaturé de communications?

En raisonnant par analogie, il n'est pas exagéré de dire qu'il s'agit là d'un défi tout aussi ardu que de vouloir, en un temps restreint, retrouver une aiguille dans une botte de foin! Les moyens employés sont d'ailleurs à la mesure du gigantisme des difficultés rencontrées. Quelques données professionnelles en sont la preuve:

- La consommation per capita de «publicité» dans la société américaine serait d'environ 200 $ par année, ce qui serait trois fois plus qu'au Canada, cinq fois plus qu'au Royaume-Uni et six fois plus qu'en France. Si vous dépensez 1 000 000 $ par an dans la publicité, vous «bombardez» en fait le consommateur de moins d'un demi-cent de publicité, réparti sur 365 jours, le consommateur étant déjà exposé à 200 $ en provenance de compagnies concurrentes. Bref, un simple verre d'eau dans un océan de messages. . .
- Chevrolet est la marque qui a été la plus publicisée dans le monde: GM a dépensé durant une année récente plus de 130 000 000 $ pour promouvoir ses automobiles aux États-Unis, c'est-à-dire 356 000 $ par jour,

* Cette démonstration a été développée à partir des travaux de Al Ries et Jack Trout (1981) sur le positionnement et de ceux de Rothschild et Tyebjee (1979) sur la définition de la stratégie publicitaire dans le cas d'un produit à faible implication.

15 000 $ par heure! Et soyons honnêtes: si le nom de Chevrolet est familier de tous, quels sont les consommateurs qui connaissent parfaitement les divers modèles de la gamme et leurs différences majeures? Peu d'entre nous en fait!

- Avez-vous une quelconque idée du budget de publicité de certaines grandes compagnies, aux États-Unis seulement? Ces quelques chiffres de 1982, publiés par le *Broadcast Advertiser Reports,* sont fort révélateurs et ne nécessitent aucun commentaire: Procter & Gamble Co., 671 000 000 $; General Foods Corp., 544 000 000 $; General Motors Corp., 401 000 000 $; Ford Motor Co., 286 000 000 $; Colgate-Palmolive Co., 260 000 000 $; etc.
- La famille américaine moyenne passe environ 7 heures 22 minutes par jour devant le petit écran (plus de 51 heures par semaine).

Nous pouvons alors nous demander si les résultats obtenus justifient les moyens employés. Ce n'est, hélas, qu'assez rarement le cas. Que nous rappelons-nous d'une campagne? Souvent, quelques notions vagues et éparses. «J'en ai entendu parler, je crois que, peut-être, je n'en suis pas sûr. . .» sont des réponses fort courantes lors de mesures de l'efficacité publicitaire.

Alors, qu'est-ce qui fait le succès d'une campagne de publicité? Ou, tout au moins, sans prétendre connaître la recette magique, quelles sont les recommandations qui ont de fortes chances d'augmenter l'efficacité de vos messages publicitaires?

En règle générale, les experts s'accordent pour dire qu'une meilleure adaptation des messages aux consommateurs cibles serait souhaitable. Puis de suggérer plus concrètement:

— un recours systématique à un positionnement perceptuel de la marque simple et précis, clé de la différenciation et donc du marketing (voir à ce sujet l'excellent ouvrage de Al Ries et Jack Trout sur le positionnement);
— un contenu publicitaire plus simple, plus direct, sans méandres;
— enfin, la prise en considération des situations de consommation et de communication de l'individu en évaluant plus particulièrement son degré d'implication dans l'achat du produit publicisé.

Sans pour autant minimiser l'importance du positionnement de marketing et de la stratégie du contenu publicitaire, nous élaborerons ici la dimension «implication du consommateur» comme outil de segmentation d'un marché et donc comme moyen d'adapter l'ensemble de la stratégie communicationnelle aux spécificités des différents groupes de consommateurs cibles.

Donc, pour chacun des deux groupes (segments) de consommateurs ainsi identifiés, ayant une forte et une faible implication, nous établirons une fiche signalétique des moyens publicitaires les plus appropriés.

Le segment des consommateurs fortement impliqués

Dans ce cas, le consommateur devrait rechercher activement de l'information, la traiter en profondeur afin de prendre une décision optimale. Rappelons que les situations de forte implication semblent être les moins courantes et représenteraient seulement de 10 % à 20 % des cas selon les études.

Qu'en est-il de la publicité correspondant à ce type d'implication?

1) Le contenu informatif de la publicité devra être fort élevé;
2) Les messages devront être allongés et élargis afin de présenter le mieux possible cette information;
3) La répétition des messages sera moins nécessaire pour deux raisons essentielles fort différentes:
   a) le consommateur se trouvant en recherche active d'information, il l'assimilera plus rapidement;
   b) l'allongement des messages de base entraînera un accroissement substantiel des dépenses par message et donc une résorption plus rapide du budget de publicité;
4) Il faudra mettre l'accent sur les supports imprimés (Krugman, 1966), ce qui est d'ailleurs le cas dans la pratique comme l'indiquent les données suivantes publiées par *Advertising Age* en 1976:

	Produits à forte implication générale %	**Produit à faible implication générale %**
Imprimés	35	15
Médias de masse	65	85
Budget total	100	100

5) L'utilisation de supports imprimés devra être reliée aux caractéristiques différentielles du produit, d'où la règle suivante: les produits fort différenciés devraient utiliser les imprimés, et inversement.

En résumé, dans le cas de la forte implication, il serait préférable de placer l'accent sur les médias imprimés, avec des messages longs, à haute teneur informative, avec un taux de répétition moins élevé, l'objectif de la campagne publicitaire étant de type communicationnel, c'est-à-dire visant à créer une notoriété de la marque. Puisque la publicité est généralement considérée comme une source de faible crédibilité, elle a peu d'impact sur le développement d'attitudes. Il s'agit plus de «préparer» l'individu à l'effet de la vente personnelle.

Le segment des consommateurs faiblement impliqués

Du fait même que le produit implique peu le consommateur, ce dernier a de fortes chances de prendre une décision qui soit «satisfaisante» plutôt qu'«optimale» (Wright, 1974). Soulignons encore une fois qu'il s'agit du type de situation de consommation le plus couramment rencontré.

Dans ce cas-ci comme dans le précédent, le développement de la notoriété de la marque et de la connaissance de ses caractéristiques essentielles est directement fonction de la pression publicitaire, mais la nature même de la campagne sera sensiblement différente:

1) La campagne devrait mettre en valeur un nombre limité de points clés, plutôt que de développer une argumentation informative élaborée: puisque les consommateurs ne sont pas impliqués, ils apprennent lentement, oublient vite et emmagasinent peu d'information. Il sera spécialement important de recourir aux concepts de positionnement pour coordonner une campagne

autour d'un argument capital qui puisse être mémorisé, devenant ainsi une proposition de vente unique et irréfutable (ce qui s'appelle en anglais «*a unique selling proposition*» ou USP (Higgens, 1965));

2) À budget équivalent, il devrait être plus efficace de dépenser dans une campagne fortement répétitive et utilisant des messages courts: comme dans le cas de la forte implication, il y a une relation étroite entre la longueur des messages, le niveau de répétition et le budget. En situation de faible implication, il est suggéré de recourir à des messages courts répondant à des besoins informationnels limités de la part du consommateur, à un taux élevé de répétition pour accroître l'apprentissage et réduire l'oubli. Cette combinaison devant s'inscrire dans les limites raisonnables d'un budget;
3) La différenciation communicationnelle plutôt que la différenciation du produit, tel est le rôle stratégique clé que doit accomplir la proposition de vente unique: à cause de l'homogénéité de l'offre, la publicité devient l'outil par excellence permettant de jouer la carte de la différenciation concurrentielle. Par la répétition, la marque est associée à des symboles favorables, le tout débouchant sur la création d'une image de marque;
4) Les aspects visuels reliés au produit et à son image de marque exercent une influence considérable aussi bien sur la notoriété que sur le comportement proprement dit: ainsi, dans une situation d'achat impulsive, de même que pour favoriser un comportement plus conventionnel, la promotion sur les lieux de vente (P.L.V.) et l'emballage auront un rôle important à jouer. Leur usage devra correspondre à la publicité de masse et notamment porter sur la proposition de vente unique;
5) En ce qui concerne le plan par rapport aux médias, les supports de masse sont les plus appropriés, à cause de la passivité du consommateur: comme nous venons de le dire, les promotions, échantillons, rabais, cadeaux, concours, suppléments gratuits sont d'une grande importance. Sur ce point signalons que les budgets promotionnels, aux États-Unis, ont dépassé les budgets publicitaires, ce qui est significatif de leur impact dans le cas des produits à faible implication. La télévision prend très vite nettement le pas sur les supports imprimés;
6) La zone d'acceptation des messages par le consommateur est très large: ce qui laisse une excellente marge de manoeuvre en ce qui concerne le positionnement du contenu du message, sans pour autant diminuer l'intérêt crucial de pratiquer ce positionnement;
7) Enfin, la campagne de publicité devrait s'efforcer d'élever le niveau d'implication du consommateur: cette stratégie est fort attirante car elle protège en partie la marque d'une contre-attaque de la concurrence et présuppose que le consommateur retiendra plus facilement l'information qui lui est communiquée. Plusieurs scénarios sont possibles:
   a) relier un attribut fort «implicant» pour le consommateur à un produit moins implicant. Relier par exemple un fruit peu implicant avec un argument de santé qui l'est beaucoup plus: «*One apple a day keeps the doctor away!*»;
   b) créer ou exploiter une controverse et donc impliquer le consommateur dans un débat. La publicité comparative directe ou indirecte repose sur cette philosophie qui a pour principal défaut de porter les hostilités concurrentielles entre marques au niveau des consommateurs. Les attaques

de Pepsi contre Coke sur l'attribut déterminant qu'est le goût constituent le meilleur exemple de cette stratégie conflictuelle;

c) créer de toutes pièces un attribut déterminant et le lier à la marque. Ce fut le cas de Crest qui a ajouté un traitement au fluor dans la composition de son dentifrice pour lutter contre la carie dentaire, propulsant cette caractéristique au premier rang et se retrouvant, par là même, en tête du marché;

d) relier l'utilisation de la marque à des situations de consommation, où l'intérêt d'en disposer est porté à son maximum, face aux problèmes à résoudre. C'est ce que nous avons appelé au chapitre 12 les publicités de situation:
- présenter des situations d'usages problématiques du type: Les sacs à ordures qui s'éventrent, quelle horreur! Cela ne vous arrivera pas avec les sacs Glad. Soyez heureux avec Glad!
- choisir des moments où l'intérêt du consommateur a de fortes chances d'être à son maximum: Il est 7 heures du matin, vous méritez bien ça, un petit déjeuner chez MacDonald.

En résumé, nous pouvons affirmer que les produits à faible implication nécessitent une plus grande répétition des messages, des messages brefs, un positionnement accru et simple autour d'une proposition de vente unique, un contenu à plus faible teneur informative et des communications qui éveillent l'implication du consommateur.

Conclusion

Tout ce que nous venons de dire démontre à quel point les stratégies publi-promotionnelles de la firme devraient être différentes selon que l'on s'adresse à un consommateur fortement ou faiblement impliqué. Bien entendu, la nature même du produit constitue un déterminant essentiel au niveau d'implication ressenti par le consommateur. Les stratégies communicationnelles les plus usitées seront celles qui correspondent à la faible implication. Elles s'appliquent à la majorité de nos achats quotidiens de biens non durables, mais aussi durables!

La saturation communicationnelle de notre environnement est telle que trouver l'idée clé qui différenciera un message publicitaire d'une foule d'autres requiert une certaine maîtrise des concepts que nous venons de développer, alliée à une bonne dose de créativité.

En ce sens, nous pouvons maintenant donner une réponse à notre toute première question en disant qu'effectivement, l'expérience montre que la publicité n'est pas un métier de tout repos!

Exercice pratique La dernière épreuve

La situation

Vous êtes candidat (candidate) à un poste de responsabilité au sein du département de conception d'une agence de publicité fort renommée. Vous manquez encore d'expérience, mais vous n'êtes pas sans intéresser les dirigeants de l'agence qui ont su remarquer vos compétences analytiques réelles en ce qui concerne l'analyse du comportement et votre très grande adaptabilité au travail. Vous présentez néanmoins un risque. Aussi ont-ils décidé de vous mettre à rude épreuve, question de se fixer sur ce que vous savez faire.

Ils vous demandent alors de leur faire une présentation d'une campagne de publicité hypothétique pour un produit peu implicant pour le consommateur et peu différencié par rapport aux marques concurrentes (essuie-tout, mouchoirs de papier, vinaigrette, ou autre).

Conscients que vous n'avez guère le temps de procéder à une étude de marché approfondie, ils vous laissent imaginer les perceptions, croyances et attitudes des consommateurs reliées à ce produit. Ce qui importe le plus à leurs yeux, c'est la logique de votre approche.

Bien que le défi soit de taille, vous avez décidé de le relever en préparant un premier rapport qui servira de guide à votre présentation.

Nous vous demandons de rédiger ce rapport.

Quelques conseils

Nous vous rappelons que la notion d'implication s'applique aux domaines suivants:

— à la saturation communicationnelle: le problème est de savoir comment faire émerger le message, comment rejoindre le consommateur cible et surtout comment éveiller son intérêt;
— aux médias: à différents supports correspondent différentes implications du consommateur;
— aux programmes: quel est l'intérêt du consommateur envers ces derniers et à quel point le produit s'y adapte-t-il?
— aux bases mêmes de la publicité:
  - l'implication générée par le produit et la marque;
  - la proposition de vente unique (USP);
  - les thèmes et slogans supportant l'axe.

Sachez aussi qu'un plan type de publicité s'opère en quatre phases:

1) L'analyse de la situation commerciale;
2) La fixation de la politique publicitaire;
3) La réalisation de la publicité;
4) Le contrôle de la publicité.

Face au problème qui vous est posé, vous n'avez qu'à développer les deux premières phases. Nous vous les présentons donc un peu plus en détail.

L'analyse de la situation commerciale

Sorte de discipline intellectuelle préalable à toute création publicitaire, elle permet de déterminer la direction que doit suivre la publicité et l'aspect du produit sur lequel elle doit porter.

Elle comprend en gros:

— l'analyse des avantages et inconvénients du produit tels que perçus par les consommateurs (test de concept du produit);
— l'étude des produits concurrents et de leur positionnement;
— la recherche de la meilleure cible (segmentation).

La fixation de la politique publicitaire

La détermination des objectifs

L'intention, la proportion et le délai sont les trois composantes de base d'un objectif bien posé. L'intention correspond au côté qualitatif et donne une description du rôle précis assigné à la campagne. La proportion est reliée au côté quantitatif: auprès de combien de consommateurs? quel est le taux de notoriété visé? Enfin, le délai définit une dimension temporelle: 6 mois à 1 an pour une campagne.

La stratégie publicitaire

- La stratégie du contenu publicitaire = s'assurer d'un positionnement solide pour le produit;
- L'établissement de l'axe = l'idée essentielle que l'on cherche à transmettre au consommateur;
- La stratégie des médias = types de médias utilisés, la couverture et la fréquence.

Relisez attentivement la démonstration de ce chapitre.

BIBLIOGRAPHIE

ASSAEL, H., *Consumer Behavior and Marketing Action,* Kent Publishing Company, 1981.
BAUER, R., «The Obstinate Audience», *American Psychologist,* vol. 19, mai 1964, p. 319-328.
BRISOUX, J., «La Relation entre le degré d'implication du moi-psychologique et la taille de l'ensemble évoqué», dans *Marketing, Proceedings de l'A.S.A.C.,* sous la direction de Vernon J. Jones, Montréal, 1980, p. 68-77.
BURNKRANT, R., «Information Processing Intensity and Advertising Effectiveness: A Model of Consumer's Media Behavior», *Working paper,* UCLA, 1978.
COHEN, J., GOLDBERG, M., «The Dissonance Model in Post-Decision Product Evaluation», *Journal of Marketing Research,* août 1970, p. 315-321.
COLLEY, R., «Defining Advertising Goals for Measured Advertising Results», Association of National Advertisers, 1961.
CUMMINGS, W.H., VENKATESAN, M., «Cognitive Dissonance and Consumer Behavior: A Review of the Evidence», *Journal of Marketing Research,* août 1976, p. 303-308.
DE BRUICKER, S., «An Appraisal of Low-Involvement Consumer Information Processing», dans *Attitude Research Plays for High Stakes, Proceedings Series,* sous la direction de John C. Maloney et Bernard Silverman, American Marketing Association, 1977, publié en 1979, p. 112-132.
DUSSART, C., *Les Ensembles de marques de référence: une étude empirique sur leur existence et leur magnitude dans les processus de choix d'une marque,* mémoire de maîtrise, Faculté d'administration, Université de Sherbrooke, 1975.
DUSSART, C., *Vers une mesure d'un état de bien-être dans la consommation,* thèse de doctorat, Université de Louvain-la-Neuve, Belgique, 1981.
FESTINGER, L., *A Theory of Cognitive Dissonance,* Stanford University Press, 1957.
GRANBOIS, D., «Shopping Behavior and Preferences», dans *Selected Aspects of Consumer Behavior — A Summary from the Perspective of Different Disciplines,* Washington, D.C., U.S. Government Printing Office, 1977, p. 259-298.
HAALAND, G., VENKATESAN, M., «Resistance to Persuasive Communications; Examination of the Distraction Hypotheses», *Journal of Personality and Social Psychology,* vol. 9, 1968, p. 167-170.
HANSEN, F., *Consumer Choice Behavior,* New York, The Free Press, 1972.
HAWKINS, D., CONEY, K., BEST, R., *Consumer Behavior: Implications for Marketing Strategy,* Business Publications Inc., 1980, p. 390.
HIGGENS, D., *The Art of Writing Advertising,* Chicago, Crain Books, 1965.

KASSARJIAN, H., «Presidential Address, 1977: Anthropomorphism and Parsimony», dans *Advances in Consumer Research,* sous la direction de H. Keith Hunt, Association for Consumer Research, octobre 1977, p. xiii-xiv.

KASSARJIAN, H., «Low Involvement: A Second Look», dans *Advances in Consumer Research,* sous la direction de Kent B. Monroe, Association for Consumer Research, octobre 1980, p. 31-34.

KRUGMAN, H., «The Impact of Television Advertising: Learning Without Involvement», *Public Opinion Quarterly,* vol. 29, automne 1965, p. 349-356.

KRUGMAN, H., «The Measurement of Advertising Involvement», *Public Opinion Quarterly,* vol. 31, hiver 1966, p. 583-596.

KRUGMAN, H., «Brain Wave Measures of Media Involvement», *Journal of Advertising Research,* vol. 11, février 1971, p. 3-10.

KRUGMAN, H., «Memory Without Recall, Exposure Without Perception», *Journal of Advertising Research,* août 1977, p. 7-12.

KRUGMAN, H., «Sustained Viewing of Television», *Journal of Advertising Research,* vol. 20, 1980, p. 65-68.

LASTOVICKA, J., GARDNER, D., «Components of Involvement», dans *Attitude Research Plays for High Stakes, Proceedings Series,* sous la direction de John C. Maloney et Bernard Silverman, American Marketing Association, 1977, p. 53-73.

LAVIDGE, R., STEINER, G., «A Model for Predictive Measurements of Advertising Effectiveness», *Journal of Marketing,* octobre 1961, p. 59-62.

LEAVITT, C., GREENWALD, A., OBERMILLER, C., «What is Low Involvement Low In?», dans *Advances in Consumer Research,* sous la direction de Kent B. Monroe, Association for Consumer Research, octobre 1980, p. 15-19.

MCGUIRE, W., «Some Internal Psychological Factors Influencing Consumer Choice», *Journal of Consumer Research,* 1976, p. 302-319.

MITCHELL, A., «Involvement: A Potentially Important Mediator of Consumer Behavior», dans *Advances in Consumer Research,* sous la direction de Kent B. Monroe, Association for Consumer Research, octobre 1978, p. 191-196.

MITCHELL, A., «The Dimensions of Advertising Involvement», dans *Advances in Consumer Research,* sous la direction de Kent B. Monroe, Association for Consumer Research, octobre 1980, p. 25-30.

MONROE, K., GUILTINAN, J., «A Path-Analytic Exploration of Retail Patronage Influences», *Journal of Consumer Research,* juin 1975, p. 19-28.

MYERS, J., *Consumer Image and Attitude,* University of Berkeley, 1968.

NEWMAN, J., «Consumer External Search: Amount and Determinants», dans *Consumer and Industrial Buying Behavior,* sous la direction de Arch G. Woodside, Jagdish N. Sheth et Peter D. Bennett, New York, North Holland Publishing Co., 1977.

OLSHAVSKY, R., GRANBOIS, D., «Consumer Decision Making: Fact or Fiction», *Journal of Consumer Research,* septembre 1979, p. 93-100.

RAY, M., «Involvement and Other Variables Mediating Communication Effects as Opposed to Explaining All Consumer Behavior», dans *Advances in Consumer Research,* sous la direction de William L. Wilkie, Association for Consumer Research, octobre 1978, p. 197-199.

RIES, A., TROUT, J., *Positioning: The Battle for Your Mind,* Warner Books, 1981.

ROTHSCHILD, M., HOUSTON, M., «The Consumer Involvement Matrix: Some Preliminary Findings», dans *Proceedings of the American Marketing Association Educators' Conference,* vol. 41, sous la direction de Barnett A. Greenberg et Danny N. Bellenger, 1977, p. 95-98.

ROTHSCHILD, M., «Advertising Strategies for High and Low Involvement Situations», dans *Attitude Research Plays for High Stakes,* Proceedings Series, sous la direction de John C. Maloney et Bernard Silverman, American Marketing Association, Chicago, 1977, publié en 1979, p. 74-93.

SHERIF, M., CANTRIL, H., *The Psychology of Ego-Involvement,* New York, John Wiley & Sons, 1947.

SHERIF, M., SHERIF, C.W., NEBERGALL, R., *Attitude and Attitude Change: The Social Judgement Involvement Approach,* New Haven, Yale University Press, 1965.

TAUBER, E., «Discovering New Product Opportunities with Problem Inventory Analysis», *Journal of Marketing,* janvier 1975, p. 69.

TYEBJEE, T., «Refinement of the Involvement Concept: An Advertising Planning Point of View», dans *Attitude Research Plays for High Stakes, Proceedings Series,* sous la direction de John C. Maloney et Bernard Silverman, American Marketing Association, Chicago, 1977, publié en 1979, p. 94-111.

VALENCE, G., «Introduction à la variable implication chez le consommateur et Commentaires quant à son rapprochement possible avec la variable risque perçu», *Working paper,* septembre 1981, Faculté d'administration, Université de Sherbrooke.

WEITZ, B., «The Relationship Between Salesperson Performance and Understanding of Customer Decision Making», *Journal of Marketing Research,* novembre 1978, p. 502.

WRIGHT, P., «Analyzing Media Effects on Advertising Responses», *Public Opinion Quarterly,* vol. 38, été 1974, p. 192-205.

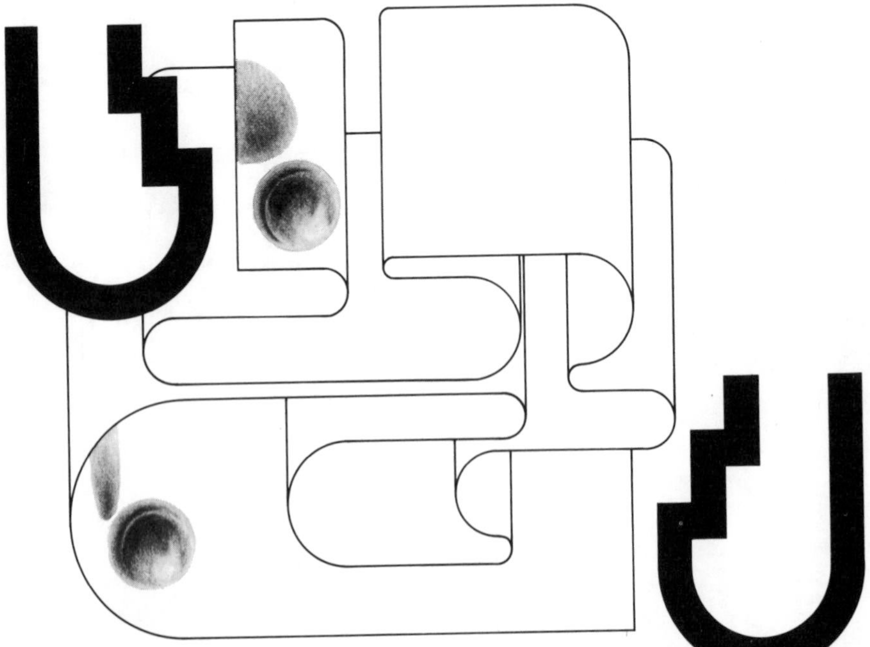

Chapitre 14

Adoption et diffusion des innovations*

OBJECTIFS:

1) Familiariser le lecteur avec la notion d'adoption, les modèles d'adoption et la courbe du processus d'adoption;
2) Cerner le profil et les caractéristiques de l'innovateur;
3) Démontrer l'utilisation de la courbe d'adoption d'un nouveau produit en marketing:
   a) le cas de la stratégie de «désuétude planifiée»;
   b) définition et planification de la politique promotionnelle.

PRÉPARATION À L'EXERCICE PRATIQUE:

1) Lisez attentivement la situation de l'entreprise Pharmax inc. (exercice programmé sur les pilules pour un bronzage intégral);
2) Votre marché cible étant défini, développez une politique promotionnelle spécifique à chacune des catégories d'adopteurs;
3) Synthèse et discussion.

* Ce chapitre a été écrit en collaboration avec Colette Pierrot, M.Sc., consultant senior en marketing.

INTRODUCTION

Le phénomène de l'innovation est fondamental dans l'économie moderne. Notre société post-industrielle, qui valorise le progrès, s'oriente vers un raffinement technique toujours plus poussé et l'amélioration constante du niveau de vie des individus; la croissance économique s'alimente du renouvellement des techniques et des produits, et le dynamisme concurrentiel des marchés est lié à l'effort consacré par les compagnies à développer de nouveaux produits. Dans un environnement économique qui favorise la pratique de la stratégie d'innovation à outrance, une compagnie qui fabrique des produits ayant atteint la phase de saturation du marché est appelée à subir le même sort que ses produits — le déclin — si elle n'est pas capable de s'engager dans l'une ou l'autre des voies qui s'offrent à elle: développer et lancer un produit nouveau, rajeunir son produit, conquérir de nouveaux marchés dont le stade de développement n'est pas aussi avancé que celui dans lequel elle opère (voir le tableau 14.1 qui représente les stratégies possibles pour l'entreprise selon le couple produit-marché) (Ansoff, 1965).

MARCHÉS \ PRODUITS	ANCIENS	NOUVEAUX
ANCIENS	STRATÉGIE DE CONTINUATION	STRATÉGIE DE DIVERSIFICATION
NOUVEAUX	STRATÉGIE D'EXPANSION TERRITORIALE	STRATÉGIE DE CONVERSION

Source: Ansoff, I., «Corporate Strategy», New York, McGraw-Hill, 1965.

Tableau 14.1 La définition de la stratégie de l'entreprise selon le couple produit-marché.

La première solution — développer et lancer un produit nouveau —, probablement la plus sûre à long terme si le lancement est réussi, présente néanmoins des risques financiers et commerciaux importants pour la compagnie. La plupart des idées de produits nouveaux sont des échecs: c'est ce qui ressort des chiffres publiés par Buzzell et Nourse (1967) et cités par Robertson (1971). Étudiant l'innovation dans l'industrie alimentaire aux États-Unis, ces deux chercheurs ont trouvé que, sur 1000 idées de produits nouveaux:

> 810 sont rejetées au stade de l'idée, dont la moitié environ par des méthodes informelles et le reste par des tests formels auprès des consommateurs; 135 sont rejetées sur la base de tests de produits, formels ou informels; 12 sont abandonnées après un test de marché; 45 sont introduites sur le marché sur une base régulière; 36 demeurent en place après cette introduction.

L'échec de produits lancés est dû principalement, d'après ces études, à une analyse insuffisante ou inadéquate du marché potentiel, puisque 77 % des chefs d'entreprises interrogés attribuent le fait que les ventes n'aient pas atteint les volumes espérés à «une mauvaise appréciation des conditions du marché».

Ces informations de marketing mettent en valeur l'importance des nouveaux produits pour la firme, celle de leur conception, de leur lancement. Intéressés ici par l'étude du comportement du consommateur, nous nous attarderons plus spécialement à l'étude du comportement de l'acheteur de nouveaux produits. Notre démarche s'articulera autour des centres d'intérêt suivants: donner une définition de ce qu'est ou n'est pas une innovation en marketing, présenter les modèles conceptuels d'adoption, puis la courbe d'adoption du nouveau produit et, enfin, le profil de l'innovateur.

Une bonne connaissance de ces concepts est un auxiliaire précieux pour définir et contrôler une politique de produit.

NOUVEAUTÉS, INNOVATIONS, NOUVEAUX PRODUITS: DÉFINITIONS

Dans la littérature spécialisée qui porte sur la diffusion des innovations — littérature fort abondante puisqu'elle compte plusieurs milliers de parutions en tous genres —, les définitions données de l'innovation ne manquent pas: elles diffèrent toutefois les unes des autres selon le cadre de référence qu'elles utilisent. En résumé, on peut dire que le caractère de nouveauté d'un produit (ou d'un service) a été défini par rapport à cinq critères essentiels:

1) *La nouveauté objective:* qui représente l'évaluation du degré de nouveauté par rapport aux produits déjà existants sur le marché (Barnett, 1953);
2) *La nouveauté dans le temps:* qui situe l'innovation par rapport à sa date d'introduction sur le marché. Pour les produits alimentaires, par exemple, on considère qu'un produit est nouveau pendant les deux premières années de sa présence effective sur un marché (Converse, 1965);
3) *La nouveauté par pénétration:* qui se base sur le coefficient de pénétration de l'innovation dans le marché. Ici aussi, les limites fixées sont arbitraires: l'usage dans ce cas veut qu'un produit ne soit pas qualifié de nouveau tant que son coefficient de pénétration dans son marché potentiel n'a pas atteint le seuil des 10 % (Lazer, Bell, 1966);
4) *La nouveauté subjective:* qui veut que le consommateur soit le seul juge dans la désignation d'une innovation. Selon ce critère, une innovation est une idée, une pratique ou un objet perçu comme étant nouveau par le consommateur. Il importe peu, en ce qui concerne le comportement humain, de savoir si l'idée est «objectivement» nouvelle telle que mesurée par le laps de temps écoulé depuis son introduction ou sa découverte. Si l'idée semble nouvelle et différente pour l'individu, c'est une innovation (Rogers, 1973, 1976);
5) *L'impact de la nouveauté:* Robertson (1971) considère que le facteur critique qui permet de définir un article comme étant une innovation devrait être son impact sur les modes établis de consommation ou de comportement. Par déduction, il distingue trois types fondamentaux d'innovations: les innovations continues, dynamiques continues, et discontinues:
   a) l'innovation continue provoque un léger impact (ou bouleversement) sur les modes de comportement. Il s'agit souvent d'une modification du produit, plutôt que d'une création. Exemples: les cigarettes mentholées, les modèles de l'année dans l'automobile. L'étape principale du processus d'adoption est celle de la connaissance, puisque le con-

sommateur peut dans ce cas former son jugement par simple généralisation;

b) l'innovation continue dynamique provoque un impact modéré. Il s'agit souvent de la création d'un nouveau produit qui n'implique pas des changements majeurs dans les modes de consommation et de comportement. Exemples: la brosse à dents électrique, la Mustang. Ici le consommateur doit apprendre à connaître et à évaluer le nouveau produit;

c) l'innovation discontinue consiste en la création de produits préalablement inconnus, impliquant l'établissement de nouveaux modes de comportement. Exemples: la télévision, l'ordinateur, le lave-vaisselle, le vidéo-disque. L'acheteur potentiel s'engage dans un processus de résolution de problème complexe et ses besoins d'information sont très importants, à cause du risque élevé que comporte l'adoption.

Plusieurs chercheurs en marketing ont réussi à prédire l'adoption d'un nouveau produit sur la base d'un ensemble de variables qui découlent directement des critères que nous venons de présenter. Ces variables, comme le montre le tableau 14.2, peuvent se regrouper en deux grandes catégories:

1) Les variables intrinsèques à l'innovation: le coût financier, le coût social, le risque perçu;
2) Les variables perceptuelles de la typologie de Rogers: l'avantage relatif, la compatibilité, la complexité, la facilité d'essai et la communicabilité.

VARIABLES	DÉFINITION
VARIABLES INTRINSÈQUES À L'INNOVATION	
LE COÛT FINANCIER	Le prix élevé du produit accentue le risque financier associé à l'innovation
LE COÛT SOCIAL	L'influence de la sanction sociale reliée à la possession de l'innovation
LE RISQUE PERÇU	Le risque total perçu et associé à l'adoption de l'innovation (somme des différents types de risques)
VARIABLES PERCEPTUELLES (Rogers, Shoemaker, 1971)	
L'AVANTAGE RELATIF	À quel point les consommateurs estiment-ils que le nouveau produit est supérieur à ses substituts déjà existants
LA COMPATIBILITÉ	À quel point le nouveau produit est-il en accord avec les besoins, les valeurs, les attitudes et les expériences passées du consommateur
LA COMPLEXITÉ	Les facilités de compréhension et d'utilisation du produit
LA FACILITÉ D'ESSAI	La facilité avec laquelle il est possible d'essayer le produit, sans pour cela être fortement engagé: par exemple, en acheter une petite quantité si le produit peut être fractionné; dans le cas contraire, profiter d'un essai gratuit
LA COMMUNICABILITÉ	Les facilités de présentation du produit et d'observation par les consommateurs potentiels (la visibilité sociale dans la consommation engendre la diffusion)

Adapté de Rogers, E., Shoemaker, F., *Communication of Innovations,* New York, The Free Press, 1971. Reproduit avec autorisation, Copyright © 1971.

Tableau 14.2 Variables affectant la diffusion d'une innovation.

Nous reviendrons un peu plus loin dans ce chapitre sur les résultats obtenus par les chercheurs qui ont utilisé ces variables perceptuelles.

LE PROCESSUS D'ADOPTION DES INNOVATIONS

Les modèles d'adoption sont des modèles du processus ou de la séquence d'étapes qui amènent l'individu de la connaissance de l'innovation, ou de la perception d'un problème, jusqu'à l'adoption, c'est-à-dire l'acceptation et l'achat répété d'une marque nouvelle. Cette analyse de l'adoption en tant que processus permet de mieux comprendre l'*attitude* du consommateur face à l'innovation en question, la *situation* et son évaluation dans la séquence d'étapes, les niveaux de *blocage* éventuels et les *raisons de non-adoption.* Ainsi, elle facilite l'organisation de l'action de marketing au cours des phases de lancement du nouveau produit.

Au départ, les chercheurs en marketing concernés par les problèmes d'adoption des nouveaux produits ont mis à profit les bases conceptuelles des chercheurs en sociologie rurale qui s'intéressaient depuis longtemps, quant à eux, aux phénomènes d'adoption et de diffusion des nouvelles techniques agricoles. L'un d'eux, Everett M. Rogers (1969) a identifié les cinq principales étapes du processus d'adoption (voir fig. 14.1):

1) *La connaissance,* stade où l'individu est exposé à l'innovation;
2) *L'intérêt,* ou phase cognitive du processus, qui correspond à la recherche active d'information;
3) *L'évaluation* qui est le stade de traitement de l'information recueillie et de simulation des effets de l'adoption de l'innovation par une sorte d'essai «mental» de celle-ci. Cette phase peut donner lieu à une nouvelle recherche d'information et d'opinions. Rogers note qu'à l'issue de cette phase le comportement acquiert une dimension affective;
4) *L'essai,* stade au cours duquel l'individu teste l'innovation en l'essayant le plus souvent sur une petite échelle;
5) *L'adoption proprement dite,* stade auquel l'individu décide d'appliquer l'innovation de manière continue.

Rogers reconnaît que le rejet de l'innovation peut intervenir à n'importe quelle étape du processus et que certaines étapes sont parfois avortées.

Le paradigme de Rogers fait apparaître les relations entre les incitants du système d'adoption (les caractéristiques perçues de l'innovation) et les extrants ou résultats du processus. Le processus d'adoption lui-même est influencé par des variables individuelles ou sociales (les «antécédents») et alimenté par l'information provenant de sources personnelles et impersonnelles.

Robertson (1971) propose un modèle de synthèse du processus d'adoption qui comprend les éléments principaux des modèles formulés par divers auteurs pour une application directe en marketing ou dans d'autres domaines. Son modèle tient compte des critiques formulées à l'encontre des modèles publiés précédemment (fig. 14.2).

En particulier, le modèle de Robertson englobe plusieurs formes possibles du processus d'adoption: la *forme rationnelle de prise de décision* est la plus complète et comprend toutes les étapes du modèle; dans la *forme non rationnelle impulsive*, l'adopteur passe directement du stade de la connaissance à celui de la

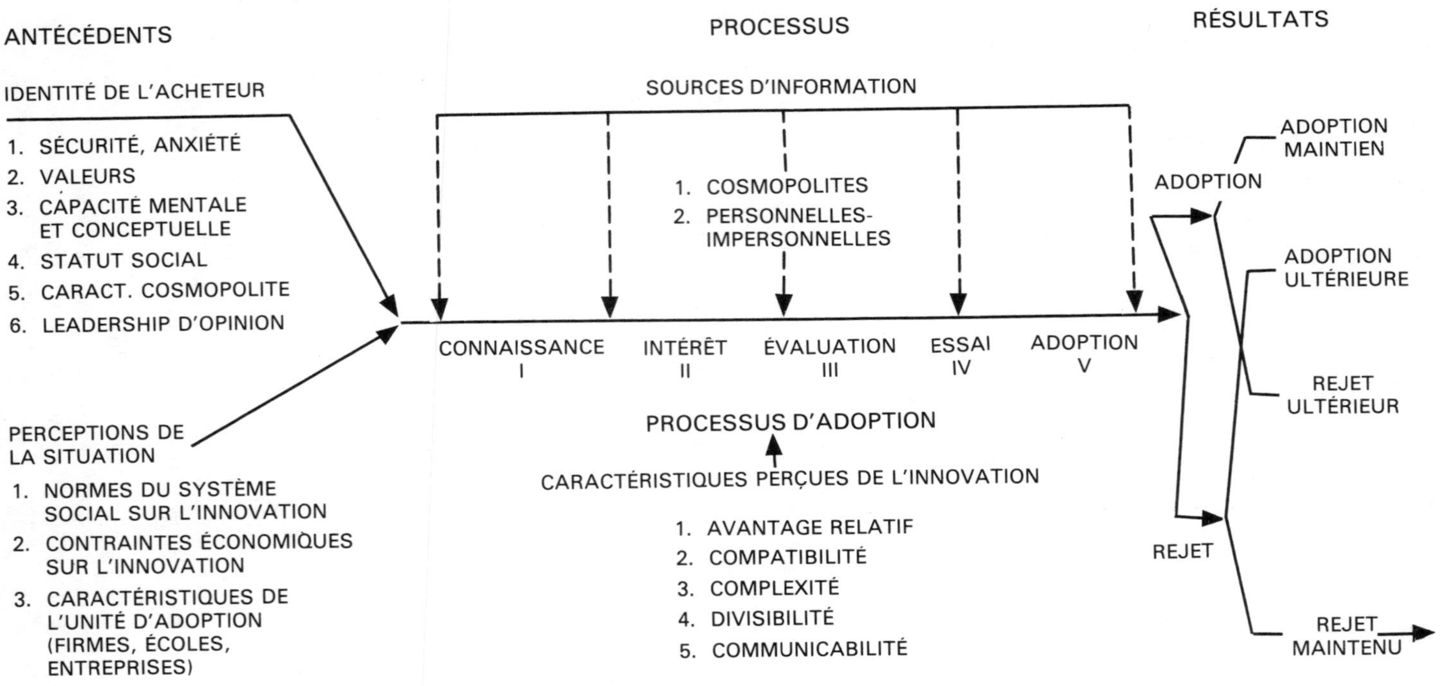

Source: Rogers, E., *Diffusion of Innovations*, New York, The Free Press, 1969. Reproduit avec autorisation, Copyright © 1969.

Figure 14.1 Paradigme de l'adoption d'une innovation par un individu dans un système social.

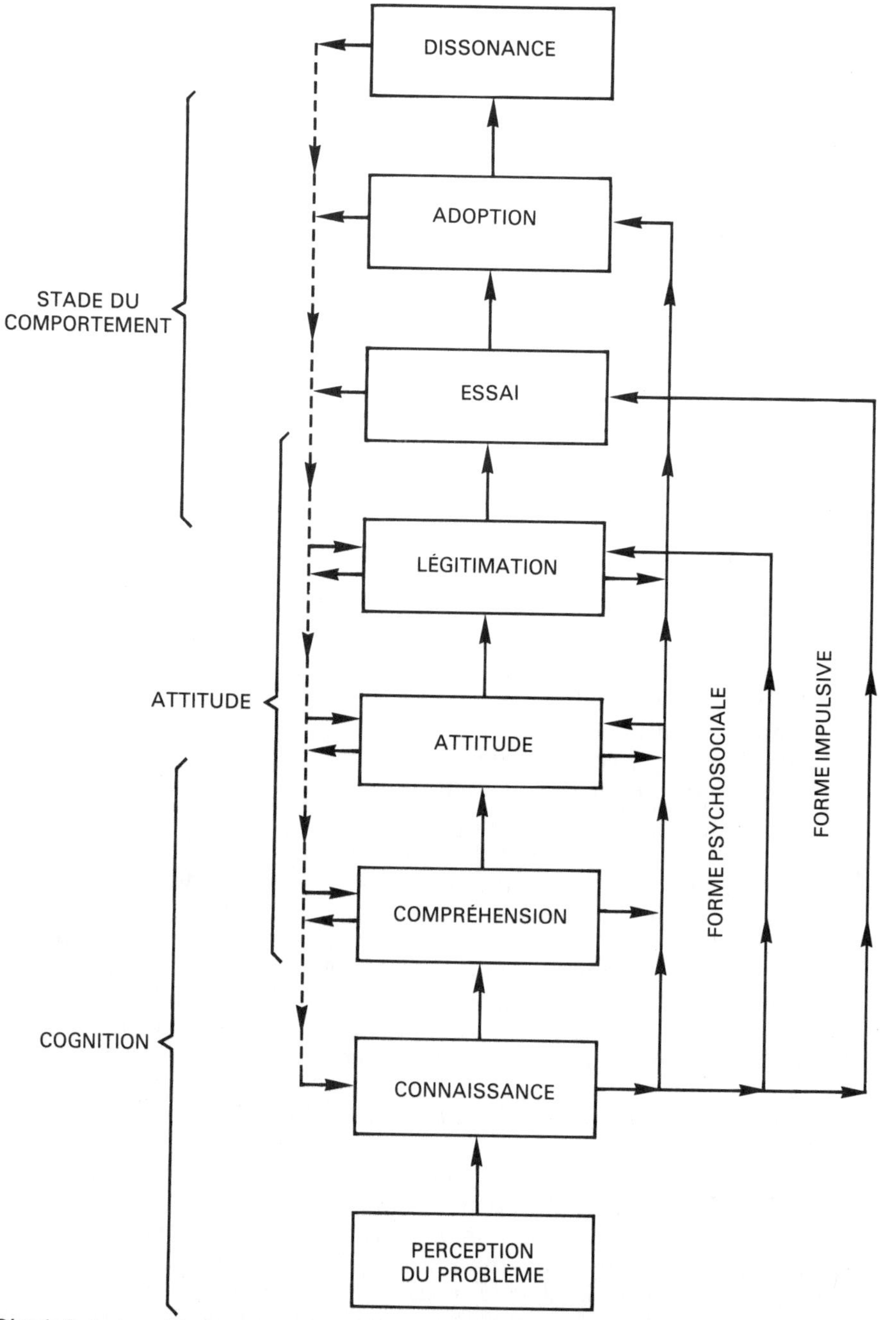

D'après Robertson, T., *Innovative Behavior and Communication*, Holt, Rinehart & Winston, 1971, p. 75. Copyright © 1971 par Holt, Rinehart & Winston. Reproduit avec autorisation de H.R.W., CBS College Publishing.

Figure 14.2 Modèle synthétique du processus d'adoption.

légitimation, sorte de caution sociale à son essai du nouveau produit. Le modèle comporte aussi un stade de dissonance et précise les effets rétroactifs des étapes du processus.

Le *stade d'essai* peut consister en un essai symbolique (cognitif) ou matériel. Dans le premier cas l'individu se projette dans une situation hypothétique d'utilisation, dans le deuxième cas il entreprend temporairement l'utilisation du produit.

La réévaluation de l'innovation sur la base de cette nouvelle information (expérience) a pour résultat:

a) le rejet (processus d'acceptation incomplet);
b) la poursuite de la recherche d'information;
c) ou l'adoption.

Robertson établit une distinction entre les grandes étapes cognitive, «attitudinale» et behavioriste du processus. Le lien entre la phase cognitive et la phase attitudinale se fait par la compréhension, laquelle est un état achevé de connaissance. Le lien entre la phase attitudinale et la phase behavioriste se fait par l'étape de légitimation: ici l'individu, par l'effet d'une pression sociale ou d'une information additionnelle, en vient à considérer le produit comme le meilleur choix face à son problème d'achat, ce qui le pousse à l'action.

Le processus d'adoption n'est pas une séquence figée d'étapes, mais sa forme varie en fonction de plusieurs facteurs, énumérés par Robertson (1971):

1) L'importance de la décision;
2) Le degré de différenciation significative du produit;
3) Le degré de visibilité du produit et le besoin d'approbation sociale du consommateur;
4) Le risque que le consommateur peut se permettre de prendre;
5) Son aptitude de preneur de décision.

En conclusion, voyons l'utilité pratique de l'analyse du processus d'adoption du consommateur. Pour évaluer le progrès du lancement d'un nouveau produit dans un marché potentiel donné, on peut, évidemment, se baser sur les ventes du produit et suivre l'évolution du taux de pénétration. Cependant, cette méthode ne permet pas de connaître les raisons du phénomène observé. Par contre, en réunissant des données sur la proportion d'acheteurs potentiels qui se trouvent aux différents stades du processus, on peut prévoir l'évolution future, connaître les niveaux éventuels de blocage et savoir ainsi comment orienter l'action de marketing pour amener les clients potentiels au stade de l'essai.

LA COURBE DE DIFFUSION DU NOUVEAU PRODUIT

L'adoption est un phénomène individuel qui survient dans un contexte social donné; elle a un effet social dans la mesure où une minorité légitime et facilite l'achat du produit par une fraction plus large du marché potentiel. Ce phénomème de «contagion sociale» constitue la diffusion de l'innovation, et nous l'analyserons à travers les diverses phases de la «courbe de diffusion du nouveau produit». Comme la courbe du cycle de vie du produit (représenté par la figure 14.3), la courbe de diffusion est caractérisée par le taux d'acceptation du produit (Rogers, 1962). Cependant, elle accompagne le produit jusqu'à sa pénétration maximale sur le marché potentiel, à la différence de la courbe du cycle de vie qui reflète le taux d'acceptation du produit jusqu'à sa disparition du marché.

Aspect théorique: Présentation des différentes étapes

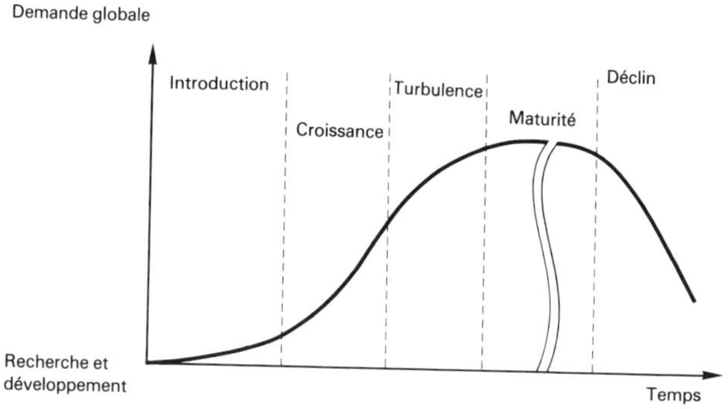

Source: Lambin, J.J., Peeters, R., *La Gestion marketing des entreprises,* Paris, P.U.F., 1977. Reproduit avec autorisation.

Aspect pratique: Courbes de diffusion des téléviseurs noir et blanc et couleur aux États-Unis: 1950-1978

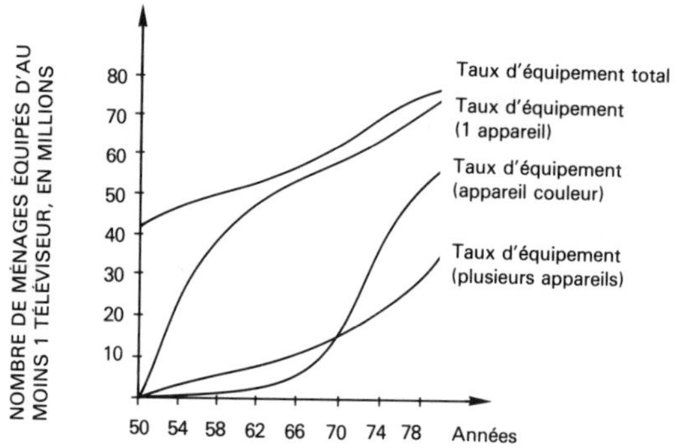

Source: *Advertising Age,* 19 avril 1976, p. 112, complété à partir des données de Nielsen. Reproduit avec autorisation, Copyright © 1976 par Crain Communications, Inc.

Figure 14.3 Le concept de cycle de vie du produit (théorie et pratique).

Les graphiques de la figure 14.4 montrent, de façons différentes, l'allure de la courbe de diffusion, les cinq étapes et le pourcentage d'acheteurs à chacune des étapes. Cependant, il est fondamental de savoir que la courbe présentée n'est qu'un cas possible, celui où la distribution des acheteurs suit une courbe normale dans le temps. Cette distribution a été développée par Rogers qui a examiné plus de 500 études sur la diffusion, et il paraît logique de penser qu'au temps moyen de pénétration, le produit aura pénétré la moitié du marché potentiel. Cependant, cette forme de distribution n'est pas une loi de la diffusion et sa validité n'est pas établie.

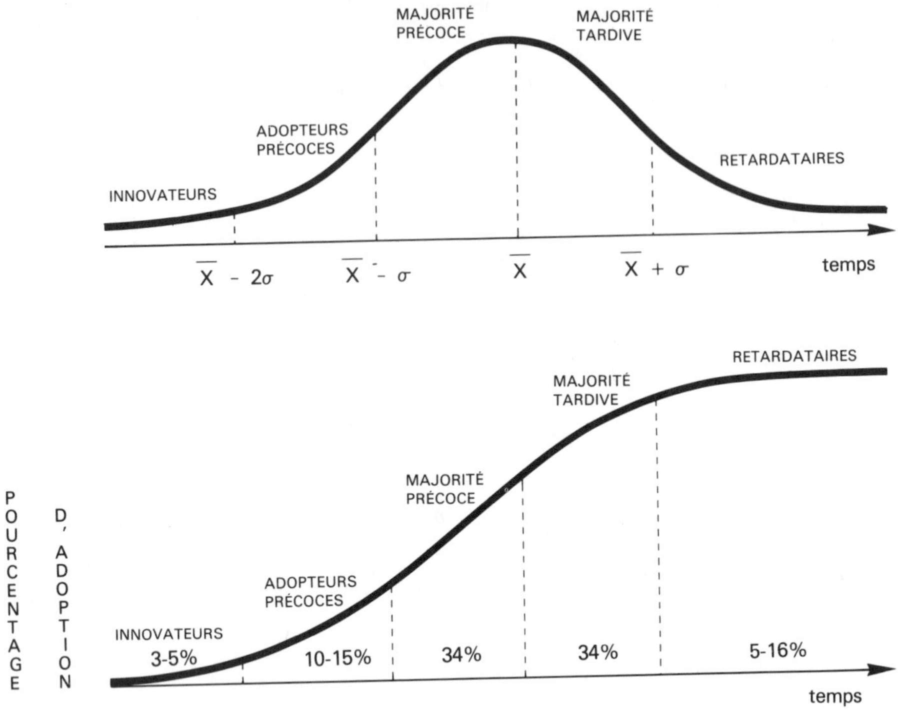

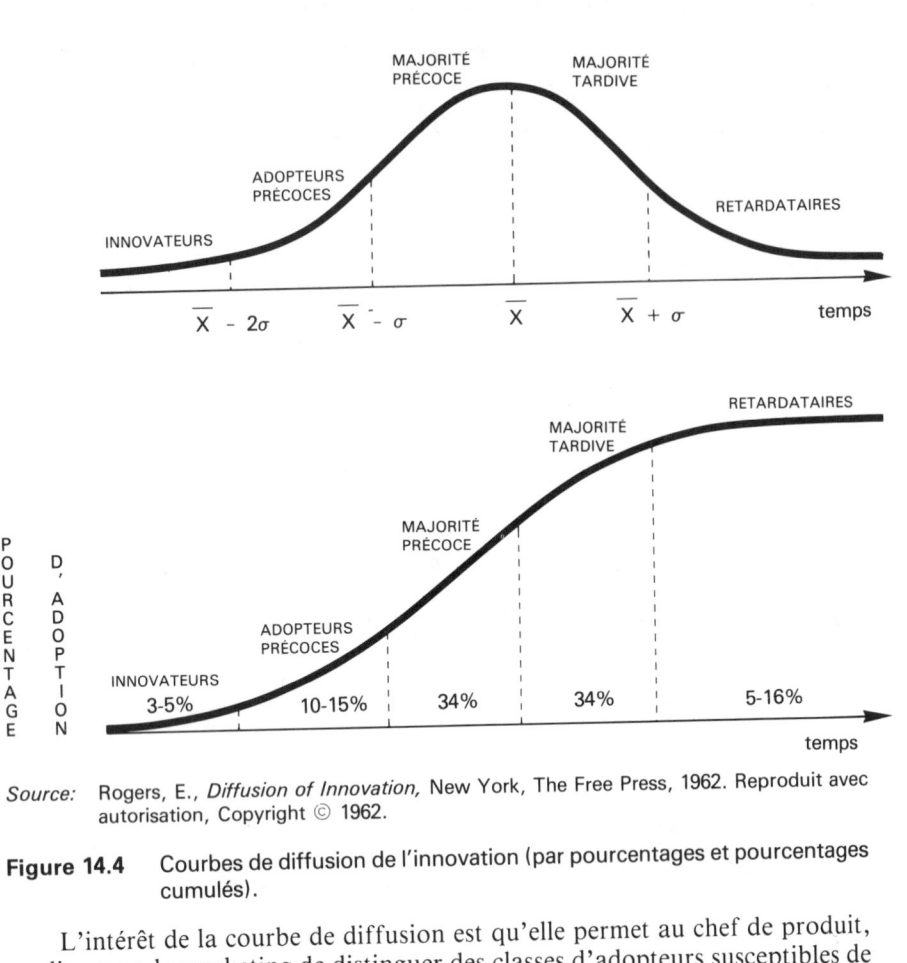

Source: Rogers, E., *Diffusion of Innovation,* New York, The Free Press, 1962. Reproduit avec autorisation, Copyright © 1962.

Figure 14.4 Courbes de diffusion de l'innovation (par pourcentages et pourcentages cumulés).

L'intérêt de la courbe de diffusion est qu'elle permet au chef de produit, au directeur de marketing de distinguer des classes d'adopteurs susceptibles de réagir différemment aux variables du marketing-mix. Même si, sur un marché donné, les besoins sont relativement homogènes, les classes d'adopteurs se différencient par leurs sources d'information et d'influence, et par leur rapidité d'adoption du nouveau produit. De ce fait, le chef de produit devra mettre en oeuvre des politiques promotionnelles adaptées aux différentes étapes de la diffusion afin de communiquer efficacement avec chacune des catégories d'adopteurs.

Décrivons à présent les caractéristiques générales des cinq catégories d'adopteurs telles qu'elles sont définies par Rogers (voir aussi fig. 14.5).

Les innovateurs

De par leur titre, ils sont les premiers à utiliser des produits. Ils sont plutôt jeunes, polyvalents (beaucoup de contacts avec des groupes autres que le leur), mobiles et créatifs. Leur statut social et économique est élevé. Ils ont tendance à se baser sur des sources d'information impersonnelles et scientifiques ou sur de l'information provenant d'autres innovateurs, plutôt que sur des sources per-

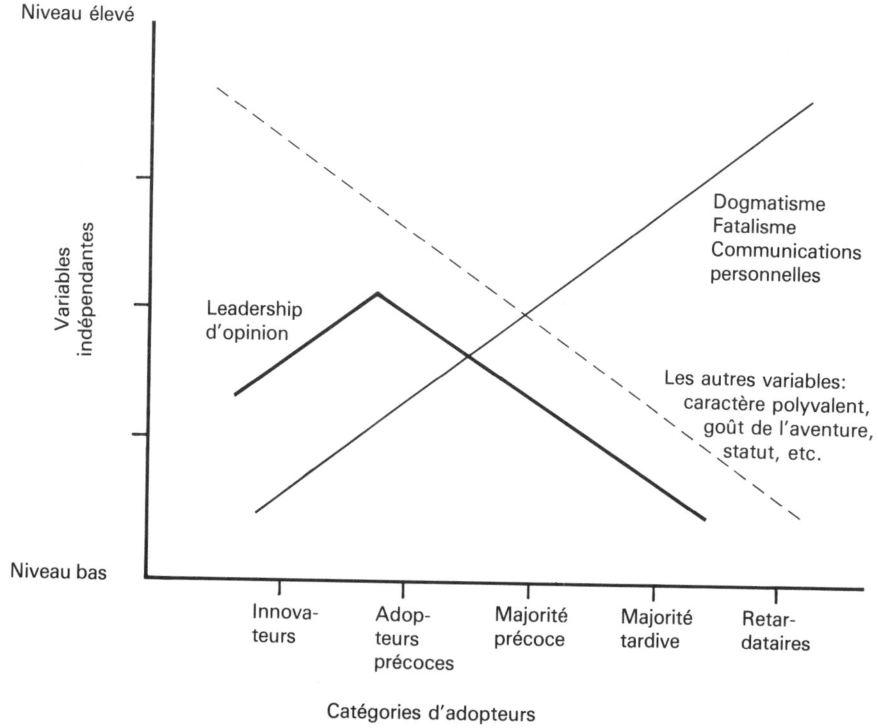

Source: Rogers, E., Shoemaker, F., *Communication of Innovations,* New York, The Free Press, 1971, p. 183-185. Reproduit avec autorisation, Copyright © 1971.

Figure 14.5 Synthèse descriptive selon Rogers et Shoemaker.

sonnelles, telles que les amis, les vendeurs, etc. Ainsi, ils lisent des revues spécialisées ou des annonces publicitaires fiables.

Les adopteurs précoces

Ils sont également jeunes, mobiles et créatifs. Cependant, ils ne sont pas polyvalents comme les innovateurs, leurs relations sociales se limitant surtout au groupe auquel ils appartiennent. Leur statut social est relativement élevé. Ils sont des leaders d'opinion potentiels. La fréquence de contacts des adopteurs précoces avec les vendeurs et les médias est grande.

La majorité précoce

Ils ne considéreront généralement pas un produit comme une innovation tant que plusieurs adopteurs précoces ne l'auront pas utilisé. La majorité précoce regroupe des gens dont la classe sociale est moyenne supérieure. Ils ont une fréquence élevée de contacts avec les médias, les vendeurs et les premiers adopteurs.

La majorité tardive

Les gens constituant la majorité tardive font partie de la classe sociale et économique moyenne inférieure. Étant moins influencée par les leaders d'opinion et les premiers adopteurs, la majorité tardive sera plus sensible à la pression et à l'information provenant de son propre groupe. Ces deux facteurs réunis, ils ne tarderont pas à acheter le produit. Cette catégorie utilise peu les médias et les vendeurs comme sources d'information.

Les retardataires ou non-adopteurs

Les retardataires appartiennent à la classe économique et sociale inférieure. Leurs idées sont plutôt conservatrices. Leur principale source d'information est constituée des autres retardataires. Ils sont donc très difficiles à rejoindre pour le spécialiste en marketing.

La plupart des variables, telles que le statut social et le caractère polyvalent de la personne, sont positivement reliées à l'innovation. Cependant, quelques variables, comme le dogmatisme et le fatalisme, sont reliées négativement. Toujours selon Rogers, le leadership d'opinion est, dans la majorité des cas, à son maximum pour les adopteurs précoces.

ÉLÉMENTS APPROFONDIS DE CONNAISSANCE DE LA CIBLE: QUI EST L'INNOVATEUR?

Le groupe des innovateurs représente la première cible à atteindre pour ceux qui mettent en marché les nouveaux produits, d'où l'intérêt de connaître les caractéristiques spécifiques des individus qui le composent: leur profil sociodémographique, leur exposition aux médias, leur personnalité, leur comportement social, leurs modes de consommation. Nous venons de résumer les premières conclusions des tentatives d'identification des innovateurs. D'autres chercheurs sont allés plus loin et ont tenté de faire une discrimination entre innovateurs et non-innovateurs sur la base des variables perceptuelles relatives aux attributs différentiels du produit.

Les caractéristiques de l'innovateur

L'étude des caractéristiques des innovateurs a été fort prisée en recherche malgré les résultats décevants le plus souvent obtenus. L'individu, unité de réponse dans les enquêtes, a été utilisé comme unité d'analyse et la littérature porte la marque du «mythe de l'innovateur». Nous ne chercherons pas ici à couvrir *in extenso* le sujet; nous nous contenterons d'énumérer les principales caractéristiques qui ressortent de ces études et d'indiquer que, en fonction de la classe de produits et du type d'innovation, les résultats varient: certaines recherches ont identifié des relations positives entre la tendance à innover pour tel produit et le trait étudié, alors que d'autres ont démontré, pour des produits différents, une absence de relations ou même des relations négatives. Précisons que le mode d'analyse utilisé dans ce type de recherche est l'analyse corrélationnelle.

Les caractéristiques démographiques

On a trouvé, en général, qu'il n'y avait pas de relations entre l'âge, le nombre d'enfants et la tendance à innover. Par contre, plusieurs études ont identifié des relations positives (le plus souvent) ou nulles entre l'instruction, le revenu et cette même tendance à être innovateur (Rogers, Stanfield, 1966).

Il faut recommander aux stratèges en marketing de poser comme hypothèse que le revenu est une variable dans la définition du profil de l'innovateur, mais que cette variable a plus ou moins d'importance, selon que le prix de l'innovation est plus ou moins élevé.

Le comportement social de l'innovateur

Il y a une assez forte probabilité que l'innovateur soit un leader d'opinion pour la classe de produits considérée. De plus, le degré de participation et de mobilité sociales des innovateurs serait plus élevé que dans la population en général.

Les traits de personnalité

Alors que les inventaires de personnalité et la plupart des traits psychologiques classiques sont peu performants dans ce contexte, certains traits élaborés aux fins de l'enquête ont donné de bons résultats, en particulier:

- le «goût de l'aventure» («*venturesomeness*») qui explique bien la différence entre les innovateurs et ceux qui ne le sont pas (Robertson, Kennedy, 1968);
- l'«ouverture d'esprit» qui est positivement reliée à la propension à innover (Jacoby, 1971);
- le «dogmatisme», c'est-à-dire le fait d'exprimer ses opinions d'une manière absolue, sentencieuse, tranchante, est inversement relié à la capacité d'innover (Jacoby, 1971; Coney, 1972);
- l'«introversion» (être replié sur soi-même) qui, par opposition à l'«extraversion» (caractère tourné vers le monde extérieur), favoriserait l'innovation (Donnelly, Ivancevich, 1974);
- la «recherche de la nouveauté» (recoupe le trait «goût de l'aventure» et découle des théories de complexité ou d'activation cognitive), qui met l'accent sur le fait que les individus cherchent parfois délibérément à s'exposer à des stimuli nouveaux par goût de la nouveauté ou à rechercher des informations nouvelles leur permettant de mieux s'adapter à des situations ambiguës (Pierrot, 1978; Hirschman, 1980). Dans le premier cas, ils portent leurs choix sur des stimuli connus, alternant par exemple entre les marques retenues: il s'agit alors d'une exploration de *diversion* qui naît d'un état de monotonie. Dans le second cas, l'exploration dans la recherche d'informations nouvelles est un comportement de curiosité *épistémologique;*
- enfin la «créativité», qui peut être définie comme la capacité du consommateur à résoudre des problèmes nouveaux reliés à la consommation (Hirschman, 1980), et notamment ceux posés par l'apparition de produits inconnus.

Les modes de consommation

Il existe une relation positive entre l'innovation et le taux d'utilisation de la classe de produits à laquelle elle appartient, et une relation négative avec la fidélité à la marque; cette dernière relation est tout à fait logique d'ailleurs. Dans une autre étude (Kegerreis, Engel, Blackwell, 1970), portant sur un nouveau service pour les automobilistes, il a été démontré que les adopteurs précoces étaient:

1) Plus désireux d'expérimenter de nouvelles idées;
2) Plus susceptibles d'acheter tôt de nouveaux produits;
3) Moins enclins à changer de marque à cause d'un faible écart de prix;
4) Moins intéressés par les bas prix en tant que tels;
5) Moins enclins à essayer de nouveaux produits (ou services) lorsque l'innovation n'apporte en fait qu'un changement mineur.

La conclusion de cette étude était que les innovateurs constituent le groupe le mieux informé au sein de la population et qu'ils planifient très sérieusement leurs achats de nouveaux produits.

En résumé, nous remarquons que le profil de l'innovateur diffère sensiblement de celui du routinier (voir le tableau récapitulatif 14.3). Cependant, comme le souligne Robertson, on ne peut espérer généraliser ces résultats à l'ensemble des catégories de produits, mais plutôt à l'intérieur de chacune d'elles prises une à une. Cela signifie, en outre, que l'acceptation d'un nouveau produit par les innovateurs dépendra étroitement des caractéristiques perçues de ce produit.

Les variables perceptuelles

Comme nous l'avons déjà signalé, ce sont les variables intrinsèques à l'innovation et les variables perceptuelles de la typologie de Rogers qui ont été les plus utilisées dans les expérimentations (revoir le tableau 14.2 qui présente en détail ces variables).

Donnelly et Etzel (1973) affirment que la nature du produit et son degré de nouveauté sont déterminants pour son achat précoce. Ils montrent que les innovateurs pour les produits réellement nouveaux sont différents des innovateurs pour les pseudo-innovations. Ceci repose sur un concept d'acceptation relative du risque.

Ostlund (1974) parvient à prédire avec efficacité qui adoptera ou n'adoptera pas une innovation à partir des seules variables perceptuelles de Rogers et du concept de risque. Par contre, la contribution des variables socio-démographiques et des variables de personnalité à l'explication de la variance dans le modèle est négligeable. Feldman et Armstrong (1975) utilisent également les variables perceptuelles pour identifier les acheteurs de la Mazda à moteur rotatif. Ils concluent:

> De toutes les variables behavioristes, les variables de perception du produit ouvrent les perspectives les plus intéressantes pour l'élaboration de programmes de marketing relatifs aux produits nouveaux, ceci pour deux raisons:
> 1) Un grand nombre de chercheurs en ont validé l'utilisation en dehors du marketing;
> 2) Elles englobent les dimensions du programme de marketing que le manager peut contrôler et manipuler.

Caractéristiques	Innovateur	Routinier (ou adopteur tardif, ou non-innovateur)
Intérêt pour le produit	Plus	Moins
Leadership d'opinion	Plus	Moins
Personnalité:		
Dogmatisme	Esprit ouvert	Esprit fermé
Sociabilité	Introverti	Extraverti
Goût de l'aventure	Plus	Moins
Risque perçu	Moins	Plus
Modes de consommation:		
Fidélité à la marque	Moins	Plus
Utilisation du produit	Plus	Moins
Habitudes face aux médias:		
Taux d'exposition aux magazines	Plus	Moins
Intérêt particulier pour les magazines	Plus	Moins
Télévision	Moins	Plus
Caractéristiques sociales:		
Intégration sociale	Plus	Moins
Mobilité sociale (géographique, professionnelle, etc.)	Plus	Moins
Membre appartenant à des groupes	Plus	Moins
Caractéristiques démographiques:		
Âge	Plus jeune	Plus vieux
Revenu	Plus	Moins
Instruction	Plus	Moins
Statut professionnel	Plus	Moins

Source: Schiffman, L., Kanuk, L., *Consumer Behavior,* 2e édition, Prince-Hall Inc., 1983, p. 526. Reproduit avec autorisation de Prentice-Hall, Inc., Englewood Cliffs, N.J. Copyright © 1983.

Tableau 14.3 Un profil de l'innovateur vs le routinier.

CONCLUSION

Résumons maintenant les principaux points que nous avons abordés dans cette introduction sur la diffusion d'un nouveau produit. Tout d'abord, nous avons rappelé l'importance du phénomène d'innovation dans l'économie et le développement de l'entreprise. Nous avons indiqué les critères de définition des innovations et les types d'innovations identifiés dans la littérature sur le conportement du consommateur. Ensuite, nous avons étudié l'adoption en tant que processus sur la base des modèles de Rogers et de Robertson. Nous avons défini la courbe de diffusion des innovations: sa forme générale et les catégories d'adopteurs en fonction du temps écoulé depuis le lancement du nouveau produit sur un marché. Enfin, nous avons essayé de mieux connaître l'innovateur: ses caractéristiques socio-démographiques, sociales, sa personnalité, ses modes de consommation et ses perceptions du nouveau produit. Nous essaierons maintenant, par un exemple précis et un exercice programmé, de relier la définition de la stratégie de marketing de la firme au concept de la diffusion de l'innovation.

DÉMONSTRATION PRATIQUE: LA STRATÉGIE DE DÉSUÉTUDE PLANIFIÉE

Un exemple de l'utilisation de la courbe de diffusion des innovations dans la définition de la stratégie de marketing de la firme.

La majorité des exemples consacrés à l'application des effets de la courbe de diffusion des innovations sur la définition de la stratégie de marketing concordent bien entendu avec les phases de lancement et de développement du produit. Les objectifs stratégiques propres à cette période consistent à développer la connaissance du produit nouveau auprès des consommateurs et donc à encourager le premier essai par les innovateurs. Pour favoriser l'adoption puis l'apprentissage, la pression du marketing s'exerce plus particulièrement au niveau de la communication: celle-ci joue un rôle informatif en stimulant la demande primaire du produit en question, la cible préférée étant les innovateurs et les prescripteurs (par exemple les distributeurs). Plus rares sont les exemples qui se raccordent à la fin du processus d'adoption, fin correspondant, nous l'avons vu, à la dernière tranche des effets de diffusion de l'innovation, c'est-à-dire celle des ratardataires. Il est vrai que dans ce cas les perspectives sont moins intéressantes: la tendance de la demande est à la baisse selon un taux de décroissance ou de croissance à un rythme inférieur à celui de l'économie, la structure de la concurrence se modifie par une diminution du nombre des firmes — et donc un retour à l'oligopole —, et une spécialisation accrue de celles qui se sont maintenues fait surface, spécialisation se traduisant par une sévère réduction des gammes.

Dans cette conjoncture de déclin du produit, plusieurs possibilités de stratégies se présentent à la firme: abandonner radicalement son produit obsolescent, essayer d'en ralentir la décroissance, se spécialiser dans des utilisations de subsistance, ou encore pratiquer une désuétude planifiée. Mais en quoi consiste exactement cette dernière stratégie? Il s'agit pour une firme donnée de mettre à profit les caractéristiques à première vue défavorables de la phase du déclin, selon la procédure suivante:

Première étape: Achat systématique des stocks de la concurrence

La firme élimine ainsi, *ipso facto,* toute la concurrence et se retrouve par conséquent en situation de monopole absolu. De plus, les prix d'écoulement signifient souvent des ventes à perte et peuvent même être largement inférieurs aux coûts de production de la compagnie qui se porte acquéreur.

Deuxième étape: Pratique d'une stratégie communicationnelle de soutien et retour au caractère informationnel strict de la publicité

La compagnie qui profite des effets antérieurs de la publicité qui a été faite pour le produit (effets d'emmagasinage de l'information) peut ainsi réduire considérablement ses dépenses publicitaires et ne pratiquer qu'une publicité de rappel (ou soutien).

Troisième étape: Augmentation du prix de vente au détail du produit

L'élasticité de la demande au prix est faible puisque les «retardataires» tiennent à obtenir le produit, et il n'y a plus de concurrence sur les prix.

Quatrième étape: Forte augmentation consécutive de la marge de profit brut dégagée par une réduction maximum des dépenses

Le prix de revient unitaire est faible, le budget de publicité est réduit, le prix de vente est élevé, par conséquent la marge brute dégagée est importante.

Cette stratégie ne s'applique que dans la mesure où le marché potentiel est suffisamment vaste pour que l'opération soit rentable sur un laps de temps qui peut être relativement court — quelques années — et qui correspond à l'extinction totale de la demande pour le produit. Néanmoins, et à cause de sa position monopolistique, il est loin d'être négligeable pour une firme d'être assurée de l'appui des 16 % que représente la tranche des retardataires sur un marché potentiel de plusieurs millions de consommateurs. À titre d'exemple, citons le cas d'une importante compagnie multinationale, spécialisée dans les savons, détergents, poudres à laver de tout genre, qui a ainsi acquis la totalité des stocks de savon noir alors qu'elle lançait parallèlement des produits pratiques pour le nettoyage des sols et destinés à la ménagère moderne! Ainsi ce produit en voie d'extinction peut-il continuer à jouer son rôle de «vache à lait» permettant à l'entreprise de financer, en partie ou en totalité, le lancement de ses nouveaux produits vedettes.

Exercice pratique Les pilules pour un bronzage intégral

*Exercice programmé sur l'utilisation de la courbe de diffusion des innovations dans la définition et la planification d'une campagne publi-promotionnelle pour la firme**

Instructions

Cet exercice programmé a pour but de démontrer qu'une bonne connaissance de la courbe d'adoption d'un nouveau produit peut se révéler d'un intérêt tout particulier lors de la planification de la politique de promotion d'une entreprise. Lisez avec attention la situation de mise en marché, puis développez une politique de promotion particulière pour chacune des catégories d'adopteurs à l'intérieur du marché cible de la firme. Définissez clairement quels types de ventes de masse, de personnel de vente et de promotion des ventes vous utiliseriez pour atteindre chacune des catégories d'adopteurs. Soyez précis et réaliste! Par exemple, si vous décidez de lancer une campagne publicitaire dans les journaux, citez ceux auxquels vous recourriez. Quelques méthodes de promotion sont mentionnées dans le texte. Vous pouvez choisir l'une de ces méthodes ou vous pouvez inventer votre propre politique de promotion.

---

* L'objectif de cet exercice est strictement pédagogique. Tous les noms, situations et événements ont été imaginés pour les besoins de la cause. Toute ressemblance avec des faits professionnels est pure coïncidence et ne saurait engager la responsabilité de l'auteur.

Lorsque vous aurez ainsi défini les grandes lignes de votre politique de promotion pour chacune des catégories d'adopteurs, expliquez pourquoi vous avez choisi un type particulier de promotion plutôt qu'un autre. À ce moment, vous devrez prendre en considération quelques-unes des caractéristiques importantes de chacune des catégories d'adopteurs, telles que discutées dans le texte.

Présentation de la situation

Les laboratoires Pharmax inc., un important fabricant de produits pharmaceutiques, ont l'intention d'inclure dans la gamme de leurs nouveautés pour l'année un produit de conception révolutionnaire: les pilules pour un bronzage intégral. Ces dernières permettent, en quelques semaines et à raison d'une capsule par jour, de donner à l'épiderme un hâle naturel. Ainsi, il devient possible de bronzer (ou même de rester bronzé après les vacances) sans pour autant devoir s'exposer longtemps au soleil ou sous une lampe solaire. De plus, cette méthode favorise le bronzage intégral et permet d'éviter les marques disgracieuses dues aux maillots ou autres vêtements. La compagnie se rend compte qu'elle détient une véritable innovation qui risque de bouleverser non seulement les modes de comportement en matière de bronzage et d'apparence physique, mais aussi les modes de consommation des produits de beauté. Pharmax inc. pense que le produit peut acquérir une grande popularité auprès des enthousiastes de l'apparence physique et tout particulièrement des femmes à la mode.

L'annonce du lancement prochain de ces pilules sur le marché n'a pas été sans provoquer des réactions diverses. Certains pays en ont interdit la vente, prétextant ne pas connaître les effets secondaires de ces pilules sur l'organisme. Sur le marché qui nous intéresse, les pilules ont été approuvées, et leur vente est libre. Bien que plusieurs concurrents connaissent la formule de ces pilules, aucun d'entre eux, selon les informations de Pharmax inc., n'est prêt à commercialiser un tel produit dans un futur proche. Afin de récupérer le plus vite possible le montant des investissements en matière de recherche et de développement qui ont été nécessaires pour mettre au point ce nouveau produit, la compagnie espère, dès le lancement, créer une forte fidélité pour la marque avant que les concurrents ne soient en mesure d'introduire des produits similaires. Le comité de direction compte aussi sur de forts volumes de vente en distribuant ces pilules par l'entremise de ses distributeurs habituels — les pharmacies — et aussi des grands magasins. Il reste que, sur le plan de la communication de marketing, Pharmax inc. est hésitant quant à la meilleure façon de promouvoir les pilules. La promotion devra reposer sur une distribution massive et une promotion intensive des ventes puisque le produit ne sera pas distribué exclusivement en pharmacie. Cependant, il n'y a pas entente sur les moyens à utiliser. Il a été reconnu que les objectifs promotionnels de Pharmax inc. varieront dans le temps et que la politique de promotion devra être modifiée en conséquence. Pour compliquer les choses, un des dirigeants a suggéré que différentes politiques de promotion soient utilisées pour atteindre des groupes distincts de consommateurs potentiels.

Les recommandations suivantes ont été faites lors d'une réunion récente au cours de laquelle ces problèmes ont été discutés:

1) Lancer une campagne nationale pour les pilules pour un bronzage intégral dans des revues touchant des marchés de masse;
2) Présenter des témoignages de vedettes du cinéma sur la qualité du produit (télévision et radio);
3) Affecter un budget à l'intention des dépositaires afin qu'ils placent de la publicité sur les pilules pour un bronzage intégral dans les journaux locaux (publicité coopérative);
4) Fournir aux dépositaires un matériel de publicité sur les lieux de vente (P.L.V.), afin de les aider à introduire le nouveau produit;
5) Utiliser des envois postaux permettant aux consommateurs de se procurer des échantillons;
6) Préparer des messages publicitaires présentant des témoignages de Monsieur ou Madame Tout-le-Monde sur la façon dont ils ont bénéficié des pilules;
7) Distribuer des échantillons par le porte à porte;
8) Essayer de générer de la publicité gratuite pour le nouveau produit;
9) Placer des annonces dans des magazines spécialisés touchant les marchés cibles;
10) Commanditer des reportages sportifs et de plein air à la radio (ski, voile, etc.).

Question

1 Comment définir et planifier la politique promotionnelle de Pharmax inc. pour atteindre chacun des groupes de consommateurs potentiels des pilules de bronzage? Utilisez vos connaissances de la courbe d'adoption des nouveaux produits pour structurer et justifier vos réponses.

Question supplémentaire à discuter

2 Du fait que les pilules pour un bronzage intégral ne seront pas distribuées exclusivement dans les pharmacies, Pharmax inc. a décidé que sa politique de distribution devrait reposer exclusivement sur la distribution massive et la promotion des ventes. Est-ce que cela signifie que le personnel de vente (représentants) est relativement peu important pour ce produit?

BIBLIOGRAPHIE

ANSOFF, I., *Corporate Strategy,* New York, McGraw-Hill, 1965.

BARNETT, H., *Innovation: The Basis of Cultural Change,* New York, McGraw-Hill, 1953.

BUZZELL, R., NOURSE, R., *Product Innovation in Food Processing, 1954-1964,* Division of Research, Boston, Harvard Business School, 1967.

CONEY, K., «Dogmatism and Innovation: A Replication», *Journal of Marketing Research,* novembre 1972, p. 453-455.

CONVERSE, P., «Marketing Innovations: Inventions, Techniques, Institutions», dans *New Directions in Marketing,* sous la direction de Frederick E. Webster, American Marketing Association, Chicago, 1965.

DONNELLY, H., ETZEL, M., «Degrees of Product Newness and Early Trial», *Journal of Marketing Research,* août 1973, p. 295-300.

DONNELLY, J., IVANCEVICH, J., «A Methodology for Identifying Innovator Characteristics of New Brand Purchasers», *Journal of Marketing Research,* août 1974, p. 331-334.

KEGEREIS, R., ENGEL, J., BLACKWELL, R., «Innovativeness and Diffusiveness: A Marketing View of the Characteristics of Earliest Adopters», dans *Research in Consumer Behavior,* sous la direction de D. Kollat, R. Blackwell, J. Engel, H.R.W., Marketing Series, 1970, p. 671-689.

FELDMAN, L., ARMSTRONG, G., «Identifying Buyers of a Major Automotive Innovation», *Journal of Marketing,* janvier 1975, p. 47-53.

HIRSCHMAN, E., «Consumer Creativity: Nature, Measurement and Application», *Proceedings Second Annual National Conference on Marketing Theory,* American Marketing Association, Chicago, 1980.

HIRSCHMAN, E., «Innovativeness, Novelty Seeking and Consumer Creativity», *Journal of Consumer Research,* décembre 1980, p. 283-295.

JACOBY, J., «A Multiple-Indicant Approach for Studying Innovators», *Purdue Papers in Consumer Psychology,* n° 108, 1970.

JACOBY, J., «Personality and Innovation Proneness», *Journal of Marketing Research,* mai 1971, p. 244-247.

LAZER, W., BELL, W., «The Communication Process and Innovation», *Journal of Advertising Research,* septembre 1966, p. 2-7.

OSTLUND, L., «Perceived Innovation Attributes as Predictors of Innovativeness», *Journal of Consumer Research,* septembre 1974, p. 23-29.

PIERROT, C., *Essai de segmentation des innovateurs par les variables perceptuelles,* mémoire de maîtrise, Université de Sherbrooke, juin 1978.

ROBERTSON, T., *Innovative Behavior and Communication,* Series in Marketing, Holt, Rinehart & Winston, 1971.

ROBERTSON, T., KENNEDY, J., «Prediction of Consumer Innovators: Application of Multiple Discriminant Analysis», *Journal of Marketing Research,* février 1968, p. 64-69.

ROGERS, E., *Communication Strategies for Family Planning,* New York, The Free Press, 1973.

ROGERS, E., «New Product Adoption and Diffusion», *Journal of Consumer Research,* mars 1976, p. 290-301.

ROGERS, E., SHOEMAKER, F., *Communication of Innovations,* New York, The Free Press, 1971.

ROGERS, E., STANFIELD, D., «Adoption and Diffusion of New Products: Emerging Generalizations and Hypotheses», communication présentée à la Conférence sur *Application of Sciences to Marketing Management,* Purdue University, 1966.

ROGERS, E., *Diffusion of Innovations,* New York, The Free Press, 1962-1969.

SCHIFFMAN, L., KANUK, L., *Consumer Behavior,* 2e édition, Prentice-Hall, Englewood Cliffs, N.J., 1983.

Sixième partie

Réflexion finale: l'entreprise face au consommateur

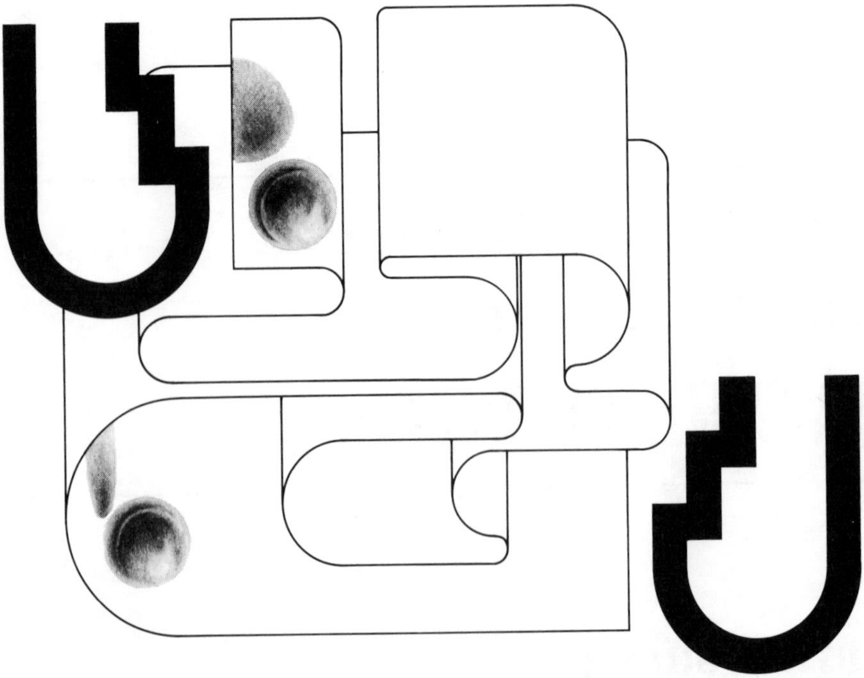

Chapitre 15

Le consommateurisme*

OBJECTIFS:

1) Comprendre ce qu'est le consommateurisme et quels en sont les fondements;
2) Devenir conscient de la place qu'a prise ce mouvement dans les relations entreprise-consommateur-gouvernement;
3) Connaître les conséquences stratégiques du consommateurisme sur le plan du marketing et plus particulièrement des produits et de la publicité.

PRÉPARATION À L'EXERCICE PRATIQUE:

1) Il y a deux exercices, indépendants l'un de l'autre, mais dans les deux cas leur résolution doit être présentée sous forme de rapport;
2) Les deux exercices s'appuient directement sur la matière présentée dans les première et deuxième parties.

* Ce chapitre a été rédigé par Jean Perrien, professeur de marketing, Université de Sherbrooke.

INTRODUCTION

> Mais que veulent, au juste, les consommateurs? De plus en plus conscients, ils se refusent de plus en plus à être les victimes passives des excès de la société de consommation moderne. Ils cherchent à «civiliser» cette société, la mettre à leur service, la rendre plus humaine et mieux adaptée à la qualité de la vie qu'ils recherchent.
> Plus prosaïquement, ce que les consommateurs veulent, c'est en avoir pour leur argent, tant sur le plan de la qualité que de la quantité. Ils veulent des biens durables, bien construits, assortis de garanties claires, simples et efficaces. De plus en plus, ils recherchent des biens sécuritaires et qui respectent l'environnement. Ils sont plus nombreux à vouloir l'information qui leur permettra de faire des choix rationnels et éclairés. Les consommateurs québécois veulent, ni plus ni moins, une relation producteur-consommateur reposant essentiellement sur la vérité et sur la confiance réciproque.

Voilà ce qu'affirmait, en 1981, le ministre des Consommateurs, Coopératives et Institutions financières de l'heure, Pierre-Marc Johnson (H.E.C., 1981). Ses propos synthétisent assez bien le thème de ce chapitre. Nous y parlerons de consommateurisme, néologisme inventé pour qualifier la remise en cause des relations entre l'entreprise et les consommateurs. Pourquoi un tel chapitre dans un livre dont l'objectif est de comprendre le comportement du consommateur? Parce que ce dernier n'est pas seulement une entité qui perçoit, développe des attitudes, etc., mais aussi quelqu'un qui revendique, se plaint et veut voir se modifier certaines pratiques commerciales. L'orientation stratégique de ce livre nous oblige donc à mieux cerner ces revendications et ces plaintes afin de les incorporer à nos décisions. Mais pour y parvenir, il faut comprendre les racines de ce consommateurisme, ce que nous nous proposons de faire maintenant.

QU'EST-CE QUE LE CONSOMMATEURISME?

S'adressant au Congrès, le 15 mars 1962, le président J. F. Kennedy reconnaissait quatre droits au consommateur:

1) Le droit à la sécurité;
2) Le droit d'être informé;
3) Le droit de choisir;
4) Le droit d'être entendu.

Pourquoi avoir rappelé, aussi officiellement, ce qui, pour beaucoup, peut paraître comme étant des droits naturels du consommateur? Parce que ces droits naturels ne sont pas toujours respectés, loin s'en faut. C'est là qu'il faut trouver la racine du consommateurisme: les droits du consommateur et de l'entreprise ne sont pas équilibrés.

Le déséquilibre consommateur-entreprise

Que représentons-nous réellement pour l'entreprise? Sommes-nous vraiment ces rois du marché que prétend le marketing? Cherche-t-on vraiment à satisfaire nos besoins? Les réponses à ces questions ne sont guère positives. C'est ainsi que 85,7 % des consommateurs québécois croient que les entreprises et les gens d'affaires sont plus intéressés à faire le maximum de profits qu'à satisfaire leurs besoins. Un peu plus de 60 % de ces mêmes consommateurs ne font pas confiance à la communauté d'affaires pour corriger les abus et les défauts du système économique (Belley, Hamel, Masse, 1980).

Cette vision pessimiste trouve son origine dans la perception d'un déséquilibre manifeste entre les droits des «acheteurs» et ceux des «vendeurs». Kotler (1972) identifie cinq droits traditionnels des vendeurs (c'est-à-dire des entreprises):

1) Le vendeur a le droit d'introduire n'importe quel produit sur le marché, tant et aussi longtemps que son utilisation n'est pas dangereuse. Si c'est le cas, il aura simplement à spécifier les risques encourus;
2) Le vendeur a le droit de fixer unilatéralement le prix d'un produit pourvu qu'il n'y ait pas de discrimination entre des groupes d'acheteurs identiques;
3) Le vendeur a le droit de consacrer le montant d'argent qu'il juge utile pour promouvoir son produit aussi longtemps que cette promotion reste dans le cadre légal en vigueur;
4) Le vendeur a le droit de diffuser le message qui lui plaît sur ses produits, tant que ce message n'est pas frauduleux dans son contenu ou dans sa forme;
5) Le vendeur a le droit d'introduire tout plan de stimulation des ventes qu'il désire.

Quant au consommateur-acheteur, ses droits sont les suivants:

1) Celui de refuser d'acheter un produit ou un service qui lui est proposé;
2) Celui d'espérer une certaine sécurité dans l'utilisation de son produit;
3) Celui d'avoir un produit conforme aux descriptions du vendeur.

Le déséquilibre est évident, d'autant plus que les droits du vendeur sont actifs (il décide) alors que ceux de l'acheteur sont passifs (il réagit).

Ce que le consommateurisme poursuit, c'est le rétablissement de l'équilibre entre les droits respectifs des acheteurs et des vendeurs, tel que montré à la figure 15.1.

Les nouveaux droits réclamés pour le consommateur sont:

1) Celui d'obtenir une information adéquate sur le produit;
2) Celui d'être mieux protégé face à certaines pratiques de marketing et face à des produits suspects;
3) Celui de pouvoir influencer la définition des produits et des services de façon à s'assurer d'une meilleure qualité de vie.

À partir de ce constat, nous pouvons définir le consommateurisme comme étant:

> Un mouvement social qui vise à modifier les relations entre l'entreprise et les consommateurs de façon à accroître le pouvoir de ces derniers (Perrien, 1979).

Ce déséquilibre entre les consommateurs et l'entreprise n'est pas, à proprement parler, quelque chose de nouveau. Alors, comment expliquer que ce mouvement n'ait éclaté qu'au début des années 60? Si nous élargissons notre champ d'analyse, il faut reconnaître que cette décennie a été celle du plus grand bouillonnement intellectuel du siècle, avec en corollaire une remise en cause

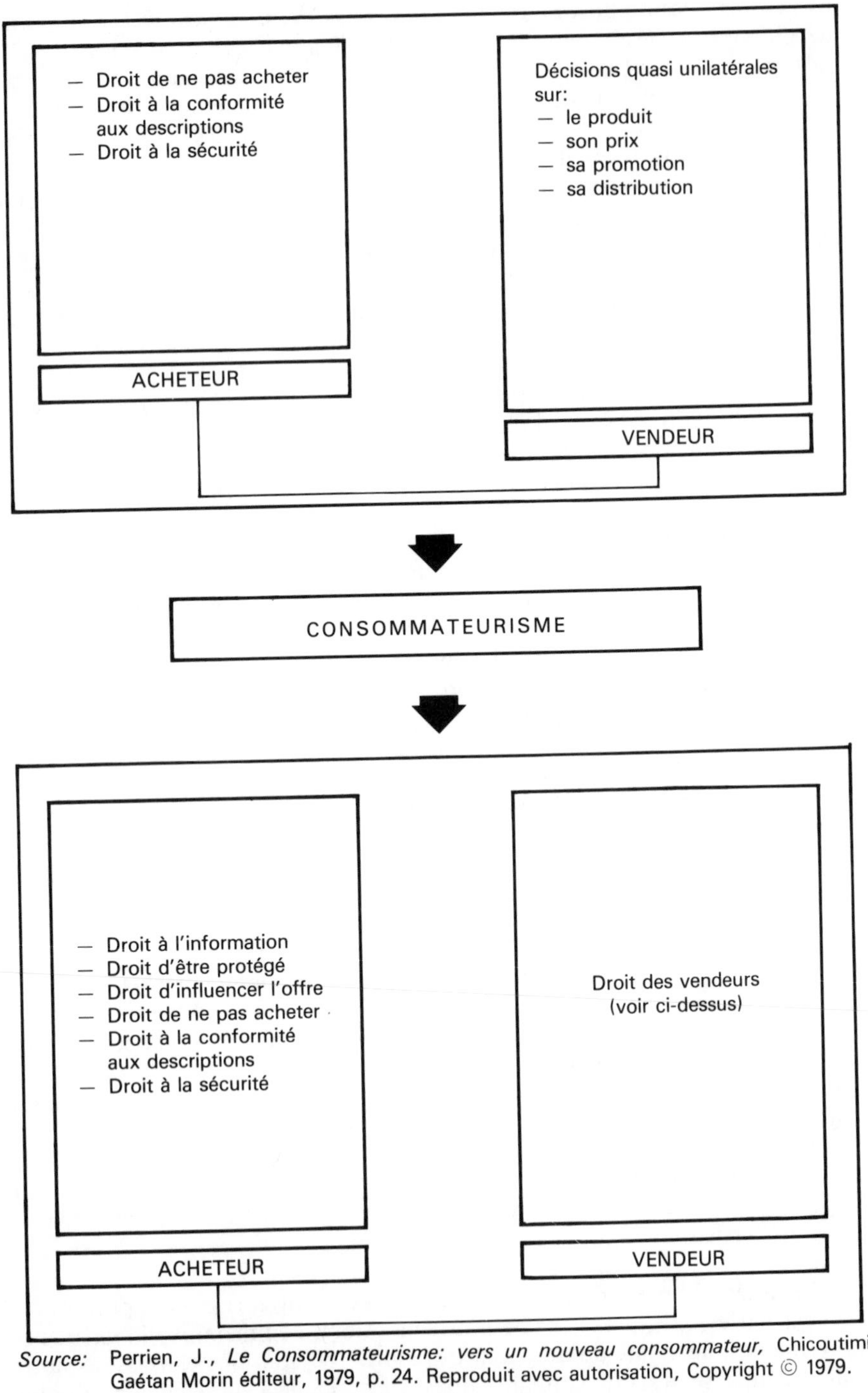

Source: Perrien, J., *Le Consommateurisme: vers un nouveau consommateur,* Chicoutimi, Gaétan Morin éditeur, 1979, p. 24. Reproduit avec autorisation, Copyright © 1979.

Figure 15.1 L'équilibre recherché.

de nombreuses valeurs incrustées depuis longtemps dans nos systèmes économiques et sociaux. Il s'agit de la deuxième racine du consommateurisme: la remise en cause de certains principes sociaux.

Le consommateurisme en tant que mouvement social

Le consommateurisme s'inscrit dans le contexte plus large d'une modification des principes et comportements de la société qui s'est matérialisée par un changement d'un grand nombre de nos valeurs culturelles, comme l'illustre le tableau 15.1 (Kotler, 1973).

1.	Se fier à soi	se fier au gouvernement
2.	«Travailler dur» comme une fin de soi	la vie facile
3.	Convictions religieuses	convictions séculières
4.	Couple dominé par l'homme	couple dominé par la femme
5.	Famille centrée sur les parents	famille centrée sur les enfants
6.	Respect de l'individu	refus des différences individuelles
7.	Récompense différée	récompense immédiate
8.	Épargne	dépense
9.	Chasteté	liberté sexuelle
10.	Valeurs familiales	valeurs de groupe
11.	Indépendance	sécurité

Source: Kotler, P., *Marketing Management*, Paris, Publi-Union, 1973, p. 108. Reproduit avec autorisation, Copyright ©.

Tableau 15.1 Les valeurs culturelles en changement.

Outre le rapport de forces entre l'entreprise et le consommateur, bien d'autres relations ont été remises en cause. Que l'on songe, par exemple, aux conflits entre minorités et majorités, que ce soit aux États-Unis (entre Noirs et Blancs) ou au Canada (entre francophones et anglophones), aux réajustements des pouvoirs à l'intérieur du couple (émergence du féminisme). Tout ce brassage d'idées est directement issu de ce qu'on appelle l'ère post-industrielle. Un niveau d'instruction de plus en plus élevé, un niveau de vie qui a crû vite et beaucoup et, finalement, une certaine désillusion face à la société de consommation: voilà autant de facteurs explicatifs de ces mouvements revendicatifs. À ce titre, donc, le consommateurisme s'inscrit dans un tout plus large que le simple cadre acheteur-vendeur et acquiert de ce fait son caractère de mouvement social à part entière.

LE CONSOMMATEURISME DANS LES FAITS

Mouvement revendicatif, mouvement social, contestation. . . mais concrètement sur quoi cela a-t-il débouché? S'il est vrai qu'un mouvement revendicatif ne peut s'implanter efficacement que dans la mesure où il devient une institution sociale, alors force est de reconnaître que le consommateurisme s'est bel et bien institutionnalisé.

Ralph Nader: le leader

Dans la réalité des marchés, le consommateurisme a été plus qu'une mode. Il faut reconnaître que cela est dû à un certain nombre de leaders qui ont joint le geste à la parole. Et on ne peut évoquer le consommateurisme et ses leaders sans parler de Ralph Nader. Cet avocat de la Nouvelle-Angleterre a légalement prouvé aux consommateurs qu'ils pouvaient imposer leur volonté aux entreprises. Nader a frappé haut avec son livre *Unsafe at Any Speed* dans lequel il attaqua directement General Motors, chef de file de l'industrie automobile. 500 000 exemplaires de son livre furent vendus et, fait plus significatif encore, GM retira son modèle Corvair du marché: la voiture que Nader comparait à un corbillard!

Grâce à des individus de cette trempe, le consommateurisme a trouvé ses *passionaria*. Le côté spectaculaire et réussi de certaines de ces interventions a fait qu'elles ont trouvé un écho favorable dans la presse, ce qui a largement contribué à la popularité générale du mouvement et, de là, à son institutionnalisation. Mais la continuité de celui-ci n'aurait pas été assurée si les consommateurs eux-mêmes ne s'étaient organisés.

Les associations de consommateurs, leurs membres

Bien avant que le mot de consommateurisme ne soit inventé et que Ralph Nader n'ait publié son livre, des consommateurs avaient déjà appris à s'organiser pour se faire respecter, et ce dans tous les principaux pays occidentaux; la Consumers' Union des États-Unis a vu le jour dès 1936, l'Union Fédérale de la Consommation de France, en 1951. Quant au Canada, c'est en 1947 que l'Association des Consommateurs du Canada (A.C.C.) s'est formée. Afin de communiquer avec les consommateurs canadiens, l'A.C.C. s'est mise à publier un magazine intitulé *Le Consommateur canadien* (*Canadian Consumer* du côté anglophone). En 1975, suivant en cela l'exemple d'autres provinces, la branche québécoise de l'A.C.C. s'incorpore sous le nom de l'Association des Consommateurs du Québec. Seule association pancanadienne de consommation, l'A.C.C. a toutefois fait des émules à des niveaux régionaux, voire locaux. D'autres associations se sont développées, non pas sur une base géographique, mais plutôt sur une base sectorielle. Dans ce dernier groupe figure l'Association pour la Protection des Automobilistes (A.P.A.) qu'anime avec succès Philip Edmonston.

Mais, puisque après tout il s'agit d'un livre sur le comportement du consommateur, posons-nous donc la question de savoir qui est le consommateur membre d'une association militante (Hustad et Pessemier, 1973). Bourgeois et Barnes (1979) nous en ont brossé le profil.

En comparant le membre de l'A.C.C. à Monsieur et Madame Tout-le-Monde, les auteurs ont mis à jour un certain nombre de particularités fort intéressantes. Tout d'abord, notre militant a reçu une formation académique plus poussée que le consommateur moyen. Il occupe un emploi de direction et son revenu est supérieur à la moyenne. Il est sûr de lui, un vendeur ne l'impressionne guère. Fort logiquement, c'est un individu critique vis-à-vis de la publicité, qui lit beaucoup mais regarde la télévision moins assidûment que le commun des mortels. Or, selon les auteurs, ce profil représente 15 % de la population canadienne: voilà un segment de marché non négligeable!

Mais les associations de consommateurs souffrent d'un handicap majeur: quelle que soit leur bonne volonté, leurs moyens sont limités (Létourneau et Perrien, 1980). À l'inverse, qui mieux que l'État peut réunir les ressources permettant d'intervenir efficacement dans le débat?

L'intervention de l'État

Parce que le rôle de l'État est de protéger ses citoyens qui sont aussi des consommateurs et parce qu'un consommateur est aussi un électeur, nos gouvernants sont rapidement intervenus dans les questions reliées au consommateurisme. Bien sûr, ces gouvernements disposent des moyens pour étudier les problèmes des consommateurs, les informer, mais en plus ils maîtrisent l'outil ultime pour rétablir le juste équilibre entre les droits des acheteurs et ceux des vendeurs dont nous avons fait mention dans les pages précédentes, à savoir le cadre légal.

En 1967, la Chambre des Communes donnait naissance au ministère fédéral de la Consommation et des Corporations, suivie en cela par l'Assemblée nationale du Québec quatre ans plus tard, qui votait la Loi sur la protection du consommateur, loi qui créait l'Office de Protection du Consommateur (l'O.P.C.), rattaché au ministère des Coopératives et Institutions financières. En quelques années, un mouvement social s'était donc suffisamment fait entendre pour s'implanter dans les rouages de nos structures gouvernementales. N'est-ce pas là le symbole même de l'institutionnalisation du consommateurisme?

Il est intéressant de remarquer la divergence de conception dans les missions que se sont données ces deux organismes. Au niveau fédéral, le ministère de la Consommation et des Corporations, comme son nom l'indique, se définit comme un médiateur entre les intérêts des consommateurs et ceux des entreprises. Alors qu'au provincial, l'O.P.C. se situe clairement comme un interlocuteur privilégié des consommateurs, avec lesquels il entretient une «alliance naturelle». Cette disparité explique facilement le caractère nettement plus militant de l'O.P.C. C'est ainsi qu'il publie une revue, *Protégez-vous,* qui ressemble à s'y méprendre à n'importe quelle revue d'une association de consommateurs, qu'il a mené, sur les ondes des principales stations de télévision, des campagnes d'envergure pour sensibiliser et éduquer les individus face aux problèmes courants de consommation.

Du côté fédéral, c'est essentiellement la loi relative aux enquêtes sur les coalitions qui sert de toile de fond juridique au ministère. Quant à l'action purement légale de l'O.P.C., la loi 72, dite sur la Protection du Consommateur, représente une véritable charte de la consommation, faisant du Québec une province avant-gardiste dans le domaine de la défense des intérêts de ses consommateurs. (Cette loi 72, en particulier, est à l'origine de l'interdiction de la publicité destinée aux enfants de moins de 13 ans.)

Ayant défini les fondements historiques du mouvement consommateuriste d'après les faits, il devient impératif d'analyser et de comprendre quelles ont été les réactions du monde des affaires.

LA RÉACTION DE LA COMMUNAUTÉ D'AFFAIRES

Il faut l'avouer: le consommateurisme vient perturber bien des pratiques commerciales et, en ce sens, n'a pas été accueilli à bras ouverts par le monde des affaires. Il est tentant de faire une analogie avec le syndicalisme: voilà une autre force organisée avec laquelle la communauté d'affaires se doit de dialoguer, sans pour autant, bien entendu, être l'instigatrice de ce dialogue.

Une (lente) évolution

La première fonction d'une entreprise, c'est de réaliser des profits. La notion même de profit est souvent critiquée, elle n'en est pas moins la condition de survie de toute entreprise ou de n'importe quel système économique: y a-t-il un seul système économique qui puisse se permettre de voir l'ensemble de son activité industrielle et commerciale être déficitaire (Dussart, 1980)? Dans la mesure où le consommateurisme a posé des problèmes qui écartent le décideur de cet objectif, il a été perçu comme étant contraignant.

Mais la survie de toute entreprise repose aussi sur sa capacité d'adaptation aux modifications de l'environnement. Et, dans cette perspective, le consommateurisme s'y est implanté et même imposé. En dépit des problèmes que cela posera (voir Aaker et Day, 1972), il faudra que l'entreprise s'adapte. Dans une étude sur plus de 3000 cadres de compagnies nord-américaines, Greyser et Diamond (1974) confirment ces propos: 84 % des cadres interrogés pensent que le consommateurisme «est ici pour rester». Et si, pour eux, le monde des affaires est la principale cause du consommateurisme, ces décideurs pensent qu'il est aussi la principale source de remède aux problèmes des consommateurs. Comment y arriver? Le tableau 15.2 donne les programmes d'interventions prioritaires, tels que perçus par ces cadres.

Programme	% de réponses
Amélioration de la qualité et des performances des produits	51
Établissement de normes par industrie	26
Accroissement des recherches pour mieux identifier les désirs et les besoins des consommateurs	24
Modification des produits pour plus de sécurité, facilité d'utilisation et réparation	23
Assurer un suivi après la vente	22
Supporter les efforts d'autodiscipline	20
Rendre la publicité plus informative	19
Développer des manuels du propriétaire sur l'utilisation, l'entretien du produit	16
Créer de nouveaux postes dans l'organisation pour s'occuper des problèmes des consommateurs	15
Fournir un étiquetage plus informatif	14
(les répondants pouvaient formuler 3 choix)	

Source: Reprinted by permission of the *Harvard Business Review.* An exhibit from «Business is Adapting to Consumerism», by Stephen A. Greyser and Steven Diamond, September-October, 1974. Copyright © 1974 by the President and Fellows of Harvard College, all rights reserved.

Tableau 15.2 Les programmes d'interventions prioritaires.

Soulignons que ces programmes d'interventions ne sont que des suggestions. Mais qu'en est-il dans la réalité de l'entreprise? Il faut distinguer deux types de réactions:

1) Les réactions organisationnelles où le monde des affaires intervient, soit à un niveau sectoriel, telle une association professionnelle, soit au niveau même de la structure interne de la compagnie;
2) Les réactions stratégiques où le responsable incorpore les revendications des consommateurs à ses décisions.

Les réponses organisationnelles au consommateurisme

Quand une association de consommateurs, comme l'A.C.C., proteste contre certaines pratiques commerciales ou quand le gouvernement établit une commission parlementaire, comme ce fut le cas pour la publicité destinée aux enfants, afin d'entendre les points de vue des différents partenaires, le débat se situe à un niveau sectoriel. Dans ce cas, il faut que les entreprises apprennent à s'organiser, à agir et à intervenir à un niveau, lui aussi, sectoriel. Il y a tout un champ d'actions qui s'ouvre pour les organismes, associations ou conseils professionnels. Certains ont déjà réussi à franchir le premier pas en mettant sur pied des codes d'éthique.

Les codes d'éthique

Les codes d'éthique matérialisent la volonté d'autodiscipline d'une industrie. Les publicitaires canadiens ont été parmi les premiers à mettre sur pied un tel code. Celui-ci apparaît au tableau 15.3.

Plus récemment, et en collaboration avec l'O.P.C., l'Association des Marchands de Meubles du Québec a élaboré également son code d'éthique. Bien souvent, derrière pareille démarche on cherchera à écarter une intervention gouvernementale plus directe. L'industrie, quelle qu'elle soit, n'aime pas voir l'État mettre son nez dans ses affaires. La logique d'un code d'éthique permet d'écarter pareille intervention.

L'autodiscipline vient se poser comme une solution aux interventions plus coercitives des gouvernements. Et ces derniers favorisent l'élaboration de ces codes, plus ou moins déontologiques, comme l'atteste le texte suivant, prononcé par un représentant de l'O.P.C. devant un parterre de responsables d'entreprises:

> En accord avec ce proverbe qui dit que «nul n'est si bien servi que par soi-même», il nous apparaît que l'autorégulation des milieux d'affaires par l'adoption des codes d'éthique visant à définir des standards de moralité commerciale, peut constituer une voie d'action intéressante pour les entreprises. L'autorégulation des milieux d'affaires en matière de protection du consommateur n'est pas un thème nouveau. L'intérêt pour l'autorégulation s'est produit, ces dernières années, par une plus grande préoccupation, en certains milieux, pour la qualité des relations avec les consommateurs (. . .), l'entreprise cherche donc dans l'intérêt manifesté pour l'autorégulation, à définir notamment la place qu'elle entend occuper sur l'échiquier consommateuriste. En ce faisant, elle

La publicité ne peut réussir que dans la mesure où elle inspire confiance au public. Il faut donc éliminer toutes les pratiques qui risquent d'aliéner cette confiance.

Les règles suivantes régissant la publicité au Canada ont été approuvées en principe par toutes les organisations participantes. Elles pourront être modifiées périodiquement à la recommandation du Comité des normes de la publicité.

Ces règles s'appliquent à toute publicité, quel que soit le support utilisé, et à toutes les parties composantes d'une annonce-parlée ou visuelle, et doivent être scrupuleusement observées.

Publicité mensongère ou tendancieuse — On ne composera et on ne diffusera, en connaissance de cause, aucune annonce qui comporterait explicitement ou implicitement des déclarations mensongères, tendancieuses, injustifiées ou exagérées. L'annonceur ou l'agence de publicité doit être en mesure de prouver les avancés de ses annonces.

Moralité publique — On ne composera et on ne diffusera, en connaissance de cause, aucune annonce vulgaire, suggestive ou contraire à la morale publique.

Craintes et superstitions — On ne composera et on ne diffusera, en connaissance de cause, aucune annonce qui abuserait de la crédulité ou des superstitions populaires pour inciter le public à acheter un produit ou un service.

Exploitation de la détresse humaine — On ne composera et on ne diffusera, en connaissance de cause, aucune annonce qui offrirait de faux espoirs de guérison ou de soulagement à ceux qui souffrent d'afflictions mentales ou physiques, temporaires ou permanentes.

Indications de prix — On ne composera et on ne diffusera, en connaissance de cause, aucune annonce qui comporterait une indication ou une comparaison de prix, qui serait fausse ou qui tendrait à induire en erreur le public acheteur.

Témoignages — On ne composera et on ne diffusera, en connaissance de cause, aucune annonce qui comporterait des témoignages faux ou tendancieux ou qui ne refléterait pas l'opinion véritable de la personne dont on invoque le témoignage. Les annonceurs, aussi bien que les agences, devront être en mesure de prouver les affirmations que comportent les annonces-témoignages.

Propos dépréciateurs — On ne composera et on ne diffusera, en connaissance de cause, aucune annonce qui déprécierait les produits ou les services de concurrents. On devra établir le bien-fondé de toute comparaison.

Témoignages scientifiques ou professionnels — On ne composera et on ne diffusera, en connaissance de cause, aucune annonce qui dénaturerait le sens véritable de propos ou de déclarations faits par des hommes de science ou exerçant d'autres professions. Aucune annonce ne s'appuiera, sans justifications, sur des faits scientifiques. Dans une annonce destinée au grand public, on évitera d'émailler le texte de termes scientifiques ou techniques pour lesquels l'annonceur ou l'agence ne pourrait assumer l'entière responsabilité.

Garantie — On ne composera et on ne diffusera, en connaissance de cause, aucune annonce comportant une garantie, sauf si la garantie est pleinement décrite et porte le nom du répondant, les conditions et les limites auxquelles elle est soumise, ou qui indique clairement au consommateur où il peut se procurer de tels renseignements.

Annonce destinée aux enfants — On ne composera et on ne diffusera, en connaissance de cause, aucune annonce qui pourrait porter préjudice aux enfants ou constituer pour eux un danger physique, mental ou moral.

Plagiat — On ne composera et on ne diffusera, en connaissance de cause, aucune annonce qui plagierait ou copierait délibérément le texte, les slogans ou les illustrations d'autres annonceurs ou qui, à cause de similitudes, serait de nature à induire le public en erreur.

Annonce frauduleuse — On ne composera et on ne diffusera, en connaissance de cause, aucune annonce qui offrirait un produit ou des services que le consommateur ne pourrait pas se procurer au prix ou aux conditions mentionnés dans l'annonce.

N.B. — Le Code s'applique évidemment aux annonces dont il est possible d'évaluer objectivement la teneur. On a cru difficile d'inclure celles qui représentent des cas-limites qui donnent lieu à des jugements subjectifs. Néanmoins, les signataires s'entendent pour dénoncer les annonces d'un goût douteux ou qui constituent, par leur texte ou leur présentation, une source d'irritation pour le public.

Tableau 15.3 Le code d'éthique des publicitaires.

> se sort elle-même de la marginalité à laquelle l'a condamnée son trop grand mutisme des dernières années en cette matière. Il y a là un geste que l'Office de la Protection du Consommateur considère positif et prometteur d'un ordre, sans aucun doute meilleur s'il est bien encadré, entre entrepreneurs, commerçants, et consommateurs. (Yves Durand, 1981)

Mais les problèmes posés par les codes d'éthique sont nombreux. Tout d'abord, à l'inverse d'un texte juridique, ils n'ont pas force de loi. Que se passe-t-il si un publicitaire ne respecte pas une clause du code d'éthique présenté au tableau 15.3? Perdra-t-il pour autant son droit d'exercer? Certainement pas. La majeure partie du temps, les sanctions encourues par le non-respect d'un code demeurent au niveau du blâme. D'autre part, le code d'éthique suppose une entente dans l'ensemble de la profession impliquée. Or, que se passe-t-il quand il faut unifier des points de vue souvent disparates? L'accord se fait généralement «par le bas». C'est le cas du code d'éthique des publicitaires canadiens: il ne concerne que des cas flagrants, souvent déjà couverts par des textes de loi. Quelques exceptions confirment la règle. C'est ainsi qu'en Grande-Bretagne, les fabricants de produits pharmaceutiques, dans leur code d'éthique, s'interdisent la distribution anarchique d'échantillons aux médecins, la loi en place dans ce pays ne touchant pas à ce domaine. Et, dans les faits, cela fonctionne. De l'autre côté de la Manche, en France, la distribution des échantillons est elle aussi limitée, mais cette fois par un texte de loi (Laws et Perrien, 1981).

Ces codes d'éthique en sont pour la plupart au stade de l'expérience. Nul doute qu'ils contiennent un potentiel prometteur. Tout d'abord dans leur caractère collectif: il s'agit vraiment de la résultante de la prise de conscience et de la préoccupation d'une industrie face à ce type de problèmes. Ensuite, parce que ces codes d'éthique, en se substituant au cadre légal, permettent une relation directe consommateurs-monde des affaires, qui ne peut que favoriser la compréhension mutuelle.

Les départements des relations avec les consommateurs

Si les codes d'éthique s'inscrivent dans la structure d'une industrie, les départements des relations avec les consommateurs se présentent comme une réponse au consommateurisme à l'intérieur de la structure d'une entreprise. Pour comprendre leur rôle, commençons par définir les quatre principales fonctions qui leur sont généralement imparties (Aaker et Day, 1972):

1) Recevoir les plaintes et les problèmes des consommateurs et avoir une responsabilité suffisante pour les résoudre;
2) Développer un système d'information dont les principaux objectifs seront:
   a) de contrôler le degré de satisfaction des différentes classes d'acheteurs en fonction des différents programmes de marketing de la compagnie et de ses concurrents;
   b) de prévoir les domaines d'insatisfaction du consommateur qui peuvent avoir un impact négatif sur la compagnie;
3) Être un représentant et un avocat de l'intérêt du consommateur afin de présenter une appréciation indépendante des programmes de marketing de la compagnie;

4) Contribuer au développement des objectifs sociaux de la compagnie et aux critères d'évaluation de ces programmes, ce qui implique de pénibles questions d'affectation de ressources et des considérations de mesures de performance autre que le profit.

Les entreprises qui ont décidé d'inclure formellement ces «représentants et avocats de l'intérêt des consommateurs» dans leurs structures sont relativement peu nombreuses. On y retrouve essentiellement de grandes entreprises oeuvrant principalement dans le domaine du commerce de détail ou des produits de grande diffusion, telles que Sears et Ford. En intégrant la voix des consommateurs dans leurs processus de décision, ces compagnies vont jusqu'au bout d'une démarche de marketing, comme l'atteste David Schoenfeld, vice-président des relations avec les consommateurs pour la chaîne de magasins américains J. C. Penney:

> Ce que les consommateurs veulent vraiment, c'est la participation. Une voix dans le processus de prise de décision du monde des affaires et du gouvernement. Le fait est que les consommateurs sont une composante du marché plutôt que quelque chose en dehors de ce marché (*Marketing,* 1978).

On serait tenté de croire qu'occuper une telle fonction dans une entreprise puisse être source de conflits: après tout le responsable des problèmes des consommateurs n'est-il pas un agent perturbateur? Toujours selon David Schoenfeld, il n'en est rien:

> Je suis employé chez J. C. Penney pour une raison particulière. J'ai un biais pro-consommateur nettement marqué. Mon rôle n'est pas de forcer qui que ce soit dans la compagnie, mais bien plus de sensibiliser la compagnie à la perspective du consommateur sur une base continue. On s'attend à ce que je sois actif dans l'organisation des affaires touchant les consommateurs: la compagnie me fournit le support nécessaire pour maintenir mon intégrité et ma crédibilité comme avocat du consommateur en me donnant le droit de manifester publiquement mon désaccord avec J. C. Penney sur des problèmes impliquant le consommateur, si, pour quelque raison que ce soit, en tant qu'avocat des consommateurs je ne suis pas d'accord avec la position prise.

En résumé, nous pouvons dire que la raison d'être d'un service de relations avec les consommateurs est assujettie à la marge de manoeuvre qui lui est laissée. Son rôle étant celui d'un ombudsman à l'intérieur de l'entreprise, cela implique qu'il soit placé en relation d'aide (relation horizontale ou «*staff*») au niveau du comité de direction, pour ne pas être noyé ou dénaturé dans les rouages administratifs inhérents aux structures.

Mais le tout n'est pas, bien entendu, d'agir uniquement au niveau structurel. Une adaptation aux réclamations et aux demandes des consommateurs, à travers la création de tels services, doit s'accompagner de modifications dans les stratégies de marketing.

Les implications stratégiques du consommateurisme

Le consommateurisme peut être rentable. D'abord parce que toute adaptation aux revendications des consommateurs engendre, automatiquement, un accroissement de la satisfaction de ces derniers, et n'est-ce pas là le meilleur moyen de rendre fidèle une clientèle? Le fondement du marketing n'est-il pas la satisfaction des consommateurs? Pourquoi ne pas opérationnaliser ce vieil adage publicitaire qui dit: «Satisfaction garantie ou argent remis»?

L'insatisfaction comme source du consommateurisme, la satisfaction comme objectif stratégique; c'est en fait à partir de ce constat que les problèmes de mesure de la satisfaction/insatisfaction du consommateur prennent toute leur importance. Stratégiquement parlant, la mesure de la satisfaction ou de l'insatisfaction des consommateurs constitue un intrant de choix dans les décisions de marketing.

Mesure de la satisfaction/insatisfaction des consommateurs

Ce sujet a fait l'objet de recherches abondantes (voir par exemple Day, 1977 et Hunt, 1977). Il est possible de mesurer la satisfaction/insatisfaction du consommateur de façon subjective ou objective. Une mesure subjective procédera généralement par enquête, où l'on demandera à un consommateur d'exprimer son degré de satisfaction. Une mesure objective cherchera à comptabiliser les extrants de cette satisfaction/insatisfaction, en l'occurrence, essentiellement l'extrant de son insatisfaction! L'analyse des plaintes formulées par les consommateurs relève de cette dernière catégorie. La plainte étant l'aboutissement logique d'un état d'insatisfaction.

Face à un problème de consommation (état d'insatisfaction), le consommateur a différentes possibilités de réaction (Belley, Hamel, Masse, 1980):

a) l'inaction: le consommateur n'agit pas;
b) la consultation: le consommateur demande plus d'information, que ce soit au commerçant impliqué ou à un tiers;
c) la plainte auprès de l'entreprise concernée: lettre recommandée, protestation officielle, etc.;
d) les pressions et menaces auprès de l'entreprise concernée; ces pressions peuvent prendre diverses formes: menace de faire de la mauvaise publicité, de ne pas payer ou de se plaindre à un organisme public, etc.;
e) le recours à des tribunaux: le consommateur porte l'affaire sur la scène légale, devant le tribunal des petites créances, par exemple.

Au Québec, selon une étude menée par l'O.P.C. (Belley, Hamel, Masse, 1980), les réactions des consommateurs se ventilent comme suit:

• inaction complète	28,6 %
• consultation	40,8 %
• plaintes auprès de l'entreprise concernée	64,4 %
• pressions auprès de l'entreprise concernée	16,9 %
• recours aux tribunaux	0,8 %

Toutefois, tant au Québec qu'au Canada (Liefeld, Edgercombe et Wolfe, 1976), les consommateurs les plus virulents en cette matière ne sont pas représentatifs de la population. Ils ont beaucoup plus le profil que nous avons dressé pour le consommateur militant: formation académique supérieure, plus jeune, très critique, etc. C'est ce qui justifie le développement des mesures subjectives de la satisfaction/insatisfaction, essentiellement par l'intermédiaire d'enquêtes passées auprès d'échantillons représentatifs.

Comme souvent lorsqu'on cherche à mesurer un construit aussi large que cette satisfaction/insatisfaction, des approches très différentes entrent en confrontation tant au niveau conceptuel (qu'est-ce que la satisfaction/insatisfaction? d'où provient-elle?) qu'au niveau des instruments de mesure (quel type d'échelle utiliser?). Notre propos ne sera pas de tenter de réconcilier ces points de vue divergents, mais d'y sensibiliser le lecteur.

Dans la littérature sur le comportement du consommateur, on distingue trois approches plus ou moins distinctes de la conceptualisation et de la mesure de la satisfaction du consommateur. L'une d'elles relie le niveau global de satisfaction ou d'insatisfaction manifesté chez l'individu au degré d'appréciation par ce dernier de la réalisation ou de la non-réalisation de ses attentes. L'autre approche relie le niveau de satisfaction ou d'insatisfaction à la distance psychologique entre le produit tel quel et un produit idéal imaginé par l'individu et pouvant être situé au sein d'un espace multidimensionnel où chacune des dimensions représente l'un des attributs du produit. Enfin, la dernière approche tente de définir le bien-être de l'individu dans la consommation par une mesure «directe» et «subjective» basée sur la propre évaluation du répondant quant à sa satisfaction ou son insatisfaction vis-à-vis de certaines pratiques du système de production et vis-à-vis de certains produits ou services. Bien que ces approches puissent toutes être regroupées autour de la vision micro-analytique du comportement du consommateur, les hypothèses qui les sous-tendent sont suffisamment différentes pour nécessiter une distinction entre elles.

Quant aux problèmes de mesures, différentes échelles ont été développées (voir Westbrook, 1980). L'échelle bipolaire est la plus souvent utilisée (voir par exemple Andreasen et Best, 1977). Elle se matérialise comme suit:

En général êtes-vous satisfait de cette voiture?

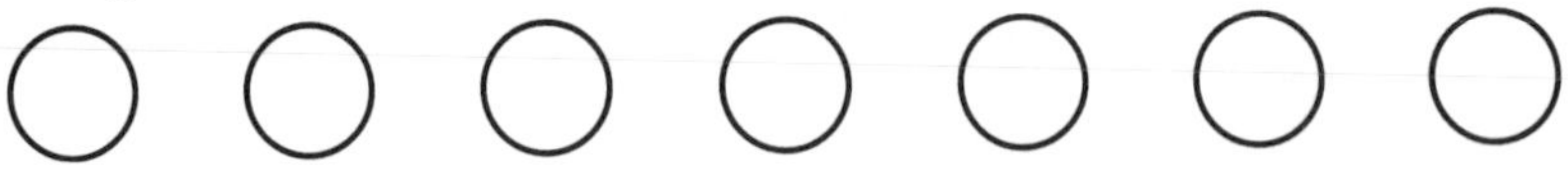

Pas satisfait — Très satisfait

Malheureusement ce type d'échelle a un pouvoir discriminant plutôt faible et tend à «gonfler» la satisfaction. Plus récemment, Westbrook (1980) a proposé l'utilisation d'une échelle baptisée D-T (*Delighted-Terrible*) qui, appliquée à notre automobile, donnerait:

Quelle est votre réaction face à cette automobile?

7	6	5	4	3	2	1
Ravi	Content	Assez satis-fait	Ambivalent (satisfait et insatisfait à la fois)	Plutôt satis-fait	Malheu-reux	Terrible-ment déçu

A Neutre (ni satisfait ni insatisfait)

B Je n'ai pas de réaction

Il semble que cette échelle, imagée sinon poétique, donne d'excellents résultats.

À partir de l'information recueillie sur la satisfaction/insatisfaction, il sera possible d'envisager des modifications stratégiques spécifiques au produit impliqué. Toutefois, certaines revendications des consommateurs sont suffisamment importantes pour nous permettre de revoir, de façon générale, la conception même de deux variables du composé de marketing: le produit et la publicité.

Un nouveau concept de produit

La prolifération de nouveaux produits, leur différenciation parfois subjective, une qualité parfois défaillante («Ce n'est plus ce que c'était. . .») sont souvent décriées par les consommateurs.

Les scandales comme ceux des pneus Firestone 500 au Canada et Kleber-Colombe en France, le drame de la mousse d'urée-formol viennent aggraver ces critiques. En fait, sous la pression économique et concurrentielle, l'accent est mis sur la satisfaction à court terme, au détriment de la satisfaction à long terme. Philip Kotler (1972) a développé un paradigme qui illustre cette situation et positionne les différents types de nouveaux produits (voir fig. 15.2).

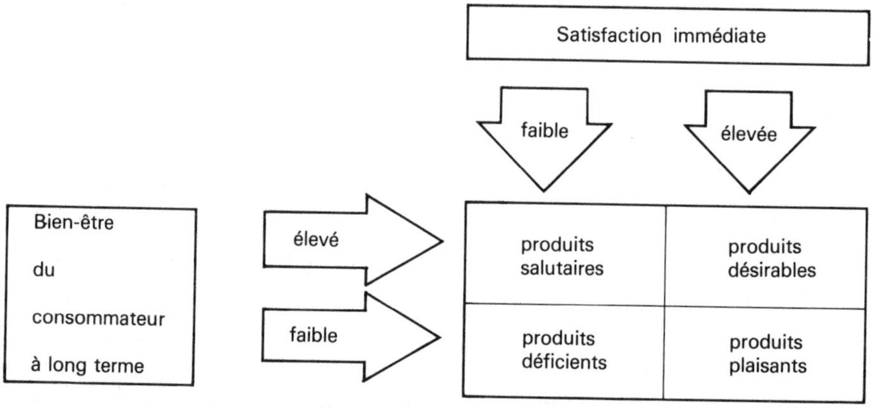

Reprinted by permission of the *Harvard Business Review.* An exhibit from «What Consumerism Means for Marketers», by Philip Kotler (May/June 1972), p. 48-57.

Figure 15.2 Classification des ouvertures pour les nouveaux produits.

Sur ces bases, il est possible d'envisager quatre types de produits:

— le produit salutaire qui n'engendre de la satisfaction qu'à long terme (ex.: les détergents biodégradables);
— le produit désirable ou produit parfait qui combine satisfaction à court et à long terme (ex.: les céréales nutritives);
— le produit agréable, qui maximise la satisfaction immédiate au détriment de la satisfaction à long terme (ex.: la cigarette);
— le produit déficient. . . une erreur, quoi!

Le problème majeur est le fait que, dans bien des cas, les produits disponibles sont conçus comme des produits agréables. S'adapter au consommateurisme veut dire, à l'intérieur de ce paradigme, raisonner au niveau de produits désirables, c'est-à-dire arriver à concevoir le produit dans l'intérêt, tant à court qu'à long terme, du consommateur. . . Plus facile à dire qu'à faire, puisque cela veut souvent dire modifier radicalement notre conception du produit. Mais une entreprise est toujours préoccupée par sa survie à long terme et, à partir de là, pourquoi ne pas considérer que cette pérennité sera aussi tributaire de la satisfaction à long terme que ses produits engendreront? Le cas de Fisher Price l'atteste. Non contente de concevoir des produits qui attireront l'enfant (satisfaction à court terme), cette entreprise ne lance un produit que si, en plus, il est sans danger et capable de contribuer au développement de l'enfant (satisfaction à long terme). Résultat? Fisher Price est le leader mondial sur le marché du jouet.

La publicité mise en cause

Lorsque le film *Les 10 Commandements* est passé sur les ondes d'un réseau de télévision québécois, sa présentation a duré quatre heures et demie. La durée réelle du film: trois heures et demie. Le reste? Occupé par 96 annonces publicitaires! La publicité est envahissante.

S'adressant au premier congrès de l'Association des Publicitaires Francophones du Québec, Me Pierre Meunier, directeur de l'O.P.C., affirmait:

> En soi, le respect par les annonceurs de la liberté d'action du consommateur est important, mais nettement insuffisant. Elle doit s'accompagner du droit essentiel à une information éclairée et véridique sur les produits et services pour lui permettre de décider consciemment, en toute connaissance de cause ce qu'il désire se procurer, compte tenu de ses besoins et ressources. (. . .) Il s'agit là précisément de l'un des abus les plus graves de la publicité actuelle: à savoir annoncer sans véritablement informer. (Meunier, 1977).

Non seulement les messages sont beaucoup trop nombreux mais, en plus, le contenu publicitaire est trop émotionnel et pas suffisamment informatif: telles sont les deux critiques majeures faites à l'endroit de la publicité. Or, le problème est simple: si le monde des affaires ne se discipline pas lui-même, l'État le fera à sa place. Que l'on se souvienne du cas de la publicité destinée aux enfants. L'affaire s'est terminée par un paragraphe dans la loi 72. Dans le domaine précis du contenu publicitaire, il y a possibilité de s'adapter. Pourquoi le contenu informatif des messages publicitaires est-il souvent faible? Parce que les pressions concurrentielles, les stratégies de positionnement forcent le publicitaire à exploiter et à jouer avec des dimensions subjectives et émotionnelles (Shimp et Preston, 1981). Le publicitaire ne croit pas à l'efficacité du contenu informatif ou, du moins, il pense ne pas y croire. Car, en effet, une expérimentation menée sur plus de 180 professionnels de la publicité au Québec a clairement démontré que, dans les faits, les publicitaires percevaient un message au contenu informatif élevé comme étant plus efficace qu'un message au contenu informatif faible (Paul, 1982)!

Quant à l'intrusion publicitaire, cette fois-ci le débat sort du contexte des décideurs. Il y a là des problèmes institutionnels et de juridiction (par exemple, le temps consacré à la publicité télévisée est déterminé par le C.R.T.C.) qui laissent aux publicitaires une marge de manoeuvre très faible. C'est donc essentiellement le contenu des messages qui doit être repensé.

Voilà deux variables du composé de marketing (produit et promotion) directement touchées par le consommateurisme. Mais plus encore que l'adéquation entre le consommateurisme et ces variables d'action, c'est l'ensemble de l'adéquation entre le consommateurisme et l'entreprise tout entière à travers son marketing qui est à reconsidérer. Après tout, ce marketing n'a-t-il pas comme objectif premier de satisfaire les besoins des consommateurs?

CONCLUSION

Le consommateurisme est plus qu'une mode passagère, il est devenu une constante dans l'environnement des entreprises; ses racines sont profondes, ses conséquences parfois spectaculaires. Aujourd'hui, il devient pressant de s'adapter aux revendications des consommateurs parce qu'il s'est créé une dynamique, elle aussi inévitable: l'écho que le consommateur reçoit à ses réclamations l'encourage à se montrer de plus en plus exigeant.

De plus, les conditions économiques actuelles dites de «stagflation» (une économie *stag*nante dans une période d'in*flation)* ont provoqué l'émergence d'une nouvelle lignée de consommateurs, appelée dans la littérature spécialisée les «simplificateurs volontaires» (Shama, 1978 et 1981). Ceux-ci, en réaction à la société de consommation, adoptent de nouveaux comportements de consommation qui traduisent de profonds changements dans leurs valeurs de base. D'une façon générale, ils se veulent plus rationnels, plus réfléchis, moins matérialistes, et ils préfèrent:

— les produits plus petits (en taille et en quantité);
— avoir moins de produits en tant que tels;
— des produits plus simples, plus fonctionnels;
— des produits de qualité;
— des produits qui développent l'intérêt et l'implication;
— des produits «à faire soi-même»;
— des magasins plus petits et plus personnalisés;
— des formes de distribution innovatrices;
— une promotion à fort contenu informatif, imprimée et radiodiffusée.

Or, ces consommateurs appartiennent aux classes moyennes, c'est-à-dire celles qui ont été les plus touchées par la crise économique, étant forcées de réviser leurs modes de consommation, mais aussi celles qui constituent le gros du marché.

Pour le décideur, il n'y a guère de choix; il faut qu'il s'adapte au réajustement lent mais certain de l'équilibre des droits de l'acheteur et du vendeur. Cette adaptation sera d'autant plus facile qu'elle peut être rentable, comme peut l'être tout besoin du consommateur judicieusement analysé et exploité.

DÉMONSTRATION PRATIQUE: LES PROBLÈMES RENCONTRÉS PAR LES CONSOMMATEURS DANS LEURS ACTIVITÉS DE PRÉ-ACHAT*

Qui ne s'est pas posé des questions avant de choisir le garage qui réparera une voiture refusant de démarrer? ou avant de téléphoner au plombier pour qu'il vienne réparer une tuyauterie qui fuit? Dans leurs activités de pré-achat, les consommateurs se posent des questions. Questions qui deviennent souvent des problèmes: comment puis-je m'assurer de l'intégrité de tel garagiste ou de tel plombier?

C'est à partir de cet état de fait que Consommation et Corporation Canada a mené une étude qui cherchait à identifier les difficultés auxquelles les consommateurs ont à faire face dans leurs activités de pré-achat. Cette recherche a été confiée aux professeurs D. Claxton et J. R. Brent Ritchie (1978). Des entrevues de groupes conduites à Halifax, Québec, Ottawa, Regina et Vancouver ont permis la cueillette des données.

Cinq principaux secteurs de consommation ont été examinés: l'habillement, les produits d'épicerie, les meubles et articles ménagers, les réparations d'automobiles et les services professionnels de réparation à domicile (plombiers, etc.). Le tableau 15.4 reprend les principales difficultés rencontrées par les consommateurs dans ces secteurs de consommation. À la suite de cela, les auteurs ont déterminé les principaux types de problèmes qu'éprouvent les consommateurs canadiens lorsqu'ils ont à formuler des choix. Les problèmes pouvant être classés comme «aigus» au niveau du degré de sévérité sont:

- pouvoir comparer et juger la qualité;
- juger des dangers pour la sécurité et la santé;
- trouver l'information;
- connaître la vraie valeur du produit ou service;
- les affirmations confondantes et trompeuses des producteurs;
- les affirmations confondantes et trompeuses du personnel de vente.

On ne peut s'empêcher de remarquer la caractéristique commune de ces problèmes, considérés comme les plus importants par les consommateurs canadiens. Ces problèmes se résument à un manque d'information. Ce que l'on déplore, c'est la difficulté d'obtenir une information qui soit objective.

Sept autres problèmes ont été jugés comme modérément sévères:

- pouvoir juger la valeur nutritive des aliments;
- étiquettes incluant des affirmations confondantes ou trompeuses;
- publicité des détaillants confondante ou trompeuse;
- difficultés de comprendre les garanties/promotions/catégories/labels d'approbation;

* L'essentiel du texte qui suit provient du chapitre 6 du livre de Jean Perrien intitulé *Le Consommateurisme: vers un nouveau consommateur,* Chicoutimi, Gaétan Morin éditeur, 1979. Autorisation de l'éditeur, Copyright © 1979.

SECTEUR	CLASSEMENT		PROBLÈMES
Habillement (répondants féminins)	1		Mauvaise qualité du matériel et de la confection
	2		Manque de standardisation dans les tailles
	3		Prix trop élevés des vêtements en général
	4		Difficulté d'obtenir satisfaction après réclamation
	5		Prix des vêtements d'enfant trop élevés.
Épicerie (répondants féminins)	1		Prix élevés de l'alimentation
	2		Mauvaise qualité de la viande
	3		Absence de prix unitaires
	4		Mauvaise conception de l'emballage
	5		Magasins vendant des produits préalablement congelés
	H*	F*	
Ameublement équipement	1	6	Difficile de juger la qualité
	2	5	Ignorance du personnel de vente
	3	1	Mauvaise qualité des matériaux et de la main-d'oeuvre
	6	2	Pièces de remplacement trop chères ou non disponibles rendant toute réparation irraisonnable
Réparations mécaniques (répondants masculins)	1		Manque d'intégrité des garagistes
	2		Difficile de trouver une firme avec bonne réputation
	3		Incompétence des mécaniciens
	4		Temps facturé supérieur au temps passé
	5		Coût des réparations trop élevé
Réparations à domicile (répondants masculins)	1		Incompétence des contracteurs
	2		Manque d'intégrité des contracteurs
	3		Respect des dates promises non tenu
	4		Trouver et juger un contracteur compétent
	5		Fourchette des prix proposés très large

H*: Répondants masculins
F*: Répondants féminins

Source: Claxton, D., Ritchie, B., «Consumers' Perception of Pre-purchase Shopping Problems and Solutions», Consumer Choice Research Program Working Report, Ottawa, 1978.

Tableau 15.4

- obtenir une attention satisfaisante devant les réclamations après l'achat;
- connaître les caractéristiques du produit recherché;
- choisir parmi les marques de services.

Une fois de plus, on peut constater que bon nombre de ces problèmes sont reliés à la problématique de l'information. Pour l'ensemble de leur analyse, il apparaît que c'est dans le secteur de l'automobile que les consommateurs rencontrent les problèmes les plus aigus.

Puis, les auteurs s'attardent à identifier les critères de sélection des points de vente des produits ou services étudiés. La qualité de la marchandise offerte au client semble être le critère le plus important dans le choix d'un magasin de vêtements. Le choix du point de vente pour les meubles et les appareils électroménagers semble dépendre du service après-vente. Enfin, pour le choix de l'atelier de réparation d'automobile, se dégage la compétence des mécaniciens comme critère décisif. Les autres secteurs (épicerie et services domestiques) n'ont pas été étudiés.

Les chercheurs ont enrichi leur étude en mettant à jour, dans une seconde étape, les solutions à ces problèmes telles que vues par les consommateurs. Par opposition à leur capacité de cerner leurs problèmes, les consommateurs canadiens semblent avoir beaucoup plus de difficulté à identifier des solutions pour les résoudre. Les solutions qu'ils avancent peuvent être regroupées dans cinq grandes catégories:

1) Le refus d'acheter (un des droits traditionnels de l'acheteur tel que vu précédemment);
2) Se plaindre à:
   a) la direction du magasin manufacturier;
   b) une agence de protection du consommateur;
   c) un bureau d'éthique commerciale;
   d) des journaux, des émissions de télévision, des amis, etc., dans une tentative d'exposer leurs problèmes au public et de dénoncer les compagnies coupables;
3) S'informer, s'instruire et magasiner avec prudence;
4) Fournir plus de moyens aux associations de consommateurs;
5) Entamer des poursuites légales.

Encore une fois, on constate l'aspect réactif de ces solutions ainsi que la pauvreté de leur originalité, ce qui tendrait à confirmer la thèse selon laquelle les actions devraient être générées par le gouvernement. Par contre, lorsqu'on demande aux consommateurs quelles sont les formes d'action que le gouvernement devrait prendre, les réponses se font plus précises. Le tableau 15.5 reprend ces formes d'interventions telles que suggérées par les répondants. Ces grands types d'action se synthétisent autour de quatre grands axes:

- Affecter plus de ressources aux programmes existants;
- Faire passer de nouvelles lois pour contrôler le monde des affaires;
- Développer des programmes d'éducation;
- Informer le consommateur.

Il faut remarquer que certaines des suggestions formulées dénotent une méconnaissance du consommateur. C'est ainsi que la demande d'un laboratoire indépendant qui effectuerait des tests comparatifs fait double emploi avec le laboratoire de l'Association des Consommateurs du Canada, situé à Ottawa et largement financé par le gouvernement fédéral.

De cette étude les auteurs tirent plusieurs conclusions:

1) Les consommateurs canadiens identifient facilement leurs problèmes majeurs. Ce qui vient en opposition avec une vision autocratique de la protection du consommateur: le consommateur canadien est tout à fait capable d'identifier ses problèmes;
2) Par contre, les consommateurs éprouvent des difficultés à trouver des réponses, des moyens d'action pour résoudre ces problèmes. C'est peut-être dans ce domaine que le consommateur a le plus besoin d'assistance;
3) Pour être efficace, tout programme d'intervention doit nécessiter l'implication des trois instigateurs du débat: le consommateur, l'entreprise privée, le gouvernement; c'est en fait la reconnaissance de l'aspect multidimensionnel du consommateurisme et plus spécifiquement de l'information du consommateur;

Type 1: Affecter plus de ressources aux programmes existants

- Étendre les bureaux de réclamations pour écouter et suivre les plaintes des consommateurs.
- Financement des organisations de consommateurs.
- Accroître les amendes pour les entreprises reconnues coupables de pratiques frauduleuses et les faire connaître.
- Plus de réglementations des pratiques commerciales et publicitaires.
- Rendre l'accès aux tribunaux plus facile pour permettre aux consommateurs d'entamer des poursuites.

Type 2: Faire de nouvelles lois pour contrôler le monde des affaires

- Lois pour standardiser et restreindre le nombre de modèles d'un produit.
- Lois pour exiger une information normalisée sur la construction, la performance et l'entretien d'un produit.
- Lois pour exiger un minimum de qualifications du personnel de vente.
- Lois pour exiger des produits de consommation des niveaux minimaux de qualité et de performance.
- Lois exigeant des manufacturiers et des revendeurs de fournir des seuils minimaux de garantie et de service après-vente.
- Lois instaurant une agence gouvernementale pour contrôler le prix de détail des produits et services de consommation.
- Modification des lois sur les taxes et contrôles sur les importations, de façon à faire baisser les prix.

Type 3: Programme d'éducation

- Programmes d'information sur les problèmes de consommation, patronnés par le gouvernement, dans les écoles secondaires.
- Programmes patronnés par le gouvernement à la télévision, radio, dans les journaux, pour aider les consommateurs à devenir des consommateurs plus avertis.
- Financement de programmes de formation de la main-d'oeuvre pour préparer du personnel de vente plus qualifié.

Type 4: Information du consommateur

- Un centre d'essais comparatifs indépendant, patronné par le gouvernement, pour évaluer les produits et fournir l'information pour aider les consommateurs à comparer des marques.
- Un programme pour rassembler et disséminer l'information sur le degré de satisfaction et de mécontentement face aux détaillants, aux garages, etc.
- Mise sur pied de kiosques d'information dans les principaux centres commerciaux. Les consommateurs pourraient y obtenir l'information sur les comparaisons de produits et services.
- Patronage gouvernemental de résultats de tests comparatifs, publiés dans des journaux locaux, sur des produits de consommation.

Source: Claxton, D., Ritchie, B., ibid.

Tableau 15.2 Propositions d'interventions gouvernementales.

4) Il ne semble pas y avoir de divergences géographiques dans la perception des problèmes de consommation. Cette conclusion n'est pas partagée par tous (voir le chapitre sur la culture);
5) Le secteur de l'automobile (réparations) apparaît comme le secteur le plus problématique pour le consommateur canadien. Le cas plus spécifique des consommateurs démunis est souligné: tout au long de l'étude, les consom-

mateurs entrant dans cette catégorie ont accentué l'importance de l'action gouvernementale. C'est donc dire que ces consommateurs méritent une attention particulière. Cette attention se justifie également par le simple fait que ces consommateurs ont les revenus les plus réduits.

Exercices pratiques Le consommateurisme

Exercice n° 1: Les problèmes d'automobile

Le ministère de la Consommation et des Corporations du Canada a envoyé une copie du rapport, présenté dans la démonstration de ce chapitre, à l'Association des Garagistes du Québec. Le président de cette association est perplexe:

«À la lecture du rapport, je me suis aperçu que tout n'était pas rose. J'ai téléphoné à Consommation et Corporation Canada: ils prennent ça au sérieux, ils m'ont même dit que nous aurions intérêt à en prendre bonne note. C'est vrai qu'il y a du stock là-dedans. . .»

Vous êtes en face de lui. Il continue:

«Bon, voilà pourquoi j'ai besoin de vous. Dans deux semaines nous avons une réunion de l'exécutif de l'Association et j'aimerais qu'on y parle des résultats de cette étude. Vous m'avez dit que les problèmes des consommateurs râleurs vous intéressent, eh bien allez-y! Pourriez-vous me préparer un rapport dont l'exécutif pourrait discuter? Dans ce rapport j'aimerais que vous dégagiez les principales conclusions pour nos membres de cette étude du fédéral et que vous proposiez des moyens concrets de résoudre les difficultés majeures rencontrées par les consommateurs lorsqu'ils vont chez un garagiste.»

À vous de jouer maintenant!

Exercice n° 2: La publicité québécoise informe-t-elle vraiment?*

Le directeur de l'Office de Protection du Consommateur, dans le discours cité au début du chapitre, a clairement manifesté sa réprobation face au peu de contenu informatif de la publicité. Or, il s'est appuyé sur des chiffres américains. À sa demande, donc, il confie à un agent de recherche de l'Office ce dossier épineux: qu'en est-il vraiment du contenu informatif de la publicité au Québec?

Vous êtes cet agent de recherche. Vous avez décidé d'utiliser la grille développée par Resnik et Stern (1977), les chercheurs américains qui ont conduit l'étude aux États-Unis sur laquelle Me Pierre Meunier s'est appuyé. Cette grille reprend 14 critères (voir tableau 15.6), à partir desquels chaque message publicitaire est analysé.

* Tous les chiffres utilisés sont réels et proviennent de la thèse de maîtrise de Françoise Paul (1982) rédigée à l'Université de Sherbrooke sous la direction de Jean Perrien.

1. Prix ou valeur du produit
2. Qualité du produit
3. Rendement du produit
4. Composantes/ingrédients ou contenu du produit
5. Disponibilité du produit
6. Offres spéciales
7. Goût du produit
8. Emballage du produit
9. Garanties
10. Sécurité du produit
11. Valeur nutritive
12. Tests indépendants effectués sur le produit
13. Tests effectués par le producteur
14. Nouveauté du produit

Source: Resnik, A., Stern, B., «An Analysis of Information Content in Television Advertising», *Journal of Marketing,* janvier 1977, p. 50-53. Reproduit avec autorisation, Copyright © 1977.

Tableau 15.6 Grilles des critères d'évaluation du contenu informatif.

Vous avez décidé d'utiliser les messages publicitaires provenant de trois magazines fort populaires au Québec: *Sélection du Reader's Digest, Châtelaine* et *L'Actualité.*

Les raisons de ce choix sont simples: la publicité imprimée attire 49 % des dépenses en publicité. De plus, la latitude de création du publicitaire est considérée comme étant au maximum dans les magazines et, finalement, c'est dans ces supports qu'on retrouve la publicité pour des produits interdits à la télévision, comme les cigarettes. Selon vous, c'est à partir de ce type de publicité qu'il est réellement possible de se faire une opinion.

Au total, vous avez analysé 761 messages répartis de la façon indiquée au tableau 15.7. Dans ce tableau, figure également le pourcentage des pages des différents magazines relatif à la publicité.

	Nombre de messages	%	Nombre de pages	Ratio messages/pages en %
Sélection du Reader's Digest	250	32,9	876	28,54
Châtelaine	312	41,0	568	54,93
L'Actualité	199	26,1	372	53,49

Tableau 15.7 Origine des messages analysés.

La diversité des produits annoncés est illustrée au tableau 15.8.

Classe de produit	Nombre de messages	%
Vêtements et accessoires	32	4,2
Automobile et accessoires	47	6,2
Bière et alcool	127	16,7
Construction et chauffage	16	2,1
Médicaments	24	3,2
Cosmétiques et soins personnels	121	15,9
Assurances et finances	11	1,4
Produits alimentaires	129	17,0
Meubles et appareils ménagers	40	5,3
Argenterie, porcelaine, bijoux	21	2,8
Produits d'entretien ménager	9	1,2
Quincaillerie et peinture	22	2,9
Équipement de bureau	11	1,4
Périodiques et livres	36	4,7
Cigarettes et accessoires	20	2,6
Articles de sports, jeux, cadeaux	42	5,5
Tourisme et transports	38	5,0
Autres	15	2,0

Tableau 15.8 Nature des produits/services publicisés.

Les résultats viennent tout juste de vous parvenir; les tableaux 15.9, 15.10 et 15.11 les présentent en détail. Maintenant, il vous faut les exploiter! Veuillez alors, sur ces bases, développer votre analyse de la valeur informative de la publicité imprimée au Québec.

Nombre de critères d'information	Nombre de messages	%
0	150	19,7
1	193	25,4
2	162	21,3
3	166	21,8
4	64	8,4
5	24	3,2
6	2	0,3

Tableau 15.9 Densité du contenu informatif des messages publicitaires.

Classe de produit	Nombre de critères d'information satisfaits (en %)							Nombre de messages
	0	1	2	3	4	5	6	
Vêtements	21,9	18,8	21,9	31,3	6,3	0	0	32
Automobile	6,4	6,4	14,9	34,0	21,3	14,9	2,1	47
Bière — Alcool	71,7	21,3	3,1	2,4	0,8	0,8	0	127
Construction — Chauffage	12,5	6,3	12,5	43,8	18,8	6,3	0	16
Médicaments	16,7	50,0	20,8	4,2	0	8,3	0	24
Cosmétiques — soins personnels	14,9	34,7	21,5	22,3	6,6	0	0	121
Assurances — Finances	9,1	27,3	45,5	18,2	0	0	0	11
Produits alimentaires	10,1	45,0	30,2	10,9	2,3	1,6	0	129
Meubles — Appareils ménagers	2,5	12,5	27,5	42,5	15,0	0	0	40
Argenterie — Porcelaine — Bijoux	4,8	0	38,1	57,1	0	0	0	21
Produits d'entretien	11,1	66,7	0	11,1	11,1	0	0	9
Quincaillerie	9,1	27,3	36,4	9,1	9,1	9,1	0	12
Équipement de bureau	0	0	45,5	36,4	18,2	0	0	11
Périodiques — Livres	2,0	11,1	8,3	22,2	38,9	16,7	0	36
Cigarettes	0	0	20,0	65,0	10,0	5	0	20
Sport — Jeux — Cadeaux	9,5	21,4	19,0	31,0	14,3	4,8	0	42
Tourisme — Transports	0	21,1	39,5	36,8	2,6	0	0	38
Autres	6,7	20,0	33,3	13,3	20,0	0	6,7	15
Total	19,7	25,4	21,3	21,8	8,4	3,2	0,3	761

(les pourcentages se lisent horizontalement)
$X^2 = 592{,}03$, 102 degrés de liberté, $p < 0{,}001$
V de Cramer = 0,36

Note: Le X^2 indique si il y a association entre les 2 variables alors que le V de Cramer indique l'intensité de cette association et s'interprète comme un coefficient de corrélation.

Tableau 15.10 Valeur informative et classe de produit.

SUPPORT	CONTENU INFORMATIF (en %)						
	0	1	2	3	4	5	6
Sélection du Reader's Digest	24,0	26,8	20,4	16,8	9,2	2,8	0
Châtelaine	14,7	30,4	22,4	22,1	7,1	2,9	0,3
L'Actualité	22,1	15,6	20,6	27,6	9,5	4,0	0,5

(les pourcentages se lisent horizontalement)
X^2 26,98, 12 degrés de liberté, $p = 0{,}007$
V de Cramer = 0,13

Tableau 15.11 Contenu informatif et support.

BIBLIOGRAPHIE

AAKER, D., DAY, G., «Corporate Responses to Consumerism Pressures», *Harvard Business Review,* novembre-décembre 1972, p. 114-123.

ANDREASEN, A., BEST, R., «Consumer Complain: Does the Business Listen?», *Harvard Business Review,* juillet-août 1977, p. 93-101.

BELLEY, J.G., HAMEL, J., MASSE, C., *La Société de consommation au Québec,* Éditeur officiel du Québec, Office de Protection du Consommateur, 1980.

BOURGEOIS, J., BARNES, J., «Viability and Profile of the Consumerist Segment», *Journal of Consumer Research,* mars 1979, p. 217-228.

CLAXTON, D., RITCHIE, B., «Consumers' Perception of Pre-purchase Shopping Problems and Solutions», *Consumer Choice Research Program Working Report,* Ottawa, 1978.

DAY, R., *Consumer Satisfaction, Dissatisfaction and Complaining Behavior,* Indiana University Press, Bloomington, Indiana, 1977.

DURAND, Y., «L'Office de Protection du Consommateur», Allocution prononcée lors de la journée de concertation sur *L'entreprise face au consommateurisme* tenue le 24 février 1981 aux H.E.C. de Montréal.

DUSSART, C., «L'Entreprise et le Consommateur: à la recherche d'un juste équilibre», *Revue Commerce,* janvier 1980, p. 50-58.

GREYSER, S., DIAMOND, S., «Business is Adapting to Consumerism», *Harvard Business Review,* vol. 52, septembre-octobre 1974, p. 38-55.

H.E.C., *L'Entreprise face au consommateurisme,* document témoin, Journée de concertation tenue par le Centre de perfectionnement des H.E.C. le 24 février 1981 à Montréal.

HUNT, K., *Conceptualization and Measurement of Consumer Satisfaction and Dissatisfaction,* Cambridge, Marketing Science Institute, 1977.

HUSTAD, T., PESSEMIER, E., «Will The Real Consumer Activist Please Stand Up?», *Journal of Marketing Research,* août 1973, p. 319-324.

KOTLER, P., «What Consumerism Means for Marketers», *Harvard Business Review,* vol. 50, mai-juin 1972, p. 48-57.

KOTLER, P., *Marketing Management,* Paris, Publi-Union, 1973.

LATOUR, S., PEAT, N., «Conceptual and Methodological Issues in Consumer Satisfaction Research», dans *Advances in Consumer Research,* sous la direction de W.L. Wilkie, Association for Consumer Research, octobre 1978, p. 431-437.

LÉTOURNEAU, M., PERRIEN, J., «L'Éducation du consommateur en tant que processus de communication», dans *Consumérisme, Pouvoirs publics, Protection des consommateurs,* sous la direction de D. Tixier et M. Baker, Paris, Ceressec/Fnge, 1980, p. 183-202.

LIEFELD, J., EDGERCOMBE, F., WOLFE, L., «Demographics Characteristics of Canadian Consumer Complainers», *Journal of Consumer Affairs,* vol. 9, été 1976, p. 73-80.

MARKETING, «Give Consumers Choice in Business Decision Making Process, Says Consumer Advocate», 6 novembre 1978, p. 17.

MEUNIER, P., «La Publicité et la Protection du consommateur», allocution prononcée au premier Congrès des publicitaires francophones du Québec à Montréal, mars 1977.

PAUL, F., *Le Contenu informatif de la publicité et les Publicitaires: une étude expérimentale,* mémoire de maîtrise, Université de Sherbrooke, 1982.

PERRIEN, J., *Le Consommateurisme: vers un nouveau consommateur,* Chicoutimi, Gaétan Morin éditeur, 1979.

SHAMA, A., «Management and Consumers in an Era of Stagflation», *Journal of Marketing,* juillet 1978, p. 43-52.

SHAMA, A., «Coping With Stagflation: Voluntary Simplicity», *Journal of Marketing,* été 1981, p. 120-134.

SHIMP, T., PRESTON, I., «Deceptive and Non-Deceptive Consequences of Evaluative Advertising», *Journal of Marketing,* hiver 1981, p. 22-31.

RESNIK, B., STERN, B., «An Analysis of Information Content in Television Advertising», *Journal of Marketing,* janvier 1977, p. 50-53.

WESTBROOK, R., «A Rating Scale for Measuring Product/Service Satisfaction», *Journal of Marketing,* automne 1980, p. 68-72.

GLOSSAIRE

Acceptation (totale ou partielle) de l'information
Condition essentielle pour que l'information décodée et traitée par le consommateur soit retenue (emmagasinage) et intégrée dans la mémoire à long terme.

Analyse culturelle croisée
Comparaison systématique des ressemblances et des différences entre les aspects matériels et comportementaux de deux ou plusieurs cultures.

Analyse (culturelle) de contenu
Technique permettant de déterminer les éléments d'une culture sur la base des documents d'expression produits par les individus qui la composent.

Analyse (culturelle) de l'utilisation des objets courants
Étude de la conception de différents objets usuels chez des individus de différentes cultures. Cette méthode a été employée auprès des enfants.

Analyse longitudinale
Étude dans le temps d'un phénomène de consommation donné.

Analyse sectorielle croisée (ou de coupe instantanée)
À des fins explicatives, et suite à une prise d'information instantanée, chercher à identifier de la variance au niveau de la variable dépendante en fonction des différentes catégories ou sections identifiées au niveau des variables indépendantes.

Anticonformisme
Rejet des normes imposées par un groupe de référence et adoption d'un comportement de consommation indépendant lorsque la pression du groupe est excessive.

Apprentissage du consommateur
L'ensemble des changements qui affectent la tendance des réponses d'un consommateur à différents stimuli, et qui sont dus à l'expérience.

Approche (analytique) cognitive
Étude de l'organisation des valeurs, des attitudes et des informations emmagasinées dans la mémoire du consommateur.

Approche culturelle synchronique
Qui étudie ou présente les événements survenus à une même époque, mais dans des lieux différents, des domaines séparés.

Approche (analytique) psychanalytique
Analyse du comportement du consommateur faite à partir des besoins et instincts, primaires et secondaires, conscients et inconscients, non exprimés des individus.

Approche (analytique) sociale
Étude de l'influence interactive de l'environnement sur le comportement du consommateur.

Attention du consommateur
Affectation d'une capacité de traitement ou d'un effort de réception à un stimulus dans la mémoire à court terme du consommateur.

Attitudes
Ce sont des prédispositions apprises par l'individu, lui permettant de réagir devant un objet ou une classe d'objets d'une façon conséquente, que cette réaction soit favorable ou défavorable.

Behaviorisme
Selon cette approche, le comportement du consommateur est fonction de son apprentissage et de son adaptation, seuls mécanismes fondamentaux de l'activité psychique. Cette doctrine ignore les états de conscience subjectifs.

Ça
Composante biologique de la personnalité, enfouie dans l'inconscient et générant l'énergie psychique.

Caractéristique du produit
Concept clé de la nouvelle théorie économique où le produit n'est pas vu comme un tout, mais comme la somme d'un certain nombre d'attributs. Chaque attribut contribue plus ou moins à la satisfaction ou à l'insatisfaction du consommateur.

Caractéristique objective
Elle doit être quantifiable, mesurable objectivement, universelle.

Chaîne de Markov
Processus aléatoire où l'état futur du système ne dépend que de l'état présent (appliqué aux passages de marques à marques).

Classe sociale (comportement du consommateur)
Division relativement permanente et homogène d'une société, au sein de laquelle il est possible de classer des individus ou des familles partageant des valeurs, des modes de vie, des intérêts et des comportements de consommation semblables.

Classe sociale (sens large)
Catégorie de personnes rapprochées par leurs fonctions sociales, leurs genres de vie, leurs centres d'intérêt, etc.

Comportementalité (néologisme)
C'est une mesure de l'ouverture au changement et à l'innovation qui touche tant à la philosophie personnelle qu'aux comportements individuels.

Composante affective d'une attitude
L'énoncé d'un sentiment favorable ou défavorable d'un consommateur face à un objet d'attitude.

Composante cognitive d'une attitude
La façon dont l'objet d'attitude est perçu et l'ensemble des croyances qui en découle.

Composante conative (ou comportementale) d'une attitude
L'impulsion déterminant un acte, un effort quelconque face à l'objet d'attitude.

Conditionnement classique
Répétition continue entre un stimulus conditionné et un stimulus non conditionné pour établir une association avec la réponse désirée.

Conditionnement instrumental
Apprentissage par essais et erreurs, accroissant la probabilité d'occurrence ou de sortie d'une réponse de consommation donnée.

Conscience de classe
Tendance des individus à évaluer les écarts entre leur position personnelle et celle des autres.

Consommateurisme
La reconnaissance des droits essentiels des consommateurs, raison d'être d'un mouvement social visant à modifier les relations entre l'entreprise et ses clients, de façon à accroître le pouvoir de ces derniers.

Consommation ostentatoire
Exposition du statut social de l'individu à travers sa consommation.

Contagion sociale
Dans le cadre de la diffusion de l'innovation, l'adoption initiale du produit par une minorité légitime et facilite son achat chez une fraction plus large du marché potentiel.

Coupe instantanée (voir Analyse sectorielle croisée)

Cristallisation statutaire
Tendance d'un individu ayant un statut élevé sur une dimension à le garder sur d'autres dimensions.

Critères d'achat
Disponibilité, garantie, service après-vente, prix, marque, etc., tout ce qui ne découle pas directement du produit.

Critères d'évaluation
Ce sont les spécifications utilisées par un consommateur pour comparer et évaluer les caractéristiques des produits et des marques.

Croyance
La probabilité ou l'improbabilité que l'objet d'attitude soit associé à un concept, un qualificatif, une idée, une valeur symbolique ou tout autre élément. L'objet d'attitude pourra être une marque.

Culture
Ensemble complexe de valeurs, idées, stéréotypes, croyances, attitudes et symboles significatifs, explicites ou implicites, conscients ou inconscients, créés par l'homme pour façonner le comportement de consommation à l'intérieur et en équilibre avec le système social.

Cycle de vie de la famille
Les changements temporels dans la composition de la famille qui peuvent affecter les besoins de celle-ci, ses processus décisionnels et donc ses comportements de consommation en général.

Décision syncrétique dans la famille
Les rôles sont partagés entre les conjoints.

Degré de centralité d'une attitude
Une attitude dite «centrale» est fortement reliée au concept de soi du consommateur et à ses valeurs fondamentales.

Discrimination du stimulus
Elle prend place lorsque le consommateur apprend à répondre d'une façon donnée à un stimulus, mais évite de répondre de la même façon à un stimulus semblable, quoique légèrement différent.

Dissonance cognitive
Inconfort psychologique pouvant être ressenti par un consommateur suite à certains achats.

Échelle CAD (*Compliance, Aggression, Detachment*)
Mesure de la personnalité utilisée par l'école socio-psychanalytique.

École cognitive
Le comportement du consommateur est le résultat de l'interdépendance entre les domaines physique, physiologique et psychique.

École cognitive culturelle
Dans ce cadre, la culture se rapporte aux formes de pensée des individus (perception, interprétation).

École du structuralisme culturel
Approche anthropologique de la culture qui vise à mettre en évidence la structure naturelle inconsciente des sociétés.

École symbolique (culturelle)
L'analyse de la culture se fait autour des systèmes symboliques et des produits culturels partagés par les individus, ces systèmes donnant une signification à leurs actes.

Effet d'assimilation
Un consommateur fortement impliqué acceptera d'autant plus un message que celui-ci est en accord avec sa pensée.

Effet de contraste
Un consommateur fortement impliqué acceptera d'autant moins un message que celui-ci est en désaccord avec sa pensée.

Emmagasinage de l'information
Acceptation effective dans la mémoire à long terme du message perçu.

Ensemble évoqué (ensemble de marques de référence)
Le nombre de marques d'une classe de produits qui, étant jugées comme acceptables pour un achat donné, sont considérées par le consommateur comme des possibilités de choix.

Étude culturelle intensive *in vivo*
Les enquêteurs sont placés au milieu d'une culture donnée dans le but de recueillir un maximum d'informations.

Étude documentaire
Recension de tout ce qui a pu être écrit sur un sujet donné.

Étude pragmatique
Recension d'informations et d'avis auprès d'individus familiers avec un sujet (experts), en vue d'une meilleure définition de la problématique de recherche.

Éveil du besoin
Perception par le consommateur d'un écart à combler entre un état actuel et un état désiré.

Exposition
Réception sensorielle, voulue ou pas, de stimuli.

Fidélité à la marque
Tendance du consommateur à acheter avec régularité une seule et même marque dans une catégorie de produit donnée, soutenue par une attitude favorable et durable vis-à-vis de cette marque.

Fonctionnalisme culturel
Approche synchronique de la culture insistant sur l'utilité de toute institution pour satisfaire les besoins et assurer le consensus social.

Formule de consommation
Association ou encore chaîne de produits ou de marques types correspondant à certaines situations de consommation types.

Frein à la décision
Ce sont des forces inhibitrices, généralement en provenance de l'environnement, qui exercent d'importantes influences sur la disparition d'une intention d'achat, même quand le consommateur semble décidé sur la marque qui devrait, au mieux, satisfaire ses besoins.

Généralisation du stimulus
Un acte de consommation engendré par un stimulus l'est aussi par un autre stimulus de nature semblable, mais au demeurant différent.

Groupe de référence
Agrégation interagissante de personnes qui influence les attitudes ou le comportement d'un individu.

Groupe de référence d'anticipation
Groupe que le consommateur espère rejoindre dans un futur plus ou moins proche et avec les membres duquel il entretient des contacts directs.

Groupe de référence formel (vs informel)
Présence (ou pas) d'une structure établie à l'intérieur du groupe.

Groupe de référence primaire
Population suffisamment restreinte d'individus pour que ceux-ci puissent entretenir des relations étroites (famille, amis intimes, etc.).

Groupe de référence secondaire
Constitué par une organisation sociale plus large.

Groupe de référence symbolique
Le consommateur s'identifie à un groupe auquel il n'est pas admissible, même s'il en partage les croyances et attitudes.

Idéal autre
Élément du soi perceptuel traduisant la façon dont l'individu aimerait être vu par les autres personnes.

Incitant
Stimulus interne ou externe dirigeant une réponse appropriée pour satisfaire l'impulsion soulevée.

Inconscient collectif
Héritage de symboles et de souvenirs dont l'homme dispose à sa naissance.

Inconscient personnel
Il regroupe les expériences réprimées, oubliées ou inconscientes (ex.: les complexes).

Index de Hollingshead
Index de stratification sociale à deux facteurs, la profession et l'instruction.

Index de Warner
Index de stratification sociale à quatre facteurs, la profession, la source de revenu, le type de maison, le lieu d'habitation.

Index multiple de stratification sociale
Méthode objective où plusieurs indicateurs de classe sociale sont combinés dans le but de représenter celle-ci de façon plus complète.

Index simple de stratification sociale
Méthode objective où une seule variable est utilisée pour définir l'appartenance sociale d'un individu (profession, revenu).

Inférence
Évaluation post-situationnelle des causes d'un fait.

Inhibition (voir Frein)

Innovation continue
L'introduction de l'innovation implique un léger changement des modes de comportement.

Innovation continue dynamique
L'impact de l'innovation sur les modes de comportement est modéré, mais discernable.

Innovation discontinue
Elle implique l'établissement de nouveaux modes de comportement et la création de produits préalablement inconnus.

Intention
Probabilité d'achat subjective d'un produit donné ou d'une marque donnée.

Intérêt
Chose pour laquelle un individu a un goût prononcé (ex.: sport, passe-temps).

Implication
Niveau général d'intérêt porté par le consommateur à l'objet d'attitude.

Impulsion
Stimulus interne puissant activé par des besoins ou des motivations, amorçant le comportement et encourageant l'action.

Impulsion primaire
Activée par des besoins physiologiques innés (soif, faim, sexe, etc.).

Impulsion secondaire
Activée par des besoins appris (peur, orgueil, rivalité, etc.).

Latitude d'acceptation
Étendue de la zone individuelle d'accueil des affirmations de croyances ou positions en provenance de sources externes.

Latitude de rejet
Étendue de la zone individuelle d'exclusion des affirmations de croyances ou positions en provenance de sources externes.

Loi de Weber
«Loi du seuil différentiel» d'après laquelle, pour chaque type de sensation, il y a un rapport constant entre l'intensité de l'excitant initial et la variation minimale qu'il faut lui faire subir pour que la différence soit sentie (seuil de Weber).

Marque de référence
Marque faisant partie de l'ensemble évoqué du consommateur.

Médiateur de décision (voir Critères d'évaluation)
Critère de choix ou éléments de discrimination qui permettent l'évaluation des marques de référence.

Mémoire à court terme
L'individu y traite rapidement et sommairement l'information reçue. Sa capacité est limitée et la durée de stockage est courte.

Mémoire à long terme
Elle permet à l'individu une analyse et une interprétation poussées de l'information. Sa capacité est quasi illimitée, ainsi que sa durée de stockage.

Ménage
Terme économique large définissant tout groupe de personnes vivant sous un même toit.

Méthode d'attribution sociale
Elle repose sur l'évaluation individuelle du rang social d'autrui au sein d'une communauté donnée (appelée aussi méthode d'évaluation participative d'autrui).

Méthode objective de stratification sociale
Assignation d'un rang social à un individu en fonction de sa position sur une échelle représentant une variable stratifiée (profession, revenu, instruction, etc.).

Méthode sociométrique de stratification sociale
Basée sur l'observation directe ou indirecte des réseaux sociaux s'établissant entre les individus d'une même communauté.

Méthode subjective de stratification sociale
L'individu doit définir lui-même son rang social.

Mode de vie
Concept identifiant trois composantes de base: les activités, les intérêts, les opinions (A.I.O.).

Modèle AIDA
Modèle de hiérarchie des effets concernant quatre étapes du processus de décision du consommateur: l'attention, l'intérêt, le désir, l'action.

Modèle compensatoire d'attitude
Le consommateur évalue toutes les caractéristiques du produit pour en estimer la valeur. La faiblesse d'un attribut peut être compensée par la force d'un autre.

Modèle conjonctif
Modèle non compensatoire d'attitude où l'évaluation favorable d'une marque se fera si, et seulement si, la performance de la marque sur chaque attribut égale ou dépasse un seuil minimal défini par le consommateur.

Modèle d'attitude multi-attributs
Il intègre un jugement sur les différents attributs d'un produit et l'évaluation du consommateur sur l'importance de ces attributs.

Modèle de comportement du consommateur
Il représente les interactions, effets directs ou rétroactifs des éléments du système de prise de décision de l'acheteur.

Modèle de Fishbein
Modèle compensatoire d'attitude où l'on mesure l'attitude face à un objet en donnant une grande importance aux croyances.

Modèle de hiérarchie des effets
Le consommateur se forme d'abord des croyances sur une marque (composante cognitive des attitudes) puis l'évalue (composante affective) et, enfin, prend une décision d'achat (composante conative ou behavioriste).

Modèle de la boîte noire
Modèle de base du comportement humain où les variables intervenantes sont étudiées par inférence, suite aux relations fonctionnelles qui s'établissent entre les stimuli et les réponses.

Modèle de préférence
Modèle compensatoire d'attitude où la préférence pour une marque est fonction de l'importance accordée à un attribut par le consommateur et de son évaluation de la marque sur cet attribut.

Modèle disjonctif
Modèle non compensatoire d'attitude où le consommateur définit un ou plusieurs attributs dominants pour un produit et lui ou leur attribue un seuil minimal d'acceptation.

Modèle étendu de Fishbein
Mesure l'attitude devant un comportement relié à un objet d'attitude (achat, consommation, rachat, etc.) en tenant compte des influences sociales.

Modèle lexicographique
Modèle non compensatoire d'attitude où le consommateur classe les attributs du produit par importance: la première marque qui se détache dans l'ordre des attributs est choisie.

Modèle macro-économique
L'analyse des comportements de choix en matière de consommation doit porter sur les groupes et non sur les individus et s'attarde surtout à la relation consommation-revenu dans les ménages.

Modèle micro-économique
Théorie normative du choix «rationnel» basée sur certains axiomes proches des conditions d'existence du modèle de concurrence pure et parfaite des économistes dits classiques. Approche centrée sur l'individu.

Modèle non compensatoire d'attitude
Le consommateur base son évaluation du produit sur quelques caractéristiques fondamentales où la faiblesse de l'une ne sera pas compensée par la force d'une autre.

Modèle renversé de hiérarchie des effets
Dans une situation de consommation peu implicante, le consommateur se forme des croyances après un apprentissage passif, prend une décision d'achat, et évalue ou non, mais seulement après coup, la marque choisie.

Modèles d'intentions à effets multiples
L'intention d'achat d'une marque donnée est envisagée en fonction des niveaux d'attitudes interactifs vis-à-vis des marques concurrentes, notamment celles incluses dans l'ensemble évoqué.

Mode perceptuel
: Différenciation des individus selon leur façon d'organiser leurs sensations partielles pour se former une impression globale.

Moi (école analytique)
: Esprit entièrement conscient intégrant les souvenirs, les perceptions, les pensées et sentiments.

Moi (école psychanalytique)
: Composante consciente et inconsciente de la personnalité contrôlant le flux entre le ça et le surmoi.

Norme
: Règle ou standard de conduite établi par un groupe de référence et auquel ses membres sont supposés se soumettre.

Nouveauté d'un produit dans le temps
: Innovation par rapport à la date d'introduction du produit sur le marché.

Nouveauté d'un produit par pénétration
: Basée sur le coefficient de pénétration de l'innovation sur le marché.

Nouveauté objective d'un produit
: Évaluation du degré de nouveauté par rapport aux produits déjà existants sur le marché.

Nouveauté subjective d'un produit
: Le consommateur est le seul juge du caractère innovateur du produit.

Nouvelle théorie économique
: Son axiome principal définit la fonction d'utilité pour le consommateur comme la résultante d'un ensemble de caractéristiques des produits (Lancaster).

Opinion
: Jugement porté par l'individu sur des sujets importants tels que la politique, l'éducation, etc.

Panel (classique)
: Échantillon permanent de consommateurs, interrogés à intervalles réguliers, toujours sur les mêmes sujets.

Panel (Omnibus)
: Échantillon permanent de consommateurs, interrogés à intervalles réguliers sur des sujets différents.

Partition d'un marché
: Mode de subdivision d'un marché dans la mémoire à long terme du consommateur.

Perception
: Prise de conscience et interprétation de l'environnement de marketing par le consommateur, en accord avec son schéma de référence.

Perception subliminale
: Capacité du consommateur à enregistrer des stimuli de marketing dont l'intensité est inférieure au seuil différentiel de perception.

Personnalité (école analytique)
: Produit de l'interaction de trois forces: le moi, l'inconscient personnel, l'inconscient collectif.

Personnalité (école des traits et facteurs)
: Regroupement de traits et facteurs communs à tous les individus, mais dont le degré d'intensité varie suivant les personnes (actif, dominant, réfléchi, etc.).

Personnalité (école du concept de soi)
: Résultante de l'interaction de deux concepts: le soi réel et le soi perceptuel.

Personnalité (école psychanalytique)
Produit de l'interaction des trois forces psychologiques: le ça, le moi, le surmoi.

Personnalité (école socio-psychanalytique)
Cette théorie reconnaît plutôt aux facteurs sociaux une importance déterminante, tout en soutenant que l'homme est conscient de ses besoins et de ses désirs.

Personnalité (sens large)
Configuration des caractéristiques uniques et permanentes d'un individu.

Positionnement du produit
Définition de la position perceptuelle qu'occupe un produit donné par rapport aux produits concurrents, qu'ils soient semblables ou interchangeables.

Pouvoir de récompense (influence normative)
Capacité dont dispose un groupe de référence pour gratifier un individu. Correspond à une influence de type normative.

Pouvoir de référence (influence comparative)
Identification plus ou moins forte du consommateur aux membres d'un groupe de référence donné et à leur système de valeurs. Correspond à une influence de type comparative.

Pouvoir d'expertise (influence informative)
Un individu influence son groupe de référence du fait de sa compétence reconnue. Correspond à une influence de type informative.

Principe de cohérence interne d'une attitude
Équilibre constant entre les composantes cognitive et affective d'une attitude.

Principe de stabilité d'une attitude
La stabilité d'une attitude dépend du degré de confiance qu'a le consommateur en son jugement et de son degré d'implication vis-à-vis du produit.

Principe des «structures unifiées complexes»
Réseaux d'associations (voir définition suivante).

Principe des «structures unifiées simples»
Association entre une caractéristique du produit d'une part et un bénéfice pour le consommateur d'autre part.

Projet culturel évolutionniste
Le chercheur dégage les étapes de transformations d'une culture qui procèdent les unes des autres par relation de cause à effet.

Prix hédoniste
Prix établi en fonction des caractéristiques objectives contenues dans un produit.

Prix psychologique
Prix moyen que les consommateurs s'attendent à payer pour un produit donné.

Processus d'acquisition de l'information
Action de rechercher activement de l'information.

Processus d'apprentissage
Il permet le choix d'une marque par la confrontation de l'ensemble des marques de référence avec les besoins du consommateur (relations de type S-R) sur la base d'un ensemble de médiateurs de décision et freins, le tout en fonction de prédispositions individuelles face aux marques.

Processus de traitement de l'information
Capacité de l'individu à analyser l'information pour l'aider à prendre une décision.

Processus perceptuel
Il contrôle la quantité et la qualité des incitants et alimente, de façon continue, le processus d'apprentissage en informations triées et traitées.

Problème extensif (PE) de choix
Le consommateur est placé devant des marques nouvelles dans une catégorie nouvelle de produits.

Problème limité (PL) de choix
Le consommateur est placé devant une marque nouvelle dans une catégorie existante de produits.

Problème routinier (PR) de choix
Le consommateur doit choisir une marque qu'il connaît dans une classe de produits qu'il connaît aussi.

Produit
Toute chose sujette à l'échange et perçue comme ayant une certaine valeur par le consommateur potentiel.

Psychographie
Description des caractéristiques humaines des consommateurs influençant leurs réactions aux produits, aux emballages, à la publicité et aux relations publiques.

Psychologie des relations S-R
Étude de l'apprentissage qui ne tient pas compte des états internes de l'individu.

Recherche interne d'information
Processus par lequel débute la recherche d'information du consommateur, et qui consiste à utiliser l'information disponible dans la mémoire.

Recherche externe d'information
Acquisition d'information par un tout autre moyen que la mémoire.

Recherche motivationnelle qualitative
Tentative de mise en évidence des motivations conscientes ou inconscientes des consommateurs en ayant recours à des méthodes d'investigation empruntées à la psychanalyse.

Recherche motivationnelle quantitative
À des fins de segmentation, mesures quantifiées des traits et facteurs des consommateurs par l'utilisation de tests de personnalité sur papier.

Réel autre
Élément du soi perceptuel traduisant la façon dont l'individu peut être vu par les autres personnes.

Relation de type R-R (Réponse-Réponse)
L'analyse porte exclusivement sur les modes de réponses des consommateurs et cherche à dégager des tendances régulières dans les réponses.

Relation de type S-R (Stimulus-Réponse)
Par une manipulation d'un stimulus donné et par observation des réponses, le chercheur veut dégager des tendances dans les réponses ou des explications sur les variables intervenantes.

Renforcement
L'association perceptuelle qui est faite par le consommateur entre les conséquences ou résultats d'une réponse de consommation et les attentes.

Réponse
Réaction interne ou externe du consommateur, mesurable en fréquence et en amplitude.

Réponse cognitive
Attention et compréhension de l'individu.

Réponse conative
Intention d'achat ou achat proprement dit.

Réponse émotionnelle
Elle a trois dimensions: l'éveil ou l'excitation, le plaisir, la domination.

Résolution de problème (voir Problème extensif, Problème limité, Problème routinier)

Risque de conséquence
: Il relève de l'anticipation des conséquences découlant de l'échec éventuel d'un achat.

Risque de performance
: Le produit est-il de bonne qualité? Quelle importance cela a-t-il?

Risque de perte de temps
: Quelle durée prendrait la résolution des problèmes causés par un mauvais produit? L'acheteur dispose-t-il de ce temps?

Risque d'incertitude
: Il peut se manifester soit dans l'incertitude qu'éprouve le consommateur devant l'identification, la fixation et la validité de ses objectifs de consommation, soit dans l'évaluation comparative de ces objectifs et des produits considérés.

Risque financier
: Le produit coûte-t-il trop cher? Est-ce important?

Risque perçu
: Évaluation faite par le consommateur des inconvénients pouvant découler d'un acte de consommation donné.

Risque physique
: L'utilisation du produit présente-t-elle des dangers? Est-ce important?

Risque psychologique ou social
: Que vont penser les autres de mon achat? Est-ce important?

Rôle
: Fonction assumée spontanément par l'individu ou assignée à ce dernier par le groupe de référence dans la réalisation de buts communs.

Segmentation
: Subdivision d'une population hétérogène en sous-groupes homogènes, chacun pouvant être choisi comme cible à atteindre à l'aide d'une stratégie de marketing appropriée.

Segmentation par bénéfices (ou avantages)
: Subdivision du marché en groupes homogènes sur la base des bénéfices ou avantages recherchés par le consommateur lors de l'achat d'un produit particulier.

Sensation
: Effet associé à la stimulation d'un organe sensoriel.

Seuil de perception différentiel
: La plus petite variation dans le stimulus perçue par un consommateur.

Situation
: Point précis du temps et de l'espace.

Situation communicationnelle
: Description des conditions de réception d'un message et analyse des effets de ces conditions sur la réceptivité du consommateur.

Situation d'achat
: Description des conditions existantes sur le lieu d'achat ou de la nature même de l'achat effectué (achat pour soi-même, achat d'un cadeau).

Situation de consommation
: Description des conditions d'utilisation anticipées pour la marque ou le produit considéré.

Situation objective
: Ensemble des facteurs objectifs ou descriptifs particuliers à un lieu et à une période d'observation donnés.

Situation psychologique
Les réponses internes des individus ou leurs interprétations de l'ensemble des facteurs particuliers à un lieu et à une période d'observation donnés.

Socialisation (consommation)
Processus par lequel un individu acquiert les compétences intellectuelles, les connaissances et les attitudes nécessaires à son développement en tant que consommateur dans la société.

Socialisation (sens large)
Le façonnage social exercé par l'environnement sur l'individu.

Soi idéal (école du concept de soi)
Élément du soi perceptuel reflétant la perception idéale qu'a l'individu de lui-même.

Soi perceptuel (école du concept de soi)
Composante de la personnalité formée de trois éléments: le soi idéal, le réel autre, l'idéal autre.

Soi réel (école du concept de soi)
Composante de la personnalité traduisant la vision qu'a l'individu de lui-même.

Sources d'information internes
Les mémoires du consommateur (à court terme et à long terme).

Sources impersonnelles d'information
Groupe de sources d'information externes recouvrant les sources commerciales (publicité, promotion) et les sources neutres (revues, gouvernement, etc.).

Sources interpersonnelles d'information
Groupe de sources d'information externes mettant en cause les individus (détaillants, vendeurs, amis, famille, etc.).

Sous-culture
Segment culturel caractérisé par des normes, des valeurs différentes de celles de la culture mère dont elle fait partie.

Statut (groupe de référence)
Position occupée par l'individu dans le groupe de référence.

Statut social
Position occupée par l'individu dans la hiérarchie sociale.

Stimulus
Incitant qui pousse le consommateur à agir (ex: variables de marketing).

Stratification sociale
Système hiérarchisé de couches ou strates sociales.

Structure complexe (croyances)
Comporte des associations multiples qui se répercutent les unes sur les autres.

Structure simple (croyances)
Ne comporte en général qu'une seule association.

Structure unifiée (voir Principe des structures unifiées)

Sur-moi
Composante consciente et inconsciente de la personnalité, correspondant à la conscience morale et sociale d'un individu.

Style cognitif
Façon personnelle de procéder relevant de la sphère cognitive d'un individu.

Style cognitif d'adaptation
Analyse de l'adaptation du consommateur à l'information.

Système idéologique culturel indépendant
La culture est un domaine distinct caractérisé par des structures cognitives, des processus de pensée, des artefacts de culture.

Théorie de la faible implication

Théorie de pointe qui remet en question l'édifice conceptuel du comportement du consommateur basé sur la complexité de la prise de décision, arguant que la plupart des produits suscitent peu d'intérêt de la part des individus et que quantité de gens n'apportent en fait que le minimum d'attention à leurs problèmes de consommation. L'une des conséquences les plus révolutionnaires de l'application de cette théorie se trouve dans le renversement du modèle, que l'on croyait immuable, de hiérarchie des effets.

Théorie de l'attribution

Le principe de base est le renversement de la relation stimulus-sensation, puisque l'effet ressenti est fonction non pas de la nature et du contenu du stimulus en tant que tel, mais de la cause qui lui est attribuée.

Transformisme culturel

Évolution des fonctions culturelles remplies par l'individu dans la société.

Type d'acheteurs

Groupe homogène de consommateurs susceptibles d'acheter une même marque.

Valeurs culturelles (reliées à la consommation)

Le contrôle, l'action, le sentiment.

Valeur sociale

Interprétation et application d'une valeur culturelle remplie par l'individu dans la société.

Variable intervenante

Processus, états et conditions internes propres à chaque consommateur et qui façonnent la réponse de ce dernier à différents stimuli.

Variables intrinsèques à l'innovation

Coût financier, coût social, risque perçu.

Variables perceptuelles reliées à l'innovation

Avantage relatif, compatibilité, complexité, facilité d'essai, communicabilité (Rogers).

INDEX DES AUTEURS

INDEX DES SUJETS